中国生物技术产业发展报告

周光召
二〇〇二年十二月

Annual Report on Bioindustry in China: 2022

中国生物产业发展报告2022

国家发展和改革委员会创新和高技术发展司
中国生物工程学会　编写

化学工业出版社
·北京·

内容简介

本书由国家发展和改革委员会创新和高技术发展司与中国生物工程学会编写，是《中国生物产业发展报告》系列图书的第 20 本。

全书包括 7 篇，共 28 章，从生物产业发展战略与格局、生物技术发展前沿与热点分析、生物产业发展现状与趋势、生物产业投融资分析、生物专利分析、国家生物产业基地年度发展报告、重点行业协（学）会发展报告多个角度对中国生物产业状况进行了透视和分析，对中国生物产业发展战略进行了认真深入的思考与讨论。

本书可供生物产业的开发、生产、销售、管理人员以及政府有关职能部门工作人员阅读参考。

图书在版编目（CIP）数据

中国生物产业发展报告. 2022/国家发展和改革委员会创新和高技术发展司，中国生物工程学会编写. —北京：化学工业出版社，2022.6

ISBN 978-7-122-41574-5

Ⅰ.①中… Ⅱ.①国… ②中… Ⅲ.①生物技术产业-研究报告-中国-2022 Ⅳ.①F426.7

中国版本图书馆 CIP 数据核字（2022）第 091852 号

责任编辑：王 琰 仇志刚　　　　　装帧设计：韩 飞
责任校对：宋 玮

出版发行：化学工业出版社（北京市东城区青年湖南街 13 号　邮政编码 100011）
印　　装：三河市延风印装有限公司
787mm×1092mm　1/16　印张 37¼　字数 621 千字　2022 年 8 月北京第 1 版第 1 次印刷

购书咨询：010-64518888　　　　　售后服务：010-64518899
网　　址：http://www.cip.com.cn
凡购买本书，如有缺损质量问题，本社销售中心负责调换。

定　　价：298.00元　　　　　　　　　　　　　　　　　　　　版权所有　违者必究

《中国生物产业发展报告 2022》编委会

主　　编： 林念修
副 主 编： 高　福　　沈竹林
执行主编： 周永春　　王　翔　　马树恒
编　　委： 杨胜利　　欧阳平凯　王昌林　　李　帅　　曹竹安
　　　　　卢圣栋　　马清钧　　黄大昉　　陈惠鹏　　张先恩
　　　　　万建民　　喻树迅　　张锁江　　曹京华　　陈国强
　　　　　李　春　　李新海　　蔡木易　　张树庸　　翁延年
　　　　　马延和　　曹　诚　　赵贵英　　张宏翔　　仝　舟
　　　　　韩　祺　　刘增辉　　金　霞　　杨红飞　　李　寅
　　　　　蔡　韬　　徐　萍　　钟　倩　　刘少金　　郑　军
　　　　　杨培龙　　邱德文　　佟有恩　　李　俊　　李　奎
　　　　　刘德华　　苏海佳　　刘　斌　　陈　方　　杜昱光
　　　　　孙媛霞　　刘立明　　邢建民　　刘　和　　池　慧
　　　　　张鹏飞　　张仕元　　张　弛　　王　洁　　苏文娜
　　　　　端小平　　周　惊　　郑斯齐　　任红梅

目 录

第一篇 生物产业发展战略与格局

第一章 中国生物医药产业发展指数评估报告 / 姚姗姗 陈文洁 苗先锋 刘淑静 陈 凯 李 岩 周 礼 宗毛毛……3

第二章 "一带一路"沿线国家生物技术及产业发展态势 / 毛开云 李 荣 张博文 范月蕾 李丹丹 陈大明 赵若春 江洪波 罗丹丹 赵秋伟 柳国霞 张延平 曹京华 于建荣 于 波 李 寅……6

第二篇 生物技术发展前沿与热点分析

第三章 人工合成淀粉的研究进展 / 蔡 韬 马延和……45

第四章 生物医药科技前沿动态和我国发展态势 / 施慧琳 杨若南 王 玥 许 丽 李祯祺 李 伟 靳晨琦 徐 萍……51

第五章 聚集诱导发光新材料在生物医疗技术方面的发展态势 / 张鹏飞 王志明……82

第三篇 生物产业发展现状与趋势

第六章 生物医药……115
  第一节 2021年度生物医药产业发展态势分析 / 夏小二 张 佩 余 情……115
  第二节 我国核酸药物市场分析 / 刘少金 王俊姝……192

第七章 生物农业……197
  第一节 生物种业 / 郑 军……197

第二节　生物饲料　/杨培龙⋯⋯⋯⋯⋯⋯⋯⋯⋯⋯⋯⋯⋯200
　　第三节　生物农药　/邱德文⋯⋯⋯⋯⋯⋯⋯⋯⋯⋯⋯⋯⋯204
　　第四节　动物疫苗　/佟有恩⋯⋯⋯⋯⋯⋯⋯⋯⋯⋯⋯⋯⋯210
　　第五节　微生物肥料　/李俊⋯⋯⋯⋯⋯⋯⋯⋯⋯⋯⋯⋯⋯216
　　第六节　转基因动物育种　/李奎⋯⋯⋯⋯⋯⋯⋯⋯⋯⋯⋯218
第八章　生物制造⋯⋯⋯⋯⋯⋯⋯⋯⋯⋯⋯⋯⋯⋯⋯⋯⋯⋯⋯⋯223
　　第一节　2021年度生物制造发展态势　/陈方⋯⋯⋯⋯⋯⋯223
　　第二节　糖工程　/王倬　杜昱光⋯⋯⋯⋯⋯⋯⋯⋯⋯⋯⋯246
　　第三节　生物基化学品　/吕兴梅　黄玉红　王耀锋　石春艳　晏冬霞　徐俊丽　张锁江⋯⋯⋯⋯⋯⋯⋯⋯⋯⋯⋯⋯⋯⋯⋯⋯⋯⋯⋯256
　　第四节　植物天然产物的微生物合成　/孙文涛　孙甲琛　张震　李文强　李春⋯⋯⋯⋯⋯⋯⋯⋯⋯⋯⋯⋯⋯⋯⋯⋯⋯⋯⋯⋯271
　　第五节　功能糖醇　/杨建刚　孙媛霞⋯⋯⋯⋯⋯⋯⋯⋯⋯286
　　第六节　食品微生物制造　/刘立明　陈修来⋯⋯⋯⋯⋯⋯294
　　第七节　绿色生物过程工程　/杨茂华　宋诙　邢建民⋯⋯308
第九章　生物能源⋯⋯⋯⋯⋯⋯⋯⋯⋯⋯⋯⋯⋯⋯⋯⋯⋯⋯⋯⋯317
　　第一节　生物能源发展态势分析　/赵雪冰　杜伟　刘德华⋯317
　　第二节　氢能　/崔佩琦　王耀强　王少杰　苏海佳⋯⋯⋯336
第十章　2021年度生物环保发展态势分析　/刘和⋯⋯⋯⋯⋯⋯352
第十一章　2021年度生物医学工程发展态势分析　/池慧　欧阳昭连　严舒　张婷　陈娟　卢岩⋯⋯⋯⋯⋯⋯⋯⋯⋯⋯⋯⋯⋯⋯⋯⋯372

第四篇　生物产业投融资分析

第十二章　2021年生物投融资报告　/张仕元⋯⋯⋯⋯⋯⋯⋯391

第五篇　生物专利分析

第十三章　抗体药物专利分析　/王雪　杜涧超　张弛⋯⋯⋯417

第六篇　国家生物产业基地年度发展报告

第十四章　北京国家生物产业基地 2021 年度发展报告
／北京市发展改革委…………463

第十五章　上海国家生物产业基地 2021 年度发展报告
／上海市发展改革委…………470

第十六章　武汉国家生物产业基地 2021 年度发展报告
／武汉市发展改革委…………477

第十七章　广州国家生物产业基地 2021 年度发展报告
／广州市发展改革委…………484

第十八章　成都国家生物产业基地 2021 年度发展报告
／成都市发展改革委…………489

第十九章　杭州国家生物产业基地 2021 年度发展报告
／杭州市发展改革委…………495

第二十章　青岛国家生物产业基地 2021 年度发展报告
／青岛市发展改革委…………503

第二十一章　石家庄国家生物产业基地 2021 年度发展报告
／石家庄市发展改革委…………510

第二十二章　通化国家生物产业基地 2021 年度发展报告
／通化市发展改革委…………517

第二十三章　长春国家生物产业基地 2021 年度发展报告
／长春市发展改革委…………523

第二十四章　郑州国家生物产业基地 2021 年度发展报告
／郑州市发展改革委…………528

第二十五章　德州国家生物产业基地 2021 年度发展报告
／德州市发展改革委…………536

第七篇　重点行业协（学）会发展报告

第二十六章　生物发酵产业发展报告　／李建军　王　洁……………543
第二十七章　生物医用材料产业分析报告　／苏文娜　胡慧慧……………550
第二十八章　生物基化学纤维产业分析报告　／王永生　李增俊……………567

附录　关于中国生物医药产业发展指数的说明

第一篇

生物产业发展战略与格局

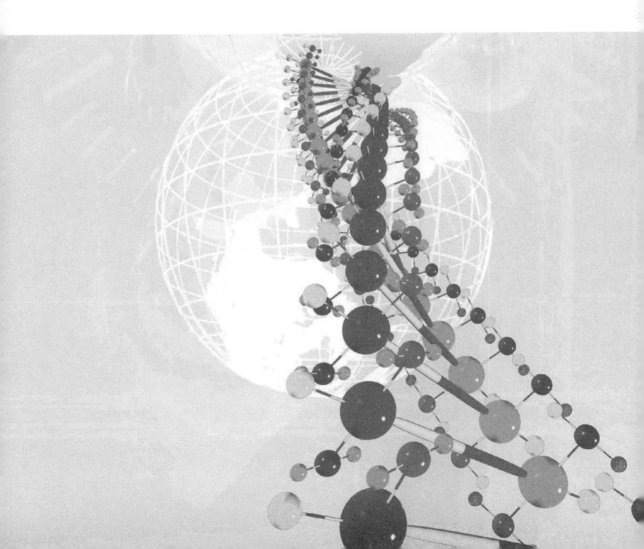

第一章

中国生物医药产业发展指数评估报告

一、2020年度中国生物医药产业发展指数

2020年,突如其来的新冠肺炎疫情在全球蔓延,给很多行业按下了暂停键,然而带给生物医药行业新的机遇,尤其为我国的生物医药行业按下了快进键。受国家政策、经济发展、人口老龄化等社会因素、生物制药技术进步等多重因素驱动,当前国内生物医药产业资源投入持续加大,产业创新发展加速,国际影响逐步提升。

2020年中国生物医药产业发展指数(CBIB,以2018年CBIB为100)为137.6,比2019年增长21.2%,显示出我国生物医药产业在疫情之下,抓住新发展机遇,展现出的强大发展动力和生机活力(图1-1,表1-1)。2020年,各项分类指数与上年相比均有提升,其中,企业创新指数增长最快,对总指数增长的贡献最大。

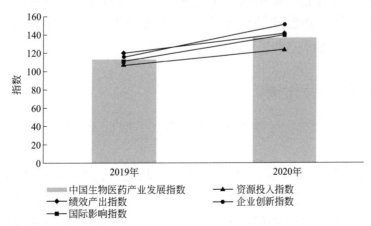

图1-1 2019年、2020年中国生物医药产业发展指数及各项分类指数

各项指数均以2018年指数为基准(2018年相关指数均设定为100)。

表1-1 2019年、2020年中国生物医药产业发展指数、分类指数及其增长率、贡献率

指标名称	2019年		2020年		
	指数值	增长率	指数值	增长率	贡献率
CBIB	113.5	13.5%	137.6	21.2%	—
资源投入指数	106.7	6.7%	124.1	16.3%	24.5%
绩效产出指数	120.2	20.2%	141.5	17.7%	26.5%
企业创新指数	116.0	16.0%	151.5	30.6%	33.6%
国际影响指数	111.4	11.4%	139.9	25.6%	15.4%

注：各项指数均以2018年指数为基准（2018年相关指数均设定为100）。

（一）资源投入指数

2020年，资源投入指数为124.1，比上年增长16.3%，对总指数增长的贡献率为24.5%。

资源投入主要从人力资源、资金、平台三方面进行衡量，2020年各分项指标值均有所增长，这也与当前国内各地积极推动当地生物医药产业发展，加大政策、资金投入的现状相吻合。

（二）绩效产出指数

2020年，绩效产出指数为141.5，比上年增长17.7%，对总指数增长的贡献率为26.4%。

其中医药制造业增加值的同比增长率为5.9%，增长率虽较上年同期下降0.7个百分点，但仍高于工业整体增速3.1个百分点，呈现较强的拉动作用。同时，我国医药制造产业规模以上企业实现利润总额3693.4亿元。值得注意的是，资源投入指数和绩效产出指数两项分类指数的增长率和对总指数增长的贡献率表现得较为一致。

（三）企业创新指数

2020年，企业创新指数为151.5，比上年增长30.6%，对总指数增长的贡献率为33.6%。

近年来，我国生物医药产业发展热度不断上升，产业格局出现巨大变化，不仅政府机构努力创造有利于中国本土生物医药企业创新发展的产业环境，本土生物医药企业也纷纷积极部署，甚至有跨行业的参与者也积极投入到中国的生物医药产业发展大潮中。国内企业创新能力增强，正逐步成为技

术创新主体。2020年企业创新指数增长率为30.6%，是2019年增长率的近2倍，其中企业研发创新投入不断加大，对研发的重视程度不断提高，体现出国内企业的创新热情。

受疫情影响，国内生物医药企业受关注度持续增加，资本继续向生物医药行业聚集，国内生物医药投资数量和投资金额持续增长。国内生物医药投融资市场活跃度进一步提升。

（四）国际影响指数

2020年，中国生物医药产业的国际影响指数为139.9，比上年增长25.6%，对总指数增长的贡献率为15.4%。

国际影响指数贡献率为四项分类指标中最低，这也契合了我国生物医药产业起步较晚，目前仍为新兴产业，国际竞争力较弱，相比世界先进水平仍有较大差距的产业现状。但值得关注的是，国际影响指数的增长率位列四项分类指标中的第二位，预示虽然现在我国生物医药产业的国际竞争力较弱，但增长趋势向好，未来产业竞争力有望增强。

二、中国生物医药产业未来展望

2020年，在新冠肺炎疫情席卷全球的影响下，作为战略性新兴产业之一的生物医药产业抓住了新的发展机遇。2021年是"十四五"开局之年，国家继续将生物科技与医药产业作为战略新兴产业进行规划和引导。多地地方政府更是计划将生物科技与医药产业打造成经济增长新引擎，出台了新的促进产业发展的政策。

生物医药产业代表了生命科学和生物技术领域的前沿技术和成就，要实现我国生物医药产业的独立自主、高水平、高质量发展，未来应从加强生物医药基础设施建设投入，加快生物医药人才队伍建设，培育企业创新主体地位，鼓励多元化资本投入，坚持原始创新，实现前沿技术重点突破，同时进一步加强我国医药生物技术企业的国际竞争力等方面精准发力。

面对当前世界百年未有之大变局，新冠肺炎疫情影响广泛而深远，全球供应链面临重塑。我国的生物医药产业必将在危机中育新机，于变局中开新局，持续发力，为国家经济高质量增长提供新动能。

撰稿专家：姚姗姗 陈文洁 苗先锋 刘淑静 陈凯 李岩 周礼 宗毛毛

第二章 "一带一路"沿线国家生物技术及产业发展态势

当今世界正面临百年未有之大变局,科技创新范式发生了新的变化,生物技术与信息技术、材料技术、能源技术加速融合,人工智能、类脑智能、合成生物学等颠覆性技术不断被突破,推动产业快速演进,不断产生新业态和新模式,对人类生产和生活产生深远影响。共建"一带一路"倡议自2013年提出以来,已成为世界上范围最广、规模最大的国际合作平台之一。截至2021年11月,全球已有141个国家和32个国际组织签署了共建"一带一路"合作文件。在我国的大力推动下,近年来越来越多的欧洲和亚太地区发达国家也加入共建"一带一路"倡议,合作伙伴国齐心协力,相向而行,在推动互联互通建设、贸易投资活动、经济社会发展、公共卫生建设等多方面取得了显著成效。以下选取70个"一带一路"沿线国家,研究这些国家近五年来在医药生物技术、工业生物技术和农业生物技术三个生物技术领域的基础研究、专利技术研发、产业进出口贸易的发展情况,并分析这些国家在基础研究和专利技术方面的国际合作情况。2017—2021年,所选取的70个国家在生物技术领域发表研究论文近35万篇,约占全球生物技术领域论文发表总量的近四分之一;在生物技术领域申请了35 311件专利,在全球占比5.13%;进口总额高达7396.36亿美元,出口总额高达5709.58亿美元,显示出生物产业在"一带一路"沿线国家发展的良好势头和强劲动力。

一、"一带一路"沿线国家生物技术发展基础

（一）政策环境

2013年9—10月，国家主席习近平在访问哈萨克斯坦和印度尼西亚时，首次提出共建"丝绸之路经济带"和"21世纪海上丝绸之路"的倡议构想，"一带一路"则是"丝绸之路经济带"和"21世纪海上丝绸之路"的简称。2015年3月，国家发展和改革委员会、外交部、商务部联合发布《推动共建丝绸之路经济带和21世纪海上丝绸之路的愿景与行动》，全方位阐述了共建原则、框架思路、合作机制、合作重点等"一带一路"倡议逻辑和构想；同年7月，"一带一路"建设推进工作会议正式划定新亚欧大陆桥、中蒙俄、中国-中亚-西亚、中国-中南半岛、中巴、孟中印缅六大国际经济走廊作为共建"一带一路"倡议重点推进方向。至此，中国政府将共建"一带一路"倡议正式纳入国家发展议程，并有条不紊地推行至今。作为建设人类命运共同体的一项重要倡议，共建"一带一路"倡议对中国及各个参与国的包括生物技术领域在内的科技发展等产生重大深远影响。

我国目前已推出相关政策，切实可行地打造有利于"一带一路"沿线各国生物技术发展的环境。随着一系列政策的推动，共建"一带一路"倡议逐渐从理念转化为行动，从愿景转变为现实，建设成果未来可期。共建"一带一路"正在成为我国参与全球开放合作、改善全球经济治理体系、促进全球共同发展繁荣、推动构建人类命运共同体的中国方案。

（二）现状基础

1. "一带一路"沿线国家基础情况

自启动以来，共建"一带一路"倡议已成为世界上范围最广、规模最大的国际合作平台之一，截至2021年11月，已有141个国家和包括19个联合国机构在内的32个国际组织签署了共建"一带一路"合作文件，大批合作项目的成功落地，极大提升了"一带一路"沿线国家和地区的互联互通水平，促进了"一带一路"沿线国家和地区的经济社会发展。综合考虑签署共建"一带一路"合作文件的国家和"一带一路"沿线生物技术基础较好、未来有可能签署合作文件国家两个因素，选取波兰、奥地利、立陶宛、爱沙尼亚、拉脱维亚、捷克、斯洛伐克、匈牙利、斯洛文尼亚、克罗地亚、

波黑、黑山、塞尔维亚、阿尔巴尼亚、罗马尼亚、保加利亚、马其顿、意大利、卢森堡、葡萄牙、马耳他、希腊22个欧洲国家，新加坡、马来西亚、印度尼西亚、缅甸、泰国、老挝、柬埔寨、越南、文莱、菲律宾10个东盟国家，印度、巴基斯坦、孟加拉国、阿富汗、斯里兰卡、马尔代夫、尼泊尔、不丹8个南亚国家，哈萨克斯坦、乌兹别克斯坦、土库曼斯坦、塔吉克斯坦、吉尔吉斯斯坦5个中亚国家，伊朗、伊拉克、土耳其、叙利亚、约旦、黎巴嫩、以色列、巴勒斯坦、沙特阿拉伯、也门、阿曼、阿联酋、卡塔尔、科威特、巴林、塞浦路斯、埃及17个西亚国家，俄罗斯、乌克兰、白俄罗斯、格鲁吉亚、阿塞拜疆、亚美尼亚、摩尔多瓦、蒙古国共计70个具有代表性的"一带一路"沿线国家，着重分析这70个国家的生物技术和产业发展态势。

根据World Bank统计数据，截至2020年，70个国家人口总数达到33.88亿，主要集中于南亚地区，占全球人口的43.70%；2020年70个国家国内生产总值（GDP）为15.76万亿美元，占全球GDP的18.63%；2020年人均GDP超过2万美元的国家有14个，主要集中在西欧地区。

2．生物技术发展现状

自1953年DNA双螺旋结构的解析以来，以人类基因组计划和合成生物学为代表的生物技术发展迅猛，基因组编辑、人工合成染色体等研究不断取得突破性进展，再到脑-机接口、神经芯片等交叉融合应用的出现，近年来生物技术方面的突破一直是年度科技突破主流。70个"一带一路"沿线国家和地区近年来也纷纷推动生物技术的发展，将生物技术应用于解决健康、能源、环境、食品、安全等重大战略领域。本节选取部分"一带一路"沿线国家简述其生物技术发展现状。

（1）欧洲地区

近年，以欧洲为代表的世界主要经济体加强生物科技领域战略布局。2019年欧盟生物产业协会（Europa Bio）发布了《生物技术产业化宣言2019：重振欧盟生物技术信心》，宣言呼吁制定新的欧洲生命科学和生物技术战略，保持欧盟在世界生物技术前沿的领先地位。

① 意大利

意大利位于地中海中心位置，是海陆空连接欧洲大陆和西亚、非洲等其他大洲的交通枢纽。2019年，意大利成为欧盟创始成员国中首个与中国签署共建"一带一路"合作文件的国家。意大利本着"科技以人为本"

的理念发展生物技术、健康技术等，在生物技术领域取得了快速的发展。2017年意大利政府推动制定国家生物经济战略（BIT），2020年新发布BIT II战略以更有效地支撑国家生物经济的发展：利用可再生生物资源生产食物/饲料、生物基产品和生物能源，以及进行生物废弃物的资源化利用。2018年5月，意大利农业、粮食和林业政策部（MIPAAF）批准拨款600万欧元用于"生物技术"的研究，这是一项为期三年的可持续农业研究计划，将由意大利农业研究和农业经济分析委员会（CREA）实施，该机构是意大利最大的农业研究机构。2019年5月，意大利发布《意大利的生物经济战略：为了意大利可持续发展的新生物经济》，旨在协调意大利的主要生物经济部门，创造更长、更可持续和更本地化的价值链，发挥和提高意大利在促进欧洲地区经济可持续增长方面的作用和影响。

②卢森堡

2019年3月，卢森堡和中国签署共建"一带一路"合作文件，成为继意大利之后第二个加入共建"一带一路"倡议的欧盟国家。从2004年开始，卢森堡在继续鼓励金融业发展的基础上，积极鼓励物流运输、信息技术、健康科技（包括生物技术和生物医药研究）、绿色清洁能源（太阳能、风能以及可替代能源）、空间技术等行业发展，生物技术行业得以快速发展。

（2）东盟地区

东盟国家在"一带一路"沿线占据着重要位置，各国生物资源丰富，拥有包括森林、红树林、珊瑚礁以及山脉生态系统在内的多种生态系统，丰富的生物资源是发展生物技术的主要因素。

①新加坡

坐拥亚洲发展最快的生物产业集群之一的新加坡，凭借其强大的数码科技实力和充满活力的研究生态体系，不断推动生物技术创新。新加坡发布"生物医学科学计划（BMS）"计划、"研究、创新与企业2020计划（RIE2020）"、"医药创新计划（PIPS）"等多个计划和鼓励性政策推动医药生物技术发展，吸引如辉瑞、罗氏、诺华等多个世界级医药企业，并将新加坡设定为其亚太地区总部。此外，新加坡为促进当地生物技术创新进行了大量投资，生物科技研发支出增加了7倍，即从2011年的1500万美元增加到2016年的1.36亿美元，目前投入仍在不断增加中。

②马来西亚

自2005年马来西亚颁布第一个"国家生物技术计划"以来，马来西亚不断强化其生物技术能力建设，以支持其实现东盟区域生物技术中心的目标。2016年6月马来西亚宣布大力扶植生物药物行业，并将当时马来西亚生物技术公司更名为马来西亚生物经济发展公司，将生物技术作为推进国家经济发展的主要手段。在工业生物技术领域，马来西亚规定从2019年2月起，生物柴油掺混率从7%提升至10%，并计划在2025年前进一步提高至30%。

（3）西亚

① 以色列

生物技术被誉为以色列的"神童"和"希望的田野"，以色列发布"通用战略研究计划"将生物技术列为优先的领域给予重点支持，该计划的23%费用用于生物技术的研究与开发。2020年，以色列批准成立以色列基因编辑技术联盟CRISPR-IL，联盟成员包括以色列生物技术、医药、农业、渔业领域的企业以及巴伊兰大学、特拉维夫大学、魏兹曼科学研究所、本古里安大学、希伯来大学、赫兹里亚跨学科中心、舍巴医学中心等大学、科研与医疗机构，将开发用于基因组编辑的高级计算工具，以提供基于人工智能端到端的基因组编辑解决方案，资金总投入约合1036万美元。

② 沙特阿拉伯

2018年初，沙特宣布将建设NEOM新城，重点发展包括生物科技在内的九大产业。在农业生物技术领域，沙特阿拉伯允许进口转基因植物产品，转基因成分超过1%则必须贴上标签，尽管沙特阿拉伯允许进口转基因植物种子，但该国国内尚未进行转基因植物的商业化。同时，沙特和海湾阿拉伯国家合作委员会等也禁止进口含有转基因的动物、鸟类、鱼类及其产品。

（4）南亚

① 印度

印度自20世纪80年代中期开始就很重视生物技术的研发，印度拥有森林、草地、湿地、海洋、沙漠等多种多样的生态系统，为印度的生物资源提供了优越的生存条件，让印度成为全球生物多样性和遗传资源最为丰富的国家之一。印度生物技术领域已涉及农业、海洋资源、环境和生物多样性保护、生物医药技术、生物能源等多个领域。印度的医学院、理工学院等很多都设立了生物技术课程，值得一提的是，印度理工学院德里分校已将生物技术列为重点发展学科。印度还是最早设立生物技术部门的国家之一，生物技术部还成立了生物技术产业研究援助理事会（BIRAC），这是一个非营利性的中介机构，旨在支持新兴生物技术企业发展并赋予其进行战略研究和创新的能力。

② 巴基斯坦

巴基斯坦是转基因棉花的重要进口种植国和出口国，并且已经建立了生物技术和种子监管体系。巴基斯坦对转基因作物的商业化仍然停留在2010年引入的两个转基因棉花品种。2018年，巴基斯坦制定了知识产权管理新规则《2018年植物育种者权利》，并建立登记制度来执行这些规定。

(5) 中亚及独联体国家

① 俄罗斯

俄罗斯大力推进生物技术发展。2018年2月，俄罗斯出台了《2018—2020年生物技术和基因工程发展措施计划》，计划确定了发展9大优先领域的具体措施，涉及生产潜力和生产合作、基础设施、生物医学和生物制药、农业生物技术、工业生物技术、生物能源、林业生物技术、生态生物技术和基因工程。2019年4月，俄罗斯发布《2019—2027年联邦基因技术发展规划》，计划利用基因编辑技术开发出植物、动物及水产养殖产品新品种，用于保健、农业和工业的生物制品以及系统诊断和免疫生物产品。

② 哈萨克斯坦

哈萨克斯坦加强生物燃料工业的原料资源基础，扩大用于生产生物燃料的农作物种植面积，并为扩大农作物种植提供相应的政府扶持；此外，哈萨克斯坦加大力度对国际生物燃料市场进行深入调研，并制定哈萨克斯坦生物燃料产品的品质标准。

二、"一带一路"沿线国家生物技术研发态势

(一) 研究论文

以医药生物技术、农业生物技术和工业生物技术三个领域的检索策略，以Web of Science平台中的科学引文索引扩展版（Science Citation Index Expanded，SCI-E）收录期刊论文作为数据源，对70个"一带一路"沿线国家2017—2021年间发表的论文进行统计，从而反映这些国家生物技术领域的基础研究概况（数据更新日期：2021年12月15日）。

1．总体情况

2017—2021年，70个"一带一路"沿线国家在生物技术领域发表研究论

文近 35 万篇，约占全球生物技术领域论文发表总量的近四分之一。其中，"一带一路"沿线国家在医药生物技术、工业生物技术和农业生物技术领域参与发表论文的数量分别占全球该领域论文发表总量的 21%、31% 和 25%（图 2-1）。

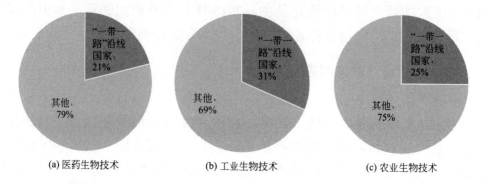

(a) 医药生物技术　　　(b) 工业生物技术　　　(c) 农业生物技术

图 2-1　2017—2021 年 70 个"一带一路"沿线国家生物技术论文发表情况

从论文发表的年度增长趋势来看，三个领域的论文发表量均表现出逐年稳步增长的趋势。其中，医药生物技术领域论文发表基数大，年均增长率为 4.26%，增长趋势稳中放缓。论文发表量增长最快的仍是工业生物技术领域，年均增长率为 7.36%。农业生物技术领域增速明显放缓，年均增长率为 2.28%。整体而言，2017—2021 年间论文发表量的增速较前 5 年有所放缓，全球新冠肺炎病毒疫情可能是造成增速放缓的原因之一。

在论文发表方面，"一带一路"沿线国家之间积极开展合作，约 2/3 的研究论文是这些国家通过国际合作的形式共同研究和发表的。在这些合作发表的研究论文中，意大利的合作论文数量最多，占全部论文数的 21.69%，其次是印度和伊朗等（表 2-1）。

表 2-1　70 个"一带一路"沿线国家生物技术领域国家论文合作数量前 10 位

序号	国家	合作论文数量 / 件	合作论文占比
1	意大利	75 737	21.69%
2	印度	50 001	14.32%
3	伊朗	27 356	7.84%
4	土耳其	25 035	7.17%
5	波兰	22 846	6.54%
6	俄罗斯	19 096	5.47%
7	埃及	14 592	4.18%
8	奥地利	14 455	4.14%
9	沙特阿拉伯	13 113	3.75%
10	葡萄牙	12 558	3.59%

在 Web of Science 平台中，基本科学指标（Essential Science Indicators，ESI）将某特定领域中过去 10 年间被引用次数排名在全球前 1% 的文章评为高被引论文（highly cited papers）。"一带一路"沿线国家在医药生物技术、工业生物技术和农业生物技术领域的高被引论文数量分别为 2260 篇、642 篇和 371 篇（图 2-2）。

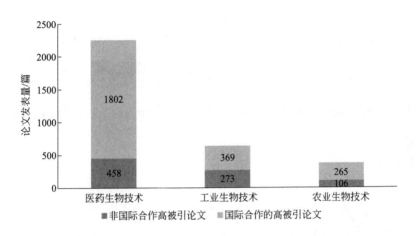

图 2-2 高被引论文的国际合作论文与非国际合作论文比例

2．医药生物技术

相较于其他领域，医药生物技术领域的论文发表总量是最大的。2017—2021 年，医药生物技术领域论文发表量最高的"一带一路"沿线国家是意大利（图 2-3）。近年来相当多的发达国家，如意大利、奥地利、希腊、葡萄牙等参与共建"一带一路"倡议实施，大大增加了沿线国医药生物技术的平均水平。从区域分布来看，除中亚五国科研水平整体偏低，欧洲区域整体水平较高以外，其他区域的整体水平相差不大。

2017—2021 年，意大利、以色列和印度是医药生物技术领域高被引论文发表相对较多的三个沿线国家（图 2-4）。其中，意大利的高被引论文数量远远高于其他"一带一路"沿线国家，这说明其总体高质量论文产出较多。从各个国家高被引论文在全部论文数量中的比例来看，以色列的高被引论文占比最大，为 2.84%，奥地利、新加坡、希腊等发达国家的高被引论文占比也在 2% 以上。

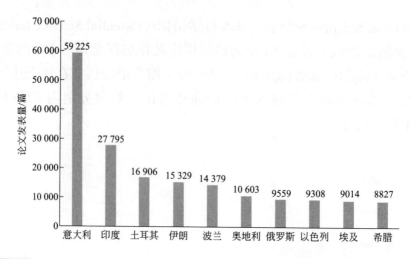

图 2-3 2017—2021 年 70 个"一带一路"沿线国家医药生物技术论文发表量前 10 位

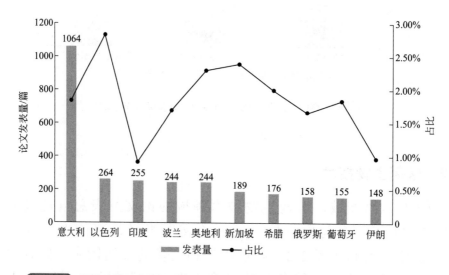

图 2-4 医药生物技术领域高被引论文发表量前 10 位国家及其高被引论文占比

从研究论文合作网络（图 2-5）来看，"一带一路"沿线国家在医药生物技术领域的合作较为紧密，70 个沿线国家之间及其和中国之间形成了密集的合作网络。其中，意大利、新加坡与中国的合作关系最为紧密。印度、巴基斯坦、沙特阿拉伯、马来西亚和泰国与中国之间也有较为紧密的合作关系。

3．工业生物技术

2017—2021 年，工业生物技术领域论文发表量居于前十位的共建"一带一路"倡议参与国如图 2-6 所示,印度是论文发表量最多的国家,其次为意大利、伊朗等国。从国家分布来看,印度论文成果超过生物技术总体实力强劲的意大利,表明该国工业生物技术处于迅速发展阶段。

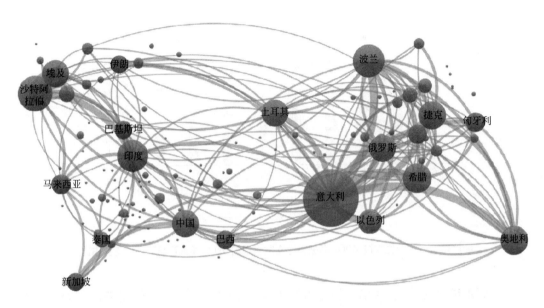

图 2-5 医药生物技术领域"一带一路"沿线国家及中国的论文合作网络

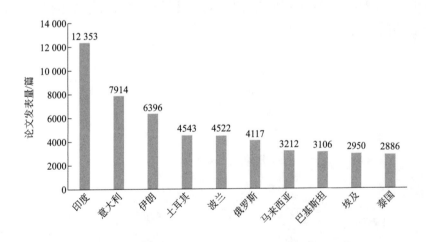

图 2-6 2017—2021 年 70 个"一带一路"沿线国家工业生物技术论文发文量前 10 位

2017—2021 年,印度是工业生物技术领域高被引论文发表量最多的国家,且领先程度远超于其他国家,优势明显,而其余 9 个国家高被引论文发表量较为接近(图 2-7)。从高被引论文占比情况来看,印度、意大利、波兰和伊朗占比较低,分别为 1.22%、1.11%、1.04% 和 0.89%。新加坡高被引论文占比最大，为 3.33%。此外，沙特阿拉伯的工业生物技术领域高被引论文占比也在 2% 以上。

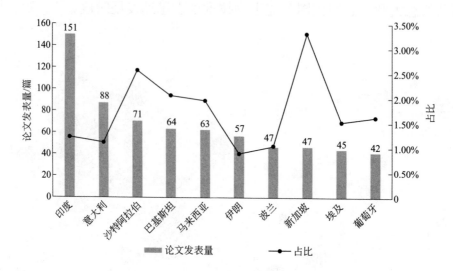

图 2-7　工业生物技术领域高被引论文发表量前 10 位国家及其高被引论文占比

从研究论文合作网络（图 2-8）来看，在工业生物技术领域，巴基斯坦、沙特阿拉伯、埃及、新加坡和印度与中国有较紧密的合作关系。印度与沙特阿拉伯、马来西亚与沙特阿拉伯、意大利与波兰、波兰与捷克之间均存在较为密切的合作。

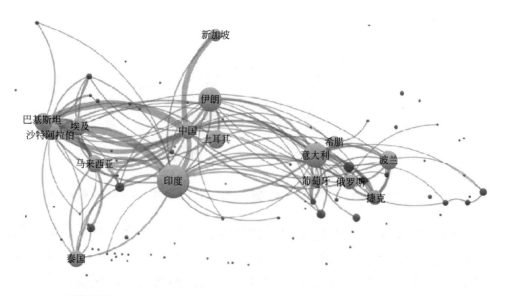

图 2-8　工业生物技术领域"一带一路"沿线国家及中国的论文合作网络

4. 农业生物技术

2017—2021年，农业生物技术领域论文发表量前10位的国家如图2-9，印度是论文发表量最多的国家，第二名为意大利，两国作为第一梯队总体论文发表量远超其他共建"一带一路"倡议参与国。

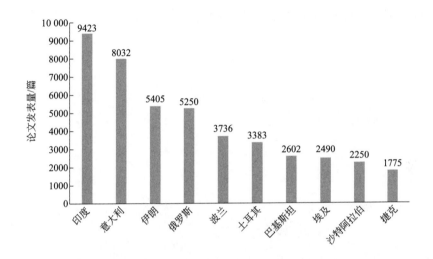

图2-9 2017—2021年70个"一带一路"沿线国家农业生物技术论文发表量前10位

2017—2021年，意大利是农业生物技术领域高被引论文发表量最多的国家（图2-10）。前10位国家中，除意大利、印度外，其余八国的高被引论文

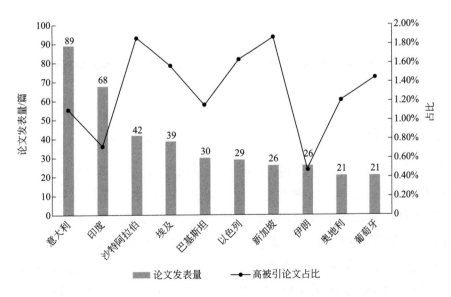

图2-10 农业生物技术领域高被引论文发表量前10位国家及其高被引论文占比

发表量均比较接近。从高被引论文占比情况来看，印度和伊朗占比较低，分别为 0.72% 和 0.48%。沙特阿拉伯和新加坡的高被引论文占比最大，均为 1.87%。

从研究论文合作网络（图 2-11）来看，在农业生物技术领域，巴基斯坦与中国保持最为紧密的合作关系。此外，中国与沙特阿拉伯、印度、新加坡等多国都有较为紧密的合作关系。"一带一路"沿线国家之间的合作以印度和沙特阿拉伯最为紧密，且它们与埃及形成了密切合作的关系。

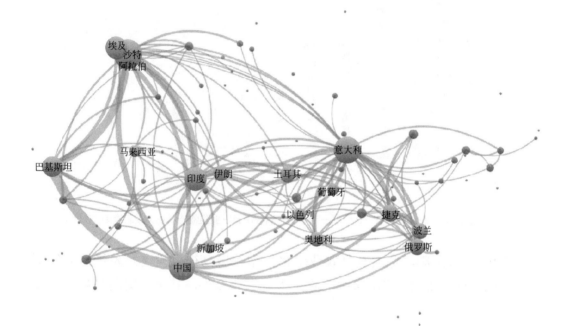

图 2-11 农业生物技术领域"一带一路"沿线国家及中国的论文合作网络

（二）专利

本章节以 OECD 对生物技术的定义为基础，基于 OECD 梳理的生物技术专利 IPC 分类号，梳理并划分出医药生物技术、工业生物技术和农业生物技术的专利定义，将 IPC 分类号与关键词结合制定检索策略。利用 Incopat 科技创新情报平台，检索公开年为 2017—2021 年的 70 个"一带一路"沿线国家在上述三类领域的发明专利情况，并进行计量分析，以揭示 70 个国家生物技术的研发概况（数据更新日期：2021 年 12 月 12 日）。

1. 总体情况

2017—2021 年，全球总计申请生物技术发明专利 687 748 件。其中 70 个"一带一路"沿线国家申请了 35 311 件专利，在全球占比 5.13%（图 2-12）。2017—2019 年专利公开数量较为均衡，2020 年开始专利公开超过 7500 件，其中印度、以色列、俄罗斯三个国家申请生物技术专利数量最多，分别为 7443 件、5213 件和 4709 件（图 2-13）。

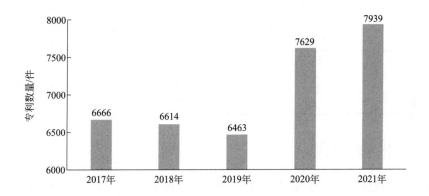

图 2-12　2017—2021 年 70 个"一带一路"沿线国家生物技术专利公开情况

专利公开存在滞后现象，近 2 年数据仅供参考，下同。

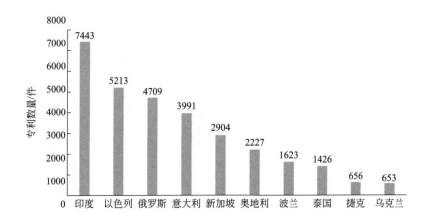

图 2-13　70 个"一带一路"沿线国家生物技术专利申请量前 10 位国家

在专利合作方面，70 个"一带一路"沿线国家合作申请专利最多的国家是新加坡，占全部合作专利的17.75%，其次是意大利和奥地利（表2-2）。

表2-2 70个"一带一路"沿线国家合作申请专利量前10位国家

序号	国家	合作专利数量/件	合作专利占比
1	新加坡	392	17.75%
2	意大利	379	17.16%
3	奥地利	366	16.58%
4	以色列	348	15.76%
5	印度	164	7.43%
6	俄罗斯	131	5.93%
7	卢森堡	98	4.44%
8	葡萄牙	50	2.26%
9	泰国	40	1.81%
10	立陶宛	37	1.68%

2. 医药生物技术

2017—2021年，70个"一带一路"沿线国家总计申请了20 296件医药生物技术专利，其中2020年开始专利公开数量超过4000件（图2-14）。2017—2021年，70个"一带一路"沿线国家中，印度、以色列、俄罗斯三个国家申请医药生物技术专利最多，分别为3743件、3416件和3272件（图2-15）。

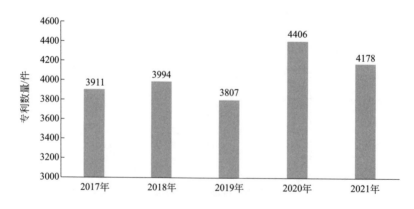

图2-14 2017—2021年70个"一带一路"沿线国家医药生物技术专利公开情况

医药生物技术有国际合作的专利共计1533件，70个"一带一路"沿线国家之间合作相对较弱（图2-16），主要与美国、德国、英国和法国等国家国际合作较为紧密，前十个合作最多的国家均为发达国家，其中与美国合作最多，合作专利达到 724 件。中国排名第 11，表明中国与"一带一路"沿线国家在医药生物技术领域合作较为密切（图 2-16）。

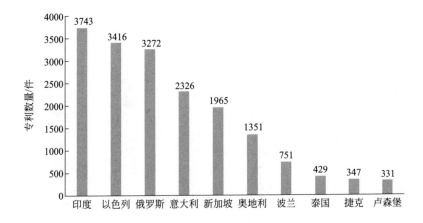

图 2-15　2017—2021 年 70 个"一带一路"沿线国家医药生物技术专利申请量前 10 位国家

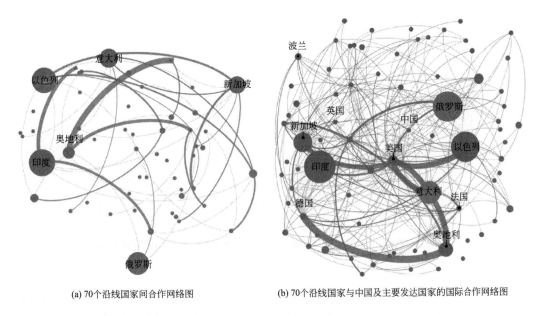

(a) 70 个沿线国家间合作网络图　　(b) 70 个沿线国家与中国及主要发达国家的国际合作网络图

图 2-16　70 个"一带一路"沿线国家及中国医药生物技术专利国际合作网络图

3. 工业生物技术

2017—2021 年，70 个"一带一路"沿线国家总计申请了 15 399 件工业生物技术专利，2019年之前专利产出数量较为稳定（图2-17），从2020年开始出现显著增长态势，公开数量超过了3300件，其中印度、俄罗斯和以色列申请工业生物技术专利最多，分别为2886件、1583件和1363件（图2-18）。

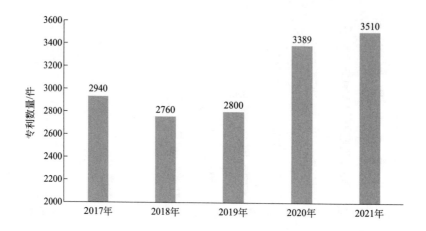

图2-17　2017—2021年70个"一带一路"沿线国家工业生物技术专利公开情况

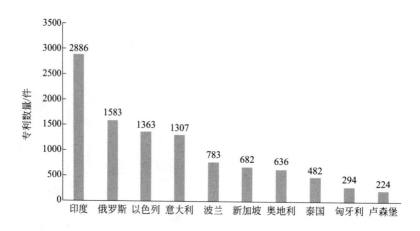

图2-18　70个"一带一路"沿线国家工业生物技术专利申请量前10位国家

工业生物技术有国际合作的专利共计675件，70个"一带一路"沿线国家主要与美国、德国、法国和瑞士等国家国际合作较为紧密，前十个合作最多的国家均为发达国家，其中与美国合作最多，合作专利达到289件。此外，"一带一路"沿线的发达国家与美国等科技强国合作更为紧密，如新加坡、意大利、奥地利等，与美国和德国在工业生物技术领域专利合作较为紧密（图2-19）。

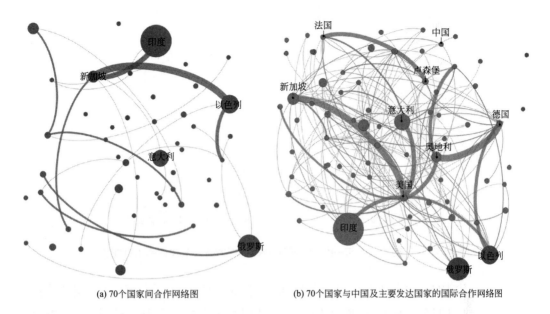

(a) 70个国家间合作网络图　　(b) 70个国家与中国及主要发达国家的国际合作网络图

图 2-19　70个"一带一路"沿线国家及中国工业生物技术专利国际合作网络图

4. 农业生物技术

2017—2021 年，70 个"一带一路"沿线国家总计申请了 3546 件农业生物技术专利（图 2-20），近五年农业生物技术专利产出数量较为稳定，其中以色列、印度和俄罗斯申请农业生物技术专利最多，分别为 889 件、612 件和 573 件（图 2-21）。

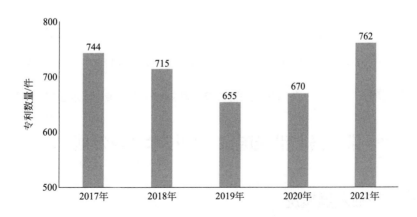

图 2-20　2017—2021 年，70 个"一带一路"沿线国家农业生物技术专利公开情况

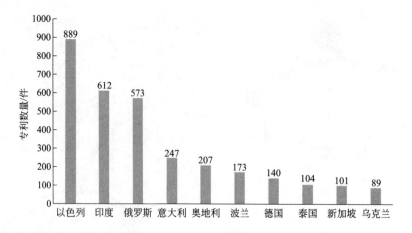

图 2-21　70 个"一带一路"沿线国家农业生物技术专利申请前 10 位国家

农业生物技术有国际合作的专利共计 260 件，除了与德国和奥地利在该领域合作申请专利较为紧密外，农业生物技术领域各国合作较少，70 个沿线国家之间的合作更少，未来深化合作空间极大（图 2-22）。

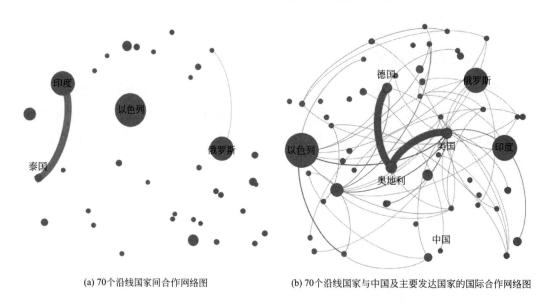

(a) 70 个沿线国家间合作网络图　　(b) 70 个沿线国家与中国及主要发达国家的国际合作网络图

图 2-22　70 个"一带一路"沿线国家及中国农业生物技术专利国际合作网络图

三、"一带一路"沿线国家生物技术产业发展

（一）产业发展概况

进入 21 世纪以来，世界各国加大了对生物技术相关产业发展的支持力

度，加快发展生物经济，"一带一路"沿线国家生物产业也得以迅速发展，尤其是新兴的生物产业如生物医药、生物化学品、生物能源和转基因作物产业发展更为迅速。本节选取部分"一带一路"沿线国家，简述其生物技术相关产业发展情况。

意大利是欧洲第三大生命科学技术市场，也是世界上最大的生命科学技术市场之一，生物产业成为意大利国民经济的核心领域。意大利制药业和生物技术均位于世界前列，拥有完整的产业链，2018年，意大利医药产业产值达322亿欧元，在欧盟国家中位居第一。截至2020年，意大利有200多家制药企业，以中小企业为主，外资参与度高，产品主要面向出口市场，2008—2018年实现了117%的增长，远超其他欧盟大国。意大利进口的农业生物技术主要产品是大豆和豆粕，可作为畜牧业饲料，目前意大利尚无任何转基因植物（包括转基因种子）投入商业化生产。

葡萄牙是经济中等发达的欧盟国家之一，生物制药在欧洲有一定的地位。2019年葡萄牙药品出口10.48亿欧元，同比增长17.03%，占葡萄牙出口总额的1.75%；2019年葡萄牙进口药物26.33亿欧元，同比增长6.58%，葡萄牙较为知名的生物制药企业有Bial公司、Biotecnol公司、Alfama公司等。

中东欧国家生物技术产业发展水平不尽相同，以医药产业为例，实力较强的是波兰、匈牙利、捷克、斯洛伐克、斯洛文尼亚等国。波兰是中东欧最大的医药市场，拥有200多家公司及100家左右的研究所。匈牙利的原料药和仿制药生产规模大、历史悠久，医药产业是该国最富竞争力的产业之一。捷克心血管疾病药物、化疗辅助药物和治疗癌症的生物技术具有世界先进水平。斯洛文尼亚医药化工行业发展较早，其生产的药品在欧洲部分国家及独联体国家市场上颇受欢迎。此外，部分中东欧国家生物技术产业发展也十分抢眼，例如，立陶宛约80%的生物技术产品出口到全球100多个国家，爱沙尼亚是世界上第一个实施全国范围的电子健康记录系统的国家。

南亚国家以印度生物技术发展最具代表，印度是全球生物技术前12的国家之一，在全球生物技术行业中所占份额约为3%。截至2020年，印度具有2700多家生物技术初创公司，预计到2024年将增长到10 000家；印度生物技术产业在2019年的估值为640亿美元，预计到2025年将达到1500亿美元。印度的生物技术产业主要分为生物制药、生物服务、生物农业、生物工业和生物信息学这五个部分，其中2019年，生物制药行业份额最大，占总收入的64%，其次是生物农业，市场份额为14%。

西亚国家以以色列生物产业发展最快，现有超过1600家生物技术企业，生物产业偏重于医疗器械产业。2017 年，以色列建立全球第二个生物科技孵化器，将为跨国医药公司和本国初创企业的发展建立一个重要的投资渠道。

总体来看，近几年"一带一路"沿线国家新增了波兰、奥地利、捷克、意大利、俄罗斯等国，生物技术产业总体规模也不断壮大，尤其以印度这样市场广阔、基础良好的生物科技国家，以意大利、俄罗斯这样制定了强力政策支持的国家、以新加坡这样集聚国外生物企业的国家，但缺少在生物技术领域创新驱动的生物经济强国，未来"一带一路"沿线国家在政策环境、资源配置、合作开发等多方面仍有更多共赢发展的机会。

（二）产品进出口分析

本节以 HS 编码的产品进出口数据为基础，利用 Global Trade Tracker 数据库，检索 2017—2021 年 70 个"一带一路"沿线国家在医药生物技术、工业生物技术和农业生物技术领域的进出口数据并进行分析，以揭示 70 个国家生物技术的经济产出（数据更新时间为 2021 年 12 月 14 日，需要注意的是：2021 年数据仅获取到 2021 年 10 月，因此本部分 2021 年数据仅供参考）。

1．总体情况

2017—2021 年，70 个"一带一路"沿线国家进口总额为 7396.36 亿美元，出口总额为 5709.58 亿美元，"一带一路"沿线国家总体上进口大于出口，且医药生物技术占据的进口额和出口额的绝大部分（图 2-23）。

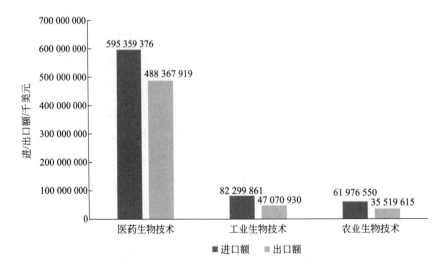

图 2-23　70 个"一带一路"沿线国家在三大生物技术领域进出口分布

从 2017—2021 年生物技术领域中进口额排名前 20 位的国家分布情况及各国家在三大生物技术领域的具体进口额分布情况来看，意大利、俄罗斯和奥地利在生物技术领域的进口额位居"一带一路"沿线国家的前三甲（图 2-24）。大部分国家的进口主要以医药生物技术产品为主。

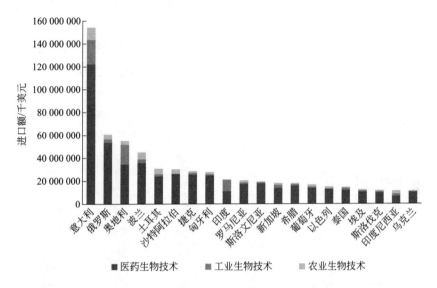

图 2-24　70 个"一带一路"国家生物技术领域中进口额排名前 20 位的国家分布

2017—2021 年生物技术领域中出口额排名前 20 位的国家分布情况及各国家在三大生物技术领域的具体出口额分布情况来看，意大利、印度和奥地利在生物技术领域的出口额位居"一带一路"沿线国家的前三甲（图 2-25）。大部分国家的出口也主要以医药生物技术产品为主。

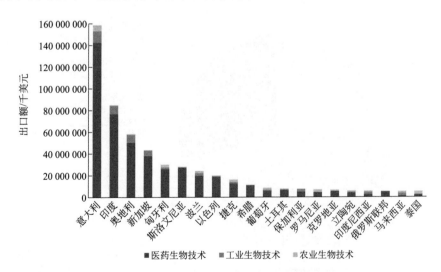

图 2-25　70 个"一带一路"国家生物技术领域中出口额排名前 20 位的国家分布

2. 医药生物技术

从进口情况来看，2017—2021 年，70 个"一带一路"沿线国家在医药生物技术产品进口总额达 5953.59 亿美元，同比增长 7.1%，2017—2020 年，进口总额稳定增长（图 2-26）。从产品具体类别来看，将近 70% 的进口额源自混合或非混合产品构成的药品（图 2-27）。2017—2021 年进口额排名位居前列的国家主要有意大利、俄罗斯、波兰、奥地利（图 2-28），其进口产品主要以混合或非混合产品构成的药品为主（图 2-29）。

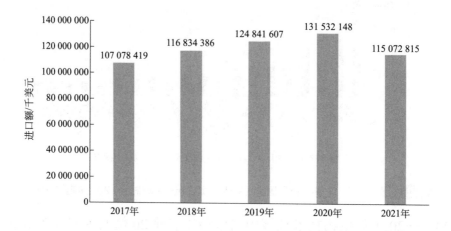

图 2-26 2017—2021 年 70 个"一带一路"沿线国家医药生物技术领域进口额

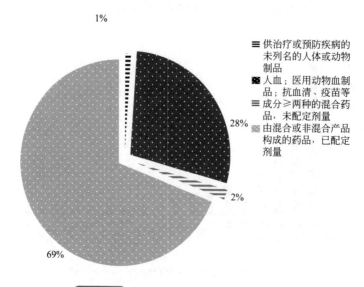

图 2-27 医药生物技术领域进口产品类别

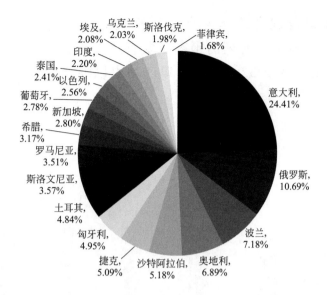

图 2-28 2017—2021 年医药生物技术领域排名前 20 位国家的进口额分布

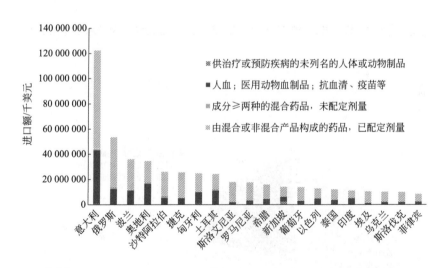

图 2-29 2017—2021 年，医药生物技术领域排名前 20 位国家的进口额组成

从出口情况来看，2017—2021 年，70 个"一带一路"沿线国家在医药生物技术产品出口总额达 4883.68 亿美元，同比增长 9.83%，2017—2020 年，出口总额稳定增长（图 2-30）。从产品具体类别来看，超过

75%的出口额源自混合或非混合产品构成的药品（图 2-31）。2017—2021 年出口额排名位居前列的国家主要有意大利、印度、奥地利、新加坡和斯洛文尼亚（图 2-32）。其出口产品也以混合或非混合产品构成的药品为主（图 2-33）。

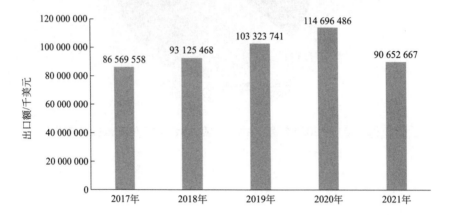

图 2-30　2017—2021 年 70 个"一带一路"沿线国家医药生物技术领域出口额

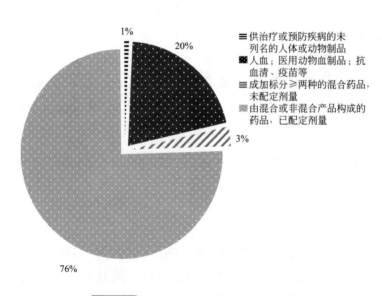

图 2-31　医药生物技术领域出口产品类别

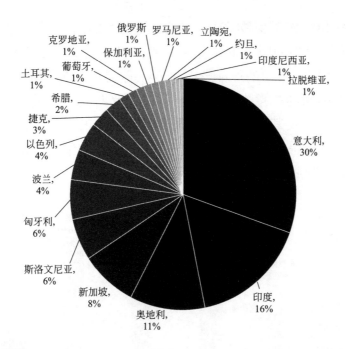

图 2-32 2017—2021 年，医药生物技术领域出口额排名前 20 位国家的分布

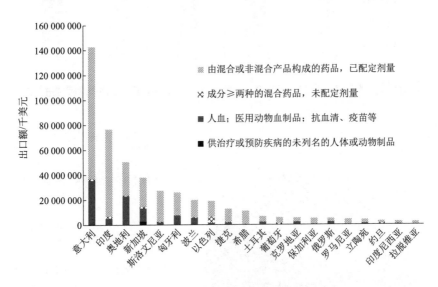

图 2-33 2017—2021 年，医药生物技术领域出口额排名前 20 位国家的产品组成

3. 工业生物技术

从进口情况来看，2017—2021 年，70 个"一带一路"沿线国家在工业生物技术产品进口总额达 823.00 亿美元，同比增长 1.61%，2017—2020 年，进口总额稳定增长（图 2-34）。从产品具体类别来看，34% 进口额源自激

素及其衍生物和结构类似物产品，其次是抗生素产品（图2-35）。近五年进口额排名位居前列的国家主要有意大利、奥地利、印度、俄罗斯和波兰（图2-36），从具体国家进口的产品分布来看，各国在工业生物技术领域的进口额分布情况不尽相同：意大利、奥地利和俄罗斯在该领域的进口额占比的绝大部分源自激素及其衍生物和结构类似物产品的进口，印度进口量最大的工业生物技术产品主要为抗生素产品，波兰进口量最大的工业生物技术产品主要为生物柴油及其混合物类产品（图2-37）。

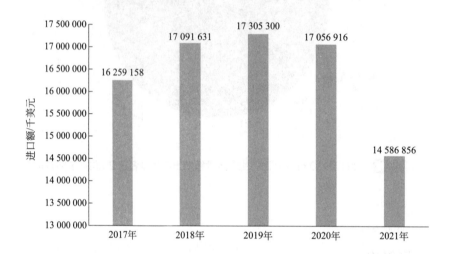

图 2-34　2017—2021年70个"一带一路"沿线国家工业生物技术领域进口额

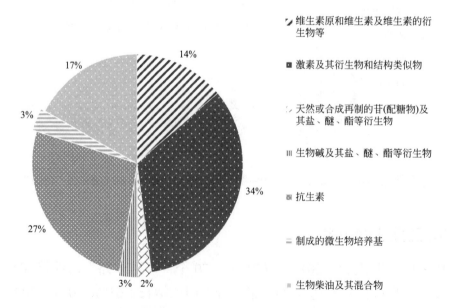

图 2-35　工业生物技术领域进口产品类别

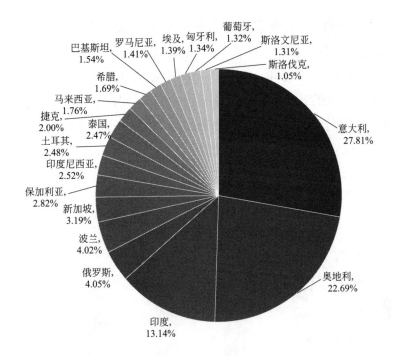

图 2-36　2017—2021 年，工业生物技术领域进口额排名前 20 位国家的分布

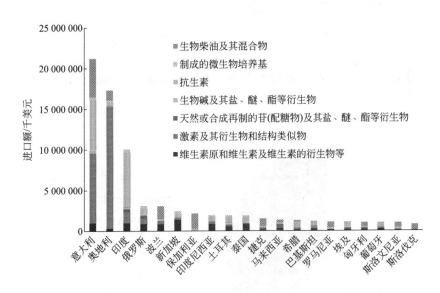

图 2-37　2017—2021 年工业生物技术领域进口额排名前 20 位国家的产品组成

从出口情况来看，2017—2021 年，70 个"一带一路"沿线国家在工业生物技术产品出口总额达 470.71 亿美元，同比增长 0.31%，2017—2021 年，出口总额较为稳定（图 2-38）。从产品具体类别来看，25% 出口额源自抗

生素产品，24%出口额源自激素及其衍生物和结构类似物产品（图2-39）。2017—2021年出口额排名位居前列的国家主要有意大利、印度、奥地利、新加坡和马来西亚（图2-40），从具体国家出口的产品分布来看，各国在工业生物技术领域的出口额分布情况也不尽相同：意大利和印度该领域的出口额占比的绝大部分源自抗生素产品的出口，奥地利和新加坡出口量最大的工业生物技术产品主要为激素及其衍生物产品，马来西亚、波兰、保加利亚和印度尼西亚等国出口量最大的工业生物技术产品主要为生物柴油及其混合物类产品（图2-41）。

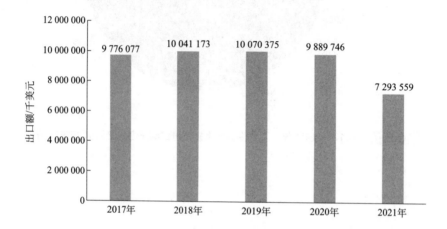

图2-38　2017—2021年70个"一带一路"沿线国家工业生物技术领域出口额

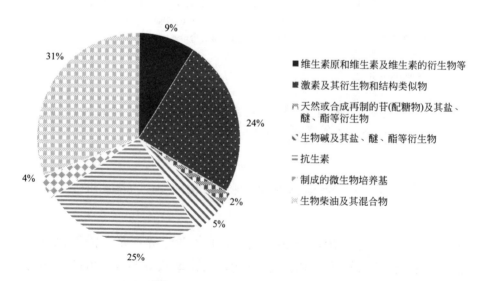

图2-39　工业生物技术领域出口产品类别

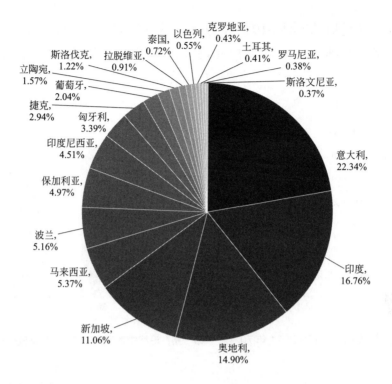

图 2-40 2017—2021 年工业生物技术领域出口额排名前 20 位国家的分布

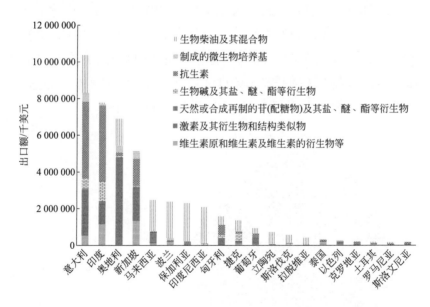

图 2-41 2017—2021 年工业生物技术领域出口额排名前 20 位国家的产品组成

4. 农业生物技术

从进口情况来看，2017—2021 年，70 个"一带一路"沿线国家在农业生物技术产品进口总额达619.77亿美元,同比下降了2.90%。2017—2021年,进口总额略有波动,2018年进口额最高,为142.25亿美元(图2-42)。

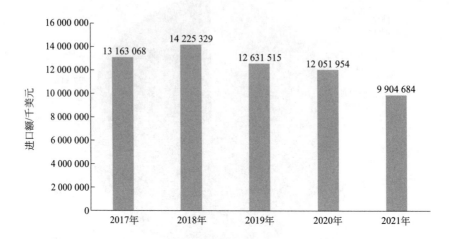

图 2-42　2017—2021年70个"一带一路"沿线国家农业生物技术领域进口额

从产品具体类别来看,64%进口额源自活物体产品,34%来自于活植物;茎、根;插花、簇叶产品(图2-43)。2017—2021年进口额排名位居前列的国家主要有意大利、波兰、土耳其、俄罗斯和沙特阿拉伯,意大利进口总额占20%(图2-44)。从具体国家进口的产品分布来看,意大利、波兰、土耳其、沙特阿拉伯等国家的进口额主要是活物体产品进口,俄罗斯和奥地利的进口额主要是活植物产品进口(图2-45)。

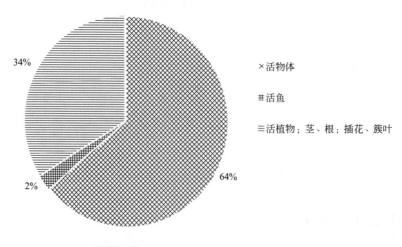

图 2-43　农业生物技术领域进口产品类别

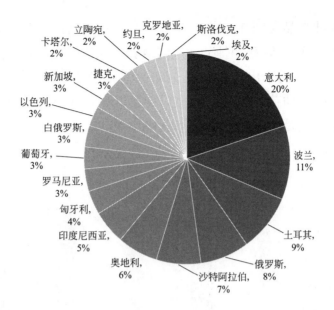

图 2-44 2017—2021 年农业生物技术领域进口额排名前 20 位国家的分布

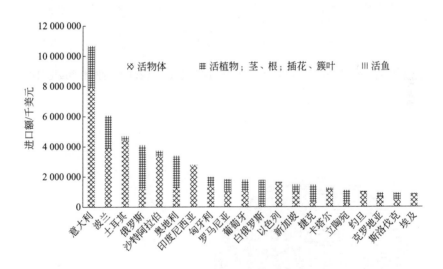

图 2-45 2017—2021 年农业生物技术领域进口额排名前 20 位国家的产品组成

从出口情况来看，2017—2021 年，70 个"一带一路"沿线国家在农业生物技术产品出口总额达 355.20 亿美元，同比增长了 3.68%（图 2-46）。从产品具体类别来看，57% 出口额源自活物体产品，37% 来自于活植物；茎、根；插花、簇叶产品（图2-47）。近五年出口额排名前五的分别是意大利、泰国、匈牙利、罗马尼亚和捷克（图2-48），意大利的进口额和出口额均位居第一。从具体国家出口的产品分布来看，意大利、波兰等国家主要是活植物；茎、根；插花、簇叶产品出口，泰国、匈牙利、罗马尼亚、捷克、葡萄牙等国家主要是活物体产品出口（图2-49）。

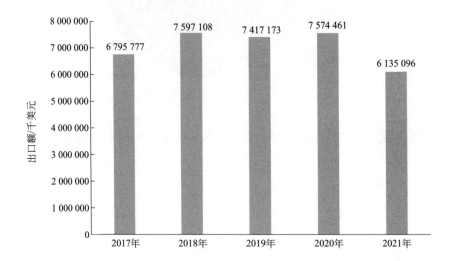

图2-46　2017—2021年70个"一带一路"沿线国家农业生物技术领域出口额

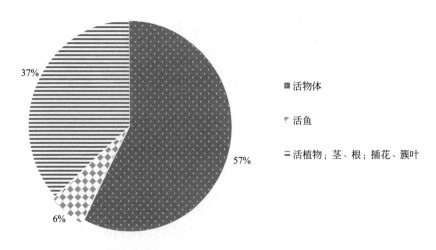

图2-47　农业生物技术领域出口产品类别

第一篇 ● 生物产业发展战略与格局

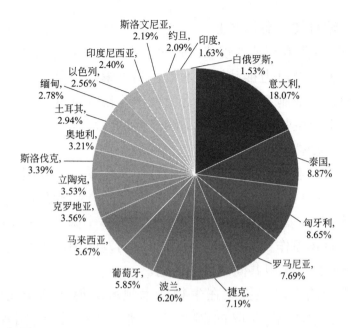

图 2-48　2017—2021 年农业生物技术领域出口额排名前 20 位国家的分布

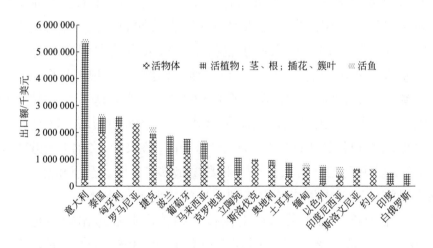

图 2-49　2017—2021 年农业生物技术领域出口额排名前 20 位国家的产品组成

四、总结与发展建议

当前，全球已进入生物经济时代，生物技术产业成为各国争相发展的战略领域。以医药生物技术产业为例，新冠肺炎疫情全球暴发，医药生物技术成为新一轮科技革命和产业变革的重点领域之一，医药生物技术的发展将极大改变民众生老病死的现状；农业生物技术在生物育种、生物农药、生物降解等诸多方面有力推动增产增效，基因编辑、分子定向设计、全基因组选择育种、干细胞育种、太空诱变育种等技术发展促使农业育种更加绿色、高效；工业生物技术则会推动经济的绿色增长，在助力"碳达峰、碳中和"方面做贡献。

"一带一路"沿线国家在生物技术领域资源基础、发展现状不同，政策环境、重点领域也各有侧重，多个国家在生物技术领域政策支持力度较大、科研实力较强、产业发展环境相对良好，如欧洲多个国家、新加坡、俄罗斯、印度等国家。而我国作为"一带一路"倡议的发起国，未来将与沿线国家在生物技术领域拥有无限共同发展的机遇。

从"一带一路"沿线国家在生物技术领域取得基础研究进展来看，2017—2021年，本报告选取的70个"一带一路"沿线国家共发表了346 312篇论文，在全球占比23.28%，同比增长了13.89%。其中，医药生物技术领域共发表227 348篇论文，占比最大，与国际合作也较为密切。从2017—2021年论文发表量趋势来看，无论是医药生物技术、工业生物技术或是农业生物技术领域，参与国研究论文发表量均处于稳步增长趋势。

从"一带一路"沿线国家在生物技术领域取得的发明专利进展来看，近五年，本报告所选取的70个"一带一路"沿线国家共申请了35 311件专利，在全球占比5.13%，同比增长了125.04%。其中，医药生物技术领域共计20 296件专利，占比最大，是国际合作较为密切的领域，医药生物技术有国际合作的专利共计1533件。从专利公开趋势来看，2017—2021年，印度、俄罗斯、以色列三个国家公开专利数量最多。美国、巴西和加拿大是"一带一路"沿线国家寻求生物技术专利保护的主要域外主体。

从"一带一路"沿线国家在生物技术相关产业的进出口数据来看，近五年，70个"一带一路"沿线国家进口总额为7396.36亿美元，占全球进口总额的20.52%，同比增长5.58%；70个"一带一路"沿线国家出口为5709.58亿美元，占全球出口总额的15.05%，同比增长8.61%。"一带一路"沿线国家总体上进口大于出口，且医药生物技术占据的进口和出口额的绝大部分，医药生物技术类产品进口额和出口额也同比增长最多，分别为7.1%和9.83%。意大利、俄罗斯、波兰和奥地利的进口额位居"一带一路"沿线各国的前四名，出口排名前三名的则为意大利、印度和奥地利，可见意大利和奥地利这两个欧洲国家在生物技术领域的国际贸易活跃度之高。

总体来看，70个"一带一路"沿线国家在生物技术领域的发展总体呈现稳中有升的态势，随着越来越多的国家响应共建"一带一路"倡议，中国与相关国家的合作也在逐渐深化。但我们也应该看到，外部环境存在巨大的不确定性，使得中国与"一带一路"沿线国家的合作也面临一些挑战和竞争，未来仍需从如下几个方面积极推动与"一带一路"沿线国家的合作发展：

首先，新冠肺炎疫情是对全球公共卫生应急能力的一次大考，也是构建人类命运共同体、人类卫生健康共同体，进而推进全球化升级的重要契机，而以合成生物学、基因编辑、生物传感器、脑机接口、再生医学等为代表的新兴生物技术是推动全球化升级的重要推手。基于此，着眼生物医药领域重大战略规划布局，强化"一带一路"沿线国家之间开展合作的多边属性，在共商、共建、共享的原则基础上，深化生物科技领域的高层次学术交流和技术合作，共同培育和推动前沿技术颠覆性创新和新一代生物科技革命。

其次，结合"一带一路"沿线国家自身的资源禀赋、产业基础、区域经济特点，提升区域生物产业合作开放水平，创新生物产业合作方式。如东盟国家和我国云南地区生物资源丰富，建议积极发挥云南连接东南亚国家的区位优势，提升相关国家生物资源利用的科技水平，以特色生物资源产业化开发为突破口，通过特色生物资源的品种选育，高值经济植物种植和特殊药用资源的开发，针对性提升生物产业发展。

最后，近年生物产业逐渐表现出与信息产业深度融合、交替轮动的发展势头，展现出推动产业革命和产业结构调整的潜力，有望从根本上解决当前人类共同面对的人口、粮食、资源、环境、能源等重大问题。基于此，建议"一带一路"沿线国家共同寻找新的合作契机，围绕生物产业链和信息产业链部署生物技术创新链，推动调整优化产业升级。

撰稿专家：毛开云　李　荣　张博文　范月蕾　李丹丹　陈大明　赵若春
　　　　　江洪波　罗丹丹　赵秋伟　柳国霞　张延平　曹京华　于建荣
　　　　　于　波　李　寅

第二篇

生物技术发展前沿与热点分析

第三章 人工合成淀粉的研究进展

一、背景与定义

淀粉是粮食中最主要的营养成分,占谷物粮食重量的 70%~80%。同时淀粉也是重要的工业原料,广泛应用于食品、饲料、医药、纺织、造纸、日化等多种行业。2020 年全球谷物粮食产量约 28 亿吨,其中约 20 亿吨是淀粉。淀粉主要由玉米等农作物通过自然光合作用固定二氧化碳生产,生产周期较长,需要使用大量土地、淡水等自然资源以及肥料、农药等农业生产资料。

人工淀粉合成是指不依赖自然资源和农业生产资料的工业化生产淀粉的方式,其本质是农业工业化。人工淀粉合成的科学内涵是通过生物、化学、物理等多学科交叉,抽提淀粉合成的化学本质,并利用合成生物学的理念人工改造或从头设计能量转化、二氧化碳固定、多碳聚合等关键功能过程,实现淀粉人工合成的综合能量效率和合成速率突破自然途径的极限,使得淀粉生产由传统农业种植模式向工业车间生产模式转变成为可能。

目前全球粮食生产消耗近 40% 的土地和 70% 的淡水资源,很难再通过大规模增加耕地来提高粮食产量。根据联合国粮食及农业组织所发布的《2021 年世界粮食安全和营养状况》报告显示,2020 年全球有 8.11 亿人处于饥饿状态,比 2019 年增长 1.61 亿人,无法获得充足食物的居民更是高达 23.7 亿人,因此,解决粮食危机一直是国际上关注的重点问题。我国以 7% 的土地和 6% 的淡水资源养活全球 18% 的人口,习总书记曾指出,中国人的饭碗任何时候都要牢牢端在自己手上。人工淀粉合成将为保障粮食安全提供全新的解决思路。

二、国内外研发现状与趋势

人工合成淀粉正在成为生物技术发展的前沿领域，所涉及的能量转化、二氧化碳固定等细分方向，是目前生物技术研发的热点，设计创建超越自然的人工生物系统正在成为这一领域发展的重要趋势。

1. 人工光合系统

二氧化碳是一种化学性质稳定的惰性分子，其转化利用通常需要外界的能量输入。植物、藻类等光合生物利用光系统Ⅰ（PSⅠ）和光系统Ⅱ（PSⅡ）将太阳能转化为NAD（P）H和ATP用于二氧化碳的固定和转化。在自然光合作用中，从太阳能到最终生物质的转化效率比较低（高等植物的平均能量效率只有约1%），如何提高光合系统的能量转化效率是科学界面临的重要挑战。以中国科学院生物物理研究所常文瑞院士为代表的多个研究团队在解析光系统复合体结构方面做出了重要贡献，为理解光合作用中能量传递与转化的分子机制奠定了关键基础，也为创建人工光合系统提供重要依据。

区别于改造结构复杂的自然光系统，科学家尝试构建能效更高、组成更简单的化学-生物杂合的人工光合系统。中国科学院大连化学物理研究所李灿院士团队首先将PSⅡ和人工半导体纳米光催化剂自组装，构建了光催化全分解水杂化体系，是国际上第一次在自然和人工光合杂化体系上实现太阳能全分解水制氢。美国田纳西大学Barry研究组将蓝细菌来源的PSⅠ蛋白与纳米Pt粒子组装在一起，构建了光催化产氢杂化体系，并实现了长时间稳定的产氢活性。

除此之外，科学家还尝试将化学光/电催化剂与生物酶或细胞系统杂合用于转化二氧化碳合成多种化学品。韩国科学技术院Park研究组构筑了光电化学Z-scheme体系，利用水氧化传递的电子在阴极还原NAD^+生产NADH，后者进一步被甲酸、甲醛、甲醇脱氢酶用来还原二氧化碳生产甲醇。2012年James Liao将电化学还原系统和生物细胞转化系统耦合，二氧化碳首先被电还原为甲酸，后者进入生物系统为*Ralstonia eutropha*提供碳元素和还原力，实现利用电能固定二氧化碳生产异丁醇、3-甲基正丁醇等生物燃料。

美国加州大学伯克利分校的杨培东团队成功构建了纳米线-细菌的杂合体系，在这一系统中太阳能首先被转化为电子，并通过纳米线传递给厌氧微生物 Sporomusa ovata 用于固定二氧化碳合成乙酸，乙酸进一步被大肠杆菌转化为正丁醇、PHB、药物前体等。该团队还通过在细菌表面沉积硫化镉纳米颗粒的方式，将化能自养型的热醋穆尔氏菌改造为光能自养型生物，在实验室条件下最高能量转化效率达到 2.44%。美国哈佛大学 Nocero 团队将电解水产氢装置与生物系统偶联，实现固定二氧化碳生产多种化学品，该系统与光伏装置耦合后，从太阳能到生物质的能量转化效率可以达到 10%，远高于自然植物。人工光合系统在提高能量转化效率方面展现了超越自然的巨大潜力，但是由于其主要依赖自然的固碳酶或固碳途径，固碳速率仍然比较低，如何提高二氧化碳的转化速率将是另一重大挑战。

2. 人工固碳系统

在光合生物中，二氧化碳主要通过卡尔文固碳循环进行固定和转化。该途径中直接参与固定二氧化碳的酶为核酮糖-1,5-二磷酸羧化酶/加氧酶（Rubisco），同时也是整个循环的限速酶。高等植物和蓝细菌中的 Rubisco 具有 8 个大亚基和 8 个小亚基，结构非常复杂，且会催化加氧的副反应。这也导致几十年来对 Rubisco 的分子改造十分困难。目前最成功的案例是中国科学院微生物所李寅团队通过建立高通量的筛选方法将来源集胞藻 7002 的 Rubisco 固定二氧化碳的比酶活提高了 85%，但是这一突变体在生物体内并没有展现出相应的优势。这也从侧面说明了固碳系统的复杂性。自然界中已发现的天然固碳途径共有 6 种，除卡尔文循环外，还有 3-羟基丙酸双循环、Wood-Ljungdahl 途径、还原性（逆向）TCA 循环、二羧酸/4-羟基丁酸循环和 3-羟基丙酸/4-羟基丁酸循环。这些天然固碳途径存在步骤多、速率低、严格厌氧等缺点。

德国马克斯·普朗克研究所的 Arren Bar-Even 最早提出设计超越自然的人工固碳途径的想法，并从 5000 多个生化反应中计算出一系列非天然的合成固碳途径，作者预测这些人工设计的固碳途径可能比自然途径更具有固碳潜力。人工途径的设计被分为 5 个层次，分别是①已知的自然途径；②已知途径的复制粘贴；③已知反应和已知酶重新组合；④基于已知反应和未知酶的新途径；⑤基于未知反应的新途径。

固定二氧化碳是自养生物的重要特征，实现异养生物的自养固碳生长一直是重大的挑战。以色列科学家 Ron Milo 将卡尔文固碳循环复制粘贴到异养大肠杆菌中，以丙酮酸作为能量供体，实现大肠杆菌部分固定二氧化碳合成糖类中间代谢产物；随后团队对该菌进行 350 d 的连续定向驯化，在基因组上累积 11 个关键突变后，首次实现异养大肠杆菌固定二氧化碳进行自养生长。澳大利亚 Diethard Mattanovich 团队通过添加 8 个异源基因和缺失 3 个天然基因，成功将巴斯德毕赤酵母甲醇同化途径改造成二氧化碳固定途径，将异养型的巴斯德毕赤酵母改变为自养型酵母。天然固碳途径在异养生物中的成功"复制"将极大增加固碳底盘选择的多样性。

科学家也在尝试将已知的反应和酶重新组合创建全新的人工固碳途径。德国马克斯·普朗克陆地微生物研究所 Tobias J. Erb 课题组利用已知具有最高催化活性的羧化酶——巴豆烯酰辅酶 A 羧化酶/还原酶替代 Rubisco 作为途径设计的起点，设计并组装了一条自然界中不存在的第七条固碳途径 CETCH。CETCH 比天然卡尔文固碳循环的效率更高。该团队进一步将从菠菜中提取的叶绿体膜和 CETCH 途径耦合，并利用纳米微流控技术合成了细胞大小的液滴，这些液滴可以作为叶绿体吸收太阳能并固定二氧化碳。德国马克斯·普朗克分子植物生理学研究所 Bar-Even 团队和韩国科学技术院 Sang Yup Lee 团队将 Wood-Ljungdahl 途径和丝氨酸循环在大肠杆菌中进行耦合，创建了还原甘氨酸途径，并实现大肠杆菌以甲酸和二氧化碳为碳源进行生长。

人工酶元件的开发进一步拓展了人工固碳途径设计的边界。中国科学院生物物理研究所王江云团队通过在荧光蛋白中引入非天然氨基酸改造发色团并突变相邻氨基酸的策略，成功构建新的光敏蛋白（PSP2），进一步在 PSP2 上连接电化学还原催化剂，新构建的杂合蛋白在光照条件下可以还原二氧化碳生产一氧化碳。该团队与中国科学技术大学田长麟课题组合作，在 PSP2 上连接两个铁硫簇基团，实现光照还原二氧化碳生产甲酸。这些人工酶有望用来构建直接利用光能的人工固碳途径。美国华盛顿大学 David Baker 研究团队对苯甲醛缩合酶的催化中心进行理性设计，构建了人工甲醛缩合酶（FLS），并以 FLS 为基础构建了转化甲酸到磷酸二羟基丙酮的甲醛缩合酶途径。中国科学院天津工业生物技术研究所江会锋团队通过设计开发羟基乙醛合酶和乙酰磷酸合酶两个人工酶元件，创建了人工乙酰 CoA 途径（SACA pathway）。和自然固碳途径比，SACA 途径具有反应步骤少、驱动力强等优点。

3. 人工淀粉合成

农作物中淀粉合成需要多种细胞和细胞器参与，二氧化碳在叶绿体中由卡尔文固碳循环转化生成 3-磷酸甘油醛，后者在叶片细胞的细胞质中被转化为蔗糖并被转运到储存细胞的细胞质中，被转化为6-磷酸葡萄糖，后者再被转运到淀粉体中并合成最终的淀粉。对天然淀粉合成途径的改造包括增加淀粉前体供给和淀粉合酶表达、阻断淀粉降解等策略。但是由于植物中淀粉合成过程调控非常复杂，目前的改造策略效果有限。中国科学院上海高等研究院赵权宇团队利用微藻生长周期短的优势，开发了基于微藻 *Chlorella* sp. AE10 的两段式发酵工艺，将二氧化碳到淀粉的生产强度提高到 12 mg/（L·h）。

美国 NASA 早在 1972 年就提出利用多酶系统来构建以二氧化碳为原料的人工合成淀粉路线，希望借此减少对空间的依赖，缩短淀粉生产周期，但是失败了。2013 年，美国弗吉尼亚理工大学张以恒团队利用纤维素降解与淀粉合成的关键酶组装成纤维素到淀粉的人工合成系统，使得农业秸秆转化为食物成为可能，但不能以二氧化碳为原料合成淀粉。2018 年，NASA 再次提出利用二氧化碳合成葡萄糖的"百年挑战计划"，旨在非地环境下生产人类生存和生活所必需的食物、燃料、材料等物资。美国加州大学伯克利分校的杨培东院士团队利用化学聚糖反应将二氧化碳转化为四碳到六碳的单糖混合物，但尚未实现二氧化碳到复杂淀粉分子的定向合成。

中国科学院天津工业生物技术研究所团队从头设计创建了二氧化碳到淀粉合成的非自然途径。研究团队从近 7000 个反应中计算设计获得了仅有 9 步核心反应的人工淀粉合成路径，并通过模块组装与适配解决了计算途径中存在热力学不匹配、代谢流不平衡以及副产物抑制等问题，体外组装构建了包括 1 步化学反应和 10 步生物反应的人工淀粉合成途径（Artificial starch anabolic pathway，ASAP）1.0 版本，但淀粉生产强度仅有 3 mg/（L·h）。随后，研究团队对途径中三个关键酶元件进行了蛋白质工程改造，提高限速酶甲醛缩合酶（FLS）的催化活性和产物选择性，解除辅因子对果糖 1,6-二磷酸酶（FBP）的别构抑制，解决途径中 ATP 竞争的问题，构建了人工淀粉合成途径 2.0 版本，淀粉生产强度提高到 23 mg/（L·h）。最后，研究团队联合中国科学院大连化学物理研究所李灿团队将二氧化碳化学加氢模块与多酶系统耦合，并通过时空分离策略解决了高转化速率下中间产物积累对途径的抑制作用，构建了人工淀粉合成途径 3.0 版本，淀粉生产强度提高到 410 mg/（L·h）。

ASAP 太阳能到淀粉的理论能量转化效率可以达到 7%，是玉米淀粉理论转化率的 3.5 倍。ASAP 淀粉合成速率达到 22 nmol C/（min·mg）蛋白，是玉米淀粉合成的 8.5 倍，比第七条固碳途径 CETCH 快 5.6 倍。按照目前技术参数计算，在能量供给充足的情况下，1 m³ 生物反应器年产淀粉量相当于 5 亩（1 亩 =666.67 m³）土地玉米种植的淀粉产量。这一工作使得淀粉生产的传统农业种植模式向工业车间生产模式转变成为可能，并为二氧化碳原料合成复杂分子开辟了新的技术路线。

三、前景

　　人工淀粉合成尚处于 0 到 1 的实验室概念证明阶段，要想实现 1 到 100 的工业化应用还需要克服多个科技瓶颈和挑战。就像其他变革性技术一样，人工合成淀粉从实验室走向产业化也离不开相关科学领域和产业的发展。比如能源产业，近期德国弗朗霍夫太阳能系统研究所开发的砷化镓光伏电池在单色光下获得了创纪录的 68.9% 的光电转化效率；中国科学院合肥物质科学研究院有"人造太阳"之称的全超导托卡马克核聚变实验装置（EAST，"东方超环"）创造了全新的世界纪录——1.2×10^8 ℃运行 101 s。这些技术的进步将大幅降低能源成本，推动人工合成淀粉的大规模工业化应用。

　　通过工业车间的方式生产淀粉不仅对未来的农业生产，特别是粮食生产具有革命性的影响，而且对全球生物制造产业的发展具有里程碑式的意义。在农业方面，按目前人工淀粉的合成速率计算，预期可以节省 90% 的土地和淡水资源，避免农药、化肥等对环境的负面影响，并从根本上解决生物制造产业与民争粮的难题，助力我国粮食安全战略。在工业方面，人工合成淀粉技术的发展将大幅提高二氧化碳的固定效率和转化效率，有望建立不依赖石化资源的化学品制造模式，与绿色能源技术共同推动形成以二氧化碳为原料的低碳化工路线，服务我国"双碳"战略目标。

　　值得一提的是，探索浩瀚宇宙一直是人类追求的梦想，但食物等物资的循环供给限制了人类探索宇宙的距离和时间。在太空舱等封闭的环境下，人工合成淀粉的时空效率具有比种植农作物高 3～4 个数量级的潜力，意味着在有限的空间和时间内就可以将二氧化碳转化为淀粉。合成的淀粉进一步被转化为蛋白质、油脂、维生素，甚至其他可作为材料和燃料等的化合物，后者经过消化、降解、燃烧等过程再次被转化为二氧化碳，形成类似地球生物圈的碳元素循环系统，为人类太空活动提供所必需的物资。

撰稿专家：蔡　韬　马延和

第四章

生物医药科技前沿动态和我国发展态势

一、概述

生物医药是基于生物技术的、用于防治疾病及卫生保健的制品和系统技术总称。生物医药的科技创新与人类发展息息相关，也是全球科技竞争的焦点之一，尤其是在新冠肺炎疫情暴发后，该领域受到了空前的重视，科技竞争进一步加剧。

近年来，技术的突飞猛进、学科的深度融合会聚，推动生命健康和生物医药领域加速发展，研究尺度和深度进一步拓宽，全生命周期、全系统研究愈加深入，数字化、系统化、工程化趋势明显。多组学、跨组学、单细胞等技术的大发展，以及由此进行的图谱绘制研究等，推动了分子、细胞、器官等多层次的基础研究向纵深推进，使得能够更加全面深入地认识和解析人体这一复杂系统，进而为生物医药的发展奠定重要理论基础。人工智能技术的广泛应用，深度赋能生物医药的科技发展。2021年，该领域的重大突破是利用人工智能对生物大分子三维结构的准确预测，相关成果连续两年入选 Science 杂志十大科学突破，这不仅为认识生命过程、了解疾病发生机理、揭示潜在的新药物靶点提供了更高效的手段，而且有望对整个生物医药的发展带来变革。基因编辑技术持续迭代，技术更高效、更安全、操作更简单、更灵活，在疾病治疗中的应用潜力获得进一步临床证据支持。2021年，全球首例体内基因编辑疗法的 I 期临床试验取得成功，并获美国食品药品监督管理局（Food and Drug Administration，FDA）孤儿药认定；针对 Leber 先天性黑矇症 10 型的体内临床试验也取得积极结果，再次证明基因编辑在疾病治疗中的应用潜力。

另外，包括人类微生物组、生物相分离等领域的新发现也进一步推动生物医药领域的发展，在从新的角度解释疾病发生发展机制的同时，为生物医药研发提供了新的思路。近年来，人类微生物组组成与人体发育、成长、衰老全生命周期过程，以及多种疾病发生的密切关系陆续得以揭示，使得通过重构人类微生物组平衡来改善健康受到关注，其与其他疗法联用为一些疾病治疗带来了新的希望，2021年2月，*Science*同期发表的两篇文章中首次通过人体临床试验评估免疫检查点抑制剂和粪菌移植联合疗法（CPI-FMT）在治疗晚期黑色素瘤患者中的安全性和可行性，发现部分患者能从中获益，另外已有包括英国4D Pharma、法国Enterome Bioscience等8家企业开启了微生态药物与免疫检查点抑制剂联用进行疾病治疗的临床试验。生物相分离异常与神经退行性疾病、癌症、传染性疾病的发生发展的关系及其对药物疗效发挥的影响的研究增多，通过靶向调控异常生物相分离来达到治疗相关疾病的目的已成为药物研发一大重要方向，生物相分离也为在药物设计中实现将小分子药物递送到细胞内关键位置以发挥作用提供了新思路。近几年成立的包括美国Nereid Therapeutics、Transition Bio、Faze Medicines、Dewpoint Therapeutics等公司专注于研究生物相分离技术的初创企业已经获得了超过3亿美元的风险资本融资。不过当前靶向调控生物相分离的药物开发都还处在早期阶段，虽然研究人员已能够用生物相分离原理解释部分化合物作用机制，但是尚未有全新结构的、通过调控生物相分离来治疗疾病的临床化合物报道。

与此同时，人体处在复杂的环境中，个体之间、个体与环境、个体到群体的研究在新技术的推动下全面开展，全健康（One-Health）、精准医学（Precision Medicine）、群医学（Population Medicine）等新理念、新路径的提出推动了人们对健康与疾病的全面认识，人们研发出更加有效的干预与治疗方案。其中，疾病研究的精准医学体系逐渐形成，大型队列和数据平台持续建设，基于组学特征谱的疾病精准分型研究不断突破，推动更多的疾病精准防诊治方案的研发和推广。在疾病研究方面，肿瘤内异质性图谱、肺鳞状细胞癌分子图谱为疾病分子分型奠定基础，通过对*EGFR*突变分类，预测非小细胞肺癌患者对药物反应，以进行精准用药。在精准诊断方面，多款ctDNA液体活检产品的灵敏度、可靠性被评估，并提出了最佳实践指南，将有望改善液体活检技术的特异性、灵敏性。

二、生物医药科技年度突破和热点

（一）AI 药物研发

药物研发存在耗时长、成本高、风险大、回报率低等瓶颈问题，人工智能的引入解决了关键痛点，推动新药研发进入基于人工智能的全新范式。当前，药物研发已成为人工智能在医疗领域应用最快、份额最大的细分领域，尤其是 DeepMind 发布的 AlphaFold 解决了困扰科学家 50 年的蛋白折叠难题，推动人工智能助力分子筛选，为药物研发带来巨大突破，先后入选了 MIT Technology Review 杂志评选的 2020 年度十大突破性技术、2021 年 Science、Nature 十大科学突破等。

全球人工智能在药物研发中的应用主要集中于新药发现和临床前研究阶段，并逐步渗透到药物临床研究和审批上市阶段。主要场景涉及靶点发现、化合物筛选、化合物合成、晶型预测、ADMET 性质研究、新适应证拓展、临床试验设计、患者招募等多个场景。尤其是可快速、有效地发现药物靶点，并高通量进行匹配的小分子化合物评估、筛选及设计，大幅缩短了药物研发周期与成本，成为企业布局的关键细分场景，AlphaFold 的推出进一步推动了人工智能在化合物晶型预测环节的应用。当前，AI 药物研发已经开始从技术概念期过渡到价值验证阶段，其主要商业模式为 AI 药物研发创新公司与药企合作。目前，全球利用 AI 研发上市的药物还没有成功案例，但是进入该领域较早、发展较快的企业的相关新药已进入临床试验阶段，全球已有 30 款 AI 参与研发的候选化合物进入临床试验阶段（或者获批临床试验申请还未开启试验）。同时，作为新兴领域，AI 新药研发也面临着一些挑战，数据、技术、人才等因素导致的领域进入难、发展较为初步、产品落地难等问题亟待破解。

我国 AI 药物研发行业相对于国际起步较晚，目前处于极速上升的初期发展阶段，布局场景聚焦于早期药物发现阶段，尤其聚焦于其中的化合物筛选环节。从发展模式来看，我国 AI 药物研发领域的路径与全球类似，AI 药物研发创新公司与药企合作也是目前我国在该领域的主要商业模式。具体路径上，主要包括 AI 药物研发创新公司独立或与药企合作开展新药研发；IT 科技巨头与药企合作，提供定制化服务或软件服务；合同研究组织（CRO）企业与 AI 新药研发创新公司合作，优化 CRO 服务平台 3 种路径。目前，我国有 2 款 AI 参与的药物候选化合物通过临床试验申请，进入临床研究阶段，分别是上海冰洲石生物科技和深圳未知君生物开发的针对乳腺癌与移植物抗宿主病的产品,标志着我国 AI 药物研发开始突破。

(二)新冠肺炎疫情研究

新冠肺炎疫情研究仍然是重中之重,溯源、机制、变异、诊断、药物、疫苗研发是研究重点。病毒检测的便捷性和大批量检测的时效性取得突破。在疫苗研发方面,mRNA 疫苗已经引起了高度关注,其主要贡献者获得"2021 年度科学突破奖"。通用疫苗、DNA 疫苗、鼻喷式疫苗等都在积极研发中,世界首款 DNA 疫苗也在印度获批上市。药物研发聚焦在"老药新用"、抗体、小分子药物三个方向。美国 FDA 已授予五种用于抗体单药或组合疗法的紧急使用授权,其中一种新冠病毒感染预防,我国应急批准了首个自主研发的新冠肺炎病毒中和抗体联合治疗药物安巴韦单抗注射液(BRII-196)及罗米司韦单抗注射液(BRII-198)。英国批准了全球首个针对 COVID-19 的口服抗病毒药物——默沙东公司的 Lagevrio(molnupiravir)。辉瑞公司在披露其口服药 Paxlovid 的Ⅱ/Ⅲ期临床试验中期结果后,在美国申请紧急使用授权。

我国的新冠肺炎疫情研究,在病毒溯源、结构解析、机制研究、药物和疫苗研发等方向取得多项突破。中国科学院在新冠肺炎疫情研究中贡献突出。我国已有 7 款获批附条件上市或紧急使用的疫苗,包括中国科学院参与研发的新冠病毒灭活疫苗与重组新型冠状病毒疫苗;艾博生物、斯微生物和丽凡达生物(被艾美疫苗收购)获得新冠病毒 mRNA 疫苗临床批件,艾博生物 mRNA 疫苗 ARCoVaX 进入Ⅲ期临床试验。我国艾棣维欣联合美国 INOVIO 制药在全球开展新冠病毒 DNA 疫苗的Ⅲ期临床试验。厦门大学和香港大学、海华生物、四川大学华西医院等机构正在探索鼻喷式新冠病毒疫苗。国药集团中国生物的二代重组新冠病毒疫苗已获海外紧急授权。2021 年,国家药品监督管理局(NMPA)应急批准了我国首个自主研发的新冠病毒中和抗体联合治疗药物安巴韦单抗注射液(BRII-196)及罗米司韦单抗注射液(BRII-198);由中国科学技术大学研发的"托珠单抗+常规治疗"免疫治疗方案获得了英国 NHS 授权的重症患者首选药物应用;中国科学院微生物研究所与君实生物联合研发的中和抗体 JS016 与国际药企合作,已在全球 15 个国家获得紧急使用授权。君实生物、中国科学院和旺山旺水联合开发的小分子药物 VV116 获海外紧急授权。

三、生物医药科技前沿态势分析

在新冠肺炎疫情推动下,mRNA 疫苗研发成为领域最大热点,除了用于传染性疾病预防，癌症治疗性 mRNA 疫苗等也正快速开展临床研究。单克隆抗体作为当前主流靶向疗法之一，从自身免疫性疾病、癌症治疗逐渐扩展到传染病治疗领域，针对新冠肺炎病毒、流感病毒、寨卡病毒和巨细胞病毒等开发的单克隆抗体将可能成为对抗传染病的标准武器。多项技术进步为疾病提供了更加多样化的治疗方案，靶向蛋白质降解药物、抗体偶联药物（ADC）、双特异性抗体、融合蛋白药物、免疫细胞治疗等疗法为癌症治疗带来新希望，基因治疗则主要在罕见病、传染性疾病等领域持续取得突破，干细胞疗法作为再生医学的核心发展方向，持续推进。

（一）mRNA 疫苗

信使核糖核酸（mRNA）疫苗是一种有效性高、量产性强的独特疫苗类型，由于设计通用性高、构建速度快、生产周期短、成本效益高等特点获得公众瞩目。从 20 世纪 80 年代人工合成具有活性的 mRNA、混合 mRNA 与脂肪滴，到 20 世纪 90 年代减少 mRNA 的免疫反应、采用脂质纳米颗粒（LNP）解决 mRNA 的递送问题，mRNA 疫苗的开发历程中涌现了多个开创性的成果。作为 *Science* 2020 年度突破"新冠肺炎疫苗"中极具颠覆性的创新产品，mRNA 疫苗已引发高度关注，并被评选为《麻省理工科技评论》2021 年度十大突破，已经引起高度关注，其主要贡献者卡塔林·卡里科（Katalin Karikó）和德鲁·韦斯曼（Drew Weissman）也因此荣获 2021 年度临床医学研究领域拉斯克奖和 2022 年度生命科学领域突破奖。mRNA 疫苗技术能够精确调控，可以广泛地应用于多种疾病领域，凸显了基础生物医学研究对医学突破强有力的推动作用。目前，该领域重大挑战是：如何设计与修饰序列结构，从而决定抗原蛋白结构、免疫原性及稳定性；递送系统是当下产能扩张的瓶颈，尤其是主流的 LNP 及其知识产权问题。

据市场研究公司 IMARC 的研究数据，mRNA 疫苗和疗法的市场规模将在 2026 年达到 154.9 亿美元，2021—2026 年的年均复合增长率（CARG）为 10.5%。据市场调研机构波士顿研究咨询公司估算，由于短期内新冠肺炎疫情仍会持续，因此 mRNA 疫苗和疗法的市场规模在 2021 年将超过 500 亿美元；2023—2025 年，鉴于 COVID-19 疫苗需求的减少以及基于 mRNA 的产品管线尚未成熟，预计其市场规模将下降至 200 亿美元左右；此后随着面向其他疾病的 mRNA 预防性疫苗和治疗性疫苗相继研发上市，预计该市场将从 2028 年开始回暖，并于 2035 年达到 230 亿美元的规模。其中，预防性疫苗销售额占市场规模的 50% 以上，用于癌症的治疗性疫苗销售额占市场规模的 30%。全球多家企业正在研发 mRNA 疫苗。其中，美国莫德纳公司（Moderna）、德国生物新技术公司（BioNTech）、德国 CuerVac 公司是处于领军地位的国际三巨头，法国赛诺菲公司（Sanofi）等也已加强该领域部署。上述公司已有多个产品研发管线正在推进，除针对传染性疾病的预防性疫苗外，在实体瘤、非小细胞癌等癌症治疗性疫苗领域有所布局。具有 mRNA 疫苗研发基础的国内机构包括复星医药、艾博生物、沃森生物、斯微生物、丽凡达生物、军事医学科学院、深信生物、美诺恒康、嘉晨西海、蓝鹊生物、瑞吉生物、厚存纳米等，但目前暂未有产品获批上市，仍处于起步阶段。

如上所述，从 mRNA 疫苗的适应证出发，可以简单将其分为传染性疾病 mRNA 疫苗、癌症 mRNA 疫苗、其他 mRNA 疫苗等类型。面向传染性疾病主要研发的疫苗适应证包括新冠肺炎、艾滋病、疟疾、流感等，同时也在寨卡病毒病、埃博拉出血热、呼吸道合胞体病毒感染（RSV）、狂犬病、蜱传疾病（主要为莱姆病）等多种传染病中取得进展，通常采用自我扩增型和非复制型 mRNA 疫苗进行治疗。英国米尔肯研究所新冠肺炎疗法与疫苗追踪系统截至 2021 年 12 月 29 日的数据显示，全球研发的 276 种新冠肺炎疫苗中有 35 种是基于 RNA 的。如，2020 年 12 月 11 日，美国辉瑞公司（Pfizer）与 BioNTech 公司合作研发的 BNT162b2 获得美国 FDA 的紧急授权，成为全球首个获批的 mRNA 疫苗；同月，Moderna 公司的 mRNA-1273 也在美国获批使用。在国内，鉴于新冠肺炎疫情的快速审批渠道缩短了相关技术标准制定时间和审批流程，军事医学科学院、艾博生物与沃森生物共同研发的 ARCoVax 已开展Ⅲ期临床试验；复星医药从 BioNTech 公司引进的 BNT162b2（复必泰）已于 2021 年 7 月基本完成审定工作，专家评审已通过；中国国药集团的自主产权 mRNA 疫苗尚在研发中，正在完善 mRNA 平台建设和大规模生产车间布局；斯微生物的 mRNA 疫苗和艾美疫苗/丽凡达生物的候选产品已进入临床阶段；此外，沃森生物和康希诺（上海）生物等企业的 mRNA 疫苗生产项目厂房先后交付。针对除新冠肺炎外其他传染性疾病的 mRNA 疫苗研发进展频现。2021 年 6 月 22 日，Sanofi 公司与 Translate Bio 公司展开合作，启动了一项评估 mRNA 疫苗治疗季节性流感的Ⅰ期临床试验，并通过建立 mRNA 疫苗卓越中心、收购 Translate Bio 公司和澳大利亚 Origimm Biotechnology 公司、将百度公司 mRNA 序列设计优化算法 LinearDesign 嵌入到其产品设计管线等举措，推进其 mRNA 技术在疫苗和药物开发中的部署。2021 年 7 月 27 日，BioNTech 公司宣布启动其疟疾 mRNA 疫苗项目，拟开发一种安全有效的 mRNA 疫苗以预防疟疾。2021 年 8 月 19 日，Moderna 公司正式启动全球首款基于 mRNA 技术的 HIV 疫苗（mRNA-1644 和 mRNA-1644v2-Core）临床试验。2021 年 9 月，Moderna 公司宣布正在研发一种能够同时对抗新冠肺炎病毒和季节性流感病毒的"二合一"疫苗；同月，Pfizer 公司与 BioNTech 公司合作研发的 mRNA 四价流感疫苗 I 期临床试验完成首批参试者给药，并计划投入 4.76 亿美元打造 mRNA 卓越中心。除针对传染性疾病的预防性疫苗外，mRNA 疫苗还包括面向癌症、自身免疫疾病、遗传性疾病和罕见性疾病等适应证的治疗性疫苗。2021 年 11 月，美国 FDA 授予 BioNTech 公司 mRNA 癌症疫苗 BNT111 快速通道资格，作为首个 mRNA 癌症疫苗与 PD-1 抑制剂联用以治疗黑色素瘤。

（二）小分子药物——靶向蛋白质降解药物

近年来，以 PROTAC、分子胶为代表的靶向蛋白质降解技术是小分子药物研发领域的一个新兴方向。其原理是利用机体内天然存在的蛋白质清理系统来降低靶蛋白水平以达到疾病治疗效果。作为小分子药物研发领域的颠覆性技术，靶向蛋白质降解技术有望解决传统小分子药物面临的多个问题。首先，传统的小分子和抗体药物只能靶向 20% 左右的蛋白质，而由于靶向蛋白质降解技术只需与靶蛋白弱结合即可实现特异性标记并进一步诱导降解，因此其有望靶向目前"不可成药"的约 80% 蛋白质。当前，随着研究的推进，研究人员已发现大量潜在靶点，例如美国 Dana-Farber 癌症研究所的研究人员鉴定出了大约 200 种可被降解的激酶，绘制了首张可降解激酶图谱，欧洲生物信息研究所的研究人员系统评估了可能的 PROTAC 蛋白靶点，鉴定出了 1067 种尚未在文献中被报道的靶点，这些研究为靶向蛋白质降解药物研发提供了新机会。其次，已有研究证实靶向蛋白质降解技术进一步提高了小分子药物的选择性和活性，并在解决耐药性问题方面取得了一定的进展。2021 年 6 月，美国 C4 Therapeutics 公司对外公布了其靶向 EGFR L858R 的候选药物 CFT8919 临床前数据，证明 CFT8919 对多种 EGFR L858R 的突变体都有强降解活性，包括目前临床无药可用的 C797S 耐药突变，同时对野生 EGFR 则几乎完全没有降解作用。另外，LYTAC、AUTAC、ATTEC 等通过自噬-溶酶体途径实现靶向蛋白质降解的技术的发明和进步进一步扩展了该技术的潜在应用，为细胞外蛋白质和非蛋白质类生物大分子的靶向降解提供了新手段，目前这些新技术都处于新生阶段，还有待进一步的功能验证和机制解析。靶向蛋白质降解技术所展现的优势也吸引了各大药企在该领域争相布局，基于公开文献和 Cortellis 数据库统计，截至 2021 年底，已有 13 个候选药物进入临床试验阶段（表 4-1），这些候

表 4-1 进入临床试验阶段的靶向蛋白质降解候选药物

技术	药物名称	研发单位	靶点	适应证	临床阶段
PROTAC技术	ARV-110	美国 Arvinas 公司	雄激素受体	激素抵抗性前列腺癌	临床Ⅱ期
	ARV-471	美国 Arvinas 公司、美国 Pfizer 公司	雌激素受体	转移性乳腺癌	临床Ⅱ期
	ARV-766	美国 Arvinas 公司	雄激素受体	转移性前列腺癌、激素抵抗性前列腺癌	临床Ⅰ期
	AR-LDD	美国 Bristol-Myers Squibb 公司	雄激素受体	激素依赖性前列腺癌	临床Ⅰ期
	DT2216	美国 Dialectic Therapeutics 公司、美国 Dana-Farber 癌症研究院、美国佛罗里达大学	BCL-XL	晚期实体瘤、血液瘤	临床Ⅰ期
	KT-474	美国 Kymera Therapeutics 公司、法国 Sanofi 公司	IRAK4	化脓性汗腺炎、特应性皮炎	临床Ⅰ期
	NX-2127	美国 Nurix Therapeutics 公司、美国 NIH	BTK	滤泡中心淋巴瘤、B细胞淋巴瘤、脾边缘区淋巴瘤、套细胞淋巴瘤、慢性淋巴细胞性白血病、淋巴浆细胞淋巴瘤、弥漫性大B细胞淋巴瘤	临床Ⅰ期
	FHD-609	美国 Foghorn Therapeutics 公司	BRD9	癌症、肉瘤	临床Ⅰ期
	DKY709	瑞士 Novartis 公司	Helios（IKZF2）	非小细胞肺癌、晚期实体瘤、乳腺癌、鼻咽癌、黑色素瘤、结直肠癌	临床Ⅰ期
分子胶技术	CC-90009	美国 AbbVie 公司、美国 Bristol-Myers Squibb 公司	GSPT1	急性髓性白血病	临床Ⅰ期
	CC-92480	美国 Bristol-Myers Squibb 公司	Ikaros/Aiolos（IKZF1/3）	多发性骨髓瘤	临床Ⅱ期
	CC-99282	美国 Bristol-Myers Squibb 公司	Ikaros/Aiolos（IKZF1/3）	非霍奇金淋巴瘤、淋巴瘤、慢性淋巴细胞白血病	临床Ⅰ期
	CFT7455	美国 C4 Therapeutics 公司	Ikaros/Aiolos（IKZF1/3）	外周T细胞淋巴瘤、套细胞淋巴瘤、非霍奇金淋巴瘤、多发性骨髓瘤、血液瘤	临床Ⅱ期

注：数据来源于公开文献和 Cortellis 数据库。

选药物中，除了美国 Kymera Therapeutics 和法国 Sanofi 合作开发的 KT-474 靶向治疗自身免疫性疾病，其余的适应证都是癌症。

国内在靶向蛋白质降解技术这一新兴领域紧跟全球领先水平。2021年，国内科学家在该领域的创新成果不断涌现，研究人员提出了双重靶向蛋白质降解药物的设计新概念，设计合成了可同时降解 EGFR 和 PARP 的双 PROTAC 分子，并根据 PROTAC 和分子胶的特点首次设计合成了双靶向、双机制的降解剂 GBD-9，既保留了 PROTAC 降解 BTK 的能力，还起到了分子胶降解 GSPT1 的作用，解决了分子胶设计难度大的问题，也补充了 PROTAC 在生物活性上的不足。研究人员还开发了通用膜蛋白靶向降解技术 GlueTAC、靶向自噬的降脂化合物 LD-ATTEC 等新技术，进一步拓展了该技术应用范围。一批国内企业也相继布局该领域，已有多个候选药物获得了国家药品监督管理局药品审评中心（CDE）的临床默示许可（表 4-2）。

表 4-2 获得 CDE 的临床默示许可的靶向蛋白质降解候选药物列举

药物名称	研发单位	适应证
LNK01002	凌科药业（杭州）有限公司	恶性髓系血液瘤
HSK29116	四川海思科制药有限公司	复发难治 B 细胞淋巴瘤
GT20029	苏州开拓药业股份有限公司	痤疮、雄激素性秃发
BGB-16673	百济神州（苏州）生物科技有限公司	B 细胞恶性肿瘤

（三）抗体——双特异性抗体和抗体偶联药物

近年来抗体类药物在疾病治疗领域取得了快速发展，在传统的单克隆抗体药物基础上衍生出了一系列创新型抗体药物。其中，双特异性抗体（bispecific antibody，BsAb，简称双抗）和抗体偶联药物（antibody-drug conjugate，ADC）已成为当前抗体药物研发的热点方向，并不断取得突破。

1. 双特异性抗体

全球双抗药物研发正处于研发向商业化转化阶段。目前已有 4 款新药上市，其中，第 4 款双抗药物——美国强生公司研发的 Rybrevant 于 2021 年 5 月获 FDA 加速批准上市，用于治疗非小细胞肺癌（表 4-3）。另有十余款候选药物进入临床试验关键阶段或已获得美国 FDA、欧洲药品管理局（European Medicines Agency，EMA）、英国药品和健康产品管理局（Medicines and Healthcare Products Regulatory Agency，MHRA）、日本厚生劳动省

（Ministry of Health，Labour and Welfare，MHLW）、中国 NMPA 等药品监管机构的加速通道资格认定。随着研发逐步推进，未来 3～5 年将有望迎来双抗药物上市爆发期（表 4-4）。

表 4-3 全球已 / 曾获批的双抗药物

药物名称	研发机构	靶点	适应证	批准时间 / 国家或地区
removab	德国 Neovii Biotech/ 中国凌腾医药	CD3×EpCAM	肿瘤恶性腹水	2009 年欧盟上市， 2017 年退市
Blincyto	美国安进	CD3×CD19	前体 B 细胞急性 淋巴细胞白血病	2014 年美国
hemlibra	瑞士罗氏	FIX×FX	A 型血友病	2017 年美国
Rybrevant	美国强生	EGFR×cMET	非小细胞肺癌	2021 年美国

注：数据来源于科睿唯安 Cortellis 数据库。

从适应证布局来看，在研双抗药物主要集中于肿瘤、自身免疫病、病菌感染及慢性病等疾病治疗领域，其中肿瘤治疗药物占据主导地位，实体瘤赛道尤为热门。加拿大 Zymeworks 公司与百济神州合作研发的 zanidatamab 处于 Ⅲ 期临床研究，用于靶向治疗胃癌。荷兰 Merus 公司的 zenocutuzumab 获胰腺癌适应证的 FDA 孤儿药资格认定，并基于 Ⅰ / Ⅱ 期临床试验的积极结果，获得了用于治疗 NRG1 融合阳性癌症的 FDA 快速通道资格。双抗药物在血液瘤治疗方面正持续稳步发展，已有靶向 CD20×CD3 治疗 B 细胞非霍奇金淋巴瘤的三款双抗药物 mosunetuzumab、glofitamab 和 epcoritamab 处在 Ⅲ 期临床阶段，其中瑞士罗氏公司的 mosunetuzumab 和 glofitamab 均获得 FDA 突破性疗法资格，且瑞士罗氏公司已经向 EMA 提交 mosunetuzumab 上市申请。另有多款用于多发性骨髓瘤及急性髓系白血病适应证的双抗药物被 FDA 认定为孤儿药，包括美国艾伯维公司与美国安进合作研发的 TNB383B、美国 MacroGenics 公司的 flotetuzumab、美国 Aptevo Therapeutics 公司的 APVO436。与此同时，双抗药物在自身免疫病、眼部疾病治疗方面也取得了积极成果。瑞士罗氏公司的 faricimab 已获 FDA 生物制品许可申请（Biologic License Application，BLA）及 EMA 营销授权申请（Marketing Authorisation Application，MAA）受理，用于治疗视网膜血管性疾病。法国赛诺菲公司等研发的人源化纳米双抗药物 ozoralizumab 处于类风湿性关节炎适应症 Ⅲ 期临床阶段，为自身免疫病的治疗提供了新方案，研发机构已向日本 MHLW 提交上市申请。

表4-4 全球处于临床Ⅲ期及上市申请阶段的双抗药物举例

药物名称	研发机构	靶点	适应证	最高研发阶段	监管机构认证
tebentafusp	英国Immunocore	CD3×TCR	转移性葡萄膜黑色素瘤	Ⅲ期，BLA获FDA受理；MAA获EMA受理	FDA优先审评、快速通道、突破性疗法、孤儿药资格；EMA加速审评资格；MHRA潜力创新药资格
凯得宁单抗	中国康方生物	PD-1×CTLA-4	宫颈癌	Ⅲ期，NMPA受理新药上市申请	FDA优先审评、快速通道、孤儿药资格、突破性疗法资格；NMPA优先审评资格、突破性治疗品种
faricimab	瑞士罗氏	Ang-2×VEGF-A	视网膜血管性疾病	Ⅲ期，BLA获FDA受理，MAA获EMA受理	FDA优先审评资格
teclistamab	美国强生	CD3×BCMA	多发性骨髓瘤	Ⅲ期，向FDA提交BLA	FDA突破性疗法、孤儿药资格；EMA优先药物、孤儿药资格
ozoralizumab	法国赛诺菲/日本大正制药/中国亿腾生物	TNF-α×白蛋白	类风湿性关节炎	Ⅲ期，向MHLW提交上市申请	/
SI-B001	中国百利药业	EGFR×HER3	上皮肿瘤	Ⅲ期	/
zanidatamab	加拿大Zymeworks/百济神州	HER2×HER2	胃食管腺癌	Ⅲ期	FDA快速通道、突破性疗法、孤儿药资格；EMA孤儿药资格
tebotelimab	美国MacroGenics	PD-1×LAG-3	胃或胃食管交界处腺癌	Ⅲ期	/
IBI318	中国信达生物制药/美国礼来	PD-1×PD-L1	小细胞肺癌	Ⅲ期	/
KN046	中国康宁杰瑞	PD-L1×CTLA-4	胰腺癌	Ⅲ期	FDA孤儿药资格
epcoritamab	美国艾伯维/丹麦Genmab	CD3×CD20	B细胞非霍奇金淋巴瘤	Ⅲ期	/
glofitamab	瑞士罗氏	CD3×CD20	B细胞非霍奇金淋巴瘤	Ⅲ期	FDA突破性疗法资格
mosunetuzumab	瑞士罗氏	CD3×CD20	滤泡性淋巴瘤	Ⅲ期，向EMA提交上市申请	FDA突破性疗法资格、孤儿药资格
Mim-8	丹麦诺和诺德	FIX×FX	A型血友病	Ⅲ期	/
SHR-1701	中国恒瑞医药	PD-L1×TGF-β	结直肠癌	Ⅱ/Ⅲ期	/

注：数据来源于科睿唯安Cortellis数据库、NMPA官网资料。

我国在双抗药物领域的布局已处于行业的前列，国内双抗药物市场亦呈现商业化转化的趋势。目前有2款进口上市产品——Blincyto和Hemlibra。虽暂无国产产品上市，但已有自研双抗药物进入临床Ⅲ期。在研药物的治疗领域主要集中在实体瘤方面，如，康方生物公司的肿瘤免疫药物凯得宁单抗进入宫颈癌适应证Ⅲ期临床阶段，且Ⅱ期临床研究取得显著积极结果，获得了FDA优先审评、快速通道、突破性疗法及孤儿药资格，且NMPA已受理其新药上市申请，并给予优先审评资格；康宁杰瑞公司用于治疗胰腺癌的KN046、信达生物制药与美国礼来公司用于治疗小细胞肺癌的IBI318也进入了Ⅲ期临床阶段。除实体瘤治疗外，我国双抗药物还在抗病毒治疗等方面取得进展，如，德国勃林格殷格翰公司和上海之江生物公司合作研发的针对新冠肺炎病毒的双抗药物SYZJ001开始临床试验申请。

2. 抗体偶联药物

随着抗体技术迭代、新靶点发现以及药物偶联技术进步，全球ADC药物研发高速发展，步入收获拐点期，迎来初步收获期，药物密集获批上市。全球已批准上市14种ADC创新药物和1款生物类似药，同时已有多款ADC药物进入临床Ⅲ期阶段（表4-5，表4-6）。

全球在研ADC药物的治疗领域广泛，目前主要应用于肿瘤领域，相继在血液瘤及实体瘤领域取得突破，且研发重心正从血液瘤转向实体瘤。2021年获批上市的3款ADC创新药物为该领域带来了突破性的进展，包括瑞士ADC Therapeutics公司研发的用于治疗大B细胞淋巴瘤的首款CD19 ADC药物Zynlonta、丹麦Genmab公司与美国西雅图遗传学公司联合开发的用于治疗复发性或转移性宫颈癌的首个TF ADC药物Tivdak，以及荣昌生物公司研发的用于治疗HER2阳性胃癌的纬迪西妥。其中，纬迪西妥是我国在ADC药物领域自主研发的首个新药。同时，荷兰Synthon公司的Trastuzumab Duocarmazine和美国ImmunoGen公司与华东医药的Mirvetuximab Soravtansine也已达到Ⅲ期临床终点，即将进行上市申请。除肿瘤治疗以外，ADC药物也正在传染病、自身免疫性疾病和心血管疾病等其他治疗领域展现出良好潜力，如，美国艾伯维公司研发的全球首个免疫学ADC药物ABBV-3373正在进行临床试验Ⅱ期，用于中度至重度类风湿性关节炎。

国外已上市药物正陆续在我国申请上市，目前已上市3款进口ADC药物——Adcetris、Kadcyla和Besponsa，美国吉利德科学公司也已向NMPA提交了Trodelvy上市申请。在自主研发方面，我国ADC药物研发虽起步

表4-5 全球已获批的ADC药物

药物名称	研发机构	靶点	适应证	批准年和批准国家或地区
Mylotarg	美国辉瑞	CD33	急性髓系白血病	2000年日本
Adcetris	美国西雅图遗传学/日本武田制药	CD30	间变性大细胞淋巴瘤、霍奇金淋巴瘤	2011年美国
Kadcyla	瑞士罗氏	HER2	乳腺癌	2013年美国
Besponsa	美国辉瑞	CD22	急性淋巴细胞白血病	2017年欧盟、英国
Lumoxiti	英国阿斯利康	CD22	毛细胞白血病	2018年美国
Padcev	美国西雅图遗传学/日本安斯泰来制药	NECTIN4	膀胱癌	2019年美国
Enhertu	英国阿斯利康/日本第一三共	HER2	乳腺癌	2019年美国
Polivy	瑞士罗氏	CD79b	弥漫性大B细胞淋巴瘤	2019年美国
Trodelvy	美国吉利德科学	TROP-2	膀胱癌、乳腺癌	2020年美国
Blenrep	英国葛兰素史克	BCMA	多发性骨髓瘤	2020年美国
Akalux	日本乐天医疗	EGFR	头颈癌	2020年日本
Zynlonta	瑞士ADC Therapeutics	CD19	大B细胞淋巴瘤	2021年美国
Tivdak	丹麦Genmab/美国西雅图遗传学	TF	复发性或转移性宫颈癌	2021年美国
Ujvira（Kadcyla similar）	印度Zydus Cadila	HER2	乳腺癌	2021年印度
纬迪西妥	中国荣昌生物	HER2	HER2阳性胃癌	2021年中国

注：数据来源于科睿唯安Cortellis数据库、NMPA官网资料。

表4-6 全球处于临床Ⅲ期及上市申请阶段的ADC药物举例

药物名称	研发机构	靶点	适应证	最高研发阶段	监管机构认证
Vicineum	美国赛森生物	EpCAM	膀胱癌	Ⅲ期，BLA遭FDA拒绝	FDA快速通道、优先审评资格
Trastuzumab Duocarmazine	荷兰Synthon	HER2	乳腺癌、卵巢癌	Ⅲ期	FDA快速通道资格
Tusamitamab Ravtansine	美国Immunogen/法国赛诺菲	CD66e	结直肠癌、食管癌等	Ⅲ期	/
Telisotuzumab Vedotin	美国艾伯维	c-Met	非小细胞肺癌	Ⅲ期	FDA突破性疗法资格
Mirvetuximab Soravtansine	美国Immunogen/中国华东制药	FOLR1	卵巢癌	Ⅲ期	FDA加速审批、快速通道、孤儿药资格
TAA-013	中国东曜药业	HER2	乳腺癌	Ⅲ期	/
Datopotamab Deruxtecan	日本第一三共	TROP-2	乳腺癌、非小细胞肺癌	Ⅲ期	/
KSI-301	美国Kodiak Sciences	VEGF	视网膜血管性疾病	Ⅲ期	/
Naptumomab Estafenatox	以色列NeoTX Therapeutics	5T4	乳腺癌等	Ⅲ期	FDA孤儿药资格
ARX-788	美国安博生物/中国浙江医药	HER2	乳腺癌、胃癌	Ⅱ/Ⅲ期	FDA快速通道、孤儿药资格；NMPA突破性治疗品种

注：数据来源于科睿唯安Cortellis数据库、NMPA官网资料。

相对较晚，但发展迅速，近年来逐步进入初步收获期。整体看来，临床研究处于相对早期阶段，且正逐渐向临床研发后期过渡，有部分药物已显示出较好治疗潜力。除纬迪西妥获批上市外，另有多款ADC药物处在临床试验关键阶段，集中在实体瘤治疗领域。如，东曜药业公司的TAA-013 III期临床试验进展顺利，用于治疗HER2阳性乳腺癌；浙江医药公司与美国安博生物公司合作开发的ARX788处于HER2阳性乳腺癌及胃癌适应证的临床Ⅱ/Ⅲ期，临床结果显示其疗效出色，获得FDA授予快速通道资格和NMPA突破性治疗品种认定，其胃癌适应证也获得FDA孤儿药资格认定。在国内靶点布局方面，先前研发多集中于热门靶点HER2和Trop2，研发同质性相对较高，竞争激烈，目前部分研发机构开始逐步探索新靶点，FOLR1、TF、LIV-1、CEACAM等新靶点药物研发也取得了积极的进展，如，康诺亚公司和乐普生物公司联合开发的CMG901是全球首个进入临床开发阶段的靶向Claudin18.2的ADC药物，石药集团开发的靶向Claudin 18.2的ADC——SYSA1801也已获得FDA授予的孤儿药资格，临床前试验显示SYSA1801对胃癌、胰腺癌以及肺癌均具有优异的体内外活性和良好的安全性。

随着双特异性抗体药物和ADC药物研发的快速发展，双特异性抗体ADC药物崭露头角。全球范围内尚未有双特异性抗体ADC药物获批上市，大多数研发产品仍处于临床前研究阶段，目前有4款处于临床阶段的实体瘤治疗药物进展较快，包括英国阿斯利康公司的Medimmune、加拿大Zymeworks公司开发的ZW-49、中国百利药业公司研发的BL-B01D1、美国Sutro Biopharma公司与德国默克公司共同开发的M1231（表4-7）。

表4-7 全球处于临床阶段的双抗ADC药物举例

药物名称	研发企业	靶点	适应证	最高研发阶段
MEDI4276	英国阿斯利康	HER2双表位	乳腺癌、胃癌	Ⅰ/Ⅱ期
ZW-49	加拿大Zymeworks	HER2双表位	乳腺癌	Ⅰ期
BL-B01D1	中国百利药业	EGFR×HER3	上皮肿瘤	Ⅰ期
M1231	美国Sutro Biopharma/德国默克	EGFR×MUC1	非小细胞肺癌、食道癌	Ⅰ期

注：数据来源于科睿唯安Cortellis数据库、NMPA官网资料。

（四）融合蛋白药物

蛋白多肽类药物具有毒性小、特异性强、针对某些疾病药理活性好的优势，在药品开发中被视为颇有前景的生物大分子。而稳定性低、半衰期短也成为限制此类药物发展的主要因素。随着 DNA 重组技术和蛋白质工程技术的快速发展，各种长效化技术广泛应用于提高蛋白质和多肽药物半衰期中，融合蛋白技术作为最具潜力的长效化技术之一，已经逐渐成为重组蛋白市场不可或缺的一部分。2016 年，全球融合蛋白市场超 200 亿美元，由 Immunex 和惠氏制药研发（后分别被安进和辉瑞收购并获得销售权）的依那西普以 88.7 亿美元的销售额领跑融合蛋白行业，位居全球药品销售额第 3 位，阿柏西普销售额位列第 12 位；2020 年，受到生物类似药以及单抗类药物冲击，依那西普销售额略有下滑，全球药物销售额二十强榜单包括阿柏西普、依那西普和度拉糖肽三款融合蛋白药物（分别位列第 6、11 和 15 位）。截至目前，美国 FDA 已批准 16 种融合蛋白药物上市（表 4-8）。

表 4-8 美国 FDA 批准上市融合蛋白药物

药物名称	适应证	研发机构	批准年
Etanercept	类风湿性关节炎	美国 Wyeth、美国 Immunex	1998 年
	幼年类风湿性关节炎	美国 Immunex	1999 年
	银屑病关节炎	美国 Wyeth、美国 Immunex	2002 年
	强直性脊柱炎	美国 Wyeth、美国 Amegen	2003 年
	银屑病		2005 年
Alefacept	牛皮癣	美国 Biogen	2003 年上市，已退市
Abatacept	类风湿关节炎	美国 Bristol-Myers Squibb	2006 年
	幼年类风湿性关节炎		2008 年
	银屑病关节炎		2017 年
Rilonacept	CAPS	美国 Regeneron Pharmaceuticals	2008 年
	心包炎	美国 Kiniksa	2021 年
Belaacept	肾移植排斥反应	美国 Bristol-Myers Squibb	2011 年
Ziv-Aflibercept（静脉注射）	转移性结直肠癌	美国 Regeneron Pharmaceuticals、法国 Sanofi	2012 年
Aflibercept	湿性年龄相对黄斑变性	美国 Regeneron Pharmaceuticals	2011 年
	视网膜静脉阻塞		2012 年
	黄斑水肿		2012 年
	糖尿病性黄斑水肿		2015 年
	非增殖性糖尿病视网膜病变		2019 年

续表

药物名称	适应证	研发机构	批准年
Efmoroctocog alfa	因子Ⅷ缺乏症	美国 Biogen	2014年
Dulaglutide	非胰岛素依赖型糖尿病	美国 Eli Lily	2014年
Tagraxofusp-erzs	母细胞性浆细胞样树突状细胞肿瘤（BPDCN）血液瘤	美国 Stemline Therapeutics	2019年
Luspatercept	β-地中海贫血	美国 Celgene	2019年
Luspatercept	贫血	美国 Celgene	2019年
Luspatercept	骨髓增生异常综合征	美国 Bristol-Myers Squibb	2020年
Denileukin diftitox	皮肤T细胞淋巴瘤	美国 Ligand Pharmaceuticals	1999年
Albutrepenonacog alfa	因子Ⅸ缺乏症	澳大利亚 CSL Behring	2016年
Asfotase alfa	低磷酸酯酶症	美国 Alexion Pharmaceuticals	2015年
Eftrenonacog alfa	因子Ⅸ缺乏症	美国 Biogen	2014年
Romiplostim	免疫性血小板减少性紫癜	美国 Amgen	2008年
Romiplostim	放射症	美国 Amgen	2021年

注：数据来源于 Cortellis 数据库。

按照半衰期延长剂类型划分，融合蛋白主要包括 Fc 融合蛋白、人血清白蛋白（HSA）融合、CTP 融合、XTEN 融合、ELP 融合等。Fc 融合蛋白是目前研究最多、进展最快的蛋白融合技术类型，融合对象涉及受体结构域、配体、抗体片段、多肽等多种活性成分。半衰期延长剂、细胞因子、凝血因子等活性成分的创新组合越来越多地应用于改良型生物类似药（biobetter）的临床开发，进一步加速临床研究和市场应用进程。美国得州西南医学中心等机构研制出双特异性融合蛋白 anti-CTLA-4×SIRPα，将靶向 Treg 细胞 CTLA-4 蛋白的抗体和靶向 CD47 蛋白的配体 SIRPα 结合，选择性删除肿瘤 Treg 细胞从而改变肿瘤微环境，较原有单抗联合治疗有更强的抑制肿瘤效果，并且具有很强的临床转化潜力；中国科学院生物物理研究所的研究人员开发了一种 PD-1 抗体和 IL-21 的融合蛋白 PD-1AB21，可在阻断 PD-1 与 PD-L1 相互作用的同时，将细胞因子 IL-21 靶向肿瘤反应性 T 细胞，从而促进记忆 T 细胞的分化，以增强 T 细胞抗肿瘤的反应。2021 年 7 月，赛诺菲注射用重组人凝血因子 VIII Fc- 血管性血友病因子 -XTEN 融合蛋白（efanesoctocog alfa，rFVIIIFc-VWF-XTEN，BIVV001）获 CDE 突破性疗法认定和 FDA 快速通道资格，与传统凝血因子Ⅷ（FⅧ）替代疗法相比，BIVV001 能够将半衰期延长至原来的3～4倍,并且大大降低血友病患者给药频率;8月,FDA授予百时美施贵宝(BMS)公司由CTLA-4与Fc片段构建的融合蛋白Orencia(abatacept)的补充生物制品许可申请(sBLA)优先审评资格,用于预防6岁以上、接受非亲属造血干细胞移植(HSCT)患者的中/重度急性移植物抗宿主病(aGvHD),此前阿巴西普已获批3个适应证。

治疗性融合蛋白在联合疗法应用的进程加速,在实体瘤治疗中取得重要进展。2021年4月和10月,FDA先后授予Immutep公司治疗非小细胞肺癌的eftilagimod alpha(可溶性LAG-3融合蛋白)、与Alkermes公司治疗铂耐药卵巢癌的nemvaleukin[新型工程化白细胞介素-2(IL-2)变体融合蛋白]快速通道资格(FTD),同时二者均成为与Keytruda(可瑞达,通用名pembrolizumab,帕博利珠单抗)联用,以提高抗肿瘤活性。自身免疫性疾病领域产品逐渐丰富成熟,美国希望之城和澳大利亚格里菲斯大学的研究人员开发出靶向HIV-1启动子的融合蛋白ZFP 362b-DNMT3A(ZD3A),以抑制小鼠骨髓、脾脏和大脑中的HIV水平,并阻止病毒在这些部位中的复制。

从我国融合蛋白市场来看,我国进入蓄力阶段,与国外的差距正逐渐缩小。2021年,有1款融合蛋白药物获NMPA批准上市,并启动了多项针对儿童生长激素缺乏症和成人生长激素缺乏症、非霍奇金淋巴瘤、晚期实体瘤、慢加急性肝衰竭等不同适应证的临床试验。2021年3月,荣昌生物1类新药注射用重组B淋巴细胞刺激因子(BLyS)/增殖诱导配体(APRIL)双靶点的新型融合蛋白泰它西普在我国获附条件批准上市,这是全球首个获批用于治疗系统性红斑狼疮(SLE)的双靶点(BLyS,APRIL)生物制剂,可以通过抑制BLyS、APRIL双靶点过度表达,抑制异常B淋巴细胞的成熟分化,从而缓解病情。在美国,泰它西普正在启动临床Ⅲ期试验,同时被授予快速审批通道资格。2021年5月,亿一生物向美国FDA递交Ryzneuta生物制品许可申请(Biologic License Application,BLA),用于治疗化疗导致的中性粒细胞减少症,并获得正式受理。另外,由国药集团中国生物研发的用于治疗中重度斑块银屑病的1类新药"注射用NVS451融合蛋白"获得NMPA颁发的药物临床试验批准通知书,这是全球首个靶向IL-17多分子靶点的抗体Fc融合蛋白药物。我国恒瑞医药、创胜集团、南京维立志博生物、和铂医药、乐普生物等十余家药企积极布局PD-L1/TGF-β靶点组合,多家公司获得临床批件,2021年7月,君实生物宣布其自主研发的重组PD-1单抗/TGF-β RⅡ双功能融合蛋白(项目代号:JS201)Ⅰ期临床试验(NCT04956926)已完成首例患者给药。

（五）基因疗法

基因治疗包括基于基因转移技术的基因治疗、基因编辑治疗及 RNA 疗法等，在遗传病领域具有极大潜力。全球在基因编辑治疗尤其是体内基因编辑治疗领域已取得重要突破，我国在基因编辑治疗领域紧跟全球领先步伐并取得一定进展。近年来，RNA 疗法产业进程加速，已有多款产品获批，但我国整体发展较为薄弱。

1．基于基因转移技术的基因治疗

全球当前已有多款基于基因转移技术的基因治疗产品获批（表 4-9）。2021 年 7 月，由美国蓝鸟生物公司研发的全球首个用于携带 *ABCD1* 基因突变早期脑性肾上腺脑白质营养不良（cerebral adrenoleukodystrophy，CALD）患者的基因疗法 Skysona（elivaldogene autotemcel）获欧盟 EMA 批准上市。基于基因转移技术的基因治疗在遗传病领域持续取得进展，其长期有效性更得到验证。美国宾夕法尼亚大学等机构的一项Ⅰ/Ⅱ期临床试验结果显示，由腺相关病毒（Adeno-associated virus，AAV）静脉递送的基因疗法 SPK-8011 治疗 A 型血友病具有长期安全性和有效性。美国加州大学等机构使用慢病毒对来自 50 名腺苷脱氨酶重症联合免疫缺陷症（adenosine deaminase severe combined immune deficiency，ADA-SCID）患者的自体 CD34+ 造血干细胞和祖细胞进行腺苷脱氨酶基因转导，之后回输给患者，其中 48 名患者成功实现免疫系统重建。美国加州大学等机构的一项 8～11 年临床试验随访结果显示，10 名接受基因治疗的 ADA-SCID 患者中有 9 名实现了长期的有效治疗。

表 4-9 全球已获批的基于基因转移技术基因治疗产品

药物名称	研发机构	适应证	批准年和批准国家或地区	载体	给药方式
今又生	中国深圳赛百诺公司	头颈部鳞癌	2003 年中国	腺病毒	体内（局部）
Glybera	荷兰 UniQure 公司	家族性脂蛋白脂肪酶缺乏症和胰腺炎	2012 年欧盟	AAV	体内（肌肉）
Strimvelis	英国葛兰素史克公司	腺苷脱氨酶缺乏性重症联合免疫缺陷症	2016 年欧盟	逆转录病毒	离体

续表

药物名称	研发机构	适应证	批准年和批准国家或地区	载体	给药方式
Luxturna	瑞士罗氏公司	双等位基因 RPE65 突变导致的遗传性视网膜营养不良	2017年美国	AAV	体内（视网膜）
Zolgensma	瑞士诺华公司	脊髓性肌萎缩症	2019年美国	AAV	体内（静脉）
Zynteglo	美国蓝鸟生物公司	β-地中海贫血	2019年欧盟	慢病毒	离体
Libmeldy	英国 Orchard 公司	异染性脑白质营养不良	2020年欧盟	慢病毒	离体
Skysona	美国蓝鸟生物公司	早期脑性肾上腺脑白质营养不良	2021年欧盟	慢病毒	离体

除直接向单基因遗传病患者体内递送目的基因实现功能性治愈外，基因治疗还可通过多种方式发挥作用。美国西奈山伊坎医学院等机构发现通过使用基因疗法激活钙/钙调素蛋白依赖性蛋白激酶Ⅱ（Ca^{2+}/calmodulin-dependent protein kinase Ⅱ，CaMK Ⅱ）通路，可有效保护小鼠视神经节细胞免受兴奋性毒性或轴突损伤，并在青光眼小鼠中证明该疗法的有效性。法国匹兹堡大学等机构通过向一名视网膜色素变性的失明患者眼内，注射携带可编码光敏视蛋白 ChrimsonR 的 AAV 病毒，并结合一种特殊的护目镜激活视网膜神经节细胞，最终恢复了患者的部分视觉功能，该疗法 GS030 已获美国 FDA 授予的快速通道资格。此外，控制目的基因表达水平是当前基因治疗的一个难题。美国费城儿童医院等机构开发出一种可利用口服小分子药物 Branaplam 调节 RNA 剪接，进而控制目的基因表达水平的调控系统 X^{on}，为基因治疗实现精准控制带来新方法。病毒载体仍是目前基因治疗最常用的载体，对载体进行优化设计以实现特定组织的递送具有重要意义。美国 Broad 研究所等机构建立一种用于定向进化和筛选 AAV 衣壳变异体的策略，基于该策略成功地进化出了一组含有 RGD 基序（RGD-motif）的可跨物种实现肌肉靶向的 AAV 衣壳变异体，并在遗传性肌肉疾病小鼠模型中证明了这些载体的递送效力。美国哈佛大学等通过机器学习的方法成功设计了万余种高度多样化的 AAV2 血清型衣壳变异体，并准确预测变异体的衣壳活性，为病毒载体改进提供潜在方法。

近年来，针对眼部、血液类等遗传病，国内已启动多项基于基因转移技术的基因治疗临床研究，包括多项探索性临床研究。2021年6月，武汉纽福斯公司开发的体内 AAV 基因治疗药物 NR082 的 I 期临床试验启动，用于 ND4 线粒体基因突变引起的 Leber 遗传性视神经病变（Leber hereditary optic neuropathy，LHON）。上海信致医药科技有限公司自主研发的 AAV 体内基因治疗药物 BBM-H901 是我国首个获批进入临床的 B 型血友病基因治疗产品。上海朗昇生物科技有限公司开发的针对先天性黑矇症（Leber congenital amaurosis，LCA）的 LX101 和杭州嘉因生物科技有限公司开发的用于治疗 1 型脊髓性肌萎缩（spinal muscular atrophy，SMA）的 EXG001-307 均已获批开展探索性临床研究。此外，其他基因治疗创新研究也取得一定进展。中国药科大学等构建了一种可响应病理微环境的线粒体基因递送载体 TISUH，并在传统和基因突变诱导的 LHON 小鼠模型中取得了较好的原位线粒体基因治疗效果。华东师范大学等机构开发一种新型的光遗传学工具 REDMAP，可在动物体内实现高效光控基因表达，为基因治疗的精准控制提供新工具。

2．基因编辑治疗

得益于 CRISPR 技术的迅猛发展，多项 CRISPR 基因编辑治疗已快速进入临床开发阶段（表 4-10），并在遗传病等领域取得重要进展，尤其是 2021 年体内基因编辑治疗取得突破性进展。美国 Intellia Therapeutics 公司等联合开发的体内基因编辑药物 NTLA-2001 的 I 期临床试验中期数据显示，单剂 NTLA-2001 可有效降低转甲状腺素蛋白淀粉样变性（ATTR）伴多发性神经病患者中 ATTR 水平，这是首个证明人体体内 CRISPR 基因编辑安全性和有效性的临床数据，该疗法已获美国 FDA 和欧盟 EMA 授予的孤儿药认定。美国 Editas Medicine 公司开发的治疗 Leber 先天性黑矇症 10 型（LCA10）的基因编辑疗法 EDIT-101 的 I / II 期临床试验结果，初步也显示出良好的安全性和一定的有效性。此外，由美国 Excision BioTherapeutics 公司开发的一项用于治疗 HIV 感染的体内 CRISPR 基因编辑疗法 EBT-101 的新药临床试验申请（Investigational New Drug Application，IND）已获美国 FDA 批准，该疗法通过切除 HIV 整合到人类细胞基因组中的前病毒（proviral）DNA 实现 HIV 治愈。由于当前已知的遗传病大多为单基因遗传病，因此可实现最小程度基因修饰的单碱基编辑在遗传疾病的治疗中具有巨大的潜力，同时可减小 CRISPR 编辑带来的 DNA 双链断裂风险。美国 Beam Therapeutics 公司研发的全球首个单碱基编辑疗法 BEAM-101 通过提高胎儿血红蛋白的表达来缓解镰刀型细胞贫血病（sickle cell disease，SCD）/β- 地中海贫血患者相应症状，该疗法已获美国 FDA 批准开展临床试验。此外，针对 SCD，其他碱基编辑治疗策略也正在研究中，美国 Broad 研究所等机构利用碱基编辑技术，通过将致病性 β- 珠蛋白等位基因（HBB^S）转换成良性的望加锡（Makassar）β- 珠蛋白基因变体（HBB^G），在小鼠模型中实现了长期的碱基编辑治疗效果。美国 Broad 研究所等机构在早衰症小鼠模型中，利用经 AAV 递送的腺嘌呤碱基编辑器（adenine base editors，ABEs），成功实现了对 $LMNA$ 基因第 1824 位碱基发生的由胞嘧啶 C 变为胸腺嘧啶 T 的点突变的长期纠正，并降低早衰蛋白水平，延长了小鼠寿命。

表 4-10　全球 CRISPR 基因编辑治疗临床试验（不包括 CAR-T）

名称	研发单位	适应证	研发阶段	给药方式
CTX001	瑞士 CRISPR Therapeutics/美国 Vertex	SCD/β-地中海贫血	临床Ⅱ/Ⅲ期	离体
OTQ923	美国 Intellia Therapeutics/瑞士诺华	SCD	临床Ⅰ/Ⅱ期	离体
EDIT-301	美国 Editas Medicine	LCA10	临床Ⅰ/Ⅱ期	离体
GPH101	美国 Graphite Bio	SCD	临床Ⅰ/Ⅱ期	离体
CRISPR_SCD001	美国加州大学	SCD	临床Ⅰ/Ⅱ期	离体
β-珠蛋白恢复的自体造血干细胞	中国上海邦耀生物	β-地中海贫血	临床Ⅰ/Ⅱ期	离体
ET-01	中国博雅辑因	β-地中海贫血	临床Ⅰ期	离体
NTLA-2001	美国 Intellia Therapeutics/美国再生元制药	转甲状腺素蛋白淀粉样变性	临床Ⅰ期	体内（静脉）
NTLA-2002	美国 Intellia Therapeutics	遗传性血管性水肿	临床Ⅰ/Ⅱ期	体内（静脉）
EDIT-101	美国 Editas Medicine	LCA10	临床Ⅰ/Ⅱ期	体内
BD111	中国上海本导基因/中国复旦大学	单纯疱疹病毒性角膜炎	临床Ⅰ/Ⅱ期	体内（玻璃体）
PD-1 和 ACE2 基因敲除的 T 细胞	埃及谢赫村大学	COVID-19 感染	临床Ⅰ/Ⅱ期	离体
EBT-101	美国 Excision BioTherapeutics	HIV-1 病毒感染	临床Ⅰ期	体内
VCTX210	瑞士 CRISPR Therapeutics	1 型糖尿病	临床Ⅰ期	离体

续表

名称	研发单位	适应证	研发阶段	给药方式
BEAM-101	美国 Beam Therapeutics	SCD/β-地中海贫血	IND 批准	离体
RM-001	中国广西医科大学第一附属医院	β-地中海贫血	NA	离体
γ-珠蛋白重激活的自体造血干细胞	中国上海邦耀生物	β-地中海贫血	NA	离体
CCR5 基因修饰的 HSPC 细胞	中国军事医学科学院	HIV-1 病毒感染	NA	离体

注：数据来源于 ClinicalTrials 数据库、Cortellis 数据库。

国内基因编辑疗法也紧跟全球领先水平，并快速步入临床阶段。由博雅辑因（北京）生物科技有限公司开发的国内首个获 NMPA 批准进入临床的 CRISPR/Cas9 基因编辑疗法产品 ET-01 已启动临床 Ⅰ 期试验，用于输血依赖型 β-地中海贫血的治疗。在体内基因编辑和碱基编辑治疗领域，我国也积极探索并取得相应进展。中国香港科技大学等机构基于一种 AAV 载体递送的 CRISPR/Cas9 系统，通过静脉注射靶向淀粉样 β 前体蛋白（amyloid-beta precursor protein，APP），在阿尔茨海默病小鼠体内实现全脑基因编辑，有效缓解 β-淀粉样蛋白相关病理。上海交通大学等机构发明了一种类病毒颗粒（virus-like particle，VLP）递送技术，通过递送 CRISPR/Cas9 mRNA，在黄斑变性小鼠体内实现了安全和高效的基因编辑治疗。基于此 VLP-mRNA 递送平台，上海交通大学等机构通过向小鼠体内递送单纯疱疹病毒 1 型（HSV-1）病毒靶向的 CRISPR/Cas9 系统，有效抑制 HSV-1 病毒的复制，并清除 HSV-1 病毒库，防止疱疹性基质性角膜炎的发生，基于此研究开发的相应疗法 BD111 已进入临床 Ⅰ/Ⅱ 期开发阶段。中国西湖大学等机构首先构建出小鼠模型 Dmd^{E4*}，该模型具有人类杜氏肌营养不良症（Duchenne muscular dystrophy，DMD）患者心脏异常表型，随后利用胞嘧啶脱氨酶（activation-induced cytidine deaminase，AID）介导的碱基编辑器（targeted AID-mediated mutagenesis，TAM）通过诱导外显子跳读，成功恢复 Dmd^{E4*} 小鼠心脏中 90% 的 Dystrophin 蛋白表达，延长了小鼠寿命。

3. RNA 疗法

近年来，RNA 疗法产品不断获批，当前全球已获批 9 款反义寡核苷酸

（antisense oligonucleotides，ASO）药物、4 款 siRNA 药物，RNA 疗法产业化进程加速（表 4-11）。2021 年 2 月，全球首个用于 45 号外显子跳跃杜氏肌营养不良症患者的 ASO 药物 Amondys 45（casimersen）获美国 FDA 批准上市，由美国 Sarepta 公司研发。

表 4-11 全球已获批的 RNA 药物

药物名称	研发机构	适应证	批准时间与批准国家或地区	给药方式
福米韦生（Fomivirsen）	美国 Ionis/瑞士诺华	CMV 视网膜炎	1998 年美国	体内（玻璃体）
米泊美生（Mipomersen）	美国 Ionis/法国赛诺菲	纯合子型家族性高胆固醇血症	2013 年美国	体内（皮下）
Eteplirsen	美国 Sarepta	51 号外显子跳跃杜氏肌营养不良症	2016 年美国	体内（静脉）
诺西那生（Nusinersen）	美国 Ionis/美国渤健制药	脊髓性肌萎缩症	2016 年美国	体内（鞘内）
Inotersen	美国 Ionis	遗传性转甲状腺素介导的淀粉样变性的多发性神经病	2018 年美国	体内（静脉）
Volanesorsen	美国 Ionis	家族性乳糜微粒血症综合征	2019 年欧盟	体内（皮下）
Golodirsen	美国 Sarepta	53 号外显子跳跃杜氏肌营养不良症	2019 年美国	体内（静脉）
Viltolarsen	日本新药（Nippon Shinyaku）	53 号外显子跳跃杜氏肌营养不良症	2020 年美国	体内（静脉）
Casimersen	美国 Sarepta	45 号外显子跳跃杜氏肌营养不良症	2021 年美国	体内（静脉）
Patisiran	美国 Alnylam	遗传性转甲状腺素介导的淀粉样变性的多发性神经病	2018 年美国	体内（静脉）
Givosiran	美国 Alnylam	成人急性肝卟啉症	2019 年美国	体内（皮下）
Lumasiran	美国 Alnylam	1 型原发性高草酸尿症	2020 年欧盟	体内（皮下）
Inclinsiran	美国 Alnylam/瑞士诺华	纯合子家族性高胆固醇血症	2020 年欧盟 2021 年美国	体内（皮下）

RNA 疗法在遗传病领域持续取得进展，并逐渐拓宽至癌症领域。针对早衰症，美国国立卫生研究院（NIH）等机构研究设计出一种肽偶联的磷酰二胺吗啉代寡核苷酸药物（Peptide phosphorodiamidate morpholino oligomers，PPMO）SRP-2001，SRP-2001通过抑制致病剪接可有效降低早衰症小鼠模型中早衰蛋白含量；另一项研究中，美国NIH等通过系统筛选得到一种候选药物，可通过空间阻滞机制抑制致病剪接，进而有效降低早衰蛋白水平，延长早衰小鼠寿命，这两项研究为人类早衰症治疗提供潜在疗法。美国宾夕法尼亚大学等机构的研究结果显示，一名LCA10患者在单次使用ASO药物sepofarsen治疗后，药物疗效已持续15个月。美国加州大学等机构开发的一种ASO药物ION251，通过靶向与骨髓瘤祖细胞和肿瘤细胞增殖相关的*IRF4*基因，破坏细胞周期进程，进而抑制骨髓瘤细胞，并在小鼠模型中取得了积极结果。递送技术的不断发展推动RNA治疗不断取得突破。日本东京医科齿科大学等机构研究发现胆固醇偶联的DNA/RNA异源双链寡核苷酸药物通过静脉或皮下给药，可有效地穿过血脑屏障，到达小鼠和大鼠中枢神经系统，抑制靶点基因的表达。在siRNA疗法方面，处于领先地位的美国Alnylam公司开发的用于治疗遗传性ATTR淀粉样变性多发性神经病的Vutrisiran已进入FDA新药申请（New Drug Application，NDA）阶段。

我国RNA疗法产业相对薄弱，整体仍处于早期临床研究阶段。2021年，由苏州瑞博生物技术股份有限公司自主研发的我国首款抗乙肝GalNAc缀合siRNA药物RBD1016启动Ⅰ期临床试验。我国在递送技术上取得的积极进展为拓宽RNA疗法疾病适应证奠定基础。南京大学等机构研究发现脑转移性癌细胞分泌的凋亡小体（small apoptotic bodies，sAB）可携带抗TNF-α的ASO药物，突破血脑屏障，有效递送至大脑，显著改善模型小鼠的帕金森病症状。南京大学等机构开发出一种体内自组装外泌体siRNA策略，通过体内注射合成生物学基因环路，重构小鼠肝脏使其表达和分泌siRNA，利用自身外泌体实现siRNA的靶向传递，并在肺癌、胶质母细胞瘤和肥胖小鼠模型中证明了其有效性。

（六）免疫细胞疗法

免疫细胞治疗目前主要包括CAR-T、TCR-T、CAR-NK及TIL等多种疗法。自2017年全球首款CAR-T疗法获批以来，免疫细胞治疗在癌症尤其是血液瘤领域取得成功，然而由于实体瘤的肿瘤异质性、免疫微环境等因素，针对实体瘤的治疗仍面临较大挑战，目前已成为当前免疫细胞治疗重要研究方向。免疫细胞治疗领域多项研究已迎来产品上市（表4-12）。

表 4-12 全球已获批 CAR-T 产品

药物名称	研发机构	适应证	靶点	批准时间和批准国家或地区
Kymriah	瑞士诺华公司	急性淋巴细胞白血病/B细胞淋巴瘤	CD19	2017年美国
Yescarta	美国吉利德科学公司	B细胞淋巴瘤/滤泡性淋巴瘤	CD19	2017年美国
Tecartus	美国吉利德科学公司	套细胞淋巴瘤	CD19	2020年美国
Breyanzi	美国BMS公司	B细胞淋巴瘤	CD19	2021年美国
Abecma	美国BMS公司	多发性骨髓瘤	BCMA	2021年美国
阿基仑赛注射液	中国复星凯特公司	大B细胞淋巴瘤	CD19	2021年中国
瑞基奥仑赛注射液	中国药明巨诺	大B细胞淋巴瘤	CD19	2021年中国

免疫细胞治疗在血液瘤领域持续稳步推进。2021年，全球第4款、第5款CAR-T细胞治疗产品相继获美国FDA批准上市，分别是Breyanzi（lisocabtagene maraleucel）和Abecma（idecabtagene vicleucel），均由美国百时美施贵宝公司研发。其中，Abecma是全球首个BCMA靶向的CAR-T细胞疗法，也是首个用于治疗成人多发性骨髓瘤患者的CAR-T细胞疗法。CAR-T细胞治疗对血液瘤治疗效果显著。美国宾夕法尼亚大学的一项5年临床试验结果显示，60%的B细胞淋巴瘤患者使用全球首个CAR-T疗法Kymriah治疗后得到长期缓解。然而靶抗原的丢失或突变等会引起肿瘤免疫逃逸，因此靶向多抗原、开发新靶点成为当前重要研究方向。美国斯坦福大学等机构的一项Ⅰ期临床试验结果初步显示，CD19/22双靶点CAR-T细胞用于B细胞恶性肿瘤患者治疗的安全性和有效性，进一步表明了CD19抗原丢失是耐药的主要原因。瑞典奥斯陆大学等机构以T细胞和B细胞白血病中特有的末端脱氧核苷酸转移酶（Terminal transferase，TdT）为免疫细胞治疗靶点，设计的TCR-T疗法在小鼠模型中显示可有效清除白血病细胞，同时避开正常细胞。

针对实体瘤的免疫细胞治疗仍进展缓慢，目前研究主要围绕开发新靶点、设计新型工程化T细胞及T细胞耗竭机制等方面进行。美国哈佛医学院等机构的研究人员发现DC细胞上的TIM-3通过活化炎症小体来抑制抗肿瘤免疫，阻断DC细胞上的TIM-3可促进强大的抗肿瘤免疫反应；以色列魏茨曼科学研究所等机构分析发现黑色素瘤中细胞内细菌肽可在肿瘤细胞表面呈现，进而诱导免疫反应，这两项研究为癌症免疫疗法提供潜在靶点。美国宾夕法尼亚大学等机构以神经母细胞瘤中一种由非突变基因 *PHOX2B*

表达的肽 QYNPIRTTF 为靶点设计了"以肽为中心（peptide-centric）"的嵌合抗原受体（PC-CAR），PC CAR-T 疗法在动物实验中显示出较好的肿瘤杀伤能力。美国加州大学等机构设计出一种智能 T 细胞，可通过两步正反馈回路根据抗原密度阈值区分靶标，并在小鼠模型中证明了其有效性，为 CAR-T 细胞对抗实体瘤提供了新希望。美国斯坦福大学等机构研究发现通过短暂阻断 CAR 信号可阻止 CAR-T 细胞耗竭，进而增强 CAR-T 细胞活性。美国宾夕法尼亚大学发现 CAR-T 细胞耗竭与 CD8+T 细胞向 NK 样 T 细胞转变有关，且通过下调基因 ID3 和 SOX4 的表达，可抑制 T 细胞耗竭，提升抗实体瘤疗效。

国内免疫细胞治疗在血液瘤领域迎来收获期。2021 年 6 月，我国首款 CAR-T 细胞治疗产品奕凯达（阿基仑赛注射液）获 NMPA 批准上市，用于治疗大 B 细胞淋巴瘤成人患者，该产品引进自美国 Kite 公司的 Yescarta 并由复星凯特公司进行本土化生产。2021 年 9 月，我国第二款 CD19 靶向的 CAR-T 细胞治疗产品倍诺达（瑞基奥仑赛注射液）获 NMPA 批准上市，同样用于大 B 细胞淋巴瘤患者，该产品由药明巨诺开发。此外，南京传奇生物科技有限公司自主开发的用于多发性骨髓瘤的 BCMA 靶向 CAR-T 疗法 ciltacabtagene autoleucel（cilta-cel），目前已进入美国 FDA 的 NDA 阶段。针对解决抗原丢失等导致的肿瘤复发问题的国内双靶点 CAR-T 细胞治疗产品研发已进入临床阶段。上海恒润达生生物科技有限公司和南京驯鹿医疗技术有限公司（简称驯鹿医疗）针对 CD19/CD22 开发的双靶点 CAR-T 细胞治疗产品均已获 NMPA 批准进入临床，其中，驯鹿医疗的用于 B 细胞恶性肿瘤的抗 CD19/CD22 细胞治疗产品 CT120 获得美国 FDA 孤儿药认定。

在免疫细胞治疗实体瘤方面，我国相关研究走在全球前列，并获得国际认可。2021 年，科济药业的一项探索性临床研究结果显示，其自主研发的 CLDN18.2 靶向的 CAR-T 细胞治疗产品 CT041 治疗消化道肿瘤具有良好的安全性和有效性，该疗法先后获得 EMA 授予的孤儿药认定和优先药物资格（PRIME）。国内在设计新型工程化 T 细胞方面取得的研究进展为突破实体瘤挑战带来新思路。清华大学等机构设计构建了一种新型嵌合受体——合成 T 细胞受体抗原受体（synthetic T cell receptor and antigen receptor，STAR），兼具了 CAR 的抗原识别域和 TCR 的恒定区，STAR-T 细胞在多个实体瘤模型中显示更优的抗肿瘤效果。上海交通大学等机构设计出一种包含独立共刺激信号 OX40 的 20BBZ-OX40 CAR-T 细胞，该疗法在小鼠模型和 I 期临床试验中针对淋巴瘤显示出增强的扩增能力和抗肿瘤活性。

(七)干细胞疗法

干细胞疗法的开发与应用为多种重大慢性疾病的治疗带来希望,是未来医学治疗模式变革的重要突破口。近年来,干细胞疗法开发逐渐进入平稳发展期,从干细胞论文数量和临床试验数量来看,近3～5年的年增长幅度开始趋于平缓,其中干细胞临床试验数量在经历了近20年的持续快速增长后,2016年以来,每年全球开展的临床试验数量基本稳定维持在520例左右。干细胞疗法治疗疾病的探索仍在不断推进,除干细胞移植外,通过体内重编程进行疾病治疗正成为干细胞疗法开发的重要方向,2021年,德国马普心肺研究所成功通过将小鼠心肌细胞重编程至胎儿状态,实现了小鼠的心脏再生,改善了其心肌功能。此外,干细胞技术与免疫细胞疗法及基因编辑技术的融合,为更多疾病的治疗带来了新方法,日本京都大学将基因编辑的iPS细胞分化为T细胞,开发出一种CAR iPS-T细胞,在小鼠体内显示出良好的抗癌效果,展示了这种新型细胞作为T细胞通用来源的巨大应用前景。与此同时,干细胞疗法的商业化进程得到进一步推进,2021年,德国RHEACELL公司开发的下肢血管性溃疡的间充质干细胞新产品Amesanar获得德国批准,使得全球批准及上市的干细胞产品增至20例(表4-13);而日本武田制药公司研发的异体间充质干细胞疗法Alofisel继2019年在欧洲获得批准后,2021年又获得日本、以色列和瑞士的批准,用于治疗克罗恩病相关复杂肛瘘。此外,国际制药巨头企业也仍然重视干细胞疗法的研发,2020年,诺华与Mesoblast公司签署了开发间充质干细胞疗法remestemcel-L的合作协议,研究该产品在治疗急性呼吸窘迫综合征(ARDS)中的作用,2021年,该产品的Ⅲ期临床试验获得了积极数据。

我国的干细胞疗法研发领域也正朝着产业化的方向加速推进,从2016年采用干细胞临床试验备案制政策以来,我国大量干细胞研究成果实现了临床转化,已备案的临床试验数量已超过100例,备案机构也近140家;同时,从2018年干细胞按药品和技术的"双轨制"监管制度实施以来,企业的研发积极性逐渐上升,2021年,CDE共受理10项干细胞/祖细胞新药申请,使相关新药受理总量增至25项,共计17项获得了临床默示许可,其中2021年,获得临床试验默示许可的干细胞新药新增4项,这些新药均采用间充质干细胞,用于治疗膝骨关节炎、急性移植物抗宿主病、肺纤维化和急性呼吸窘迫综合征等疾病。此外,我国推动干细胞产业规范化发展的进程仍在不断被推进,近年来,在国家相关管理体系日趋完善的同时,

表4-13 干细胞上市及批准产品

药物名称	技术类型	适应证	研发单位	批准国家或地区
elivaldogene autotemcel	自体造血干细胞	肾上腺脑白质营养不良	Bluebird bio	欧盟/挪威/列支敦斯登/冰岛（2021年批准）
Amesanar	异体间充质干细胞	下肢血管溃疡、静脉曲张病溃疡	RHEACELL	德国（2021年批准）
Alofisel	异体脂肪干细胞	肛周瘘	Takeda Pharmaceutical	日本，以色列，瑞士（2021年批准）欧盟（2019年上市）
Cartistem	脐带血间充质干细胞	类风湿关节炎、软骨疾病	Dong-A ST，Medipost	韩国（2012上市）
atidarsagene autotemcel	自体间充质干细胞	异染性脑白质营养不良	Orchard Therapeutics	挪威/欧盟/欧盟/冰岛/列支敦斯登（2020年批准）
STR-01	自体造血干细胞	脊髓损伤	Sapporo Medical University, Nipro	日本（2019年上市）
Holoclar	自体角膜缘干细胞	角膜损伤	Holostem Terapie Avanzate Srl	欧盟（2019年上市）
betibeglogene autotemcel	自体造血干细胞	β-地中海贫血	Bluebird bio	挪威/欧盟/欧盟/英国/芬兰（2018年批准）荷兰/波兰（2019年上市）
Strimvelis	自体造血干细胞	腺苷脱氨酶缺乏症	Orchard Therapeutics	冰岛/欧盟/英国/芬兰（2018年上市）
Prochymal (remestemcel-L)	自体骨髓干细胞	儿童急性移植物抗宿主病（GVHD）	Mesoblast	加拿大（2013年批准）日本（2016年上市）
	异体脂肪干细胞	心血管疾病	Lorem Vascular, Cytori Therapeutics KK（日）	澳大利亚/中国香港/新加坡（2013年上市）中国（2015年上市）新西兰/俄罗斯/日本（2019年批准）
ECCS-50	自体脂肪干细胞	损伤疾病	Lorem Vascular, Cytori Therapeutics KK（日）	俄罗斯/新西兰/新加坡/澳大利亚/日本（2019年批准）

续表

药物名称	技术类型	适应证	研发单位	批准国家或地区
AstroStem-V	自体脂肪干细胞	阿尔茨海默病	Biostar Stem Cell Research Institute、RNL Bio	日本（2018年批准）
Stempeucel	自体间充质干细胞	局部缺血	Stempeutics Research	印度（2016年批准）
lenzumestrocel	自体间充质干细胞	运动神经元疾病	Corestem	韩国（2015年上市）
Queencell	自体脂肪干细胞	复杂皮肤及皮肤结构感染	Anterogen	韩国（2014年上市）
NPR-01	自体脂肪干细胞	肛瘘	Anterogen	韩国（2013年上市）
Hearticellgram-AMI	自体间充质干细胞	心肌梗死	FCB-Phamicell、JW Pharmaceutical	韩国（2011年，2013年上市）
t2c-001	自体间充质干细胞	心肌梗死	t2cure GmbH、Johann Wolfgang Goethe-Universitat Frankfurt am Main	德国（2010年上市）
Cureskin	自体表皮干细胞	瘢痕组织修复	S.Biomedics	韩国（2010年上市）
OsteoCel	自体间充质干细胞	骨骼损伤	NuVasive	美国（2008年上市）

注：数据来源于Cortellis数据库。

多个民间团体也陆续出台了一系列自律规范，促进对干细胞疗法的管理朝着更加细化、科学化的方向发展，2021年，中国医学会医学工程学分会发布了干细胞移植规范化治疗肝硬化失代偿的专家共识，更新了其2014年发布的版本，为相关工作提供了参考和指导。

撰稿专家：施慧琳　杨若南　王　玥　许　丽　李祯祺　李　伟　靳晨琦　徐　萍

第五章

聚集诱导发光新材料在生物医疗技术方面的发展态势

一、概况

光与物质的作用形式主要是光的吸收和发射。早在19世纪中叶，人们就开始了对光发射的研究，1852年斯托克斯在研究奎宁和叶绿素的发光时发现，在短波长光的照射下，有些物质能发射出一种比激发光波长更长的光。在20世纪50年代对发光材料的研究中，Förster等发现芘的荧光强度与浓度的关系非常密切：这类有机小分子在稀溶液中发光很强，但在高浓度溶液中发光变弱甚至消失。这一现象被称之为聚集导致发光猝灭（aggregation-caused quenching，ACQ）。发光材料通常是以固态或聚集态的形式应用，需要其具有高效的聚集态发光效率，而材料的ACQ问题大大降低了聚集态发光效率，从而严重影响了器件的性能（图5-1）。

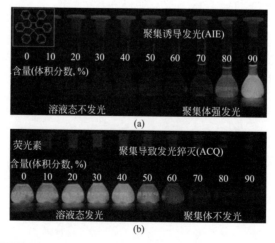

图5-1 聚集诱导发光（a）及与传统染料（b）的对比

为减轻 ACQ 效应对材料发光效率的影响，科研人员采取了一系列化学、物理和工程的方法和手段来抑制分子间的聚集，包括将支化链、大环基团、树枝状或楔形结构基团等以共价键方式连接到芳香环上来阻止其聚集，将发光化合物通过表面活性剂包覆以及将其掺杂到透明聚合物介质中以减少分子间聚集。然而，化学方法常涉及烦琐的合成，且将大体积的侧基连接到芳香环上会严重扭曲发光分子的构象并影响其共轭结构、发光波长与效率；而物理方法则要求精细的工艺控制，重现性较差，并且物理工艺中使用的包覆剂和聚合物通常不发光，它们的引入将稀释体系中的发光基元密度并妨碍电荷传输。因此，这些干预发光分子聚集的尝试仅取得了有限的成功。此外，在多数情况下，抑制聚集的同时带来了新的问题。究其原因主要是聚集是一个自发的内在过程，人为抑制聚集并不能从根本上解决发光分子的 ACQ 问题。因此，充分利用分子的聚集才是提高其在聚集态或固态的发光强度的理想途径。

2001 年，唐本忠院士基于观察到的 1-甲基 1,2,3,4,5-五苯基噻咯在乙腈中不发光，但在含大量不良溶剂（水）的乙腈溶液中发出很强绿色荧光的现象，在国际上首次提出了"聚集诱导发光（aggregation induced emission，AIE）"的概念，AIE 概念的提出颠覆了人们关于发光材料"聚集导致发光猝灭"的传统认识，为高效聚集态/高效发光材料的设计提供了一条新的思路，因而得到了国际上化学、材料、生物、医学等领域科学家的广泛关注。目前，据不完全统计，全世界约有 140 余个国家/地区的约 12 000 家单位的科学家正在从事 AIE 相关的研究。因此，AIE 已经发展成为一个由我国科学家引领、国外科学家竞相跟进的一个研究领域。目前，已有许多国际著名科学家关注 AIE 的基础研究工作，并发表了高水平研究成果。如，1987 年诺贝尔化学奖获得者、法国斯特拉斯堡大学的 Jean-Marie Lehn 教授，美国科学院院士、中国科学院外籍院士、化学领域权威期刊 *J. Am. Chem. Soc.* 主编、美国犹他大学 Peter Stang 教授，美国科学院院士、美国麻省理工学院 Timothy Swager 教授，日本高分子学会会长、京都大学 Yoshiki Chujo 教授，瑞典皇家科学院院士、诺贝尔化学奖委员会委员、瑞典皇家工学院 Olof Ramstrom 教授等课题组已经报道了 AIE 相关的研究成果。同时，利用国外完善的成果转化机制和商业运作模式，部分 AIE 材料及其拓展技术已尝试进入产业化阶段。如，新加坡工程院院士、新加坡国立大学刘斌教授创立了 Luminicell 生物试剂公司，主要从事 AIE 近红外材料制备及相关应用开发（唐本忠院士团队专利），不但个人因此获得 2016 年新加坡总统科技奖,而且她创办的公司已与 Merck 集团展开实质性合作,其产品已进入该公司的渠道进行销售,成为该公司的重要推广产品。

与此同时,唐本忠院士团队在大量的实验和理论模拟基础上,提出了"分子内运动(包括转动和振动)受限(Restriction of Intramolecular Motion,RIM)"的 AIE 机理,并在随后的研究中通过大量的实验进行了验证,现在已经得到了国内外同行的广泛认可和采用。由此开创了一个由中国科学家引领的新兴研究领域。在 RIM 机理的指引下,科研人员设计并构建了大量结构多样的具有 AIE 特性的小分子、聚合物、有机金属络合物等体系。目前,RIM 机理已被国内外同行广泛接受并用于解释他们观察到的分子聚集发光现象。另外,AIE 材料作为一类新兴发光材料,已被广泛应用于光电器件、化学传感和生物检测与成像等各个前沿领域和交叉学科,且已经显示了优于传统发光的特征,具有非常光明的应用前景。与传统 ACQ 发光材料相比,AIE 材料表现出了独特的优势(图 5-2)。

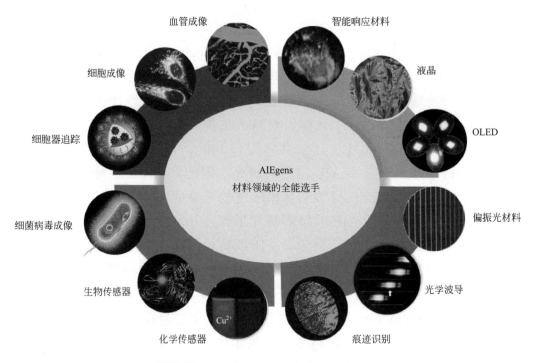

图 5-2 聚集诱导发光材料在各领域的应用

前沿科学研究总是以新现象的发现、新概念的提出和新理论的建立为标志,一方面贡献新知识,推动科学发展;另一方面贡献新物质、新功能和新材料,催生新技术、新产业,满足国民经济发展和人们生活水平提高对材料所提出的更高要求。AIE 这一概念打破了教科书上关于聚集导致发光猝灭的经典论断，改变了人们的传统认知和思维定势，为设计高效固态发光材料提供了新思路。AIE 不仅推动了学术界对分子发光机理研究的纵深发展，而且在发光材料的分子设计与功能应用领域引发了深刻变革，催生了具有原创性和自主知识产权的新材料和新技术，在很大程度上改变了发光领域核心材料、技术和专利主要被国外研究机构掌握的局面，无论在学术上还是应用上都具有重大意义。基于 AIE 研究的原创性和国际引领性，唐本忠院士团队于 2017 年荣获国家自然科学奖一等奖。2018 年 1 月 8 日，党和国家领导人在人民大会堂为唐本忠院士团队颁发了奖励证书。

2013 年在国际著名的从事科技统计工作的汤森路透发布的《2013 研究前沿》报告中，"聚集诱导发光的特征和化合物"在化学与材料科学领域十大研究前沿中排名第三。而 2015 年由中国科学院文献情报中心和汤森路透联合发布的《2015 研究前沿》报告中，"聚集诱导发光化合物的合成、性质和用于细胞成像"排名则前进到了化学（英文版本中为化学和材料双领域）领域十大研究前沿的第二位，并且属于重点热点前沿。报告中还指出"特别值得一提的是，聚集诱导发光现象是由中国科学家唐本忠率先发现的研究前沿"。

鉴于在 AIE 这一热门领域系统、原创和引领性的研究工作，国内外诸多新闻媒体纷纷报道了唐本忠院士的学术成果。例如，2016 年 2 月 15 日，《纽约时报》报道了唐本忠院士等开发的 AIE 材料应用于生物荧光成像和有机发光二极管（OLED）的工作；2016 年 2 月 3 日，美国全国广播公司财经频道（CNBC）采访并报道了唐本忠院士等利用 AIE 荧光探针在癌症成像和诊断方面的工作；2016 年 1 月 29 日，《南华早报》综合报道了唐本忠院士等利用 AIE 材料在癌症筛查和追踪、环境监测、法医鉴定和细菌检测等方面的工作。

2016 年《Nature》上题为 "The nanolight revolution is coming"（纳米光革命来临）的新闻深度文章中评价道：AIE 分子制备的纳米粒子（AIE 点）为当前常用的量子点与发光聚合物点存在的问题提供了解决方案，是支撑和驱动"纳米光革命"的四大纳米材料（量子点、聚合物点、AIE 点以及上转换粒子点）之一。需要指出的是，AIE 点是四大材料中唯一一类由中国科学家原创的材料。

在产业方面，AIE 也取得了突破成绩。在前期的基础上，聚集诱导发光型荧光探针已完成系统化筛选，可以打破目前在科研领域赛默飞一家独占该市场的现状（近 100 亿美金的市场），并完成了相关数据库和检索引擎的建立。利用聚集诱导发光材料制备的荧光"硬球"展现了高强度的发光效率和信号输出能力,作为免疫荧光技术的关键原材料,满足未来衍生产品近万亿的市场需求,AIE 硬球可以完全实现市场上同类型的进口高端产品的替代。例如,AIE 硬球所制备的抗原型新冠病毒荧光免疫层析试纸条可以达到皮克级检测;而制备的毛发型毒品检测试纸条也可以达到 0.2 ng,可以完全满足社区近半年吸毒情况的筛查需求;所制备的人体炎症监察标志物的 C 反应蛋白(C-reactive protein,CRP)指标,可以同时满足超敏和高线性范围的快速检测需求(3 min)。而对应的荧光"软球"工艺也可以实现手动、自动形式的高稳定工艺固化,这对未来实现实时原位的荧光成像和诊疗一体化的体内诊断奠定了基础(近千万亿市场),目前的前期动物实验效果远好于同类型竞品。另外,在公共安全方面,制备警用指纹粉和高效的潜血显色试剂,已服务于公安一线刑侦,并破获多起案件。在高效光电材料筛选、贵金属回收材料、磁性微球、高转光技术(双碳新兴技术)等方面也取得了实质性进展。初步研究成果受邀亮相国家"十三五"科技创新成就展。未来两年将持续以市场为导向的 AIE 产业转化研究,完善现有平台的产品类型,重点围绕有机电致发光材料筛选技术、免疫技术和分子诊断技术等的体外诊疗试剂、公共安全类专有产品开发展开,并借助社会力量和产业资本助推商品化,实现初步收益集群产品。

二、现状

作为一个由中国科学家开创和引领的新领域,AIE 材料的高固态发光特性使其在能源、健康和环境等相关领域有着巨大的应用前景。目前,我国的 AIE 研究处于国际引领地位且具有自主知识产权,有望解决传统发光材料应用面临的系列问题,从而在化学与生物传感、生物成像与疾病诊疗等关系国计民生领域发挥重要作用。根据 AIE 的发光机理——分子内运动受限(RIM),研究者设计出多种激活型的 AIE 探针,其检测原理主要可以分为以下 4 种(图 5-3)。①和被检测物之间可以通过非共价键的相互作用,如静电力作用、氢键、范德华力、金属络合等,自组装形成发光强的聚集体。②通过主客体作用或分子识别实现限制分子内运动,从而点亮荧光。③通过酶反应或化学反应切断 AIE 探针的亲水基团,使得 AIE 发光团的疏水性增加而自发形成聚集体。④结合传统的光诱导电子转移(PET)、分子内电荷转移(ICT)和能量共振转移(FRET)的光物理过程预先猝灭 AIE 聚集体的发光,然后破坏这些光物理过程实现点亮 AIE 分子。这种方法可

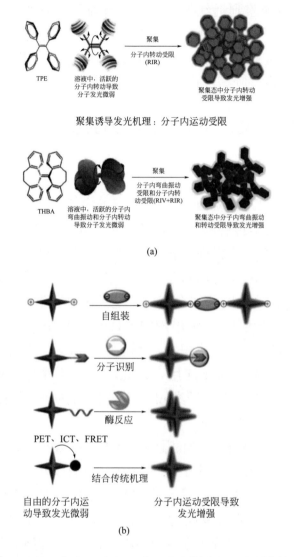

图 5-3　AIE 机理（a）及利用 AIE 机理设计激活型 AIE 探针的策略（b）

结合前面 3 种机制，进一步降低未结合或反应的探针的背景荧光。为实现更好的检测效果，有机地结合这些机理有时是必要的。相对于常规的荧光探针，点亮型 AIE 可以提供更低的背景和更具可靠性的信号，使得它们在应用于生物检测时特别具有吸引力。同时，由于未结合的探针具有低背景，使用 AIE 荧光探针还具有无需洗涤步骤的优点，节省了操作时间，减少检测样品的损失。形成的 AIE 聚集体具有优异的光稳定性和抗光漂白性，使得可以利用它们进行长时间的追踪和监测。目前，研究者已经开发出了很多具有不同结构 AIE 分子和体系，通过研究者的努力，目前 AIE 分子的发光已从可见光波段覆盖到近红外光波段，目前已开发的近红外 AIE 材料通常分子量较大同时结构疏水性强，大多数研究工作还是将其采用纳米沉积以及嵌段聚合物包裹的方式形成 AIE 纳米颗粒，并将其用于细胞长期追踪、血管成像、体内成像、肿瘤成像与治疗等领域。

（一）聚集诱导发光材料在化学传感的应用开发

1. pH 传感

pH 测量与现代工业、农业、医学、环境等领域息息相关。在 20 世纪 70 年代以前，pH 化学传感器主要是各种玻璃电极、金属 - 氢电极、金属 - 金属氧化物电极、离子选择性电极及（醌）氢醌电极等。随着现代科学技术的发展，尤其是在现代生命科学、环境科学等领域的迅速发展，用传统的玻璃电极进行 pH 测量时往往会产生一定的困难，这是由于玻璃电极存在阻抗高、易破损、不能用于含 HF 溶液中 pH 测定，且在高碱度情况下存在"钠误差"等缺陷。同时由于其体积大，不适用于微区、微环境和生物活体的在线检测，更难在恶劣环境下应用。因此，进行各种新的或特殊用途的 pH 传感器（包括 pH 电极与光导纤维 pH 传感器）的研究开发、应用及其机理的研究引起了许多学者的兴趣。

pH 对生物和环境都有重要的影响。pH 一点微小的改变就有可能毁灭很多生物和植物。酸雨引起的土壤、河流、湖泊以及海洋的酸化、人类活动和未经处理的污水都有可能导致生态环境危机，造成物种消失、生物多样性减少以及生物体特殊应变能力的丧失。因此检测 pH 对于保护生态环境有着十分重要的意义。研究人员利用 AIE 分子成功得到了一类检测 pH 的荧光传感器，结果发表在 *Chem. Sci.* 期刊上。在水相中，疏水的 TPE-Cy 分子聚集发光。向水中加入少量酸，由于磺酸盐的酸化使分子更紧密排列，从而荧光增强。实验结果显示当体系的 pH 从 1 增加到 5 时，溶液的发光强度并没有明显的变化。而当 pH 超过 5 时，TPE-Cy 分子中的磺酸盐变回磺基。继续加大体系的 pH，荧光颜色变为了蓝色。其作用机理及检测过程如图 5-4 所示，该传感器为比率型的荧光传感器。简言之，pH 的荧光传感机理是基于 AIE 分子在合适的 pH 时的聚集和溶解（解聚集）。基于这一机理，可以容易得到其他种类的荧光传感器。例如，带有羟基的噻咯分子在 pH 较小的条件下能够聚集，而在 pH 较大时被溶解，这使得它的发光能够在较小 pH 和较大 pH 时表现出"开 - 关"响应（图 5-4）。

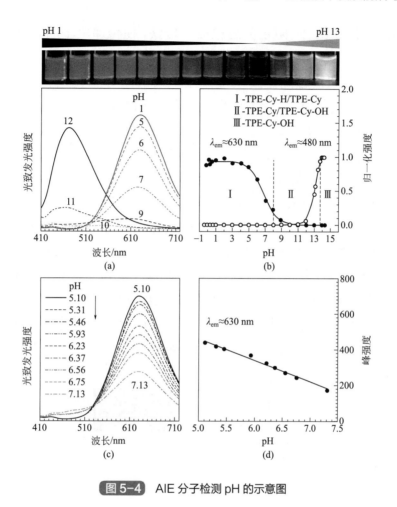

图 5-4　AIE 分子检测 pH 的示意图

2. 阴离子传感

阴离子在各种的生物和化学过程中扮演着重要的角色。由于在化学、医学和环境学等有潜在的价值，相应的人工阴离子受体已经引起人们很大的兴趣，在近 20 年内，这个发展尤其明显。人们投入巨大的努力去发展阴离子物种的非生物受体，从而设计出了一些重要阴离子的传感器。给阴离子在环境和生物体系中的测定提供了宝贵的资源，这在化学、医学、环境科学、生命科学、食品学等领域有很大的实用价值。阴离子在荷尔蒙的运输、蛋白质的合成、基因的调控、酶的活性过程中都扮演了重要的角色。氰离子为氰化物进入机体后分解出的巨毒性物质，能抑制组织细胞内包括细胞色素氧化酶、过氧化物酶、脱羧酶及乳酸脱氢酶在内的 42 种酶的活性，其中，细胞色素氧化酶对氰化物最为敏感。氰离子能迅速与氧化型细胞色素氧化酶中的三价铁结合，阻止其还原成二价铁，使传递电子的氧化过程中断，导致组织细胞由于缺氧而窒息。与氰离子一样，硫离子也参与生物体内重要生命活动。长期接触高浓度的硫离子能引起生理生化问题，例如，刺激和损坏黏膜、引起昏迷、导致呼吸麻痹等。焦磷酸根离子（PPi）作为细胞体内 ATP 水解的产物，参与个别的生物能量和代谢过程，因此 PPi 同样是一种重要的阴离子。研究人员设计并合成了两个通过 1,2-苯基（1）或 1,2-苯基甲基（2）间隔基连接的新型四苯基乙烯（TPE）附加的裂口型咪唑，用于阴离子识别（图5-5）。在水溶液中，该探针可以识别 SO_4^{2-} 和聚磷酸根（PPi、ADP 和 ATP）阴离子，其中基于 TPE 的荧光团可显著增强荧光用于增加聚合。具有相对柔性接头的探针 2 仅对多磷酸根阴离子 ATP、PPi 和 ADP 响应。探针 1 的阴离子结合亲和力比探针 2 高，归因于更刚性的框架特性。此外，探针 1 还应用于活细胞和秀丽隐杆线虫中 ATP 和 SO_4^{2-} 的水平成像。碘离子在生物上也很重要，由于其在智力发育、生长和基本代谢等方面所起的重要作用，因此，碘缺乏会引起一系列的疾病。从 20 世纪 60 年代起，阳离

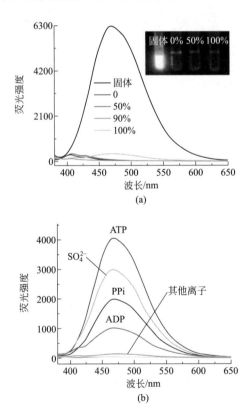

图 5-5　基于聚集诱导发光的阴离子化学传感器设计案例：该探针的聚集诱导发光特性（a）；该探针用于识别硫酸根阴离子、聚磷酸根阴离子（b）

子的识别工作已经开展，现如今已是一个发展很好并且成熟的领域。相反，阴离子化学却发展缓慢，由此看来阴离子传感器的设计以及阴离子浓度的检测等方面的工作已经是现代化学科学家关注和研究的焦点。阴离子荧光化学传感器的作用原理是利用阴离子参与特定的化学反应而引起颜色或荧光信号的输出：把信号基团和识别基团这两部分通过共价键相连所组成的就是键合信号输出体系，而两部分独立存在时就是基于置换法的识别体系。从理论上来说，这两种体系对阴离子的识别都是可逆的，但是基于反应型的化学计量体系是不可逆的。通过结合 AIE 分子的特性，还可以开发一系列阴离子传感器。

3．有机化合物的探测

有机挥发物（VOC）的检测对车间安全、家居卫生、环境保护等有着非常重要的意义。研究人员在研究 AIE 过程时发现，将 TPE 样品点在薄层色谱板（TLC）上后放进充满氯仿的有盖培养皿内，TPE 的荧光会被猝灭。而当氯仿蒸气挥发后，TPE 的荧光恢复。AIE 分子对其他诸如二氯甲烷、乙腈、丙酮和 THF 等有机溶剂有同样的响应效果。其原因是有机溶剂蒸气在 TLC 板的表面冷凝成一层很薄的液面，能够溶解吸附在 TLC 板上的 AIE 分子并使它处于溶液态，导致 AIE 分子的荧光猝灭。当溶剂挥发后，TLC 板上的分子由于聚集而重新发光。聚集体溶解（解聚集）对于 AIE 分子来说是一个非破坏性的物理过程，所以这种对 VOC 的荧光"开 - 关"响应过程是完全可逆的并且具有很好的重复性。董宇平等利用层 - 层自组装技术，以含酚羟基 TPE 的 AIE 颗粒为构筑组分，与联苯双重氮盐先静电自组装，再经过光化学反应形成稳定的发光超薄膜，实现对各种硝基化合物的多次重复检测。

4．CO_2 含量的探测

CO_2 是自然或人为释放气体的组成成分之一，对生存环境和人类健康都有着重要的影响，它作为一种大气的组成部分，对全球气候变化和人类福祉造成了巨大影响。若其含量增多，产生温室效应，导致全球变暖，若继续增加二氧化碳的含量，则后果不堪设想，因此检测 CO_2 气体有着深远的社会意义。常规的 CO_2 检测方法通过电化学和红外等手段实现。但这两种方法都存在缺陷：前者需要的样品量较大，而后者无法消除一氧化碳带来的信号干扰。研究人员利用 AIE 分子的特性，成功开发了一种检测 CO_2 的新方法。

其工作流程如下：HPS 分子溶解在二丙胺溶液时几乎不发光。当向该

溶液中通入 CO_2 气体时，它能够与二丙胺反应生成黏度和极性很大的氨基甲酸酯离子液体。这种离子液体能够阻止 HPS 上苯环的自由旋转并促使发光分子相互靠近，从而使 HPS 分子的荧光恢复。随着 CO_2 浓度的增加，离子液体的生成量亦越多。所以通过荧光强度可以有效测定 CO_2 浓度。该方法具有成本低、易辨别、能够定量检测 CO_2 浓度等优点，因此能对危险环境进行预警检测。

5. 金属离子的传感及含量的探测

水环境是构成环境的基本要素之一，是人类社会赖以生存和发展的重要场所，也是受人类干扰和破坏最严重的领域。水环境的污染和破坏已成为当今世界主要的环境问题之一。近年来，随着工农业以及经济的迅猛发展，各类水环境中重金属污染日趋加剧已成为不争的事实。近年来，重金属污染致病事件已进入高发期，并且给当地人民的身心健康带来了极大的威胁。排放重金属的源头是矿物加工和冶炼、电镀、塑料、电池、化工、IT 等多种行业。此外，城市中汽车尾气、轮胎添加剂中的重金属元素通过进入大气、土壤和水环境的生态循环，进一步造成了地球上水环境的污染。

研究人员合成了一种带有 3- 联吡啶功能团的 TPE 分子并成功地将其用于金属离子的检测。通过合理地设计与合成 AIE 分子，可以得到一系列结构简单、成本低廉的荧光传感器，他们分别对 Hg^{2+}、Rh^{3+} 等离子具有特异的识别能力。董宇平等开发出多芳基取代吡咯系列 AIE 体系。五苯基吡咯的固体膜对不同 VOC 表现出不同的荧光响应强度和速度。羧酸基团的引入使三苯基吡咯对铝离子呈现"点亮"型响应，并在 1～10 μmol/L 浓度范围内存在线性关系，检测灵敏度远高于世界卫生组织对饮用水规定的最低离子浓度。

（二）聚集诱导发光材料在生物检测的应用开发

1. 蛋白质的定量检测

使用带有磺酸基的 TPE 衍生物（SATPE）检测牛血清蛋白。在中性的磷酸缓冲液中，SATPE 不发光，加入牛血清蛋白（BSA）可"点亮"其荧光。当 BSA 的浓度为 500 mg/L 时，其荧光强度增强 240 倍。超高的灵敏度使得该分子对于 BSA 的检测限能够达到 0.05 mg/L 或 50 mg/kg。当 BSA 的浓度在 0～100 mg/L，SATPE 的荧光强度与蛋白质浓度呈线性关系，表明该分子可在宽广的浓度范围内定量检测 BSA。

传统的发光物质定量检测蛋白质常常需要冗长的步骤，譬如最常用的考马斯亮蓝的染色，需要长达数小时甚至十几小时的染色及脱色环节。考马斯染色也存在灵敏度低的问题。利用银染可以提高灵敏度，但是极易产生杂散信号，特别是在二维电泳时，不利于实验者分辨含量较低的蛋白质。荧光剂染色可以提高检测的灵敏度，但是传统所用的发光物质存在斯托克斯位移很小；有些还存在发光强度与蛋白质浓度不呈线性关系、不稳定等缺点。而 AIE 分子一般具有大的斯托克斯位移（斯托克斯位移可达到 100 nm），其发光强度与蛋白质浓度呈线性关系，且非常稳定（室温避光保存 2 个月以上无任何变化）。用此类水溶性 AIE 分子作为荧光传感器识别和定量蛋白质还可以避免传统荧光物质因为浓度而引起的荧光自猝灭现象。研究人员将设计水溶性好的 AIE 分子，消除背景荧光，用于对蛋白质进行定量，并将开发新型探针用于对蛋白质的聚丙烯酰胺凝胶电泳的显色。

2. 蛋白质构象变化的检测

蛋白质为了实现其生物功能，必须具有一特定的链构象。发展荧光标记手段研究蛋白质构象具有重要的意义。变性剂对蛋白质链整体稳定性的影响近年来受到广泛的关注，因为它为研究蛋白质的折叠或解折叠提供了很好的研究手段。蛋白质的折叠和解折叠过程中存在很多中间态，但由于缺乏敏感的探针分子使得这些中间态的检测非常困难。

合成的 SATPE 对人血清白蛋白（HSA）显示荧光增强效应。疏水性的苯环使 SATPE 分子进入折叠 HSA 链的疏水空腔内。利用 SATPE 的 AIE 特性以及从 HSA 到 SATPE 的荧光共振能量转移，由盐酸胍诱导的 HSA 链解折叠过程被成功监测。结果显示利用 SATPE 可以观测到在 HSA 链解折叠过程中存在一个三步转化的稳定熔球态中间体。类似地，研究人员也可以利用其他水溶性 AIE 分子对其他蛋白大分子的链解或折叠过程进行监测研究。

淀粉样蛋白是一种不溶性的蛋白纤维。淀粉样物质形成的确切机制尚未完全弄清，但淀粉样原纤维沉积的先决条件是其前体蛋白产生的量过多或有结构异常前体蛋白经不完全降解后成为易于折叠成反向平行的 β- 片层结构片段。它在生物体内的过量沉积会导致生理功能紊乱和很多疾病的发生，如脑部淀粉样蛋白沉积可导致神经系统的紊乱以及阿尔茨海默症、帕金森症、亨廷顿症等疾病。因此，对于蛋白质错误折叠及聚集纤维化的检测极其重要。

研究人员设计了 BSPOTPE 分子，用于跟踪检测淀粉样蛋白的聚集过程。胰岛素是一种生物大分子，它在酸性环境下很容易纤维化。将胰岛素与 BSPOTPE 分子混溶在水中时，所得溶液几乎不发光。但当胰岛素纤维化之后，BSPOTPE 的荧光强度明显增强（图 5-6）。荧光强度的变化可以清楚地辨别天然胰岛素和变性胰岛素。利用荧光变化的过程还可跟踪胰岛素的纤维化过程，因为可以通过荧光显微镜很容易地观察到 BSPOTPE 分子标记的淀粉样蛋白纤维。研究人员还进一步发现，该分子对于蛋白质的聚集

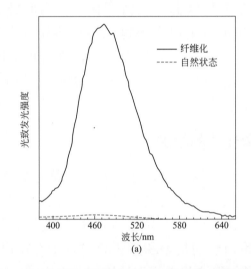

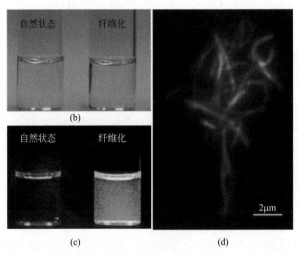

图 5-6 BSPOTPE 与天然/纤维化牛胰岛素混合后的荧光图谱（a），自然光下（b）及 365 nm UV 灯照射下（c）的照片，显微镜下观测到的 BSPOTPE 所染的纤维化牛胰岛素（d）

有延缓作用。当加入不同浓度的 BSPOTPE 到胰岛素中，胰岛素的聚集所需的时间被明显延长。这也说明 BSPOTPE 极有潜质被开发成一种减缓蛋白聚集的药物，应用于淀粉样蛋白相关的疾病。

3．DNA/RNA 的定量检测

脱氧核糖核酸又称去氧核糖核酸，是一种生物大分子，可组成遗传指令，引导生物发育与生命机能运作。主要功能是资讯储存，可比喻为"蓝图"。核糖核酸是一种重要的生物大分子，因为分子由核糖核苷酸组成而得名。每个 RNA 分子都由核苷酸单元长链组成，每个核苷酸单元含有一个含氮碱基、一个核糖和一个磷酸基。RNA 是具有细胞结构的生物的遗传讯息中间载体，并参与蛋白质合成；还参与基因表达调控。对一部分病毒而言，RNA 是其唯一的遗传物质。对 DNA 与 RNA 的研究是分子生物学的基础，所以针对 DNA 与 RNA 的定量检测及显像有极大的需求和市场。当与阴离子型的生物大分子如 DNA 或 RNA 结合时，由于静电相互作用使阳离子型 AIE 分子荧光强度增加，且 AIE 分子的荧光强度与分析物的浓度呈线性关系。

所以 AIE 分子也被用作聚丙烯酰胺凝胶电泳（PAGE）的染色剂或显像剂。尽管溴化乙锭（EB）因其高灵敏度和低成本而成为一种通用的核酸染色剂，但它亦是一种强烈的诱变剂和致癌物。目前已发展了一些毒性相对较低的 EB 替代品，如 SYBR 的衍生物等。但这些染料都是脂溶性的，必须在使用前预先分散在 DMSO 中，而 DMSO 是一类能迅速渗透皮肤的有机溶剂。故开发用于 PAGE 分析的安全、可靠、能快速染色的核酸染色剂为当务之急。

研究人员将 AIE 分子用作 PAGE 的显色剂分析 DNA，结果显示这一过程可在 5 min 内完成。当含有 HG21 的 PAGE 板进行凝胶电泳之后，将胶板在 TTAPE 的溶液中浸泡，浸泡过的 PAGE 板会显现出一条明显的荧光带。该荧光带的强度会随着 HG21 浓度的增大而逐渐增强。在对照组中，在相似条件下浸泡过溴化乙锭（EB）溶液的 PAGE 板不显色或显色慢。原因是它需要较长的时间插入到 DNA 链的沟槽中。而对于 TTPAE 分子，与 DNA 的静电相互作用就能够使它发光，因此 DNA 能被快速染色。灵敏度测试实验显示 TTPAE 对 HG21 的检测限可达 0.5 mmol/L。根据 AIE 分子的特性，增大发光物的浓度可进一步降低检测限。因此用 AIE 分子作为 DNA 的标记物具有快速响应、高灵敏度、水溶性好等优点。可进一步开发并广泛应用于 DNA 显色及定量检测。

阳离子型的 AIE 分子亦可用于聚合酶链式反应（Polymerase Chain Reaction，PCR）产物的实时定量分析。聚合酶链式反应是一种重要的分子生物学技术，用于扩增特定的DNA片段。可看作生物体外的特殊DNA复制。实时荧光定量PCR技术的推出实现了PCR从定性到定量的飞跃。所谓实时荧光定量PCR技术是指在PCR反应体系中加入荧光基团，利用荧光信号积累实时监测整个PCR进程，最后通过标准曲线对未知模板进行定量分析的方法。因为AIE分子的荧光强度与分析物的浓度呈线性关系，研究人员可以利用这些荧光探针实现实时荧光定量PCR。在PCR反应体系中，加入过量AIE探针，AIE探针非特异性地掺入DNA双链后，发射荧光信号，而不掺入链中的AIE探针不会发射任何荧光信号，从而保证荧光信号的增加与PCR产物的增加完全同步。在引物上标记猝灭剂可消除背景荧光，从而大大提高检测的灵敏度。

4．DNA构象检测

含有多个重复的鸟嘌呤序列的DNA链可形成一个G四链体的二级结构。G四链体通过与中间的阳离子形成非共价键来稳定其构型。G四链体能够在人体的端粒DNA中形成，并抑制端粒酶的活性以及致癌基因的表达。因此，发展G四链体的靶向药物可以实现人工调控基因的表达和控制癌细胞的扩散。最近发现TPE的衍生物（TTAPE）能够识别特殊的折叠DNA结构。同其他阳离子型AIE分子一样，当TTAPE与称定序列的DNA链结合时，它的荧光强度会增强。K^+离子的加入诱导G四链体结构的形成，导致荧光光谱发生红移。利用该方法可以区分可形成特定构象的序列DNA与其他无法形成空间构象的DNA。另外，还可利用TTAPE分子的AIE特性实时监测特定构象DNA的折叠过程，而不需要用荧光物质来化学标记DNA。此外，与其他阳离子Na^+、Li^+、NH_4^+、Mg^{2+}和Ca^{2+}相比，TTAPE分子能选择性地与含K^+的G四链体结合，表明TTAPE分子也可用作K^+的生物传感器。

5．脂类临界胶束浓度的测定

两亲生物大分子如磷脂能够在适当的条件下组装成有序的纳米胶束结构。磷脂分子在溶剂中缔合形成胶束的最低浓度即为临界胶束浓度（critical micelle concentration，CMC）。因为溶液的许多物化性质随着胶束的形成而发生突变，所以临界胶束浓度的测定非常重要。但临界胶束浓度的测定并不容易。虽然可以通过渗透压、等效电导率和界面张力等方法来测定CMC，但这些方法都不够简便。

最近研究人员利用 A_2HPS^{2+} 作为探针分子，卵磷脂作为模型生物大分子，成功将 A_2HPS^{2+} 分子应用于卵磷脂 CMC 的测定。当溶液中卵磷脂的浓度很低时，A_2HPS^{2+} 分子很好地溶解在酸性介质中，因此几乎不发光。但在适当量卵磷脂存在的情况下，A_2HPS^{2+} 分子的发光强度大大增强。用荧光强度对卵磷脂浓度作曲线，发现该曲线是由两条直线所组成。两条直线的交汇点所对应的浓度便是卵磷脂的 CMC。在 CMC 下，卵磷脂分子开始形成纳米聚集体胶束，A_2HPS^{2+} 分子进入胶束并发生聚集，从而导致荧光增强。

研究人员将进一步开发水溶性 AIE 分子，以应用于生物分子如 DNA、RNA、肝素或 CMC 的检测。当阳离子型的 AIE 分子遇上带负电的生物大分子如 DNA、RNA、或肝素时，由于 RIR 过程被静电作用或疏水作用激活而使得 AIE 分子的荧光被"点亮"。AIE 分子与被检测的核酸结合后的发射光强与被检测物浓度间的关系可以建立，从而简化 DNA、RNA 或肝素在缓冲溶液中的定量检测。基于 AIE 效应的生物检测过程可耐受诸如生物电解质等常见干扰物，从而可在体液和人体分泌物（唾液、胃液、尿液和汗液等）中进行检测。利用表面活性剂的静电作用和疏水作用调控 AIE 分子的聚集行为，实现对乙酰胆碱活性、单胺氧化酶活性的分析和酶抑制剂的筛选。

6. 巯基的检测

细胞的氧化还原调控失衡是导致亚健康、衰老、神经退行性疾病、炎症、肿瘤、糖尿病等的重要因素，因此，细胞氧化还原调控的分子机理研究具有重要理论意义和实际意义。含巯基的生物小分子，如半胱氨酸（Cys）、同型半胱氨酸（Hcy）、谷胱甘肽（GSH），在维持生物体系氧化还原平衡方面发挥着重要作用。作为细胞内含量最多的含巯基生物小分子，GSH 是体内重要的抗氧化剂，可以保护机体免受自由基伤害，起到抗肿瘤、抗衰老等作用。近年研究发现：机体在应激条件下产生的一氧化氮等活性氮及活性氧小分子通过对蛋白质中氧化还原敏感的半胱氨酸巯基进行修饰，影响蛋白质的结构、活性、定位、组装和降解，从而调控蛋白质的功能和细胞信号传导，最终在生理和病理过程中发挥作用。这种修饰称为氧化还原依赖的蛋白质巯基翻译后修饰（redox based post-translational modification of protein）。但是现有的巯基检测依赖于比色法定量。此方法不仅灵敏度有限，样品制备烦琐，而且难以实现活细胞的巯基定量。

合理的分子设计能使 AIE 分子发挥不同的功效。研究人员将马来酰亚胺（MI）修饰在 TPE 分子上，得到的 TPE-MI 分子可用作巯基化合物荧光传感器。在光照下，由于从 TPE 到 MI 的电子转移过程，TPE-MI 分子在溶液态和固态下都不发光。但当该分子与巯基化合物结合以后，形成的产物荧光强度明显增强。TPE-MI 是一个关闭状态下的 AIE 分子。基于巯基与烯烃的加成反应，利用 TLC 板便可以将含巯基的氨基酸与其他氨基酸区别开来。因为该类"点击"反应的速率很快，所以 TPE-MI 分子也可用于检测带有巯基氨基酸的蛋白质。研究人员将开发基于 TPE-MI 的巯基检测试剂盒，应用于生物中巯基的检测和定量，指示细胞等生物体系中巯基的含量。

7. 糖类的检测

糖类在生物体的新陈代谢过程中扮演着十分重要的角色。糖类是生物体生命活动的主要能源物质，生物体内的能量有 70% 是由糖类氧化分解提供的。人每天都要摄入各类含糖或淀粉的食物，这些食物经过消化系统后，被转化为葡萄糖等单糖，并进入血液。但实际上，人体中血糖的浓度通常被控制在一个很窄的范围内（800～1200 mg/L），只是在饭后一段时间内会暂时升高（1200 mg/L）。要如此精确地控制血糖浓度，保持体内平衡（在血糖浓度升高时，多余的糖会被转化为糖原或脂肪储存起来）；血糖浓度失调会导致多种疾病，如持续血糖浓度过高的高血糖和过低的低血糖。而由多种原因导致的持续性高血糖会引发糖尿病，这也是与血糖浓度相关的最显著的疾病。除了葡萄糖外，血液中实际上还含有一定量的果糖和半乳糖，但只有葡萄糖的浓度水平可以作为代谢调节（通过胰岛素和胰高血糖素来调节）的信号。开发简单有效地识别糖类的生物探针分子和方法在临床医学方面有重要价值。

硼酸与糖在水中可形成硼酸酯。基于这一原理，研究人员将两个硼酸基团修饰在一个 TPE 分子上，得到了一个新的 AIE 分子（B_2TPE）。当向 B_2TPE 的水溶液中加入葡萄糖时，荧光会明显增加。而半乳糖和甘露糖对 B_2TPE 的荧光强度无明显影响。普通的荧光探针往往不能分辨葡萄糖和果糖。因为这两种糖的结构仅有构象不同。而分子构型的适配使 B_2TPE 分子能选择性地识别葡萄糖。B_2TPE 与葡萄糖以 1:1 的结合方式形成线形或环状硼酸酯低聚物。所得硼酸酯低聚物链在水中折叠或聚集而导致荧光增强。实验证明 B_2TPE 分子可用作特异性葡萄糖荧光探针。

（三）聚集诱导发光材料在生物成像的应用开发

荧光显像技术主要是采用荧光物质作为标记探针（或染色剂）通过物理吸附或化学吸附在特定的细胞和组织上，在低能量光学辐照下实现二维或三维的成像，并通过荧光颜色、强度和分布情况来判断细胞或组织的健康情况。相比于普通的染色，荧光染色的灵敏度要高 100～1000 倍，而且通过适当的功能修饰即可实现对活体的在线分析。它排除了体外化学检测的延迟性和同位素放射检测的危险性，被广泛地在细胞免疫学、微生物学、分子生物学、遗传学、神经生物学、病理学、肿瘤学、临床检验学、医学、植物学等方面应用，是研究生物微观世界最方便、最重要的工具之一。AIE 分子大多表现出优异的生物相容性及发光性，因而能用于细胞成像。当用含有氨基官能团的噻咯纳米聚集体对 HeLa 细胞进行染色之后，在曝光 1 s 的条件下就可对细胞进行清晰成像。在相同成像条件下，商用荧光染料活细胞示踪剂（CMFDA）表现不佳：当被染色的 HeLa 细胞被曝光 1 s 时，几乎看不到任何细胞成像，而只有当曝光时间延长到 5 s 时，才能够得到清晰的细胞图像。

1．细胞/亚细胞成像

细胞器一般认为是散布在细胞质内具有一定形态和功能的微结构和微器官。细胞中的细胞器主要有：线粒体、内质网、叶绿体、高尔基体、核糖体等。他们对细胞的正常工作和运转起到了非常重要的作用。比如线粒体是细胞的动力马达，为细胞的活动提供了能量，除此之外，线粒体还参与了细胞的分化、信息传递和细胞凋亡等过程。这些细胞器发生异常是很多疾病的预警信号，比如糖尿病、帕金森综合征、癌症等。因此，细胞器的特异性成像和细胞器形貌的观测为疾病诊断提供了帮助。传统的细胞器荧光染料主要是 ACQ 材料，相对于这类材料，AIE 材料主要有背景低、信噪比高、灵敏度好、抗光漂白能力强和免洗的优势。目前，已经有大量基于 AIE 的细胞器染料被开发出来，包括细胞膜、脂粒、线粒体、溶酶体和细胞核等的染料（图 5-7）。

近年来，干细胞疗法在骨损伤修复中的应用日益引起人们的重视。但是，干细胞治疗需要长期监测所植入干细胞的分布、增殖及分化情况，才能评估干细胞治疗的效果。利用表面修饰有细胞穿透肽（TAT）的 AIE 纳米探针 AIE-TAT 实现小鼠骨髓间充质干细胞的分裂增殖过程的长期示踪，效果

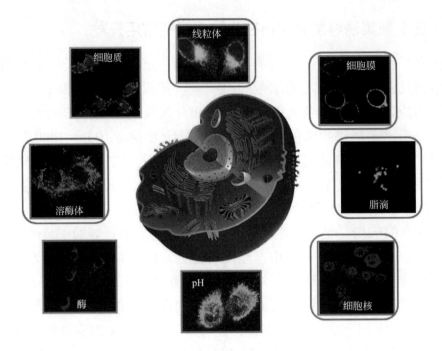

图 5-7 用于细胞器染色的 AIE 荧光染料

远优于商业化的量子点示踪试剂 Qtracker655。通过进一步以羟基磷灰石为支架,在诱导成骨分化环境下,利用 AIE-TAT 纳米探针实现了对骨髓间充质干细胞向成骨细胞分化过程的长期示踪。同时,还通过对成骨分化的标志基因检测,证实了 AIE-TAT 纳米探针具有良好的生物相容性,不影响干细胞的成骨分化能力。通过将染有 NH_2-TAT 纳米颗粒的 HeLa 和 MCF-7 细胞异种移植到斑马鱼幼体中,成功实现了对癌细胞增殖与转移的长期动态追踪。同时,还阐明了 AIE 纳米材料在经过 4T1 肿瘤异种移植后的 Balb/c 小鼠体内的循环、积累和代谢过程。表明了 AIE 材料在生物荧光成像与检测等方面的巨大应用潜力。

2. 活体成像

活体动物体内光学成像主要采用生物发光与荧光两种技术。生物发光是用荧光素酶(Luciferase)基因标记细胞或 DNA,而荧光技术则采用绿色荧光蛋白、红色荧光蛋白等的荧光报告基因和 FITC、Cy5、Cy7 等荧光素及量子点(quantum dot,QD)进行标记。尽管目前部分研究重点开发应用生物发光的方法来研究活体动物体内成像。但是,荧光成像有其方便、直观、标记靶点多样和易于被大多数研究人员接受的优点。目前,国内外基于 AIE 材料的生物成像应用研究主要集中在细胞层面，针对活体成像的研究还不多。何赛灵和钱骏等将 AIE 特性的 StCN 分子用可生物相容的磷脂-聚乙二醇聚合物进行高浓度包覆，他们将包覆了 StCN 的聚合物纳米束胶作为超亮荧光探针进行了活体试验，实现了小鼠的淋巴结成像和肿瘤标记。

红光及远红光的荧光有利于实现对组织的保护及深层探测。可见光平均波长为 560 nm（460～630 nm），这其中包括重要的波长超过 600 nm 的红光。在哺乳动物体内血红蛋白是吸收可见光的主要成分，能吸收中蓝绿光波段的大部分可见光；水和脂质主要吸收红外光，但其均对波长为 590～800 nm 的红光至近红外光吸收能力较差，因此波长超过 600 nm 的红光虽然有部分散射消耗但大部分可以穿透哺乳动物组织被高灵敏的电感耦合器件（CCD）检测到。

研究人员开发了一系列的红色 AIE 染料，通过用牛血清白蛋白对其进行包裹，增加其生物相容性，并精确控制纳米粒子尺寸。包裹后的纳米粒子不仅有极强的红色荧光，癌细胞对这些粒子的摄取也明显增加。对小鼠的癌症模型注射这种红光 AIE 纳米粒子一段时间后，可观测到这些纳米粒子可以集中在肿瘤组织中，实现对肿瘤具特异性的活体成像（图5-8）。研究人员也开发了用具生物活性的脂类包裹红光及远红光 AIE 染料制造的纳米球。研究人员发现用此类纳米球对癌细胞进行追踪可以达到二十余天，这要远远长于 Invtrogen 公司最近推出的基于量子点的 Qtracker®cell labeling reagents 产品。展示了此类试剂明显优于现有商用活体细胞示踪产品性质。

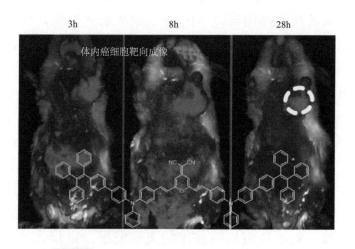

图5-8 红色 AIE 染料对肿瘤特异性的活体成像

近红外二区（NIR-Ⅱ，1000～1700 nm）荧光成像是近年来发展起来的一种新型成像技术。相比于常用的可见光及近红外一区（NIR-Ⅰ，750～900 nm）荧光成像，NIR-Ⅱ由于发射波长更长，可显著降低在穿透组织时发生的光散射及自发荧光效应，在体内成像中展现出更深的组织穿透深度和更高的空间分辨率等优势，NIR-Ⅱ荧光成像技术已成为生物医学研究的热点方向。然而大多数 NIR-Ⅱ荧光染料的荧光量子效率较低（QY < 8%），严重制约成像效果。故开发高亮度 NIR-Ⅱ荧光染料具有重要意义。聚集诱导发光分子（AIEgens）及其在近红外二区（NIR-Ⅱ）的荧光成像应用是一个新兴的研究领域。NIR-Ⅱ AIEgens 可以有效克服光穿透深度不足和荧光分辨率低等缺点，因此可以提供更高精度的高性能成像结果。目前已有的一些 NIR-Ⅱ AIEgens 可以实现荧光 - 光声双模态成像以及荧光成像指导的光热治疗，不仅可以提高诊断的准确性，也有望实现临床转化。该系统无需将组织制备成病理切片，可实现对组织内纳米颗粒信号进行直接探测，研究信号分布规律。

（四）聚集诱导发光材料在生物医学诊疗的应用开发

1. 体外诊断

高灵敏且准确地检测传染性病原体，对于疾病的诊断和治疗具有重要的意义。研究人员基于多功能 AIE 分子制备了一种双模式免疫平台，用于对 EV71 病毒体的检测。在 EV71 病毒体存在时，构建免疫平台，串联外端的碱性磷酸酶（ALP），在加入 AIE 分子后，ALP 将 AIE 分子中的磷酸基团分解，失去水溶性的基团导致 AIE 分子聚集荧光增强，实现荧光模式的检测；同时在分解过程中可以引起等离子体中银离子的还原，在金纳米颗粒外面包裹，溶液颜色发生变化，实现比色模式的检测。这种双模式检测的方法的检出限低至 1.4 copies/μL，重要的是，对 24 个真实临床样本中的 EV71 病毒粒子进行检测，准确率达 100%。这种方法为病毒感染初步筛选和诊断提供了重要的依据。侧向层析技术是 20 世纪 90 年代在单克隆抗体技术、免疫层析技术和纳米材料技术基础上发展起来的一项新型体外诊断技术，具有快速、简便、可单人份检测、经济的优点，现已广泛应用于医学检测、食品质量监测、环境监测、农业和畜牧业检测、出入境检验检疫、法医定案等领域。随着免疫检测技术的飞速发展，定量、高灵敏度、多元检测、系统集成化，开始成为 IVD 领域新的研究热点，与传统的 ELISA 和胶体金等定性侧向层析检测相比，基于荧光微球的定量侧向层析检测具有稳定性好，线性范围宽，灵敏度高等诸多优点。研究人员基于聚集诱导发光材料，结合乳液聚合、沉淀聚合等合成方法，构建了一系列基于 AIE 的荧光微球，并将其用于病原微生物、生物毒素等检测。目前，已有多家即时检验公司尝试将 AIE 技术和侧向层析技术结合开发相关平台和产品，如天九再生医学、金准生物、中山生物等。另外，值得一提的是，广州凯普生物正在结合具有自身优势的导流杂交技术与 AIE 技术，建立新一代分子诊断平台。

2. 手术导航

每年，全球范围内都会有超过 500 万的肿瘤患者进行了肿瘤外科切除手术，这也是目前最有效的肿瘤治疗方案。可靠精确的手术切除可以挽救数以万计的患者生命。在肿瘤外科手术中，肿瘤识别、肿瘤切除边缘的确定和转移淋巴结的鉴别等是影响肿瘤预后的重要因素。医源性输尿管损伤（iatrogenic uretral injuries，IUIs）是腹盆部手术最严重的并发症之一，在妇科肿瘤手术中的发病率可高达 10%，常常引起尿瘘、尿脓毒血症，甚至慢性肾功能不全。因此，术中实时识别输尿管对预防医源性输尿管损伤和输尿管相关疾病治疗都是至关重要的。目前临床上用来辨识输尿管的技术手段有输尿管自发的蠕动、依靠支架管、静脉注射美蓝等。然而它们预防输尿管损伤的效力有限，因此，研发一种在术中辨识输尿管的有效方法是十分必要的。近红外Ⅱ区（NIR-Ⅱ，波长在 1000～1700 nm）光学成像由于其组织穿透深度和成像分辨率，在术中导航方面展现了巨大潜力。香港科技大学唐本忠院士团队和苏州大学附属第一医院侯建全教授团队报道了一种近红外Ⅱ区的纳米颗粒 2TT-oC6B dots，实现了兔子体内术中输尿管的荧光成像。炎症性肠病（IBD）是指慢性、进行性和免疫介导的肠道疾病，最常见的是克罗恩病和溃疡性结肠炎。炎症性肠病的病因较为复杂，改善预后的关键在于早期诊断和正确处理。目前，在临床实践中缺乏能够准确识别病灶并引导手术切除的探针，这使得 IBD 的评价手段较为单一。针对目前炎症性肠病研究中的难点，研究人员选用近红外Ⅱ区 AIE 荧光探针（BPN-BBTD），利用近红外二区荧光成像优势，对 IBD 小鼠模型疾病进展和药物干预反应进行评估。该系统无需将组织制备成病理切片，可实现对组织内纳米颗粒信号进行直接探测，研究信号分布规律。结果表明 AIE 纳米颗粒主要聚集在黏膜层和黏膜下层，与病理切片中提示的炎症部位一致。在动物层面实现了近红外二区荧光成像引导下的 IBD 病变肠段的精准定位和切除。这对 AIE 材料在 IBD 的手术导航中具有较大意义，而 AIE 材料还未进入临床，其主要原因之一是缺乏对 AIE 材料毒性的系统评估和成像性能的深入研究。灵长类动物与人类之间有着密切的进化关系，为 AIE 探针的临床转化研究提供了绝佳的动物模型。研究人员选用了体重 3～4 kg，年龄 4～5 岁的雄性食蟹猴作为灵长类动物模型，设计了剂量递增试验，系统评估了 AIE 探针的急性毒性。探针累积注射剂量为 16 mg/kg（换算成人体注射剂量为 5 mg/kg），该累积注射剂量是 FDA 批准的吲哚菁绿染料（indocyanine green，ICG）静脉注射剂量的 10 倍（ICG 人体注射剂量为 0.5 mg/kg）。在 35 d 的周期内，测定了不同时间点食蟹猴的生理参数、血常规、血生化等指标。统计分析表明：在此条件下，AIE 探针不会引起炎症、肝损伤和肾损伤。同时，HE 染色病理分析显示 AIE 探针不会引起食蟹猴心肌纤维异常、肝脏炎症、肺纤维化、组织坏死、肾小球异常等。上述结果证实了在合理注射剂量范围内，AIE 探针在食蟹猴体内不会引起急性毒性，具有良好的生物相容性。

3. 成像引导的光学治疗和药物递送

与其他传统诊断材料相比，AIEgens 由于具有易制备和特异性修饰结合位点、荧光特性优异、生物相容性好以及具有 EPR 效应等优点，极大程度上提高了光动力疗法的效率。而成像和治疗病变的高度特异性，因可以最大限度地提高治疗效果，同时将副作用降至最低，而对图像指导的光动力治疗至关重要。基于 AIEgens 的荧光纳米颗粒因具有良好的光动力效应而受到广泛关注。同时，关于如何控制和优化其荧光和 ROS 生成能力也引起了人们的关注。研究人员发现改善纳米颗粒内封闭的微环境可以设计出具有高度放大荧光和优异的 ROS 产生能力的 AIE 纳米颗粒，能够很好地改善体内癌症光学治疗效率。通过采用磷脂/碗烯等不同末端修饰的 PEG 聚合物修饰 AIE 纳米聚集体发现，使用碗烯功能化的 PEG 修饰的 AIE 纳米颗粒相比与磷脂修饰的 AIE 纳米颗粒有 4.0 倍的荧光量子产率提高和 5.4 倍的 ROS 产率提高。核磁共振测定结果显示，内核中的微环境限制了包封的 AIE 分子内旋转，并高度抑制了其非辐射衰变，从而导致 AIE 分子处于激发态，同时也为荧光通道和系间窜跃过程提供了能量。这种强的近红外发光和 ROS 产生，提高了近红外图像引导的癌症手术治疗效果。活性氧因寿命短和伤害范围小使光动力治疗对周围健康组织的损害最小化,但也需要精确的光敏剂定位以用于有效治疗。同时,用于肿瘤靶向、成像和治疗的亚细胞器特异性材料在肿瘤治疗中吸引了众多研究者的兴趣。其中,线粒体靶向系统的设计对于提高光动力疗法功效最具意义。研究人员通过将具有远红外(FR)荧光的 AIE 分子与线粒体靶向功能基团 TPP 相结合,设计了聚集诱导发射活性荧光探针(AIE-FR-TPP)用于线粒体成像和光动力治疗。该 AIE-FR-TPP 探针工作浓度低,染色时间短,生物相容性好,能够对细胞线粒体进行选择性点亮,同时产生 ROS,使细胞凋亡。通过 AIE 效应可以同时监测线粒体的形态变化,研究人员利用此特性实现了活斑马鱼胚胎中细胞器水平的实时图像引导光动力治疗。放射治疗是对肿瘤部位造成高能电离辐射的治疗手段,目前已经成为治疗肺癌、结直肠癌、食道癌等癌症的一线治疗手段。尤其是对于无法切除的肿瘤,放射治疗更是主要的控制方法。对于局部晚期肿瘤,放射治疗能够缩小肿瘤体积,为手术治疗争取可能。但是,由于肿瘤细胞对放射治疗产生的耐受性常导致放射治疗的失败。针对这一问题,研究人员开发出了多种放疗增敏剂,目的是使肿瘤细胞对放射治疗更加敏感。先前的研究表明,线粒体在肿瘤放疗增敏中发挥了关键的作用。放疗最终导致的肿瘤细胞凋亡也是由线粒体调控的。不仅如此,在线粒体中的氧化应激能够导致线粒体膜通透性的改变,与肿瘤细胞放疗增敏息息相关。受此启发,研究人员设计了一种基于"聚集诱导发光"特性的线粒体靶向的放疗增敏剂 DPA-SCP。DPA-SCP 能够有效靶向肿瘤细胞的线粒体,开启红色荧光,并且在白光照射下产生单线态氧,克服了传统光敏剂聚集诱导猝灭荧光和无法在聚集态有效产生单线态氧等问题。DPA-SCP 在水相环境中荧光信号很弱,而在靶向到肿瘤细胞的线粒体之后能够产生极强的荧光信号。此外,聚集在肿瘤细胞线粒体中的 DPA-SCP 在白光照射下能够有效产生单线态氧,在线粒体中形成氧化环境,从而极大地增强了肿瘤细胞对放射治疗的敏感性。在线粒体中产生的单线态氧能够有效地在肿瘤细胞中提供氧化微环境,该氧化微环境对于增强肿瘤细胞对放射治疗的敏感性起到了关键作用。研究人员将 AIE 分子以一步凝结法与羟基磷灰石组装起来,形成一个椭圆形中空的纳米胶囊。该纳米胶囊在紫外线下发出强的蓝光,可以进一步用于监控药物的运输。他们主要是以布洛芬为模型药物进行了模拟,并发现该纳米胶囊通过荧光强度的改变,能有效显示药物释放的整个过程。

三、市场分析

随着国家经济的高速发展和人民生活水平的不断提高,环境污染的恶化和各种传染病、疑难病的出现正威胁着人民的身体健康,这就需要发展更加准确、快速的检疫、检验、诊断方法和手段。由于只需物理方法(光照)即可快速检测,无需涉及化学反应,亦无同位素放射性的危险,荧光技术在细胞免疫学、微生物学、分子生物学、遗传学、神经生物学、病理学、肿瘤学、临床检验学、植物学等方面的应用越来越广泛。荧光技术已成为研究生物微观世界最方便、最重要的工具之一。荧光技术在生物学中的应用最早是用荧光物质作为标记探针或染色剂进行细胞和组织的研究。同普通染色相比,荧光染色的灵敏度要高 100 ~ 1000 倍。荧光探针主要以人工合成的荧光染料为主,应用于细胞核、细胞骨架、钙离子的信使通路以及对 DNA 和 RNA 的定量与定性分析等方面(图 5-9)。

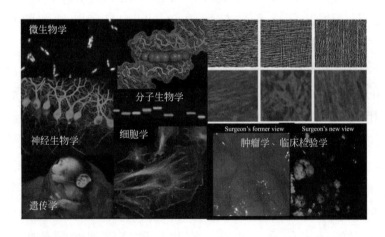

图 5-9　荧光技术在微生物学、分子生物学和遗传学等方面的应用

20 世纪 90 年代,绿色荧光蛋白(GFP)技术的出现带来了生命科学的革命。GFP 最早由 Shimomura 于 1962 年从水母中分离出来。Chalfie 证明了其作为生物学发光遗传标记的应用价值。钱永健阐明了 GFP 发光的机制并且发现了除绿色之外可用于标记的其他颜色,他的多色荧光蛋白标记技术对细胞生物学和神经生物学领域的贡献具有划时代的意义。GFP 是第一个由生命自我复制、表达,并能按照设计"自动"标记靶蛋白的特异性荧光

探针，目前已广泛用于跟踪活组织或活细胞内基因表达及蛋白质定位标记。这一方法日趋成熟，已成为基因转录调控、时相表达、蛋白质定位、转基因动物、细胞骨架等研究的有效手段。为此上述三人共同获得 2008 年诺贝尔化学奖。但由于基础理论研究未跟上应用研究，GFP 应用仍存在着一些问题与不足。如荧光发色团仅为对羟基苯咪唑啉酮或其衍生结构，荧光寿命很短，加之发光强度难以增强，也就难以克服严重的光漂白现象。再加上多数生物具有微弱的自发荧光，并有着类似的激发和发射波长，干扰某些 GFP 的工作，因此检测灵敏度进一步提高的空间非常有限。荧光强度的非线性变化使其定量非常困难。行之有效的方法是通过研发新型发光分子，使得发光基元能够在聚集态下发射出很强的荧光，且发光颜色可通过分子结构的微调而改变，从而解决生物荧光技术应用过程中的根本性难题。据 Global Industry Analysts 统计及预测，2015 年全球生物技术市场将超过 3200 亿美元，2017 年生物成像领域将占 374 亿美元的市场份额。另据英国广播公司报道，截止到 2011 年，用于蛋白质研究的工具占 50 亿美元市场份额，用于细胞研究的试剂占 100 亿美元，DNA 和 RNA 研究所用的试剂和工具更是占到超过 250 亿美元。Life Technologies 作为全球最大的生物荧光标记和检测产品的提供商，其提供的生物用荧光产品，价格昂贵，利润高。2012 年整个公司的年产值达 38 亿美元，利润高达 29.2%。Life Technologies 是一个高科技、高利润、低污染、低劳动力的高技术型企业。他们生产的生物用发光产品大部分是传统的材料，呈现聚集猝灭荧光的特性。同时这些材料的光稳定性比较差，容易在强激光下被漂白。研究人员的研究表明，AIE 材料同样可以应用在生物标记和检测领域，且显示出了较传统材料更好的生物相容性和光稳定性，所以有极大的潜力开发成用于生命科学的探针和显影试剂。

荧光传感和成像作为生命科学中重要的检测技术，其发展在某种程度上取决于荧光材料的创新。传统荧光生色团多为疏水的芳香环，虽然可通过引入极性亲水基团使其溶于水相，但是荧光分子在生物介质中还是容易聚集，导致荧光猝灭。另外，这些探针在生理缓冲液中也发光，因此很难区分探针分子在水介质或背景中的发光和其在目标生物大分子上的发光。AIE 探针"点亮（light-up）"的模式可以很好克服这个困难，实现高对比度，显著提高检测灵敏度。目前的研究成果显示，AIE 新材料可能引起荧光探针及分子成像领域的又一场革命。

四、研发动向

聚集诱导发光（aggregation-induced emission，AIE）概念由唐本忠院士课题组于 2001 年首次提出，聚集诱导发光（AIE）现象的出现挑战了发光团的聚集不利于发光这一通识。以往对发光分子的处理，都是尽可能避免分子聚集。与之相反，AIE 效应则利用分子的聚集来促进分子发光。与传统聚集导致发光猝灭（ACQ）分子相反，具有 AIE 特点的发光团通常在孤立体系或者溶液体系中不发光或者发微弱的光。但是，当这些 AIE 分子聚集时，其发光现象得以增强。AIE 概念提出后，分子的设计与开发和 AIE 机制的深入研究并行开展。在此后二十年，吸引了国内外众多研究工作者的兴趣，并掀起研发热潮。过去二十年 AIE 研究跨领域发展。值得一提的是 AIE 研究在第二个十年开始迈向国际化舞台。在这一时期，AIE 向更复杂的平台发展，比如 AIE 探针、AIE 聚集体、AIE 金属有机框架及 AIE 金属笼。新的 AIE 结构的设计与合成伴随着对 AIE 机理更深的认识，引入了更普遍的分子间运动限制机制，包括分子转动和振动的限制机制。这些新的机制，尤其是对卡莎规则和光化学结构改变的抑制，进一步推动了 AIE 分子结构的合理设计，比如合成具有双键振动、面扭曲甚至簇扭曲的 AIE 分子。结合一些新 AIE 概念，比如簇发光、阴离子 -π 作用、非手性螺旋转变、圆偏振发光及固态分子运动等，掀起了 AIE 分子在光电子器件制备、环境监测、生物传感和临床诊断与治疗领域应用的热潮。

基于聚集诱导发光原理已经设计合成了大量的 AIE 荧光生色团（AIEgens），并在生物成像、化学传感器和光电子学领域进行了大量应用。但目前报道的 AIEgens 几乎都是通过有机合成制得，虽然这些人工发光剂具有多样性和颜色可调性，但复杂的合成过程、高成本、环境有害和不可降解等缺点，限制了此类化合物的实际应用。此外，考虑到生物研究通常在水介质中进行，水溶性 AIEgens 具有得天独厚的优势。因此，探索可以大规模获取的、有生物相容性、水溶性和可降解的 AIEgens 的新来源极为重要。黄连素，一种分离自草本植物的异喹啉生物碱，被发现是一种天然的聚集诱导发光体。研究人员首先对黄连素的聚集诱导发光现象进行了研究，该分子表现出了典型的聚集诱导发光现象。黄连素能溶于水，不能溶于四氢呋喃。但是黄连素在水溶液中几乎不发出荧光，而加入四氢呋喃后却能发出荧光，且随着水 - 四氢呋喃混合溶剂中四氢呋喃含量的增加，荧光逐渐增强。动态光散射实验结果表明，加入四氢呋喃后黄连素逐渐形成聚集体，导致荧光逐渐增强。黄连素水溶液的荧光量子效率为0.2%，粉末和晶体的荧光量子效率分别达到12%和15%。黄连素水溶液的荧光寿命为0.68 ns，粉末和晶体的荧光寿命分别达到4.86 ns和7.93 ns。这些数据都说明黄连素是一种典型的AIE材料。利用小分子抑制剂的靶向治疗策略目前已被广泛利用以重新构建肿瘤细胞的关键信号通路，但这些抑制剂在临床中往往会由于其较差的药物特性和瘤内浓度不足而表现效果较差。研究人员开发了一种将天然分子抑制剂进行自组装的策略，并以不溶于水的达沙替尼（DAS）试剂为例对该策略的有效性和可行性进行了研究。达沙替尼是一种酪氨酸激酶抑制剂，可以用于癌症治疗。实验利用一种简便的再沉淀方法使得DAS抑制剂可在水溶液中进行自组装以形成超分子纳米颗粒sDNPs。同时在这个过程中，观察到这种自组装的DAS具有聚集诱导发光（AIE）性能，使得sDNPs适合于对细胞转移进行生物成像和示踪。实验结果表明，在原位乳腺癌模型中，sDNPs可对原发肿瘤产生持久的抑制作用，并能减少肿瘤的转移，其效果也显著优于口服DAS抑制剂。此外，实验也证明了该平台具有很低的毒性。这是首次研究开发具有AIE性能的自组装天然分子抑制剂，并证明了这种新型方法在制备肿瘤治疗纳米药物方面具有很好的可行性。

长余辉发光是指材料在外源性光停止激发后的持续发光现象。长余辉发光具有无需实时激发、优异的信号/背景以及与传统荧光成像相比的更高的灵敏度等天然优势，因此在生物医学成像领域拥有巨大的应用潜力。目前，虽然已有长余辉发光生物体内实验的报道，但是与荧光成像相比，其在生物医学领域的应用依然十分有限。这主要是由于长余辉发光材料和探针的种类本身有限。长余辉成像的优势不胜枚举，尤其是零组织背景荧光的特点，使其成为术中引导肿瘤切除的绝佳成像手段。而目前为止，对于长余辉成像引导的癌症手术导航研究鲜有报道。高效的有机高分子长余辉发光探针亟待开发。最近，南开大学丁丹教授课题组首次设计并合成了一种近红外长余辉发光AIE纳米颗粒，在单次外源光激发后，纳米材料中AIEgen产生的单线态氧与前体分子作用得到Schaap二氧环丁烷，后经化学激发和能量转移等过程，实现了PBS溶液中长达10 d以上的自循环近红外长余辉发光。与近红外荧光材料相比，长余辉AIE纳米探针具有更深的组织穿透能力、更高的信噪比以及肿瘤对RES器官（肝脾组织）的超高长余辉光信号比，因此对于提高活体小鼠肿瘤切除手术的成像导航效果产生了极大的帮助。

近年来，也有科学家尝试赋予 AIE 材料更多新的功能。免疫原性死亡（immunogenic cell death，ICD）是一种以释放多种损伤相关分子信号为特征的凋亡形式，在当前的免疫治疗中提供了新的理论指导。通过免疫原性死亡，许多癌症免疫原性差的情况能够被逆转，从而增强其免疫治疗的效果。免疫原性死亡过程中最重要的一个标志便是钙网蛋白从内质网转位到细胞膜外侧。由于免疫原性死亡在癌症免疫治疗中的重要作用，自从免疫原性死亡概念出现以来，诱导癌细胞免疫原性死亡的药物开发一直备受关注。然而，目前有效的免疫原性死亡诱导剂非常有限。已有研究表明，AIE 分子靶向线粒体引发的线粒体氧化应激大幅提高了钙网蛋白转位以及 ATP、HMGB1 和 HSP70 的释放，极大地增强了癌细胞免疫原性死亡。并且通过对免疫原性死亡应激通路进行分析，证明了线粒体氧化应激高效引发免疫原性死亡的分子机制。体内免疫原性死亡效果验证实验和相关的免疫学分析也再次证明了线粒体氧化应激能够高效促进癌细胞免疫原性死亡并引发持久的抗肿瘤免疫应答能力。一般意义上的机器大部分由两个或者两个以上的构件组成，当获得合适的能量后构件与构件之间会发生相对运动。纳米机器人（nanorobot）是机器人工程学的新兴科技，是当今高新科技的前沿热点之一，它以分子水平的生物学原理为设计原型，设计制造可对纳米空间进行操作的"功能分子器件"。纳米机器人的材料设计与开发，需要在分子层次以上的介观层次或者更大的聚集态层次上对分子聚集体进行系统研究。AIE 为聚集态科学的研究提供研究平台。通过借鉴科幻电影《终结者》中终结者机器人 T-800 的设计理念，粤港两地研究人员合作开发以 AIE 聚合物材料为内骨骼，以自然杀伤细胞膜为外部皮肤的"终结者"纳米机器人系统。这一系统既保留 AIE 材料在聚集态的近红外 II 区发光性能，又赋予 AIE 材料自然杀伤细胞免疫调节与识别的功能。构建的纳米机器人可以通过调控构成血脑屏障的表皮细胞间的紧密连接（TJs），引发血-脑屏障细胞骨架重排，导致细胞间隙增大而形成细胞间"绿色通道"，帮助自己穿越血脑屏障。在跨越血脑屏障进入脑部区域后，纳米机器人可以利用 NK 细胞膜表面蛋白与肿瘤细胞膜表面受体的特异性识别，富集到脑胶质瘤细胞内。研究人员通过模拟天然抗原呈递细胞（APC），将树突状细胞（dendritic cells）的细胞膜完整嫁接到 AIE 光敏剂纳米聚集体表面，构建出新一代仿生 AIE 纳米聚集体诊疗系统。该系统既保留了 AIE 光敏剂在聚集态优越的 ROS 生成能力，又赋予 AIE 光敏剂树突状细胞与 T 细胞相互作用的功能。在体内循环过程中，该系统可以通过"搭便车"的方式借助 T 细胞实现生物屏障穿越，同时，通过树突状细胞膜表面蛋白与 T 细胞的抗原呈递可以促进 T 细胞增殖，训练 T 细胞识别并杀伤肿瘤，最终达到光动力协同增强免疫治疗的目的。在活体近红外荧光成像和活体肿瘤光免疫治疗实验结果中，该仿生诊疗系统分别显示出肿瘤细胞富集量多和肿瘤生长抑制效果显著。

唐本忠院士团队及其国际合作者在 AIE 概念提出二十周年之际，从研究哲学的高度审视 AIE 研究的历史、现状和将来，提出了聚集体科学（Aggregate Science）的概念。希望从传统分子科学出发，走进介观世界，构建一个研究聚集体科学的新平台。聚集体，作为一群相互作用的分子的集合，常常表现出与其分子单元大相径庭的性质和功能。AIE 是一个典型的分子与聚集体具有显著不同性质的现象，单分子自由状态下不能发光而在聚集后可以强烈地发光。AIE 领域是一个飞速发展的跨学科领域，在过去的 20 年里，不论是光物理、量子化学等基础科学，还是有机光电材料，生物医学应用等实用技术，都得到了充分的研究和开发。而且各种基于 AIE 的新型研究还在源源不断地涌现。因此，AIE 研究是了解聚集体科学的一扇绝佳窗户。聚集体相对于分子而言，不仅可实现结构的多样化，也可表现诸多单分子所不具有的新性质。这些因聚集而出现的结构和性质将为科学研究打开一扇新窗，铺出一条新路。AIE 研究方兴未艾，充满机遇与挑战。

撰稿专家：张鹏飞　王志明

第三篇

生物产业发展现状与趋势

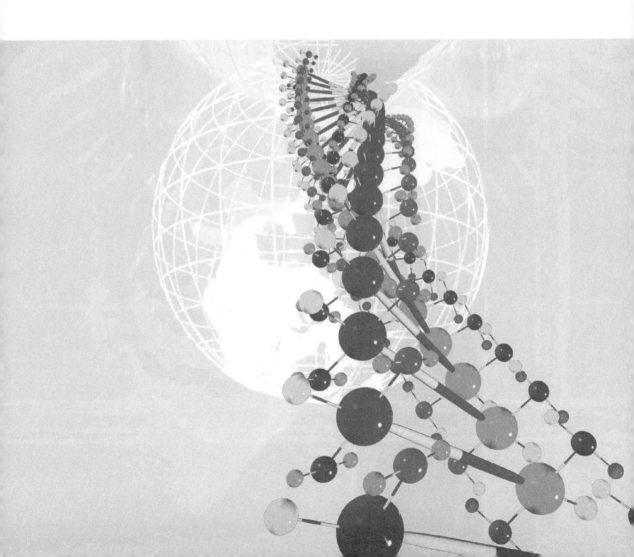

生物产业发展规划与政策

第六章 生物医药

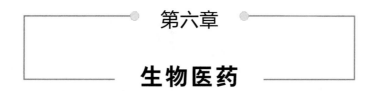

第一节 2021年度生物医药产业发展态势分析

一、全球生物医药产业发展态势

(一)全球生物医药市场分析

1. 全球药市：增速放缓

2019年暴发的新冠肺炎疫情是近几十年以来最为严重的全球卫生危机，其对于全球医药市场产生了一定影响。目前来看，全球各地从2020年的疫情冲击中逐渐恢复至正常状态。2020年全球药品销售额约为1.27万亿美元，与2019年基本持平。2020—2022年期间，预测全球医药市场会发生显著变化，市场受挫的同时，防疫、抗疫产品供不应求，器械、疫苗和新药研发和应用加快。当医学防控措施和手段成为常态后，医药市场亦随之恢复和增长。预计未来几年全球药品销售额将保持年均3%～6%的增长，据此推算2025年全球医药市场规模将达到1.6万亿美元（图6-1，排除新冠肺炎疫苗支出）。

新冠肺炎疫苗的渐次推出和加强注射是2020—2022年全球药品市场增长的一大特点。疫苗和抗新冠药在给全球经济恢复和全球健康带来巨大益处的同时，也对全球医药市场的增长提供动力。2020—2025年新冠肺炎疫苗将对全球药品销售额外贡献约1570亿美元，约占同期全球累计支出的2%。

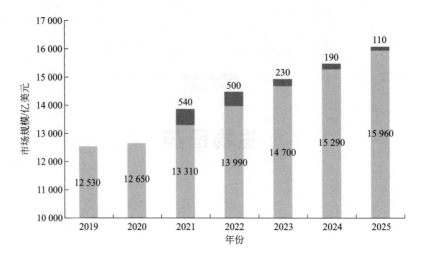

图 6-1 2019—2025 年全球医药市场规模统计及预测

数据来源：IQVIA 研究所。

（1）处方药市场

2020 年新冠肺炎疫情导致的全球封锁严重影响了商贸活动和日常生活，致使全球处方药销售为 9040 亿美元，增长率略低于 2019 年，成为了生物制药行业的非典型年。疫情的不断蔓延对公共卫生带来的危机，而对处方药销售增长的影响较为短暂，2020—2026 年处方药销售额的复合增长率（CAGR）预计为 7.4%，2026 年的销售额预计将达到近 1.4 万亿美元（图 6-2）。与 2012—2019 年 2.7%（CAGR）相比，突显出医疗保健行业的销售持续强劲增长。

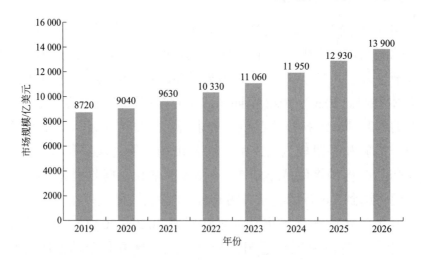

图 6-2 2019—2026 年全球处方药市场规模统计及预测

数据来源：Evaluate Pharma。

其中，仿制药方面，2020年处方药全球销售额为820亿美元，相较2019年790亿美元的销售额增长3.8%。2020—2026年的CAGR预计为3.6%，2026年销售额预计将达到1010亿美元。2020年罕见病用药销售额为1351亿美元，预计2025年将达到2430亿美元（图6-3），2020—2025年CAGR为12.5%。

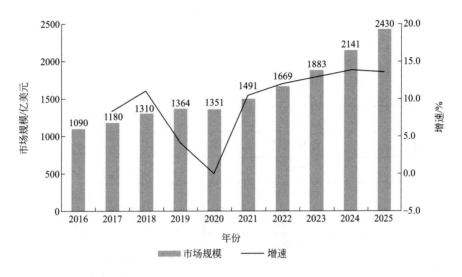

图6-3　2016—2025年全球罕见病用药市场规模及增速

数据来源：Frost & Sullivan。

随着科技的发展以及人们的健康意识不断增强，再加上新冠肺炎疫情的爆发，医药产品的市场需求将进一步提升，药企之间的市场竞争也将愈发激烈。2020年罗氏以474.92亿美元再次登处方药销售额榜首（表6-1），第2位依然由诺华占据，其处方药全球销售额为472.02亿美元，艾伯维则凭借443.41亿美元销售额，由去年的第8名快速升至今年的第3名。

表6-1　2020年全球处方药销售20强

全球排名	企业名	处方药销售额／亿美元
1	罗氏	474.92
2	诺华	472.02
3	艾伯维	443.41
4	强生	431.49
5	百时美施贵宝	419.03

续表

全球排名	企业名	处方药销售额/亿美元
6	默沙东	414.35
7	赛诺菲	358.02
8	辉瑞	356.08
9	葛兰素史克	305.85
10	武田制药	278.96
11	阿斯利康	255.18
12	安进	240.98
13	吉利德	238.06
14	礼来	226.46
15	诺和诺德	194.44
16	拜耳	189.95
17	勃林格殷格翰	164.56
18	安斯泰来	115.15
19	晖致	114.95
20	梯瓦	110.09

注：数据来源于 Pharm Exec。

百时美施贵宝、赛诺菲、葛兰素史克、武田制药等排名未变，而名次下降最快的是辉瑞，此前曾连续四年蝉联该榜单第 1 名。辉瑞于 2019 年跌失榜首，2020 年则因为剥离成熟药品业务，由第 3 位快速下滑至第 8 位，刚好和艾伯维排名互换。名次下降的还有默沙东，由去年的第 4 位下降至第 6 位。

2020 年处方药销售前 50 强中，销售收入超过 100 亿美元的医药公司有 21 家，50 亿～100 亿美元的有 10 家，第 50 位公司的销售收入是 28.2 亿美元。值得关注的是，2020 年共有 5 家中国药企进入全球处方药销售前 50 强行列，数量创历史纪录。云南白药以 47.41 亿美元由 2019 年的第 37 位上升至 34 位（表 6-2），恒瑞医药以 42.03 亿美元由第 43 位上升至第 38 位，中国生物制药以 38.93 亿美元由第 42 位上升至第 40 位，上海医药以 35.85 亿美元由第 48 名上升为第 42 位。石药集团则以 32.42 亿美元首次上榜，这也是迄今为止，中国药企上榜数量最多的一次。

表 6-2　2020 年全球处方药销售前 50 强中国上榜企业

全球排名	企业名	销售额/亿美元	变化
34	云南白药	47.41	+3
38	恒瑞医药	42.03	+5
40	中国生物制药	38.93	+2
42	上海医药	35.85	+6
44	石药集团	32.42	/

注：数据来源于 Pharm Exec。

（2）生物药市场

生物药凭借其药理活性高、特异性强、治疗效果好的特点，在全球医药市场大放异彩，全球生物药市场规模由 2015 年的 2048 亿美元增长至 2019 年的 2864 亿美元，CAGR 为 8.75%，同期化药的 CAGR 仅为 3.63%。2020 年全球生物药市场规模约为 2979 亿美元。在需求增长、技术进步、患者群体扩大、支付能力提升等诸多因素的推动下，生物药市场的增速将远超化学药市场。预计到 2024 年，全球生物药市场规模将增长至 4567 亿美元，迅猛发展的生物药无疑将成为极具前景和投资价值的科技领域（图 6-4）。

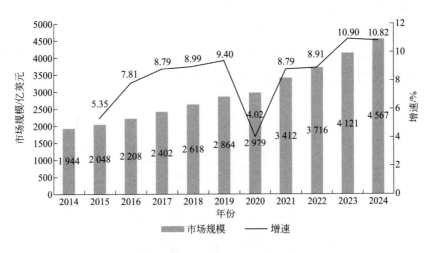

图 6-4　全球生物药市场规模

数据来源：Frost & Sullivan，创业邦研究中心整理。

随着经济增长、技术进步及慢性病患病率的上升，我国生物药市场也在快速发展。从全国生物药市场规模来看，2014—2020 年的 CAGR 保持在 19% 以上，2020 年我国生物药市场规模达到 3870 亿元（图 6-5）。

图 6-5　2014—2020 年中国生物药市场规模及增速

数据来源：中国物流与采购联合会医药物流分会，前瞻产业研究院整理。

1986 年，全球首个鼠源单抗药物 OKT3（muromonab-CD3）获得 FDA 批准，开创了单克隆抗体用于疾病治疗的先河。抗体药物市场是目前全球生物药市场最大的类别，其极大的临床价值满足了尚未被满足的临床需求，同时，其优秀的市场表现证明所具有的巨大的商业价值。自 2006 年以来，全球抗体药物的批准逐步进入常态化，FDA 批准的抗体药物数量已经达到 100 个。十年间，抗体药物市场规模稳步增长，2020 年达到 1584.9 亿美元（图 6-6），2021 年预计将达到 1800 亿美元。

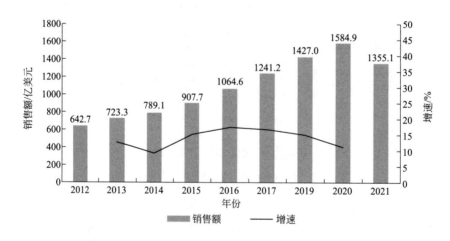

图 6-6　2012—2021 年全球抗体药物市场规模及增速

数据来源：Evaluate Pharma，医药笔记整理，统计时间为 2021 年 11 月。

在重磅级抗体药物中，修美乐（阿达木单抗）2020年全球销售额为198.32亿美元，继续称霸榜单首位（表6-3）。默沙东的PD-1抗体Keytruda（帕博利珠单抗）销售额达143.80亿美元，强生/田边三菱的Stelara（乌司奴单抗）销售额达79.47亿美元，两者分别排在第2、3位。2020年销售超10亿美元的抗体药物有36个。

表6-3　2020年全球十大畅销单抗药物

排名	商品名	通用名	公司	应用领域	年销售额/亿美元
1	修美乐（Humira）	阿达木单抗	艾伯维	免疫	198.32
2	可瑞达（Keytruda）	帕博利珠单抗	默沙东	肿瘤	143.80
3	喜达诺（Stelara）	乌司奴单抗	强生/田边三菱	免疫	79.47
4	奥德武（Opdivo）	纳武单抗	百时美施贵宝	肿瘤	79.22
5	安维汀（Avastin）	贝伐珠单抗	罗氏	肿瘤	60.75
6	类克（Remicade）	英夫利西单抗	强生/默沙东	免疫	49.07
7	奥瑞（Ocrevus）	奥美珠单抗	罗氏	免疫	46.29
8	美罗华（Rituxan）	利妥昔单抗	罗氏	肿瘤、免疫	45.84
9	帕捷特（Perjeta）	帕妥珠单抗	罗氏	肿瘤	44.57
10	雅美罗（Actemra/RoActemra）	托珠单抗	罗氏	免疫	42.68

注：数据来源于Evaluate Pharm & Pharm Exec。

对于起步晚的中国来说，2010年前国内研发的大分子药物仍以生物类似药为主，2012年起以PD-1为代表的肿瘤免疫热潮传到国内，加之监管改革、资本市场转热，国内抗体新药研发迅速爆发。中国2017年和2018年生物类似药获批IND数量达到40个，2020年IND申报数量更是达到破纪录的81个。

2020年，全球抗体药物中销售额排名前五的靶点分别为：TNF-α、PD-1/PD-L1、VEGF/VEGFR、HER2和CD20，前五靶点的抗体市场规模达910亿美元，占据全球抗体市场过半的份额，堪称"靶点聚宝盆"。2020年上半年，PD-1/PD-L1在中国公立医疗机构终端销量排名第一，销售额超过30亿元。PD-1/PD-L1抗体药物的适应证涵盖多种肿瘤类型，临床效果不凡，尽管国内已上市的八大PD-1/PD-L1抗体药物竞争激烈，但推高PD-1/PD-L1抗体药物的整体市场地位。

（3）新冠疫苗市场

全球大流行的新冠肺炎疫情对人类健康与经济发展造成了重大影响。新冠肺炎疫苗的开发和产业化亦在迫切的大需求下迅速推进。传染病专家长期以来一直认为，在超过70%的人口接种疫苗后，或可建立有效的群体免疫，虽然这一水平不能预防个体感染，但将大大降低快速、不受控制的传播的可能性。预计2021—2025年，新冠肺炎疫苗的累计销售额将达到1570亿美元（图6-7），主要集中于2021—2022年全球完成的第一波疫苗接种产生。而在后续的几年里，由于免疫效力的可持续性和病毒变异的不断出现，预计疫苗的加强注射可持续较长的一段时间。

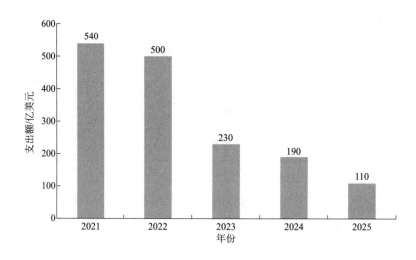

图6-7 2021—2025年全球疫苗支出预估

数据来源：IQVIA Institute。

（4）抗肿瘤药市场

新冠肺炎的流行给全球癌症治疗带来了前所未有并持续性的影响，由新冠病毒引起的大面积筛查和诊疗延误可能已经使数以百万计的癌症患者面临治疗不及时和病情进一步发展、恶化等一系列的风险。尽管远程诊疗逐渐得到广泛应用，但新冠肺炎对癌症诊疗的影响仍然较大。在美国、日本和欧洲，上报的肿瘤病例数相比疫情前降低了26%～51%，很多肿瘤患者的手术、化疗也因疫情而延期，这一影响将持续较长时间。截至2020年4月，美国乳腺癌、宫颈癌、结直肠癌和肺癌的筛查人数均急剧下降，2020年第四季度时仍较基线水平降低了11%～23%。基于癌症正常的阳性诊断率，这些肿瘤的筛查累计减少 2200 万次，这意味着在 2020 年可能有 6.7 万人病情被延误或漏诊。

2020 年全球肿瘤药物支出增长至 1640 亿美元（图 6-8），2015—2020 年的 CAGR 为 14.3%，这一增长由创新疗法的引入、药品可及性提升以及对肿瘤早诊早治的重视度提高所驱动。在这一大市场中，74% 的肿瘤药物支出仍然由发达市场（美国、日本、欧洲 5 国等）占据，这一数字略低于 2016 年的 76%。其中，2020 年美国肿瘤药物支出达到 710 亿美元，增长主要来自于 PD-1/PD-L1 药物的使用增加以及小分子和抗体类靶向药的激增。随着其他市场医疗服务的普及，肿瘤药物支出也有所提高，2020 年非发达市场的总支出达到 430 亿美元，提示肿瘤药物市场潜力巨大。由于生物类似药的使用、癌症药品竞争加剧以及支付压力，未来五年全球肿瘤药物支出 CAGR 预计将放缓至 9%～12%，预计到 2025 年，总市场规模将达到 2690 亿美元。

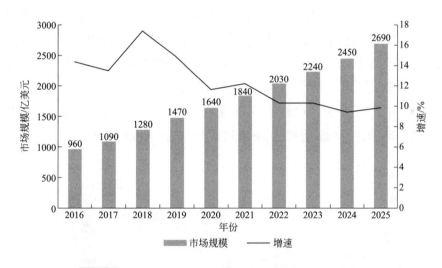

图 6-8　2016—2025 年全球抗肿瘤药物市场规模及增速

数据来源：IQVIA Institute。

肿瘤免疫治疗在过去五年中的显著增长预计将持续下去，随着支出的快速增长，该领域将成为肿瘤药物的领先领域之一。虽然历史上所有的免疫肿瘤药物都是检查点抑制剂，主要针对 PD-1、PD-L1 或 CTLA-4，但未来有多达 60 种针对免疫系统各机制的药物可能获得批准。到 2025 年，肿瘤免疫治疗的支出预计将超过 500 亿美元（图 6-9），约占抗肿瘤药物市场的 20%。

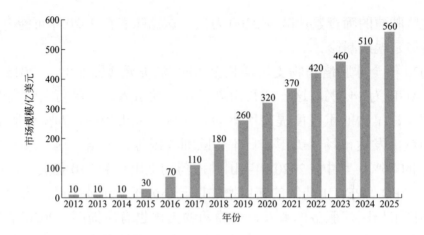

图 6-9 2012—2025 年全球抗肿瘤免疫药物市场规模

数据来源：IQVIA Institute。

近些年，我国抗肿瘤用药得益于鼓励药品研发创新、抗癌药进口零关税以及加强重大疾病医保谈判等政策，促进了市场的较快增长，其在我国医药市场中占比快速提升。在患病率持续上升、抗肿瘤创新药不断推出、国家加大抗肿瘤药报销力度等因素的推动下，2016—2020 年我国抗肿瘤用药的销售额持续上升，由 863.6 亿元上升至 1458.7 亿元（图 6-10），CAGR 达 14.0%。结合我国人口总数、人口结构、流行病学、经济发展水平、生活水平、生活方式的改变、对健康的重视程度及国家宏观政策等各方面因素，预计 2025 年我国抗肿瘤用药市场销售额将突破 2000 亿元。

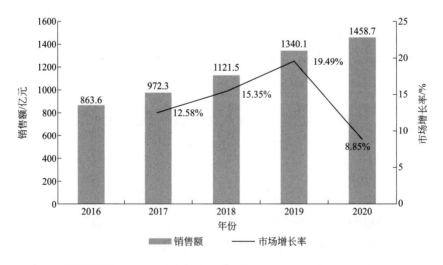

图 6-10 2016—2020 年我国抗肿瘤用药市场销售额及增长率

数据来源：米内数据库。

2. 全球医疗器械市场

随着全球人口增长、人口老龄化程度提高、居民生活水平提高、以及发展中国家经济增长，长期来看全球范围内医疗器械市场将持续增长。2020年，受疫情的影响，医疗器械成为了最受关注的行业之一。截至2020年底，抗疫需求由短期转为长期，2020年全球医疗器械市场规模约为4935亿美元（图6-11），同比增长8.96%，市场规模持续扩大。

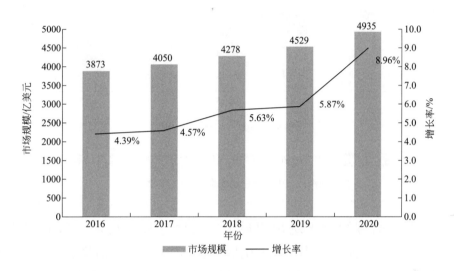

图6-11 2016—2020年全球医疗器械行业市场规模及增长率

数据来源：《中国医疗器械蓝皮书》（2021版）。

就全球医疗器械市场格局来看，欧美发达国家经过长期的发展，其医疗器械行业已步入成熟期，并形成庞大的销售网络。美国是全球领先的医疗器械市场，聚集了一大批全球领先的医疗器械企业，领先的科技水平和雄厚的资金实力进一步巩固了美国医疗器械市场的领先地位。欧盟是仅次于美国的医疗器械市场，根据世界卫生组织发布的《2019年世界人口展望》，截至2019年末，欧盟人口达到4.45亿人，其中65岁及以上人口约为0.91亿人，良好的经济基础和较强的医疗器械消费能力，保障了欧盟医疗器械市场的内需驱动力。目前，中国已经成为全球医疗器械的重要生产基地，随着科技的进步和制造业的发展，以及庞大人口基数带来的潜在需求，未来市场前景十分广阔。

在鼓励国产、优先国产、国产采购等国家政策的大力支持下，我国医疗器械企业在替代进口方面的能力有了迅速提升，整个医疗器械行业迎来了快速发展。随着医疗保险制度不断完善，医疗机构和个人对医疗器械的需求持续加大，我国医疗器械市场规模也在不断扩大，2020 年达到 7721 亿元，同比增长 21.76%（图 6-12）。

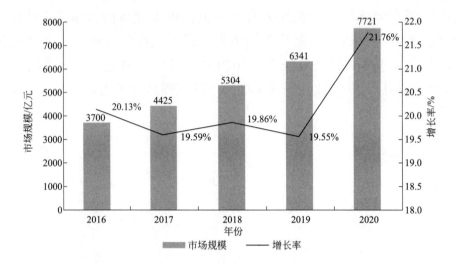

图 6-12　2016—2020 年中国医疗器械行业市场规模及增长率

数据来源：《中国医疗器械蓝皮书》（2021 版）。

我国医疗器械细分市场规模最大的是医疗设备市场，2020 年的市场规模约为 4556 亿元，占比为 59.01%（图 6-13），高值医用耗材市场规模为 1305 亿元，占比 16.90%，低值医用耗材市场规模为 970 亿元，占比 12.56%，体外诊断（IVD）市场规模为 890 亿元，占比 11.53%。

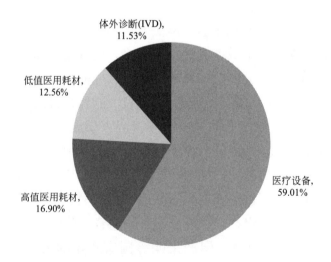

图 6-13　2020 年我国医疗器械细分市场占比

数据来源：《中国医疗器械蓝皮书》（2021 版）。

2020年全球医疗器械公司前100强中,销售收入门槛为1.15亿美元。在这份榜单中,美敦力、强生、西门子医疗分别以301.17亿美元,229.59亿美元和205.17亿美元营收名列全球医疗器械公司前三强(表6-4),其它排名前10的医疗器械公司分别为飞利浦、丹纳赫、麦朗、GE医疗、嘉德诺、依视路、史赛克。全球医疗器械前100强公司的销售收入合计约为4210亿美元,每年的研发投入超过240亿美元,雇了超过140万名员工。

从销售收入规模来看,全球医疗器械公司前100强中有13家公司的销售收入突破100亿美元,50亿～100亿美元之间的有10家,10亿～50亿美元之间的有43家,其余34家公司的销售收入在10亿美元以下。从地区分布来看,美国共计有55家公司入围全球医疗器械公司前100强,上榜公司数量居全球第一。其次是日本有14家公司入围,德国有7家公司入围,瑞士和丹麦各有4家公司入围,英国和瑞典各有3家公司入围。

表6-4 2020年全球医疗器械公司前10强

排名	公司	总部所在地	收入/亿美元	市值/亿美元	雇员数/人
1	美敦力	爱尔兰	301.17	24.93	90 000
2	强生	美国	229.59	21.74	—
3	西门子医疗	德国	205.17	17.62	66 100
4	飞利浦	荷兰	197.37	20.77	77 000
5	丹纳赫	美国	179.79	—	—
6	麦朗	美国	175.00	—	28 000
7	GE医疗	美国	170.00	8.72	47 000
8	嘉德诺	美国	166.87	—	—
9	依视路	法国	164.49	3.27	80 000
10	史赛克	美国	143.51	9.84	43 000

注:数据来源于Medical Design & Outsourcing,中商产业研究院整理。

3. 全球制药巨头与重磅药物

与2019年相比,2020年全球销售收入前20家制药公司中,前十位的跨国企业总体变化不大,在排名上有一些变化。除强生、罗氏公司仍然以傲人的业绩稳居第1、2位,葛兰素史克排第6名外(表6-5),其余排名均有不同程度变动。辉瑞公司下滑了5位,跌至第8位。由于收购艾尔建公司,艾伯维公司上涨了3位,进入前5位。百时美施贵宝公司收购新基公司后,排名上升4位,至第7位。今年唯一的新成员是排名第20位、创造了 110 多亿美元收入的安斯泰来公司。

2020 年底辉瑞公司正式"瘦身",剥离了旗下仿制药业务部门辉瑞普强(Pfizer Upjohn),后者与迈蓝(Mylan)公司正式合并,成立了全球新仿制药巨头晖致(Viatris)公司,开始全身心投入到创新生物药上。受并购影响,百时美施贵宝公司和艾伯维公司 2020 年的业绩增速最为亮眼,两者的增幅分别达到 63% 和 38%,值得期待。

表 6-5　2020 年全球制药公司销售收入前 20 强

2020 年排名	公司	2020 年收入/亿美元	2019 年收入/亿美元	2019 年排名	变化
1	强生	826.0	821.0	1	—
2	罗氏	620.5	654.0	2	—
3	诺华	486.6	474.5	4	+1
4	默沙东	480.0	468.4	5	+1
5	艾伯维	458.0	332.7	8	+3
6	葛兰素史克	437.7	433.2	6	—
7	百时美施贵宝	425.2	261.5	11	+4
8	辉瑞	419.0	517.5	3	−5
9	赛诺菲	410.8	404.6	7	−2
10	武田制药	292.5	302.7	9	−1
11	阿斯利康	266.2	243.8	12	+1
12	拜耳	257.1	265.9	10	−2
13	安进	254.2	233.6	13	—
14	吉利德	246.9	224.5	14	—
15	礼来	245.4	223.2	15	—
16	勃林格殷格翰	222.9	216.4	16	—
17	诺和诺德	202.4	195.7	17	—
18	梯瓦	166.6	168.9	18	—
19	渤健	134.4	143.8	20	+1
20	安斯泰来	115.1	118.3	23	+3

注:数据来源于 Fierce Pharma。

展望未来,2021 年全球制药公司的排名可能会有更多的变化,拥有抗新冠肺炎药物和疫苗的公司有望大幅提高收入。例如,辉瑞/BioNTech 公司的疫苗收入预测将达 150 亿美元,Moderna 公司的疫苗收入预计将超过 110 亿美元。但 Moderna 公司仅此一款商业化产品,很可能难以在 2021 年进入前 20 名排名。

随着各家制药公司2020年财报陆续公布,全球畅销药排行格局也逐渐清晰。全球畅销药前10位中,大分子药物和小分子药物各占一半。前20位中,有6款小分子药物、14款大分子药物(表6-6)。

表6-6 2020年全球药物销售额榜单前20强

排名	药物名称	靶点	适应证	公司	销售额/亿美元
1	Humira	TNF-α	RA等	艾伯维/卫材	198.32
2	Keytruda	PD-1	癌症	默沙东	143.80
3	Revlimid	—	多发性骨髓瘤	BMS	121.06
4	Imbruvica	BTK	癌症	强生/艾伯维	94.42
5	Eliquis	FXa	抗凝药	BMS/辉瑞	91.68
6	Stelara	IL-12和IL-23	银屑病	强生/三菱田边	79.47
7	Opdivo	PD-1	癌症	BMS/Ono	79.22
8	Eylea	VEGFR	AMD、DME	再生元/拜耳	79.09
9	Biktarvy	—	HIV	吉利德	72.59
10	Xarelto	FXa	抗凝药	拜耳/强生	67.45
11	Enbrel	TNF-α	RA等	安进/辉瑞	63.40
12	Avastin	VEGFR	癌症	罗氏/中外	60.75
13	Prevnar13	—	肺炎	辉瑞	58.50
14	Ibrance	CDK4/6	乳腺癌	辉瑞	53.92
15	Trulicity	GLP-1	糖尿病	礼来	50.68
16	Remicade	TNF-α	RA等	强生/默沙东/三菱田边	49.07
17	Ocrevus	CD20	多发性硬化	罗氏	46.29
18	Rituxan	CD20	淋巴瘤	罗氏/中外	45.84
19	Perjeta	HER2	乳腺癌	罗氏/中外	44.57
20	Actemra	IL-6R	风湿性关节炎	罗氏/中外	42.68

注:数据来源于Evaluate Pharm & Pharm Exec。

Humira、Keytruda、Revlimid三款药物销售额超过百亿美元,Keytruda、Revlimid仍处于高速增长阶段。Humira累计销售额已经突破1700亿美元,仍在不断创造新的纪录(图6-14)。Keytruda王者态势尽显,成为新一代"药王"可期。2020年,PD-1/PD-L1取代TNF-α成为第一大抗体药物靶点。国内PD-1第一梯队均完成授让(License-out),第二梯队的基石药业,也将其舒格利单抗的中国大陆的权利授让给辉瑞公司。

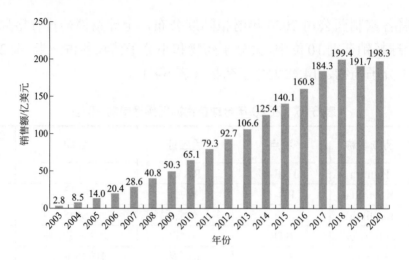

图6-14 2003—2020年Humira销售额

数据来源：医药笔记。

Revlimid 快速增长背后是多发性骨髓瘤强劲的临床需求，引发了激烈的研发竞争。强生公司 CD38 抗体销售额达 41.90 亿美元，2022 年有望进入前 20 强行列。围绕多发性骨髓瘤，后续还有多个靶向 CD38、BCMA、GPRC5D 等的单抗、双抗、ADC 和 CAR-T 药物。强生公司的 BTK 抑制剂 Imbruvica 为另一个治疗血液瘤的超级重磅药物，2022 年销售额将突破百亿美元。国内百济神州公司的泽布替尼（中美上市）、诺诚健华公司的奥布替尼均已上市。Humira 之外，TNF-α 的另外两驾马车 Enbrel 和 Remicade 已经受生物类似药的冲击，销售额快速下跌。自身免疫领域后继乏力，IL-17 抗体和 IL-23 抗体依靠银屑病等少数适应证实现快速增长，但很难与 TNF-α 广泛适应证的体量相比。JAK 抑制剂则因安全性问题，前途仍充满不确定性。

从前 20 强排行榜中，可以看出肿瘤药物、自身免疫药物的变化趋势。除了市场格局的变化，也可见药物研发方向的新趋势。此外，抗病毒药物和新冠疫苗亦耀眼夺目，辉瑞/BioNTech 公司、Moderna 公司的新冠疫苗销售额可能都将超过 Humira，创造新的纪录。

4．全球医药并购

2020 年，为应对新冠肺炎疫情，生物制药公司之间快速掀起高度合作浪潮，从而导致生命科学领域的整体交易总量激增。相比大额并购交易，生命科学公司更倾向选择基于治疗领域的合作联盟或补强型收购以降低风险。因此，尽管并购交易数量略有上升，但 2020 年的并购交易总额较 2019

年骤降 40%。

在并购交易方面，2020 年生命科学领域签署的并购交易（此处定义为已签署并购协议，但不一定完成或尚未完成合并、收购和资产剥离）数量相比 2019 年增长 4%。2020 年大额并购交易屈指可数，已签署的并购交易总额为 1756 亿美元（图 6-15）。

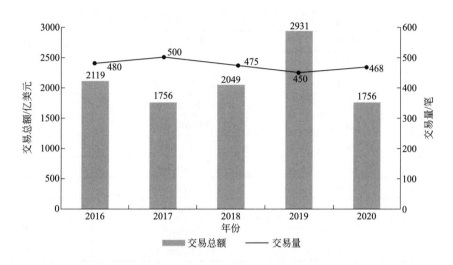

图 6-15　2016—2020 年的并购交易量及交易总额

数据来源：IQVIA Pharma Deals。

在累计交易总额下降的同时，并购交易的交易额均值下降了 45%，从 2019 年的 16.01 亿美元降至 2020 年的 8.87 亿美元（表 6-7）。交易总额中值的下降幅度较小，从 2019 年的 1.20 亿美元降至 2020 年的 0.80 亿美元。然而，即使将这些因素排除在分析之外，2020 年在并购方面仍不如 2019 年，交易总额、均值和中值分别下降 13%、20% 和 28%。

表 6-7　2019 年与 2020 年并购交易总额、均值和中值比较

所有交易	2019 年（亿美元）	2020 年（亿美元）	增长率
所有并购交易总额	2930.71	1755.60	-40%
交易额均值	16.01	8.87	-45%
交易额中值	1.20	0.80	-33%

注：数据来源于 IQVIA Pharma Deals。

2020 年前十大并购交易的总额约为 1194 亿美元，占 2020 年签署的所有并购交易总额的 68%（表 6-8）。而 2019 年前十大并购交易的总额为

2159亿美元。2020年的前十大并购交易中有4项交易额超过100亿美元，相比2019年有所减少（2019年有5项并购的交易额超过100亿美元）。2020年仅有2项并购交易额在50亿～100亿美元，2019年有6项。2020年前十大交易中，7项交易的标的是处方药，有的交易还涉及诊断、患者监测和医疗器械领域。2020年前十大并购交易中，只有1项在上半年签署。

表6-8 2020年全球生物医药并购交易前10强（按交易额排名）

排名	收购方	标的公司	金额/亿美元
1	阿斯利康	Alexion	390
2	吉利德	Immunomedics	210
3	西门子医疗	Varian Medical Systerms	164
4	BMS	MyoKardia	131
5	Illumina	Grail	80
6	强生	Momenta	65
7	吉利德	Forty Seven	49
8	拜耳	Asklepios	40
9	赛诺菲	Principia	36.8
10	Royal Philips	BioTelemetry	28

注：数据来源于IQVIA Pharma Deals。

在许可权交易方面，2020年交易总额和均值均创历史新高，与2019年相比实现两位数增长。在合作研发交易方面，用于治疗肿瘤和神经疾病的处于临床研究阶段的在研产品预付款金额位列前茅。就合作交易的治疗领域来看，尽管新冠肺炎疫情导致传染病领域的交易活动激增，但肿瘤仍然是首要交易领域。

（二）全球生物医药研发分析

1. 全球医药研发投入稳定增长

新冠肺炎疫情的全球大流行给医药公司带来了前所未有的挑战和机遇，围绕新冠肺炎疫苗、治疗药物以及检测诊断试剂的开发无疑成为医药公司研发投入的新热点。2020年全球医药研发支出达到1880亿美元，但增速较2019年有所放缓。近几年随着基础前沿学科不断取得进展，针对创新型药物（抗体偶联药物、PD-1等）及新型治疗技术（CAR-T等），各大制药公司纷纷加大研发投入，预测2021年研发支出将上升至1950亿美元（图6-16）。

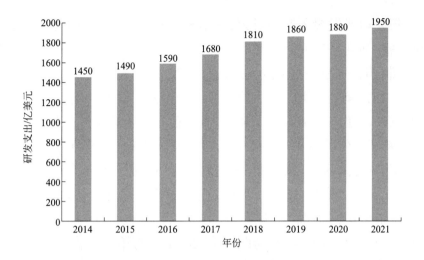

图 6-16　2014—2021 年全球药物研发支出

数据来源：Evaluate Pharm。

2020 年早期和后期研发的资金大幅增加，未受新冠肺炎的影响，战略交易（从并购到许可和其他形式的合作，通常是在小公司和大公司之间）在大量新冠肺炎相关交易的推动下，有明显增长。销售收入前 15 强制药公司的研发支出总额在 2020 年达到 1230 亿美元，首次超过销售额的 20%（图 6-17）。较 2015 年增长了 43%，而这些公司的销售额同期增长了 23%。

图 6-17　全球销售收入前 15 强制药公司研发支出及研发占比

数据来源：IQVIA Institute。

从制药公司研发投入来看，2020年研发投入前10强制药公司的研发投入总金额高达960亿美元，平均研发投入占比为20.23%，与2019年研发投入前10强制药公司的研发投入总金额（820亿美元）及平均研发投入占比（18.80%）相比均有所增长。这种局面的出现，除了与制药公司创新研发投入加大以外，还与疫情影响了部分制药公司的销售收入有关。

2020年罗氏公司以138.5亿美元的研发投入位居2020年全球医药研发费用支出第1（表6-9）。默沙东公司则以136.0亿美元（约890.7亿元人民币，较2019年同比增长37%）的研发投入取代了强生公司，排在了第2位。百时美施贵宝公司则实现"三级跳"，以111.4亿美元（约729.6亿元人民币）的研发投入从2019年的第8名跃迁到2020年的第4名。赛诺菲、艾伯维和礼来公司的研发投入则较为相似，均在60亿～65.5亿美元之间。

其中，礼来公司取代阿斯利康公司重返前10强，而阿斯利康公司的研发投入下降了1%，至59亿美元，下滑至第11位。在2020年研发投入前10强制药公司中，礼来公司虽然最少，但较2019年仍增长了9%。同样，礼来公司也在新冠病毒治疗药物方面增加了研发投入。此外，礼来公司在基因治疗、糖尿病药物方面也加大了研发投入。

表6-9　2020年全球医药研发费用支出前10强

排名	企业	研发投入/亿美元	与2019年投入增幅/亿美元	2020年占总销售收入比例
1	罗氏	138.5	+13.8	22.2%
2	默沙东	136.0	+37	28.3%
3	强生	121.5	+7.9	14.7%
4	百时美施贵宝	111.4	+50	26.0%
5	辉瑞	94.0	+7.5	22.4%
6	诺华	89.0	−5.0	18.2%
7	葛兰素史克	77.0	+13.0	16.1%
8	艾伯维	65.5	+1.5	14.3%
9	赛诺菲	65.1	−5.9	15.3%
10	礼来	60.8	+4.8	24.8%

注：数据来源于Fierce Biotech。

2．全球在研药物数量持续增加

新冠肺炎疫情的暴发及其带来的社交隔离限制，让全球多个产业的发展出现了停顿和衰退。但全球药物研发管线并未出现萎缩，全球药物研发管线（包括临床前，临床期，以及上市后仍然在开发其他适应证的药物）共有 17 737 个药物（图 6-18），较 2019 年增加了 9.61%。虽然有 798 个针对新冠疫情的药物或者疫苗进入研发管线，但是即便除去新冠疫情相关的药物或疫苗，2020 年仍有 4746 个新药进入研发管线，与 2019 年的 4730 个基本持平。这意味着，虽然新冠肺炎相关的研究吸引了生物医药领域较多的投入，但是在针对其他疾病领域的药物开发方面，整个产业并未放缓前进的步伐。

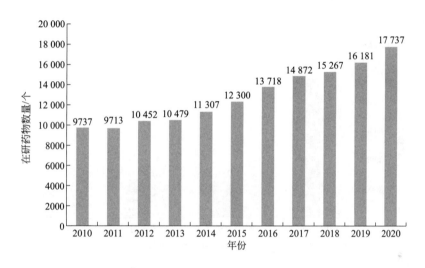

图 6-18　2010—2020 年全球在研药物数量

数据来源：Pharmaprojects。

新冠肺炎疫情的暴发无疑对药物研发的侧重点产生了显著的影响，在全球研发管线中，抗感染类药物的数目较 2019 年增加了 22.4%，几乎全部是针对新冠肺炎的药物和疫苗的开发。此前，抗感染药物的数目处于下降趋势。基因疗法在经历了将近 10 年的沉寂，在近几年来迅速崛起，得到业界的广泛关注。2020 年研发管线中，在研基因疗法的数目达到 1589 种，较 2019 年增长了 24.8%。最近 4 年里，基因疗法的数目呈爆发式的增长趋势，较 2016 年翻了 3 倍。基因疗法的复兴得益于两类疗法数目的增长。一类是体外基因疗法，它们将从人体内获得的细胞在体外进行基因工程改造，再输回到患者体内，CAR-T 疗法就是一种体外基因疗法。另一类是体内基因疗法，意味着对基因的操作在体内进行。对于基因疗法来说，使用什么样的病毒载体递送基因是业界关注的问题。

按照不同研发阶段的药物数据分析可以发现：受新冠肺炎疫情的影响，处于临床前期和处于Ⅰ期临床研究阶段的在研药物数目与2019年相比仍然有13.2%、10.3%左右的上升（图6-19），反映了在早期药物发现和开发方面相对强劲的势头。然而处于Ⅱ期和Ⅲ期临床研究的药物数目分别仅较2019年上升了4.5%和1.1%。处于Ⅲ期临床研究的药物数量在近几年来一直处于稳定状态。但是与前几年相比，处于Ⅰ期或Ⅱ期临床研究阶段的药物数量增长幅度有所下降。这可能受新冠疫情影响多项临床研究延缓或终止，导致在研药物无法推进到下一个临床阶段。

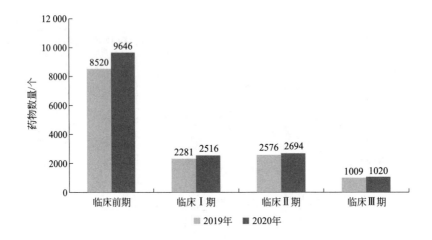

图6-19 2019年和2020年处于不同研究阶段的全球在研药物数量

数据来源：Pharmaprojects。

2020年在研药物数量排名居前5位的制药公司分别为诺华、武田、百时美施贵宝、强生和罗氏公司，在研药物数量分别为222个、198个、189个、182个和174个（表6-10）。诺华公司已连续第4年位列全球在研药物数量排名第1位。尽管其在研药物规模仅有小幅增长，但与排名第2位的武田公司相比，领先优势却在逐步加大。与其他公司相比，诺华的优势仍在于其自研产品所占比例更高。2020年诺华公司自研药物数量为139个，自研药物占比高达62.6%，使得诺华公司成为前10强公司中在研药物数量最高的公司。

2020年武田公司继续位列全球在研药物数量排名第2位。值得注意的是，百时美施贵宝公司重返前10强，排名从2019年的第11位快速升至第3位。百时美施贵宝公司排名出现如此大幅变化，主要归功于其对新基公司的并购。在前10强企业中，强生公司的排名有所下降，从2019年的第3位下降至第4位。罗氏公司紧随其后，排名第5位。辉瑞公司凭借对Theracon和Array BioPharma公司进行的2次收购活动，排名已从2019年的第9位攀升至第6位，在研药物数量从2019年的163个增至170个。

表6-10　2020年全球制药公司在研药物数量排名前25强

2020年排名	2019年排名	公司名称	2020年数量	2019年数量	2020年自研药物数量/个
1	1	诺华	222	219	139
2	2	武田	198	211	89
3	11	百时美施贵宝	189	110	97
4	3	强生	182	208	91
5	6	罗氏	174	189	94
6	9	辉瑞	170	163	108
7	4	阿斯利康	164	194	93
8	8	默沙东	157	176	84
9	7	葛兰素史克	144	177	77
10	10	礼来	143	124	85
11	5	赛诺菲	137	192	62
12	15	勃林格殷格翰	108	94	73
13	12	拜耳	93	108	66
14	13	大冢	91	98	56
15	19	安进	89	88	59
15	15	艾伯维	89	94	31
17	17	第一三共	87	92	45
18	20	卫材	84	85	48
19	18	艾尔建	80	90	33
20	21	安斯泰来	75	84	39
21	—	李氏大药房	74	—	45
22	23	吉利德	73	69	39
23	—	Yuhan	72	—	57
24	24	Evotec	70	63	35
25	22	Ligand制药	66	73	34

注：数据来源于Pharmaprojects。

近年来，全球医药研发管线呈现分散化，特别是前10强和前25强的集中度呈现逐年下跌态势，而只有1～2种新药研发的公司呈稳步上升。前10强行业集中度已从2011年的13%以上降至2021年的5.4%；前25强公司情况类似，行业集中度从2011年的18.3%降至2021年的9.47%。另一方面，全球拥有在研药物项目的制药公司数量继续增加，从2001年的1198家增至2020年的4816家（图6-20）。从增幅看，2020年全球制药公司数量增幅为11.4%，较2019年的4.6%有很大的增长。拥有在研项目的全球制药公司数量的增长，主要归因于新成立的研发公司的增多。在过去的一年中，新成立的制药和生物技术研发公司数量突破历史纪录，达到了1055家，这也意味着2020年超过五分之一的公司均为新进入者，而2019年该数字仅为809家。

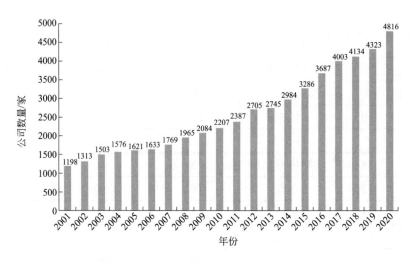

图6-20　2001—2020年全球拥有在研项目的制药公司

数据来源：Pharmaprojects。

对研发管线中的药物按照其靶点进行分类，可以看出靶向HER2的在研疗法数目最多（表6-11）。HER2疗法作为乳腺癌治疗中久经验证的靶点，是多种小分子疗法、靶向疗法和抗体偶联药物疗法的靶标。新一代的抗体偶联药物已经不再局限于治疗乳腺癌，而在临床研究中用于治疗HER2过表达的胃癌、非小细胞肺癌以及其他癌症类型。除HER2外，与肿瘤生长和血管再生息息相关的表皮生长因子受体（EGFR）和血管内皮生长因子A（VEGF-A）也是热门靶点。

肿瘤免疫疗法的兴起在热门靶点上也有所体现，在前10强热门靶点中，有4个与免疫疗法相关，它们分别是PD-L1、PD-1、CD19和CD3。靶向PD-L1和PD-1的多款免疫检查点抑制剂已经得到FDA的批准，靶向CD19的CAR-T疗法是在研CAR-T疗法中最主要的研究内容。而多种双特异性抗体疗法通过与T细胞表面的CD3受体结合，将T细胞募集到肿瘤细胞附近，发挥其杀伤肿瘤细胞的作用。靶向CD3的在研疗法数目增长了28.4%，体现了业界对利用双特异性抗体激活抗肿瘤免疫应答的关注。

表6-11 2020全球研发管线的前15强药物靶点

排名	药物靶点	研发管线中的药物数量/个
1	人表皮生长因子受体2（HER2）	158
2	阿片受体u	148
2	表皮生长因子受体（EGFR）	148
4	血管内皮生长因子A（VEGF-A）	143
5	CD19	121
6	PD-L1	116
6	CD3	116
8	糖皮质激素受体	112
9	PD-1	111
10	环氧合酶2（COX-2）	107
11	肿瘤坏死因子（TNF）	101
12	胰岛素受体	98
13	大麻素受体1	97
13	阿片受体κ	97
15	胰高血糖素肽1受体（GLP-1R）	90

注：数据来源于Pharmaprojects。

即便受到新冠疫情的影响，药物开发领域的创新步伐并未减慢，2020年研发管线中增加的全新药物靶点数量达到139个（图6-21），达到近15年来的第二高水平，仅次于2011年（这一年的统计数据异常高的原因是细菌靶点被加入到数据库中）。如今在研疗法靶向的靶点数目达到1858个，较2019年的1766个也有显著增加。这一趋势为未来药物的成功开发奠定了基础。

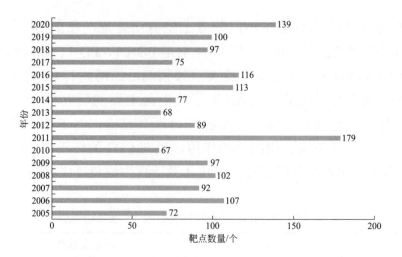

图 6-21　2005—2020 年发现的全新药物靶点数量

数据来源：Pharmaprojects。

2020 年虽然新冠肺炎疫情席卷全球，但面对威胁人类生命健康的重大疾病，新药研发与审批的速度却在加快，全球生物医药行业格局也迎来新的变化。美国药品评审和研究中心（CDER）在 2020 年批准了 53 个创新药（图 6-22），位列历史第 2 多。其中 40 个为全球范围内首次批准，39 个为小分子化学药，12 个为生物制品，2 个为 RNA 药物。这 53 款新药中有 22 个产品被认定为突破性疗法，31 个产品获得罕见病用药认定，30 个产品获得优先审评。这些新药的上市，将为多种疾病提供全新的疗法或更多的治疗选择。

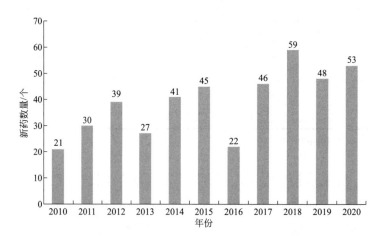

图 6-22　2010—2020 年 CDER 批准的新药数量

数据来源：CDER。

从 FDA 批准的 53 个新药中可以发现（表 6-12）：在疾病领域方面，

表6-12 2020年美国FDA批准的新药

时间	药物名称	商品名	适应证	研发公司/大学
2020年1月9日	avapritinib	Ayvakit	胃肠道间质瘤	Blueprint Medicines
2020年1月21日	teprotumumab-trbw	Tepezza	甲状腺眼病	Horizon Therapeutics
2020年1月23日	tazemetostat	Tazverik	上皮样肉瘤	Epizyme
2020年2月12日	lactitol	Pizensy	慢性特发性便秘	Braintree Laboratories
2020年2月21日	bempedoic acid	Nexletol	杂合子家族性高胆固醇血症和动脉粥样硬化性心血管疾病	Esperion
2020年2月21日	eptinezumab-jjmr	Vyepti	预防偏头痛	Lundbeck
2020年2月26日	amisulpride	Barhemsys	术后恶心呕吐	Acacia Pharma
2020年2月27日	rimegepant	Nurtec Odt	急性偏头痛	Biohaven
2020年3月2日	isatuximab	Sarclisa	多发性骨髓瘤	Sanofi
2020年3月6日	osilodrostat	Isturisa	库欣综合征	Recordati
2020年3月25日	ozanimod	Zeposia	复发型多发性硬化症	BMS
2020年4月10日	selumetinib	Koselugo	I型神经纤维瘤病	AstraZeneca
2020年4月17日	tucatinib	Tukysa	HER2阳性乳腺癌	Seagen
2020年4月17日	pemigatinib	Pemazyre	局部晚期或转移性胆管癌	Incyte
2020年4月22日	sacituzumab govitecan-hziy	Trodelvy	转移性三阴乳腺癌	Immunomedics
2020年4月24日	opicapone	Ongentys	帕金森病	Neurocrine Biosciences
2020年5月6日	capmatinib	Tabrecta	转移性非小细胞肺癌	Novartis
2020年5月8日	selpercatinib	Retevmo	RET基因改变的非小细胞肺癌，甲状腺髓样癌和其他类型的甲状腺癌	Eli Lilly

续表

时间	药物名称	商品名	适应证	研发公司/大学
2020年5月15日	ripretinib	Qinlock	胃肠道间质瘤	Deciphera Pharmaceuticals
2020年5月20日	fluoroestradiol F18	Cerianna	乳腺癌（诊断试剂）	Zionexa
2020年5月26日	artesunate	Artesunate	重症疟疾	Amivas
2020年5月28日	flortaucipir F18	Tauvid	tau神经纤维缠结的密度和分布（诊断用）	Avid Radiopharmaceuticals
2020年6月11日	inebilizumab-cdon	Uplizna	AQP4阳性的成人视神经脊髓炎谱系疾病	Viela Bio
2020年6月15日	lurbinectedin	Zepzelca	小细胞肺癌	PharmaMar
2020年6月30日	triheptanoin	Dojolvi	长链脂肪酸氧化紊乱	Ultragenyx
2020年7月2日	remimazolam	Byfavo	诱导和维持医疗程序过程中的镇定	Paion Pharma
2020年7月2日	fostemsavir	Rukobia	HIV	ViiV Healthcare
2020年7月2日	decitabine/cedazuridine	Inqovi	骨髓增生异常综合征和慢性粒单核细胞白血病	Otsuka
2020年7月7日	abametapir	Xeglyze	头虱	Dr. Reddy's Laboratories
2020年7月24日	tafasitamab-cxix	Monjuvi	弥漫性大B细胞淋巴瘤	MorphoSys US
2020年7月31日	belantamab mafodotin-blmf	Blenrep	复发性或难治性多发性骨髓瘤	GSK
2020年8月5日	nifurtimox	Lampit	美洲锥虫病	Bayer
2020年8月6日	risdiplam	Evrysdi	脊髓性肌萎缩症	Roche
2020年8月7日	oliceridine	Olinvyk	术后疼痛	Trevena
2020年8月7日	viltolarsen	Viltepso	杜氏肌营养不良	Nippon Shinyaku

续表

时间	药物名称	商品名	适应证	研发公司／大学
2020年8月12日	satralizumab-mwge	Enspryng	AQP4阳性的成人视神经脊髓炎谱系障碍	Roche
2020年8月14日	clascoterone	Winlevi	痤疮	Cassiopea SpA
2020年8月26日	somapacitan-beco	Sogroya	生长激素缺乏症	Novo Nordisk
2020年9月3日	copper Cu 64 dotatate	Detectnet	SST受体阳性的神经内分泌瘤（诊断用）	RadioMedix
2020年9月4日	pralsetinib	Gavreto	RET融合阳性的转移性非小细胞肺癌	Blueprint Medicines
2020年10月14日	atoltivimab, maftivimab	Inmazeb	儿童和成人埃博拉病毒感染	Regeneron
2020年10月22日	remdesivir	Veklury	COVID-19	Gilead Sciences
2020年11月20日	lonafarnib	Zokinvy	早衰症和早衰样核纤层蛋白病	Eiger BioPharmaceuticals
2020年11月23日	lumasiran	Oxlumo	1型原发性高草酸尿症	Alnylam Pharmaceuticals
2020年11月25日	setmelanotide	Imcivree	肥胖症	Rhythm Pharmaceuticals
2020年11月25日	naxitamab-gqgk	Danyelza	复发/难治性高危神经母细胞瘤	Y-mAbs Therapeutics
2020年12月1日	Ga 68 PSMA-11	Ga 68 PSMA-11	前列腺癌（诊断用）	University of California
2020年12月4日	berotralstat	Orladeyo	预防遗传性血管性水肿发作	BioCryst
2020年12月14日	tirbanibulin	Klisyri	面部或头皮的光化性角化病	Athenex和Almirall
2020年12月16日	margetuximab	Margenza	HER2阳性乳腺癌	MacroGenics
2020年12月18日	relugolix	Orgovyx	晚期前列腺癌	Myovant
2020年12月21日	ansuvimab-zykl	Ebanga	埃博拉病毒感染	Ridgeback Biotherapeutics
2020年12月23日	viberon	Gemtesa	膀胱过度活动症	Urovant Sciences

注：数据来源于FDA药品评估与研究中心（CDER）。

2020年FDA批准的新药仍以抗肿瘤药居多，且大多数获得突破性疗法认定。例如成纤维生长因子（FGF）受体2抑制剂Pemazyre、靶向TROP-2的抗体偶联药物Trodelvy、MET抑制剂Tabrecta等。这些药物或能弥补临床上缺乏有效治疗手段的空白，或具有新颖的作用机制。

近年来，FDA批准的新药中罕见病用药占比均达到40%左右，在2018年更是达到了57%。2020年，获得罕见病用药资格的创新疗法获批的有31个，从比例上看，达到了5年来占比的新高。罕见病用药开发得益于FDA颁发的多种监管措施的激励，诸如市场独占期、政府资助、审评专家对研究方案的指导等。获批的罕见病用药中不乏创新产品，例如阿斯利康公司研发的首款治疗1型神经纤维瘤病的药物疗法Koselugo；Roche公司研发的治疗脊髓性肌萎缩症的首款口服创新药Evrysdi等。

2020年FDA批准的53个新药中，有12个为抗体药物，包括2个抗体偶联药物Trodelvy和Blenrep。值得一提的是，Horizon Therapeutics公司研发的IGF-1R抗体Tepezza、葛兰素史克公司研发的靶向B细胞成熟抗原（BCMA）的抗体偶联药物Blenrep、Immunomedics公司研发的靶向Trop-2的抗体偶联药物Trodelvy以及Regeneron（再生元制药）公司研发的埃博拉抗体inmazeb均属于首创（first-in-class）的抗体药物。与此同时，工程化抗体也明显增加，2款CD19单抗Uplizna和Monjuvi、1款HER2单抗Margenza均是经过工程改造后得到的抗体药物。近5年来抗体药物的发展进入爆发式增长阶段，单抗、双抗、抗体偶联等药物的快速崛起给生物医药行业增添了新的活力。

3．抗肿瘤药物研发管线充盈

2010年以来获批上市的抗肿瘤新药数量激增，2020年延续了这一趋势，美国有17个抗肿瘤新药和3个肿瘤诊断试剂获批上市，其中16个获得罕见病用药资格被批准用于罕见肿瘤。过去五年，有62个创新疗法在美国上市，获批用于治疗涉及24个瘤种的130个适应证。而且，越来越多的首创新药获得加速审批资格或突破性疗法认定，基于Ⅰ期或Ⅱ期临床研究结果有条件快速获批上市。

大量创新抗肿瘤药的获批背后是如雨后春笋般萌芽和蓬勃发展的抗肿瘤研发管线，2020年，抗肿瘤研发管线中的候选药物数量接近3500个，较2015年增长了75%，这表明抗肿瘤领域在不断地被细分，未被满足的临床需求仍然较大。2020年启动的肿瘤相关临床研究约有1600个，创历史新高，体现了抗肿瘤领域研发的强劲势头。肿瘤和罕见病本就是临床研究两个最大的领域，并且两者受2020年新冠肺炎疫情影响程度都低于其他领域。抗肿瘤药从Ⅰ期临床研究到递交申请阶段的综合成功率，从2010年的不到10%提高到2020年的15.8%；罕见肿瘤用药的综合成功率为32.9%，是常见抗肿瘤药的5~6倍。2020年，由于针对罕见癌症的Ⅱ期临床研究的临床研发生产力（成功率、临床试验复杂性和试验持续时间的综合指标）急剧增加，使得肿瘤临床研发生产力有所改善，但总体研发生产力水平仍显著低于其他疾病。

处于早期研发管线的药物数量大约有1000个，相比2016年增长了43%，主要包括基因编辑、CAR-T和RNA疗法在内的新一代生物疗法。约80%的抗肿瘤前期研发管线和2/3的后期研发管线来自新兴生物制药公司——这些公司每年的研发支出不到2亿美元。在涉足抗肿瘤药研发的740多家公司中，有500多家完全专注于肿瘤领域。

在过去15年中，新兴生物制药公司的产品在全部抗肿瘤后期管线中的占比例一直稳定在65%~67%。全球有超过605家的新兴生物制药公司在积极开展后期抗肿瘤研究项目，其中有450家是完全专注于抗肿瘤药的研发。在总体管线基数较大的情况下，这类公司源源不断地为抗肿瘤创新疗法的研发提供新鲜血液。

2005—2015年，总部位于美国的公司抗肿瘤药在早期研发管线的占比相对保持稳定，但在过去5年下降至45%（图6-23），同期，欧洲的占比亦从40%下降到26%。2020年总部位于日本的公司抗肿瘤药在早期研发管线中所占的份额下降至7%，低于2015年的12%和2005年的13%。在发达国家/地区市场已经达到管线饱和的背景下，中国大量以新兴生物制药公司为主导的抗肿瘤药研发力量开始发力。2020年总部位于中国的公司抗肿瘤药在早期研发管线中的占比为18%，远远高于2015年的6%和2005年的2%。

相比于全球各大主要市场稳中有降的抗肿瘤药物中的新生物疗法管线的占比，总部位于中国的公司抗肿瘤药中新生物疗法早期产品管线的占比为13%，远高于2015年的5%和2005年的2%（图6-24）。中国药企异军突起，展现出了强有力的创新研发能力。

以前沿抗肿瘤研发领域中最如火如荼的CAR-T为例，虽然中国CAR-T研发较欧美起步得晚，但开展过CAR-T临床研究的实验点已经达到了284个（全球有1297个实验点）（图6-25），仅次于美国。而CAR-T的产品数，和正在进行的临床研究数量早已超越美国成为全球CAR-T研发最密集的市场。

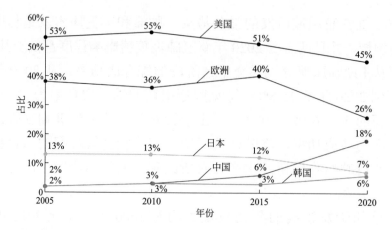

图 6-23　2005—2020 年不同国家 / 地区抗肿瘤药在早期研发管线中的占比

数据来源：IQVIA Institute。

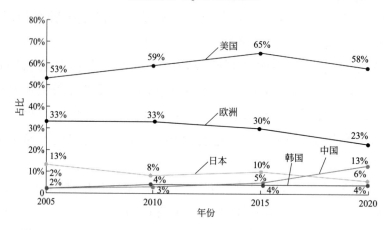

图 6-24　2005—2020 年不同国家 / 地区抗肿瘤药在早期研发管线中新生物疗法占比

数据来源：IQVIA Institute。

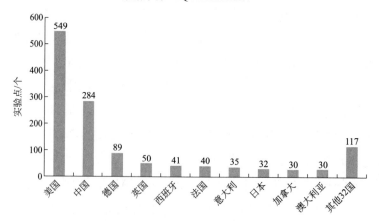

图 6-25　按国家列出的 CAR-T 实验点

数据来源：IQVIA Institute。

总的来说，在新生物疗法激烈竞争中，中国的新兴生物制药公司厚积薄发，近年来展现出强大研发能力。人头攒动的赛道给医药公司们带来机遇与巨大的竞争压力，推动着研发者们更加注重创新的质量而非一味模仿，产品最终还是将依靠临床获益来赢得监管和市场的青睐。

4. 抗新冠肺炎药物

在不到一年的时间里，全球范围内开发并批准了 12 种新冠肺炎疫苗（表6-13）。新冠肺炎疫苗的开发和批准平均耗时 7 个月，而其他疫苗一般为 9 年零 4 个月。所有这些新疗法均获得紧急使用授权，显示了在全球疫情大流行面前的监管灵活性，以确保疫苗和治疗药物尽快被使用。有些疫苗只在其研发国或地缘政治联盟的地区提供，而其他疫苗则更广泛、全球性提供。在这种前所未有的开发和授权之后，据估计至 2021 年初已有 6 亿多人接种了疫苗，这提高了到 2022 年底实现与群体免疫水平一致的全球疫苗接种水平的可能性。除了接种疫苗外，需要对新冠肺炎进行治疗，尤其是感染所带来的复杂症状和并发症，以及接种过疫苗的人感染病毒变异株等情况。

表 6-13　全球新冠肺炎疫苗和药物紧急使用/批准国家/地区

类别	名称	紧急使用/批准国家
疫苗	Moderna COVID-19 Vaccine（mRNA1273）	美国、加拿大、欧洲、英国
	Convidecia（Ad5-nCoV）	墨西哥、中国、匈牙利
	CoronaVac	中国
	BBIBP-CorV	中国
	Comirnaty（BNT162b2）（Pfizer/BioNTech）	英国、加拿大、美国、欧洲
	Sputnik V	俄罗斯、阿根廷
	RBD-Dimer	中国
	JNJ-78436735（Ad26.COV2.S）	美国、加拿大、欧洲
	Covaxin	印度
	Covishield/Vaxzevria（AZD1222）	英国、印度、欧洲
	EpiVac Corona	俄罗斯、土库曼斯坦
	CoviVac	俄罗斯
药物	瑞德西韦（remdesivir）	美国、英国、欧洲、印度、加拿大、俄罗斯
	法匹拉韦（favipiravir）	俄罗斯、土耳其、印度、中东国家
	bamlanivimab	美国、欧洲
	casirvimab + imdevimab	美国、欧洲
	bamlanivimab + etesemivab	美国、欧洲

注：数据来源于 IQVIA Institute（2021 年 4 月）。

至 2021 年 11 月初，尽管新冠疫苗在某种程度上起到了有效的防控作用，但随着新冠病毒变异次数的增多，以及变异株在很多国家的流行，人们对有效的抗新冠病毒药物的需求越来越迫切。据不完全统计，当前在研的抗新冠药物有 381 个，其中上市申请 4 个，临床Ⅲ期 108 个，临床Ⅱ期 180 个，临床Ⅰ期 75 个。

截至 2021 年 11 月，国内外多款新冠肺炎治疗药物公布最新进展如下。辉瑞公司的抗新冠肺炎口服药物 Paxlovid 已经在美国申请紧急使用授权；默沙东公司的 molnupiravir 已在英国获批，成为全球首个获批的用于新冠肺炎治疗的口服抗病毒药。国内抗新冠肺炎药物及疗法包括 BRⅡ-196 和 BRⅡ-198 中和抗体联合疗法（表 6-14）、DXP604、SCTA01 和 JS016 等中和抗体药物。

表 6-14 国产抗新冠肺炎药物进度表

药物类别	研发单位	药物名称	目前进展
中和抗体联合疗法	清华大学、深圳市第三人民医院和腾盛博药	BRⅡ-196 和 BRⅡ-198	临床Ⅲ期已揭盲
中和抗体疗法	北京大学谢晓亮团队和丹序生物	DXP604	Ⅱ期临床
	中国科学院微生物所与君实生物	JS016	完成国际多中心Ⅱ期
	君实生物	JS026 注射液	获批开展临床
	绿叶制药	LY-Cov Mab	获批开展临床
	国药集团中国生物	新冠特异性免疫球蛋白	获批开展临床
	济民可信	JMB2002	获批开展临床
	神州细胞	SCTA01	开展Ⅱ期临床
口服抗病毒药物	君实生物、旺山旺水、中国科学院上海药物研究所、中国科学院武汉病毒研究所、	VV116	国外获批临床
	开拓药业	普克鲁胺	开展Ⅲ期临床
	真实生物、河南师范大学	阿兹夫定	开展Ⅲ期临床
单克隆抗体	舒泰神	BDB-001 注射液	开展Ⅰ期临床
蛋白酶抑制剂	前沿生物、中国科学院上海药物研究所、上海科技大学和中国科学院武汉病毒研究所等	FB2001	国外开展Ⅰ期临床

注：数据来源于中新经纬与上市企业公告（截至 2021 年 11 月 20 日）。

当前，抗新冠肺炎特效药的主流研发方向为中和抗体药物与小分子药物。中和抗体是大分子药物，该类药物全球研发进展较快，但对病毒变异株效果较差，且成本高、注射使用不方便。另一类小分子药物，可抑制病毒侵入、复制环节，该类药物对各种变异株均有广谱作用，具有可居家口服治疗、易于迅速启动大规模生产以应急供应、成本低、可及性高、适合大范围人群使用等优点，成为各国加快研发抗新冠肺炎特效药的聚焦点。

5. 全球药物研发前景

（1）创新药和疗法研发趋势

就全球创新药/疗法研发来看，主要有三大研发趋势引领行业发展演变，分别是免疫治疗、靶向治疗和基因治疗。精神神经系统疾病、慢性病防治药物的需求将不断增长，近年来，恶性肿瘤、糖尿病等慢性病领域药物的研发和生产均受到政策青睐。

抗肿瘤药物一直是创新药研发的热点，产品特点为新（药品专利、专利保护期内）、多（靶点多、同靶点的第二、三代药物多）、贵（超10亿美元大品种）。抗肿瘤药的三大研发趋势主要包括：免疫疗法（PD-1将成为组合疗法基础款，包括TIGIT、TIM-3、LAG-3等在内的众多热门靶点正在探索阶段）、血液瘤（实体瘤推动基因大靶点进入迭代更新阶段，血液瘤研发难度大，突破需要更长时间，伴随抗体类药物技术成熟近年来有了不少明确的进展和方向）、双抗（PD-1/PD-L1类药物以及CAR-T验证了以T细胞为主的免疫疗法，伴随双抗技术平台不断成熟，以CD3以及PD-1为主要靶点的双抗成为临床早期探索的热门领域）。

全球抗肿瘤领域聚焦生物药研发为大势所趋，基因靶向药物的高速增长，使得生物药市场整体增速高于化药，其在药物市场中的占比逐渐扩大，免疫疗法后劲十足，且趋于多样化、基础化。

神经系统新药研发为第二大热门领域。靶向药热潮使得众多创新药诞生于治疗多发性硬化症、肌萎缩、偏头痛等领域。阿尔茨海默症、疼痛市场竞争相对较少。与20多年前的精神神经系统药物相比较，目前研发更多趋向于靶向药、生物药，对创新药的需求很大。

基因疗法研发活跃于各大适应证，近年来新一代基因疗法的研究越来越受到重视。早年间基因疗法着重于血液、心血管、免疫/疫苗、疼痛等领域，目前部分已经进入收获期。眼科/耳科、中枢神经系统紊乱和胃肠道疾病一直都是基因疗法重点布局的领域。

（2）生物医药创新发展新动向

新冠肺炎疫情对全球供应链造成了极大的冲击和破坏。产业链、供给链发生的变化影响着国际研发、产品生产、供给和贸易，无疑给创新研发、上市审批和财政政策等带来挑战。但是随着人工智能、大数据和新技术的发展，创新药研发、新药需求、药物高质量发展和药品科学监管的提速升级迎来新的发展机遇。

创新药物从发现到上市的时间更快。人工智能、大数据和新技术结合将在整个药品研究和开发过程（包括研发数据管理和临床试验数据管理）中得到应用，并将大幅减少新药从发现到最终上市的时间和成本。现代技术的支持，使得医药公司更广泛地与专业的药物研发伙伴开展合作，从而增强在药品研发过程中的竞争力。

生物大分子药物将改变医药行业发展的进程。随着遗传药理学、表观遗传学和基因组学的发展，为满足疾病预防需要，研发焦点正在更多地转向生物技术药物。但是从整体创新药物的结构来看，大分子生物技术药物的数量和比例超过小分子化学药物尚待时日。

数字化和自动化将促进生产的规模化和产品质量的稳定发展。既可以大大降低产业过程风险，又有利于确保生产工艺和质量有关的 cGMP 规范性和科学性。随着技术进步，无人车间和工厂也将大幅降低成本。信息化、数据化正在快速改变传统的诊疗过程，人工智能和数据库还可提供初级诊断。各国政府也将推进这一新的医疗系统的建设，从而快速地改变传统的问诊过程。生物医药与数字技术深度融合成为必然趋势，生物技术精准化、医疗人工智能化和诊疗数据化将成为发展热点。

全球医药产品科学监管合作进程将增速。生物医药发展趋势的变化对提高全球医药产品的监管能力提出了挑战。由于新冠肺炎疫情的影响，那些疗药明确和安全性高的医药产品更需要在全球合作的合规监管下发挥共享的效能。各国应改革监管法规和程序，重视监管策略的发展，使更多的好药、新药加速上市，给患者和社会带来福音。

二、我国生物医药产业发展态势

2020 年是"十三五"收官之年，也是我国医药工业在抗击新冠疫情发挥重大作用的非凡一年。在疫情防控需求的推动下，迅速恢复生产，为经济的全面恢复奠定了重要基础。2020年，我国医药工业持续推进高质量和规范化发展，基础稳固，已经成为中国经济稳步向前的重要基石之一。随着我国医药政策环境日益成熟、产业创新意识深入人心、药品质量和供应保障高度强化，生物医药产业继续以临床价值为中心，以创新自主和供应链可控为重任，共建高能生态圈，促进生物医药产业整体高质量发展。

（一）医药产业现状

1. 医药工业增长虽缓但稳

受席卷全球的新冠肺炎疫情影响，2020年第一季度我国医药工业企业总营业收入和利润较上年同期明显下降，但随着疫情的有效控制，企业有序开展复工复产工作，医院恢复正常运营后医疗需求迅速释放，营业收入和利润增速均明显回升。全年规模以上医药工业企业的工业增加值增速累计同比增长5.9%，增速较2019年同期下降0.7个百分点，为近5年最低，但仍高于全国工业整体增速3.1个百分点（图6-26）。

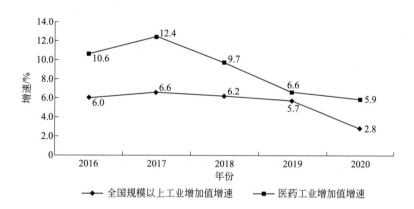

图6-26 2016—2020年医药工业增加值增速与占比情况

数据来源：国家统计局、工信部。

（1）主营收入与利润总额持续增长，利润增速高于主营收入

据统计快报，2020年医药工业主营业务收入达27 960.3亿元，同比增长7.0%（图6-27）；利润总额达4122.9亿元，同比增长19.3%（图6-28）；主营业务收入增速较2019年同期下降1.0个百分点，但利润总额增速同比增加12.3个百分点，创近5年历史新高。销售利润率为14.7%，较2019年增加1.5个百分点。

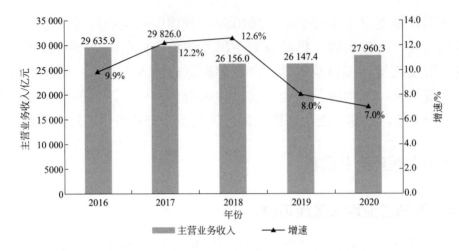

图 6-27 2016—2020 年医药工业主营业务收入及增速

数据来源：国家统计局、工信部。

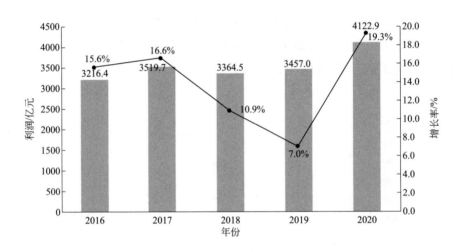

图 6-28 2016—2020 年医药工业利润总额及增长情况

数据来源：国家统计局、工信部。

各子行业中创新产品和抗疫用品成为增长主动力。在收入方面，卫生材料及医药用品制造业、医疗仪器设备及器械制造业、生物药品制造业的主营业务收入增长遥遥领先于医药工业平均增长率，分别高出平均水平35.3 个百分点，22.7 个百分点和 9.5 个百分点（表 6-15），这主要是由于国内外疫情拉动的疾病预防护理方面产品（如口罩、呼吸机、疫苗等）的快速放量。受质量、环保、安全监管趋严和规范临床用药的影响，中药饮片加工业、中成药生产业和化学药品制剂制造业呈现负增长，增速分别低于医药工业平均水平 15.6 个百分点，10.0 个百分点和 8.2 个百分点。

表6-15 2020年医药工业各子行业主营业务收入

行业	主营业务收入/亿元	同比增长率/%	占比/%
化学药品原料药制造业	3944.6	4.4	14.1
化学药品制剂制造业	8356.9	-1.2	29.9
中药饮片加工业	1781.9	-8.6	6.4
中成药生产业	4414.2	-3.0	15.8
生物药品制造业	2795.6	16.5	10.0
卫生材料及医药用品制造业	2687.2	42.3	9.6
医疗仪器设备及器械制造业	3782.0	29.7	13.5
制药专用设备制造业	197.9	9.3	0.7
合计	27 960.3	7.0	--

注:数据来源于国家统计局、工信部。

在利润方面,卫生材料及医药用品制造、制药专用设备制造和医疗仪器设备及器械制造的利润增长较快,增速分别高出医药工业平均水平109.0%,90.0%和50.6%(表6-16)。中药饮片加工业和化学药品制剂制造业利润呈现负增长,同比增长率分别下降23.2%和7.7%。

表6-16 2020年医药工业各子行业利润总额

行业	利润总额/亿元	同比增长率/%	比重/%	利润率/%
化学药品原料药制造业	524.8	23.9	12.7	13.3
化学药品制剂制造业	1102.4	-7.7	26.7	13.2
中药饮片加工业	125.4	-23.2	3.0	7.0
中成药生产业	618.8	4.3	15.0	14.0
生物药品制造业	609.6	28.8	14.8	21.8
卫生材料及医药用品制造业	428.9	128.3	10.4	16.0
医疗仪器设备及器械制造业	700.3	69.9	17.0	18.5
制药专用设备制造业	12.8	109.3	0.3	6.5
合计	4122.9	19.3	--	--

注:数据来源于国家统计局、工信部。

总体来看,我国医药工业整体经济运行呈大幅锐减后快速回升的态势,各项经济指标恢复正值。但增长主要来源于卫生材料及医药用品制造业和医疗仪器设备及器械制造业的强劲拉动,以及化学药品原料药制造业的利润增补。医药工业八大子行业中,生物药品制造业成长性强劲,与近年来临床需求大、广受资本青睐及企业自主创新能力不断提升等有关。医疗仪器设备及器械制造业也表现出很好的成长性，但相对而言更得益于疫情期间暴发的需求，在未来一段时间预计增速会有一定的回落。而其他子行业存在负增长的表现，形势仍较为严峻。

新冠肺炎疫情在全球的蔓延给全球化的产业链、供应链带来重创，我国医药产业链、供应链的稳定也受到多方面的挑战，包括：药品研发所需的很多科研支撑条件依赖国外；生物药物科研和生产用的仪器设备、原辅料等产业配套严重依赖进口；很多高端制药设备虽然已经解决了国产替代问题，但是某些关键参数常常无法满足质量标准要求；高端药用辅料和包装材料与国际先进水平仍存在差距等。

（2）产业投资呈现复苏态势

2020年是生命科学与医疗行业投资并购较为活跃的一年。在新冠肺炎疫情的影响和一系列利好政策的助推下，中国生命科学与医疗行业的并购交易在2020年下半年呈现复苏的态势。整体来看，全年该行业的投资热度达到新的高位（图6-29）。受海外新冠肺炎疫情大暴发的影响，跨境交易表现较为活跃，全年跨境交易数量达37笔，较2019年同期增加13笔；中国企业海外并购保持低位徘徊，全年交易数量发生17笔，交易金额约为17亿美元；国内并购交易表现较为稳定，全年交易数量发生132笔。

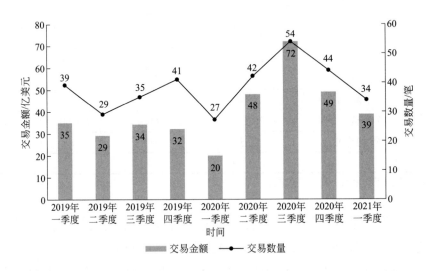

图6-29　2019—2021年Q1中国生命科学与医疗行业并购交易金额和交易数量

上述交易数量和交易金额不包括32笔未披露金额的交易和10笔金额超过10亿美元的大型交易。

数据来源于Mergermarket，德勤研究。

受全球新冠肺炎疫情大暴发和后疫情时代下疫苗政策指引的影响，在生命科学与医疗行业中，细分领域——生物技术领域和药物领域的并购交易持续活跃，是2020年交易金额和交易数量增高的两大领域。生物技术和药物领域全年的交易数量达到106笔（分别为48和58笔），约占全年总交易数量的62.7%，较2019年同期增长23.3%，交易金额为156.3亿美元。而细分的医疗器械、医疗服务和其他领域全年交易总数合计为63笔，约占总交易数量的37.3%，与2019年交易数量基本持平。中国加速发展的互联网医疗已然成为医疗服务领域并购市场的热点，全年交易金额达162亿元，占医疗服务领域交易金额的46.4%，交易数量为52笔。

2020年也是中国生命科学与医疗行业跨境授权交易强劲的一年，包括122笔License in授权交易和23笔License out授权交易。全年规模最大的License in授权交易是君实生物公司与Revitope公司的合作，探索新一代T细胞嵌合活化肿瘤免疫疗法。规模最大的License out授权交易是天境生物公司与艾伯维公司合作开发和商业化前者的抗CD47单克隆抗体lemzoparlimab。全年跨境License out交易数量较2019年同期增加了20笔，这一趋势表明：①中国生物制药市场持续受到全球生物科技巨头的关注和投资；②在国际市场上License out授权的能力已成为生物制药公司的关键竞争力。

短期预期中国生命科学与医疗行业的并购活动将全面增长。在后疫情时代，随着经济的增长和收入的提高，中国国民将越来越重视预防性医疗措施和药物，这也意味着健康管理从单纯控制疾病转向全面保障和促进整体健康。展望未来，全球经济将继续呈现缓慢复苏趋势，但生命科学行业的数字化和创新将促进该行业融资的增长，继续受到投资者喜爱。

（3）医药工业前100强企业持续领跑全行业

面对深刻变化的发展环境，百强企业积极响应国家一致性评价、集采等政策号召，呈现出极强的发展韧性；疫情期间临危不惧，勇于担当，围绕新冠肺炎诊断、治疗、预防环节为我国抗击疫情取得阶段性胜利做出突出贡献。2020年前100强企业主营收入9012.1亿元（图6-30），为近十年来首度下滑，同比下降3.1%，主要是新冠肺炎疫情等因素的叠加影响。不过，前100强企业的利润总额同比增长14.6%，其中超过半数企业的主营收入实现正增长。

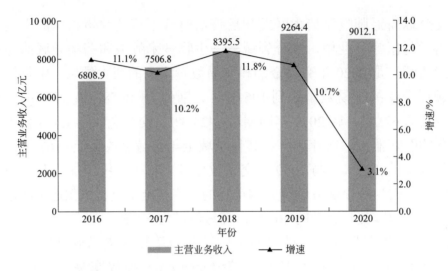

图 6-30 2016—2020 年前 100 强企业主营业务收入及增速

数据来源：中国医药工业信息中心。

① 助力疫情防控，保障药品供应，彰显责任担当

2020 年，以前 100 强企业为代表的中国医药工业企业出色完成了复工复产、稳定经济的重任，更为抗击疫情提供了最为关键的物质基础。凭借在抗疫中的出色表现，部分企业在 2020 年前 100 强中表现不俗甚至脱颖而出。如全国第 1 款获批的新型冠状病毒核酸检测试剂盒，就出自 2020 年度新晋前 100 强企业圣湘生物。同样，振德医疗、奥美医疗等卫材及医疗用品企业，通过实际行动对防疫物资的保供稳价做出了贡献，从而一举跻身百强之列（表 6-17）。

表 6-17　2020 年度中国医药工业前 100 强新晋企业名单

企业名称	2020 年排名
威高集团有限公司	22
振德医疗用品股份有限公司	47
浙江康恩贝制药股份有限公司	50
圣湘生物科技股份有限公司	59
信达生物制药（苏州）有限公司	70
烟台东诚药业集团股份有限公司	78
深圳市海普瑞药业集团股份有限公司	84
施慧达药业集团（吉林）有限公司	85
奥美医疗用品股份有限公司	87
山东金城医药集团股份有限公司	95
玉溪沃森生物技术有限公司	97
华邦生命健康股份有限公司	100

注：资料来源于中国医药工业信息中心。

② 创新制胜，研发成果日渐增多

前 100 强企业研发投入在"十三五"期间持续增加。2020 年前 100 强企业平均研发费用支出为 6.33 亿元（图 6-31），平均研发强度为 6.8%，均创历年最高。从研发强度梯度分布看，研发强度在 10% 以上的企业在前 100 强中占比不断增大。研发强度高于 15% 的企业有 5 家，分别为信达生物、康弘药业、先声药业、烟台绿叶和恒瑞医药。

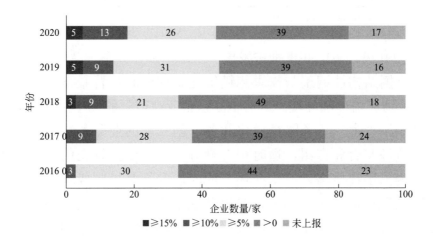

图 6-31　2016—2020 年前 100 强企业研发强度梯度分布

资料来源：中国医药工业信息中心。

前 10 强更迭彰显创新力量，研发成果步入收获期（表 6-18）。以前 10 强企业中研发强度前三的恒瑞医药、齐鲁制药和石药控股为例，这三家企业聚焦创新药、改良型新药和高壁垒仿制药，持续加大研发投入，不断优化产品线组合，成为前 100 强中排名上升显著的企业。2020 年我国批准上市的 20 个 1 类新药中，有 7 个出自前 100 强企业。前 100 强企业也正积极通过国内外同步申报、海外授权、海外合作开发等方式，加速创新成果走向世界，恒瑞医药、复星医药、石药集团、信达生物等公司已成为 License out 的成熟卖方。

表 6-18　2020 年度医药工业前 10 强企业排名变化

企业名称	2020 年排名	2019 年排名
中国医药集团有限公司	1	3
扬子江药业集团有限公司	2	1
广州医药集团有限公司	3	2
江苏恒瑞医药股份有限公司	4	10

续表

企业名称	2020年排名	2019年排名
华润医药控股有限公司	5	4
修正药业集团股份有限公司	6	5
上海复星医药（集团）股份有限公司	7	7
上海医药（集团）有限公司	8	6
齐鲁制药集团有限公司	9	12
石药控股集团有限公司	10	13

注：资料来源于中国医药工业信息中心。

③ 转型升级，多渠并重推进发展

在供给侧结构性调整与需求侧精细化管理的时代背景下，唯有企业转型升级才能适应内外部环境。从前100强企业观察到的三个主流方向包括："创""投""舍"三条路径优化业务，创立新的业务条线，投资并购加快行业内资源整合和重组，适时舍弃部分业务，做到真正的战略聚焦；以智能制造为抓手提质增效，生产环节的改造升级是控制成本和质量保障所需，智能制造凭借高质、稳定、绿色及成本优势，已成为前100强企业转型升级的焦点；以渠道拓展发掘产品价值，伴随着药品终端市场的结构变迁，企业正加快渠道拓展以适应新的就医业态和用药需求。

④ 生物制药企业快速崛起

在国家科技重大专项"重大新药创制"政策引导与支持下，我国生物制品研制与生产的关键技术取得多项突破。随着多个国产生物技术产品包括重磅单抗药物的陆续上市，我国生物制药企业陆续跻身前100强，已成为一股不可忽视的新生力量。从2016年的1家到2020年的7家，以长春高新、三生制药等公司为代表的生物制药企业排名稳步上升，彰显出稳健发展实力（表6-19）。前100强也透露出全新的信号：即便在巨头林立、头部效应显著的当下，生物技术（Biotech）公司凭借独有的革命性技术，正快速成长为生物制药（Bio-Pharma）公司，同时具备长期高速崛起的确定性。

表6-19 2016—2020年前100强中生物医药企业排名变化情况

企业名称	排名				
	2016年	2017年	2018年	2019年	2020年
沈阳三生制药有限责任公司	84	67	58	56	51
长春高新技术产业（集团）股份有限公司		73	56	45	37

续表

企业名称	排名				
	2016年	2017年	2018年	2019年	2020年
华兰生物工程股份有限公司			85	75	55
甘李药业股份有限公司				99	81
信达生物制药（苏州）有限公司					70
烟台东诚药业集团股份有限公司					78
玉溪沃森生物技术有限公司					97

注：数据来源于中国医药工业信息中心。

⑤ 集聚生态，融合地域发展

前100强企业聚集特征明显。俯瞰整个榜单，65%的前100强企业集聚在长三角、京津冀、大湾区以及成渝地区4个产业集群内（图6-32）。其中，长三角和京津冀凭借先发优势、人才优势、技术优势和资本优势，集聚效应尤为突出。近年来成渝地区凭借药材、土地等自然资源以及政策支持，促进了产业发展，前100强企业数量有所提升。

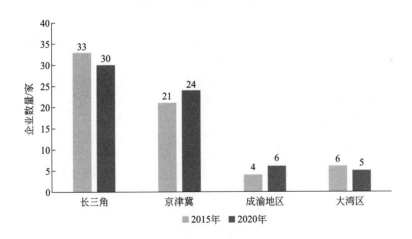

图6-32 2015年和2020年长三角、京津冀、大湾区以及成渝地区前100强企业数量对比

数据来源：中国医药工业信息中心。

生物医药产业集群的竞争力在于高能生态圈的构筑。前100强企业作为生物医药产业的领跑者，正利用集群内的资源优势，联合高校、科研院所、医疗机构和行业上下游企业开展合作或共建实验室、研究院等，构筑创新协作的产业生态圈，有力推进了药品药械的研发创新，强化了我国产业链

的自主可控。如扬子江药业与上海交通大学药学院共建生物药研究与开发联合实验室；上海医药与瑞金医院借助转化医学首个国家重大科技基础设施的启用，正以转化医学创新研发为核心开展紧密合作等。

2. 医药流通市场规模平稳增长

面对突如其来的新冠肺炎疫情，药品流通行业经受住了考验，有力地保障了药品及医疗防疫物资的高效流通和供应，为抗击疫情做出了积极贡献。同时，随着医药卫生体制改革不断深化，药品流通行业加快转型升级步伐，加强医药供应链协同发展，创新药品零售与服务模式，行业销售总额稳中有升，集约化程度继续提高，显现出长期向好的态势。根据商务部数据，2020年全国七大类医药商品销售总额为24 149亿元，扣除不可比因素同比增长2.40%，增长率同比减少6.2个百分点（图6-33）。

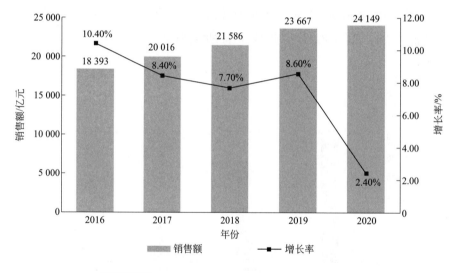

图6-33　2016—2020年药品流通行业销售趋势

数据来源：商务部。

医药流通的一般渠道可分为批发和零售两个环节。药品市场的流通渠道，也是由生产商通过批发商销售给零售商（包括医院药房）。2020年，突如其来的新冠肺炎疫情给各行各业发展带来冲击，药品流通行业承受销售量下滑巨大压力。截至2020年末，全国共有药品批发企业1.31万家（图6-34）。从市场占有率看，药品批发企业集中度有所提高。2020年，药品批发企业主营业务收入前100强占同期全国医药市场总规模的73.7%，同比提高0.4个百分点。

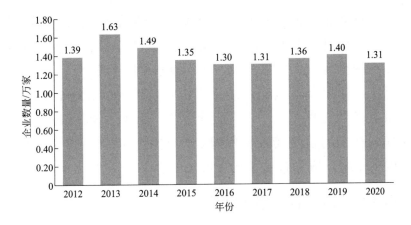

图 6-34　2012—2020 年中国医药批发企业数量

数据来源：商务部，前瞻产业研究院整理。

在中国药品流通行业批发百强企业名单中（表 6-20），2020 年我国医药流通行业医药批发前 10 强企业变化不大，国药集团一马当先；上海医药、华润医药和九州通分别稳居第 2、3 和 4 位，营业收入均在 1000 亿元以上；中国医药与重庆医药成立联合体后成功跻身前十，名列第 5 位。据商务部统计数据显示，前 4 家全国性医药流通企业合计销售占比从 2015 年的 31.58% 增长到 2020 年的 42.60%。前 100 强医药流通企业市场占比从 2013 年的 44.5% 增长到 2020 年的 73.7%，市场规模化、集约化的水平有所提高。

表 6-20　2020 年中国药品流通行业批发前 10 强企业

排名	企业名称	2020 年销售总额/亿元
1	中国医药集团有限公司	4806.1
2	上海医药集团股份有限公司	1681.7
3	华润医药商业集团有限公司	1511.1
4	九州通医药集团股份有限公司	1108.2
5	中国医药-重庆医药联合体	844.2
6	广州医药股份有限公司	425.7
7	深圳市海王生物工程股份有限公司	399.3
8	南京医药股份有限公司	397.0
9	华东医药股份有限公司	336.8
10	安徽华源医药集团股份有限公司	284.7

注：数据来源于中国医药商业协会，前瞻产业研究院整理。

2020 年新冠肺炎疫情的特殊形势，加快培养了公众线上问诊、购药的习惯，在线医疗咨询需求显著增长。据国家卫生健康委员会不完全统计，截至 2021 年 3 月全国已建成互联网医院超过 1100 家。线上处方流转带动了线上药品销售业绩快速提高，各大医药电商平台成交活跃度显著提升。据不完全统计，2020 年医药电商统计直报企业销售总额达 1778 亿元（含第三方交易服务平台交易额），占同期全国医药市场总规模的 7.4%。医药电商营销新模式在助力疫情防控、保障公众健康、促进全渠道经营与服务方面发挥了积极作用，成为行业销售不容忽视新的增长点。

3．医院用药市场整体增长趋缓

（1）总体表现

2020 年受新冠肺炎疫情的影响，中国药品终端市场规模略有缩减。米内网数据显示，2020 年我国三大终端六大市场药品销售额达 16 437 亿元（图 6-35），同比负增长 8.5%。但随着疫情好转、居民医药消费升级、人口老龄化和慢性病患病率上升等因素，我国整体医药需求持续增加，预计到 2021 年市场规模约增长 11%。

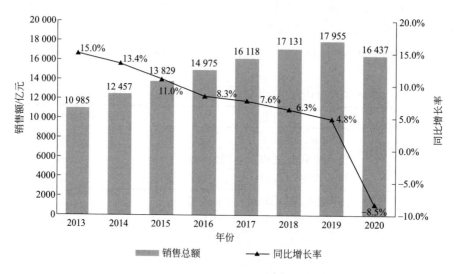

图 6-35 2013—2020 年中国药品终端市场销售额及增长率

数据来源：米内网，中商产业研究院整理。

（2）渠道动态

从三大终端市场药品销售结构来看，公立医院终端市场全年药品销售额为 10 512 亿元，占比为 64.0%，居首位；零售药店终端市场药品销售额为 4330 亿元，占比为 26.3%，居第 2 位；公立基层医疗终端市场药品销售额为 1595 亿元，占比为 9.7%。

2020 年是第一批"4+7"集采和第一批"4+7"扩围集采、第二批（4 月开始）和第三批（11 月开始）集采、医保谈判品种、国家重点监控品种以及《国家基本医疗保险、工伤保险和生育保险药品目录》（2019 年版）的执行期，这一系列政策的执行给 2020 年中国医疗机构的用药带来了深刻的影响。同时在新冠肺炎疫情的冲击下，2020 年公立医院终端市场近年来首次出现负增长，同比下降 12.0%。其中城市公立医院市场销售额达 7777 亿元，同比下降 11.0%；县级公立医院市场销售额达 2735 亿元，同比下降 14.8%。相比而言，零售药房终端市场则是在三大终端市场中受疫情影响最小、恢复最快的。全年销售额达 4330 亿元，同比增长 3.2%，这也是唯一实现正增长的终端。

（3）品类趋势

2020 年，抗肿瘤药和免疫调节剂是化学药中唯一销售额同比正增长的大类，主要受益于医保谈判政策和新上市品种的共同驱动。呼吸系统药物、全身用抗感染药物和心血管系统药物三个大类销售额的下降幅度较大，较 2019 年同比下降 20% 以上。其中呼吸系统用药的销售额同比下降 26.6%，销售额占比也由 2019 年的 4.9% 下降至 4.1%，这与疫情的防控以及民众卫生意识的提高密不可分。在中成药方面，神经系统疾病用药是唯一正增长的大类，主要得益于抗抑郁药、眩晕药和安神补脑药带来的增长。

（4）医院药品市场

2020 年百床以上医院药品市场销售额达到 8339 亿元（图 6-36），同比下降 10.7%。2020 年初受新冠肺炎疫情暴发影响，中国医院药品市场销售额在第一季度出现大幅下滑，季度销售额同比下降 21%，但随着疫情逐渐得到有效控制，从第二季度开始药品市场销售额下降趋势逐步缓解，第四季度的同比销售额仅下降 3%。尽管带量采购、新医保目录执行等重磅政策在 2020 年有效地开展，但跨国企业和本土企业均受到疫情的强烈冲击。从不同企业类型来看，跨国企业全年销售额为 2430 亿元，增速为 -7.4%；本土企业全年销售额为 5909 亿元，增速为 -11.9%。

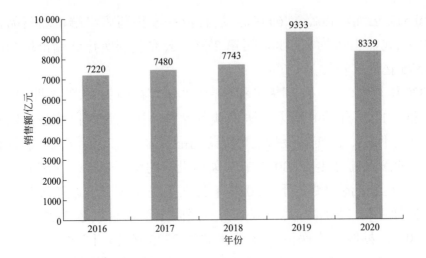

图 6-36　中国百床以上医院药品市场销售额五年趋势

数据来源于 IQVIA 中国医院药品统计报告（≥100 床位），2020 年；销售额，以医院采购价计，下同。

2020 年全年销售额排名前 20 强的医药集团占 34% 市场份额，其中跨国制药企业占据 9 席，阿斯利康、扬子江药业及辉瑞仍位列企业排名前 3 位。前 10 强中跨国制药企业占 5 席（表 6-21）。本土企业齐鲁制药全年增速表现亮眼，同比增长率达到 16.8%，其新品贝伐珠单抗的上市功不可没。

表 6-21　2020 年前 10 强医药集团（按全年销售额）

排名	公司	同比增长率 /%	排名变化（2019 年较 2018 年变化）
1	阿斯利康	−1.5	—
2	扬子江药业	−7.2	↑
3	辉瑞	−19.9	↓
4	恒瑞医药	0.8	—
5	罗氏	−0.2	—
6	石药集团	8.3	↑
7	拜耳	−11.8	↓
8	正大天晴	−9.1	—
9	齐鲁制药	16.8	↑
10	诺华	5.2	↑

注：数据来源于 IQVIA 中国医院药品统计报告（≥100 床位）（2020 年）。

从治疗领域来看，2020 年，各大治疗领域销售额总体呈现负增长态势，中成药在全年医院市场的占比仍然位列第 1 位，市场增长率为 −12.0%（表

6-22）；抗肿瘤药和免疫调节剂是唯一呈现正增长的领域，增长率为3.5%，位列第2位；消化系统和代谢类、全身性抗感染药分列第3位和第4位。

表6-22 2020年医院用药十大治疗领域（按年度销售额）

排名	治疗领域	同比增长率/%
1	中成药	−12.0
2	抗肿瘤药和免疫调节剂	3.5
3	消化系统和代谢类	−3.7
4	全身性抗感染药	−21.8
5	心血管系统用药	−20.9
6	精神神经系统用药	−12.1
7	医用溶液	−5.0
8	血液和造血系统用药	−7.7
9	呼吸系统用药	−22.6
10	骨骼肌肉系统用药	−7.0

注：数据来源于IQVIA中国医院药品统计报告（≥100床位），2020年。

全年销售额排名前20强的产品中，13款产品来自跨国制药企业。在排名前10强的产品中，扬子江药业的加罗宁继续居于首位，石药集团的恩必普和辉瑞的舒普深分列第2位和第3位（表6-23）。扬子江药业的盐酸右美托咪定强势增长，该药物在药品集采之时，由于竞品未通过一致性评价，加之原研药退市等多种因素，成为独家中标的品种，快速在医院市场获得销量，同比增长率高达189.0%。阿斯利康的泰瑞沙全年同比增长率排名达69.2%。

表6-23 2020年医院用药前10强产品（按年度销售额）

排名	产品名称	制造商	同比增长率/%
1	加罗宁	扬子江药业	−4.6
2	恩必普	石药集团	19.9
3	舒普深	辉瑞	−9.9
4	郝赛汀	罗氏	−12.7
5	普米克令舒	阿斯利康	−32.2
6	泰瑞莎	阿斯利康	69.2
7	贝林	瑞士杰特贝林	17.4
8	来得时	赛诺菲	3.7
9	诺雷得	阿斯利康	18.4
10	盐酸右美托咪定注射剂	扬子江药业	189.0

注：数据来源于IQVIA中国医院药品统计报告（≥100床位），2020年。

4. 药品零售市场规模保持增长

（1）零售药店销售额稳步增长，但增速放缓

随着国内经济增长和结构调整，全社会医药健康服务需求不断增长，特别是人口老龄化程度日益加深，促使我国医药零售市场规模进一步扩大。米内网数据显示，按终端平均零售价计算，2020年零售药店（含药品和非药品）销售规模达7169亿元（图6-37），增长率在2018年处于历史低位，之后逐步回稳上涨，2020年增长率达12.5%。网上药店（含药品和非药品）销售额占比上涨至22.2%，发展迅猛；实体药店（含药品和非药品）销售额占比呈持续下滑态势，2020年实体药店销售额占比跌破八成，占比较2019年下滑6.5%。

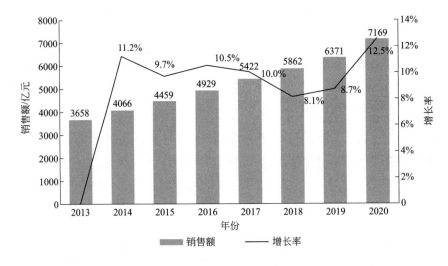

图6-37 2013—2020年中国零售药店（含药品和非药品）销售情况

数据来源：米内网终端格局数据库，以平均零售价统计。

从实体药店（含药品和非药品）各品类结构来看，2020年药品销售额占比为73.3%，较2019年下滑2.3%（图6-38）。受新冠肺炎疫情、医保政策、国家集采等影响，药品占比在近八年来首次出现下滑。全年实体药店药品销售规模为4087亿元，较2019年增长0.7%，销售规模稳步增长，但增长率逐渐放缓。

2020年城市实体药店药品销售规模为2478亿元，较2019年增长0.8%，占实体药店药品销售规模的60.6%。县、乡、村实体药店药品销售规模为

1609亿元，较2019年增长0.7%，占全国的39.4%。随着DTP药房在大中城市的兴起，城市实体药店的增长率高于县、乡、村实体药店。

图6-38　2013—2020年中国实体药店药品销售情况

数据来源：米内网。

（2）品牌和领军企业各显风华

2020年城市实体药店（含地级及以上城市）药品销售，在抗肿瘤药的拉动下，化学药和生物药的占比较2019年上升2.4%，达57%；中成药占比下滑至43%。从药品类型看，处方药占半壁江山，市场份额上升至52.8%，较2019年上升2.5%，非处方药占39.1%，双跨占8.1%。

2020年中国城市实体药店（含地级及以上城市）前20强品牌药门槛已上升至10.0亿元，前10强品牌药门槛上升至13.4亿元（表6-24），前20强品牌药合计销售额约291亿元左右。前20强品牌药中，化学药和中成药各占半壁江山。

在中成药方面，超10亿品牌药有10个，东阿阿胶的阿胶继续坐稳榜首，但跌出了30亿元梯队；受疫情刺激，石家庄以岭药业的连花清瘟胶囊从2019年的6亿元冲至2020年的15.3亿元，增长率高达148.6%。化学药受国家带量采购影响最大，不仅医疗机构终端迎来大洗牌，并且随着价格联动，相关产品在零售市场的规模也大幅缩水。同为国家集采目录品种，赛诺菲的硫酸氢氯吡格雷片（第一批）以及拜耳的阿卡波糖片（第二批）

退出了2020年超10亿品牌榜单，但阿斯利康公司的瑞舒伐他汀钙片（第一批）销售额却继续上涨，全年销售额10亿元，足显提前布局和夯实院外零售市场是很有必要的。注射用卡瑞利珠单抗2020年的销售额冲破20亿元，增长率达166.1%。截至2020年底，注射用卡瑞利珠单抗获批的适应证有6个，审评审批中的适应证有2个。随着适应证不断增加，注射用卡瑞利珠单抗未来的销售额有望继续攀升，该产品也顺利进入了2020年国家医保谈判目录，在医疗机构终端也将迎来高速放量期。

表6-24 2020年中国城市实体药店（含地级及以上城市）前20强品牌药

排名	品名	厂家	销售额/亿元	份额/%	增长率/%
1	阿胶	东阿阿胶	25.3	1.02	-35.6
2	感冒灵颗粒	华润三九医药	20.3	0.82	-7.8
3	注射用卡瑞利珠单抗	苏州盛迪亚生物医药	20.1	0.81	166.1
4	维生素D滴剂	青岛双鲸药业	19.9	0.80	13.7
5	安宫牛黄丸	北京同仁堂股份	18.7	0.75	3.8
6	阿托伐他汀钙片	辉瑞	17.7	0.71	3.8
7	连花清瘟胶囊	石家庄以岭药业	15.3	0.62	148.6
8	阿胶	山东福牌阿胶	14.4	0.58	-8.3
9	健胃消食片	江中药业	14.1	0.57	2.6
10	苯磺酸左氨氯地平片	施慧达药业集团（吉林）	13.4	0.54	2.7
11	枸橼酸西地那非片	白云山制药总厂	13.2	0.53	15.8
12	藿香正气口服液	太极集团重庆涪陵制药	12.9	0.52	14.5
13	帕博利珠单抗注射液	默沙东	11.7	0.47	32.3
14	京都念慈庵蜜炼川贝枇杷膏	京都念慈庵总厂	11.4	0.46	-25.5
15	枸橼酸西地那非片	辉瑞	11.3	0.46	2.1
16	苯磺酸氨氯地平片	辉瑞	11.0	0.44	10.1
17	舒筋健腰丸	白云山陈李济药厂	10.5	0.42	11.5
18	硝苯地平控释片	拜耳	10.4	0.42	14.1
19	蓝芩口服液	扬子江药业集团	10.1	0.41	28.1
20	瑞舒伐他汀钙片	阿斯利康	10.0	0.40	19.5

注：数据来源于米内网终端格局数据库，以平均零售价统计（厂家以集团计）。

2020年中国城市实体药店（含地级及以上城市）前20强企业门槛为24.9亿元，前10强企业门槛为35.8亿元（表6-25），比2019年略低，前

20 强企业合计销售额超过 889 亿元。跨国制药公司近年来在国内市场备受压力，一致性评价、国家集中带量采购、推动"仿制替代原研"、国家医保目录动态调整、医保谈判品种不断增加、相同适应证的国产创新药上市等步步紧逼。8 家跨国制药公司中仅有阿斯利康和默沙东的增长率在两位数，而强生、罗氏、赛诺菲 2020 年的销售额增长率为负值。

表 6-25　2020 年中国城市实体药店（含地级及以上城市）前 20 强企业

排名	厂家	销售额/亿元	份额/%	增长率/%
1	华润医药	109.6	4.4	-18.3
2	辉瑞	83.1	3.4	6.3
3	广药集团	75.1	3.0	-2.6
4	阿斯利康	66.4	2.7	21.2
5	拜耳	61.7	2.5	1.6
6	诺华	43.2	1.7	9.6
7	太极集团	41.6	1.7	-5.4
8	北京同仁堂	40.5	1.6	-0.6
9	强生	38.8	1.6	-8.3
10	云南白药	35.8	1.4	-7.7
11	恒瑞医药	35.5	1.4	34.6
12	默沙东	32.7	1.3	12.5
13	罗氏	30.7	1.2	-2.7
14	扬子江药业	30.2	1.2	9.0
15	赛诺菲	29.1	1.2	-8.8
16	正大制药	29.0	1.2	17.0
17	石药控股	28.2	1.1	3.7
18	国药集团	28.2	1.1	-0.3
19	葵花药业	25.5	1.0	-7.6
20	远大健康	24.9	1.0	-0.3

注：数据来源于米内网终端格局数据库，以平均零售价统计。

随着国家集采常态化，跨国制药公司正逐步紧跟国内市场的变化，积极参与到竞标之中，降价已成不可摆脱的事实，而早期在国内的渠道布局以及品牌维护是跨国制药公司在零售市场能继续销售增长的资本。此外，虽然医保目录动态调整机制逐渐成熟，但进口新药在进入医保前，零售市场就是其冲锋陷阵的第一阵地，在跨国制药公司完善的产品集群推动下，要拿下好成绩也并非难事。国内药企要与其争锋，尚需有效的应对策略。

5. 国际化程度进一步升级

（1）医药产品出口实现"量价齐升"

2020年初，受新冠肺炎疫情的影响，我国医药品出口呈现下滑，但进入二季度以来，我国疫情已得到良好控制，医药产品特别是与新冠肺炎防治相关的药品出口快速回升，最终医药产品出口呈现稳中有升。海关总署数据显示，2014—2020年我国医药品出口金额整体呈现逐年增长态势。2020年我国医药品出口数量达到131.4万吨，同比增长19.3%；出口金额上升至220.9亿美元（图6-39），同比增长27.9%。最主要的原因是全球新冠肺炎疫情使不少国家产业链、供应链受到重创甚至停摆，中国产业体系率先恢复正常运转。

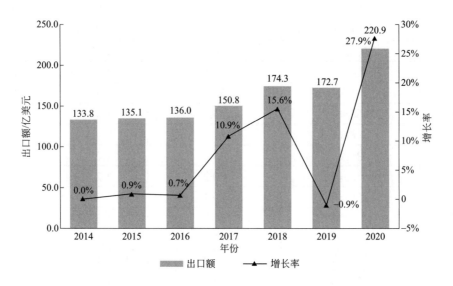

图6-39 2014—2020年中国医药出口金额和增长率分析

数据来源于中国海关，由前瞻产业研究院整理；2020年开始关于医药品数量的统计范围有所调整，海关总署中的医药品分类改成医药材及药品。

2020年，我国医疗器械行业在新冠肺炎疫情防控中发挥重要作用。检测试剂、医用防护用品（如防护服、口罩）、救治设备（如呼吸机、体温计等）的持续供应，不仅满足了全国常态化疫情防控需要，而且有力地支持了有关国家和地区的疫情防控工作。根据中国医药保健品进出口商会（中国医保商会）统计，2020年我国医疗器械（含防疫物资）出口额约为732.04亿美元，同比增长 72.59%。

（2）仿制药国际注册创佳绩

2020 年，中国医药企业获 FDA 批准的药品再创佳绩，获批 96 个 ANDA（图 6-40），共计 81 种活性成分，来自 26 家中国医药企业及其子公司。正大天晴、翰宇药业、安元生物和四季生物等公司分别凭借氟维司群注射液、依替巴肽注射液、碳酸司维拉姆和马熙腾坦，成为中国医药企业国际化道路中出现的新面孔。中国医药产业国际化是行业转型和技术进步的必然趋势，从购买批文、收购国外公司到自主申报的发展历程看，中国医药企业在美国 ANDA 获批数量的爆发式增长对国内医药企业国际化扩大的有利的证据（表 6-26）。

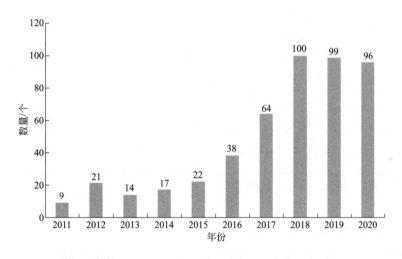

图 6-40 2011—2020 年中国药企获批的 ANDA 数量

数据来源：戊戌数据、Drug@FDA。

表 6-26 2018—2020 年中国药企 ANDA 获批情况　　单位：个

序号	企业名称	2020 年	2019 年	2018 年
1	复星医药	22	17	7
2	健友股份	14	6	5
3	东阳光	10	7	14
4	人福医药	10	4	13
5	齐鲁制药	5	5	6
6	南通联亚	4	15	8

续表

序号	企业名称	2020 年	2019 年	2018 年
7	以岭药业	4	0	5
8	浙江永太	3	1	0
9	石药集团	3	4	6
10	德芮可	3	0	0
11	华海药业	2	4	11
12	翰森制药	2	0	2
13	京新药业	1	0	0
14	景峰医药	1	5	1
15	海南双成	1	2	0
16	翰宇药业	1	0	0
17	海南普利	1	2	4
18	安元生物	1	0	0
19	华东医药	1	1	1
20	步长制药	1	1	0
21	四季生物	1	0	0
22	博雅生物	1	1	0
23	正大天晴	1	0	0
24	力品药业	1	0	0
25	天津天药	1	0	1
26	瑞阳制药	1	0	0

注：信息来源于戊戌数据、Drugs@FDA。

（3）国际化创新取得突破

创新国际化是中国生物医药产业升级换代的必由之路，也是中国创新药企业参与全球竞争、成为跨国医药企业的必然选择。经过多年的创新药研发积累与沉淀，部分国内创新药龙头企业从 me-too 类创新逐步升级到 me-better、first-in-class 级别的创新，开始逐步培养参与全球竞争的创新产品。这一过程中最明显的标志就是中国医药企业的技术平台和创新产品的早期开发和商业化权益的 License out。艾伯维以总金额近 30 亿美元从天境生物获得 CD47 单抗 Lemzoparlimab（TJC4）在大中华区以外的国家及地区开发和商业化的许可权，创下了 2020 年中国创新药对外授权最高金额纪录（表 6-27）。同时，国际制药企业看重中国销售市场，并且结合自身在中国特定疾病领域的商业化优势，获得中国创新型医药企业新药 License out 机会。2020 年 8 月 17 日，拜耳公司以 4500 万美元的首付款，最高 6.72 亿美元的里程碑付款，获得华领医药的多扎格列艾汀中国独家商业化权利，结合其中国糖尿病药物治疗的市场优势，负责该药品在中国的市场营销、推广和医学教育等活动。

表6-27　2020年中国医药企业前十大License out交易（按交易金额）

受让人	转让人	产品	预付款/百万美元	付款总额
艾伯维	天境生物	lemzoparlimab（TJC4）	180	2940百万美元+专利使用费
罗氏	信达生物制药	双特异性抗体、细胞疗法	140	2100百万美元+专利使用费
EQRx	基石药业	sugemaliamb, CS1003	150	1300百万美元+专利使用费
礼来公司	信达生物	sintilimab	200	1025百万美元+专利使用费
艾伯维	加科思	JAB-3068；JAB-3312	45	855百万美元
Binacea Pharma	复宏汉霖	HLX-35	5	768百万美元+专利使用费
拜耳	华领医药	多扎格列艾汀	45	672百万美元+专利使用费
利奥医药	Oneness Biotech & Microbio	FB825	40	570百万美元+专利使用费
礼来	复创医药	FCN-338	40	440百万美元+专利使用费
LG化学	TransfThera	TT-01025	未披露	350百万美元+专利使用费

注：信息来源于公开信息，德勤研究。

License out日益活跃的背后，是中国新药研发实力逐步提高并得到海外市场认可的体现。中国本土创新型医药企业与国外制药企业探索细分技术领域的合作发展以提高新药开发效率。

6．各项改革进一步深化

（1）医保制度改革

《关于深化医疗保障制度改革的意见》（简称《意见》）的发布，为医疗保障制度改革涉及的多个领域规划出具体的实施路径。《意见》中明确，要探索建立特殊群体、特定疾病医药费豁免制度，有针对性免除医保目录、支付限额、用药量等限制性条款，减轻困难群众就医就诊后顾之忧。统筹医疗保障基金和公共卫生服务资金使用，提高对基层医疗机构的支付比例，实现公共卫生服务和医疗服务有效衔接。在2020年新冠肺炎疫情的特殊背景下，《意见》健全重大疫情医疗救治医保支付政策，确保医疗机构先救治、后收费，确保患者不因费用问题影响就医。将符合条件的医药机构纳入医保协议管理范围，支持并规范"互联网+医疗"等新服务模式发展。

（2）药品带量采购常态化

2020年是药品集中采购制度改革创新全面铺开的一年。随着国家医疗保障局印发的《关于做好当前药品价格管理工作的意见》的进一步深化，第二批、第三批国家集采中选药品在2020年落地执行。其中，第二批国家集采涉及32个品种，第三批涉及55个品种，涵盖高血压、糖尿病等重大慢性病用药，以及抗肿瘤和罕见病用药。前三批国家组织药品集采中选产品的平均降幅达到了54%，截至2020年，实际采购量已经达到协议采购量的2.4倍，总体上节约费用超过了1000亿元。药品带量采购在国家、地方等多个层面深入推进，采购范围不断扩大，并延续了较大的降价幅度，对仿制药发展模式和竞争格局产生较大影响。根据国务院办公厅印发的《"十四五"全民医疗保障规划》，到2025年各省、区、市的国家和省级药品集中带量采购品种要达500个以上，进一步明确了带量采购政策的常态化和持续性。

（3）监管法治建设进一步完善

2020年，《药品注册管理办法》和《药品生产监督管理办法》发布，可视为对《药品管理法》的补充，且《药品管理法》的相关法规即将进入执行阶段。《药品注册管理办法》的修订，突出药品注册管理功能，进一步构建和完善审评审批框架体系，进一步明确药品、注册、核查、检验环节以及注册申请人（上市许可持有人）等各部门、各参与主体的职责以及权利义务。支持以临床价值为导向的药物创新，设立4个审评加快通道，加快创新药上市注册，鼓励创新。在全面落实"四个最严"的基础上，《药品生产监督管理办法》充分贯彻落实"放管服"改革要求，体现了全新的监管思路，为行业规范、高质量健康发展提供了更合理的制度体系。两个办法的相关配套文件制度也在紧锣密鼓地修订中。据不完全统计，《药品注册管理办法》配套文件制度达60余项，《药品生产监督管理办法》的配套文件制度达40多项。

2020年末,医疗器械行业也迎来好消息。2020年12月21日,国务院常务会议审议通过《医疗器械监督管理条例》,强化企业、研制机构对医疗器械安全性有效性的责任,明确审批、备案程序,完善监管手段,增设产品唯一标识追溯、延伸检查等监管措施,加大违法行为惩处力度,涉及犯罪的依法追究刑事责任。医疗器械监管法规制度体系即将迎来全面革新。

(二)医药研发创新

1. 医药创新环境不断优化

(1)医药政策改革促进创新

2020版《药品注册管理办法》、化药和生物制品新分类、药品专利纠纷早期解决机制,以及审评特殊通道等药监政策,反映出改革方向的转变,已经从解决"量"的问题转移到提升"质"的问题,政策更加支持创新程度高、临床优势突出、临床价值显著的药品。一是创新药上市速度大大加快。未来3~5年将是创新药密集上市的阶段,抗体偶联药物、细胞治疗等新型治疗方式即将崭露头角。二是药监政策配合医保和医疗政策,有利于改善临床用药结构,推动价值医疗的实现。三是全球创新凸显。随着海外人才的回流、资本的青睐和加持,国内药品研发薄弱的局面正发生着变化,中国新的内涵逐渐转变为"全球新"。

(2)研发创新投入持续增加

国家统计局数据显示,2020年我国医药制造业研发费用投入达784.6亿元(图6-41),较2016年增长60.6%。据2020年财报数据不完全统计发现,共有13家企业年度研发投入超10亿元,其中,百济神州当年研发投入达83亿元,同比增长39.1%,是目前国内上市企业研发投入最高的企业,恒瑞医药、复星医药研发投入均超40亿元。财报数据显示,巨额研发投入主要用于产品研发管线的布局和临床阶段产品的后期关键性临床试验。

据火石创造研究,2020年,生物医药风险投资市场持续活跃,生物医药领域在国内外融资数量和金额依旧处于领先地位。2020年国内医药健康行业新增上市公司42家,募集资金总额561亿元;生物医药领域融资事件274起,融资总金额797亿元。

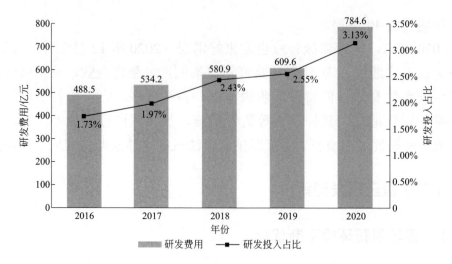

图 6-41 2016—2020 年医药制造业企业研发费用投入情况

数据来源：国家统计局。

2020 年，在鼓励内部创新的政策激励下，中国的医疗健康风险投资交易总计达到创纪录的 121 亿美元，较 2019 年同期翻了 1 倍，也创下了投融资金额的历史新纪录。其中，生物医药、医疗器械、诊断 / 工具领域都达到了 100% 以上的增长幅度。在生物医药领域，肿瘤学和平台技术名列前茅，分别吸引到 28 亿美元和 21 亿美元风险投资。因为新冠肺炎疫情，抗感染领域吸引到的风投资金比 2019 年增加了 10 倍。

（3）重大创新成果加速落地

药品审评审批流程不断优化，在鼓励创新的特殊与优先审评、审批政策支持下，一批临床急需、公众期待的创新药、紧缺药快速上市。2020 年，国家药监局（NMPA）共批准 48 个新药，其中国产 1 类新药 NDA 20 个（表6-28），从药物类型上看，包括 14 个化药，2 个生物药和 4 个中药。

表 6-28 2020 年药审中心审评通过的创新药

序号	产品名称	公司	药物类型	类别
1	苯环喹溴铵鼻喷雾剂	银谷制药	化药	呼吸
2	甲磺酸阿美替尼片	豪森药业	化药	肿瘤
3	泽布替尼胶囊	百济神州	化药	肿瘤
4	注射用苯磺酸瑞马唑仑	人福医药	化药	麻醉
5	盐酸恩沙替尼胶囊	贝达药业	化药	肿瘤
6	环泊酚注射液	海思科	化药	麻醉

续表

序号	产品名称	公司	药物类型	类别
7	氟唑帕利胶囊	恒瑞医药	化药	肿瘤
8	奥布替尼片	诺诚健华	化药	肿瘤
9	索凡替尼胶囊	和记黄埔	化药	肿瘤
10	盐酸可洛派韦胶囊	凯因格领	化药	抗感染
11	注射用头孢比罗酯钠	华润九新	化药	抗感染
12	依达拉奉右莰醇注射用浓溶液	先声药业	化药	神经
13	盐酸拉维达韦片	歌礼生物	化药	抗感染
14	磷酸依米他韦胶囊	东阳光	化药	抗感染
15	新型冠状病毒灭活疫苗	中国生物	生物药	疫苗
16	重组结核杆菌融合蛋白	智飞生物	生物药	结核杆菌感染筛查
17	桑枝总生物碱	广西五和博澳	中药	内分泌
18	桑枝总生物碱片	北京五和博澳	中药	内分泌
19	筋骨止痛凝胶	康缘药业	中药	骨骼关节
20	连花清咳片	以岭药业	中药	呼吸

注：数据来源于国家药监局。

2020年NMPA批准的48个新药（国产+进口）中，有31个是以"优先审评"的方式获批，占比65%，化药、生物药、中药均有涉及；此外，NMPA在2020年批准了8个罕见病药物（均为进口药，表6-29），9个临床急需用药（表6-30）。值得指出的是，这些新药中已有14个通过医保谈判纳入2020年国家医保目录，这也体现了国家鼓励创新药发展的政策支持。未来如实现新药获批和纳入医保联动机制，那将极大刺激新药的研发，加大创新药物的可及性。

表6-29　2020年NMPA批准的罕见病药物

序号	产品名称	公司	适应证	2020年医保
1	氯苯唑酸葡胺	辉瑞	转甲状腺素蛋白淀粉样变性多发性神经病	否
2	西尼莫德	诺华	复发型多发性硬化	是
3	氘代丁苯那嗪	梯瓦	亨廷顿病有关的舞蹈病及成人迟发性运动障碍	是
4	拉罗尼酶	赛诺菲	黏多糖贮积症Ⅰ型	否
5	塞奈吉明	Dompe Farmaceutici	神经营养性角膜炎	否
6	阿加糖酶α	武田	法布雷病	否
7	艾度硫酸酯酶β	北海康成	亨廷顿病	否
8	拉那利尤单抗	武田	遗传性血管水肿	否

注：数据来源于国家药监局。

表 6-30 2020 年 NMPA 批准的临床急需用药

序号	产品名称	公司	适应证	罕见病
1	氯苯唑酸葡胺	辉瑞	转甲状腺素蛋白淀粉样变性多发性神经病	是
2	维得利珠单抗	武田	溃疡性结肠炎和克罗恩病	否
3	氘代丁苯那嗪	梯瓦	亨廷顿病有关的舞蹈病及成人迟发性运动障碍	是
4	拉罗尼酶	赛诺菲	黏多糖贮积症 I 型	是
5	布罗利尤单抗	协和发酵麒麟	银屑病	否
6	杜普利尤单抗	赛诺菲	中重度特应性皮炎	否
7	克立硼罗	辉瑞	中度特应性皮炎	否
8	塞奈吉明	Dompe Farmaceutici	神经营养性角膜炎	是
9	阿加糖酶α	武田	法布雷病	是

注：数据来源于国家药监局。

受疫情影响，疫情相关产品如核酸检测、生命支持器械、防护用品等销售量大幅增加，推高了本年度医疗器械整体经济指标。医疗器械领域核心技术不断突破，创新产品研发活跃、成果突出，2020 年批准上市的创新医疗器械新品共 26 个，穿刺手术导航设备、冠脉血流储备分数相关产品、心血管光学相干断层成像设备等一批创新医疗器械获批。2020 年共有 47 个国产医疗器械进入国家药监局创新医疗器械特别审批品种，7 个国产医疗器械进入优先审批品种（表 6-31）。

表 6-31 2020 年（国产）医疗器械优先审批品种

序号	产品名称	公司
1	乙型肝炎病毒（HBV）核酸定量检测试剂盒（荧光 PCR 法）	苏州天隆生物科技有限公司
2	全自动医用 PCR 分析系统	厦门致善生物科技股份有限公司
3	口腔修复体用激光选区熔化成形纯钛粉末	西安铂力特增材技术股份有限公司
4	X 射线计算机体层摄影设备	明峰医疗系统股份有限公司
5	儿童骨龄智能辅助诊断软件	杭州依图医疗技术有限公司
6	胎儿染色体非整倍体（T21、T18、T13）检测试剂盒（半导体测序法）	东莞博奥木华基因科技有限公司
7	骨科手术导航定位系统	北京天智航医疗科技股份有限公司

注：信息来源于国家药监局。

2．药品注册审批情况

2020 年，国家药品审评中心（以下简称药审中心）持续优化审评流程，严格审评时限管理，加强项目督导，加快审评速度，全年审结注册申请任务整体按时限完成率为 94.48%。全年完成中药（含民族药，下同）、化学药、生物制品各类注册申请审评审批共 11 582 件（含器械组合产品 4 件，下同），较 2019 年增长 32.67%。其中，完成需技术审评的注册申请 8606 件，较 2019 年增长 26.24%（图 6-42）。

图 6-42 2016—2020 年中药、生物制品、化学药注册申请审评审批完成情况

2020 年，药审中心审评通过批准 IND 申请 1435 件，较 2019 年增长 54.97%；审评通过 NDA 208 件，较 2019 年增长 26.83%；审评通过 ANDA 918 件；审评通过批准一致性评价申请 577 件，较 2019 年增长 121.92%。

审评通过 1 类创新药 NDA 20 个品种，审评通过境外生产原研药品 NDA 72 个品种（含新增适应证品种）。

（1）化学药注册申请审评完成情况

药审中心完成审评的化学药注册申请 6778 件（表 6-32），其中临床申请（IND 申请和验证性临床）共 1086 件，较 2019 年增长 45.58%；一致性评价申请 1136 件，较 2019 年增长 103.22%；补充申请 2248 件，较 2019 年增长 23.72%。

表 6-32 2020 年化学药各类注册申请审批完成的具体情况

申请类型	完成评审情况/件			
	审评通过/批准 （含补充完善资料后通过）	建议不批准/ 不批准	其他	合计
IND 申请	907	39	14	960
验证性临床	108	11	7	126

续表

申请类型	完成评审情况 / 件			
	审评通过 / 批准（含补充完善资料后通过）	建议不批准 / 不批准	其他	合计
NDA	115	3	45	163
ANDA	918	32	747	1697
补充申请	1732	126	390	2248
境外生产药品再注册	380	17	25	422
一致性评价申请	577	12	547	1136
复审	/			26
合计	/			6778

注：数据来源于2020年度药品审评报告。

审评通过批准 IND 申请 907 件，较 2019 年增长 51.42%；审评通过 NDA 115 件，较 2019 年增长 30.68%；审评通过 ANDA 918 件，较 2019 年增长 15.33%。

审评通过的 IND 中，1 类创新化学药 IND 申请 694 件（298 个品种），较 2019 年增长 40.77%，品种数较 2019 年增长 57.67%（图 6-43）。且其中抗肿瘤药物、抗感染药物、循环系统疾病药物、内分泌系统药物、消化系统疾病药物和风湿性疾病及免疫药物较多，占全部创新药临床试验批准数量的 80.69%（图 6-44）。

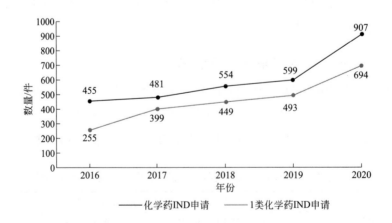

图 6-43 2016—2020 年审评通过批准化学药和 1 类创新化学药 IND 申请情况

数据来源：2020 年度药品审评报告。

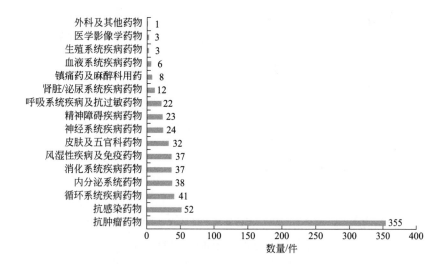

图 6-44 2020 年审评通过批准的 1 类创新化学药 IND 申请适应证分布

数据来源：2020 年度药品审评报告。

药审中心完成审评的化学药 NDA 共 163 件。其中，审评通过化药 NDA 115 件，审评通过 1 类创新化学药 NDA 14 个品种（图 6-45）。

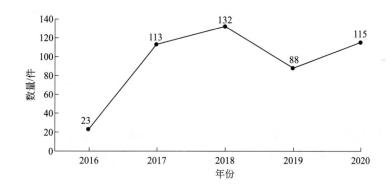

图 6-45 2016—2020 年审评通过化学药 NDA 情况

数据来源：2020 年度药品审评报告。

完成审评的一致性评价申请共 1136 件，审评通过 577 件（图 6-46）。其中，审评通过批准口服固体制剂一致性评价 456 件，审评通过批准注射剂一致性评价申请 121 件。

（2）中药注册申请审评完成情况

药审中心完成审评的中药注册申请 418 件，其中完成 IND 申请 37 件，完成 NDA 8 件，完成 ANDA 3 件（表 6-33）。

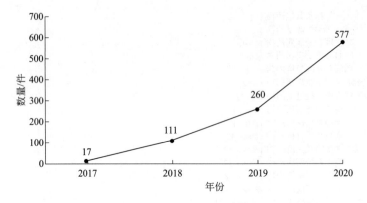

图 6-46　2017—2020 年审评通过批准的一致性评价申请情况

数据来源：2020 年度药品审评报告。

表 6-33　2020 年中药各类注册申请审批完成的具体情况

申请类型	完成评审情况 / 件			
	审评通过 / 批准（含完善资料后通过）	建议不批准 / 不批准	其他	合计
IND 申请	28	5	4	37
NDA	4	0	4	8
ANDA	0	2	1	3
补充申请	220	42	65	327
境外生产药品再注册	17	6	4	27
复审	/			16
合计	/			418

注：数据来源于 2020 年度药品审评报告。

审评通过批准的中药 IND 申请 28 件（图 6-47），涉及 10 个适应证领域。其中，呼吸 7 件、骨科 4 件、消化 4 件，共占 53.57%。

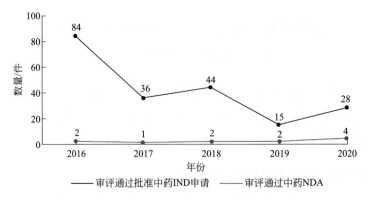

图 6-47　2016—2020 年审评通过批准中药 IND 申请和审评通过中药 NDA 情况

数据来源：2020 年度药品审评报告。

(3) 生物制品注册申请审评完成情况

完成审评的生物制品注册申请共 1410 件。其中，预防用生物制品 IND 申请（预防用 IND 申请）27 件，治疗用生物制品 IND 申请（治疗用 IND 申请）537 件（表 6-34），较 2019 年增长 58.88%。

表 6-34　2020 年生物制品各类注册申请审评完成的具体情况

申请类型	完成评审情况/件			
	审评通过/批准（含完善资料后通过）	建议不批准/不批准	其他	合计
预防用 IND 申请	19	4	4	27
治疗用 IND 申请	481	45	11	537
预防用 NDA	7	0	2	9
治疗用 NDA	81	1	26	108
体外诊断试剂 NDA	1	0	0	1
补充申请	551	22	102	675
境外生产药品再注册	45	0	4	49
复审	/			4
合计	/			1410

注：数据来源于 2020 年度药品审评报告。

审评通过批准生物制品 IND 申请 500 件，较 2019 年增长 60.26%。其中，预防用 IND 申请 19 件；治疗用 IND 申请 481 件，较 2019 年增长 63.61%（图 6-48）。审评通过的生物制品 IND 和 NDA 适应证以抗肿瘤药物居多（图 6-49、图 6-50）。

图 6-48　2016—2020 年审评通过批准生物制品 IND 申请和审评通过 NDA 情况

数据来源：2020 年度药品审评报告。

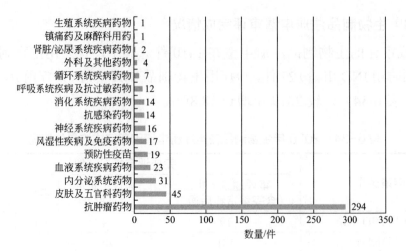

图 6-49 2020 年审评通过批准的生物制品 IND 申请适应证分布

预防性疫苗、体外诊断试剂作为大类进行统计,未细分适应证;数据来源于 2020 年度药品审评报告。

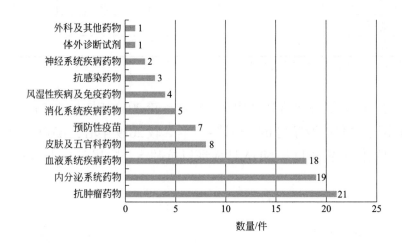

图 6-50 2020 年审评通过的生物制品 NDA 适应证分布

预防性疫苗、体外诊断试剂作为大类进行统计,未细分适应证;数据来源于 2020 年度药品审评报告。

(4) 行政审批注册申请完成情况

2020 年,药审中心完成中药、化学药、生物制品各类注册申请行政审批共 8646 件。其中,完成需审评审批的注册申请合计 5674 件;完成直接行政审批的注册申请共 2972 件(表 6-35)。

表6-35 2020年中药、化学药、生物制品各类注册申请行政审批完成情况

完成量		中药	化学药	生物制品	总计
需审评审批的注册申请完成数量	临床试验申请（含验证性临床）	37	1085	564	1686
	一致性评价申请	0	623	0	623
	补充申请	290	1955	615	2860
	境外生产药品再注册	23	406	49	478
	复审	7	17	3	27
直接行政审批的注册申请完成数量	无需技术审评的补充申请	141	2048	348	2537
	临时进口申请	12	363	60	435
总计		510	6497	1639	8646

注：数据来源于2020年度药品审评报告。

3. 药品注册受理情况

2020年，药审中心受理中药、化学药、生物制品各类注册申请共10 245件（含药械组合产品6件），较2019年增长26.76%。其中，需技术审评的注册申请7147件（含5695件需药审中心技术审评和行政审批的注册申请），较2019年增长15.29%（图6-51）。

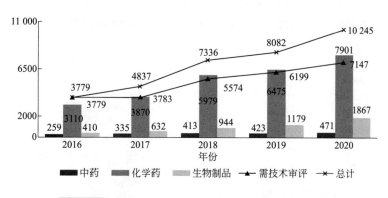

图6-51 2016—2020年各类药品注册申请受理情况

数据来源：2020年度药品审评报告。

（1）1类创新药受理情况

2020年，药审中心受理1类创新药注册申请共1062件（597个品种），较2019年增长51.71%。其中，受理IND申请1008件（559个品种），

较 2019 年增长 49.78%；受理 NDA 54 件（38 个品种），较 2019 年增长 100.00%。以药品类别统计，化学药 1 类创新药受理量最多（表 6-36、表 6-37）。

表 6-36 中药、化学药、生物制品 1 类创新药的受理情况　　　单位：件

受理情况	中药	化学药	生物制品	总计
IND 申请	9	721	278	1008
NDA	5	31	18	54
总计	14	752	296	1062

注：数据来源于 2020 年度药品审评报告。

表 6-37 境内外生产的 1 类创新药受理情况　　　单位：件

受理情况	境内生产	境外生产	总计
IND 申请	794	214	1008
NDA	49	5	54
总计	843	219	1062

注：数据来源于 2020 年度药品审评报告。

（2）化学药注册申请受理情况

2020 年，药审中心受理化学药注册申请 7901 件。其中，IND 申请 946 件，较 2019 年增长 36.31%；NDA 191 件，较 2019 年增长 46.92%；ANDA 1125 件，较 2019 年增长 7.45%；一致性评价申请 914 件，较 2019 年减少 11.95%（图 6-52）。

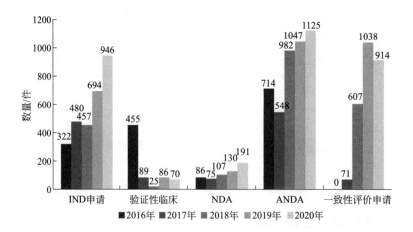

图 6-52 2016—2020 年化学药部分注册申请受理情况

数据来源：2020 年度药品审评报告。

药审中心受理1类创新化学药注册申请752件（360个品种），较2019年增长31.24%。其中，IND申请721件（339个品种），较2019年增长30.62%；NDA 31件（21个品种），较2019年增长47.62%。在360个品种中，境内生产化学药注册申请为258个品种。

（3）中药注册申请受理情况

药审中心受理中药注册申请471件。其中，IND申请22件，NDA 6件，ANDA 1件（图6-53）。

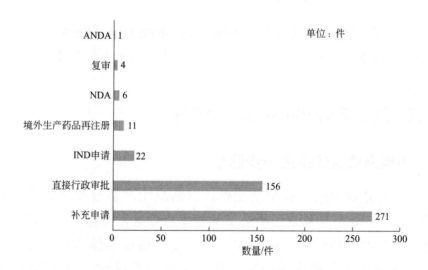

图6-53 2020年中药各类注册申请受理情况

数据来源：2020年度药品审评报告。

（4）生物制品注册申请受理情况

药审中心受理生物制品注册申请1867件。其中，IND申请580件（预防用IND申请25件，治疗用IND申请555件），较2019年增长87.10%；NDA 126件（预防用NDA 7件，治疗用NDA 117件，体外诊断试剂2件）（图6-54）。

药审中心受理1类创新生物制品注册申请296件（223个品种），较2019年增长133.07%。其中，预防用生物制品5件，治疗用生物制品291件。受理生物制品IND申请278件（211个品种），较2019年增长129.75%；受理生物制品NDA 18件（12个品种），较2019年增长200.00%。

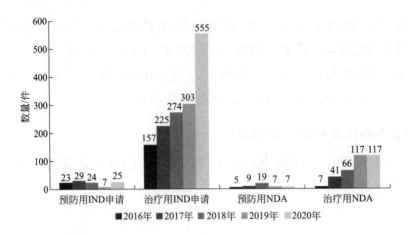

图 6-54 2016—2020 年生物制品 IND 申请和 NDA 受理情况

体外诊断试剂因没有对比数据,不在此图体现;数据来源于 2020 年度药品审评报告。

(三)质量标准及保障能力继续提升

1. 仿制药质量体系进一步健全

作为《药品管理法》的配套文件,《药品生产监督管理办法》的出台加强了药品生产环节的监管,明确了监管事权划分,细化了《药品管理法》有关处罚条款的具体情形,进一步强化了企业质量主体责任,发挥事后监管作用。仿制药质量和疗效一致性评价工作持续推进。截至 2020 年底,仿制药一致性评价受理号总数量达到 2636 个,其中注射剂一致性评价占比 39.7%,较 2019 年同比增长 7.4%。2020 年,仿制药一致性评价承办的受理号共计 915 个,同比下降 11.8%;通过的受理号数量为 591 个,同比增加 125.6%。各省份受理号数量居前三的为江苏、山东、广东,一致性评价通过企业数量达到 3 家或以上的品规已有 184 个,部分品种的竞争仍然激烈。2020 年 5 月,随着注射剂一致性评价政策落地,共有 1047 个注射剂一致性评价受理号,共计 193 个品种,其中,通过的受理号为 101 个,视同通过的受理号 116 个,共计 53 个品种。

2. 基本医保保障水平提升

2020 年《国家基本医疗保险、工伤保险和生育保险药品目录》(简称国家医保目录)共收录药品 2800 种,调入药品 119 种(包括 96 个独家药品),调出药品 29 种,净增 90 种。通过准入谈判,共对 162 种药品进行了谈判,谈判成功率为73.46%，谈判成功的药品平均降价50.64%。通过调出临床价值不高药品、谈判降低目录内费用明显偏高的药品、专项谈判专利到期药品价格，特别是近年来集中带量采购"以量换价"进一步挤压药价水分，实现"腾笼换鸟"，确保医保基金安全、高效合理使用。2020年居民医保人均财政补助标准新增30元，达到每人每年不低于550元。同时本次调整将利巴韦林注射液、阿比多尔颗粒等药品调入目录，最新版国家新冠肺炎诊疗方案所列药品已被全部纳入国家医保目录，以实际行动助力疫情防控。

3．医药产品保供能力提升

新冠肺炎疫情应对中，医药产业发挥了重要作用，充分展示了良好的产业基础和全产业链的供应保障能力。快速启动应急研发，开展诊断试剂、新冠病毒疫苗以及创新药物的开发和研究工作，为疫情的有效控制提供科技支撑；同时，有序开展复工复产工作，对纳入诊疗方案的药品、器械和其他医药物资，满负荷生产保障供应。针对重大疾病治疗、罕见病、儿童用药等短缺药，工业和信息化部会同有关部门，持续指导企业建设短缺药生产基地，深入开展医药行业供给侧结构性改革。到2020年底，我国已实现100种短缺药的生产目标，有效保障患者用药，解决患者用药难题。

（四）医药行业发展环境

1．正视客观挑战

（1）创新驱动发展模式尚未形成

过去十年间，医药产业的高增速很大程度上受益于医保扩容带来的终端药品消费快速增长，随着一系列医保、医疗控费政策的实施，需求侧拉动医药产业增长的动能正在减弱，医药产业增长模式亟须从"市场拉动"向"创新驱动"转型。开发新产品，满足尚未满足的临床需求，是推动医药产业持续增长的重要途径。但我国创新药研发刚刚起步，正在从仿制为主向"仿创结合"过渡，大量新药尚处于临床前和临床阶段，真正形成规模销售的很少，医药创新对产业增长的贡献极其有限。

（2）仿制药结构调整面临挑战

仿制药是我国临床用药主体，也是制药工业中规模最大的板块。仿制药整体竞争加剧，价格普遍大幅下降，直接影响行业的营业收入规模。而创新药等新产品尚未形成大规模销售，无法为行业增长提供有力的支撑，制药产业可能会面临规模缩水的风险。带量采购使药品营销模式发生变化，在新的商业模式下，仿制药质量门槛提高，价格竞争激烈。过去一个品种由数十家企业生产的状况将快速发生改变，不具备低成本规模生产和产品管线优势的企业将逐步被淘汰，仿制药企业数量将会明显减少。

（3）国际竞争力有待提升

在国际市场上，我国制剂出口规模仍然较小，形成制剂规模化销售的企业较少，在国际市场上有影响力的企业较少。与同为新兴医药大国的印度相比，我国制剂出口存在较大差距，面向欧美市场的高端制剂出口差距更大。此外，国内企业符合国际GMP标准的生产基地少，也不利于整体国际竞争力的提高。在创新药方面，一批创新能力强的企业选择开展新药的境外注册，目标是在支付能力更强、规模更大的国际市场实现新药上市，2019年百济神州开发的泽布替尼成为国内企业首个在美国上市的新药，但整体上我国企业实现创新药国际化还需要更多的努力。

2. 积极抢抓机遇

（1）全民健康需求持续增加

"十三五"期间我国终端市场药品销售额逐年增长，2019年达到17 955亿元，同比增长4.8%（米内网数据），但增速有所放缓。2020年受疫情影响，达到16 437亿元，同比减少8.5%，但年底时有所回升。一方面，人口老龄化进程加快，带来更多的临床需求，另一方面，由于国家药品集中采购的推进、国家医保管控的加强、医联体的推行和重点监控药品目录的执行，药品销售额增速逐步放缓，并会在"十四五"期间延续，预计未来仿制药仍是临床用药主体，创新药、生物药的使用量将增加；仿制药国产替代加快，专利过期原研药份额持续受到挤压；治疗性药物占比将显著提高，辅助性药品使用量下降。

（2）生物医药产业战略价值提升

国家把生物医药产业作为国民经济支柱产业加以培育，尤其是作为与疫情防治直接相关的特殊行业，其战略价值不断提升，根据《"健康中国2030"规划纲要》，在"十四五"期间，各项医药卫生体制改革将继续深化。在医保方面，药品耗材集中采购、医保支付方式改革持续推进，同时加强医保基金监管；在医疗方面，动态调整医疗服务价格、深化医院管理开展药品使用监测和临床综合评价，推进合理用药，推进分级诊疗，加强医联体、医共体建设；在药品监管方面，落实《药品管理法》的要求，加强对医药和医疗器械的全生命周期管理，持续推进仿制药一致性评价工作；未来将围绕健康中国战略，把以治病为中心将转变为以人民健康为中心，落实预防为主，加强疾病预防和健康促进。

（3）新技术/新模式加速创新发展

创新转型进入关键阶段，创新仍然是主旋律。在各项制度改革下，我国医药创新活跃，企业研发管线储备丰富，药品上市申报数量增多，将在"十四五"进入收获期，预计将有300个以上新药在该时期申报上市或获批生产。精准医疗、转化医学、基因编辑为新药开发和疾病诊疗提供全新方向，人工智能、5G、互联网等信息技术推动交互技术在病毒溯源、诊疗救助等场景的广泛应用，而CRO/CDMO等研发新模式、"第三方医药物流"等医药批发新模式、集团采购组织（GPO）等采购新模式将加速医药产业创新变革。

（五）展望

1. 创新驱动发展更加突出

近年来随着审批制度的改革，医保谈判进程的加快，创新药呈现"审评快、上市快、上量快"的趋势，带量采购推动企业向创新转型，上市许可人制度加速创新药的成果转化，创新研发集中在抗肿瘤领域，生物制药是发展重点。同时新需求和新技术驱动医疗器械行业快速发展，自主研发和进口替代加速医疗器械和制药装备行业的研发创新，尤其是疫情暴露出的短板也将推动企业加快创新，资本助力亦将驱动行业加速创新与升级。

2. 医药行业集中度提升

国家级、省级、省际联盟的药品和耗材集中采购落地加快，随着注射剂一致性评价工作的开展，将有更多的品种被纳入各级采购目录，形成品种互有补充，采购角度互有不同，国家、省、市有机联动，统筹协同的带量采购新机制，仿制药面临很大的降价压力。同时带量采购推动龙头企业通过原料药-制剂一体化等优势来降低生产成本，拥有专有技术以及环保优势的化学原料药企业向制剂领域扩张，行业集中度将有所提升。

3. 后疫情时代新动力显现

新冠肺炎疫情防控仍将持续，随着海外疫情高发，国内疫情防控依然没有松懈，诊断试剂、口罩、器械等相关防疫用品的出口量将持续增长。同时随着疫苗临床研究进程的推进，以及民众对于各类疫苗接种需求的增加，疫苗行业在2021年也将有一定程度的增长。

4. "互联网+医疗"模式发展加速

随着互联网技术的进步，互联网+医疗成为可能。疫情之后，互联网医院建设加速；人们通过互联网方式获取医疗服务的消费习惯也正在养成，随着一些新兴商业模式的诞生，如"网订店取"和"网订店送"的O2O商业模式，线下和线上药品零售协同合作发展，有望打开院外零售市场新的成长空间。

撰稿专家：夏小二　张　佩　余　倩

第二节　我国核酸药物市场分析

一、概述

核酸药物是指可用于治疗疾病的核酸本身或与之密切相关的化合物，包括天然核苷酸和经化学修饰的核苷酸。自1998年全球第一个核酸药物福米韦生钠（Fomivirsen sodium）获批以来，核酸药物取得了长足的发展，涌现出了反义寡核苷酸（Antisense oligonucleotide，ASO）、小干扰RNA（siRNA）、核酸适配体（RNA aptamer）及信使RNA（mRNA）等4大类主要品种。截至2021年8月，全球已有14个核酸药物获批上市，其中ASO药物9个，siRNA药物4个，RNA aptamer药物1个。另有2款针对新型冠状病毒肺炎（Corona virus Disease 2019，COVID-19）的mRNA疫苗获得美国食品药品监督管理局（FDA）的紧急使用授权（Emergency Use Administration，EUA）。此外，还有众多核酸药物处于临床前和临床试验的各个阶段。

得益于突出的疗效，目前已经获批的多款核酸药物在全球市场取得了一定的成功。其中 ASO 药物代表 Nusinersen，用于治疗脊髓性肌萎缩症（SMA），2019 年实现全球销售收入 20.97 亿美元，截至 2020 年底累计销售额为 67 亿美元。与此同时，获批上市的两款 siRNA 药物 Patisiran 和 Givosiran 也都取得了极好的销售成绩，2020 年 Patisiran 销售额高达 3.06 亿美元。据药智网统计，2020 年全球核酸药物的市场规模为 25.5 亿美元。从全球销售额来看，相比 siRNA，ASO 药物市场反馈更好。当然，随着研究的深入和药物递送技术等关键难题的突破，siRNA 药物仍然拥有非常好的前景。

近年来，在一系列创新型企业带动下，我国核酸药物研发取得一系列新进展。国内涌现出了多家从事核酸药物研发的制药企业，瑞博生物、圣诺生物、艾博生物、海昶生物、百奥迈科生物等多款核酸药物处于临床Ⅱ期、Ⅲ期阶段。由中国人民解放军军事科学院军事医学研究院与地方企业共同研发的新型冠状病毒 mRNA 疫苗（ARCoV），已于 2020 年 6 月获批启动临床试验，表明我国距离拥有自主知识产权的高保护效力的新冠病毒 mRNA 疫苗更近一步。

二、主要产品

当前，我国原创新药研发正在稳步推进中，主要分为以下三大类。

① 反义寡核苷酸（ASO）药物：主要有瑞博生物研发的国内首款治疗Ⅱ型糖尿病的核酸药物 SR062 及其合作开发的国内首款治疗 AR-V7 阳性前列腺癌患者药物 SR063，两者均获批临床试验，其中，SR062 具备全新的双重降糖机制，且药效持久，可以更好地控制血糖，弥补现有手段不能满足患者的临床需求，提高患者生活质量。

② 小干扰 RNA（siRNA）药物：主要有瑞博生物研发的用于视神经保护的核酸药物 QPI-1007（SR061），靶向半胱天冬酶-2（Caspase2），其首个开发的临床适应证为非动脉炎性前部缺血性视神经病变（Nonarteritic anterior ischemic optic neuropathy，NAION），同时适用于青光眼在内诸多

视神经损伤相关的眼科适应证，此外，还是我国首款（2015年）获批临床试验的核酸药物。

③ 信使核糖核酸（mRNA）药物/疫苗：艾博生物、丽凡达生物和斯微生物等积极致力于mRNA药物/疫苗的研发。2020年6月，艾博生物联合中国人民解放军军事科学院军事医学研究院、云南沃森生物共同研制的针对COVID-19的mRNA疫苗（ARCoV）是国内第一个获得批准的mRNA疫苗，现已进入Ⅱ期临床阶段和作为加强针的Ⅲb临床试验。此外，斯微生物和丽凡达生物的新冠病毒肺炎mRNA疫苗Ⅰ期临床试验分别于2021年1月4日、3月16日获得国家药品监督管理局（National Medical Products Administration，NMPA）批准，相继成为国产第二、三款mRNA疫苗。

三、市场分析

根据2019年版《罕见病诊疗指南》中列出的各罕见病发病率，估算我国相关适应证患者人数，参考国外已上市核酸药物价格及Biogen公司数据，综合各因素（假定人均治疗费用140万元/年；渗透率5%），预计我国核酸治疗药物在罕见病领域的市场规模高达333.8亿元。鉴于此，国外行业巨头Ionis、Sarepta、Alnylam、Arrowhead等公司纷纷积极布局我国核酸药市场，力图抢占市场。国内代表性企业瑞博生物、海昶生物、中美瑞康、杭州天龙、圣诺生物、百奥迈科生物、艾博生物、斯微生物、蓝鹊生物、吉玛基因等瞄准新兴前沿领域，加快研发进程，以期占据一席之地。医药上市公司舒泰神、香雪制药、绿叶制药等也更加重视核酸药物领域的布局。虽然目前核酸药物的市场受众面可能不如其他常规医药，但某些可能进入慢性病用药市场的品类一旦获批上市，其高昂的治疗费用与一定的副作用风险将会是市场推广销售直接面临和亟须解决的重要问题。

四、研发动向

国家"十四五"规划纲要提出，在生物医药产业创新领域，形成并壮大从科研到成药的全产业链能力，加强基因治疗、细胞治疗、免疫治疗等技术的深度研发与通用化应用。近年来，在国家产业创新政策积极推动下，不少研究机构和企业加强核酸药物原研药研发，但在成果产出方面，仍处于发展初期阶段,靶向性差、脱靶效应严重和稳定性差是制约我国核酸药物发展的三大关键技术难点。以中国科学院、北京大学、南开大学、天津大学、武汉大学、华南理工大学、军事科学院等为代表的国内顶尖研究力量重点围绕这些瓶颈问题,较早地开展了系统研究,在核酸药物化学修饰技术、药代动力学性质、新型高效递送系统构建等方面取得了一系列重要研究成果,为国内原创新药的研发提供了坚实的理论和技术支撑。同时,也应该清醒地认识到,未来核酸药物的发展方向将不仅仅局限在肝脏靶点和外源核酸的精准递送方面,中枢神经、眼睛和其他部位癌细胞靶向系统、设计合成和化学修饰技术、RNA 激活等颠覆性技术以及新型核酸药物将会成为该领域新的制高点。

五、自主创新情况

近年来,我国核酸药物产业自主创新情况表现在以下三个方面:

一是自主研发新型高效递送系统,增强核心知识产权保护力度。自主研发新型递送技术是 siRNA、miRNA、mRNA 等众多核酸药物后续发展的关键。斯微生物研发的具有自主知识产权的脂质多聚物纳米载体技术(Lipopolyplex,LPP),相比传统脂质纳米颗粒(Lipid nanoparticle,LNP)递送技术具有更好的包载、保护内在核酸的效果,并能够随聚合物的降解逐步释放核酸药物。浙江海昶生物自主研发的核酸递送系统技术平台 QTsome^{TM},在 RNA 给药递送系统方面突破了行业壁垒和专利的垄断,并实现产业化,可用于 ASO、siRNA、miRNA、mRNA 多种核酸药物递送,目前已有 1 个产品在美国进入临床试验 II 期阶段。

二是多个 ASO、siRNA 药物研发取得突破性进展,顺利进入临床期 II 期、III 期阶段。2015 年 12 月,由苏州瑞博生物技术有限公司与美国 Quark 制药公司联合开发的用于治疗非动脉炎性前部缺血性视神经病变(NAION)小核酸药物 QPI-1007 正式获得国家药品监督管理局批准,是首个在我国开展临床试验的 siRNA 药物。目前,针对 II 型糖尿病、前列腺癌和 NAION 产品也已进入 II / III 期临床阶段,此外还有 5 款自研和 2 款合作开发药物处于临床前研发阶段。中美瑞康针对罕见病、肿瘤和皮肤病变等疾病领域积极开展新药创制,已有 3 个产品进入临床前阶段。百奥迈科生物积极开展针对肝炎、老年黄斑变性、肝癌、鼻咽癌、膀胱癌等疑难疾病的新型核酸药物创制，已有 8 个产品处于临床试验和临床前研发阶段。

  三是 mRNA 疫苗研发成功并顺利开启临床试验。核酸疫苗被誉为第三代疫苗技术，面对国际疫情持续、变异毒株频繁出现、疫苗广泛接种的新局面，我国新冠肺炎疫苗研发工作开始进入下半场，迫切需要有一款具有自主知识产权、高保护效力、研发生产灵活的新型疫苗来应对后疫情时代复杂的全球防疫形势。艾博生物、斯微生物和丽凡达生物先后推出国产新冠病毒肺炎 mRNA 疫苗，揭开了我国第三代疫苗研发的新篇章，随着 Ⅱ／Ⅲ 期临床试验的相继启动，我国有望成为唯一拥有自主知识产权的高保护效力的新冠病毒肺炎 mRNA 疫苗上市的国家。

撰稿专家：刘少金 王俊姝

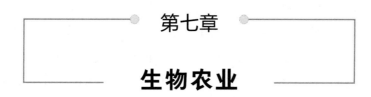

第七章 生物农业

第一节 生物种业

一、概况

新冠肺炎疫情全球大流行提高了公众对于粮食问题的关注,受疫情影响,转基因作物商业化进程在部分国家受到影响,但是全球范围内进展依然保持相对稳定,有些地区考虑到粮食安全的问题甚至加快了商业化的进程。2020年全球范围内共有44项关于转基因作物的批准,涉及12个国家,33个品种,其中有8个新的转基因作物品种获得批准,包括玉米、油菜、小麦、大豆和马铃薯。根据美国农业部公布数据,2021年美国种植玉米3754万公顷(1公顷=10 000 m^2)、大豆3546万公顷、棉花469万公顷、油菜81万公顷、甜菜47万公顷、苜蓿653万公顷,分别比上年增加5.4%、2.1%、-2.6%、9.8%、0.1%、-0.7%;其中玉米、大豆、棉花的转基因品种应用率分别为93%、95%和97%,油菜、甜菜接近100%;2021年美国累计种植转基因作物7500万公顷以上,接近全球转基因作物种植面积的40%。截至目前我国允许商业化种植的转基因作物仅有棉花和木瓜。我国是仅次于印度、美国之外的第三大转基因棉生产国,每年320万公顷左右的转基因作物种植面积几乎都是棉花。2021年12月,我国农作物品种审定委员会发布了关于国家级转基因大豆、玉米品种审定标准公开征求意见的通知,标志着我国转基因商业化进程有望加速推进。

二、主要产品

① 转基因玉米：我国抗虫、耐除草剂转基因玉米产品获得农业转基因生物生产应用安全证书，耐旱转基因玉米进入生物安全评价的生产性试验阶段。北京大北农生物技术有限公司研发的转 vip3Aa19 基因玉米"DBN9501"高抗草地贪夜蛾，双价抗虫玉米"DBN9936×DBN9501"对草地贪夜蛾的抗虫效果可达 95% 以上，可实现周年繁殖区草地贪夜蛾的源头治理。获得安全证书的抗虫、耐除草剂玉米 DBN9936、DBN9501 和瑞丰 125 目标性状优良，转育品种已达到审定标准。2021 年 7 月，抗虫、耐除草剂转基因玉米 DBN9936 获得美国食品药品监督管理局（FDA）正式签发的食用安全评价意见，清除了抗虫、耐除草剂转基因玉米 DBN9936 及其衍生品系在国内商业化后的加工制品向美国出口的贸易障碍。

② 转基因大豆：进入商业化生产的转基因大豆产品主要有耐除草剂转基因大豆和抗虫、耐除草剂复合性状转基因大豆。世界范围内转基因大豆种植面积占大豆总面积的 70% 以上，约占全球转基因作物种植面积的 50%。在我国，中国农业科学院作物科学研究所研发的耐除草剂转基因大豆"中黄 6106"和北京大北农生物技术有限公司研发的耐除草剂转基因大豆 DBN9004 获得农业转基因生物生产应用安全证书。上述转基因大豆转育的产品综合性状优良，已达到品种审定标准的要求，可覆盖我国大豆主产区，比当前主栽品种增产 10%，降低除草成本 50%，节本增效效果显著。

③ 转基因水稻：菲律宾批准转基因"黄金稻"商业化推广。我国针对水稻生产重大需求，已研制出抗虫、抗病、抗逆、高产及优质功能型转基因水稻，抗虫转基因水稻华恢 1 号 2009 年获得生产应用安全证书，以华恢 1 号为基因供体培育了大批衍生品系和组合，表现出了优良的性状，抗虫效果达 95% 以上。华恢 1 号及其衍生品种的大米及米制品于 2018 年通过美国 FDA 的安全性审查，获美国上市许可。我国转基因水稻重组人血清白蛋白注射液获得美国 FDA 和中国国家食品药品监督管理总局药品审评中心（CDE）批准，进入临床 II 期，植物源重组人血清白蛋白产品将销售到欧美发达国家。

④ 转基因小麦：2021 年 11 月，巴西国家生物安全委员会（CTNBio）决定，允许在全国范围内推广转基因小麦品种的种植以及销售。转基因小麦在巴西的种植可以将小麦单产大幅提升 40%，而且对比普通小麦，转基因小麦具有更强的抗干旱特征。我国研发的抗旱节水、氮高效利用转基因小麦的目标性状突出，具有较大的生产应用前景，目前已进入安全性评价阶段。

另外，我国针对糖尿病等特殊人群的消费需求，研发的高抗性淀粉小麦取得重要进展，进入安全性评价阶段。

三、市场分析

随着国民经济发展、资源约束和消费升级，以及国际政治经济格局的深刻变化，国际竞争日趋加剧，我国种业面临前所未有的挑战。新一轮生物技术和信息技术交叉融合（BT+IT），促使生物育种升级换代，推动精准化、高效化、智能化、工厂化种业革命，为解决制约人类发展所面临的食物、环境、资源和健康等问题提供了重大机遇，将对全球生物种业格局和农产品供给产生重大影响。一是培育新一代高产优质抗逆高效新品种，进一步提升作物单产，保障粮食安全。二是加快培育抗病虫、抗旱耐盐碱、养分高效利用等作物新品种，实现农业高质量发展。三是培育优质专用功能型新品种，优化农产品供给结构，落实健康中国战略、提升国民健康水平和幸福指数。

四、研发动向

在产品研发方面，随着抗虫、抗除草剂的转基因作物升级换代，逐渐向抗逆（抗旱、抗病、抗寒、抗盐碱）、品质改良、营养改良、人和动物所用的贵重医药的转基因作物发展。随着基因编辑技术的发展，无外源基因存在的玉米、大豆、小麦、油菜、棉花等生物育种产品将不断涌现。

在技术研发方面，引导编辑（prime editing，PE）基因编辑系统因其可以在基因组的靶向位点实现任意类型的碱基替换、小片段的精准插入与删除，而备受关注。这种灵活的、可设计的定向遗传修饰能力使其在基础研究、人类疾病治疗和农作物育种中潜力巨大。因该技术的潜在价值，引导编辑自首次报道后，迅速成为国际技术领域的前沿热点，2021年度全球对引导编辑在活体内基因编辑活性水平优化以及泛物种化活性验证进行了主要的探索。目前，引导编辑技术系统的效率仍亟待突破。

五、自主创新情况

在基因挖掘方面，克隆了新的水稻抗褐飞虱基因 *Bph30*，揭示水稻抗褐飞虱的一种新机制；通过克隆新的粒型和粒重关键基因 *OsAUX3*，揭示 *miR167a-OsARF6-OsAUX3* 模块调节水稻粒长和粒重性状的系统调控机制；解析了 *GmFULa* 在大豆增产中的作用、*Tof16* 在热带低纬度适应性的遗传基础；克隆新的玉米耐旱基因 *ZmbHLH124T-ORG*、耐冷基因 *ZmRR1*，为玉米抗逆和增产提供了新策略。

在技术研发方面，对基因编辑技术的机制解析有新的发现，中国科学院微生物研究所向华、李明等首次在自然界分布最广泛的 Ⅰ 型 CRISPR-Cas 基因簇内部发现了一类特殊的 RNA。由于 CRISPR-Cas 系统可利用 RNA 抗毒素 CreA 控制 RNA 毒素 CreT 的表达，使宿主菌无法丢失其 CRISPR-Cas 系统。CRISPR-Cas 组分一旦被破坏，就会诱导 CreT 毒素的表达，从而抑制甚或杀死该宿主菌，从而保护了 CRISPR-Cas 系统在细胞群体中的稳定存在。这一机制的发现为理解 CRISPR-Cas 系统的稳定性维持和广泛性分布提供了全新视角，同时还揭示了一大类前所未知、功能多样的小 RNA，开辟了一个全新的研究领域。该研究为 CRISPR-Cas 系统机制及新的基因编辑技术研发奠定了思路与途径。

在产品研发方面，创制出一批具有重要应用前景的抗虫、耐除草剂、耐旱节水和营养功能型的棉花、玉米、大豆、水稻、小麦等转基因新品系，其中抗虫水稻、抗虫玉米、耐除草剂大豆、抗旱节水小麦、高抗性淀粉水稻、人血清白蛋白水稻、抗虫杨树、快速生长"冠鲤"和"吉鲤"、高瘦肉率猪、人乳铁蛋白奶牛、高生长速度基因编辑鲁西黄牛等转基因动植物新品系，具备与国外同类产品抗衡和竞争能力。

撰稿专家：郑　军

第二节　生物饲料

一、概况

饲料产业是影响我国国民经济的重点基础产业之一，受生猪生产持续恢复、家禽存栏高位、牛羊产品产销两旺等因素拉动，2020 年全国工业饲料产量实现较快增长，高质量发展取得新成效。2020 年全国工业饲料总产量 25 276.1 万吨，同比增长 10.4%。其中，猪饲料产量 8922.5 万吨、同比增长 16.4%，占总产量的 35.3%，达到 2018 年历史最高产量的 86%。蛋禽饲料产量 3351.9 万吨、同比增长 7.5%，占总产量的 13.26%；肉禽饲料产量 9175.8 万吨，同比增长 8.4%，占总产量的 36.3%；反刍动物饲料产量 1318.8 万吨，同比增长 18.9%，占总产量的 5.22%；均创历史新高。水产饲料产量 2123.6 万吨、同比下降 3.6%；宠物饲料产量 96.3 万吨、同比增长 10.6%；其他饲料产量 287.2 万吨、同比增长 18.7%。

生物饲料具有提高动物饲料利用效率、提高饲料适口性、维持肠道菌群平衡、产生有益代谢产物等突出作用。农业农村部第 194 号公告于 2020 年正式实施，标志着药物饲料添加剂将有序退出养殖行业，也为我国生物饲料产业带来了新的机遇和挑战。目前，国外生物饲料发展极为迅速并已形成规模体系化，欧美等国家和地区微生物发酵饲料的使用比例大于 50%，荷兰、芬兰大型猪场生物饲料饲喂超过 60%，丹麦生物饲料养猪的比例达到 80%。当前，我国在生物饲料领域取得了一些成绩，在技术研究上处于爆发期，在产品上取得了一批具有国际先进水平的重大成果，如植酸酶、木聚糖酶和赖氨酸等已经达到廉价生产，并取得很好的经济效益和社会效益，但在生物饲料企业规模、种类和用量上远远跟不上饲料工业的发展，与国际领先水平仍有一定的差距。同时，目前我国生物饲料产业缺少完善的监管和标准机制，随着市场的扩大、监管机构的重视，生物饲料的相关标准会逐步完善，会更大地促进产业的发展。

二、主要产品

生物饲料分为 4 个主类、10 个亚类、17 个次亚类，50 个小类和 112 个产品类别，包括发酵饲料、酶解饲料、菌酶协同发酵饲料和微生物饲料添加剂等。按照农业农村部发布的《饲料添加剂品种目录》（根据 2045 号公告及后续修订公告，截至 2021 年 9 月），饲料添加剂共计 450 种，其中维生素类 39 种，氨基酸及其衍生物类 32 种，微生物制剂产品 34 种，饲料用酶 18 种，饲用功能性多糖和寡糖类产品 9 种，另外包括着色剂、黏结剂、调味剂以及苜蓿提取物、杜仲叶提取物、淫羊藿提取物、紫苏籽提取物等植物提取物产品。

2021 年 8 月 27 日，一种新的生物饲料产品——乙醇梭菌蛋白获得农业农村部颁发的新产品证书，这是我国第一张饲料原料新产品证书。乙醇梭菌蛋白是利用乙醇梭菌为发酵菌种，以含一氧化碳、二氧化碳的尾气和氨水作为原料，进行液态发酵培养、离心和干燥获得的新型单细胞蛋白，这是一种颠覆传统蛋白生产的模式，可以实现从 0 到 1、从 1 到 N，不与人争粮、不与粮争地的高效新蛋白资源生产，具有碳减排、来源广泛、转化率高等优点。

三、市场分析

2021 年 1—10 月，全国工业饲料总产量 24 360 万吨，同比增长 14.9%。其中受生猪产能持续恢复拉动，猪饲料产量 10 599 万吨，同比增长 49.5%；水产和反刍动物饲料产量分别为 2200 万吨和 1169 万吨，同比增长 13.5% 和 12.3%，蛋禽、肉禽饲料产量分别为 2621 万吨、7466 万吨，同比分别下降 9.7%、5.7%。在整个饲料产量中，生物饲料生产量比重较小，与实际需求量有较大的差距，缺口量较大。近年来，中国生物饲料企业数量快速增加，我国所有省份都有企业涉足生物饲料产业，从事相关领域的企业数量达到 1000 家以上，预计 2025 年，生物饲料产品市场份额将达到 200 亿美元/年；从区域分布来看，山东、广东和河南最为活跃，生物饲料相关企业最多。2021 年，受生猪生产持续恢复影响，生物饲料行业市场规模略有上升，随着生物饲料系列团体标准的发布、农业农村部生物安全防控和生物饲料评价体系的建立，生物发酵饲料将表现巨大的发展前景。

在发酵饲料方面，发酵饲料原料的选择已从豆粕、棉粕、菜粕等蛋白饲料，发展到粮食加工厂副产品、鲜糟渣、果渣、蔬菜尾菜及秸秆等非常规饲料。在未来的 3～5 年，发酵饲料的生产规模有望达到 1000 万～2000 万吨/年，酶制剂使用量将达到 2 万～4 万吨，微生态制剂使用量将达到 2000～4000 t，发酵饲料中酶制剂的添加量将占国内整个饲用酶制剂市场的 20%～40%，酶制剂和微生物制剂等生物饲料产品受禁抗政策影响依旧呈现强劲上升势头。

四、研发动向

全国饲料工业仍然面临着饲料总量缺口较大、蛋白饲料资源严重短缺、饲料转化利用效率低和饲料质量安全等问题，特别是大豆进口问题直接威胁到国家的粮食安全战略。在这种大背景下，科技部特设揭榜挂帅项目"蛋白饲料生物工程制造前沿技术及新产品创制"，主要以生物制造蛋白饲料为核心，研究酵母类蛋白饲料技术、体外预消化技术、脱毒增效改性技术等，创制酵母蛋白饲料、酵母培养物、新型菌体蛋白、昆虫蛋白和新型氨基酸及其衍生物等产品。农业农村部批准了123种饲料和饲料添加剂产品在我国登记或者续展登记，涉及乳酸菌、酶制剂、微生态制剂和植物提取物等。在生物饲料监管上，2021年新增25项国家标准、行业标准和团体标准，涉及丁酸梭菌、酵母培养物、酵母水解物、牛至香酚、肉桂醛、动物用发酵饲料等；制定的这些政策、标准可以加速我国生物饲料产业研发。

在发酵饲料方面，研发主要集中在发酵原料提质增效和发酵工艺优化上，并且发酵原料已经从豆粕、棉籽粕、菜籽粕等高蛋白质原料逐渐过渡到玉米浆、糟渣、各类农作物秸秆等农业废弃物上。在发酵工艺方面研发主要集中在菌种温度、发酵时间、水分参数等。在酶制剂研发方面，提高酶活性和热稳定性仍然是目前的主要研究方向，同时功能性酶制剂也是研发重点，如霉菌毒素降解酶、抗应激酶等。在微生态制剂研究方面，挖掘新型功能性菌株、验证功效、研究发酵工艺一直是热点。

五、自主创新情况

在新型饲料创制技术研究与应用上，生物合成技术取得了突破。中国农业科学院饲料研究所与北京首钢朗泽科技股份有限公司经多年联合攻关，在国际上首次实现了从一氧化碳到蛋白质的一步工业化生物合成，突破了蛋白质合成在资源、时间和空间上的限制，实现了"从0到1"的颠覆性创新，这是迄今为止国际上发现的最高效生物固碳/固氮生产模式；研发建立了工业化自主生产技术，已形成每年万吨级的工业产能，并具有迅速提升至10万吨/年甚至更高产能的潜力。中国科学院天津工业生物技术研究所采用合成生物学技术，从头设计、构建了具有11步反应的非自然固碳与淀粉合成途径，在实验室中首次实现从二氧化碳到淀粉的全合成。这些合成生物学技术的突破，为饲料原料的生产打开新思路，将有可能缓解我国饲料资源短缺的问题。

从相关论文发表和专利申请情况来看，生物饲料自主创新主要分布在：

①发酵技术，包括微生物菌体发酵、微生物酶发酵、微生物代谢产物发酵和生物工程细胞发酵；②酶制剂，包括耐高温酶、耐低温酶和高比活酶；③微生态制剂，主要是新型菌株筛选及应用；④活性肽，包括高效目标基因筛选、蛋白质的分子改良和高效表达系统构建。

2021年生物饲料领域获得国家科技奖的项目主要包括：中国农业科学院北京畜牧兽医研究所完成的"畜禽饲料质量安全控制关键技术创建与应用"，形成了饲料生产环节质量安全控制技术体系；中国农业科学院饲料研究所完成的"奶牛高发病防治系列新兽药创制与应用"，为治疗奶牛养殖过程的高发病创制了新型免疫调节物质。

撰稿专家：杨培龙

第三节 生物农药

一、概况

2021年为"十四五"开局之年，我国作为传统农业大国，国家将生物源农药列入全国农药产业发展"十四五"规划，生物农药将迎来新机遇。《"十四五"全国农业绿色发展规划》提出了推行绿色防控，在园艺作物重点区域，集成推广生物防治、物理防治等绿色防控技术。在产业布局、结构调整、绿色生产、科技创新等方面优先考虑、重点发展，推动生产要素向生物源农药集聚，做优做强生物源农药产业，促进农药产业转型升级和可持续健康发展。农业农村部2021年在《对十三届全国人大四次会议第9683号建议的答复》中，就如何支持生物农药企业及生物农药的发展和推广使用，进行了详细回答。透露出加大生物源农药的政策扶持力度和专项资金支持、鼓励生物源农药企业创新研发、完善生物源农药登记政策等利好政策。

2020年以来我国农药新增品种3538个，其中化学农药3115个，占比88%；生物农药423个，占比12%。截至2021年12月10日，我国新增生物农药品种数423个。从新增登记品种的数据分析来看，剂型仍以环境友好型剂型为主，生物农药的有效成分大部分是安全、环保的，符合我国鼓励和支持登记安全、高效、经济农药的原则。

据成都新朝阳于 2020 年 7 月发布的招股说明书披露，从全球生物农药市场分区域来看，美国生物农药市场在全球位列第一，占据全球市场总额的 1/3。根据 Mordor Intelligence 的统计，欧洲市场中，生物杀菌剂占据着生物农药产品主要市场份额，占比为 45%。根据 Spark 的数据，巴西生物农药产品中，生物杀虫剂是最受欢迎的产品，占 41%。

二、主要产品

我国生物农药近年来的主要产品有：抗生素类农药、昆虫天敌、微生物农药、植物源农药和发展十分迅速的生物化学农药。

1. 微生物农药

微生物杀虫剂主要登记类型为细菌类杀虫剂。根据农药信息网登记数据，截至 2021 年 9 月 30 日，我国登记的昆虫病原微生物及其制成的杀虫剂产品中，登记量较多的产品为苏云金杆菌、球孢白僵菌、棉铃虫核型多角体病毒、金龟子绿僵菌等，分别达 181 个、25 个、21 个、13 个，其中，苏云金杆菌为细菌类杀虫剂，球孢白僵菌、金龟子绿僵菌为真菌类杀虫剂。

我国登记的以拮抗菌筛选为基础开发的微生物杀菌剂产品中，登记量较多的产品为枯草芽孢杆菌、木霉菌、解淀粉芽孢杆菌等，分别达 83 个、17 个、12 个，其中，枯草芽孢杆菌主要作用为防治细菌性病害，木霉菌主要作用为防治真菌性病害。

2. 生物化学农药

近年来，生物化学农药表现出异军突起之势，它的主要特点是：①对防治对象没有直接毒性，而只有调节生长、干扰交配或引诱等特殊作用；②是天然化合物，如果是人工合成的，其结构应与天然化合物相同（允许异构体比例的差异）。

2020 年，生物农药主要登记产品类型为生物化学农药，而植物源农药的有效成分较高。我国按产品登记的生物农药中，生物化学农药占 51%；按有效成分登记的生物农药中，生物化学农药占 38%。我国登记的生物化学农药产品中，登记量较多的产品为赤霉酸、氨基寡糖素、萘乙酸、香菇多糖等，分别达 168 个、66 个、62 个与 42 个，主要登记类型为植物生长调节剂类产品。

3. 植物源农药

近年来，我国植物源农药的有效性获得了很大的提高并且其应用技术得到了广泛的推广，植物源农药的市场占有率有所增加。

我国登记的植物源生物农药产品中，登记量较多的产品为苦参碱、印楝素、鱼藤酮、蛇床子素等，分别达 115 个、27 个、23 个与 17 个，主要登记类型为植物源杀虫剂或杀菌剂。

4. 抗生素类农药

抗生素类农药由于其防控效果好、性能稳定和使用方便，一直是我国农药战线的生力军，包含阿维菌素、多杀霉素、嘧啶核苷类抗菌素、宁南霉素等成分，但在登记管理法规中，并不享受与"生物农药"同等的待遇。

三、市场分析

根据"十四五"规划提出的农业绿色发展指标，水稻、小麦、玉米三大粮食作物农药利用率从 2020 年的 40.6%，提高到 2025 年的 43%。预计政策支持下，我国生物农药市场潜力较大。

2020 年全球生物农药市场规模达约 50 亿美元，生物农药在全球作物保护市场的份额约为 5%。但是，目前除草剂领域生物农药的使用微乎其微，仅考虑对害虫、病原体的防治，该市场份额在 1% 左右；在占生物农药用量约 90% 的水果和蔬菜领域，其市场份额超过 18%。目前生物农药行业主要上市公司：巴斯夫、拜耳、先正达、科迪华、钱江生化、新安股份、海利尔等，同时国内一些传统化学农药企业也开始布局生物农药，如 2021 年远大控股分别收购了福建凯立生物 85.1166% 股权、陕西麦可罗 98.70% 股权。

根据 IHS Markit 的预计，2020—2025 年，全球生物农药行业市场规模将以约 10% 的年复合增长率增长，至 2025 年，全球生物农药行业市场规模将达到约 80 亿美元以上。按此增长率计算，预计 2026 年，全球生物农药行业市场规模达约 88 亿美元。

四、研发动向

"十三五"我国农药业以农药零增长为方向，以新旧动能转换为动力，积极优化升级产业产品结构，提质增效，重视生态效益，不断推动行业的高质量绿色发展。随着我国新农药创制体系的不断完善，我国创新能力和竞争力也不断得到提高，已经从仿制国外品种、仿创结合发展到自主创新，我国已成为世界上少数具有新农药创制能力的国家之一，自主创制能力不断提升。

"十四五"时期是中国经济社会发展的重要转折和关键时期，生物农药将注重以下几个方向：

1. 将向数字智能化方向发展

互联网时代下的农药装备智能化制造、生产自动化是大势所趋，我国移动互联网5G下的工业化和信息化的深度融合将会把"十四五"时期农药企业带入提质降本的智能时代。数字化、智能化牵涉到方方面面，但关键是互联网+，搞好"两化"融合。

2. 将向优化结构资源方向发展

调整农药工业结构尤其是产品结构以及资源配置的优化，将是"十四五"时期农药行业发展的重头戏。淘汰不符合有关法律法规规定，不具备安全生产条件，严重浪费资源、污染环境的落后工艺、技术、装备及产品，培植具有国内外领先水平，能够有效提升产品的科技含量和高附加价值的新产品，并培植有潜力的系列拳头产品和优质名牌产品以及新技术，如高效、安全、环境友好的农药新品种、新剂型的开发与生产，专用中间体、助剂的开发与生产，定向合成具有手性和立体结构的农药，生物农药新产品的开发与生产等。

3. 将向自主创新方向发展

发展高效、安全、经济和环境友好的新品种、开发新助剂和新剂型，支持生物农药发展，积极开拓非农业用农药市场，把科技创新与提高农药工业整体装备水平和数字化、网络化、智能化控制水平相结合，与强化清洁生产工艺和综合循环利用相结合，与节能减排降耗和转型升级相结合，将是"十四五"创新发展的基本方向。

4. 将向绿色生态化方向发展

绿色研发、清洁生产和农药使用过程的绿色化将是"十四五"中国农药发展绿色转型的重点。尤其是高效低风险农药以及生物农药的研发；开展清洁生产，实现农药生产过程的绿色化；在农药使用过程中倡导生态环境的保护，以减量化为原则，大力开展精准高效施药，尽量减少农药的使用量和喷施次数；开展好农药使用后田间地头包装物的回收和利用等等，以上这些措施将会更加受到关注。

5. 以"双创"促出口

"十四五"时期，必须创新方式和创造条件来促进农药出口，以积极发展技术含量高、附加值高的绿色农药产品，来占领国际市场制高点。以"双创"促出口将会是"十四五"农药外贸的基本趋势。

生物制造是将现代生物技术融入到生产制造领域中而形成的新型交叉科学，它以相关领域的制造技术为基础，结合生物理论方法和先进科研成果，利用基因工程、细胞工程、酶工程、发酵工程、代谢工程、合成生物学等先进生物医药手段与研究方法，生产具有特定功能活性的物质。

对于"十四五"期间的农药创新，根据国家重大需求，瞄准国际前沿，针对制约我国绿色农药创制与产业化的关键问题，通过农药等农业投入品基础研究、关键共性技术、产品创制、产业化四类关键问题的整合和联合创新，并在绿色药物新靶标和分子设计、生物农药合成生物学、RNAi 新农药创制、纳米化技术应用、中间体合成、现代机械化等重大产品创制与产业化等前沿核心技术进行突破。力争创制一批具有自主知识产权、国际竞争力的"重磅炸弹"级新产品，建立其产业化关键技术和农业应用技术，同时，培养一批农药创新领域的领军性人才和一批具有很强国际竞争力的龙头企业，为农业绿色发展、乡村振兴战略实施提供科技支撑。

五、自主创新情况

伴随着"碳达峰""双减"等一系列国家战略与政策法规的出台与实施，中国生物农药制造企业正在迎来春天，生物农药制造企业的规模不断发展壮大。

1. 新药创制

成都新朝阳成功研发出一种新型的我国具有自主知识产权的全球首创

的植物信号分子调控剂 COR- 冠菌素（0.006% 冠菌素水剂），该种生物农药是一种由微生物合成的天然小分子物质，通过高密度发酵技术与纳滤反萃技术得到。该种生物农药可以在极低的使用浓度下起到调节作物生长，改善作物品质的效果；在高浓度使用条件下，则可以起到脱叶和除草的效果。类似的已登记的生物农药产品还有脱落酸和赤霉酸。

2021 年 9 月正式取得农业农村部颁发的贝莱斯芽孢杆菌 CGMCC NO.14384 微生物农药原药和制剂登记证书，制剂登记对象分别为烟草白粉病和黄瓜白粉病。据了解，这是贝莱斯芽孢杆菌这种农药新成分在国内的首次登记，在全球也是首例。

2. 免疫诱抗剂的持续研发

植物免疫蛋白类、氨基寡糖类、壳寡糖类等，已经在经过市场的检验和验证。随着毒氟磷、阿泰灵、S- 诱抗素、海岛素等一批具有免疫诱抗活性的自主创制产品的问世，将植物诱抗剂在农业生产中的地位推向了一个新的高度。随着通过调节植物的新陈代谢，激活植物自身的免疫系统和生长系统，诱导植物产生广谱性的抗病、抗逆能力等新理念、新技术和新方法已经获得市场认可，其新产品有望获得快速发展。

3. 昆虫病毒的高效研发

近年来，以"昆虫病毒，靶向灭虫"为特征的应用技术得到了迅速的推广。昆虫病毒对特定目标（农业害虫）采取的行动，在消灭害虫的同时，保护益虫，这种体系被称为靶向灭虫体系，最终实现生态的恢复。目前国内以武汉武大绿洲生物技术有限公司和江西新龙生物科技有限公司为代表的一些企业结合自身优势与科研院所联合开发，持续推出了多款病毒类生物农药，如棉铃虫核型多角体病毒、松毛虫质型多角体病毒、菜青虫颗粒体病毒等等。

4. RNAi 干扰技术突破

RNAi 农药技术含量高，研究突破快，市场需求大，具有十分广阔的应用前景。利用 RNAi 技术，可阻止害虫或病菌进行相关蛋白质的翻译及合成，切断其信息传递，在基因层面上杀死害虫和病菌。我国中山大学张文庆教授和中国科学院上海生命科学院的苗雪霞研究员等在利用 RNAi 技术防治稻飞虱的研究中取得了积极的进展。该技术还可以针对某种害虫自身的特异基因而设计，不会影响包括天敌在内的任何其他生物，不会对生态系统产生影响，实现目标害虫的精准防控。目前苗雪霞研究员的技术已进入中试阶段，正在申请办理农药登记证。

5. 微生物制剂的暴增

近年来微生物研发越来越得到关注，其中企业中以慕恩（广州）生物科技有限公司代表，已建立拥有国际领先的微生物组发掘和产业化平台，涵盖生物农业、生物医药、环境治理、基因发掘四个领域，菌种资源库目前已收集并保存了超12万株功能菌株。现阶段已完成三轮融资，市值过亿。

六、生物农药发展前景

随着昆虫天敌、微生物农药、植物源农药和生物化学农药新产品、新技术、新方法的不断涌现，绿色防控理念深入人心，环境保护和生态意识的提高及人民对粮食安全需求的提升使生物农药新产品和新技术将具有广泛的应用前景。

根据作物所处不同生态区条件和不同生育期病虫害发生危害的特点，在生物农药与化学农药间进行协调防控关键技术研究，推出以绿色、生态、环保和安全为特色的综合技术集成体系的解决方案，将极大地促进生物农药快速、稳健发展，生物农药行业将迎来一个崭新的时代。

撰稿专家：邱德文

第四节　动物疫苗

一、概况

全球动物疫苗市场主要为欧美等发达国家控制，行业前五大巨头占据全球超过80%的市场份额。然而，近年来欧美动物疫苗市场增长放缓，随着全球经济合作的深化、中南亚市场的逐步扩增，中国、印度等国的疫苗技术得以提高且对疫苗需求迅速扩大，成为全球动物疫苗行业的新焦点。

2020年，除中国企业销售额外，全球兽药销售额为338亿美元。2015—2018年呈逐年上升趋势，2019年略有下降，2020年有所回升。2015—2020年，我国兽药产业销售额年复合增长率为8.47%。其中兽用生物制品销售额为100.72亿美元，占全球兽药市场总销售额的29.8%，从使用对象的角度分析，全球兽药市场中宠物用兽药产品所占的份额较大。2020年，宠物及其他兽药产品销售额为135.54亿美元，占全球兽药市场总销售额的40.1%。这与我国的情况存在很大不同。2020年，我国宠物及其他兽药产品销售额占我国兽药总销售额不到10%。从行业主要国家和地区的收入分布来看，美国、欧洲等区域一直是全球兽用生物制品的领先市场，近年来，亚洲市场不断增长，跃升全球第三大市场。从全球行业代表厂商及其热门产品来看，在国际市场中，兽用疫苗的主要厂商包括硕腾（Zoetis）、富道（Fort Dodge）、梅里亚（Merial）、勃林格殷格翰（BI）、辉瑞（Pfizer）、爱德士（IDEXX）、诗华（CE-VA）、维克（Virbac）、先灵葆雅（Schering-Plough）、拜耳（Bayer）等。根据各个公司的产品信息来看，宠物行业是厂商的产品线部署热门细分市场，相关产品主打差异化竞争策略，竞争较为激烈。从代表性厂商的所属地来看，行业的龙头企业均集中于欧美地区，欧美地区是兽用生物制品行业的领先市场。

随着国内畜禽养殖业规模化、集约化养殖的进程不断加快，养殖企业和养殖场户面临的疫病防控风险不断加大，对于动物疫病防治的日益重视，推动了国内兽药市场的快速发展。截至2020年底，全国共有兽药生产企业1665家（香港、澳门、台湾未纳入统计范围）。除32家兽药生产企业（停产19家、新建13家）无法填报数据外，实际共收集到1633家兽药生产企业提交的有效数据，平均填报率为100%。2020年，全国1633家兽药生产企业完成生产总值683.52亿元，销售额620.95亿元，毛利219.98亿元，平均毛利率35.43%，资产总额2471.79亿元，资产利润率8.90%，固定资产976.19亿元，从业人员17.03万人。近十年来，产业整体规模逐步扩大，产值、销售额逐年增长，产值年复合增长率为6.56%，销售额年复合增长率为6.44%。2020年，119家兽用生物制品企业完成生产总值193.56亿元，销售额162.36亿元，兽用生物制品企业共实现毛利103.38亿元。其中，24家大型企业实现的毛利占兽用生物制品企业毛利总额的78.68%，76家中型企业实现的毛利占兽用生物制品企业毛利总额的21.27%。119家兽用生物制品企业产值同比增加了42.83%，销售额同比增加了37.17%，毛利同比增加了48.75%，毛利率同比增加了4.95个百分点。目前资产总额507.21亿元，资产利润率 20.38%，固定资产 146.64 亿元，从业人员 2.33 万人。

二、主要产品情况

截至 2020 年底，119 家兽用生物制品企业共拥有有效的产品批准文号 2368 个，实际使用了 1466 个，未使用 902 个，批准文号使用率 61.91%。按使用动物分类，119 家兽用生物制品企业共拥有禽用生物制品批准文号 1294 个，实际使用了 783 个，批准文号使用率为 60.51%；猪用生物制品批准文号 760 个，实际使用了 493 个，批准文号使用率为 64.87%；牛、羊用生物制品批准文号 226 个，实际使用了 138 个，批准文号使用率为 61.06%；宠物用及其他生物制品批准文号 59 个，实际使用了 39 个，批准文号使用率为 66.1%；兔用生物制品批准文号 29 个，实际使用了 13 个，批准文号使用率为 44.83%。2020 年，除了兔用生物制品批准文号使用率在 50% 以下外，其他兽用生物制品的批准文号使用率均在 60% 以上，相比较而言，猪用和宠物用及其他生物制品批准文号使用率较高。与去年相比，所有兽用生物制品的批准文号使用率均略有下降。2020 年，动物疫苗活疫苗生产能力为 5502.23 亿羽份/亿头份；灭活疫苗生产能力为 894.36 亿毫升。活疫苗中，组织毒活疫苗生产能力为 4184.68 亿羽份/亿头份，产能利用率 35.84%；细胞毒活疫苗生产能力为 1095.00 亿羽份/亿头份，产能利用率 18.49%；细菌活疫苗生产能力为 222.55 亿羽份/亿头份，产能利用率 4.07%。灭活疫苗中，组织毒灭活疫苗生产能力 494.75 亿毫升，产能利用率 40.86%；细胞毒灭活疫苗生产能力 252.74 亿毫升，产能利用率 19.16%；细菌灭活疫苗生产能力 102.98 亿毫升，产能利用率 21.58%；基因工程苗生产能力 43.89 亿毫升，产能利用率 85.21%。2020 年，动物疫苗活疫苗产能与去年相比有所回升，产能利用率上升了 0.24%，而灭活疫苗的产能有所降低，产能利用率降低了 0.45%。

2020 年，禽用生物制品总销售额为 72.78 亿元，销售额排名前 10 位的企业的销售额为 45.62 亿元，占禽用生物制品总销售额的 62.68%；猪用生物制品总销售额为 69.23 亿元，销售额排名前 10 位的企业的销售额为 38.96 亿元，占猪用生物制品总销售额的 56.28%；牛、羊用生物制品总销售额为 17.71 亿元，销售排名前 5 位的企业的销售额为 14.17 亿元，占牛、羊用生物制品总销售额的 80.01%。

三、市场分析

目前我国动保市场猪用疫苗销售额占比 39.4%；禽用疫苗销售额占比 33.4%；反刍类（牛羊为主）疫苗销售额占比 24.5%；宠物疫苗等销售额占比仅为 2.6%，我国动物疫苗仍然以猪、禽、牛、羊经济动物为主，宠物类伴侣动物疫苗基数很小，市场仍处于培育阶段。2016—2020 年，国内兽药产品销售规模由 472.29 亿元增长至 620.95 亿元，年均复合增长率为 5.57%。2020 年进口兽用生物制品销售额 14.2 亿元，相较于去年有所减少，全部为疫苗产品，其中，活疫苗销量 24.58 亿羽份/亿头份/亿毫升，销售额 3.7 亿元；灭活疫苗销量 4 亿羽份/亿头份/亿毫升，销售额 10.5 亿元。按使用动物分类，2020 年进口猪用疫苗销售额 7.96 亿元，占进口生物制品销售总额的 56.06%；进口禽用疫苗销售额 2.03 亿元，占进口生物制品销售总额的 14.3%；进口宠物及其他用的疫苗销售额 4.21 亿元，占进口生物制品销售总额的 29.65%，优质进口高端疫苗仍具有较强的品牌影响力。2020 年我国共向 8 个国家或地区出口生物制品共计 8598.27 万元，相较于去年出口国家或地区增加了 1 个，金额较去年有所增加。中商产业研究院预测，2022 年我国兽药产业销售规模可达 770.93 亿元。规模化养殖使得禽畜养殖密度增加，更容易带来传染病的大面积爆发。所以，养殖规模化的提升将促进疫苗、化药等动保产品需求，动保产品的需求将进一步向大型动保企业聚集，未来动保企业的三大核心竞争力为管理水平、增值客户解决方案的能力和新品研发能力。随着行业市场化的加速提升，规模化养殖场更关注使用疫苗的效果，而对于中小养殖场而言，行业内的示范效应和品牌口碑成为其选择的关键。因此，具有明星产品和创新能力的行业龙头企业的规模效应和品牌效应会越来越凸显，市场份额将进一步提升。由于长期以来我国对高致病性病原微生物的研究进行严格的限制，因此，大部分兽用生物制品的前端基础研究和实验室研究均由科研院所承担，兽用生物制品企业则聚焦于产业化生产与应用环节。随着动物疫病发生情况日益复杂以及企业研发能力的提升，兽用生物制品企业将结合市场需求，逐步向前端基础研发环节倾斜，打造研发、生产、销售的闭环生态，提升对于下游养殖主体的响应能力和服务水平。

动物疫病是我国由畜禽养殖业大国走向畜禽养殖业强国的重要制约因素，而兽用生物制品行业已成为行业健康发展的重要保障，更是我国七大战略性新兴产业之一——生物医药行业的重点支持子行业。国家出台了一系列产业政策，不断健全完善动物防疫体系建设、加强动物防疫基础设施建设，鼓励行业研发创新与规模化生产应用。目前国内畜禽养殖规模化、集约化的程度正不断提升，大型规模化养殖企业的市场份额逐步提升。大型养殖企业对疫病防控的重视程度更高，对高品质疫苗的需求也更大，为兽用生物制品企业尤其是业内领先的企业带来了良好的发展机遇。兽用化药在动物体内容易残留，随着人们对食品安全意识的提升，对于动物体内兽药残留量的容忍度也越来越低。动物疫苗作为生物制品，在畜禽体内不会产生有害物质残留，是解决防治疾病与药物残留问题的最优选择。因此，兽用疫苗替代化学药物将成为行业的发展趋势，兽用生物制品占兽药的比重将进一步提升。

四、研发动向

动物疫苗行业研发难度大、时间跨度长。一款成熟的产品问世需要经过前期基础研究、实验室研究、中试研究、临床审批、临床试验、新兽药注册证书申请、产品批准文号申请、生产、批签发等阶段，如果是基因工程疫苗的研发，则还需要开展中间试验、环境释放、生产性试验等农业转基因生物安全评价试验研究并获得安全证书，中间多个环节技术难度大，审批时间长，整个研发周期往往需要3～5年甚至是更长的时间。

近十几年来，随着化学、免疫学、生物技术等相关领域新技术、新方法的飞速发展及其推广应用，我国兽用疫苗技术呈现出加速发展的势头。目前我国生产的兽用疫苗仍以传统疫苗为主。传统疫苗是相对于现代生物技术疫苗（或称高技术疫苗）而言，主要包括传统灭活疫苗和传统活疫苗。随着生物技术的进一步发展和推广应用，以及我国兽用疫苗行业科技水平的进一步提高，现代生物技术疫苗也将成为兽用疫苗的主体。目前我国农业农村部已经审批的兽用生物制品中，此类疫苗已不在少数。在现代生物技术发展的推动下，我国兽用疫苗的研发在近年内呈现出一些新特点和新趋势。首先是利用现代生物技术研发、制备的疫苗不断增加，如利用基因工程、细胞工程技术等开发的基因缺失疫苗、载体疫苗、基因工程亚单位疫苗、核酸疫苗以及合成肽疫苗。其次是充分利用发酵工程和分离纯化技术对传统疫苗的抗原培养、分离纯化等关键生产工艺进行改造升级，使得相关传统疫苗升级为生物技术疫苗，如将鸡胚培养法、原代细胞培养法、传代细胞转瓶培养法等升级为传代细胞培养工艺、悬浮培养工艺；将全发酵菌液灭活疫苗升级为组分疫苗等。再次是设计、研发多联苗和多价苗成为重点方向，以达到一针防多病、提高免疫效率的目的。目前，在兽用生物制品的产业化运作方面，高等院校和科研院所与企业合作研发已经成为了行业的主流模式，高等院校和科研院所与企业共享研发成果。合作研发模式中，高等院校和科研院所主要是承担前期的基础性研究，例如流行病学和致病机理研究、菌毒株分离鉴定等；企业则主要是承担中后期的产业化应用研究、生产工艺研究和临床试验等。合作研发模式加快了研究成果产业化的进程，提高了成果产业化的速度和效率。未来随着兽用生物制品创新研究的投入进一步加大，高等院校和科研院所与企业联合发展的合作将进一步加强，产学研的结合将更加紧密。

五、自主创新情况

2020年我国兽用生物制品企业研发资金总投入54.74亿元。在兽用生物制品企业的研发队伍中，28.65%的研发人员具有中级职称，9.55%的研发人员具有高级职称。兽用生物制品企业对不同研发方式的选择情况显示，有103家兽用生物制品企业选择自主研发，90家与企业联合研发，99家与研究单位联合研发。兽用生物制品企业的研发资金使用的方向选择数据显示，有90家兽用生物制品企业选择用在新药的研发上，有96家兽用生物制品企业选择用在生产工艺的改进上，二者有交叉。反映了兽用生物制品企业对产品数量及产品质量的需求。兽用生物制品企业的资金投入方式数据显示，有81家兽用生物制品企业选择购买外单位转让的产品或技术，大多数兽用生物制品企业以自主或联合研发作为主要的资金投入方式。2021年农业农村部共核发生物制品新兽药证书46个，其中，一类5个，二类5个，三类36个。按兽用生物制品类别分，诊断试剂15个，疫苗30个，治疗抗体1个。其中疫苗类别中，传统疫苗25个，基因工程类5个。按动物类别分，猪的产品23个，其中诊断试剂9个，疫苗14个；禽类产品15个，其中诊断试剂2个，疫苗12个，治疗抗体1个；牛羊产品4个，其中诊断试剂1个，疫苗3个；宠物和经济动物产品4个，其中诊断试剂3个，疫苗1个。

撰稿专家：佟有恩

第五节 微生物肥料

一、概况

本年度国内外的微生物肥料产业延续了良好的发展势头。其原因是微生物与植物关系密不可分，微生物肥料产品应用效果独特，其表现出对农作物生长、养分吸收、抗逆性、产量与质量，以及土壤净化、修复改良、土壤健康维持和秸秆等资源的快速腐熟等方面不可替代的作用。尤其是在我国农业绿色发展进程中，面临土壤质量及其生产力下降、土壤健康日益恶化、养分利用率低、农产品品质降低等问题，问题的解决均离不开微生物肥料的使用，微生物肥料也由此成为农业生产的必然的选择。本年度的微生物肥料产业发展趋势主要有以下三个方面。一是采用高通量等新技术筛选优良生产菌株和构建优良菌株组合，实现了多个功能菌株资源优化与利用。二是功能菌与氨基酸、腐植酸等营养物复合技术的应用与复合产品的研发，实现产品功能的提升与效果的稳定性。三是将微生物肥料与其他投入品及其机械的配套，实现产品的机械化施用。这些技术的完善与应用将为微生物肥料产业后续发展奠定良好的基础。

二、主要产品

品种多、应用范围广是我国微生物肥料产业的特色。微生物肥料产品包括农用微生物菌剂、生物有机肥和复合微生物肥料三大类，12个品种。微生物菌剂类产品包括固氮菌剂、根瘤菌菌剂、硅酸盐菌剂、溶磷菌剂、光合细菌菌剂、有机物料腐熟剂、促生菌剂、菌根菌剂、农用微生物浓缩制剂、土壤修复菌剂等。本年度土壤修复菌剂产品得到全社会的关注与重视，有针对性地应用功能菌株使产品配方组成更加科学合理，应用效果不断凸显；微生物种子包衣制剂、连作障碍菌剂产品研发和试验取得新进展，有望成为微生物肥料的新产品种类。

截至2021年11月底，我国微生物肥料企业约有3000多家，遍布我国的30个省、自治区、直辖市；年产量超过3000万吨，应用面积累计达4

亿亩（1亩=666.67平方米）；全国从事微生物肥料生产的人员有15万多人；年产值能达到400亿元/年以上。本年度新增登记产品约1500个，处于历史高位，登记产品总数已过万；微生物肥料现已成为新型肥料中年产量最大（占70%以上）、应用面积最广的品种。

三、市场分析

基于微生物肥料产品功能特点，其市场需求源自它能满足国家农业绿色发展的要求。其总体需求体现在以下5个方面：①微生物肥料产品在维持和提高土壤肥力方面，消除土壤中障碍问题、修复土壤生产力、保持土壤质量健康的作用；②微生物在秸秆等有机物料中快速腐熟方面，促进有机物料的资源化的有效利用；③微生物在固氮和养分转化方面，提供养分供给和提高肥料利用率，实现减量施肥、高效施肥和经济施肥；④微生物在克服作物连作障碍和提高作物品质等方面的独特作用；⑤微生物在提高作物抗旱、抗涝、抗寒、抗病等新功能。因此，微生物肥料已成为我国农业绿色发展不可或缺的产品，其市场现实需求和潜在需求巨大。在农业生产中，微生物肥料已成为名特优新农产品生产基地、设施蔬菜种植基地、果菜茶等经济作物种植基地的主打投入品，累计应用面积超过3亿亩/年。再加上中央财政和地方财政通过购买、补贴等方式，引导和推动了微生物肥料的应用。其市场总价值不断上升，目前达400亿元。

四、研发动向

本年度微生物肥料研发动向包括优良生产菌株及其菌株组合的筛选，土壤修复菌剂产品的完善，以及微生物种子包衣制剂、连作障碍菌剂产品研发和试验三个层面。①采用高通量、夹心平板法等新技术筛选优良生产菌株和构建优良菌株组合，拓展和优化了功能菌株资源的生产与应用。②土壤修复菌剂产品的完善，包括用于针对种植蔬菜、果树、草药、烟草等的重茬土壤、酸性土壤、盐碱土壤和次生盐渍化土壤的有效修复，以及对土壤中的农药残留等高效降解。该产品对修复土壤和保护土壤健康，以及保证农产品安全不可缺少。③微生物种子包衣制剂研发已取得阶段性成果，它将功能微生物包裹在作物种子表面，是微生物发挥促生、防病等作用的有效途径，并将扩大微生物肥料产品的使用范围，实现将微生物肥料与种业的联合。当前主要是研发应用新一代的根瘤菌大豆种子包衣制剂。另外，连作障碍菌剂产品研发与试验，也表现出了其独有的效果，已引起关注。这些新产品市场潜力大，对减肥、减药效果不可估量。

五、自主创新情况

我国微生物肥料产业的自主创新情况表现以下4个方面：①通过微生物培养组学、夹心平板法等新技术的应用，筛选获得了多个新功能菌株，包括纺锤形赖氨酸芽孢杆菌、皮尔瑞俄类芽孢杆菌、贝莱斯芽孢杆菌、甲基营养型芽孢杆菌、阿氏芽孢杆菌、拜赖青霉、厚孢轮枝霉等；②菌株的组合技术有了新的进展，在功能上选用促生与防病、腐熟与防病、土壤修复与促生、连作障碍消减与促生等组合；在构成上采用细菌与真菌组合，发挥各自的优点，实现微生物的"合作"与"互补"；③复合技术的应用取得阶段性突破，将功能菌与氨基酸、腐植酸等营养物复合化，实现了产品功能的提升与稳定性；④建立微生物肥料产品施用后对土壤生物效应、化学效应和物理效应的影响评价规范，保证了产品的使用安全和生态安全。

撰稿专家：李　俊

第六节　转基因动物育种

一、概况

动物转基因和基因编辑技术是传统育种技术的发展、延伸和新的突破，可创制优质、高产、抗病的转基因或基因编辑动物育种新材料，从而快速提高家畜肉品质量、生长发育能力、抗病能力等农业性状。2021年以来，基因编辑技术又取得了一系列突破性的进展。

2021年8月20日，张锋教授创立的基因编辑公司Editas Medicine宣布了一项名为SLEEK（seLection by essential-gene exon knock-in）的新型基因编辑技术的实验数据，该技术是基于AsCas12a核酸酶开发的，这种工程化的核酸酶的非同源末端连接修复（NHEJ）编辑率很高且不会引入 Indel 基因突变。Editas 公司利用 SLEEK 技术在包括诱导多能干细胞、T 细胞和 NK 细胞在内的各种临床相关靶细胞中敲入多个临床相关的基因，并观察到超过 90% 的敲入效率。8 月 30 日，张锋实验室从数千个 Cas13 酶中找到了一个最小的 Cas13 酶——Cas13bt，它的大小只有其他 Cas13 酶的一半。这些突破，为基因编辑动物的遗传改良提供了新的技术手段。

二、主要产品

我国在转基因和基因编辑动物育种领域的研究已居世界领先地位。

1. 提高产肉量和肉品质

自 2012 年起，中国农业科学院北京畜牧兽医研究所先后采用 ZFN、TALEN 和 CRISPR/Cas9 技术，对国内外的梅山和大白等多个猪种的 *MSTN* 基因进行编辑，并制备了 *MSTN* 基因编辑猪。目前，ZFN 技术介导的 *MSTN* 第二外显子基因编辑梅山猪完成了生产性试验，TALEN 技术介导的 *MSTN* 第三外显子基因编辑梅山猪、大白猪已获准开展环境释放，CRISPR/Cas9 技术介导的 *MSTN* 第一外显子基因编辑大白猪已获准开展中间试验。该团队针对多个不同修饰位点和中外品种的 *MSTN* 基因编辑猪群体开展了长期、全面的生产性能测定，优化了 *MSTN* 基因编辑猪编辑位点方案，克服了主要商用猪种纯合子的后肢无力这个关键的生产瓶颈；确定了 *MSTN* 基因编辑在不显著影响饲料转化率或繁殖性能的前提下，不仅可以大幅度提高瘦肉产量，而且提升了口感（更嫩）；不仅肉质具有高蛋白、低脂肪，而且提高了有益的多不饱和脂肪酸含量；此外发现猪 *MSTN* 基因编辑策略的品种效应和位置效应。该成果发表于 *SCIENCE CHINA-Life Sciences* 杂志。中国农业大学、西北农林科技大学、延边大学、吉林大学和湖北省农业科学院畜牧兽医研究所、内蒙古大学、扬州大学等单位，也利用各种基因编辑技术成功制备 *MSTN* 基因编辑绵羊、山羊、牛及猪等多种家畜。

2018 年，中国科学院动物研究所周琪院士和王皓毅研究员团队合作，利用 CRISPR-Cas9 技术对巴马猪胰岛素样生长因子 2 的内含子 3 的 3072 位点进行编辑。相对于野生型猪，F_1 代编辑猪的体重增加了 34.58%，胴体重增加了 33.35%，瘦肉率提高了近 40%。该成果也首次证明了通过编辑基因非编码区能够显著提高牲畜的生产经济性状。

华中农业大学通过 CRISPR/Cas9 定点整合技术和体细胞克隆技术获得了 Rosa26 座位定点整合的无标记转 PPARγ2 基因猪。委托农业农村部种猪质量监督检验测试中心（武汉）对 F_1 代转基因猪及非转基因猪进行屠宰测定，测定结果表明转 PPARγ2 基因猪肌内脂肪含量显著提高 20% 以上、大理石纹评分等肉质性状方面指标显著高于非转基因猪，而在瘦肉率、眼肌面积等胴体性状方面指标无显著差异，实现了在保持高瘦肉率前提下提高肌内脂肪等肉质性状的目的。该基因编辑猪已获准开展环境释放。

2．改善牛奶和羊毛品质

中国农业大学制备的转人乳铁蛋白基因奶牛和转人 α- 乳清白蛋白基因奶牛已完成生产性试验，并提交安全证书申请材料。目前已繁育到第 5 代，重组蛋白含量最高可达到 30 g/L 以上，乳蛋白含量提高 20% 以上，重组人乳铁蛋白已完成国家卫生计生委新食品原料认证申请。在国际上率先获得锌指核酸酶（ZFN）介导的乳球蛋白基因敲除奶牛，过敏原乳球蛋白减少 40%～90% 以上，获得环境释放审批书。药用转 CD20 抗体基因奶牛获得环境释放审批书。

内蒙古大学利用 CRISPR/Cas9 基因编辑技术将 VEGF 基因定点整合于 FGF5 基因座位，并制备了基因编辑羊。这为培育产绒量高的绒山羊新品种提供了科学依据。新疆农垦科学院联合新疆畜牧科学院、中国农业大学等单位，培育出皮肤组织特异表达 β-catenin 转基因羊等一系列高产超细毛转基因羊。其中，转 IGF-1 基因羊的产毛量较对照组提高 20% 以上。且以获得的 IGF-1/HGF 双转基因羊为基础，通过编辑 FecB 基因，在保证优质羊毛性状的同时，提高细毛羊的繁殖效率和生产性能。

3．环境保护

华南农业大学创新了定点整合和多基因聚合技术，将 2 个可适应不同 pH 值的葡聚糖酶基因，1 个木聚糖酶基因，1 个植酸酶基因共 4 个基因，通过 CRISPR/Cas9 系统结合同源重组技术，定点整合于猪基因组中安全友好的 CEP112 座位，创制了转 BEXA 基因猪。相较于对照组，该转基因猪饲料利用率提高约 12%，粪氮和粪磷排放分别减少约 16% 和 52%，具有突出的节粮和环保性能，目前已获准开展生产性试验。

4．抗病育种

2020 年，中国农业科学院北京畜牧兽医研究所基因工程与种质创新团队联合华中农业大学等单位，以大白猪为研究对象，采用基因编辑技术同时对 *CD163* 基因第七外显子和 *pAPN* 基因第二外显子进行编辑，使病毒受体 CD163 和 pAPN 蛋白失活，并获得全球首例抗三种重大疫病猪育种材料。该双基因编辑猪可同时抵抗猪繁殖与呼吸综合征病毒和传染性胃肠炎病毒感染，并显著性抑制猪德尔塔冠状病毒的感染，同时保持正常生产性能。

吉林大学筛选获得了抗流行性腹泻病毒的 *shRNA* 基因，并采用新型基因编辑技术制备出抗流行性腹泻的基因定点整合抗病猪，攻毒试验表明该抗病猪的仔猪死亡率明显降低。

中国农业大学制备的抗乳腺炎转人溶菌酶基因奶牛已完成生产性试验，并申报安全证书，体外试验显示抗乳腺炎能力提升 80% 以上。

西北农林科技大学先后利用基因编辑技术成功制备了定点整合的转 Lysostaphin 基因克隆牛、转 Lysozyme 基因克隆牛、*Ipr1*(SP110) 基因打靶抗结核克隆牛、转 *NRAMP1* 基因克隆牛、转人 *β-* 防御素 3 基因牛等一系列抗乳腺炎和结核病的育种新材料，其抗乳腺炎能力提升 70% 以上，抗结核菌能力提高 60% 以上。这些抗病家畜新材料的研制对于我国家畜抗病育种具有重要意义。

三、市场分析

转基因或基因编辑动物育种的产业化情况和转基因植物相比，还落后很多。在国内还未有相关转基因或基因编辑动物产品上市。转基因和基因编辑动物的制备存在着效率低、费用高等问题，专利申请在全球许多国家和地区受限，进入市场还要受到极其严格的限制，困难重重。

为此，中国农业科学院农业基因组研究所和北京畜牧兽医研究所于 *National Science Review* 杂志中发表论文，剖析了基因修饰食用动物产业化的社会接受度存在的挑战，从社会许可（Social license）的角度提出了基因修饰食用动物获得社会接受的全新的工作框架。提出了"自然杂交等同"的新概念，创新了区分基因修饰食用动物分类框架：① ENV，等同于自然变异；② ENC-，内源性基因失活（敲除）；③ ENC+，插入一个新的基因序列（敲入）；④ BNE，超越自然等同。BNE 类型的性状可能引入全新的生化途径，以提高动物的生产力和/或环境友好性。该论文为公众了解基因修饰食用动物的属性提供了新思路，为科研人员的生物育种方向提供新参考，为监管机构的基因修饰食用动物评估、批准和商业化提供了新策略。同时，在 *Trends in Biotechnology* 上发表论文，认为需要客观正确对待转基因和基因编辑产品的区别,并以此来合理简化转基因产品和基因编辑产品的监管体系。文章指出基因编辑在农业育种和医学治疗方面的应用具有重要区别,即在基因编辑完成后,农业育种可以通过多层次筛选,剔除脱靶等非预期效应,直至选出最优个体用于生产应用。

随着科研人员的不懈努力及新技术,如基因编辑技术等的不断应用,转基因和基因编辑动物的制备将越来越安全、高效,成本将大大降低。同时,转基因和基因编辑生物安全评价管理越来越系统化和规范化。相信在不远的将来,将会有越来越多的转基因和基因编辑动物,像转基因三文鱼、基因编辑"GalSafe 猪"一样,被推向市场,摆上餐桌。

四、研发动向

利用多组学技术挖掘一批具有重要育种价值的功能基因和调控元件;开展多基因聚合、时空高效表达调控等转基因新技术研究;挖掘友好基因座位(Safe harbor),开展基因定点整合研究;研发多基因、单碱基编辑等技术体系,降低脱靶效应,精细模拟天然突变或基因置换。为利用转基因和基因编辑技术培育农业动物新品奠定基础。

五、自主创新情况

2018 年 11 月,中科院动物研究所李伟研究组发现来自酸性脂环酸芽孢杆菌(AaCas12b)的 Cas12b 可以在 31～59℃温度范围内对哺乳动物基因组进行编辑,且具有更低的脱靶性。2019 年 2 月,该团队对 25 种尚未挖掘的 V-A 型 Cas12a 蛋白进行研究,最终成功地获得了 6 种新的 Cas12a 系统,能够有效地实现哺乳动物细胞基因组的编辑。同年 4 月,该团队再次发表关于 CRISPR/Cas12b 的最新研究成果,发现了 4 种新的 Cas12b 蛋白可用于哺乳动物基因组编辑,该研究大大扩展了基于 Cas12b 的基因组工程工具箱。近期,中国农业科学院李奎团队开发了一种名为报告 RNA 富集的双引导 RNA 核蛋白(reporter RNA enriched dual-sgRNA/CRISPR-Cas9 ribonucleoproteins,RE-DSRNP)高效编辑技术体系,可用于快速制备无外源 DNA(Transgene-free)基因编辑克隆猪;并利用该体系成功获得了 WIP1 基因编辑的雄性繁殖障碍模型猪。

撰稿专家:李　奎

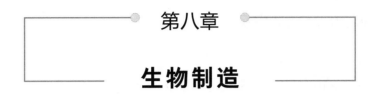

第八章
生物制造

第一节 2021年度生物制造发展态势

在化石资源日渐枯竭、温室气体过度排放等造成的全球气候、环境危机背景下,推动由不可持续的线性经济增长方式转向低碳循环经济增长方式已成为全球共识,而生物产业是其中重要一环。生物制造是一种以工业生物技术研发为核心,以生物体生产燃料、材料、化学品或进行物质加工的先进工业模式,具有碳减排、可再生、促发展等优势,受到世界各国政府的高度重视,纷纷加强生物经济战略顶层设计,推出多项项目计划以及人才、财税及管理措施,为生物制造产业保驾护航。当前,全球已临近新技术产业和新经济形态更新迭代的拐点,根据OECD预测,未来十年至少有20%的石化产品(总值约8000亿美元)可由生物制造产品替代,而目前替代率尚不到5%,缺口近6000亿美元。

2021年,全球主要经济体高度重视生物制造产业发展,更新细化生物经济战略规划,大力资助生物质利用和生物基产品转化研发,生物技术研究不断取得突破,生物制造产品的种类和应用范围逐渐扩展,越来越多的新材料、新能源、药物中间体、精细化学品和营养品等实现生物路线生产,推动生物制造成为重新定义绿色产品和生产方式、开启下一代生物经济的重要产业突破口。

在"双碳"政策的推动下,我国经济加快从高速增长阶段转向高质量发展阶段,生物制造产业的发展将成为我国转变发展方式、优化经济结构、转换增长动力的重要一环,有助于推进建立健全绿色低碳循环发展经济体系，促进我国经济社会绿色可持续发展。

一、国际生物制造发展态势

（一）生物制造驱动生物经济加快发展

绿色低碳循环经济发展成为全球共识，生物制造产业成为世界主要发达经济体科技产业布局的重点领域之一。OECD发布《2030年生物经济：制定政策议程》报告，对生物技术潜在影响最大的农业、卫生和工业三个部门的未来发展进行了全面分析，指出到2030年生物技术对全球GDP的贡献率将达到2.7%以上。2018年经合组织发布的《面向可持续生物经济的政策挑战》报告，指出世界各国对生物经济的关注已从最初对利基利益层面的关注发展到纳入政策主流的重视，多个国家出台了生物经济相关政策或提出发展愿景，并详细介绍和分析了这种政策环境的变化。目前全球已有五十多个国家发布了发展生物经济的相关政策，一些国家在发展生物经济方面形成了自己的特色，例如美国注重提高生物经济的战略地位，英国重视发展合成生物学技术，德国确定以基础研究为重点，法国注重发展生物技术和生物产业，巴西注重以生物产业带动经济发展，日本提出以生物技术和生物产业立国，韩国倡导由政府主导生物产业发展。近两年，美国、欧盟、英国、日本等经济体纷纷提出或更新国家与地区生物经济发展战略，明确规划生物制造发展路线图。

2020年1月，《保卫生物经济2020》评估美国生物经济现状，提出制订使美国在生物经济未来发展和革新过程中保持领先地位的机制。2020年5月，美国参议院通过《2020年生物经济研发法案》，明确建立推动国家生物经济研发计划，并在2021年6月正式将其纳入《美国创新与竞争法案》，将加快工程生物学的研发与应用上升到国家经济竞争高度层面。2021年1月，美国工程生物学研究联盟发布《工程生物学与材料科学：跨学科创新研究路线图》，评估了工程生物学和材料科学交叉领域的挑战和创新潜力，通过利用和整合工程生物学的机遇和优势，提供创造性和雄心勃勃的材料解决方案。

2020年3月，欧盟生物基产业联盟发布《战略创新与研究议程（SIRA 2030）》报告草案，提出2050年建立循环生物社会的愿景，即"一个具有竞争力、创新性和可持续发展的欧洲，引领向循环型生物经济转变，使经济增长与资源枯竭和环境影响脱钩"，并阐述了实现这一愿景的主要挑战和路线图，以及规划了里程碑成果和关键绩效指标。2021年5月，欧盟生物基产业联盟为18个循环生物项目提供1.045亿欧元支持，将在欧洲建造首个生物精炼厂、建立示范规模的生产设施、利用新技术缩小价值链中的差距、解决生物经济中的挑战，加速生物基产品被市场接纳。2021年5月，欧盟委员会发布《生物经济未来向可持续发展和气候中和经济的转变：2050年欧盟生物经济情景展望》，对欧洲乃至全球生物经济的气候中和发展趋势与可持续发展趋势进行了情景分析。

2020年6月，英国威尔士亲王查尔斯召集循环生物经济国际圆桌会议，提出创建有利于可持续福祉的循环生物经济的十点行动计划，包括投资自然与生物多样性、转型工业等。2020年7月，英国政府发布英国研究与发展路线图，提出疫情后发展研究和创新，建设更加绿色、健康、有活力的英国。2021年3月，英国发布《工业生物技术报告：标准和法规的战略路线图》，明确了在利用工业生物技术减少碳排放方面具有中短期潜力的五个行业领域，包括农业、生物燃料、精细和特种化学品、塑料和纺织品，并提供了释放工业生物技术潜力的路线图。

日本《生物战略2019》提出到2030年成为世界最先进的生物经济社会，将通过生物方法可持续制造原料和材料作为建设要点之一。2020年6月和2021年1月，日本发布新版《生物战略2020》基本措施版、市场领域措施版，提出重点发展技术领域与产业布局。

2021年11月，澳大利亚政府公布生物能源发展路线图，明确了未来十年生物能源行动指南，提出将在生物能源领域进行关键技术创新，目标到2030年生物能源使澳大利亚GDP增加100亿美元，到2050年，利用生物能源提供澳大利亚能源的40%。

（二）生物基产品资助力度持续增加

随着全球在气候、能源和生态等方面问题的逐渐凸显，世界主要经济体在生物质利用和生物基产品多元化发展方面提出更加细致的实施方案，并提供充足的资金资助。

2021年5月，在美国总统拜登宣布的2022年预算草案中，计划在2022—2026年为生物燃料提供10亿美元资助，154亿美元用于支持增加生物精炼、可再生化学品和生物基产品的制造，未来十年为可持续航空燃料（SAF）提供税收优惠66.36亿美元。2021年4月，美国能源部拨款6140万美元资助生产低成本、低碳生物燃料的技术开发，为重型车辆、飞机和船舶等提供动力；5月，美国能源部为15个项目提供3500万美元的资金，以提高生物燃料的使用量和使用率；6月，美国能源部资助800万美元用于开发利用藻类转化技术来减少CO_2的排放，并创造有价值的生物质产品和服务；同月，美国能源部拨款4550万美元，资助开发新工具来研究细胞、将天然和合成材料转化为可持续生物燃料和生物产品的34个研究项目；8月，美国能源部为11个项目提供近3400万美元，支持利用城市固体废物和藻类生产生物燃料、生物能源产品和生物基产品的具有高影响力的研究和开发；9月，美国能源部提供6470万美元资金，开发生产低成本、低碳航空生物燃料，帮助航空业实现脱碳。2021年10月，美国白宫发布《重建更好法案》，其中包括将为美国农业部提供10亿美元资助，用于在未来8年内为生物能源发展提供帮助，旨在扩大美国的生物燃料基础设施，以及增加乙醇或生物柴油的混合燃料的可用性，利用低碳和可持续的生物能源帮助美国交通运输部门尽快实现净零排放的目标。

自2014年以来，欧盟生物基产业联盟（BBI JU）通过资助140多个在欧洲促进循环生物的创新项目，促进生物技术创新并为生物经济引入新工具，并在2021年11月正式升级启动循环生物基欧洲联合承诺。同时，为了实现"至2030年温室气体减排55%"的新目标，欧盟在"欧洲绿色协议"框架的指导下开展了多项资助项目，支持绿色科技创新，例如在工业二氧化碳捕集和生物转化利用方面，启动了$PyroCO_2$、$BioRECO_2VER$等创新项目。

2021年3月，英国政府启动绿色燃料、绿色天空竞赛（Green Fuels，Green Skies，GFGS），作为英国首相鲍里斯·约翰逊提出的绿色工业革命十点计划（Ten Point Plan）的一部分，旨在开发创新技术，将家庭垃圾、废木材和多余电力转化为可持续航空燃料，帮助提高航空业的可持续性；2021年7月英国政府宣布为GFGS中优胜的8家公司提供1500万英镑政府资助。2021年8月，英国商业、能源和工业战略部宣布为生物质原料创新方案中的24个项目提供400万美元资助，通过生物质原料的培育、种植和收获等环节的创新，提高英国的生物质生产能力，为构建多样化绿色能源组合提供原料。

为了提升日本生物经济的竞争力，日本经济产业省投入20亿元/年预算，启动"开发生物基产品加速碳循环"计划，促使依赖野生植物为原料的药品、化妆品和保健品的活性成分的发酵生产工业化，发展可作为纺织品和树脂材料的聚酰胺和聚丙烯的生物制造技术等。

（三）技术进步推动生物产品迭代创新

近年来，生物技术飞速发展，合成基因组学研究上升到新的高度，多种新型基因编辑器不断问世，蛋白质结构预测工具迭代更新，利用机器学习算法等开展生物预测的范围不断拓宽，组学技术、生物成像技术、单细胞分析技术、人工智能等前沿技术的交叉融合使更系统地认识生命成为可能，宏基因组技术、第三代测序技术、合成生物学技术、基因编辑技术、深度学习等前沿生物技术的进步大大促进生物资源保藏、分析、评价与利用，关键核心技术的不断革新全面赋能食品、农业、医药、能源、化工等产业转型升级，合成生物制造的技术难关不断突破，加速产业化进程推进。美国卡耐基梅隆大学研究人员开发了一种机器学习算法，通过匹配微生物代谢组和基因组数据，挖掘潜在的天然药物；斯坦福大学研究者开发了一个计算工作流，用于系统地筛选生物分子合成的衍生途径，该工作流在预测代谢工程中的反应、途径和酶上具有很高的价值；日本可持续资源科学中心研究者通过计算机模拟辅助设计，在大肠杆菌中构建了一条从葡萄糖合成1，3-丁二烯的人工代谢途径；美国斯坦福大学和加州大学的研究者结合微流体和无细胞蛋白质合成技术开发了一种名为高通量微流控酶动力学新技术，将极大提高对酶结构功能的认识；英国纽卡斯尔大学研究人员开发了利用微生物将二氧化碳转化为甲酸的生物固碳新策略；法国 Global Bioenergies 公司与英国曼彻斯特大学研究者合作开发了一种改良的甲羟戊酸途径，在微生物体内将葡萄糖转化为异丁烯；美国纽约州立大学研究者利用经过基因工程改造的大肠杆菌，将葡萄糖转化为烯烃；德国蒂宾根大学研究人员通过改变蓝细菌的代谢通路，生产出具有良好生物降解特性的生物塑料替代品——PHB；韩国科学技术院研究者通过结合逆向生物合成和前体选择步骤，设计了首个短链伯胺的生物合成途径；美国麻省理工学院的研究团队通过逆合成设计开发了重要化工中间体苄胺的四步酶反应途径，极大提高合成效能；美国能源部布鲁克海文国家实验室研究者发现了一种杨树 BAHD 家族酰基转移酶，能调控对羟基苯甲酸的形成，开辟对羟基苯甲酸可持续生物合成新方案；美国西北大学的研究人员开发出一种整合的体内/体外细胞框架，利用代谢重组酵母提取物，提高无细胞生物合成化学产品（丁二醇、甘油、衣康酸）的能力；美国斯坦福大学的研究者通过整合植物生物碱转运蛋白，介导生物碱生物合成途径中不同节点在细胞区室间的转运过程，显著提高酵母中生物碱及其衍生物的产量；美国伊利诺伊大学研究团队开发了一种使用 glycyl-tRNA 作为氮供体的芳香胺生物合成途径，为天然产物的生物合成提供了全新的思路；美国太平洋西北国家实验室的研究团队对产油酵母进行工程化改造，开发 α-zingiberene 或其他萜类生物合成新途径；韩国科学技术高等研究院研究者利用代谢工程方法，成功改造大肠杆菌生产彩虹着色剂，为食品和化学行业提供可持续的色素原料；瑞典查尔默斯理工大学的研究者利用酵母细胞工厂从头合成大豆黄酮，为异黄酮类化学品的从头合成提供重要理论基础。

（四）生物产业发展不断注入资本活力

当前，生物制造已成为世界主要发达经济体科技产业布局的重点领域之一，吸引了大量公共投资和社会资本，形成了价值数百亿美元级别的投资风口。众多科技创新企业致力于疫苗、抗体、药物、营养品、材料和食品等的生物制造路线研发，并获得投资者关注和市场青睐。

近两年，生物基产业崛起，新材料应用加速。2020 年 8 月，被誉为中国生物基材料领域"独角兽"的凯赛生物在科创板上市，凯赛生物是我国首家合成生物学产业化企业，通过对微生物进行基因编辑实现长链二元酸生产，成功逼退化学合成法生产商英威达。美国 Amyris 公司应用合成生物技术生产可再生产品，服务于香精香料、化妆品、药品和营养保健品市场，Amyris 在 2020 年 6 月和 2021 年 4 月分别获得价值 2 亿美元和 3 亿美元的 IPO 后股权融资用于创新产品开发，Amyris 还于 2020 年底与 DSM Nutritional Products 完成 5000 万美元战略交易，利用其平台开发精细化学品。蓝晶微生物专注于合成生物技术研发与创新应用，包括开发完全可降解材料 PHA、植物天然药物分子，蓝晶微生物于 2020 年 5 月完成数千万 A+ 轮融资，2021 年 2 月完成近 2 亿元的 B 轮融资，创下国内合成生物学领域初创企业单笔融资金额新纪录。

随着生态农业概念的普及与发展，农业生物技术企业也迎来了投资热潮。2020 年 4 月美国农业科技公司 Pivot Bio 完成 1 亿美元的 C 轮融资，扩大其独特的微生物固氮技术的使用，该技术利用微生物固定大气中的氮，有助于减少与合成氮肥有关的温室气体排放、水污染和全球能源消耗。2020年5月，美国公司Apeel Sciences获得2.5亿美元的D轮融资，用于开发一系列植物来源的食品保鲜剂，可以将食物的新鲜时间延长两到三倍，减少食品的浪费，促进更可持续的供应链。2021年7月，美国微生物固氮创新公司Pivot Bio完成由DCVC和Temasek牵头的4.3亿美元D轮融资，资金将推动公司加速改造微生物固氮产品，以取代每年销售600亿美元的传统氮肥，从而维持玉米、小麦和大米的可持续供应。

未来食品是这两年最火的生物领域投资方向之一，包括非动物来源的肉、蛋、奶等高蛋白食品，以及细胞工厂制造食品添加剂等。美国人造肉公司Impossible Foods在2020年8月获得价值数十亿美元的F轮融资，生产的植物性汉堡具有与普通汉堡惊人相似的味道和质感，其主要成分是植物蛋白和酵母发酵制备的血红素。2020年1月，细胞培养肉公司Memphis Meats获得1.61亿美元的B轮融资，主要开发基于细胞培养的肉类等。2021年11月，以色列"人造奶"初创公司Imagindairy完成1300万美元的种子轮融资，Imagindairy旨在开发一种可商业化的无动物蛋白乳制品，将用于生产乳清和酪蛋白的DNA插入微生物中，工程微生物以植物性脂肪、糖和水为原料生产乳清和酪蛋白。

此外，生物技术平台公司也在资本的加持下蓬勃发展。2021年4月，美国合成生物平台公司Zymergen正式登陆纳斯达克，IPO募集超过5亿美元，Zymergen致力于结合机械自动化、机器学习和基因组学来设计、开发、生产和销售新的生物基材料。2021年4月，生命科学云平台研发公司Benchling宣布完成E轮2亿美元融资，将进一步扩展其云平台的全球覆盖范围，提高其技术能力。2021年6月，DNA合成企业Codex DNA正式成功登陆纳斯达克，IPO募集资金1.07亿美元，Codex DNA解决了构建DNA和mRNA的过程中的技术瓶颈，能够快速、准确构建DNA和mRNA。2021年8月，无细胞生物制造平台Debut biotech公司完成了2260万美元的A轮融资，Debut计划将现有的无细胞生物制造平台开发的产品商业化，并将其用于食品、健康产品、化妆品、颜料、治疗和其他工业领域。2021年9月，合成生物学平台企业Ginkgo Bioworks以SPAC合并的方式正式登陆纽约证券交易所，Ginkgo致力于发展细胞编程技术，促进合成生物学领域的发展，最近与合作伙伴Aldevron在生产mRNA疫苗的关键材料方面取得突破性成就，还与合作伙伴Cronos Group共同实现稀有大麻素CBG的商业化生产。

二、我国生物制造发展态势

我国生物制造产业基础雄厚，近年来发展势头良好。当前我国生物制造产业规模全球第一，并且仍在继续扩大，近年来保持年均 12% 以上增速。生物发酵制品、生物基精细化学品以及生物基材料等主要生物制造产品产量超过 7000 万吨，产值超过 8000 亿元（不含传统酿造业），影响下游产业规模超过 10 万亿元。

党的十九大以来，中央高度重视贯彻新发展理念，建设现代化经济体系，坚持节约资源和保护环境，引导绿色低碳循环发展。2021 年 7 月，国家发展和改革委员会印发《"十四五"循环经济发展规划》提出，到 2025 年，循环型生产方式全面推行，绿色设计和清洁生产普遍推广，资源综合利用能力显著提升，资源循环型产业体系基本建立；废旧物资回收网络更加完善，可再生资源循环利用能力进一步提升，覆盖全社会的资源循环利用体系基本建成；资源利用效率大幅提高，可再生资源对原生资源的替代比例进一步提高，循环经济对资源安全的支撑保障作用进一步凸显。2021 年 11 月，国家发展和改革委员会等十部门印发《"十四五"全国清洁生产推行方案》提出，到 2025 年，清洁生产推行制度体系基本建立，工业领域清洁生产全面推行，农业、服务业、建筑业、交通运输业等领域清洁生产进一步深化，清洁生产整体水平大幅提升，能源资源利用效率显著提高，重点行业主要污染物和二氧化碳排放强度明显降低，清洁生产产业不断壮大；到 2025 年，工业能效、水效较 2020 年大幅提升，新增高效节水灌溉面积 6000 万亩。化学需氧量、氨氮、氮氧化物、挥发性有机物（VOC）排放总量比 2020 年分别下降 8%、8%、10%、10% 以上；全国废旧农膜回收率达 85%，秸秆综合利用率稳定在 86% 以上，畜禽粪污综合利用率达到 80% 以上；城镇新建建筑全面达到绿色建筑标准。2021 年 12 月，工业和信息化部印发《"十四五"工业绿色发展规划》提出，到 2025 年，工业产业结构、生产方式绿色低碳转型取得显著成效，绿色低碳技术装备广泛应用，能源资源利用效率大幅提高，绿色制造水平全面提升，为 2030 年工业领域碳达峰奠定坚实基础。其中，碳排放强度持续下降，单位工业增加值二氧化碳排放降低 18%；能源效率稳步提升，规模以上工业单位工业增加值能耗降低 13.5%。资源利用水平明显提高，大宗工业固废综合利用率达到 57%，主要可再生资源回收利用量达到 4.8 亿吨，单位工业增加值用水量降低 16%；污染物排放强度显著下降，重点行业主要污染物排放强度降低 10%。绿色制造体系日趋完善，重点行业和重点区域绿色制造体系基本建成，绿色环保产业产值达到 11 万亿元。

国家高度关注能源行业的清洁转型。2020 年 12 月，国务院新闻办公室发布的《新时代的中国能源发展》白皮书提出，"坚持不与人争粮、不与粮争地的原则，严格控制燃料乙醇加工产能扩张，重点提升生物柴油产品品质，推进非粮生物液体燃料技术产业化发展"。2021 年 4 月，国家能源局印发《2021 年能源工作指导意见》提出，要加快清洁低碳转型发展，特别强调要有序推进生物质能开发利用，加快推进纤维素等非粮生物燃料乙醇产业示范。

为了进一步加强生物科技领域国际前沿研究和促进生物制造产业发展，我国在"合成生物学"和"生物与信息技术融合"方面的投入力度有所加强。《中华人民共和国国民经济和社会发展第十四个五年规划和 2035 年远景目标纲要》指出，要大力推动生物信息技术的融合创新，加快生物医药、生物材料、生物能源等产业的发展，将生物经济做大做强。《国家科学与技术中长期发展规划纲要》中，将工业生物技术列为科技前沿技术，生物技术产业被确定为七大战略性新兴产业之一。2021 年 10 月，国家发展和改革委员会和工业和信息化部发布《关于推动原料药产业高质量发展实施方案的通知》，文件中明确提到要加快合成生物学等先进技术的开发应用。2020 年和 2021 年，科技部先后发布国家重点研发计划"合成生物学"等重点专项项目申报指南，要求整合集成全国相关领域的优势创新团队，聚焦研发问题，强化基础研究、共性关键技术研发和典型应用示范的各项任务间的统筹衔接，集中力量，联合攻关。2021 年"绿色生物制造"专项在工业酶创制与应用、生物制造工业菌种构建、智能生物制造过程与装备、生物制造原料利用、未来生物制造技术路线及创新产品研发、绿色生物制造产业体系构建与示范 6 个任务部署 22 个研究方向。

（一）生物发酵

目前，我国已经发展成为生物发酵规模最大的国家，所生产产品种类也从原来的三大类五十多种发展到现在的八大类（氨基酸、有机酸、淀粉糖、酶制剂、酵母、糖醇、功能性发酵制品、酵素等）三百多种。大宗发酵产品年产量超 3000 万吨，年产值超 2400 亿元，如果将发酵食品涵盖在内，年产值将达到 1.2 万亿元左右。氨基酸、有机酸、淀粉糖、酵母等二十多个产品产量位居世界第一。

2020年全球氨基酸市场规模达到980万吨，2026年预计将达到1310万吨。我国氨基酸产业稳步增长，目前我国已经发展成为世界上最大的氨基酸出口国，生产的氨基酸品种众多，主要种类包含谷氨酸、赖氨酸、苏氨酸、蛋氨酸和色氨酸，其中谷氨酸、赖氨酸和苏氨酸产量占氨基酸总产值的近90%。我国还在一些具有类氨基酸作用的非主流氨基酸市场拥有较高占有率，占有全球瓜氨酸市场的50%、牛磺酸市场的80%、肌醇市场的70%、左旋肉碱市场的30%。国内氨基酸行业的龙头企业包括阜丰集团、梅花、伊品、象屿、东晓、万里润达、新和成、安迪苏等。由于2020年新冠肺炎疫情，供求矛盾进一步升级，加上资本炒作，玉米价格迅速攀升至6年来新高，推动发酵氨基酸成本连续上涨；国内生物产能持续恢复，养殖端饲料需求明显增长，饲用氨基酸市场需求增量。国内赖氨酸行业产能总体下滑，万里润达延迟投产，丰原生化、东方希望停产时间均较长，大成和希杰沈阳工厂停产，长清生物退出生产，成福98.5%赖氨酸停产；蛋氨酸产能不断扩大，供过于求的局面保持，新和成试产10万吨，年产能达15万吨，宁夏紫光年产能提升至14万吨；苏氨酸国内年产能95万吨，年产量72.6万吨，集中度较高，行业低效产能延续出清；色氨酸年产量2.18万吨，阜丰产能提升，巨龙扩产，成福占据25%供应市场，金象生化逐渐提产。

我国发酵有机酸产业在世界上也占据着举足轻重的地位，目前国内发酵有机酸年产能约180万吨，年产能占全球70%以上，年产量占全球65%左右，年产值超过100亿元。柠檬酸是最重要的发酵有机酸品种，目前全球柠檬酸总产能约200万吨，年产量约150万吨，我国柠檬酸年产能已达150万吨，约占全球产能的75%。2020年我国柠檬酸产量144.6万吨，出口量达94万吨，超过产量的65%。近年来国内柠檬酸行业的集中度不断提升，企业数量约20余家，大部分分布在山东、安徽、江苏、湖北、甘肃等地，主要厂家包括潍坊英轩实业有限公司（年产能50万～60万吨）、山东柠檬生化有限公司（25万吨）、日照金禾生化集团有限公司（25万吨）、宜兴协联生物化学有限公司（20万吨）、中粮生物化学（安徽）有限公司（16万吨）、莱芜泰禾生化有限公司（15万吨）等。

2020年全球酵母产能在170万吨左右，我国产能近50万吨，产量约40万吨，出口量16万吨，同比增长11.98%。酵母市场属于典型的寡头垄断行业，竞争格局较稳定，市场主要被乐斯福、英联马利、安琪酵母三家瓜分。安琪酵母全球共建有10家酵母生产基地，拥有15条酵母生产线，总产能达27万吨，其中酵母类18.4万吨，酵母抽提物8.6万吨，目前国内市场占有率超过 50%，全球市场份额也已达到了 15%。2020 年 5 月，安琪酵母宣布在云南开建一条 2.5 万吨的酵母生产线，预计 2022 年投入使用。安琪酵母"十四五"时期规划酵母类产品试产规模超过 50 万吨。

根据中国淀粉协会数据，2020 年我国淀粉糖总产量 1544 万吨，较上年同期增长 5.2%。根据中国海关数据，淀粉糖首次进口数量超过出口数量，主要淀粉糖产品进口数量为 157.94 万吨，同比增长 146.8%；淀粉糖出口数量为 157.06 万吨，同比下降 0.8%。我国淀粉糖产品种类丰富，液体糖以果葡糖浆、麦芽糖浆和葡萄糖浆为主，固体糖以结晶葡萄糖、麦芽糊精为主。淀粉糖企业产量较为集中，前十强企业产量占总产量 50% 以上，其中广州双桥淀粉糖、西王糖业、诸城兴贸、中粮生物科技的年产量均超过 10 t。

糖醇产业为我国的医药、日化、食品、化工等行业的发展奠定了坚实的基础，也为我国淀粉糖产业发展打开了新市场，在国民经济中占有越来越重要的位置。我国糖醇产业作为玉米深加工中前景较为看好的新兴行业，无论是生产规模、产量还是技术装备水平都处于国际领先水平。2020 年我国糖醇产量约 137.46 万吨，同比增长 9.08%，出口总量约为 15 万吨，同比增长 5.93%。山梨醇是我国糖醇生产的第一大品种，2020 年产量达到 103.62 万吨，比上年增长 14.70%；结晶山梨醇（固体）10.20 万吨，甘露醇 2.06 万吨，木糖醇（晶体）4.59 万吨，木糖醇（液体）6780 t，比上年大幅增加 464.06%，液体麦芽糖醇 11.91 万吨，结晶麦芽糖醇 3.89 万吨。2020 年，山东天力药业糖醇产量达到 46.06 万吨，占到我国糖醇产量的 33.5%，罗盖特营养食品有限责任公司产量占比 19%，单工同创 16%，肇庆焕发 15%，山东鲁州 9%。由于原材料、食品安全政策等因素的制约，糖醇产业的进入壁垒较高，未来市场集中度有望进一步提高。

功能性发酵制品行业为我国功能性食品、功能性食品添加剂及配料市场提供不可缺的基础原料，2020 年产量规模超过 370 万吨。《国民营养计划（2017—2030 年）》指出，着力发展保健食品、营养强化食品、双蛋白食物等新型营养健康食品。功能性发酵制品因其安全、高效、规模化等优势而备受青睐，目前已在国内外健康产品及原料开发过程中占据重要的位置，各类低聚糖新产品、活性多肽、氨基酸、益生菌、益生元等功能发酵制品的发展势头良好。此外，相关部门批准了一批新食品原料，也促进了产业的快速发展，例如 2021 年初，国家卫生健康委员会批准华熙生物的透明质酸钠可作为新食品原料应用于普通食品。

（二）生物基化学品

生物基化学品是指利用可再生的生物质（淀粉、葡萄糖、木质纤维素等）为原料生产的大宗化学品和精细化学品等产品。生物基化学品及关键的平台化合物是当今全球化学品领域的研发热点之一，化学品的生物制造是生物产业的重要组成部分。目前，我国生物基化学品与材料领域的产业规模约600万吨，约占全球产能的12%，产值规模已经超过3000亿元。

在基础化学品方面，我国率先在世界上实现了羟基乙酸的生物工业化生产，完成了乙烯、化工醇等传统石油化工产品的生物质合成路线的开发，基本实现了生物法乙烯、丁二酸、1,3-丙二醇、L-丙氨酸、戊二胺、法尼烯等产品的商业化，完成异戊二烯、丁二烯、1,4-丁二醇、丙酸、苹果酸等产品的中试或示范过程，实现烷烃、丙酮、丙二酸、乙二酸、己二酸、丙二醇、对二甲苯、环氧氯丙烷、己内酰胺的小试过程；许多产品技术水平与产品产量呈快速增长趋势；1,6-二磷酸果糖、黄原胶、L-苹果酸、长链二元酸等产品的技术水平已达国际先进或领先。国内氨基酸龙头梅花生物，生物法二元酸领军企业凯赛生物、乳酸行业领跑者金丹科技等均是各子行业的佼佼者，做好化学品业务的同时积极布局下游生物基材料领域。

丁二酸又称为琥珀酸，是一种重要的C4平台化学品，作为重要的有机化工原料及中间体，广泛应用于食品、医药、农业等领域。预计未来我国对PBS的需求为300万吨/年，丁二酸市场需求204万吨/年，目前国内丁二酸的年产能7万吨，满足不了市场需求，每年都需要进口丁二酸。山东兰典生物科技股份有限公司是国内唯一一家买断中国科学院专利技术，以生物发酵法生产生物基丁二酸，及以丁二酸琥珀酸为原料生产生物基PBS可降解塑料的高新技术企业，规划产能生物基丁二酸50万吨/年、生物基PBS可降解塑料20万吨/年，分三期建设，一期首条6万吨/年丁二酸生产线已竣工投产。常茂生物化学工程股份有限公司已建年产1万吨生物发酵法丁二酸生产线。

1,3-丙二醇（PDO）是高性能新型聚酯PTT的关键原材料，并能广泛应用于化妆品、医药中间体、涂料等领域。杜邦已经以多项专利技术垄断了基于葡萄糖的生物基PDO生产技术。经多年的努力，我国生物法1,3-PDO生产已进入产业化阶段，产能在15.55万吨/年左右，正在产业化中的技术以清华大学、大连理工大学、华东理工大学技术为主。2020年8月，清华东莞创新中心生物炼制工程研究中心的生物法发酵生产1,3丙二醇项目精馏装置顺利开车。2019 年 10 月，广州国宏新材料有限公司年产 10 万吨 PDO 项目环评二次公示，项目采用大连理工大学的甘油法生产 PDO 技术，计划分三期建设，一期年产 1.5 万吨，二期年产 3.5 万吨。2019 年东方盛虹通过收购形式引入苏震生物的生物基 PDO 及新型生物基纤维高新生产技术，进一步提高公司化纤产品差异化，提升涤纶长丝化纤产业竞争力。江苏盛虹集团获得清华大学技术使用授权而建设的 2 万吨 / 年 PDO 项目已投产。基于清华大学最新的 PDO 技术，多方股东投资成立的广东清大智兴生物技术有限公司在山东梁山成功投产了 2 万吨 / 年的 PDO 项目。

我国生物基精细化工迅速发展，细分品种与日俱增，其生产能力、产量、品种和生产厂家仍在不断增加，L- 苯丙氨酸、D- 对羟基苯甘氨酸、烟酰胺、丙烯酰胺、D- 泛酸和 S-2,2- 二甲基环丙甲酰胺等产品的生产技术已达到国际先进水平，并且一跃成为 L- 酒石酸、丙烯酰胺、D- 泛酸的第一生产大国。

5- 羟甲基糠醛（HMF）是一种重要的生物基平台化合物，下游衍生物包括醇、酸、醚、醛等上千种的衍生物，并可通过这些新的衍生物继续合成上万种的新的终端产品，可广泛应用于塑料、化工、油品添加剂等各个行业。中科国生（杭州）科技有限公司成立于 2021 年 7 月，致力于呋喃类生物基材料开发，核心成员来自于中国科学院大连化学物理研究所，公司已掌握 HMF 及其衍生物的核心技术，计划在 2021 年底前使研发的 HMF 及其衍生物的产品纯度达到 99.9%，未来五年建立 HMF 万吨级生产线。浙江糖能科技是全球最早实现将 HMF 规模化放大的公司，依托中国科学院宁波材料技术与工程研究所技术，实现了生物基 HMF 高选择性合成，并将产量实现了从公斤级到吨级的放大；2019—2020 年，其核心产品 HMF 实现从千吨级示范生产到连续化试生产；2021 年，公司已与山东淄博市政府签约，标准化的千吨级生产线即将正式投产，开启规模化生产之路；预计 2022 年可建成万吨级生产线，为规模化生产提供保障。

植物天然产物是中药成分、天然色素、天然香料的重要来源，针对重要经济植物资源面临枯竭、提取过程污染严重等问题，我国学者正在积极创建微生物合成途径与工程细胞，以减少对自然资源的依赖与对生态环境的影响。当前我国完成了人参皂素、番茄红素、稀少糖、灯盏花素、甾体药物等天然产物的生物发酵合成。2021 年 4 月，中国科学院分子植物科学卓越创新中心周志华研究员团队通过创建酵母细胞工厂实现了人参皂苷 Rg1、三七皂苷 R1 与 R2 的从头生物合成，产量均达到 1 g/L 以上；通过对稀有人参皂苷 CK 酵母细胞工厂的糖基供体 UDP-Glucose 的供给及合成途径关键元件的表达进行了系统优化，使 CK 产量突破了 5.7 g/L。中国科学院天津工业生物技术研究所（简称天工所）成功构建了番茄红素微生物细胞工厂，生产速率比现有最高水平提高了 10 倍，为国际最高水平，生产成本是植物种植提取的 1/4，千平方米车间番茄红素的合成能力相当于 6 万亩的农业种植。中国科学院天津工业生物技术研究所孙媛霞研究员团队以谷氨酸棒杆菌为出发菌，设计创建了以甘油为唯一底物合成稀少糖的新途径，通过构建磷酸二羟丙酮 DHAP 供体合成模块、3-羟基丙醛和 L-甘油醛受体合成模块，利用具有底物高度特异性的醛缩酶催化羟醛缩合反应，获得了合成稀少糖谷氨酸棒杆菌工程菌株；进一步结合丙糖磷酸异构酶的调控与发酵条件优化，高效合成了 5-脱氧阿洛酮糖（38.1 g/L）、L-果糖（20.8 g/L）和 L-塔格糖（10.3 g/L）等稀少糖。传统甾体药物生产以薯蓣皂素的化学降解制备双烯技术为主，近年来甾体药物原料企业逐渐采用微生物发酵植物甾醇的生物技术路线生产雄烯二酮，酶制剂公司广东溢多利生物先后收购河南利华制药和湖南新合新生物，利用生物技术优势涉足甾体激素类中间体、原料药及制剂制造，已成为我国甾体激素药物行业极具竞争力的企业。

（三）生物基材料

在全球"禁塑"大环境下，以"绿色、环保、可再生、易降解"著称的生物基材料显得尤为重要，迎来发展的黄金期。德国 Nova 研究所报告提出，生物基材料在聚合物和塑料的市场份额约为 1%，到 2024 年，预计复合年均增长率约为 3%～4%，与传统的石油基高分子材料增长率相近。中国生物基材料行业正以每年 20% 以上的速度增长，2020 年我国生物基材料市场规模为 171.54 亿元，产量为 153.6 万吨，产品种类和市场不断扩大，产品经济性增强，逐步走向工业规模化和产业化阶段。

聚乳酸（PLA）又称聚丙交酯，是以乳酸为单体聚合成的一类脂肪族聚酯，被认为是现今应用潜力最大的一种可降解生物基材料。目前，全球 PLA 产能超过 50 万吨/年，我国产能在 20 万吨/年左右，近两年随着核心技术突破，我国聚乳酸产能增长明显。安徽丰原集团具有聚乳酸全产业链生产技术，目前已建成投产 15 万吨/年乳酸和一期 5 万吨/年聚乳酸项目，另有二期 5 万吨/年产能于 2021 年 9 月建成试车，还有 6 个（年产 50 万吨乳酸和 30 万吨聚乳酸）模块规划（表 8-1）。浙江海正生物材料公司拥有 4.5 万吨/年聚乳酸产能，是实现聚乳酸产业化的龙头企业，成功掌握聚乳酸关键工艺——丙交酯合成技术；2020年12月浙江海正生物材料3万吨/年聚乳酸生产线投产，实现聚乳酸树脂工业化生产跨越式增长；2021年全资成立浙江海创达生物材料有限公司，2021年6月其年产15万吨聚乳酸项目开工建设，预计2024年6月建成投产。金丹科技是行业龙头，具有12.8万吨乳酸及衍生物的生产规模，年产1万吨丙交酯项目于2020年11月投料试车，在建年产5万吨高光纯乳酸项目、年产20万吨乳酸和10万吨聚乳酸项目。2021年4月，会通新材料在安徽芜湖签约年产35万吨的聚乳酸项目，预计采用中国科学院长春应用化学研究所陈学思院士的PLA聚合技术。2021年1月，浙江友诚控股集团基于第三代秸秆乳酸技术的年产30万吨乳酸、20万吨聚乳酸、10万吨聚乳酸纤维的项目落户宁波象山。

表8-1 2021年我国PLA新建产能

企业	PLA新建产能
安徽丰原集团	6个（年产50万吨乳酸和30万吨聚乳酸）模块规划
浙江海创达生物材料有限公司	15万吨/年（2021年6月开工，预计2024年投产）
金发科技	3万吨/年（预计2021年底投产）
金丹科技	年产5万吨高光纯乳酸、20万吨乳酸和10万吨聚乳酸
会通新材料	35万吨/年
浙江友诚控股集团	年产30万吨乳酸、20万吨聚乳酸、10万吨聚乳酸纤维
苏州瑞祥化工有限公司	5万吨/年（2021年6月环评，预计2022年完工）
江西科院生物新材料有限公司	13万吨/年（预计2025年完工）
山东寿光巨能金玉米	年产2万吨乳酸、5千吨聚乳酸项目（2021年4月动工，年底投产）

作为生物基材料中的一个重要品类，淀粉基塑料（PSM）由于制作相对简单、成本较低而成为技术最成熟、产业化规模最大且市场占有率最高的一种生物基材料。PSM主要包括热塑性淀粉、淀粉/生物降解塑料共混物、淀粉/纳米复合材料等，其总产能达80万～100万吨/年，产量约40万吨/年。我国近年来在PSM方面的研发工作相对活跃，研究机构有天津大学、四川大学、中国科学院理化技术研究所、中国科学院长春应用化学研究所等，同时这些研究单位也在进行PLA与淀粉共混的研究。在PSM生产企业方面，武汉华丽环保科技有限公司目前是全球领先的PSM研发生产企业，现已形成6万吨/年的产能规模；苏州汉丰新材料股份有限公司具有3万吨/年生物基与生物降解材料生产能力；江苏锦禾高新科技股份有限公司在PSM产业产能有1.4万吨/年；深圳虹彩、烟台阳光、南京比澳格、广东益德、浙

江华发、常州龙骏等也是在PSM领域相对优势的产业企业。

聚羟基脂肪酸酯（PHA）是微生物体内合成的生物可降解材料，能在1年内自然降解，PHA是世界塑料环保组织最关注的可降解材料之一。PHA的产业化品种已有4代：第一代产品的典型代表为聚3-羟基丁酸酯（PHB），该材料脆性大，很难大规模应用。为改善加工性能研发了第二代产品PHB和聚羟基戊酸酯（PHV）的共聚物——聚（3-羟基丁酸酯-co-3-羟基戊酸酯）（PHBV）、第三代产品聚（3-羟基丁酸酯-co-3-羟基己酸酯）（PHBHHx）以及第四代产品聚（3-羟基丁酸酯-co-4-羟基丁酸酯）（P34HB）。据欧洲生物塑料协会数据统计显示，2020年PHA在全球生物塑料产能中占比不超过2%，而到2025年PHA生物塑料占比将上涨至11.5%。我国PHA现有年产能在1万吨左右，生产企业包括宁波天安生物材料、蓝晶微生物、珠海麦得发生物科技、微构工场等（表8-2）。"十四五"期间，国内规划的PHA产能多达40万吨。2021年，微构工场从PHA生产的菌株开始，首次采用自主研发的盐单胞菌作为底盘细菌，并实现了PHA发酵过程中开放生产，将综合成本降低30%以上，目前完成了全球最大的PHA生产罐体工艺开发，且具备建立年产万吨级及以上PHA生产基地建设的实力。2021年4月，蓝晶微生物成立子公司江苏蓝素生物材料有限公司，并于5月发布"年产2.5万吨PHA产业化项目"。

表8-2 我国PHA主要生产企业产能

企业	现有产能	规划产能（PHA）/（万吨/年）
山东意可曼	0.5万吨/年 P34HB	—
深圳市意可曼	—	20.5
宁波天安生物	0.2万吨/年 PHBV	2.2
北京蓝晶微生物	0.1万吨/年 PHBHHx	2.5
上海本农天合	0.05万吨/年 PHA	2.38
珠海麦德发	0.01万吨/年 PHB和P34HB	1.1
北京微构工场	0.01万吨/年 PHA	2
天津国韵生物	1万吨/年 P34HB（已停产）	—
中粮生化能源	—	0.1（2020年8月开工，2021年底投产）

生物基尼龙也是重要的生物材料，应用场景广泛。据Rennovia公司的预测，到2022年，全球生物基PA66的产量将达到100万吨。国内金发科技、凯赛生物等企业也已开发了实现小批量量产的生物基尼龙，还有部分企业在

进行项目扩建。2021年6月，凯赛生物乌苏生产基地年产5万吨生物基戊二胺及年产10万吨生物基聚酰胺生产线开始投料生产，2021年1月，凯赛生物年产4万吨生物基癸二酸和年产90万吨生物基聚酰胺项目在陕西合成生物产业生态园区开工建设，公司还规划在太原生产基地建设50万吨/年产能的生产线，建成后有望解决己二腈长期原材料供应不足的难题。伊品生物与中国科学院微生物研究所合作，联合开展戊二胺技术及中试研究，现已取得突破性成果；该公司的一期建设年产2万吨戊二胺及尼龙56项目2020年9月基本建成，二期规划10万吨生物基尼龙盐项目预计2021年底建成。2020年7月，阳煤化工股份有限公司和河北美邦工程科技股份有限公司在山西省太原市签署了《生物酶法制备尼龙56技术开发合作框架协议》，开发以赖氨酸为原料的生物法生产戊二胺，使用戊二胺与己二酸直接合成尼龙56盐并聚合为尼龙56的技术。优纤科技（丹东）有限公司已建成了2万吨/年的生物基聚酰胺56纺丝生产线，并与中国人民解放军军事科学院系统工程研究院军需工程技术研究所等一起进行研究开发。山东寿光巨能金玉米开发有限公司采用中国科学院天津工业生物技术研究所技术开发出的PA56盐，可直接进行PA56聚合及纤维生产。

聚对苯二甲酸1,3丙二醇酯（PTT）纤维是以生物基1,3-丙二醇（PDO）与对苯二甲酸（PTA）聚合制备，PTT纤维有良好的回弹性、拉伸回复性、柔软性和悬垂性，产品广泛用于地毯、服装等领域。"十三五"期间，我国PTT纤维产业发展迅速，形成了具有自主知识产权的生物基PDO制造技术。张家港华美生物材料有限公司具有完全自主知识产权的生物法PDO项目在张家港成功投产，打破美国企业在这一领域的长期垄断，目前拥有年产6.5万吨的PDO，在江苏连云港建设有30万吨/年的PTT差别化纤维产线。江苏盛虹科技股份有限公司以利用生物柴油副产物粗甘油发酵生产1,3-丙二醇产业化项目为基础，建设了5万吨/年生物质差别化纤维项目，开发的PTT/PET复合纤维，应用于高端运动材料领域，获得良好的市场反应。

此外，生物基可降解材料聚丁二酸丁二醇酯（PBS）、聚丁二酸己二酸丁二酯（PBSA）、聚对苯二甲己二酸丁二酯（PBAT）的生产依赖于生物基丁二酸和1,4-丁二醇（BDO）的供应，目前国内生物基BDO生产企业凤毛麟角，仅山东兰典生物科技掌握了生物基BDO的生产技术（待生产），对比国外生物基BDO生产情况，我国相关产业比较落后，一直被外国公司垄断。

（四）生物能源

由于石油的不可再生性和石油产区的不稳定性，传统化石能源安全问题在全球范围内引起了越来越多的关注，燃料乙醇、生物柴油及生物航空煤油等生物质能源产业，已成为国际可再生能源产业的重要组成部分。

1．燃料乙醇

据统计，我国燃料乙醇已建成产能 500 万吨，在建产能超过 300 万吨。根据美国可再生能源署发布的数据，2020 年，在新冠肺炎疫情的影响下，全球燃料乙醇产量降至 986 亿升，我国燃料乙醇产量为 33 亿升，位列美国、巴西和欧盟之后，占全球产量的 3%。

我国燃料乙醇工艺以生物质法为主，目前国内多代生物燃料乙醇技术共存。由于国内陈粮储备不断减少，加之存在与人争粮、与粮争地的争议，粮食乙醇遭遇产能瓶颈，我国开始大力支持非粮乙醇技术的发展，但非粮乙醇主要生产原料木薯需从国外进口，容易受到气候和国际关系等不可抗力因素影响。从长期来看，纤维素乙醇不仅原料丰富、来源广泛，而且不与人争粮、不与粮争地，符合我国农业大国的国情，是未来发展的主要方向，但是其技术成熟度和经济效益存在很大不确定性，仍需时间证明。目前，我国第二代乙醇生产技术的年生产能力处在 1 万～10 万吨的中试规模，而国内在建或筹建的生物燃料乙醇项目仍以第 1 代和第 1.5 代技术为主。

在燃料乙醇企业方面，中粮集团在国内拥有 135 万吨 / 年产能，加上参股的吉林燃料乙醇，总产能达到 200 万吨 / 年，2020 年 10 月宿州中粮生物化学有限公司开建年产 15 万吨变性燃料乙醇生产线，安徽中粮生化燃料酒精有限公司计划在沫河口工业园区建设一条年产 30 万吨燃料乙醇生产线。国投生物产能 165 万吨 / 年，拥有梅河口市阜康酒精有限责任公司、吉林省博大生化有限公司、长春吉粮天裕生物工程有限公司榆树分公司、松原天源生化工程有限公司在内的四个生产基地，2020 年 12 月，国投生物能源（海伦）有限公司年产 30 万吨燃料乙醇项目顺利投料试车，2021 年 10 月国投生物鸡东年产 30 万吨燃料乙醇项目进入投料试车阶段，调兵山年产 30 万 t 燃料乙醇项目、昌图年产 30 万吨燃料乙醇项目正在加紧建设中。2020 年 3 月，中兴能源旗下内蒙古中能生物科技有限公司年产 30 万吨燃料乙醇项目一期工程年产 15 万吨燃料乙醇生产线进入生产期。2021 年 5 月，哈尔滨鸿展集团 30 万吨燃料乙醇项目进入试生产阶段。2021 年在建的项目还有内蒙古蒙佳生物科技有限公司 60 万吨/年燃料乙醇项目、吉林生物能源（松原）有限公司年产 30 万吨燃料乙醇技改项目、内蒙古利牛生物化工利用闲置产能年产 15 万吨燃料乙醇技改项目等。2020 年 1 月，安徽国祯集团股份有限公司与康泰斯（上海）化学工程有限公司等联合成立合资公司，旨在利用引进德国 Sunliquid 技术，在安徽省阜阳市建设一套农业废弃物生产纤维素 - 醇 - 电 - 热的装置，产能为 5 万吨/年，该项目为酶就地生产系统，建成后将进一步延伸安徽国祯生态科技有限公司生物质"热 - 电 - 土壤修复剂"三联产产业链，共建"生物质资源综合利用产业园"。2020 年 11 月，吉林石化公司研发的"万吨级纤维素燃料乙醇成套技术开发"项目取得突破性进展，构建 5 株高产纤维素酶工程菌株，确定了可替代微晶纤维素的碳源，建立了廉价原料高效率液体发酵生产纤维素酶的生产工艺。

2. 生物柴油

生物柴油是一种由植物油、动物油、废弃油脂或微生物油脂与甲醇或乙醇经酯转化而形成的脂肪酸甲酯或乙酯。生物柴油具有十六烷值高、燃烧稳定充分、环保、可再生等优点，性能优于石化柴油，使用过程中无需对原有柴油引擎、加油设备、储存设备和保养设备进行改动。生物柴油是一种被广泛认可的先进可再生清洁能源，产业发展迅速。欧盟要求 2020 年生物燃料在交通领域掺混比例达到 10%，2030 年达到 14%，预计 2020 年欧洲生物柴油消费量将达到 1859 万吨，同比增长 24.2%，市场规模达 1301 亿元，2030 年欧洲生产消费量有望达到 3557 万吨，市场规模达 2490 亿元，预计未来欧洲生物柴油市场将持续保持供不应求态势。

2020 年，我国柴油表观消费量约为 1.5 亿吨，按 B5（即添加 5% 生物柴油）估算，国内生物柴油需求量可达 700 万吨左右，按此规模可减排 CO_2 约 1700 万～2600 万吨。国内虽然尚未强制要求在柴油中添加生物柴油，但是有部分省、市已开始在辖区内的油站进行生物柴油的市场推广，例如上海市从 2013 年即开始在公交车、环卫车辆上使用 B5 生物柴油，2018 年开始向社会车辆销售 B5 生物柴油，目前油品供应已覆盖了市区百余个加油站。发展利用生物柴油，对于降低 CO_2 和颗粒物排放、治理大气污染具有重要意义，而且对于以餐厨废弃油脂（"地沟油"）为主要原料生产生物柴油的我国来说，发展生物柴油产业对杜绝"地沟油"回流餐桌、确保食品安全同样具有十分重要的意义。

当前我国生物柴油产业规模仍然偏小，2019 年我国生物柴油产能为

26.8 亿升，约为 214.4 万吨，2020 年由于欧盟的需求推动，国内产能有所增加，约为 218.1 万吨，占世界产能的 3% 左右。"十三五"期间，我国生物柴油出口量也逐年增长，2020 年达到 91 万吨，2015—2020 年复合增长率达到 120%。近几年，中国自主开发的 1 代、2 代生物柴油技术均已达到了国际先进水平，单套装置的生产规模也在不断扩大，从最初的几万吨扩大到十几万吨、几十万吨。经过十余年的发展，我国生物柴油年生产能力超过 200 万吨，生产企业超过 3000 家，年产 5000 t 以上的厂家超过 40 家。目前国内规模生产生物柴油的主要企业有福建龙岩卓越新能源有限公司（年产 48 万吨）、河南金谷集团（25 万吨）、唐山金利海生物柴油股份有限公司（16 万吨）、浙江嘉澳环保科技股份有限公司（10 万吨）等。

我国生物柴油行业的多家企业都宣布产能扩建和新建计划。2021 年 12 月 1 日，卓越新能新增"美山基地年产 10 万吨生物柴油项目"开工，该公司生物柴油产能规模增至 48 万吨 / 年，另有生物基材料产品生产线规模 9 万吨 / 年，远期还将新建项目，届时，卓越新生物柴油总产能将到达约 60 万吨，各类产品总产能近 80 万吨。嘉澳环保公司现有的生物柴油年产能 10 万吨，另有全资子公司东江能源的 5 万吨产能，2020 年开工建设年产 20 万 t 生物柴油及工业混合油项目建设，预计 2021 年末投产，此外，2021 年 2 月，公司与"壳牌贸易"正式签署约 10.89 亿元生物柴油出口长单销售合同。2020 年 5 月，广西桂平广燃能源科技有限公司年产 25 万吨生物柴油产业化项目开工建设。2020 年 11 月，隆海生物年产 10 万吨生物柴油生产线综合技术改造及延伸产业链高值化利用项目进入环境影响评价阶段。

我国也正在积极推进以催化加氢技术制备的第二代生物柴油、以高纤维含量的非油脂类生物质和微生物油脂为原料制备的第三代生物柴油的生产，解决生物柴油在生产原料上的局限性。2020 年 8 月河北常青集团石家庄常佑生物能源有限公司 20 万吨 / 年规模二代生物柴油生产装置成功开车，其利用的中国科学院青岛生物能源与过程研究所 ZKBH 均相加氢技术，成为世界上第一个采用液态分子催化成功量产商业化二代生物柴油的技术。

3. 航空生物燃料

航空生物燃料又称生物航空煤油，是从废弃油脂、农林废弃物、藻类等生物质原料中提炼的可供航空器使用的新型燃料，不需要对飞机现有燃油、动力等相关系统进行改造。它的组成和常规航空燃料基本一致，燃烧时的碳排放量没有变化，但由于其原材料在生长过程中会吸收空气中的二氧化碳，除炼化中的能耗外，不会额外增加空气中二氧化碳的含量，从而起到减少碳排放的效果，在优化民航能源结构、推进民航绿色发展方面有望发挥重要作用。目前，美国等发达国家主要在军方资助下开展生物相关应用开发。

2020年，我国已经成为全球最大的国内航空市场，年均航空煤油消耗量超过3000万吨，市场前景广阔。国情决定了"非粮原料的油脂基航空生物燃料"在我国具有非常好的应用前景和战略意义。目前中国民用航空局也仅批准了加氢脂肪酸酯和脂肪酸合成煤油（HEFA-SPK）。国内企业及研究机构如中国石化、中国石油、北航、民航大学、北京三聚环保等虽从生物航煤的原材料开发、生产工艺研究、生产设备建设等角度进行了持续性的工作，但由于生物燃油成品油价格高、原材料供应不稳定、缺少政策扶持等因素，商业应用发展缓慢。2019年中国航油与中国科学院广州能源研究所合作参与承担了国家重点研发计划重点专项项目"纤维素类生物质催化制备生物航油技术研究与示范"，旨在突破纤维素类生物质制备生物航油关键技术，实现经济可行的千吨级工程化示范应用，并形成生物航油储运加注全链条质量管控标准。2020年8月，中国石化镇海炼化10万吨/年生物航煤装置建成中交，标志着国内首套生物航煤装置成功向产业化、商业化应用阶段迈进，该装置采用中国石化自主研发的生产技术，以餐饮废油为主、可掺炼非食用油脂等可再生资源为原料生产生物航煤。

（五）绿色生物加工

生物酶、工业菌种是开发生物制造产业的核心技术，堪称生物制造"芯片"。酶制剂广泛应用于食品、洗涤、生物能源、饲料、医药、纺织以及造纸等行业，可以有效提高下游行业的生产效率，降低能源消耗，减少环境污染，是促进传统产业动能升级、实现"绿色发展"的主要推动力，具有显著的经济和环境效益。"十三五"期间，我国酶制剂产量从2016年128万标准吨增长至2020年突破150万标准吨，呈逐年增长趋势。我国酶制剂出口量也呈明显上升趋势，2020年达到7.85万吨，国内酶制剂企业的国际竞争力逐步增强。随着国内酶制剂的研发水平和发酵工艺不断提高，其生产成本持续降低，饲用酶制剂不但完成进口替代，占领了大部分国内饲用酶制剂市场，而且成为少数几个出口创汇的饲料添加剂品种之一。而食品酶、工业洗涤酶等高端领域市场目前仍以国外品牌为主，有很大的进口替代空间。国内酶制剂行业头部企业近年来涌现出了溢多利生物、蔚蓝生物等优秀代表。蔚蓝生物前瞻性布局了抗生素替代产品的研发，形成了以 VLAND-PCP（基于饲料酶应用大数据系统的精准订制平台）精准订制酶制剂、益生菌、植物提取物为核心的抗生素替代解决方案。微生态制剂产品主要包括禽畜微生态、植物微生态、水产微生态、食品微生态等。溢多利生物作为国内最大的饲用酶制剂供应商之一，坐拥基因工程技术、酶工程技术、生物工程技术等创新型核心技术，未来将进一步开拓反刍动物饲料添加剂、水产饲料酶的市场，扩大市场份额，同时升级现有产品、提高生产效率。

近年来，我国在利用生物制剂促进能源、纺织、医药等重污染行业绿色转型方面不断取得技术突破。中国科学院理化技术研究所研发的酶法骨明胶生产技术，使得骨明胶生产周期由 60 d 缩短至 3 d，每吨胶耗水量减少 50%，减少了每吨胶用工量，提高了优质胶得率，同时降低了成本，目前采用酶法骨明胶生产技术的商业化生产线包括宁夏鑫浩源生物 3000 吨/年生产线、内蒙古东宝生物 3000 吨/年生产线、安徽蚌埠丰原 3000 吨/年生产线等，2020 年产能超 10 000 吨/年。中国石化胜利油田科研人员历时 6 年，开展"化学驱聚合物溶液保黏关键技术"研发，取得包含了以"微生物脱硫抑硫提高化学驱聚合物溶液黏度技术"为关键技术的 4 项原创成果，研发人员将高端生物制剂注入聚合物溶液中，提高采油成功率，减少了职业健康危害，这项关键技术被推广到胜利油田所有化学驱项目。天工所在以可再生葡萄糖为原料生产生物基丙氨酸的技术上率先取得突破，依托该技术建成国际首条 3 万吨生产线，生物法路线废水排放量、能耗及生产成本均大幅降低，合作企业占据超过 70% 国际市场份额，正在推动百亿规模环保型洗涤产业发展。邢建民研究团队以生物脱硫技术为核心，与中国石化、华北制药、石家庄制药、四川科伦药业、上海瑞必科、中广核等企业建立了长期合作关系，深入推进生物脱硫工艺在天然气脱硫、生物燃气脱硫及高硫制药废水高效处理等方面的工业化应用。

在全球碳中和技术加快发展背景下，单碳生物转化利用技术为双碳治理提供了科技创新路径。由北京首钢公司、朗泽科技（香港）公司、新西兰唐明集团三方共同出资组建的北京首钢朗泽新能源科技有限公司在工业煤气（尾气）发酵制燃料乙醇方面取得技术突破，并与众多能源公司和研究机构合作开展单碳生物转化研究。2021 年 5 月，宁夏首朗吉元新能源科技有限公司利用北京首钢郎泽的技术建立的首条以工业尾气一氧化碳为原料的燃料乙醇生产线项目投产，微生物将一氧化碳直接转化为燃料乙醇（4.5万吨/年）和副产物动物蛋白饲料（5000吨/年），实现产值3.3亿元，每年可减少二氧化碳排放18万吨；中国农业科学院饲料研究所与北京首朗生物技术有限公司合作研究，全球首次实现从一氧化碳到蛋白质的合成，并已形成万吨级工业产能，此举突破了天然蛋白质植物合成的时空限制，为弥补我国农业最大短板——饲用蛋白对外依存度过高提供了国之利器，同时对促进国家"双碳"目标实现具有深远价值。2021年9月 Science 报道，中国科学院天津工业生物技术研究所研究者从头设计了包含11步主反应的非自然二氧化碳固定与淀粉合成新途径，在实验室中首次实现了从二氧化碳到淀粉分子的全合成，该研究对全球生物制造产业的发展具有里程碑式的意义。山西农业大学李润植教授团队开展的"煤基 CO_2 制备高值微藻粉及化工原料关键技术研究与示范"项目取得突破性进展，研制出微藻生物燃油全套生产工艺，建成微藻燃油工程基地，据测算，微藻燃油生产成本降至每升14元左右，每生产1 t 微藻柴油可消耗约 6.8 t 工业排放的 CO_2，每固定 1 t CO_2 的衍生产值可超过10万元。

近两年，我国学者在生物质催化转化、光催化转化、酶连续催化等生物质开发利用方面取得多项突破性成果。中国科学院大连化学物理研究所王峰研究员团队利用光催化脱羧策略，通过调控自由基中间物在催化剂表面的转化，实现了在温和条件下从长链脂肪酸到烷烃的高效转化，为生物质高效转化为绿色燃料提供了新思路。南京工业大学陈勇研究员团队开发出了一套基于细胞集群效应的固定化连续催化的关键核心技术，并在南京同凯兆业生物技术有限公司实现了产业化，成果获得国家技术发明二等奖，新型固定化反应器使相关产品的发酵周期由 72 h 降至 48 h 左右，平均产酶速率提高2.3倍；项目组还与广西中粮生物质能源公司合作，建成4000吨/年燃料乙醇示范线，以木薯、陈化水稻等为原料，细胞可以反复使用，淀粉转化率较原工艺分别提高了5.5%和3.9%，每吨燃料乙醇可节约成本200～300元。

三、结语

我国生物制造业的现代化虽然起步较晚，但乘着国家经济高速增长的东风，取得了部分大宗产品在产量、规模上的市场优势，取得了资源综合利用水平的逐步提升和节能减排的初步成效。我国社会经济可持续发展不断推进，国家创新驱动发展战略深入实施，随着我国"双碳"目标的推进，我国生物制造产业将进一步加快发展，预期到2030年将发展到十万亿级规模，成为现代生物产业和下一代生物经济的重要支柱。

当前，我国生物制造业在技术含量、利润率、精细化方面与世界一流水平还有一定差距。部分粗放型的传统生物制造产业面临着产能过剩、国际竞争力减弱的压力。随着全球经济进入新一轮调整，还必须加强制度保障，围绕关键基础前沿技术源头创新、颠覆性技术转化与产业化等集中发力，推进供给侧结构性改革深化、细化发展，促进生物制造相关产业专业化、精品化水平提升，提振资本市场活力，繁荣创新创业生态，加深国际技术与产业创新融合，不断推进制造产业绿色转型升级，逐步构建工业经济发展的生态路线，加快我国生物产业强国建设进程，为我国社会经济可持续发展做出巨大贡献。

撰稿专家：陈　方

第二节　糖工程

一、概况

糖类与蛋白质和核酸并列为三大重要生命物质，具有与核酸和蛋白质不同的多种生物功能。在过去的几十年里，针对蛋白质和核酸的结构功能研究方面已取得了巨大的进展。由于糖类分子结构的高度复杂性，给糖类合成和分析方面都带来了挑战，因此限制了我们对糖类结构及生物功能的了解。然而，糖类无论在胚胎发育、信号传导、蛋白质折叠与运输、肿瘤等疾病的发生和发展，还是在病原体侵入宿主、免疫逃逸等诸多复杂的生命活动中发挥重要作用，影响着生命和整个自然环境的健康和稳定。比如目前全球影响深远广泛的新冠病毒疫情，新冠病毒的高度糖基化现象与病毒的侵入及免疫逃逸等行为密切相关。

糖科学和糖工程具有其独特的研究价值及应用潜力，将在促进人类健康和社会可持续发展等方面发挥重要作用，帮助我们解决这个时代的一些关键技术挑战。糖类研究及应用开发在国际上已经发展成为一个涉及医学、化学、材料等学科的新型领域。糖工程技术及产业涵盖大健康产业、生态农业、环境工程等重要战略发展方向，目前仅糖工程催生的功能食品及功能饲料市场已超过 400 亿美元。在糖药物开发方面，已有 40 多种以糖类分子为基础的疫苗处于临床前、临床实验或批准上市阶段，用于预防 B 型流感嗜血菌及肺炎链球菌等多种病原感染。CA19.1、CA72.4 等糖类肿瘤标志物也被美国 FDA 批准用于临床诊断。糖工程产业无疑将成为下一个千亿美元级的高新科技产业，前景无可限量。

当今社会的主要挑战在于由高消耗模式向可持续性发展模式的转化，糖工程绿色、健康、环保的特色优势有望在可持续性发展中发挥重要作用。一方面从古老的制糖工艺出发，使用淀粉、蔗糖及其他食品相关的糖类原料通过生物精炼技术工艺，开发出的山梨醇、甘露糖醇等新的化工产品，已在食品产业占据重要份额。动植物及海洋藻类来源的丰富多样的糖链化合物，如菊粉、几丁质、褐藻酸等，也已展现出在生物药物、生物肥料、生物材料等方面的巨大应用潜力。另一方面，随着生命科学领域的不断发展，糖链特异性的结构变异在疾病发展过程中的作用被广泛揭示，基于糖链的诊断标志物开发及应用，而基于微生物多糖的糖链疫苗及基于癌症特异性糖链的癌症疫苗也已逐渐从实验室走向产业化阶段。植物多糖、壳聚糖/壳寡糖、菊粉等糖链化合物在疫苗佐剂应用方面也展现出潜在优势。同时对于传统的以蛋白质为主的疫苗研发，糖基化修饰在蛋白疫苗结构、活性方面的重要作用早已得到广泛认同，因此，针对蛋白疫苗、抗体的糖基化工程改造已越来越得到重视。此外，前期的糖组学研究已发现糖链表型在人群个体之间，乃至同一个体的不同时空阶段差异巨大，这尽管给糖类研究增加了复杂性，但也表明糖类在个体化精准医疗方面的潜在应用价值无法忽视。

我国糖工程与欧美发达国家几乎同时起步。我国糖工程研究与产业化在过去的 10 多年中取得了丰硕的成果，以糖药物、糖链植物疫苗、功能糖食品为代表的高附加值糖工程技术产品不断出现。打破国际上阿尔茨海默症治疗"十七年无新药"沉寂局面的原创新药 GV-971、推广面积已过亿亩（1 亩 =666.6 m^2）的"糖链植物疫苗"，均是我国糖工程研究与产业化的标志性成果。根据近期对于糖工程相关的专利、文章、技术转化、产业化等方面的综合分析可知，我国糖工程科学研究目前在体量及深度上仅次于美国及欧洲位居国际第三位。尽管我国科学家在多糖、寡糖药品及保健产品,以及多糖、寡糖在种植、养殖方面的产业化与应用方面走在了世界前列,获得了可观的经济及社会效益,但与国际上相比,在糖药物、糖疫苗方面的基础研究与应用开发方面仍然有差距。相较于国际糖工程产业优势国家,我国糖工程还存在研究力量分散、产业转化瓶颈明显、社会认知不足、产业化推广不足等问题,制约着我国糖工程进一步高速发展。我国有着丰富的陆地及海洋生物资源,以及积累深厚的中医药传统,其中蕴藏着大量活性糖类物质,推动糖工程技术的快速发展能够将使我国在糖类资源的开发方面占据先机,形成我国在相关资源开发上的核心竞争力。

二、主要产品

1. 糖药物

糖药物一般是指具有糖类化合物结构的药物,主要包括单糖、寡糖和多糖及其修饰的化合物或衍生物。糖类是细胞表面及蛋白质的重要修饰组分,在细胞的信号传导、分子识别、细胞间黏附、免疫反应等生物学过程中发挥关键作用,也使得糖类化合物成为药物设计开发的重要目标。迄今为止,已有超过170种糖类药物被美国食品药品监督管理局(FDA)、欧洲药品管理局(EMA)、日本医药品和医疗器械管理局(PMDA)以及中国国家药品监督管理局(NMPA)批准上市。这些糖类药物主要包括多糖、寡糖、小分子糖药物、拟糖、糖肽、糖蛋白以及糖链疫苗。表8-3为国内外部分已批准用于临床的糖类药物。

表8-3 国内外部分批准上市的糖类药物

名称	适应证	公司	最早批准国家/地区及时间
Acarbose（Precose, Glucobay, Prandase）	糖尿病	拜耳制药	美国,1995年
Voglibose（Basen, Glustat, AO-128）	糖尿病	雅培制药和武田制药	日本,1994年
Miglitol（Glyset, Bay-m-1099）	糖尿病	拜耳制药	美国,1996年
Dolsamate（Flavalfate, F3616M）	胃肠道溃疡	Faes	西班牙,2000年
Topiramate（Topamax）	抗痉挛	Ortho-McNeil	美国,1996年
	抗癫痫	强生制药	美国,1999年

续表

名称	适应证	公司	最早批准国家/地区及时间
Arbekacin（Habekacin）	抗菌	Meiji Seika	日本，1997年
Zanamivir（Relenza GG167）	抗病毒	葛兰素史克	美国，1999年
Oseltamivir（Tamiflu）	抗病毒	Hoffmann-La Roche，Gilead	美国，1999年
Pneumococcal（Heptavalent Vaccine，Prevnar）	结合疫苗	惠氏	美国，2000年
Haemophilus b（ActHIB，OmniHIB）	结合疫苗	史克必成，Pasteur Merieux	法国，1996年
Typhois Vi（Typhim Vi）	结合疫苗	Pasteur Merieux	美国，1995年
Drotrecoginalfa	败血症	礼来	美国，2001年
Reviparin	抗血栓	Knoll GmbH（Abbott）	德国，1993年
Dalteparin（Fragmin）	抗凝，抗血栓	Pharmacia Upjohn	美国，2000年
Enoxaparin（Lovenox）	抗凝，抗血栓	安万提斯	美国，1998年
Nadroparine（Fraxiparine）	抗凝，抗血栓	Sanofi-synthelabo	法国，1998年
Ardeparin（Normiflo）	抗凝，抗血栓	Organon	美国，2000年
Danaparoid（Orgaran）	抗凝，抗血栓	Organon	美国，2000年
Fondaparinux（Arixtra）	抗凝，抗血栓	Organon，Sanofi-synthelabo	美国，2001年
Hyaluronic acid（Orthovisc）	黏弹性补充剂	Anlka，Zimmer Europe	欧洲和加拿大，1998年
Imiglucerase（Cerezyme）	戈谢病	Genzymer	美国，1994年
Agalsidasealfa（Replaga）	法布雷病	Transkaryotic Therapies	欧洲，2001年
N-butyldeoxy-nojirimycin（Miglustat）	Ⅰ/Ⅲ型戈谢病等	Acetelion	美国，2003年；欧洲，2006年
Alpha-L-iduronidase（Aldurazyme）	Ⅰ型黏多糖病	BioMarin，Genzyme	美国，2003年
Naglazyme	Ⅵ型黏多糖病	BioMarin	美国，2005年
Lentinan	胃癌	中国科学院上海药物研究所	中国，2003年
Telavancin（Vibativ）	抗菌	Theravance	美国，2009年
Velaglucerasealfa（VPRIV）	戈谢病	SHIRE Human Genetic	美国，2010年

续表

名称	适应证	公司	最早批准国家/地区及时间
Fidaxomicin（Dificid）	抗菌	Cubist Pharms	美国，2011年
Taliglucerasealfa（Elelyso）	戈谢病	Pfizer	美国，2012年
Tobramycin（Tobi）	抗菌	Pulmoflow	美国，2013年
Canagliflozin（Invokana）	Ⅱ型糖尿病	Mitsubishi Tanabe Pharma	美国，2013年
Mipomersen（Kynamro）	家族高胆固醇血症	Genzyme	美国，2013年
Peramivir（Rapivab）	抗病毒	Biocryst	美国，2014年
Xigduo XR	Ⅱ型糖尿病	Astrazeneca AB	美国，2014年
Sugammadex（Bridion）	抵消神经肌肉阻断剂的副作用	Merck	美国，2015年
Ertugliflozin（Steglatro）	Ⅱ型糖尿病	Merck	美国，2017年
Zemdri（plazomicin）	抗菌	Achaogen	美国，2018年
Canagliflozin	糖尿病心血管疾病	Janssen Pharmaceuticals	美国，2018年
Sodium oligomannate	阿尔茨海默症	绿谷	中国，2019年
Daficid（fidaxomicin）	抗菌	Merck sharp & dohme	美国，2020年
Remdesivir	抗病毒	GILD	美国，2020年

在小分子糖药物中占据重要地位且具有长期临床应用历史的是用于感染治疗的糖苷类化合物。大环内酯类抗生素红霉素含有两个糖类化合物分子，通过与细菌核糖体 50S 亚单位的相互作用发挥药效。林可酰胺类抗生素克林霉素包含的糖分子在与靶蛋白的结合中发挥重要作用。氨基糖苷类药物如链霉素、庆大霉素、卡那霉素、阿米卡星含有不同数量的糖类分子，因其广谱抗菌效用在临床上被广泛使用。最新投入临床使用的氨基糖苷类药物是 2018 年被美国 FDA 批准用于治疗多重耐药菌感染的普拉佐米星。万古霉素是含有两个糖分子的糖肽类抗生素，它通过影响细菌肽聚糖合成发挥抗菌作用，在治疗耐药性细菌感染方面发挥重要作用。第二代糖肽类药物奥利万星、达巴万星于 2014 年获得美国 FDA 批准上市。在抗病毒治疗中被广泛应用的核苷类似物是含有糖链分子的化合物。目前该类化合物已有包括阿糖腺苷、克拉夫定等十余种药物获批。近期引起广泛关注的瑞德西韦被美国 FDA 批准用于新冠病毒感染的治疗。含有两个糖环的伊维菌素是临床广泛应用的寄生虫治疗用药。

在癌症治疗方面，含有葡萄糖胺的链佐星长期以来是胰腺神经内分泌肿瘤治疗的一线用药。阿霉素是含有氨基糖的抗癌药物，用于治疗急性骨髓性白血病等癌症。在心血管病治疗方面，具有悠久临床历史的地高辛是包含三个糖分子的糖苷化合物，而另一个临床常使用的强心剂哇巴因则包含鼠李糖。葡糖呋喃糖苷衍生物三苄糖苷被用于痔疮和静脉曲张的治疗。坎格雷拉是一种静脉抗血小板药物，在2015年被批准用于应对经皮冠状动脉介入治疗患者凝血问题。在代谢性疾病方面，葡萄糖衍生物如达格列净等常被用于糖尿病治疗，最早于2012年被EMA批准。而另一种被广泛应用的Ⅱ型糖尿病治疗药物阿卡波糖则是麦芽糖苷酶抑制剂。果糖衍生物托吡酯被用于抗癫痫及具有饮食障碍的成年人体重管理。乳果糖是半乳糖和果糖形成的二糖，常用于治疗慢性便秘。硫糖铝是硫酸化蔗糖的铝盐形式，应用于治疗胃肠道溃疡等疾病。舒更葡糖钠则被用于逆转手术中罗库溴铵和维库溴铵诱发的神经肌肉阻滞作用。

多糖及寡糖类药物中临床应用最广泛的是肝素类抗凝药物。比如，磺达肝癸钠是一种肝素类五糖药物，早在2001年已被美国FDA批准临床使用。近期有许多研究表明肝素类衍生物用于新冠病毒治疗的可能性，其中包括多西帕司他钠。从藻类多糖也已开发出多种药物。丙二醇海藻酸盐硫酸钠被用于心脑血管疾病治疗，以褐藻硫酸酯多糖为主要成分的海昆肾喜胶囊用于治疗慢性肾衰竭，红藻源硫酸化多糖则被用于抗病毒喷鼻剂开发。云芝多糖及香菇多糖由于其优良的免疫活性用于抗肿瘤治疗。甘露特钠已在2019年被有条件批准用于阿尔茨海默症的治疗。在病原疫苗方面，已有多款细菌胞外多糖疫苗，如伤寒病毒多糖疫苗，肺炎球菌13价结合疫苗等均已被成功开发。而针对癌症治疗的糖类疫苗也有多项进入临床研究阶段。

糖类药物在许多治疗领域的成功应用，与糖类分子的优势密切相关。比如糖分子的存在可以提高药物的水溶性，糖分子的多羟基结构也常参与药物靶点的结合。此外，正如之前所述，糖类参与许多疾病发生发展过程，具有作为药物开发的巨大潜力。同时也应注意到，糖类药物在批准上市的药物中仍然仅占很小的份额，从2015年到2020年，美国FDA批准的200多种小分子药物中仅有9种属于糖苷类化合物，这与糖链在生命过程中的广泛作用并不相符。糖类药物的开发仍面临着相当大的挑战，这主要体现在糖类化合物结构设计、结构分析及分离的困难，以及糖类化合物易被肠道菌群降解，限制了其口服的生物利用度。

2. 功能糖

功能糖是相对于蔗糖、麦芽糖等只能提供能量的糖类而言，包括功能性低聚糖、功能性糖醇、功能性膳食纤维等。糖类化合物在营养健康方面最重要的功能之一是调节肠道菌群。许多非淀粉糖类化合物如葡聚糖、菊粉、木寡糖、半乳寡糖等已被证明具有促进肠道益生菌增长的功效。这些糖类益生元通过调节菌群的平衡从而发挥维护胃肠道健康的作用，并通过肠道与代谢、神经等多种生理功能的关联，在代谢疾病、心血管疾病、神经退行性疾病、肥胖等方面发挥预防及改善作用。近年来国内生产用于功能食品、动物营养、化妆品及植物保护等活性的功能糖产品不断涌现，主要产品包括菊粉、葡聚糖、低聚木糖、壳寡糖等。我国的功能糖产量已占到全球总量的三分之一以上，但产品主要以原料形式向海外出口，缺少真正具有高附加值且形成国际影响力的功能糖产品。

近年来最为吸引科研界及产业界目光的功能糖产品是母乳寡糖。母乳寡糖在人类乳汁中大量存在，人乳中已确认结构的寡糖超过250种，是仅次于乳糖和脂肪的第三大组成成分。在不同人群及不同哺乳时期寡糖存在差异，在乳汁中的含量平均约为13～21 g/L。大量研究表明母乳寡糖具有多种生物活性，如唾液酸乳寡糖促进神经系统的发育、岩藻乳寡糖抑制有害菌，以及多种乳寡糖富集肠道有益菌、调节免疫、增强肠道屏障功能等，这些活性功能往往与婴幼儿生长发育、人类身体健康息息相关。与其他动物乳汁中的寡糖相比，人乳寡糖在结构、含量等方面存在很大不同。对于母乳寡糖研究促生了新一代婴幼儿配方奶粉的概念，进而产生了对人工合成人乳寡糖产品的需求。目前国际上已获批准用于婴幼儿食品的乳寡糖产品包括 6'-SL、3'-SL、2'-FL、3-FL、DFL、LNT、LNnT 等7种寡糖。

目前我国成功开发的功能糖食品有几十种，主要有异麦芽寡糖、果寡糖、木寡糖、低聚半乳糖、壳寡糖和糖醇等。异麦芽寡糖为淀粉糖的一种，异麦芽寡糖具有葡萄糖的口感，但不能直接被小肠吸收，具有改善肠道菌群的效果。果寡糖主要由菊芋中提取或者从蔗糖转化获得，作为添加剂已被应用于烘焙食品、食醋、果冻等加工食品中，其产品主要分为果寡糖浆和精制果寡糖两类。木寡糖产品主要以玉米芯为原料获得，被作为添加剂应用于食品、乳品中，对肠道有益菌双歧杆菌增殖有显著功效。低聚半乳糖在调节婴儿体内肠道菌群中具有重要作用，广泛应用于婴幼儿配方食品。壳寡糖主要从虾蟹壳中提取，具有降血糖和提高人体免疫力的功能，在人体保健、畜牧养殖业和农作物种植业等领域均具有广泛应用，并于 2014 年被批准为新食品原料。2021 年由中国科学院过程工程研究所与中科荣信（苏州）生物科技有限公司（简称中科荣信）公司合作创制的两种新型几丁类寡糖生物农药原药及制剂"几丁寡糖素"和"酰氨寡糖素"，由农业农村部正式批准登记为新农药产品，其中"酰氨寡糖素"是国际首例、国内原创的强效免疫诱导抗虫生物农药。稀少糖中的塔格糖及异麦芽酮糖已在欧洲和美国被批准用于替代蔗糖以预防龋齿；木糖醇及山梨糖醇等糖醇也被认为具有同样的功能，被用于牙齿健康防护及其他场合用于替代蔗糖。

三、市场分析

糖工程涵盖产业及市场众多，以下仅选择几种产业化糖类产品作为代表分析其市场情况。

寡糖已经发展成为一个应用于食品、医药、饲料、化工等行业的新兴产业。寡糖主要作为食品添加剂及功能食品原料，在乳品业、保健品业、饮料业、功能食品业等领域被广泛应用。目前，市场规模达百万吨，市场品种 25 类，近百种产品已完成开发。2020 年全球寡糖市场为 14.7 亿美元，近年复合增长率为 6.3%，预计未来增速加快，预计到 2026 年底将达到 22.66 亿美元。主要生产厂商包括日本的日清、养乐多、明治制果，欧洲的荷兰皇家菲仕兰、比利时 Orafit，美国的宜瑞安，国内厂商包括保龄宝、龙力、中科荣信、量子高科、雅泰等。

根据 MarketWatch 发布的母乳寡糖市场报告，2018 年母乳寡糖全球市场规模为 7882 万美元，未来将保持 15.3% 以上的复合年增长率，2026 年规模将达到 2.388 亿美元。其中北美地区作为母乳寡糖市场主阵地，占目前全球份额的 70%。母乳寡糖可通过化学法、酶法及细胞工厂等方法制备，由于利用酶法及细胞工厂合成在规模化生产上的优势，现有母乳寡糖产品主要通过这两种方法制备。目前全球市场上的母乳寡糖生产企业不超过 20 家，国内尚无实现规模化工业制备的企业。

糖醇泛指以相应的还原糖经加氢而制得的多元醇，其主要品种有山梨醇、甘露醇、赤藓糖醇、木糖醇、麦芽糖醇等。糖醇类产品作为低热量功能性甜味剂可预防肥胖、龋齿和糖尿病等疾病，故在国际食品饮料业界具有广阔的应用前景。糖醇类产品在医药行业同样有多种医药用途。2019 年全球糖醇市场规模约为 67 亿美元，近年年复合增长率为 7.75%，预计规模在 2027 年将达到 121.7 亿美元。

作为自然界含量较少的一类糖，稀少糖被证明具有重要的医疗保健作用，主要包括 D-阿洛酮糖、塔格糖、L-阿拉伯糖等。目前国际上的主要生产厂商包括欧洲的 Sweet Cures，日本的 Matsutami、松谷等。现阶段，我国稀少糖产业化还处于起步阶段，相关企业包括华旭、思普等。

四、研发动向

糖类化合物由较复杂的单糖组成，有多样的糖苷键类型和不同的聚合度，其结构复杂程度远高于其他两类生物大分子蛋白质和核酸。过去 10 年中，糖科学在各国政府的支持下取得大量进展，糖在炎症反应、免疫系统调节、病原感染等中的作用被揭示。目前 FDA 批准上市的糖疫苗有 10 个，用于预防 B 型流感嗜血菌、脑膜炎奈瑟氏球菌、沙门氏伤寒菌和肺炎链球菌等细菌引起的感染，30 多种糖疫苗处于临床前和临床试验阶段，CA19.1、CA72.4 等糖链相关标志物已被美国 FDA 批准用于肿瘤临床诊断。多种糖药物已上市，显示了糖类化合物在诊断、疫苗及药物开发方面的巨大前景。

糖科学研究在北美、亚洲、欧洲、拉丁美洲等许多国家和地区开展，尤其在美国、欧盟和日本受到高度重视。在美国，美国国立卫生研究院（NIH）、美国国家科学基金会（NSF）、美国能源署（DOE）、美国食品药品监督管理局（FDA）、美国农业部（USDA）、美国国家标准与技术研究所（NIST）等许多联邦机构支持糖科学研究。2012 年美国 NIH 提出《糖科学路线图》。欧洲随后在 2015 年也提出了《欧洲糖科学路线图》并在 2021 年推出《欧洲糖科学路线图 2030》。日本的文部科学省和学术振兴会主持开展多个国家重点项目，此外，2016 年日本政府统合内务省、文部科学省、厚生劳动省和经济产业省共同支持成立了日本医疗研究开发机构（AMED），启动了"糖类创新药物开发的革命性发现技术"的大型国家战略项目。2018 年，由美国、欧洲及澳大利亚的部分科学家提出了"人类糖组计划"（The Human Glycome Project），旨在确定人类糖复合物的结构和功能。2021 年 11 月，日本政府宣布以名古屋大学为中心，开展国家级糖组科学研究计划"Human Glycome Project"，重点针对健康老龄化及神经退行性疾病，预计10年投入经费150亿日元。基于糖组学对人体内糖链的系统研究，绘制人类糖组图谱，有望提供大量关于疾病发生发展的相关数据。通过这些信息研究人员可以发现新的药物及生物标志物，为生物制药和诊断行业带来巨大价值。

糖工程在动植物及微生物源的天然多糖及寡糖开发方面已取得诸多进展。比如微生物源的黄原胶、结冷胶因其凝胶特性已在食品、化妆品、药品、生物医用材料中广泛利用。与其相似的还有从植物中提取的果胶、魔芋胶、瓜尔胶等多糖。而低聚果糖、木寡糖等植物源低分子糖链，因其在肠道健康等方面的诸多作用，及普遍认可的生物安全性，被广泛用于功能食品及食品添加剂。动物源多糖中应用开发最为成熟的是肝素、透明质酸及甲壳素/壳聚糖，其应用包括化妆品、农产品、医用材料、生物药等诸多方面。壳寡糖、低分子肝素等动物源低聚糖分子展现出与其他多糖不同的特性功能，在生物农药、医疗健康，尤其是功能食品等产业体现出独特价值。而近些年最引人瞩目的母乳游离寡糖，因其在婴幼儿营养健康及发育中的重要作用，已成为科研开发热点，启发了婴幼儿生长发育研究新的理念方向，带动了新一代婴幼儿配方奶粉的开发热潮。功能性低聚糖食品原料及添加剂，其功能特性符合"未病治疗""科学健康管理"等大健康理念，相关产品的深入开发及推广有望推动功能性食品产业的整体发展，填补在传统食品与药物之间的健康需求及产业空白。

糖工程在生物制药等更多领域运用的同时，糖复合物（如抗体、疫苗）、小分子糖药物、多糖及寡糖的高效规模化制备技术仍面临很大的挑战性。在糖复合物开发方面，基于糖类的疫苗需要合适的蛋白质载体来刺激和建立机体的长期免疫保护。与之相对的是，对蛋白质等生物大分子进行糖基化改造的方法通常复杂而昂贵，开发新的化学法及酶法合成平台用于蛋白疫苗的特定糖基化改造是当务之急。在糖链规模化制备技术开发方面，糖链的化学合成法在效率和选择性方面已取得重要进展。在糖链酶法合成研究方面，更多的高效酶被应用于糖链合成、修饰、水解和分析，极端环境微生物作为产酶资源也成为研究的热点，低温酶、碱性酶和耐盐酶等结构和功能新颖的极端酶，其独特的催化作用可大大拓宽糖苷酶的应用范围，未来可能在糖工程产业中产生重要影响。此外，为更高效地研究开发糖链资源，包含动植物及微生物不同来源数量众多的多糖、寡糖及其衍生物的糖链化合物库正在被建立并结合糖芯片等技术手段开展规模化高通量的糖链活性研究。

五、自主创新情况

与国外糖工程产业的发展相比，我国的糖工程产业具有一定的"比较优势"和发展潜力。糖类原材料储备丰富。丰富的食糖、玉米资源使得我国的糖工程产业具有充足的生产原料，而得天独厚的中草药资源及海洋生物资源则为功能糖开发提供了便利。近年来，国家政策大力支持糖工程发展。上述优势均为糖工程产品的研发及产业化提供了良好的支撑，进一步加快了我国糖工程产业的发展。经过30多年的发展，我国在蛋白质糖基化修饰功能、糖与胚胎发育、糖与肿瘤发生发展、糖与感染免疫、天然多糖构效关系、糖的化学合成等方面的基础研究已取得令国际同行瞩目的成绩，部分领域已达到或接近国际先进水平。

在糖科学研究发面，我国现有糖类相关的国家糖工程技术研究中心和国家重点实验室8个，国家级联合研究中心1个，省部级重点实验室8个。从近年来糖工程领域论文数量来看，中国发表文献数量居全球首位。以上数据说明，我国糖工程领域研究的体量及总体影响力已在全球占据有利地位。我国糖工程产业迅速发展，诞生了一批多糖、寡糖药品及保健产品，而且多糖、寡糖在种植、养殖方面得以应用，这使得我国糖生物工程产品的产业化与应用方面走在了世界前列。近年来呈现出应用成果推动功能机制基础研究的趋势，相信在不远的将来，我国的糖科学研究与糖工程产业化将会在解决能源、环境、健康问题等方面发挥重大的作用。

撰稿专家：王　倬　杜昱光

第三节　生物基化学品

一、戊二胺

（一）概况

生物基尼龙的概念早已被提出多年，但直到"双碳"战略被提出后才迎来更为全面的发展契机。目前尼龙产品仍是以石油产品为原料来生产，且国内己二胺主要依靠进口。赖氨酸可以脱羧转化成替代己二胺的戊二胺，而且我国赖氨酸产能过剩。发展以赖氨酸为原料生产戊二胺的新技术，既是实现我国尼龙行业弯道超车的关键，也有助于利用和消化已有赖氨酸产能，且原料低碳、环保、可再生，具有重要的社会、经济和环境效益。

目前国内外致力于生产生物基戊二胺的企业包括上海凯赛生物技术股份有限公司、宁夏伊品生物科技股份有限公司、日本东丽、日本味之素、韩国希杰、德国巴斯夫等。目前上海凯赛生物技术股份有限公司5万吨生物基戊二胺试车投产，宁夏伊品生物科技股份有限公司生物基戊二胺及尼龙56实验线项目正在加紧建设中，阳煤化工股份有限公司和河北美邦工程科技股份有限公司签署了生物法制备尼龙56的技术开发合作协议，华阳新材料科技集团与清华大学化工系签订了高性能生物基聚酯和尼龙等的研发和产业化合作备忘录。此外，会通新材料、滁州吉盛新材料、南通东屹高新纤维科技等也都进行了较多的专利布局。生物基尼龙正在加快产业化进程。

（二）主要产品

生物基戊二胺下游领域产品丰富，如与不同二元酸缩聚得到的尼龙5X系列产品：戊二胺和己二酸合成的尼龙56具有高强度、耐磨、阻燃、吸湿、回弹性好等特点，在纺织服饰、地毯、工业丝等领域均有广泛应用，还具有高强度、高耐热性、尺寸稳定性好等优异性能，在工程塑料上主要应用于汽车、电子电器结构件等；戊二胺和草酸、对苯二甲酸、丁二酸合成的尼龙52、尼龙5T、尼龙54具有高刚性、高强度、良好的电学性能、耐化学性及极佳的尺寸稳定性，主要应用在电子连接器、汽车耐高温部件等；戊二胺和癸二酸、十一碳二元酸、月桂二酸、巴西基酸、十四碳二元酸合成的尼龙510、尼龙511、尼龙512、尼龙513、尼龙514具有低水性、高韧性、耐强碱、耐醇解、尺寸稳定性好、易于加工成型等特点，主要应用于耐油绳索、牙刷丝、汽车水室等部件；戊二胺和十五碳二元酸、十六碳二元酸、十八碳二元酸合成的尼龙515、尼龙516、尼龙518具有轻量化、耐油、耐腐蚀、耐疲劳、高流动性等特点，主要应用于汽车油管、家电内外饰涂层、电线电缆护套等。生物基戊二胺有着广阔的应用前景。

（三）市场分析

从需求侧来看：尼龙在我国的需求增长迅速。据测算，到2025年仅尼龙66全国需求量有望达132万吨，2021—2025年均复合增速为25%；到2030年全国需求量将在288万吨，2026—2030年均复合增速为17%。此外，特种尼龙，例如尼龙12、尼龙5X、芳香族尼龙的市场有望翻倍增长，或实现从0到1的突破。随着原料生产成本下降，以及人们的生活水平提高，未来十年预计国内尼龙的消费量将有一个较大增长空间。

从供给侧来看：尼龙的供给受原料的限制。以尼龙66的原料己二腈为例，目前全球己二腈产能190万吨/年，国外厂家只有下游产业链，只有英威达会出口数十万吨己二腈。近年来，国内己二腈的进口逐年增多，而国产己二腈技术发展一路坎坷，自研举步维艰，对外并购也未能成功。生物基戊二胺合成的尼龙56与尼龙66性能相似，有望突破己二腈的进口依赖。

（四）研发动向

生产尼龙5X的关键核心问题是高效生产和绿色分离戊二胺。

目前戊二胺的生产方法主要有化学法和生物法两种。化学法因催化剂对目标产物选择性低、催化剂稳定性差，多年来仍无法突破连续稳定生产的要求。生物法主要采用游离酶催化和全细胞催化两种方法。游离酶催化以提纯的酶作为催化剂。酶在催化反应专一性、催化效率等方面表现出一般工业催化剂所没有的特性，但酶的分离纯化及工程放大难度较高。相比之下，全细胞催化更经济高效，因此被普遍采用。全细胞催化是指利用完整的生物有机体作为催化剂，其本质也是利用细胞内的酶进行催化。细胞内完整的多酶体系可以实现酶的级联反应，从而弥补酶法催化中级联催化过程不易实现的不足，提高了催化效率，又省去了烦琐的酶纯化过程，生产成本更低。

此外，尼龙5X的合成对戊二胺的纯度要求非常高，因此戊二胺的高效分离尤为重要。目前关于戊二胺分离提取的文献非常少。虽然现在的溶剂萃取、蒸馏、沉淀、吸附、精馏等方式可以获得纯度较高的戊二胺，但仍存在大量使用萃取剂污染环境，部分有机溶剂选择性低且分离工序复杂，戊二胺分离过程中发生自催化形成环结构而影响后续聚合等缺点。因此迫切需要开发一种绿色高效的戊二胺分离技术。

（五）自主创新情况

生物酶反应具有条件温和、高效专一和应用广泛的特性，是绿色生物制造的核心和生物产业的"芯片"。为筛选更高活性的赖氨酸脱羧酶,中国科学院过程工程研究所研究团队首次建立了完整的赖氨酸脱羧酶数据库和短肽序列库,已成功预测了不同类型的赖氨酸脱羧酶的功能。自主开发了关键酶,还建立了一步合成戊二胺新过程,实现了戊二胺高效经济生产。中国科学院微生物研究所温廷益团队、天津科技大学路福平团队和台湾成功大学张嘉修团队利用大肠杆菌来源的诱导型赖氨酸脱羧酶分别成功构建了不同的基因工程菌株,戊二胺产量均有明显的提高。南京工业大学欧阳平凯团队在基因工程菌株基础上,引入胞内 PLP 合成基因。中国科学院天津工业生物技术研究所孙际宾团队设计的突变体明显提高了酶的生产强度和稳定性。

二、山梨醇与异山梨醇

(一)概况

对化石燃料依赖造成的环境和能源问题日益加重。以生物质为原料制备新能源及各种大宗化学品可有效减少化学工业中不可再生能源的消耗,并可为农业开辟新的高附加值市场。多年来,生物炼制的发展取得了相当大的进展,加速了从石油经济向以生物质资源为基础的经济逐步转变。

(二)主要产品

山梨醇是美国能源部列入十二种重要的平台化合物之一,作为甜味剂存在于许多浆果和水果中。山梨醇自 1872 年首次被分离,直到 20 世纪 50 年代才开始被大规模制造。如今全球山梨醇年生产能力已达 500 多万吨,年贸易量达 200 多万吨,我国山梨醇总生产能力已达到 200 多万吨,年产量达 130 多万吨,且仍以每年 2%～3% 的速度增长。山梨醇可以进行聚合、脱水、氢解等反应,得到一系列高附加值生物基化学品和材料。异山梨醇是山梨醇的二次脱水产物(图 8-1),是一种白色结晶、高亲水性物质。异山梨醇是由二醇和含氧杂环组成的双环化合物,含有两个稠合的呋喃环。由于异山梨醇是刚性分子,并且具有手性和无毒的特征,其作为一种新型的生物基材料被广泛应用各个领域。

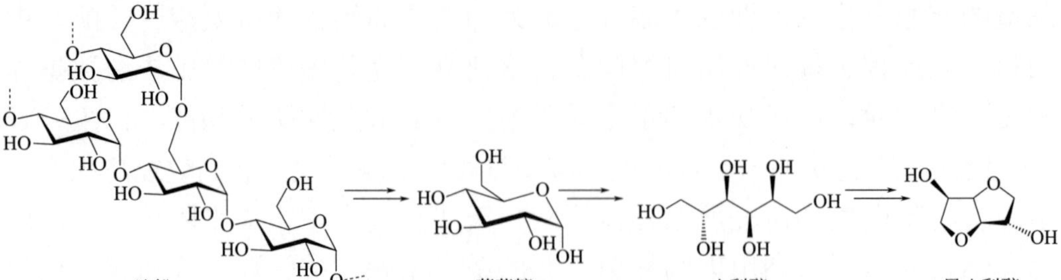

图 8-1 山梨醇/异山梨醇的主要合成路线

（三）市场分析

山梨醇行业的生产和发展前景广阔。近几年我国山梨醇行业发展迅速，无论是生产规模还是技术水平都走在了世界前列。山梨醇为无色的针状晶体，其甜度是蔗糖的 0.5～0.7 倍。山梨醇产品有粉状结晶及水溶液两种类型，工业用山梨醇多为水溶液形式，质量浓度 50%～70%，目前是价值和销售量最大的多元醇。广泛应用于牙膏、化妆品、食品、制药、烟草、表面活性剂等行业。近年来，山梨醇的应用领域和范围不断扩大。在医药领域，山梨醇可以和其他物质合用，用于稳定维生素 B_{12}、青霉素普鲁卡因和阿司匹林等药品。结晶的山梨醇可以直接压片，制备各种片剂，生产复合维生素、利胆药等。硬质结晶山梨醇可作为药片赋形剂。此外，山梨醇还可以作为原料合成许多药品，如合成异山梨醇、硝酸异山梨醇、5-单硝酸异山梨醇、二苄基山梨醇等等。在发达国家，山梨醇的消费领域主要为食品、化妆品和卫生用品。在食品加工中，山梨醇可以 1∶1 替代食糖无需改动工艺，而其价格在所有糖醇中最低，无糖产品少不了山梨醇。在英国、法国、德国、意大利等许多欧洲国家，无糖口香糖的占市场比重超过 50%，无糖糖果占市场比重 30%～40%。日本广泛使用山梨醇作为食品甜味剂。在我国，山梨醇的消费领域由工业为主转变为食品为主还需要一定时间，但市场发展空间十分巨大。保守估计，全国山梨醇的消费量将达 200 余万吨。

异山梨醇目前已经应用于医药、食品、化妆品等领域。异山梨醇作为医药中间体，可用于合成治疗心脏相关疾病的血管扩张剂药物硝酸异山梨酯衍生物。利用异山梨醇为原料，合成的异山梨醇酯、醚或盐，由于具有疏水基团和亲水基团，可以被用作表面活性剂或乳化剂。未来，随着异山梨醇在高分子聚合物领域应用的落地，其消费量至少可达万吨。

（四）研发动向

异山梨醇是唯一在工业上实现大批量生产的糖类二醇，被誉为是仅次于聚乳酸的未来重要生物基化工原料。工业上，异山梨醇的合成主要以浓硫酸为催化剂，采用间歇式反应器，存在生产效率低、污染重等问题。大规模的异山梨醇连续生产成为异山梨醇广泛应用的前提，近年来固体酸催化制备异山梨醇以及连续化工艺成为研究热点。

近年来，异山梨醇在化工领域上的应用潜力尤为突出（图8-2）。以异山梨醇的衍生物异山梨醇二酯制成的增塑剂被认为是有毒含苯类增塑产品的绿色替代品。同时，异山梨醇也被用于聚酯、聚酰胺、聚碳酸酯等高分子聚合物的合成及产品改性。

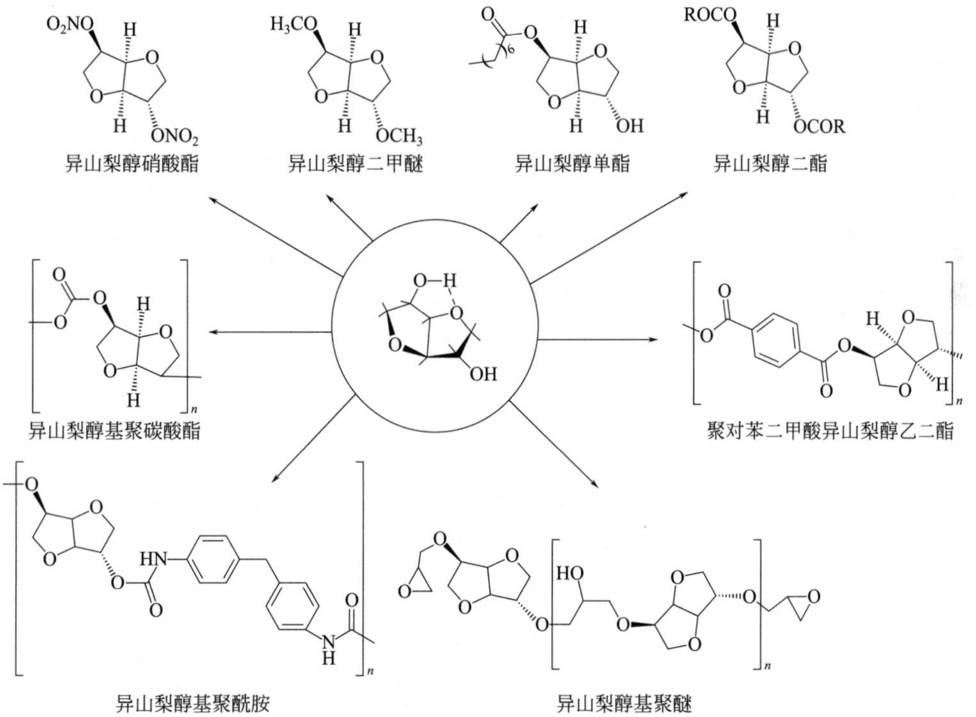

图 8-2　异山梨醇的下游应用

由异山梨醇与植物脂肪酸酯化可制备增塑剂异山梨醇二酯。异山梨醇二酯是一种高效增塑剂，是持续发展的绿色环保产品。由于绿色化学与可持续发展的要求,生物基材料已成为关注的热点,而且市场对高功能的新材料具有更高的需求。异山梨醇在提高材料各项性能的同时赋予材料绿色性能。异山梨醇二辛酯、异山梨醇二庚酯等材料对 PVC 材料的热稳定性和抗张强度提高显著。此外,对小鼠的亚慢性毒性研究表明,异山梨醇酯安全性良好。

在聚对苯二甲酸酯的合成过程中加少量的异山梨醇,相比于传统的已大规模生产的聚酯,如 PET 和聚对苯二甲酸丁二醇酯(PBT)可以显著改善聚合物的性能。异山梨醇可取代部分乙二醇,应用于 PET 聚合过程中,与 TPA 聚合形成聚对苯二甲酸异山梨醇乙二酯(PEIT)。与传统的聚对苯二甲酸酯材料相比,其优势主要表现在:透明度更好;耐温性能更高,PEIT 的耐温性随在聚合过程中加入的异山梨醇的量变化;耐冲击性能更强;更具环保性能。经异山梨醇改性后的 PET,其各方面性能都有大幅度提高,可用在包装(瓶子、薄膜)和模具上,增大了材料的应用范围。

以生物质来源的异山梨醇为原料生产聚碳酸酯(PC)的工艺与传统的化学法相比,可避免使用有毒的光气和安全性广受争议的 BPA,据此日本三菱化学和法国罗盖特均已大力开发异山梨醇基聚碳酸酯产品。与传统的 PC 材料相比,生物基聚碳酸酯优势主要表现在:透明度更好,耐酸、耐碱,耐紫外线、耐刮擦、耐温,同时绿色环保可降解。随着环保政策的大力推动,PC 生产工艺中采用异山梨醇替代毒性的 BPA 的需求量将会迅速增长,该产品的市场潜力巨大。同时,人民生活水平的提高,对生活质量要求也逐渐提升,生物基 PC 的需求量将大幅增加。

(五)自主创新情况

在异山梨醇规模化连续制备以及应用方面,我国的科研院所取得了不少创新成果。中国科学院过程工程研究所(简称过程所)开发的官能化离子液体催化剂,其催化效率与传统的硫酸相比显著提高。由于离子液体具有低蒸汽压的特性,其作为液体催化剂可以实现循环利用,过程所开发出了均相连续化异山梨醇制备工艺。中国科学院大连化学物理研究所提出在脂肪酮存在下,通过固体酸催化缩酮化和分子内醚化制备异山梨醇的方法。该方法反应条件温和、操作简单、产物易分离、催化剂可回收利用,为从山梨醇脱水制备异山梨醇开辟了一条新途径。

中国科学院过程工程研究所开发一系列离子液体催化剂,实现了异山梨醇（ISB）和二氧化碳基化合物碳酸二甲酯（DMC）为原料直接一步酯交换熔融缩聚合成异山梨醇型聚碳酸酯，产品品质好、分子量高。中国科学院化学研究所与长春大成集团完成了"千吨级异山梨醇型聚碳酸酯和聚酯工程化示范"项目，通过研发异山梨醇型聚碳酸酯和聚酯系列专用树脂料，实现千吨级工程化示范，进而形成从玉米、异山梨醇到生物基高分子材料的玉米深加工完整产业链。

三、5-羟甲基糠醛

（一）概况

纤维素可以水解成水溶性糖以合成生物燃料和化学品。其中，5-羟甲基糠醛（5-hydroxymethylfurfural，HMF）就是一类重要的平台化合物，可以由纤维素水解生成的葡萄糖和果糖进一步脱水而成，是生物基化学品向石油基产品转化的重要中间物质。根据美国能源部关于"Top value added chemicals from biomass"的报告，HMF 是从 300 种源于生物质的化学品中选出的代表性的平台化合物之一，并于 2010 年被美国能源部评为 10 大最具价值的平台化学品之一。

HMF 的研究始于 19 世纪末，因为其分子含有一个呋喃环、一个醛基和一个羟甲基，它的化学性质比较活泼，可以通过加氢、氧化脱氢、聚合、卤化、水解、酯化及其他化学反应合成多种化合物，包括医药、树脂类塑料、柴油燃料添加物等物质。HMF 本身就具有药物活性，是很多中药的有效成分，可作为单体合成具有光学活性、可生物降解等特性的高分子材料，还可以合成具有强配位能力的大环化合物。研究者们对该化合物做了大量的研究，截至 2001 年，关于 HMF 研究的文献已有 1000 多篇。2006 年以后，随着相关工作在 *Science*、*Nature* 上的不断发表，HMF 研究达到了高潮。HMF 是未来具有良好发展前景的生物化工中间体，具有潜在的商业价值。

HMF 早期制备大部分使用含氧的无机酸，例如硫酸、磷酸作为果糖脱水反应的催化剂，但存在设备腐蚀和环境污染的问题。后来科研人员开始尝试有机酸，如草酸以及一些盐类化合物作为 HMF 催化剂。近几年 HMF 制备催化剂研究的热点是酸性离子交换树脂、离子液体等。同时对生成 HMF 的原料进一步扩展，从最初的果糖，到蔗糖、葡萄糖、纤维二糖、纤维素及微晶纤维素，甚至直接用秸秆，还有一些通过工业废料转化而来的碳水化合物也可以作为原料来制备 HMF。

已有的文献许多关于合成 5-羟甲基糠醛的方法均是在酸性催化剂存在下高温使糖脱水制备，高催化活性、高选择性、高稳定性、易分离重复使用的催化体系的报道很少。未来 5-羟甲基糠醛制备研究的重点仍是寻找高效的催化体系，采用高性能催化剂和适合的反应溶剂才能抑制 HMF 制备副反应的发生，进而增加反应选择性，解决环境污染问题，以适应未来工业大生产的需要。

（二）主要产品

HMF 具有良好的反应性能，由它还可以合成 2,5-呋喃二甲醛（FDC）、2,5-呋喃二甲酸（FDCA）、乙酰丙酸（LA）等高附加值产品。

（三）市场分析

HMF 按照用途可以分为以下几种：高分子材料合成的单体、药物制备的中间体、大环化合物合成的原料、生物燃料的中间体和燃料添加剂等。

2020 年 5-羟甲基糠醛市场的全球收入大约为 6100 万美元，预计 2026 年达到 6500 万美元。虽然 HMF 的应用领域非常广泛，但其价格远远高于替代品在应用领域的价格，因此全球市场不是很大，主要用于香精香料行业。欧洲拥有全球最大的 HMF 出口量和制造商，而中国是 HMF 第二大的销量市场。当前全球 HMF 主要生产企业有 AVA Biochem、Robinson Brothers、Penta Manufacturer、赖斯化工、瑞赛科技、悟通香料等。欧洲是全球最大的 HMF 生产地。近些年，有两种主要类型的 HMF 产品，即工业级和食品级，工业级销售量约为 34 000 kg，占全球销量的 72%。

随着我国 5-羟甲基糠醛生产能力的加大，国产产品在市场中的应用比例逐渐增加，国内企业对于进口产品的依赖度有所降低，但目前在高纯产品市场中，进口产品仍占主导地位。目前国内几乎未有产品出口到国外市场。

由于国内产能有限，仅靠本土企业无法满足下游市场需求。从供给来看，近年来中国 5-羟甲基糠醛产品产能呈现不断增长的态势，但产能整体规模不大，且增长幅度较小，主要是由于随着环保政策趋严，再加上国内规模化生产工艺并不十分成熟，使得 5-羟甲基糠醛新项目建设缓慢，产能增加幅度较小。目前，阻碍 5-羟甲基糠醛市场需求增长的主要因素是居高不下的价格。未来随着 5- 羟甲基糠醛生产技术的革新以及产业化生产的实现，产品价格将会大幅下降，对 5- 羟甲基糠醛潜在市场需求的开拓有极大的推动作用。

（四）研发动向

制备 HMF 的核心是催化剂，近年来，固体酸和离子液体作为新型催化剂得到了较为广泛的应用。针对目前存在的问题，今后的研究热点应该是：①设计具有高选择性和稳定性的催化剂，该催化剂可重复使用；②开发新型绿色功能性溶剂/复合溶剂，研究溶剂与催化剂的协同催化作用；③开发具有经济性的 HMF 分离技术，为 HMF 大规模低成本工业化提供技术支撑；④拓展 HMF 下游衍生品全产业链，开发木质纤维等生物质原料的高效利用方法，实现石油基材料的功能性替代。

（五）自主创新情况

目前我国 5- 羟甲基糠醛生产企业数量较少，新思界产业研究中心发布的《2019—2023 年中国 5- 羟甲基糠醛产品市场分析可行性研究报告》显示，2018 年我国 5- 羟甲基糠醛的总产能为 9200 kg。主要厂商有滕州慧昌香料有限公司、青州奥星化工有限公司、上海讯特化工科技有限责任公司、杭州凯方科技有限公司、宁波贝欧斯生物科技有限公司等。宁波贝欧斯生物科技有限公司依托中国科学院宁波材料技术与工程研究所以果糖为原料成功开发出的具有自主知识产权的高效多相催化制取 HMF 工艺，成为我国第一个实现大规模产业化生产的企业。

四、2,5- 呋喃二甲酸

（一）概况

2,5- 呋喃二甲酸（FDCA）是一种含有两个羧基的呋喃衍生物，具有环状共轭体系，性质稳定，不溶于多数常用溶剂，由于氢键作用，其熔点高达 342℃。FDCA 不仅可发生卤化、酯化等羧酸的典型反应，还可以通过氧化、还原以及开环等反应制备一系列具有高性能、高附加值的生物基化合物，如 2,5- 二羟甲基呋喃、琥珀酸等。另外，除了可作为合成聚酯材料的单体，FDCA 还可用于聚酰胺、增塑剂的合成以及生物医药与消防领域。目前，FDCA 的合成主要采用 5-羟甲基糠醛（HMF）选择性氧化实现，但 HMF 化学性质不稳定，不易储存，易发生进一步分解或聚合，因而限制了 FDCA 的大规模和可持续生产，成为 FDCA 商业化应用的一大障碍。近年来，一些研究者尝试直接采用价格更加低廉的葡萄糖、果糖甚至淀粉等原料制备 FDCA。FDCA 合成的主要技术难点在于糖的高效选择性脱水与脱水过程中高效且具有经济价值的氧化，研究重点在于选择高性能的催化剂及相对应的溶剂体系，这将是未来的主攻方向之一。

（二）主要产品

基于 FDCA 的主要产品包括生物基聚合物和绿色化学品，广泛用于化学工业、生物医学、消防安全等领域。例如，FDCA 最主要的应用是作为单体制备生物基聚酯、聚酰胺和聚氨酯。通过 FDCA 制备的聚 2,5-呋喃二甲酸乙二醇酯（PEF）可用于包装材料、工程塑料、涂料和纤维等。FDCA 的酯类化合物可作为用于生产聚氯乙烯（PVC）的邻苯二甲酸酯类增塑剂的替代品。据报道，通过 FDCA 合成的 2,5-呋喃二甲酸二乙基酯有类似可卡因的强力麻醉作用，可用于医学麻醉剂；以 FDCA 制备的钙盐能有效抑制芽孢杆菌孢子的生长。由于多元羧酸是消防泡沫材料的主要的组成部分，FDCA 因其二羧酸结构及稳定的化学性质，可作为泡沫灭火剂的成分之一，有助于在极短的时间内扑灭由极性和非极性溶剂引起的火灾，所以也可以应用于消防领域。

（三）市场分析

FDCA 与来自石油的大宗化学品对苯二甲酸（PTA）相比，二者具有诸多的相似性（图 8-3），都是含有类似芳环体系结构的二元有机酸，被认为是一种具有重要应用价值的 PTA 的潜在替代物，可用来制备 PET 的类似物聚 2,5-呋喃二甲酸乙二醇酯（PEF）。研究表明，与 PET 相比，PEF 具有更好的阻隔性能以及较高的耐热性，PEF 的力学性能包括杨氏模量、拉伸强度等与 PET 比较接近，但对 CO_2、O_2、H_2O 的阻隔能力分别为 PET 的 2.3～19 倍、9.3～11 倍、2.1～2.8 倍，因此，在聚酯得到广泛应用的薄膜、包装领域，PEF 比 PET 的保质、保鲜性能更加优越。此外，PEF 纤维结构独特，具有强度高、弹性恢复性和卷曲持久性好、耐用性强、不易燃、抗紫外线等优点，非常适合用于纤维纺织领域。预计到 2022 年，全球 PEF 市场规模将增长至 7 万吨。

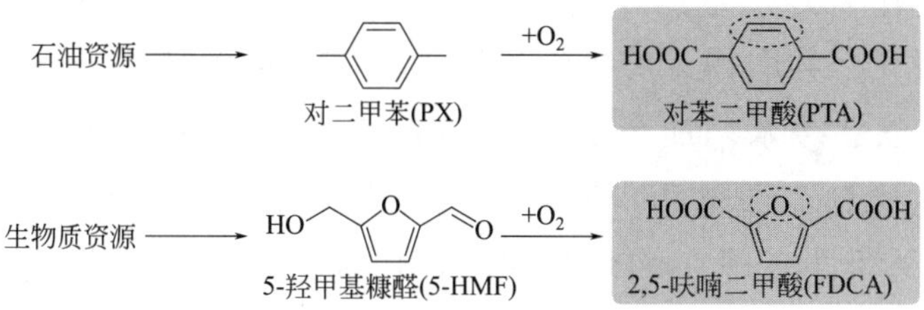

图 8-3 FDCA 与 PTA 结构对比

根据新思界产业研究中心发布的《2021—2026 年中国 2,5-呋喃二甲酸（FDCA）行业应用市场需求及开拓机会研究报告》显示，当前全球实现 FDCA 生产的企业有 Avantium、Corbion、多伦多化学品公司（Toronto Research Chemicals）、阿法埃莎（Alfa Aesar）、Synvina、Asta Tech、Novamont 等企业。FDCA 的应用需求不断增长，2019 年全球 FDCA 市场规模已经达到了 16 亿元，预计 2026 年将达到 21 亿元，复合年均增长率（CAGR）为 4.0%，行业发展前景较好。新思界产业分析人士表示，FDCA 应用范围较广，在工业中的发展潜力巨大，吸引众多国家进行研究。我国在 FDCA 领域有众多的布局专利和发表文章，但产业化还处于初级发展阶段。

（四）研发动向

早在 2004 年，美国能源部从 300 多种源于生物质的化合物出发，筛选出了最具有代表性的 12 种生物基平台化合物，其中 FDCA 是芳香族生物基平台化学品的代表，被认为是石油衍生物对苯二甲酸最合适的替代物。自 2004 年之后，国内外无论研究机构还是大型公司，均加大了对 FDCA 的研究力度。当前，FDCA 合成工艺一般分为生物合成法和化学合成法，化学合成法使用较为普遍，通常以 HMF、糠酸或糠醛、己糖二酸、二甘醇酸等为原料，通过催化剂选择性氧化或脱水环化制备，其中 HMF 高效转化是主流方法，多以重金属、强酸或强碱为催化剂，以吡啶、二甲基亚砜、乙腈、丙酮等为溶剂，过程选择性低，且有副产物生成。生物法合成 FDCA 多为生物催化酶或者全细胞工程菌株生物催化技术，生物催化 HMF 制备 FDCA 合成工艺具有反应条件温和、产品选择性高、无需有毒溶剂或催化剂等特点，但由于较长的反应时间（一般超过 2 d）、复杂的反应过程及 HMF 存在细胞毒性等缺点，还有待进一步深入研究。

美国可口可乐、杜邦，德国巴斯夫，日本三菱等公司将呋喃二甲酸基共聚酯的商业化作为开发重点。杜邦和佳能公司早已于美国能源部前，就已经开始了相关研究，并取得了突破性进展，尤其是荷兰 Avantium 公司推出了最具代表性的 YXY 技术，成为 FDCA 和 PEF 生产方面的领导者。YXY 技术使用植物糖为原料，通过两步催化工艺将糖转化为 FDCA，进而制备 PEF。YXY 技术的灵活性表现在 FDCA 中间体可通过催化制备生物基聚酰胺、生物基聚氨酯产品。鉴于 FDCA 和 PTA 结构的相似性，FDCA 经催化亦可转换成 PTA 而用于生物基 PET 生产。YXY 技术选用的第一代原料主要是玉米、甘蔗和甜菜，目前已转为第二代原料非粮食生物质，如玉米秸秆等农业废弃物及废纸类等。Avantium 一直是 FDCA 技术开发的主要参与者，与包括可口可乐、达能、帝人、索尔维和罗地亚在内的主要应用客户建立了伙伴关系。Avantium 已宣布开发出一种经济的方法来从糖制造 FDCA。然而，原材料的可用性将是未来六年的一个关键问题。嘉吉（Cargill）是最大的生物基原材料（如糖）供应商之一，Avantium 已与嘉吉合作，由嘉吉提供淀粉基原料来运行他们的试验工厂，并且与三井物产签署了一份协议，将在亚洲进行生物基化学品 FDCA 和 PEF 的商业化开发，在由 Avantium 修建的首座商用 FDCA 工厂完工之后，三井物产将能购买由该厂生产的相当大规模的 FDCA。

我国在 2010 年左右才开始布局相关研究，但发展速度较快，研究链健全，从 5-羟甲基糠醛（HMF）的制备，到 FDCA 的制备，再到高分子聚合工艺等均有重大进展。但在产业化研究方面，国际研发机构可能有所突破，但对相关的工程化技术讳莫如深，而国内仍处于文章发表和专利申请阶段，在产业化发展方面仍有较大距离。

（五）自主创新情况

"十三五"期间，中国科学院宁波材料技术与工程研究所以生产低成本的、含有芳香结构的、可降解生物基聚酯为需求，主要进行了 FDCA 单体及 PEF 聚酯的相关基础实验及工业化应用研究，建立了从实验室"小瓶小罐"，到 50 L 和 100 L 的小试，再到立方级中试工艺技术研发系统，建成了 FDCA 单体百吨级生产线，并获得了高纯度产品，满足了进一步合成 PEF 聚酯的要求，率先打通了 FDCA 单体及 PEF 聚酯制备技术的完整链条。

另据报道，国内衢州信诺 FDCA 中试装置于 2017 年 5 月放大成功，说明了国内在该领域取得了长足的进步与突破性的进展。此外，中国（绵阳）科技城工业技术研究院利用与中国科学院宁波材料技术与工程研究所、远纺工业（上海）有限公司、中国物理工程研究院等合作的优势，研发了 2,5-呋喃二甲酸、2,5-呋喃二甲酸二甲酯等两款环保生物材料，逐步展开在生物聚酯材料（FDCA/FDME）产业链的研究与生产。国内在 FDCA 产品领域的研究开发已取得长足的进步，展示出了一定的研发优势，但仍需进一步加强产业化研究。

五、生物基乙二醇

（一）概况

乙二醇是重要的大宗化工原料之一，绝大部分乙二醇来源于化石能源，随着聚酯行业快速发展乙二醇需求持续增加，为了缓解化石能源危机导致的乙二醇原料价格持续增加的现状，生物基乙二醇逐渐受到关注。生物质原料制备生物基乙二醇路线多样，包括糖类加氢、纤维素催化转化、生物质发酵等。国内生物基乙二醇工业化发展较早，2005 年长春大成集团利用发酵获得的葡萄糖加氢催化裂解制备乙二醇，该方法建成生物基乙二醇 2 万吨/年的中试生产线，并在 2007 年建成 20 万吨/年工业化示范装置。除此之外，国内相继涌现出多家企业计划拟建立不同规模的生物基乙二醇生产装置。

India Glycols、绿醇（GTC）是生物基乙二醇的主要供应商；加拿大温哥华 S2G BioChemicals 开发了一种使用木头和农业垃圾制备生物化学品混合物（包含乙二醇和丙二醇等）的工艺。此外，Braskem 和 HaldorTopsoe 联合宣布生物基乙二醇首产示范成功。

（二）主要产品

生物基乙二醇具有许多优良特性，可衍生多种化工产品和化学品，主要用于制备聚酯等，比如制备聚对苯二甲酸乙二醇酯（PET）、聚对苯二甲酸多组分二元醇酯（PDT）等。此外，乙二醇可用于溶剂、防冻液、冷却液、燃料电池等领域；乙二醇也可用于吸湿剂、化妆品、表面活性剂、增塑剂、炸药等方面。

（三）市场分析

根据中国化工经济技术发展中心报道的《全球乙二醇供需分析与预测》，2020 年乙二醇的全球产能约为 4097.6×10^4 吨/年，乙二醇产量达 3161.8×10^4 t，乙二醇的消费量约为 3041.8×10^4 t，2022 年预计全球乙二醇需求量将会增加到 3315.3×10^4 t。绝大部分乙二醇来自于煤和石油，研究生物基乙二醇有利于缓解能源危机和保护环境，具有广阔的应用前景。

2008 年我国科学家发现纤维素可直接催化转化制备乙二醇，为生物基乙二醇的合成提供了新思路；从生物质出发合成乙二醇的相关研究发展迅速，乙二醇可用不同类型的原料合成；全球首套千吨级秸秆糖制乙二醇中试项目拟在河南濮阳建设，建成后可进行生物质制乙二醇技术相关产品的销售，打通生物质到聚酯的整个产业链条。目前，生物基乙二醇主要来自于 India Glycols，产能为 12.5 万吨/年，以及绿醇，其产能为 13 万吨/年；为了保护资源与环境，可口可乐、三得利等多家企业纷纷生产生物基 PET，生物基乙二醇是合成生物基 PET 的原料之一，生物基 PET 如果能大规模替代石油基乙二醇，将会大大增加生物基乙二醇市场需求。此外，可口可乐与 JBF Industries 合作生产生物基乙二醇，而 JBF Industries 计划在巴西建立产能为 50 万吨/年的生物基乙二醇生产装置。

（四）研发动向

从生物质合成生物基乙二醇的原料可分为：乙醇、甘油、山梨醇、糖类和纤维素类生物质，这些原料合成生物基乙二醇路线各具特色，目前乙醇制备乙二醇路线的催化剂已经商业化，其他路线催化剂还需进一步提升性能。根据中国石化上海石油化工研究院报道的《生物质制乙二醇技术进展与发展前景》，生物基乙二醇大规模生产仍然存在较多挑战，比如原料来源、催化剂及工艺效率以及乙二醇的纯度和品质等。保证生物质来源稳定和质量可控，开发高效催化剂和反应工艺以及保证产物生物基乙二醇质量达标等是未来生物质制备乙二醇技术工业化需要解决的问题。

（五）自主创新情况

国内生物基乙二醇的研究多集中于利用不同类型催化剂催化多元醇、葡萄糖、纤维素、生物质等原料制备生物基乙二醇。下面分别对不同原料催化制备乙二醇进行简单介绍。

首先，利用纤维素制备乙二醇的研究较多，2008 年中国科学院大连化学物理研究所等采用 2%Ni-30%W_2C/AC-973 催化剂催化纤维素制备乙二醇，可实现纤维素 100% 转化，乙二醇收率达到 61%。随后，涌现出不同类型的催化剂用于催化纤维素制备乙二醇，比如介孔碳负载碳化钨纳米颗粒催化剂、Ru-Ni/NbOPO$_4$ 催化剂、Ni-W@C$_{700}$ 催化剂、Ni-W/M 催化剂等，其中利用介孔碳作为载体，负载碳化钨纳米颗粒催化剂催化转化纤维素制备乙二醇，选择性可达 72.9%。此外，刘海超团队发现 WO$_3$ 微晶可有效催化纤维素获得糖中间体，可以选择性断裂糖中间体 C—C 键，结合 Ru/C 催化加氢反应，可以从纤维素可控合成乙二醇、丙二醇及山梨醇。

除了利用纤维素制备乙二醇之外，利用山梨醇、木糖醇等原料，也可催化转化制备乙二醇；刘海超团队利用 Pd-Cu/ZrO$_2$（Cu/Pd=5）催化剂可实现异山梨醇接近 100% 转化，乙二醇、丙二醇和甘油产物的总选择性为 61.7%。中国科学院上海高等研究院等利用木糖醇在 Cu-Ni-ZrO$_2$ 催化剂作用下转化制备乙二醇和 1,2- 丙二醇，木糖醇的转化率为 97.0%，醇类物质的收率达 63.1%。

此外，随着生物基乙二醇研究的发展，生物质也可以作为原料制备乙二醇，比如秸秆、芒草等；中国科学院大连化学物理研究所利用秸秆在氨水和 / 或稀释的过氧化氢溶液中预处理转化制备乙二醇和 1,2- 丙二醇总收率达 48%；利用钨酸和雷尼镍组成的二元催化剂处理芒草可获得收率达 35.5% 的乙二醇；通过碱性溶液预处理芒草可有效去除抑制剂，乙二醇收率提高到了 39.0%；随着催化剂和原料种类的增多，乙二醇收率也在不断提升，由于具有低成本、重复性好及易于回收等优良特性，雷尼镍钨酸催化剂是目前具有工业化前景的纤维素制备生物基乙二醇的催化剂。开发适用性更广、催化效率更高、循环性更好的催化剂，用于生物质催化转化制备生物基乙二醇，从而实现生物质的高效利用是未来的发展趋势。

撰稿专家：吕兴梅　黄玉红　王耀锋　石春艳　晏冬霞　徐俊丽　张锁江

第四节　植物天然产物的微生物合成

一、概况

天然产物是自然界中活体生物产生的具有一定药理或生理活性的初级或次级代谢产物，其中结构复杂多样的次级代谢产物及其衍生物含有大量生物活性相关的分子骨架和药效团，一直以来都是现代药物的重要组成部分和新药发现、药物设计的重要源泉。植物天然产物是人类生存与发展过程中使用历史最为悠久的一类天然产物，主要包括萜烯类、黄酮类以及生物碱等功能性次级代谢产物。8000 年前人类就已种植罂粟用于观赏和治病；19 世纪随着新的分析方法的发展，科学家开始在中草药等原材料中分离、鉴定甚至合成其中的关键活性成分。从罂粟中分离出的活性天然产物——吗啡，成为人类将纯单体天然化合物用作药物的里程碑。目前，超过 50%的药物直接或间接来源于天然产物及其衍生物，其中就包括著名的抗疟疾药青蒿素以及抗肿瘤药紫杉醇。然而，传统的从植物中提取分离天然产物的方法往往存在步骤烦琐、耗时长、成本高、提取效率低等问题，严重制约了植物天然产物的应用。另外，很多植物天然产物的获取来源也因组织部位而受到极大限制，比如源自红豆杉树皮的紫杉醇（扒皮提醇），源自甘草根里的甘草酸和黄酮类化合物（挖根提酸和挖根提酮）。植物天然产物复杂的分子结构使得其合成过程涉及多步反应，导致其产率较低，如利用化学法从头合成紫杉醇的产率仅为 0.02%，这导致化学法对于结构复杂的天然产物合成具有非常有限的实际应用价值。

由于微生物生长迅速、利用可再生糖质资源对植物天然产物进行异源合成可作为解决当前问题的一种选择。经过理性设计的微生物细胞工厂能合成单一目标产物，避免了多种结构类似物的合成，可以解决植物提取过程中多种结构类似物导致目标产物分离纯化困难的问题，减少有机溶剂的使用，降低纯化过程对环境的污染。此外，微生物发酵过程安全可控，不占用耕地，不存在气候变化对植物种植和化合物生产的影响，可实现目标产物的持续供应。

在过去十几年里，利用合成生物技术生产天然产物已经取得了重要进展，比如利用工程化的酿酒酵母已经实现了青蒿酸、香草醛等植物天然产物的规模化生产。这些成功的案例不但激发了研究人员继续探索用微生物系统来合成高附加值天然产物的动力，也让人们意识到一种天然产物分子从异源合成的理论证明到规模化生产之间所面临的挑战，这些挑战包括合成途径的解析以及工程菌的代谢网络优化。

测序技术的快速发展促进了植物基因组与转录组的解析，通过基因簇挖掘、转录差异分析、基因共表达分析等策略使得多种天然产物的合成途径得以阐明，比如甘草次酸的合成途径与蓖麻稀二萜合成途径。随着基因组和转录组数据越来越丰富，研究人员开发出了基于网络的方法来预测产物合成相关的基因簇，如 antiSMASH、plantiSMASH 等。为进一步提高处理海量数据的能力，提高途径预测的准确性和效率，机器学习的方法已经被用于代谢途径的预测与重构。

植物天然产物的合成途径在微生物体内进行重构时，存在酶活低、特异性差、代谢通量小的问题，限制了天然产物的合成效率。为提高限速酶的活性以及特异性，促进代谢流更多的流向目标产物，除了传统的基因过表达外，蛋白质工程的策略也被广泛用于提高天然产物合成途径中关键酶的催化活性及特异性，从而提高代谢途径的效率。天然产物的合成途径涉及多个酶、多种反应，对于宿主体内辅酶、能量等公用物质的需求不同，同时多种中间产物也会对宿主产生不同的影响，因此反应、代谢物、酶与宿主之间的相互作用都会对整个途径产生影响。为实现工程菌的代谢平衡，研究人员开发动态调控等策略对酶的表达水平、活性进行调节进而控制代谢流的分配。

随着合成生物技术的发展，目前已实现多种萜烯类、黄酮类和生物碱等植物天然产物在大肠杆菌、酵母等宿主中的从头合成，包括紫杉二烯、那可丁、甜菊苷和氢可酮等。自2020年以来，我国在β-香树脂醇、三七皂苷和佛术烯等微生物合成方面都取得重要进展，其产量均在g/L级别，其中佛术烯产量达到34.6 g/L，已具备工业化生产的潜力。

二、主要产品

（一）萜烯类

萜类化合物种类繁多、结构多样，主要是由五碳骨架异戊二烯（C_5H_8）以不同方式连接而成，由于其具有抗病毒、抗炎症、抗肿瘤、保肝护肝等多种生理活性，被广泛应用于食品、日化、医疗等领域。目前，利用微生物细胞工厂已经实现了多种萜类化合物的异源合成，除了已经工业化生产的青蒿素外，自2020年以来，红没药烯、石竹烯、佛术烯等产量均达到了g/L级别（表8-4）。

表8-4 微生物合成萜类化合物的主要产品

类型	名称	植物来源	宿主	产量	报道时间
单萜	蒎烯	松柏门植物	大肠杆菌	166.5 mg/L	2018年
	柠檬烯	柑橘属果皮	大肠杆菌	3.6 g/L	2020年
	月桂烯	月桂	大肠杆菌	58.19 mg/L	2015年
	香叶醇	玫瑰	大肠杆菌	2.12 g/L	2021年

续表

类型	名称	植物来源	宿主	产量	报道时间
倍半萜	紫穗槐二烯	黄花蒿	大肠杆菌	30 g/L	2019年
	青蒿酸	黄花蒿	酿酒酵母	25 g/L	2013年
	红没药烯	红没药	荚膜红细菌	9.8 g/L	2021年
二萜	贝壳杉烯	贝壳杉	大肠杆菌	623.6 mg/L	2020年
	紫杉烯	红豆杉	大肠杆菌	1 g/L	2010年
	佛术烯	圣罗勒	酿酒酵母	34.6 g/L	2021年
	5α-羟化紫杉烯醇	红豆杉	大肠杆菌	58 mg/L	2010年
	丹参酮二烯	丹参	酿酒酵母	488 mg/L	2012年
三萜	原人参二醇	人参	酿酒酵母	8.09 g/L	2018年
	α-香树脂醇	甘草	酿酒酵母	1 g/L	2020年
	β-香树脂醇	甘草	酿酒酵母	3 g/L	2021年
	11-氧-β-香树脂醇	甘草	酿酒酵母	108.1 mg/L	2018年
	甘草次酸	甘草	酿酒酵母	36 mg/L	2018年
	齐墩果酸	女贞子	酿酒酵母	606 mg/L	2018年
	甘草酸	甘草	酿酒酵母	5.98 mg/L	2021年
	三七皂苷Rg1	三七	酿酒酵母	1.95 g/L	2021年
四萜	β-胡萝卜素	胡萝卜	谷氨酸棒状杆菌	23 mg/L	2018年
	番茄红素	番茄	大肠杆菌	2.7 g/L	2020年
	玉米黄素	玉米	大肠杆菌	722.46 mg/L	2016年

（二）黄酮类

黄酮类化合物是一种广泛存在于植物中的次级代谢产物，具有抗氧化、抗炎、抗癌、防治心脑血管疾病、预防肥胖和糖尿病、抗凝血等多种生理功能。随着组学技术、代谢工程和合成生物学的发展，越来越多的植物黄酮类化合物的生物合成途径被解析、关键酶被挖掘，使得利用微生物细胞工厂实现植物黄酮类化合物的异源合成成为可能。目前，研究者们根据已经解析的途径已经在大肠杆菌、酿酒酵母和链霉菌等微生物细胞中成功构建了合成植物黄酮类化合物的合成途径，实现了其异源合成，且部分黄酮类化合物的合成已具有了产业应用的价值（表8-5）。

表 8-5　植物黄酮类化合物的微生物合成

名称	植物来源	宿主	产量	报道时间
圣草酚（Eriodictyol）	柠檬	谷氨酸棒状杆菌	37 mg/L	2016年
柚皮素（Naringenin）	葡萄柚	大肠杆菌	84 mg/L	2011年
儿茶酸（Catechin）	茶叶	大肠杆菌	34.7 mg/L	2016年
圣草酚（Eriodictyol）	柠檬	大肠杆菌	62.7 mg/L	2016年
芫花素（Genkwanin）	芫花	大肠杆菌	41 mg/L	2015年
黄芩素（Baicalein）	黄芩	大肠杆菌	23.6 mg/L	2019年
野黄芩素（Scutellarein）	黄芩	大肠杆菌	106.5 mg/L	2019年
芹菜素（Apigenin）	芹菜	大肠杆菌	16.6 mg/L	2018年
异牧荆素（Isovitexin）	滨牡荆	大肠杆菌	3772 mg/L	2020年
异荭草素（Isoorientin）	荭草	大肠杆菌	3829 mg/L	2020年
染料木素（Genistein）	槐角	大肠杆菌	16 mg/L	2009年
柚皮素（Naringenin）	葡萄柚	酿酒酵母	648.63 mg/L	2020年
圣草酚（Eriodictyol）	柠檬	酿酒酵母	200 mg/L	2010年
天竺葵素-3-O-葡萄糖苷（Pelargonidin 3-O-glucoside）	草莓	酿酒酵母	0.85 mg/L	2018年
矢车菊素（Cyanidin 3-O-glucoside）	矢车菊	酿酒酵母	1.55 mg/L	2018年
飞燕草素葡萄糖苷（Delphinidin 3-O-glucoside）	越橘	酿酒酵母	1.86 mg/L	2018年
圣草酚（Eriodictyol）	柠檬	酿酒酵母	152 mg/L	2018年
野黄芩素（Scutellarein）	黄芩	酿酒酵母	108 mg/L	2018年
槲皮素（Quercetin）	茶叶	酿酒酵母	0.38 mg/L	2009年
山奈酚（Kaempferol）	茶叶	酿酒酵母	26.6 mg/L	2017年
漆黄素（Fisetin）	草莓	酿酒酵母	2.3 mg/L	2017年
花旗松素（Taxifolin）	落叶松	解脂耶氏酵母	110.5 mg/L	2019年
柚皮素（Naringenin）	葡萄柚	解脂耶氏酵母	171 mg/L	2021年
甘草素（Liquiritigenin）	甘草	解脂耶氏酵母	62.4 mg/L	2021年

（三）生物碱

生物碱是一类含有氮原子，同时也可能含有氧、硫、氯、溴、磷等元素的天然产物。虽然相比于萜烯以及黄酮类化合物，生物碱具有更加多样化的合成途径，其合成可以来源于不同的代谢前体物，但生物碱大多都是氨基酸的衍生物。根据含氮结构特征的不同可分为多种类型，如表8-6所示。

表8-6 部分微生物合成的生物碱类型及其药用成分和来源

类型	名称	植物来源	宿主	前体来源	报道时间
莨菪烷生物碱	莨菪碱	颠茄、三分三	酿酒酵母	鸟氨酸或精氨酸	2020年
	东莨菪碱				2020年
萜类生物碱	文多灵	长春花	酿酒酵母	甲羟戊酸或2-C-甲基-D-赤藓糖醇-4-磷酸	2015年
异喹啉生物碱	吗啡	罂粟	酿酒酵母	酪氨酸	2015年
嘌呤生物碱	咖啡因	咖啡树	酿酒酵母	黄嘌呤	2014年
	茶碱	茶树			2016年
托品烷类生物碱	可卡因	古柯	酿酒酵母	鸟氨酸	2020年

那可丁是一种天然的苄基异喹啉生物碱类药物，其传统来源是从罂粟中提取，是一种安全的非麻醉性镇咳药，在全世界已有50多年的使用历史。同时那可丁还被证明具有抗癌活性，但其治疗癌症所需的剂量远高于用作咳嗽抑制剂时的剂量，因此市场需求量逐渐增大。由于罂粟种植易受到害虫、气候等因素的影响，有较大的不稳定因素，研究者着眼于微生物从头合成喹啉生物碱。在2018年，来自加州大学的Christina D. Smolke研究团队利用酿酒酵母，通过过表达6个内源基因，异源表达分别来源于细菌、植物和哺乳动物的25个基因成功合成了那可丁，整个合成途径中包含7个定位于内质网内膜的植物酶和4个P450氧化酶，最终通过酶工程、代谢工程和发酵条件的优化等手段，使那可丁的浓度达到2.2 mg/L，比初始菌株提高了18 000倍。2020年为了进一步提高微生物合成苄基异喹啉类生物碱的能力，康考迪亚大学Vincent J. J. Martin团队构建了一株高产苄基异喹啉类生物碱核心中间产物 S- 牛心果碱的酵母底盘菌株，产量可达4.6 g/L，为提高此类化合物产量的研究奠定了坚实的基础。同年，Christina D. Smolke研究团队，在酿酒酵母染色体上进行了34个基因修饰（整合26个基因，敲除8个基因），在不同的亚细胞区室上定位来自酵母、细菌、植物和动物的二十多种酶，通过限制酶的质粒过表达、增强还原力再生与优化发酵条件，使莨菪碱和东莨菪碱的滴度达30 μg/L以上。

三、市场分析

（一）天然产物的需求与供给

随着科技和社会的进步，人们对健康和环境可持续发展的认识不断提高，具有多种生理活性的天然产物受到了越来越多的关注，在医药、化工、农业、食品和保健品等行业，都具有广阔的应用前景。1981—2014年由美国食品药品监督管理局（FDA）批准的所有小分子药物中，约2/3为天然产物或模仿天然产物。2020年报道的可抑制新冠肺炎病毒刺突蛋白活性的甘草酸即是一种来自于中国传统中药甘草的五环三萜类植物天然产物。由此可见，天然产物已经成为新医药行业的重要组成部分。

肿瘤是我国乃至全球范围内导致人类死亡的重要疾病之一，2018年全球有约1810万癌症新发病例及960万癌症死亡病例，其中亚洲在后者占近七成，中国每年新发病例超过了390万。鉴于此，我国抗肿瘤药物市场规模已经超过1900亿元。在肿瘤治疗领域，寻找低细胞毒性的药物仍然是现代抗癌药物的重要发展方向，天然产物对该领域的研究具有重要的推动作用。在已发现的治疗癌症的近200种小分子药物中，约1/3直接来源于天然产物或是其衍生物，包括多糖类、蒽环类、有机酸酯类、萜类、生物碱类、大环内酯类及烯二炔类等，多种已在临床肿瘤治疗中发挥了极其重要的作用。这些肿瘤治疗药在肿瘤药物市场中占有重要地位，是肿瘤治疗市场中不可或缺的产品。

个人护理是天然产物的另一重要应用领域，2020年天然个人护理产品市场总额约为127亿美元，预计到2027年预计可达236亿美元，复合年均增长率约为9.3%，其中美国市场约34亿美元，中国市场将达到64亿美元，复合年均增长率达到16%。在化妆品细分市场中，美国、加拿大、日本、中国、欧洲占据了18亿美元的市场份额。由于天然产物类药物的市场需求上涨，且来源于天然产物的药物比重不断扩大，众多制药企业和研发机构看到了机遇，这也进一步激发了天然产物药物的研发热潮。

（二）微生物合成植物天然产物的水平与成本控制

截至目前，市场上植物天然产物供应仍然主要来自于植物提取的生产方式。在中国，大部分天然产物是以我国本身特有的中药及植物资源为主体开发的，比如从青蒿提取青蒿素酸、从绿茶提取茶碱、从人参提取人参皂苷等。从自然界分离得到天然产物后，科学家们就一直在尝试利用人工合成的方法合成天然产物。一般情况下，一个复杂分子的合成途径如果超过 10 步，那么这种方法便几乎不具备实用性，因为每一步反应都会降低回收率并造成资源浪费，这严重限制了化学法在结构复杂的天然产物合成中的应用。

随着近代生物技术的发展，利用生物工程将微生物改造为"细胞工厂"，即通过发酵的方法合成天然产物，这种方法被称为生物合成，已经得到广泛应用。利用生物合成方法在微生物细胞中构建天然产物的合成路线，可以快速合成结构复杂的天然产物，不仅大大缩短了合成的周期，而且原料便宜易得，整个发酵过程更加可控，同时还能减少对植株的砍伐和大量酸碱的使用。另外，通过基因重组、酶工程、代谢平衡等手段，可以优化生产菌株，提高工程微生物的产量，实现天然产物的大量生产。除了耳熟能详的青蒿酸外，我国科学家构建的高产佛术烯工程菌的佛术烯产量已经达到 34.6 g/L。

但是由于微生物合成天然产物的技术尚不成熟，所需成本仍然较高。例如，以萜烯类化合物柠檬烯为例，柠檬烯的市场价格为 9 美元 / 千克，而在生产过程中的葡萄糖和其他原料成本以及产物的分离的成本约为 465 美元 / 千克，远远高于市场价格，而且不完全的原料利用率还会进一步增加生产成本，不能够达到收支平衡。因此降低微生物生产天然产物的生产成本以及提高产物的产量是几乎所有天然产物都存在的问题，亟待解决。

四、研发动向

（一）植物天然产物的合成途径解析

代谢途径解析是实现微生物细胞工厂异源合成天然产物的基础，当下已报道结构的天然产物超过了 30 万种，利用微生物细胞工厂实现了青蒿酸、东莨菪碱、甘草次酸等途径已知植物天然产物的生产，然而完全解析的天然产物生物合成途径只有不到 3 万种，尚有大量天然产物的生物合成途径未解析。植物基因组和转录组是解析植物天然产物生物合成途径的基础，基因测序技术的快速发展极大地降低了植物基因组和转录组测序的成本，使得基于功能基因组的基因挖掘成为解析植物天然产物合成途径的利器。当前序列相似性搜索、基于差异转录组的差异基因分析及基因共表达分析技术的结合成为植物天然产物合成途径解析的主流工具，如为解析催化莨菪碱醛还原为莨菪碱的莨菪碱脱氢酶，研究人员在颠茄转录组中搜索具有脱氢酶或氧化还原酶结构域的基因，获取颠茄还原酶基因子数据库，根据与莨菪碱合成途径上的基因的共表达情况筛选出以莨菪碱醛为底物的莨菪碱脱氢酶。此外，生物逆合成算法基于泛化的反应规则扩展逆合成网络，并利用多种指标对预测途径的可行性和底盘适配性进行综合评价，并给出最具实际可行性的推荐途径，是解析和优化植物天然产物合成途径的新思路，如研究人员利用 BNICE.ch 对那可丁衍生物的生物合成途径进行了预测，结合热力学可行性、底物相似性、候选衍生物的生理功能对候选产物的预测途径进行评价，得到了 S-四氢巴马汀、S-armepavine、S-laudanine 和 S-nandinine 四种衍生物的候选途径，利用 Briget-IT 工具对催化途径中相关反应的酶进行了预测，并在酿酒酵母中成功地进行了途径构建。对当前的逆合成工具及算法进行优化，开发新的逆合成工具用于天然产物的合成途径解析与设计已经成为天然产物异源合成的重要研究方向之一（表 8-7）。

（二）关键酶的设计与改造

当将来源于植物的天然酶整合到微生物中进行表达时，会存在折叠不正确、表达水平较低、催化效率差、底物范围狭窄、亚细胞定位不正确等问题，提高代谢途径中关键酶的效率和选择性可以有效增加目标化合物的代谢流。

基于定点突变和理性设计的方法常常用于代谢途径中关键酶的设计和改造。通过对 11-氧-β-香树脂醇氧化酶 CYP72A63 的同源建模和底物对接，研究人员确定了 CYP72A63 中的关键氨基酸残基，以控制该酶的化学选择性和区域选择性。通过对植物糖基转移酶 UGT74AC1 进行蛋白质工程，研究人员提高了糖基化效率，其中一种突变体对葫芦素 3 号位碳上羟基的糖基化效率提高了 4.17×10^4 倍。

定向进化可以对酶进行多轮突变和筛选，使用每轮中最好的突变体作为下一轮的起点，直到达到功能目标。但定向进化依赖于高通量的实验表征，而这也是许多酶工程化改造的瓶颈。为了减少筛选负担，机器学习被用于进行突变体的虚拟筛选，可以降低大量蛋白质突变体的实验测试费用

表 8-7 生物逆合成工具

生物逆合成工具	开发时间	基础数据库	反应规则类型	途径搜索算法	评价指标
novoStoic	2018年	MetRxn	分子指纹	混合整数线性规划	热力学可行性、化合物毒性、理论产量、市场利润
RetroPath 2.0	2018年	MetaNetX	RetroRules	枚举	酶序列可行性、理论产量
Transform-MinER	2019年	KEGG	数据驱动的SMARTS	最短路径	底物相似性
PrecursorFinder	2019年	Literature	分子指纹	最大公共子结构	底物相似性
RetSynth	2019年	Multiple	Stoichiometry matrix	混合整数线性规划	途径长度、理论产量
NovoPathFinder	2020年	Rhea, KEGG	SMIRKS	启发式搜索	热力学可行性、酶序列可行性、途径长度、理论产量
RetroPath RL	2020年	MetaNetX	RetroRules	枚举	底物相似性、酶序列长度、化合物毒性
BioNavi-NP	2021年	MetaCyc, KEGG	AND-OR Tree	Transformer	底物相似性、途径长度
ATLASx	2021年	bioDB	BNICE.ch	最短路径	热力学可行性、酶序列可行性、途径长度、化合物毒性

（图8-4）。2019年，为了解决视紫红质通道蛋白筛选通量太低的问题，并且要同时保留其多种特性，研究人员利用实验表征和文献报道得到的183个序列-功能数据，构建人工智能分类模型，有效排除重组文库120 000条序列中绝大多数的非功能序列。然后针对视紫红质通道蛋白不同特性来建立不同的回归模型，对所有具有功能的序列进行特性的得分的预测。最后从预测库中选择少部分排名靠前的突变体（28个）进行实验验证，得到了目标属性都优于现有的视紫红质通道蛋白的三个变体。

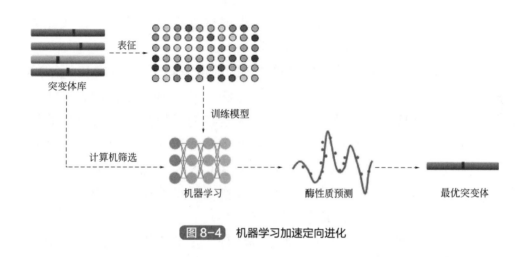

图8-4　机器学习加速定向进化

缺少酶的三维结构信息限制了关键酶的设计与改造。通过实验可以确定酶的三维结构，如X射线晶体学和冷冻电镜，这些方法往往要花费数月甚至数年时间。近两年，利用机器学习算法进行蛋白质序列的三维结构预测取得了巨大进展。在2020年，AlphaFold2在CASP14蛋白质结构预测竞赛拿到了高分，在常规项目中拿到了92.4分，这意味着该系统预测的均方根偏差（即预测数据与实验数据在原子位置上的偏差）大约为1.6 Å，已经达到了常规蛋白质晶体结构的实验精度，并且预测时间只需要几天甚至半个小时。同时，RosettaFold及HeliXonAI等越来越多的竞争工具的出现，也在进一步提高蛋白质结构预测的精度。

（三）微生物底盘细胞的改造与代谢流全局调控

微生物底盘指的是能够为细胞工厂的终产物提供前体物质的菌株，这些前体物质既包含菌体本身的代谢物，也包含植物天然产物合成途径中的各种中间产物。由于外源植物天然产物合成途径通常包含三到数十个基因，通过连续地构建能够高产中间产物的底盘菌株，逐步实现目标产物的合成，可有效降低途径重构的复杂性（图8-5）。近年来，通过对底盘细胞进行优化，已经获得了一系列可以高产植物天然产物中间体的菌株，其中包括甘草次酸前体β-香树脂醇、生物碱前体色氨酸、黄酮前体对香豆酸等。计算机辅助的优化策略在微生物底盘改造中的应用也越来越广泛，加州大学伯克利分校的Keasling团队利用基因组模型寻找代谢工程的编辑靶点，高效地设计代谢途径重构文库，结合高通量生物传感器来训练不同的机器学习算法，通过一个数据生成循环，显著促进了工程酵母芳香族氨基酸的合成能力，使色氨酸产量和产率分别提高了74%和43%。

由于许多植物天然产物及其中间产物的检测依赖于HPLC-MS、GC-MS等高精确度但是低检测通量的化学分析方法，导致目标化合物的检测通量成为限制产物合成途径优化效率的重要因素。为了提高目标化合物的检测效率，近年来，研究人员基于别构调节因子和适配体开发出了一系列基因编码的生物传感器，用来代替HPLC-MS、GC-MS等化学分析方法，实现了茶碱、罂粟碱、罗通定等生物碱类化合物在活细胞中的高通量检测，显著提高了这些化合物生物合成途径的优化效率。

由于植物天然产物对于微生物通常具有一定的毒性，因此将其快速排出胞外、减少其在细胞内的富集可以有效降低毒性作用，促进细胞的生长和产物合成，中国科学院天津工业生物技术研究所张学礼团队通过在酿酒酵母细胞内引入一种半月弯胞菌的ABC转运蛋白CICDR4，使工程酵母的氢化可的松产量从223 mg/L提高至268 mg/L。对于具有长外源途径的天然产物，如托品烷型生物碱，其反应模块分布在不同的亚细胞区室，提高中间体在不同区室之间的传质能力对于提高合成效率具有重要意义。斯坦福大学的Christina D. Smolke团队，使用机器学习来对代谢物的转运蛋白进行预测，发现两种转运蛋白AbPUP1和AbLP1，通过促进液泡外排同时促进菌体对莨菪碱等的吸收显著促进了工程菌托品烷型生物碱的合成能力。

CRISPR/Cas基因编辑系统的快速发展为长途径的异源整合提供了强有力的基因操作工具。通过优化后的CRISPR/Cas9系统已经可以实现5个以上表达盒在酿酒酵母基因组上的多位点分散整合，CRISPR/Cpf1可以在一个sgRNA阵列的介导下，在多个位点同时对PAM序列的5′远端的DNA双链进行切割，形成具有黏性末端的双联断裂，使得研究人员可以通过黏性末端引入外源序列，解决了在非分裂细胞中难以通过同源重组插入基因的难题。在挖掘新型 Cas9 的同时，研究人员通过蛋白质进化的方法降低了限制 Cas9 应用的脱靶效应，提高了编辑精确性，也拓宽了能识别 PAM 序列的范围，进一步提高了其实用性。

为平衡工程菌代谢网络，降低天然产物合成途径引入造成的辅酶、能量等公用物供应的扰动，研究人员使用了反应过程的动态调控策略（图 8-5）。通过 CRISPRi、脂肪酸诱导启动子和类黄酮诱导杂合启动子，研究人员构建了与代谢产物成瘾相关的脂肪生成负自动调节，以重新分配碳通量，并改善脂溶型解脂耶氏酵母（$Y.lipolytica$）菌株的稳定性，从而使类黄酮高产表型持续了 320 代。除此之外，混菌培养技术在天然产物合成中的应用展现出一定的应用前景，混菌培养技术可以将合成途径中不同中间产物的合成模块，在能够耐受不同毒性中间产物的宿主中进行整合，从而解决毒性中间产物积累抑制菌体生长导致目标产物产量低的问题。通过大肠杆菌与酵母菌的混菌培养技术成功促进了儿茶酸、花青素等天然产物的合成。

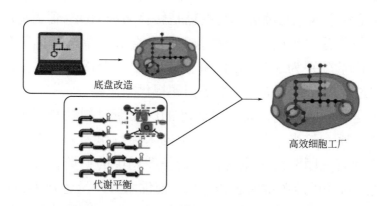

图 8-5　通过底盘优化与代谢平衡调控构建高效细胞工厂

五、自主创新情况

（一）萜烯类

萜烯类化合物是自然界中广泛存在的一类化合物，几乎存在于自然界中的各类生物体中，也是种类和数量最为庞大的高度多样化的天然产物。

因其具有许多重要的生理和药理活性，被广泛应用于医疗健康等领域，目前我国在萜烯类化合物尤其是在三萜、倍半萜的微生物异源合成的研究中处于国际先进水平。

药用植物三七在中国具有悠久的应用历史，是云南白药的主要成分，具有"散瘀、止血、定痛"的功效，原人参三醇（PPT）型皂苷是其主要的活性成分之一，中国科学院植物生理生态研究所周志华研究团队以高产PPT 的酿酒酵母菌株为底盘，实现了三七皂苷 NgR1 和 NgR2 的从头合成，其产量分别达到 1.62 g/L、1.25 g/L。

甘草作为一类非常重要的多年生草本植物，其根部分有清热解毒、止咳祛痰、补脾益气、抗病毒消炎的功效，适用范围广，在我国悠久的中药文化里占据重要地位，被誉为"国老"和"神龙草"，在中药配方中有"十方九草"的地位，是缓急止痛、调和诸药和解毒的良药。其中，三萜类化合物甘草酸是甘草的主要活性成分之一。利用代谢途径的区室化策略，结合前体供应与关键酶的表达强化以及代谢网络再平衡，华东理工大学魏东芝团队使酿酒酵母合成甘草酸前体 β- 香树脂醇的产量达到 3 g/L 以上。通过挖掘、表征和引入来自哺乳动物的糖基转移酶和 UDP- 葡萄糖脱氢酶，清华大学李春团队首次实现了酵母细胞工厂全合成甘草酸和单葡萄糖醛酸基甘草次酸，产量分别为 5.98 mg/L 和 2.31 mg/L，为解决甘草及其他稀缺天然产物获取过程中存在的资源短缺等问题提供新思路。

圣罗勒是著名的草药，是一种天然的医疗康复剂以及驱虫剂，其主要活性成分为一系列倍半萜化合物，其中佛术烯可作为天然农用杀虫剂。武汉大学刘天罡研究团队通过系统性分析圣罗勒中的萜烯合酶，以酿酒酵母为底盘，通过前体以及关键酶表达强化，使佛术烯产量达到 34.6 g/L。此外，中国科学院植物生理研究所周志华团队构建的高产潜在的新型燃料石竹烯的酵母菌株产量也达到 3 g/L。

（二）黄酮类

黄酮类化合物作为植物天然产物，具有多种药理和生理活性，近几年利用微生物合成黄酮类化合物已成为热点。江南大学周景文课题组将可利用葡萄糖生产柚皮素的工程酿酒酵母菌株进一步工程化，用于从头生产两种黄烷醇：阿夫儿茶精和儿茶素。通过引入类黄酮 3- 羟化酶、类黄酮 3'- 羟化酶、二氢黄酮醇 4- 还原酶和无色花青素还原酶，实现了阿夫儿茶精和儿茶素的从头生产，并结合最佳工程策略，最优菌株在 5 L 生物反应器中发酵 90 h 后，分别产生了 500.5 mg/L 的阿夫儿茶精和 321.3 mg/L 的儿茶素。同时该课题组基于柚皮素和对香豆酸生物传感器，设计了三层动态调控网络，对柚皮素合成相关的十余个基因进行了协同动态调控，实现了在单细胞水平上对任何生长时期的大肠杆菌进行精准动态调控的目标。最后通过 Biosensor-FACS 定向进化策略对三层动态调控网络进行了系统优化，显著提高了柚皮素的产量，在 250 mL 摇瓶中产量达到（523.7±51.8）mg/L，是未使用动态调控系统菌株的 8.7 倍，且细胞生长量提高。除此之外，中国科学院分子植物科学卓越创新中心王勇研究组和华东理工大学任宇红研究组合作开发了一种顺序自组装酶反应器，利用相互作用的蛋白对（PDZ 和 PDZ 配基）将 RtPAL 和 Pc4CL 进行双酶自组装，从而提高中间产物的转化率。这一策略有效地减少了中间体的积累并消除了合成路径的瓶颈。通过该策略，黄芩素的摇瓶产量从 21.6 mg/L 提高到了 143.5 mg/L，提升了 6.6 倍。同时野黄芩素的产量也提高了 1.4 倍（从 84.3 mg/L 提高至 120.4 mg/L）。通过发酵罐的补料分批培养，该策略的工程菌株能够分别产生 271.6 mg/L 黄芩素和 288.9 mg/L 野黄芩素。此外，该工作还首次实现了直接从葡萄糖合成黄芩素。

（三）生物碱

由于生物碱类天然产物具有生物来源多样性、化学结构多样性和生物活性多样性的特点，在全球备受重视。中国科学院昆明植物研究所植物化学与西部植物资源持续利用国家重点实验室黄胜雄研究组与中国科学院分子植物科学卓越创新中心张余研究组合作，通过茄科产莨菪碱和东莨菪碱的代表植物，山莨菪属三分三、颠茄属颠茄、曼陀罗属曼陀罗的基因转录差异分析结合种间同源性分析，在这三种植物中发现了三个Ⅲ型聚酮合酶，并验证其能催化 N- 甲基吡咯啉阳离子与丙二酰辅酶 A 缩合形成托品烷生物碱生物合成的关键中间体，通过进一步的晶体结构解析结合体外试验验证发现这三个Ⅲ型聚酮合酶利用丙二酰辅酶 A 高效合成三羧基戊二酸中间体。该中间体能与 N- 甲基吡咯啉阳离子自发发生 Mannich 缩合，进而形成托品烷骨架生物合成的消旋中间体。该研究不仅解析了托品烷生物碱骨架的形成机理，回答了长久困扰学术界的一个科学问题，而且发现了一类选择性高效合成三羧基戊二酸的新型的植物Ⅲ型聚酮合酶，为基于合成生物学的莨菪碱药物的异源生产提供了参考。四川大学生命科学学院刘建全研究团队通过 PacBio 和 Hi-C 技术组装注释了染色体级别的高质量喜树基因组，在此基础上揭示了喜树中马钱苷酸（loganic acid）直接被断马钱子酸合酶（SLAS）转化为断马钱子酸（secologanic acid）的分子进化机制，表明了马钱苷酸甲基转移酶的功能差异和断马钱子酸合酶编码基因的正向进化共同导致了喜树中喜树碱的高效生物合成，该研究中高质量的通路相关候选基因集也为未来步骤少、成本低、产量高的人工生物合成提供了基础。

撰稿专家：孙文涛　孙甲琛　张　震　李文强　李　春

第五节　功能糖醇

一、概况

功能糖是一类对人体健康有一定作用的碳水化合物，是功能性低聚糖、功能性膳食纤维和功能性糖醇等具有特殊生理功能物质的统称。由于功能糖的特殊功效，其在食品中可以作为功能性配料添加，也可以作为食品中蔗糖的替代原料，降低食糖对人体产生的不良影响。人体肠道内缺乏对功能糖醇代谢的酶系，其在人体胃肠道内不被消化吸收而直接进入大肠为双歧杆菌等益生菌所利用，从而调节肠道微生态平衡；同时，由于具有调节血糖、减肥、增强免疫力等特殊生理功能，可广泛应用在食品、保健品、饮料、医药、动物营养及饲料等领域。

根据《健康中国饮料食品减糖行动白皮书（2021）》对全球用糖现状分析数据，中国糖消费量位居全球第三，仅次于印度和欧盟；2019 年全球 60% 糖尿病患者生活在亚洲，我国糖尿病确诊患者已达 1.16 亿，占人口总数 8.2%，因此，"减糖行动"势在必行。《健康中国行动（2019—2030）》提出合理膳食，倡导人均每日添加糖摄入量不高于 25 g。"减糖"浪潮推动了低热值、低 GI 值、抗龋齿、安全性高的功能糖醇发展，技术创新及产业化水平均得到迅速提高，特别是以赤藓糖醇、阿洛酮糖等为代表的新型功能性稀少糖醇的年复合增长率显著提升。

功能糖的功效主要体现在对人体微生态的调节方面。一般为人体难消化或者不消化的成分,这些成分进入人体后能够选择性刺激人体的结肠生理功能,一方面促进体内有益菌的生长和繁殖,解决人体生理功能失调导致的便秘、腹泻等问题;另一方面促进人体对某些微量元素的吸收,保持人体健康。功能糖多为低卡碳水化合物,故可在低能量食品中发挥作用,最大限度地满足那些喜爱甜品而又担心发胖者的需求,并可供肥胖病人和高血糖病人食用。

QY Reserch 调查结果显示,我国功能糖消费份额在全球名列前茅,占比约四分之一。随着人们健康理念不断增强,提升了对功能糖醇需求,2018年全球功能糖市场总值达到了194.8亿元,预计2025年增长到257.8亿元,复合年均增长率(CAGR)为4%,在食品饮料应用中功能糖用量占总糖用量77%。近年,我国功能糖行业市场规模不断地提高,2018年约为43.9亿元,2020年达到53.7亿元,预计2021年将达到63.5亿元,同比增长18.2%。进入21世纪后,我国功能糖工业发展迅速,特别是功能性糖醇市场已打破了被欧美国家所垄断的局面,以中国为代表的亚太地区取代欧洲成为全球最大的功能性糖醇产地。

二、主要产品

1. 功能性糖醇

糖醇是含有两个以上羟基的多元醇,根据结构功能性糖醇分为单糖醇与多糖醇。单糖醇主要包括山梨醇、木糖醇、甘露醇、赤藓糖醇等,是功能糖醇重要组成部分。根据中国生物发酵产业协会关于多元醇行业发展分析报告,2020年多元醇产量179万吨,年平均增长率2.40%,与2015年相比增长了14%。一方面在新冠肺炎疫情因素影响下,健康产品消费需求增加,维生素C市场需求带动山梨醇市场需求增加;另一方面,零糖饮料市场快速发展,赤藓糖醇的产量迅速提升。多糖醇包括麦芽糖醇、异麦芽酮糖醇、乳糖醇等,其是以淀粉、蔗糖、乳糖等为原料生产的一类重要功能性糖醇。

功能性糖醇具有低热值、低GI值,入口有清凉感,保湿性好,耐热性较高,对酸、碱性稳定,不发生美拉德反应等特性。在我国Ⅱ型糖尿病人群数量显著增加的情况下,糖醇类物质作为食糖的替代品,食用后不仅控制血糖值,还能促进钙吸收,并具有非致龋齿性。由于糖醇类物质本身的特性,对改善食品的健康品质、预防慢性疾病都有着积极意义。

赤藓糖醇作为重要一种代糖产品,由于在零糖饮料中应用,带动产能迅速增加,2020年增至约40万吨/年,新扩建产能仍在增长。赤藓糖醇于1852年首次被分离出来,但直到1990年才作为一种新的天然甜味剂出现在日本市场上。目前,至少已有55个国家批准赤藓糖醇作为食品添加剂。同其他多元醇一样,具有甜味特性,其甜度约为蔗糖的60%～70%,口感和质地与蔗糖相似,在糖醇家族中是分子量最小的四碳糖醇,也是唯一一种通过自然发酵过程生产的糖醇。

2. 功能性低聚糖

功能性低聚糖是一种重要功能性糖源,包括低聚果糖、低聚木糖、低聚半乳糖、低聚甘露糖、低聚异麦芽糖、大豆低聚糖、海藻糖及母乳寡糖等。我国寡糖生产原料丰富,如玉米芯、甘蔗渣、棉籽壳、燕麦、魔芋、海藻等。寡糖具有低热量、甜味(约蔗糖的30%～60%),并且具有独特的生理功能,如改善人体微生态环境、调节血脂、促进矿物质吸收、润肠通便等,广泛应用于功能保健食品领域。

我国低聚糖研究始于20世纪80年代中期,以低聚麦芽糖(甜度为蔗糖的45%～50%)、低聚果糖(甜度为蔗糖的30%～60%)为主的产品,利用酶法生产技术产业化,已成为重要的功能食品配料。随着生物工程技术发展,开发了 α/β- 半乳糖苷酶、蔗糖异构酶等生物催化剂,利用酶法高效转化合成了低聚半乳糖、低聚乳果糖、低聚异麦芽酮糖等多种低聚糖。同时,利用木质纤维素、甘露聚糖、几丁质、海藻多糖及果胶等原料,通过高效的酶水解过程,获得低聚木糖、低聚甘露糖、壳寡糖、海藻寡糖等,极大地丰富了功能性寡糖种类。

母乳低聚糖是母乳中含量仅次于乳糖和脂类的第三大成分,是一类包含200多种不易消化、非营养性的低聚糖混合物,分为岩藻糖基化乳糖、非岩藻糖基化乳糖、唾液酸化乳糖三种类型,其中2'-岩藻糖基乳糖在母乳中最为丰富,约占母乳寡糖的30%。随着合成生物学技术迅速发展,低聚寡糖生物制造技术取得了创新性发展,例如,构建母乳寡糖的细胞工厂,以可持续的发酵工艺实现母乳寡糖的大规模、低成本发酵生产,这也是功能性低聚寡糖未来生物制造的趋势。

3. 功能性膳食纤维

功能性膳食纤维是一种高分子的碳水化合物,包括聚葡萄糖、抗性糊精、甘露聚糖、菊糖、果胶等。根据世卫组织和联合国粮农组织的定义,膳食纤维为不被人体消化吸收的碳水化合物,被誉为第七大营养素。根据国际食品法典委员会（2009年）的定义：具有10个或以上单体组成的碳水化合物，以多糖类为主的大分子物质，不被人体小肠内生物酶水解。由于它们既不能被胃肠道消化吸收，也不能产生能量，所以本身并没有营养价值，但是，也正由于其不能被消化，所以可减缓消化速度和快速排泄胆固醇，可让血液中的血糖和胆固醇控制在最理想的水平。

膳食纤维能量低、更快产生饱腹感，对肥胖、动脉硬化、冠心病、结肠癌等预防效果明显。2021年，Lam等在《细胞》杂志发表的论文结果表明高纤维饮食有利于 *Akkermansia* 等肠道菌群定殖，这些肠道菌群通过STING-IFN-I通路能够有效调节肿瘤中单核吞噬细胞的组成，改善肿瘤微环境，提高免疫治疗的效果。该研究揭示了膳食纤维增强免疫治疗的机制，将进一步促进膳食纤维应用于饮料、冷冻食品、糖果、麦片、乳制品、保健品等行业。

三、市场分析

功能糖由日本首先提出，是功能性低聚糖、功能性膳食纤维和功能性糖醇的统称。2018年消费市场份额显示，中国功能糖消费量最大，占25.4%，其次是欧洲与北美（图8-6）。2018年，低聚糖市场份额占38%，可溶性膳食纤维和功能性糖醇分别约占37%和25%。21世纪初，日本学者又开发了稀少糖，将其定义为自然界中存在稀少的一类单糖及其衍生物，主要包括阿洛酮糖、塔格糖、赤藓糖醇等，进一步丰富了功能糖类别。

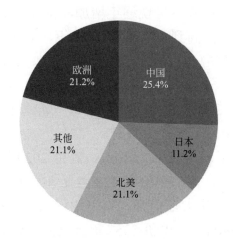

图8-6　全球主要国家/地区功能糖消费量市场情况

数据来源：QY Reserch。

近年 QY Reserch 调查表明，我国功能糖行业产量 2018—2020 年三年分别为 343.7 万吨、371.3 万吨、412.9 万吨，同比增长 8.0%～13.1%，预计 2021 年我国功能糖行业产量约为 453.8 万吨，同比增长 9.9%；近三年中国功能糖行业开工率保持在 80%～85% 左右，行业产能基本能够满足生产需要。

功能性糖醇是一种多元醇，根据中国发酵产业协会报告，我国"十三五"期间，多元醇总产量稳中有升，主要集中在二元醇和丙三醇，而山梨糖、木糖等功能性糖醇进口量低，反映出我国已成为功能性糖醇生产大国，基本满足国内市场需求（图 8-7）。

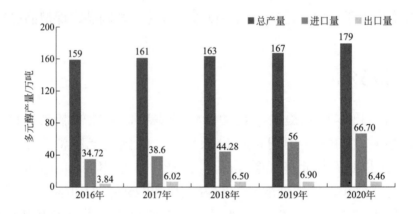

图 8-7　多元醇产量及进出口量比较（数据来自中国发酵产业协会多元醇分会的报告）

我国功能性糖醇出口基本呈现逐年增加，特别是 2016 年以后山梨醇、甘露醇出口退税由 9% 提高到 13% 的利好政策，对出口企业起到了一定的鼓励，使山梨醇、甘露醇出口量增加。以山梨醇、甘露醇、木糖醇三种功能性糖醇为例，分析"十三五"期间功能性糖醇出口量、进口量及其价格变化（图 8-8），总体糖醇以出口为主，出口价格稳定或略有上升，预示着我国糖醇企业国际市场的开拓能力提升。

山梨醇出口量年平均增长率 24.07%，其中 2020 年出口额为 7327 万美元（出口量 101 360 t），出口单价为 723 美元 /t；甘露醇 2018 年、2019 年出口量连续下降，2020 年大幅提升，年平均增长率 5.87%，出口额为 2480 万美元（出口量 10 440 t），单价 2357 美元 /t。木糖醇出口量 2016—2018 年增加，2019 年、2020 年连续下降，出口平均单价下降幅度较大，其中 2020 年出口量 38 070 t，单价 3262 美元 /t。

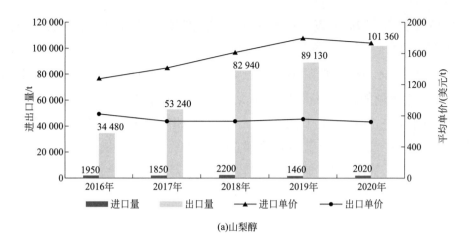
(a) 山梨醇

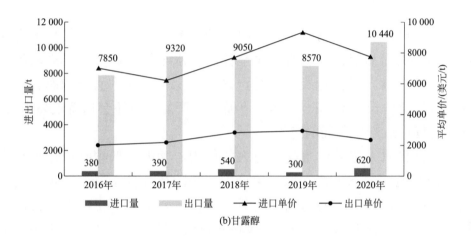
(b) 甘露醇

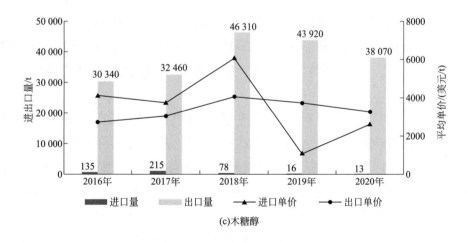
(c) 木糖醇

图 8-8　三种重要糖醇进出口量及单价

数据来源：中国发酵产业协会多元醇分会的报告。

2020年进口情况比较，山梨醇进口量2020 t，进口单价1739美元/t，同比下跌3.42%；甘露醇进口量620 t，进口单价为7746美元/t，同比下跌16.94%；木糖醇进口量13 t，进口单价为2623美元/t，同比增长154.98%。总体糖醇进口体量小，也反映我国已成为糖醇生产大国。

功能糖醇生产主要集中山东省、江苏省和广东省，其中山东省产量占总产量的64%；江苏省产量占总产量的14%；广东省产量占总产量的2%，糖醇行业的市场集中度较高，2019年年产10万吨以上企业有4家，占全国总产量的73.74%。

四、研发动向

功能糖产品是下游功能食品配料中的重要成分，也是目前我国迅速发展起来的一类食品配料，随着人民整体生活水平的提高，市场需求潜力巨大。2021年以来，功能糖类大部分产品产量保持了稳中有升的态势，行业继续保持稳定增长，预计未来5年，下游相关产品产量还会保持较高增长率，为功能糖提供进一步发展的空间。

肠道菌群对人体的健康起着巨大的作用，功能性低聚寡糖作为益生元具有维护肠道微生态平衡、调节免疫力、预防坏死性小肠结肠炎、促进大脑发育、减少感染等主要功能。英国生物科技公司（OptiBiotix）推出了一款用于肠道健康管理的新方案——WellBiome。这是一种由低聚果糖、葡甘聚糖等功能性纤维和矿物质组成的混合原料产品，并且不含麸质和乳糖，旨在支持肠道中有益细菌的生长来改善消费者整体健康状态。波士顿生物科技公司Conagen宣布，开发出2'-岩藻糖基乳糖新型非基因工程（non-GMO）工业化生产工艺，该寡糖是一种母乳低聚糖，将有望在未来婴幼儿配方奶粉中应用。

母乳寡糖制造技术取得突破性进展，而巴斯夫、杜邦、雀巢、帝斯曼等国外知名制造企业正大力推进工业化生产，已有4种不同结构母乳寡糖分子通过微生物发酵法合成并获得美国食品药品监督管理局（FDA）批准。日前全球知名母乳低聚糖供应商帝斯曼宣布，向中国相关部门提出的六种母乳低聚糖合成菌株的安全性申请已获批准。相关审批推进预示着母乳寡糖大规模产业化时代到来，也将迎来在婴儿营养、膳食补充及功能食品饮料等领域大规模的应用。

功能性稀少糖是自然界中存在的稀少单糖及其衍生物，代表性产品有阿洛酮糖、塔格糖、赤藓糖醇等。D-阿洛酮糖是稀少糖中最具有应用潜力的己酮糖。日本是世界上最早研究和开发稀少糖的国家，1994年日本香川大学发现了酮糖差向异构酶，建立了酶法转化生产技术。D-阿洛酮糖热量仅为蔗糖的10%、甜度约为蔗糖的70%，口感接近蔗糖，能改善产品的品质；同时，具有抑制血糖升高、预防肥胖、抗炎等生理活性。D-阿洛酮糖通过玉米、甜菜或其他糖质资源为原料生产，阿洛酮糖通过了美国FDA的公认安全食品（GRAS）认证，已在日本、美国、韩国、墨西哥、新加坡等国家被批准作为食品添加剂，用作饮料、乳制品、焙烤食品等加工领域。近日，由Ingredion、Matsutani Chemical Industry、Cosun Beet 和 Samyang 成立新联盟Allulose Novel Food Consortium（ANFC），将推动阿洛酮糖进入欧洲市场。

五、自主创新

我国功能糖应用领域发展迅速，基于市场需求导向的新品研发活跃，由食品工业领域，逐步拓展到医药、化工、日化等诸多领域，产业链条不断延伸。从技术自主创新角度，加强以应用导向的研究，开展菌种及新酶创制的核心技术研发，提升技术工艺创新水平，将保证产品质量和产品性能；同时，产品生产工艺和技术创新也对行业利润有较大帮助。从功能糖生产原料及产品上下游产业链分析，原料主要是淀粉、蔗糖、葡萄糖等，其主要来源包括玉米、木薯、甘蔗等，原料产量及进口情况变化直接制约功能糖成本。

近年，国内外对功能性食品配料的食品安全、质量管理等方面的要求提高，强化食品安全政策、法规、标准、技术规范、指南和准则的制定。加快在标准体系上与国际接轨，尤为重要。肥胖患者、糖尿病患者、亚健康人群数量不断增加，而居民的健康意识也不断提高，功能糖在食品、饮料、乳制品等下游行业中应用的市场巨大，企业产品多元化迭代升级，功能糖应用解决方案及新产品开发，将带动功能糖产业发展。

撰稿专家：杨建刚　孙媛霞

第六节 食品微生物制造

一、概况

（一）国际产业发展现状

生物产业是世界科技竞争的热点领域、各国争相布局的战略制高点，迄今为止发布了国家级生物经济相关政策的国家和地区有超过 50 个。作为生物技术的重要组成部分，微生物在现代生物技术领域中的重要性不言而喻，而食品微生物制造又是其中的关键方向。食品微生物制造产业是以微生物为核心，利用基础科学方法，致力于把理论研究发现转化为人民实际生活中与食品相关的产品、过程和服务等，将为食品产业创造新的生产模式和经济形态。2019 年，美国国家科学院等发布《到 2030 年推动食品与农业研究的科学突破》，未来 10 年美国将围绕系统认知分析、精准动态感知、数据科学、基因编辑、微生物组五大关键技术寻求食品与农业领域的科技突破。同年，美国工程生物学研究联盟（EBRC）发布《工程生物学：下一代生物经济研究路线图》，将健康医学和食品农业列为工程生物学未来发展的应用目标。欧洲工业生物技术研究与创新平台中心公布《推动生物经济—面向欧洲不断繁荣的工业生物技术产业路线图》，预计 2030 年 30%～60% 的精细化学品将由生物基制造，生物制品的年利用量将达到 1.2 亿～1.5 亿吨，实现大规模微生物制造的生产与转型，其中食品微生物制造在这一过程中发挥重要作用。日本出台"生物技术产业立国"的发展战略，将生物产业纳入国家核心产业范畴，旨在加速生物技术利用（如广泛开发功能食品）、促进生物产业发展。世界经济合作与发展组织（OECD）提出，微生物制造是最具竞争力的可持续发展产业之一，预期到 2030 年世界上 35% 的化工产品将被微生物制造产品所取代，微生物制造将逐步形成可持续发展的经济形态。截至 2021 年，已有 169 个现代微生物制造的工业化案例，其主要发酵产品产值约为 150 多亿美元，年增长率约为 4.7%。OECD 预测，微生物制造产业占整个生物经济中的比重将达 40% 左右（其中食品微生物制造产业约占 22%），远超生物农业（36%）和生物医药（25%）。

（二）我国产业发展现状

生物制造是建设科技强国的重点发展领域。《中国制造 2025》明确提出"创新驱动、质量为先、绿色发展、结构优化、人才为本"的基本方针，将"智能制造工程""绿色制造工程"作为重点方向。国家工业和信息化部、财政部进一步提出《智能制造发展规划（2016—2020 年）》，加快轻工、食品行业的智能和绿色制造升级，推进智能化、绿色化技术在企业研发设计、生产制造、物流仓储、经营管理、售后服务等全流程的深度应用。在此基础上，科技部关于支持建设国家合成生物技术创新中心的函（2019 年）指出，重点突破工业酶和核心菌种自主构建与工程化应用的技术瓶颈制约，引领构建未来生物制造新的技术路径。目前，合成生物学技术的发展提高了食品微生物基因组的设计、编辑和组装的效率，有利于构建具有特定能力的细胞工厂，生产人类所需的食品、医药等。我国微生物制造产业正在向质量效益型转变，新型产品持续增多，已经形成了淀粉、纤维素、蛋白质等系统的产业链，并且柠檬酸、谷氨酸、维生素、淀粉酶等产品的产量和贸易量位居世界前列。发酵产业主产品的产量由 2010 年的 184 万吨增长为 2021 年的 348 万吨，年平均增长率为 7.8%；同时，产值也由 1990 亿元增长为 3930 亿元，年平均增长率达到了 9.3%。在食品微生物制造领域，以柠檬酸为例，在 1992—2020 年，我国科研人员通过开发新菌种、新工艺，使柠檬酸产量达到 191 g/L，年产量达到 14 万吨以上，远超发达国家；2004—2020 年，维生素 C 生产水平显著提高，年产量达到 2.13 万吨，达到世界一流水平。虽然我国维生素、氨基酸、益生菌的产业规模都超过 500 亿元，但是核心菌种自主率不足 20%，其中氨基酸的菌种自主率不足 5%，部分核心技术完全依赖进口，造成巨额资金外流、形成海外产业垄断。目前，在国家政策的大力支持下，我国微生物制造产业迅猛发展，促使我国快速抢占领域核心技术，增加国际市场的行业竞争力，未来逐步赶超发达国家。

（三）产业未来发展趋势

随着合成生物学与系统生物学的发展，微生物细胞生命过程的大数据积累呈爆炸式增长，为探究微生物细胞内生命过程的调控规律、实现生物过程的智能化奠定了基础。物理、数学、信息等学科与生命科学的交叉融合，将促进微生物制造体系的重大进步。利用大数据、AI 等技术形成网络物理系统，发展具有自感知、自学习、自决策、自执行、自适应功能的智能制造产业链，共同推动食品微生物制造的标准化、精细化、智能化。

基于合成生物学的食品微生物制造是采用合成生物学技术，通过对食品微生物基因组进行重设计、再组装、精编辑，创建具有工业应用能力的人工细胞、多细胞人工合成系统以及无细胞人工合成系统，将可再生原料转化为食品、医药等，实现更安全、更健康、更绿色、更持续的工业生物合成模式。合成生物学支撑的食品微生物制造产业正在快速发展成为新兴战略产业，将引领新的产业模式和经济形态。一方面，要大力发展非粮原料，消除与人争粮的矛盾，同时探索新型固碳模式，开发利用一碳化合物的新技术；另一方面，从全产业链层面思考绿色合成生物制造，从合成生物设计构建到后期产品分离，最大限度地降低甚至避免对环境的负面影响。

二、主要产品

（一）有机酸

有机酸作为一类重要的大宗发酵产品，广泛应用于食品、医药、化工等领域。目前，柠檬酸、乳酸、丙酮酸、衣康酸、葡萄糖酸、苹果酸、富马酸等20多种有机酸已经实现微生物发酵法规模化制造。目前，合成生物学的发展为工业化生产菌种的进一步改造与优化提供了重要机遇。柠檬酸作为最重要的有机酸品种之一，年产量已经超过175万吨。利用合成生物学策略，引入底物利用关键酶、优化发酵菌种的内源代谢途径、调控产物转运过程等，有效提升了黑曲霉（*Aspergillus niger*）的底物利用率、降低了副产物残留、减弱了产物反馈抑制，使得柠檬酸产量超过了220 g/L，糖酸转化率接近100%。另外，苹果酸具有特殊愉快酸味、口感特殊等优点，有望代替柠檬酸成为新的酸味剂，全球年需求量约12万吨，但是由于发酵法生产成本较高限制了其广泛应用。近年来，通过合成生物学开发的新菌种不断出现，大幅度提升了苹果酸的生产效率，一定程度上降低了生产成本，如江南大学科研人员通过系统代谢改造、优化苹果酸合成途径，并借助高通量筛选方法获得米曲霉（*Aspergillus oryzae*）突变株，苹果酸产量超过了180 g/L，目前正在推进万吨级产业化应用。

(二) 氨基酸

氨基酸作为重要的大宗发酵产品，对人和动物的生理功能和代谢具有重要作用，氨基酸及其衍生物的产品种类已经多达1000余种，广泛应用于食品、药品、保健品、化妆品、饲料、农药、肥料等领域。全球氨基酸市场分析报告指出，预计到2022年全球氨基酸市场将达到256亿美元。近年来，合成生物学技术也被广泛应用于氨基酸生物制造过程，不仅提升了赖氨酸、谷氨酸、苏氨酸、蛋氨酸等大品种氨基酸的生产水平，也促进了甲硫氨酸、丙氨酸、精氨酸等氨基酸新品种合成能力和生产规模的快速发展。赖氨酸作为重要的营养强化剂，全球年产量已经超过260万吨。我国科研人员利用系统代谢工程策略结合合成生物学调控方法，成功创制的新一代赖氨酸高产谷氨酸棒状杆菌（*Corynebacterium glutamicum, C. glutamicum*），显著提升了赖氨酸生产水平，糖酸转化率超过最大理论得率75%，位居世界领先水平。甲硫氨酸的全球年产量已经超过110万吨，预计2022年全球市场份额可达73亿美元。化学法生产甲硫氨酸所需的原料和中间体大部分均有毒性，因此甲硫氨酸的生物制造越来越受到重视。目前，生物-化学耦合发酵已经实现了产业化应用，并且生产成本接近化学法。直接发酵法生产甲硫氨酸的菌种研究主要集中于大肠杆菌（*Escherichia coli, E. coli*）和 *C. glutamicum*，已经报道的最高产量分别约为30 g/L和10 g/L，该水平距离工业化应用还存在一定的差距。

(三) 功能性低聚糖

功能性低聚糖是由2～7个单糖分子脱水、通过α-、β-糖苷键连接形成的带有支链或直链的低度聚合糖，主要包括：低聚果糖、低聚半乳糖、2'-岩藻糖基乳糖（2'-FL）、乳酰-*N*-新四糖（LNnT）等。其中，2'-FL和LNnT是典型人乳寡糖。人乳寡糖是母乳中含量第三的营养成分，作为益生元能够促进婴儿肠道益生菌群生长，对婴儿生长发育具有非常重要的作用，在婴儿配方食品、膳食补充剂等领域具有广阔的应用前景。2'-FL被美国食品药品监督管理局（FDA）批准为婴幼儿奶粉的添加剂，在欧盟被批准为新型食品添加剂，全球需求量为3.24万吨/年。以枯草芽孢杆菌（*Bacillus subtilis, B.subtilis*）为宿主合成2'-FL已取得了显著研究进展，通过强化底物转运通道、优化2'-FL合成途径、调节辅因子GTP再生效率，

2'-FL 的最高产量达到 5.01 g/L，为进一步推进 2'-FL 产业化合成奠定了良好基础。LNnT 也已被美国和欧盟批准为食品添加剂。以 *B.subtilis* 为宿主，借助 CRISPRi 系统抑制 LNnT 生物合成途径的竞争途径（如糖酵解途径、戊糖磷酸途径），并优化分支途径的基因表达水平，在 3L 生物反应器中 LNnT 产量达到 5.41 g/L，为生物法规模化制备 LNnT 奠定了基础。目前，功能性低聚糖生物制造主要以 *B.subtilis*、酿酒酵母（*Saccharomyces cerevisiae, S.cerevisiae*）、解脂耶氏酵母等食品安全微生物为主。另外，荷兰、德国公司已投入巨资对人乳寡糖，包括：2'-FL、3'-FL、LNnT、6'-唾液酸基乳糖（6'-SL）和 3'-SL 进行研发，预计 3～5 年内实现规模化生产。

（四）食品添加剂

淀粉糖、糖醇、酶制剂等发酵产品都是重要的食品添加剂。在糖和糖醇产品方面，我国针对具有极高经济价值和营养的产品，如赤藓糖醇、抗性糊精、聚葡萄糖等，开发具有自主知识产权的技术改造工艺，并陆续投入生产。赤藓糖醇已被 55 个国家批准为食品添加剂，但赤藓糖醇的生产极具挑战，不能采用化学法进行工业化生产，而微生物发酵法存在着副产物多、生产成本高等问题。目前，以 *Pseudozyma tsukubaensis* 为发酵菌株，采用补料分批发酵的方式生产赤藓糖醇，其产量高达 241 g/L、生产强度为 2.86 g/(L·h)，这是迄今为止报道的最高水平。另外，食品酶制剂已经普遍应用于提高食品原料利用效率、改进食品风味和安全性等方面。近年来，借助酶工程手段，微生物来源的改造酶逐步替代传统动植物性来源的食品酶。例如，借助蛋白连接肽将黑曲霉来源的果胶酶与里氏木霉来源的纤维素结合蛋白进行连接获得了具有新型功能的人工酶，用于催化海带水解，6 h 内可获得 3 g/L 还原性糖，具有重要的应用价值。

（五）人造食品

人造食品的总体技术路线是构建细胞工厂，以车间生产方式合成奶、肉、糖、油、蛋等，缓解农业压力，满足日益增长的食品需求。人造食品主要包括人造蛋、人造肉和人造奶等。其中，人造肉作为食品领域新兴和突破技术，具有来源可追溯、安全性高、绿色可持续等优势。人造肉规模化制造技术被 *MIT Technology Review* 评为 2018 年全球十大突破技术之一，该技术有望降低传统农业中资源与能源的消耗。人造肉可分为植物蛋白肉和细胞培养肉两大类。植物蛋白肉成本相对较低、技术要求低、市场接受度高,因此植物蛋白肉现阶段具有技术成熟的优势和优先发展的潜力。近年来,Impossible Foods、Beyond Meat 等多家公司已开发出以植物蛋白为原料的植物蛋白肉制品并且已经实现商业化生产。细胞培养肉与天然肉相似,市场潜力大,但是成本较高。目前,细胞培养肉相关产品仍主要处于实验室研究阶段,商业化细胞培养肉的大规模上市并得到市场的广泛认可,还需要更加全面的研究和应用推广。另外,植物蛋白肉和细胞培养肉在制备过程中,均需由微生物细胞工厂提供酶制剂、血红素、维生素和脂类等关键成分,将所获得的食品原料和功能成分进行有机整合,最终获得风味协调、质构稳定和仿真度高的重组食品,实现色、香、味、形的食品化整合。例如,为赋予人造肉真实的颜色和风味,科学家们利用 *E. coli*、毕赤酵母和 *S. cerevisiae* 等多种微生物通过代谢工程和合成生物学合成了多种血红蛋白。其中,由 Impossible Foods 公司开发的酵母合成大豆血红蛋白关键技术已经获得 FDA 许可,并在多个国家申请专利。

(六)益生食品

发酵食品是益生菌进入人体的优良载体,如发酵乳制品。益生菌发酵乳不仅含有大量的益生菌,还含有多种生物活性代谢物,益生效果更胜一筹。近年来,益生食品向着规模化、多元化、定制化的方向快速发展。以发酵乳制品为例,2018 年,我国乳制品市场中发酵乳销售额首次超过牛乳,消费规模占国内益生菌整体市场的 78.4%,益生菌发酵乳产品已形成千亿元的庞大市场。目前,益生食品所采用的益生菌,主要分为 2 类:①传统益生菌,包括乳杆菌属、乳球菌属、明串珠菌属、链球菌属、肠球菌属、双歧杆菌属、部分芽孢杆菌等;②新一代益生菌,包括解木聚糖拟杆菌、多形拟杆菌、柔嫩梭菌、阿克曼菌、脆弱拟杆菌、卵型拟杆菌等。不同的益生菌和其生物活性代谢物具有多种生理功能,除了改善肠道环境外,还在血压、血糖、过敏、视力等方面发挥重要作用。我国的科研团队致力于开发适用于中国肠道环境的新型益生菌种及益生食品。除发酵乳制品外,充分利用果蔬资源中多糖、果胶、花青素、多酚类化合物、膳食纤维、黄酮类化合物等益生元,制备含有活性益生菌的果蔬汁、发酵饮品等,逐渐得到了推广和应用。

三、市场分析

（一）有机酸市场分析

柠檬酸是有机酸中第一大酸。我国是全球最大的柠檬酸产品生产国和出口国，但相比欧美国家，我国对柠檬酸的需求并不大，70%的产量用于出口，属于外向型行业。据中国海关统计，2020年上半年，我国柠檬酸出口量为53万吨，同比增长7%；我国柠檬酸出口额为3.2亿美元，同比下降2.1%。我国柠檬酸产业集中度较高，生产企业主要集中在山东潍坊周边200公里范围内，山东省柠檬酸产能占我国柠檬酸总产能70%以上，占全球柠檬酸总产能50%以上。中国柠檬酸龙头企业有中粮科技、潍坊英轩、鲁信金禾、柠檬生化、宜兴协联、莱芜泰禾和沂水七星，年产能合计约200万吨。另外，我国及国外大部分乳酸生产企业均采用发酵法生产乳酸，约占乳酸生产量的70%以上。2019年，全球乳酸产能约77.8万吨，其中产能超过10万吨的企业有荷兰Corbion-Purac、美国NatureWorks和中国金丹科技。其中，Corbion-Purac与NatureWorks拥有"乳酸-丙交酯-聚乳酸"全产业链。我国的乳酸产能约27.8万吨，有11家企业拥有乳酸生产能力，其中金丹科技的乳酸及其衍生物产能约12.8万吨，占国内产能46%，占全球产能16%。

（二）氨基酸市场分析

随着全球经济的发展和健康需求的增长，氨基酸工业生产规模越来越大、质量要求越来越高、品种越来越丰富。2020年，全球氨基酸市场规模达到980万吨，预计2026年将达到1310万吨，2021—2026年年均增长率约为5%。我国是氨基酸原料最大的出口国，主要出口到德国、印度、韩国、比利时等。在氨基酸的出口市场中，苏氨酸、谷氨酸钠、DL-羟基蛋氨酸的出口份额较大。在味精方面，2020年中国具有生产能力的味精企业剩余6家，行业集中度CR3达到80%。2020年中国味精产能占全球的76%，供给量占全球的60%以上，是全球最大的味精生产国和味精输出国，其他产能主要分布在印尼、泰国、越南等地。根据卓创资讯统计，2020年味精（包括谷氨酸钠）总出口量为66.6万吨，同比增加7.9%，东南亚的泰国、越南、印尼、缅甸及非洲等地为中国味精主要出口地，且从近三年出口数据来看，上述地区的年度进口量基本上是稳中有涨，其中2020年东南亚味精进口量占中国味精总出口量的66%。根据博亚和讯统计，全球赖氨酸厂家数量依然在十多家以上，但全球赖氨酸产能同比下降了13.6%，主要原因在于国内低效产能企业停产或退出生产。据卓创资讯统计，中国依然是赖氨酸生产大国和出口强国，2020年中国出口量占总产量的57.3%。我国也是全球第一大苏氨酸生产国。2020年，全球苏氨酸产能116万吨，同比下降10.4%。2020年，中国苏氨酸产量72.6万吨，同比增加14.0%，占全球苏氨酸产量的91.2%，出口量56.3万吨左右，同比增加25.4%。2019年全球丙氨酸需求量为5.1万吨，中国生物发酵产业协会预计2023年全球丙氨酸市场需求量将达到8万吨左右。全球丙氨酸产能主要集中在中国，中国丙氨酸龙头企业有华恒生物、丰原生化、烟台恒源等。

（三）功能性低聚糖市场分析

Reports and Data数据显示，2020年全球功能性低聚糖的市场规模为55.7亿美元。其中，BENEO（德国）、嘉吉（美国）、杜邦（美国）和菲仕兰（荷兰）等通过广泛的产品组合以及不同的终端客户细分市场，位居全球领先地位。2020年中国功能性低聚糖的市场规模为10.9亿元，同比增长17.3%，主要原因在于保龄宝、睿智医药、新金山三家公司经过多年的市场培育和发展，功能性低聚糖销售额均实现正增长。保龄宝、睿智医药、新金山、龙力生物四家企业布局的功能性低聚糖产品不同，保龄宝以低聚异麦芽糖和低聚半乳糖为主，睿智医药以低聚果糖和低聚半乳糖为主，新金山以低聚半乳糖为主，龙力生物以低聚木糖为主，各自在功能性低聚糖细分市场具有一定的话语权。特别是，睿智医药新设立微生态营养香港事业部，旨在推进功能性低聚糖及其终端产品的国际化发展。

（四）食品添加剂市场分析

近年来，淀粉糖行业竞争愈发激烈。2019年我国淀粉糖总产量1435万吨，同比增长6%。其中，液体淀粉糖产量985万吨，同比增长4%；固体淀粉糖产量451万吨，同比增长10.8%。我国淀粉糖消费量约1347万吨，同比增长16%。淀粉糖与白糖价差缩减，淀粉糖的替代应用增幅趋于稳定，淀粉糖整体的需求将由高速增长进入缓慢增长期。

我国是全球功能性糖醇产品的重要生产国。自2000年以后，随着我国功能性糖醇行业技术水平的不断提高，功能性糖醇产量持续增加，进口量呈现下降趋势，出口量整体保持上升态势，我国在木糖醇、山梨糖醇等领域开始占领主导地位。近年来，我国木糖醇、山梨糖醇等产品出口整体呈现平稳增长趋势，其中，木糖醇出口量由2012年的11 523 t增长至2019年的43 935 t，复合年均增长率达21.1%；山梨糖醇出口量由2012年的30 465 t增长至2019年的89 127 t，复合年均增长率达16.6%。未来，随着人们对健康生活及个人护理产品需求的不断提升，木糖醇、山梨糖醇等产品的市场需求将进一步扩大，进而推动我国功能性糖醇产量的进一步提升。

随着酶的应用领域逐步多元化、工业生产的高效环保需求日益提升，工业酶市场空间广阔。根据华经产业研究院数据，2020年全球工业酶市场规模为63亿美元，预计2026年将达到89.4亿美元，2020—2026年CAGR为6%，市场空间较大。国内低端酶制剂市场已基本实现国产化，但高端酶制剂领域国内企业技术相对薄弱，大多需要依靠国外企业的菌种和表达系统。从竞争格局看，全球工业酶龙头有丹麦诺维信、美国杜邦、英联酶等，2020年营业收入分别为140.1亿克朗、204亿美元和140亿英镑。国内工业酶龙头企业有溢多利、蔚蓝生物、新华扬和百斯杰，2020年营业收入分别为19.2亿元、9.6亿元、4亿元和1.9亿元。

（五）人造食品市场分析

近年来（2015—2020年），随着人造肉产品的迅速增长，植物蛋白肉市场也在不断扩张。市场趋势表明，针对加工程度低、营养丰富且健康的食品，消费者愿意购买肉类代替物或肉类仿真产品。欧洲和北美的肉类代替品市场已经从素食消费市场扩展到肉食和肉类消费市场。预计2019—2024年植物蛋白肉市场将以7.9%的年均复合增长率增长，其中增长最快的市场是亚太地区。总体而言，全球以植物为基础的肉类工业预计到2025年达到212.3亿美元。目前，美国和欧洲等国家/地区都已开展大量人造肉相关研究，但我国还缺乏较为系统的研究。国外的植物蛋白肉产品主要以素肉饼、素肉肠和素鸡块为主，可加工成汉堡、热狗、炸鸡块等，成本较高；国内主要以传统素肉为主，通过加工植物蛋白制成素肉饼、素鸡、素鸭等产品，成本较低。总体而言，国产植物蛋白肉在价格上已经比国外植物蛋白肉更具优势，且中国传统素肉产业链完整，可实现规模化、集约化生产，从而更易于降低成本。但是，国产植物蛋白肉与真肉差距仍然较大，肉色较深、无光泽感且肉质感差，无咀嚼脂肪、软骨等口感等。深入研究植物蛋白肉的感官特性，使其在视觉、味觉、嗅觉等方面模拟肉类是国内外研究人员未来的研究方向。

（六）益生食品市场分析

随着人们健康意识不断提高和消费者需求不断升级，功能发酵制品的供需保持快速增长。从全球市场来看，2020年全球益生菌保健食品的市场规模为67.8亿美元，同比增长10.3%。在酸奶细分领域，法国达能（Danone）旗下的碧悠（Activia）酸奶、美国通用磨坊（General Mills）旗下的优诺（Yoplait SAS）酸奶的销售额位居全球前列。在乳酸菌饮料细分领域，日本养乐多是最典型的代表，养乐多热销全球多个国家和地区，2020年实现净销售额37.6亿美元。从中国市场来看，2020年我国益生菌保健食品的市场规模为67亿元，同比增长10.3%。在酸奶细分领域，伊利、蒙牛、光明三巨头在常温酸奶和低温酸奶领域均建立起自己的品牌，形成三家独大的市场格局。2020年光明乳业酸奶销售量为66.2万吨。常温酸奶市场占有率前三的品牌依次为安慕希（伊利）、纯甄（蒙牛）和莫斯利安（光明）。在乳酸菌饮料细分领域，我国目前有100多个乳酸菌饮料品牌，市场规模超过200亿元。未来，越来越多的益生菌食品会应势而生，益生菌溶豆、软糖、冰激凌、营养棒等益生菌零食以及康普茶等益生菌发酵饮料种类日趋多样化。

四、研发动向

（一）加快原料升级

未来食品微生物制造将向原料利用多元化、生物转化体系高效化、产品高值化等方向发展，构建从可再生原料到终端食品的全产业链。以CO_2为原料的生物转化是第三代的生物制造路线，可有效降低生物工业制造的原料成本，缓解对化石资源的过分依赖，已引起世界各国政府的高度重视。欧盟、美国、加拿大、英国、澳大利亚等均制定了将CO_2作为工业生物技术的新型替代原料的相关技术发展路线图。建立以CO_2为原料的工业生物转化新路线，加速推进我国食品生物制造产业的原料路线转移，将有助于我国在生物经济新一轮国际竞争中赢得先机。基于此，食品微生物制造需要突破的关键点，包括：开发CO_2食品微生物利用新途径，突破微生物转化的物质与能量利用瓶颈；设计能够将CO_2和电子源转化为食品原料（如淀粉）的微生物；开发新型CO_2固定专用反应器，形成由CO_2合成食品原料的全链条微生物制造路线。

（二）提升菌种水平

菌种是食品微生物制造产业的核心，食品微生物制造要大力围绕提升生产菌种性能、原料利用率、目标产品合成效率等展开攻关。开发微生物功能的定量解析方法，建立多维度、多目标函数的数字化细胞模拟设计工具，形成高性能菌种理性设计的能力；搭建高通量自动化DNA合成装配平台、基因组编辑平台，开发微生物物质流、能量流、信息流调控技术体系，实现高性能食品微生物的重组与再造；构建高通量微型发酵平台、定性与定量分析测试技术平台，快速解析菌种发酵性能、生理特征及代谢瓶颈，用于指导菌种的下一轮设计与改造；开发高效的复杂环境适应性进化技术，优化菌株与环境的契合度，持续提升菌种水平。另外，针对食品微生物菌群，开发具有普适性的微生物菌群代谢工程与合成生物学改造技术，提升益生菌群的系统优化效率。

（三）推动智能制造

食品微生物智能制造是以食品微生物制造数据服务为中心，从食品微生物智能设计、生产智能管控、制造装备智能化等方面，全面突破食品微生物智能制造技术的研究与应用，从而实现管控全面信息化、作业高度自动化、决策智能化。因此，食品微生物制造需要突破的关键点，包括：建立食品微生物智能制造过程技术标准化体系，实现发酵原料、发酵过程、发酵设备、分析检测等多参数的高效、标准化采集，优化与提高发酵批次稳定性；开发基于数学模型与仿真的智能生物反应器，解析多维发酵过程参数与食品微生物制造过程的定性与定量关系，实现发酵过程智能优化与控制，简化发酵操作过程复杂性；探索食品微生物制造工艺过程逐级放大规则，解析工艺放大的关键影响因素与参数变量，提高工艺优化与过程放大的效率；开发具有快速、精准识别组分差异、适于规模化精准分离纯化的分离介质以及智能化膜分离纯化装备、智能化色谱分离装备；通过高精度在线检测与自动化控制技术，建立食品微生物制造的工业化生产运行模式，提升发酵过程控制技术水平，形成具有自主知识产权的食品微生物制造过程控制与应用技术。

（四）推进绿色制造

绿色制造目标是在产品的设计、制造、包装、运输、使用、报废处理的整个生命周期中，实现对环境负面影响最小、资源利用率最高，促进企业经济效益和社会效益的协调发展。工业和信息化部公布的1407家绿色工厂名单中，食品领域的绿色工厂有119家，占总量的8.46%。因此，在未来的研究中，需要开发水资源高效循环利用技术，提高生产过程中非目标废液和蒸发水的循环回收效率，达到可循环和零排放的目的；提升食品微生物制造性能，形成从发酵原料制备、过程控制到提取精制的技术创新体系，实现食品微生物制造工艺的全流程重构与清洁生产；注重节能、节水、清洁生产、环保技术开发应用，实现食品微生物绿色制造；加强创新研发，增加企业新产品储备，深化产品结构性调整，实现食品微生物发酵产业的高质量发展。

五、自主创新情况

（一）有机酸自主创新情况

江南大学"四碳有机酸发酵生产的关键技术与应用"项目，以酵母、细菌发酵生产四碳有机酸为研究对象，围绕影响微生物生产性能的关键要素：生长性能、合成能力、环境适应性开展系统研究，开发了性状优良的四碳有机酸高产菌株筛选技术，发展了提高生长性能的表观性状调控技术，提出了增强合成能力的碳代谢流调控策略，建立了提升环境适应性的细胞膜功能优化方法，显著提升了四碳有机酸发酵过程的经济性。该项目发表SCI论文61篇；授权中国发明专利29项，成果成功应用于安徽丰原集团、精晶药业、江苏江山制药等多家知名企业，取得了显著的社会与经济效益。

（二）氨基酸自主创新情况

"人体必需氨基酸制剂技术及其产业化应用"项目由大连医诺生物股

份有限公司承担，成果荣获大连市技术发明奖一等奖。该项目通过自主研发，建立速溶微囊技术和缓控释制剂技术平台，重点开展支链氨基酸制剂化研究，攻克难溶性功能因子固体分散技术、解决缓释制剂一致性等关键技术难题，通过严格测试、筛选包衣材料及缓释技术工艺，对药用成分进行表面改造，并采用复合包埋技术，形成独有的壁材筛选方法和成熟的微囊包埋技术，有效成分载量达到 60% 以上，药效成分释放平稳，其技术水平国际领先。项目已实现规模化生产并带动产业链上下游企业良性发展，产量达 0.4 万吨 / 年，累计营业收入近 4.8 亿元，利税近 0.8 亿元。开发的 BCAA 等速溶微囊制剂、丙氨酸等缓控释微囊制剂产品，其安全性以及品质获得欧美市场的高度认可，产品远销德国、新西兰等多个国家和地区，被广泛应用于营养保健品、功能食品等行业。

（三）功能性低聚糖自主创新情况

"高纯度低聚半乳糖产品全细胞法生产技术研发"项目由天津大学承担，该项目开发了一套全细胞法催化制备高纯度低聚半乳糖的生产技术，建立了"发酵 - 催化 - 纯化"中试制备低聚半乳糖的全套工艺。项目成果展现出良好的应用前景。该项目创新点如下：①在酶制剂制备方面，基于数学模型指导开发了生物质资源乳清粉高效联产 β- 半乳糖苷酶酶制剂和乙醇产品的集成工艺技术；②在高纯度低聚半乳糖制备方面，通过"一种酵母，两种用途"策略，即透性细胞用于催化制备低聚半乳糖，全细胞用于发酵杂糖、纯化低聚半乳糖；③在全细胞工艺开发方面，开发了以乳糖为底物制备高纯度低聚半乳糖的"发酵 - 催化 - 纯化"集成的中试工艺，获得了一套低成本、可循环的全细胞法制备高纯度低聚半乳糖产品的全流程工艺。该项目发表论文 12 篇，其中 SCI 收录论文 10 篇；申请中国发明专利 3 项，研究团队入选天津市高层次创新创业团队、获教育部自然科学二等奖。

（四）食品添加剂自主创新情况

"玉米淀粉及其深加工产品的高效生物制造关键技术与产业化"项目由中粮集团有限公司、山东大学、江南大学和兆光生物工程（邹平）有限公司共同承担完成，成果荣获国家科技进步奖二等奖。项目围绕玉米精深加工领域中玉米淀粉提取、淀粉水解制糖以及以糖为底物生产发酵制品三大核心产业链条，突破关键技术瓶颈、打破国外技术与设备垄断、提高制造效率，创新开发玉米淀粉高效制备技术、淀粉糖高效生产技术及高效发酵关键技术，助推我国淀粉生产综合技术水平跃居世界首位，保障国产淀粉糖的国际竞争优势以及我国柠檬酸和谷氨酸行业的全球领先地位，全面助力国家粮食产业高质量发展。

（五）人造食品自主创新情况

人造肉是以人工手段模仿自然肉类感官特性的工业肉制品，分为植物蛋白肉和细胞培养肉两大类。国内人造肉的专利技术，主要分为植物蛋白肉技术、人造肉商品化技术、细胞培养肉技术，申请量占比分别为77%、17%和6%。国内人造肉专利申请人主要以企业为主，申请量占71.35%。其中，贵州省贝真食业有限公司申请专利41件、授权发明专利3件，排名第一，该公司主要在功能性素肉的加工方向进行了专利布局，功能主要涉及治疗尿频、保护视力等。佛山市聚成生化技术研发有限公司申请专利25件、尚未有授权专利，排名第二，该公司同样申请了数量较多的保健功能、膳食纤维类素肉加工相关的专利。美国密苏里索莱有限责任公司申请专利15件，排名第三，专利价值度较高，该公司专利主要涉及通过对各种植物蛋白进行改性得到富含脂肪酸等类似自然肉类感官特性的植物蛋白肉的生产、加工技术。另外，江南大学申请专利8件，主要侧重于人造肉制备方法、人造肉生产工艺、人造肉形态品相优化等三个方面。

（六）益生食品自主创新情况

锦旗生物研发的鼠李糖乳杆菌（*Lactobacillus rhamnosus*，*L.rhamnosus*）MP108获批婴幼儿菌株，成为中国自主研发的第一株可食用婴幼儿菌株。2021年4月25日，国家卫生健康委发布正式公告，批准由锦旗生物集团申报的 *L.rhamnosus* MP108为新食品原料，菌株原料的食品安全指标符合我国相关标准，是可用于婴幼儿食品中的菌种。此前，可用于婴幼儿食品中的菌株知识产权主要来源于欧美等国家/地区，锦旗生物的 *L.rhamnosus* MP108为中国第一株自主研发菌株，正式打破了婴幼儿"洋菌株"的垄断，中国婴幼儿益生菌菌株本土化发展至此取得突破性进展。目前，已申请 *L.rhamnosus* MP108专利3项、发表相关学术论文9篇，其中发表SCI 2篇，并通过保健食品注册检验机构的安全性评估等一系列检测，获欧洲食品安全局QPS的安全菌种论证。

撰稿专家：刘立明　陈修来

第七节 绿色生物过程工程

一、概况

现代工业制造按技术特征分为过程制造和离散制造。过程制造包括化工、冶金、石油、纺织、造纸等 27 个行业，年产值约占我国工业产值的50%。2010 年，我国过程工业规模超越美国，成为全球过程工业第一大国；2019 年，我国过程工业规模已经超越美国、日本及德国的总和。但是，我国过程制造存在能耗高、资源浪费严重等问题，单位 GDP 能耗是世界平均水平的 2.3 倍，矿产资源总回收率比国外先进水平低 20%，"三废"排放约占总排放的 70%。

绿色生物过程工程指以工业规模生产有价值产品的可持续的、高效、经济的生物工艺，它关注的重点是基于生物催化的工业过程，而不局限于产品或原料。利用绿色生物过程替代传统化工过程可以减少甚至完全消除污染，降低能耗，实现碳减排，已经广泛受到各国政府和各大公司的重视，对于我国的绿色发展意义重大。

"十八大"以来，以习近平同志为核心的党中央确立了"绿色发展"的重大治国理政方略，坚持倡导绿色、低碳、循环、可持续的生产生活方式。2020 年 10 月，十九届五中全会通过了《中共中央关于制定国民经济和社会发展第十四个五年规划和二〇三五年远景目标的建议》，进一步提出"推动传统产业高端化、智能化、绿色化"，"支持绿色技术创新，推进清洁生产，发展环保产业，推进重点行业和重要领域绿色化改造"。我国绿色生物过程工程获得了重大发展契机，相关成果不断涌现。

很多国家/地区都非常重视绿色生物过程研发，美国、欧盟、日本等都将生物制造和绿色生物过程作为解决人类面临的能源、环境等重大问题，实现可持续发展的重要途径。1996 年，美国设立了总统绿色化学挑战奖（The Presidential Green Chemistry Challenge），其重要目标之一就是促进绿色生物过程工程的开发和使用。比如，2020 年绿色合成路径奖授予了 Genomatica 公司开发的 1,3-丁二醇绿色生物工艺。与传统的化工工艺相比，该工艺采用生物催化剂替代含有重金属的化学催化剂，实现了 1,3-丁二醇的绿色生物过程生产,并减少了温室气体排放。2019年小企业奖授予 Kalion公司,他们与麻省理工学院合作开发了葡萄糖酸的绿色生物工艺,替代了环境污染严重、剧毒和非选择性的传统化学方法。

二、主要产品

发展绿色生物过程工程,不仅需要生物催化剂方面的进步,也需要研发相关的设备、工艺等,因此,绿色生物过程的进步往往与行业应用紧密结合,典型代表包括生物纺织、生物冶金、生物造纸、生物脱硫、微生物采油等等。

(一)生物纺织

纺织工业是我国国民经济的传统支柱产业和重要的民生产业。生物纺织相关过程主要包括生物退浆、生物精炼、生物除氧和生物抛光等操作。①生物退浆:将包括中温或高温α-淀粉酶的混合酶制剂用于纺织物染前处理退浆环节,将织物浆料中的淀粉及淀粉衍生物分解成短链糊精和低聚糖,使之极易在后一道工序中去除。②生物精炼:在退浆环节之后,采用果胶酶、木聚糖酶等去除棉纺织物中的棉籽壳、蜡质、果胶质等杂质,在不损伤纤维素的同时提高织物润湿性能,达到煮炼目的,保证织物漂白、丝光、染色或印花工序的处理效果。③生物除氧:在氧漂环节之后,采用过氧化氢酶等去除纺织物中残留的过氧化氢,防止氧漂过度,减少水洗工艺用水量。④生物抛光:利用纤维素酶和半纤维素酶等去除棉纺织物表面的杂纤维,降低织物的起球倾向,提高表面光洁度并能赋予织物柔软的手感。

(二)生物冶金

作为一种冶金技术,生物冶金主要应用于铜、金、镍、钴、铀、锌等有色金属。生物冶金跨生物、冶金、矿物工程、化学工程等多个领域,它利用微生物的氧化作用,从品位低、难处理的贫矿、尾矿、废矿等矿床浸出含量很低的金属,常用的微生物包括常温浸矿菌(25～45℃)和中等嗜热浸矿菌(45～60℃),相对于传统冶金方法的激烈氧化还原、高碳、高污染,生物冶金反应条件温和,不仅不排放碳,还吸收碳。铜、镍、钴、锰、锌等金属的生物浸出主要采用堆浸的方式,附加值更高的金、铀等采用反应槽浸出的方式。生物冶金采用的微生物主要包括嗜酸氧化硫硫杆菌（*Acidithiobacillus thiooxidans*）、嗜酸氧化亚铁硫杆菌（*Acidithiobacillus ferrooxidans*）、嗜铁钩端螺旋菌（*Leptospirillum ferriphilum*）、氧化亚铁钩端螺旋菌（*Leptospirllum ferrooxidans*）、硫化杆菌属（*Sulfobacillus*）、铁质菌属（*Ferroplasma*）、酸菌属（*Acidianus*）等。

（三）生物造纸

生物造纸主要包括生物制浆、生物漂白、生物脱墨和生物脱胶等等。①生物制浆是采用漆酶等氧化还原酶将木质素降解为小分子，它是一个重要的补充制浆技术，具有环境友好的特性；生物制浆可节省能耗，提高设备生产能力，并改善成纸的强度性能。②生物漂白主要利用半纤维素酶（聚木糖酶和聚甘露糖酶）和木素降解酶（木质素过氧化物酶、锰过氧化物酶和漆酶）等处理纸浆，适用于各种漂白工艺以及不同木质素含量的针叶木或阔叶木硫酸盐纸浆，生物漂白可部分替代氯的漂白作用，明显减少有机氯化合物的排放量。③生物脱墨是利用酶制剂处理废纸，并辅助以浮选或洗涤，从而除去油墨的技术，生物脱墨能明显改善造纸过程中的胶黏物沉积现象；与化学法脱墨相比，生物脱墨工艺在降低能耗、生产成本和水污染负荷方面具有明显的优势，生物法脱墨浆在获得理想脱墨效果的同时，比化学法脱墨浆具有更好的物理性能、良好的可漂性和滤水性；废纸生物脱墨的酶制剂主要包括纤维素酶、半纤维素酶、脂肪酶、酯酶、果胶酶、淀粉酶和木质素降解酶等。④生物脱胶，生物脱胶是利用脂肪酶制剂和真菌控制树脂障碍，利用脂肪酶水解甘油三酸酯控制树脂沉积，利用真菌处理降低树脂成分的浓度，减少树脂沉积物的产生；与传统的树脂障碍控制法相比，生物脱胶具有效果好、成本低的优点，但对环境条件如温度和pH有一定要求；因此，研制适应温度和pH范围宽的酶制剂是技术研发重点。

（四）生物脱硫

生物脱硫是利用微生物的代谢作用，将沼气（天然气）等气体中的硫化氢转化为单质硫，可以实现从沼气生产生物天然气。与络合铁脱硫等化工技术相比，生物脱硫具有反应条件温和、不产生二次污染、产品纯度高等优点。世界著名环保工程公司荷兰帕克公司在国际上首先将生物脱硫技术工程应用。中国科学院过程工程研究所研发了基于嗜盐嗜碱极端微生物的生物脱硫技术，硫化氢脱除率更高，系统稳定性更好。生物脱硫技术使用的微生物主要包括脱氮硫杆菌（*Thiobacillus denitrificans*）、多能硫杆菌（*Thiobacillus versutus*）、那不勒斯硫杆菌（*Thiobacillus neapolitanus*）等等。

（五）微生物采油

微生物采油又称为微生物提高原油采收率（MEOR），是一种绿色、高效的三次采油技术。经过几代人的努力，中国的微生物采油技术取得了长足的进步，从采油微生物菌株筛选、菌剂复配、代谢调控、原位激活等多个方面协同提高石油采收率，在胜利油田、大庆油田、新疆油田等都实现了现场应用，取得了显著的经济和社会效益。温度是影响微生物采油效率和功能的关键因素，因此，微生物采油可以划分为中温（40～60℃）油层微生物采油和高温（高于80℃）油层微生物采油。

三、市场分析

过程工业是国民经济的支柱产业，也是主要的污染源。可以为传统高污染行业转型升级提供重要技术支撑。因此，绿色生物过程工程市场前景广阔。

（一）生物纺织

与传统工艺相比，生物纺织工艺不仅可以降低能源消耗15%，降低水资源消耗25%，降低化学需氧量（COD）排放20%以上，并且可以提高染色效果、保证织物强度。因此，生物纺织越来越受到纺织企业的重视。2020年我国规模以上企业印染织物年产量超过525亿米，按照目前纺织印染企业每万米织物用酶500～600元计算，仅纺织酶的潜在市场规模就达30亿元。但目前纺织酶市场规模只有不到潜在规模的百分之一，推广潜力巨大。目前，开展纺织酶产品生产和销售的企业包括丹麦丹尼斯克公司的子公司杰能科国际公司，诺维信与宏达集团合资的苏州宏达制酶有限公司，湖南尤特尔生化有限公司、山东隆科特酶制剂有限公司、武汉新华扬生物股份有限公司、宁夏夏盛实业集团有限公司、青岛康地恩实业有限公司等。

（二）生物冶金

对于低品位铜矿、金矿、镍矿、钴矿、铀矿等，生物冶金具有能耗低、成本低、三废排放少等优势，并可以直接生产高品质的电解铜等产品，给相关企业带来了丰厚的利润。生物冶金技术的市场推广受有色金属产品价格的影响，还与矿产资源和环保政策密切相关。铜矿生物堆浸的生产成本远远低于常规铜冶炼，生产 1 t 电解铜的成本不到常规技术的三分之一，而且金属铜属于大宗原材料，市场规模很大，著名矿业企业必和必拓在南美的铜矿生物堆浸大规模盈利曾极大刺激了生物冶金技术的推广和应用。难处理金矿生物预氧化采用工厂化生产，原料来源广泛，设备投资较低，操作简单、安全环保，在我国现行环保政策法规日益严格的情况下也得到了比较迅速的发展。

（三）生物造纸

2020 年，中国纸和纸板总生成量达到 1.126 亿吨，超过全球总产量的 1/4，在全球名列首位。造纸行业存在着原料短缺、能源紧张、污染严重等现实问题，绿色生物过程在造纸中的应用可以在一定程度上缓解这些问题。目前绿色生物过程已经逐步应用于原料生产和制浆造纸过程等生产阶段，酶法制浆、酶促漂白、酶法脱墨、酶法改性等技术也都有了不同程度的发展。随着各种高活性酶和相关设备的研发，绿色生物过程的有效性和经济性有望进一步改进和提高，不断推动绿色制浆造纸工业的发展。

（四）生物脱硫

生物天然气是绿色低碳清洁可再生能源，是我国实现"碳达峰"和"碳中和"目标的重要抓手。2021 年 10 月 24 日，国务院发布了《2030 年前碳达峰行动方案》，将生物天然气作为需要大力发展的新能源之一。包括生物天然气的可再生能源一直是我国的重点发展方向，2020 年，我国可再生能源增量约等于美国和欧盟的总和，充分体现了我国以人类命运共同体理念指引全球共同发展的大国担当。为了加快生物天然气的生产，2019 年 12 月 4 日，国家发改委等十部委联合发布了《关于促进生物天然气产业化发展的指导意见》，规划到2025年，生物天然气年产量超过100亿立方米；到2030年，生物天然气年产量超过200亿立方米，通过发展生物天然气，可以实现"补齐天然气供需短板，降低进口依存度，助力解决农村煤改气气源问题，提高能源安全保障程度"。由此可见，生物脱硫具有广阔的应用前景。

（五）微生物采油

相关研究表明，一次采油和二次采油的总采收率仅为地下原油的30%～40%。地层中的残余油含量高达60%～70%。2019年，我国原油新增探明地质储量11.2亿吨，而以目前技术可开采的储量仅为1.6亿吨。利用微生物采油技术，可以实现残余油的部分有效采集。2020年，我国原油产量为1.95亿吨，进口量则高达5.42亿吨，对外依存度达73.5%，原油进口金额1763亿美元。到2020年底，我国石油可采储量为36亿吨。如果原油开采率能够提高，可采储量将提高，极大地降低我国的原油进口量，切实保障我国的能源安全。

四、研发动向

绿色生物过程是以生物催化为基础，因此，筛选高活性生物催化剂是一个重要的研发方向，高通量筛选技术是筛选高效生物催化剂的主要方法，高通量技术是支撑绿色生物过程发展的重要手段。同时，不同于常规的生物催化反应，绿色生物过程的应用领域广泛，所涉及的反应条件也包括高温、高压、极端pH等，极端微生物和极端酶也是重要的研发方向。与绿色生物过程相关装备例如生物反应器、分离膜、层析介质和在线分析电极等支撑了生物过程工程的发展和推广，也是绿色生物过程工程研发的重点。

（一）生物纺织

目前，生物纺织相关研发主要有两个方面。一是新型纺织用酶的研发，主要方向包括提高现有纺织酶酶活，降低纺织酶应用成本；拓宽纺织酶工艺适用条件，使纺织酶能够耐受染前工艺中的碱性、高温环境；开发适用于全酶法染前处理的酶制剂品种，例如氧漂用酶、丝光用酶等，其应用能够进一步降低化学助剂使用量。二是生物纺织相关装备的研发。目前，生物纺织的应用仍然处于发展的早期，相关规范尚未建立，相关装备仍然是非标设备。随着生物纺织推广应用的深入，标准化工艺和装备将会不断涌现。

（二）生物冶金

与传统的高温、高压反应相比，生物冶金技术存在的主要问题是浸出速率较慢，因此，能够提高浸出速率的相关菌株和菌群的筛选、工艺和设备的研发是重要方向。影响菌株活性的因素包括氟离子、氯离子、重金属离子等毒性因子，以及pH、温度等因素。例如，在金矿生物浸出中，将反应温度由40℃提高到50℃，不但可以加快反应速率，而且可以节省浸出过程的冷却费用。因此，分离和筛选能够耐受较高温度、多种重金属离子和毒性因子并适宜在矿物环境中生长的微生物菌株和菌群是重要的研发方向。同时，与生物冶金相关的低剪切、高气体分散反应器等装置的研发也非常重要。

（三）生物造纸

生物造纸过程的研发主要包括造纸用酶与相关设备以及新产品的研发。酶作为一种生物制剂，环境适应性和稳定性较差，这在一定程度上影响了其催化效果。目前，通过蛋白质工程、分子进化与基因重组技术，提高酶的稳定性和催化效率，开发耐碱耐热性能的生物酶制剂是一个非常重要的方向。生物造纸相关设备研发仍然处于早期阶段。

（四）生物脱硫

与络合铁脱硫等化学脱硫过程相比，生物脱硫的反应速度有待提高。沼气、天然气的生物脱硫，是在碱性溶液体系中完成的，筛选和培育嗜碱极端微生物，可以提高脱硫反应的pH，减少溶液中分子态硫化氢的浓度，降低硫化氢的生物毒性，有助于提高微生物的脱硫反应效率。提高碱液的浓度可以提高系统的负荷，因此，筛选和培育嗜盐嗜碱极端微生物，可以降低生物脱硫系统的pH波动，有助于系统控制。脱硫菌将硫化物转化为不溶性的单质硫，反应形成的单质硫颗粒是纳米颗粒，粒径仅为几十纳米左右，其密度与水相近，分离困难。通过对脱硫菌的代谢进行调控，调节纳米硫颗粒表面的亲疏水性，或者通过对脱硫反应体系和装置的设计和结构优化，促进纳米硫颗粒的集聚，成为微米级甚至是毫米级的大颗粒，可以加快硫颗粒的沉降分离。鉴于生物脱硫过程的特殊性，用于生物脱硫过程的吸收塔、反应器和单质硫分离装置等，也需要进行结构设计和优化。

（五）微生物采油

随着石油开采研发的深入，稠油油藏微生物采油技术成为研发的重点，特别是稠油油藏环境微生物菌群的人工构建和土著微生物组的利用受到了重视。油藏微生物的代谢分工、互养、互作，高温油藏微生物组的构建等是微生物采油技术研发的前沿，也具有非常重要的实用价值。微生物采油的工业应用也亟须在相关装置方面的突破。

五、自主创新情况

近些年来，我国非常重视绿色生物过程工程研发和推广，"合成生物学"和"绿色生物制造"等重点研发计划都将绿色生物过程工程作为核心内容之一，支持了绿色生物过程工程相关项目，包括生物纺织、生物造纸、微生物采油、微生物脱硫、生物冶金等技术研发和产业示范。我国绿色生物过程工程也取得了大量的成果，江南大学许正宏团队、华东理工大学魏东芝团队、中国科学院天津工业生物技术研究所朱敦明、吴洽庆团队等，都在甾体药物中间体绿色生物制造工艺方面取得了具有国际先进水平的研究成果，华东理工大学魏东芝团队获得了 2019 年度中国轻工业联合会技术发明奖一等奖，江南大学许正宏团队与天津药业集团有限公司等单位合作完成的"甾体药物关键生物技术及其产业化应用"项目成果获得了 2020 年天津市科学技术进步特等奖。中国科学院微生物研究所陶勇研究员团队研发了高效酶法制备海藻糖绿色工艺，建立了年产 15 000 t 食品级海藻糖的工业生产线，获得了 2020 年中国轻工业联合会技术进步奖二等奖。浙江大学杨立荣团队发明了化学 - 酶级联法烟酰胺生产成套技术，建成高效、安全、绿色的化学 - 酶法烟酰胺工业化生产体系，获得 2018 年度高等学校技术发明一等奖。中国科学院天津工业生物技术研究所宋诙团队开发了催化效率高、专一性好、性质优良的系列纺织酶制剂，并在多家企业实现了工业应用。

中南大学、北京有色金属研究总院、中国科学院过程工程研究所等单位在铜、金等重要有色金属的生物冶金微生物菌株筛选、反应器设计、过程优化等方面开展了深入的研发工作，并与紫金矿业集团股份有限公司、辽宁天利金业有限责任公司等企业合作实现了工业应用。

撰稿专家：杨茂华　宋　诙　邢建民

第九章

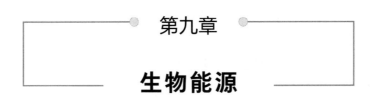

生物能源

第一节　生物能源发展态势分析

可持续、绿色低碳发展已成为全球经济和社会发展新模式。英国、法国、德国、日本、韩国、加拿大等 22 个国家已经承诺到 2050 年实现碳中和。中国将力争 2030 年前实现碳达峰，2060 年前实现碳中和。国际能源署（IEA）在其发布的《2020 年可再生能源：2020—2023 年市场分析和预测》中指出，未来生物能源将成为全球增长最快的可再生能源。以燃料乙醇、生物柴油、生物沼气及生物质气化或液化产品为主要代表的生物能源，已成为可再生能源发展战略的重要组成部分，在世界多个国家得到了快速发展。欧美等发达国家的生物能源已是成熟产业，以生物质为燃料的热电联产甚至成为主要发电和供热手段。根据世界生物能源协会（WBA）2019 年发布的全球生物能源产量分布统计数据，美国和巴西在液体生物能源方面所占份额最高，占全球总供应量的 70% 以上。欧洲在沼气供应方面处于领先地位，占全球供应量的 50% 以上。由于焚烧、气化等垃圾焚烧发电技术的广泛应用，欧洲城市垃圾产生的生物能源供应量居世界首位。

生物能源产业发展较好的国家/地区如美国、巴西、欧盟等均制定了生物能源规划以促进生物能源的进一步发展。欧盟《可再生能源指令》要求，2020 年每个成员国必须保证交通领域中生物燃料利用量达到总燃料消费量的 10%。2020 年 9 月 16 日，欧盟发布《2030 年气候目标计划》提案，将 2030 年温室气体减排目标由原有的 40% 提升至 55%，要求 2050 年实现存量汽车基本零排放，将 2030 年可再生能源占比目标从 32% 以上提升至

38%～40%；2020年10月6日，欧洲议会投票通过该提案，并将碳减排目标继续提高至60%。2020年12月4日，英国首相约翰逊宣布新的国家自主贡献（NDC）目标，到2030年英国的排放量比1990年的水平至少减少68%，比此前承诺的53%减排量大幅度提高。可见，为实现《巴黎气候协定》升温控制在1.5℃内，全球越来越多的国家在陆续制定有关政策法规以促进包括生物能源在内的可再生能源的大力发展。2021年11月，在英国等国达成了《格拉斯哥气候公约》，各缔约方对"在2030年将全球的温室气体排放减少45%"达成共识，各国消减温室气体二氧化碳排放的时间从2025年提前到2022年，全球统一碳市场也有望在不久的将来形成，这些重要决定将强有力推进可再生能源的发展。

作为全球最大的能源消费和温室气体排放国，中国也倍加重视能源结构的调整和包括生物能源在内的清洁能源的发展。从消费占比来看，2019年我国煤炭、石油和清洁能源消费的比重分别为60.4%、18.8%和20.8%，而在2000年这三大能源类型的消费占比分别为68.5%、22.0%和9.5%，我国煤炭消费占比下降了8.1个百分点，石油消费占比下降3.2个百分点，而清洁能源则提升了11.3个百分点。从增长占比来看，我国天然气的占比最大，而以水电、风电、核电和生物质发电为主导的可再生能源在近十年得到快速发展。专家测算，从2019年到2060年，中国能源消费中，化石能源在能源中的占比将从85%降到13%，核能从2%上升到19%，可再生能源从5%上升到53%。生物能源是最大的可再生能源资源，是最具可持续发展潜力的石油替代选择之一，是引领未来运输业发展的驱动力。根据统计，目前中国净碳排放约100亿吨/年，位居世界第一，其中10%左右碳排放来自交通运输行业。《中国移动源环境管理年报2020》显示，全国柴油货车颗粒物等排放量占汽车排放总量的比重超过80%以上，随着全面推动国六柴油发动机，相比国五在环保方面有了较大的提升，但2030年前，重型车仍然是提升环保排放的重点，升级柴油的品质更应该放在优先的位置，柴油品质的提升除了对传统硫含量等指标的控制，碳指标应该也纳入考核范围，柴油车辆不仅要降低污染排放，也要降低碳排放，生物燃料作为天然的碳减排载体，可以很好地促进达成污染排放与碳排放双双下降的目标。2060年的碳中和意味着碳排放和碳汇（指植物吸收二氧化碳和人工捕捉二氧化碳）相等。按照目前的技术水平，我国碳汇总量预计约15亿吨/年，以此为基础计算，则意味着未来碳排放量需要比目前减少85%才能实现碳中和，这将是今后我国在社会责任领域最大的挑战之一。为了实现碳达峰和碳中和的目标，除了依靠科技进步和市场力量资源配置之外，政府已经在逐步出台相应的绿色金融政策，形成刚性约束，倒逼资源从高污染、高耗能、高碳行业配置向绿色、低碳、无碳的行业配置转化。目前我国已成为全球最大的绿色债券发行国，绿色信贷规模超过 10 万亿元，未来完善的碳交易市场将成为与股票、债券、外汇等一样的重要的市场，碳排放将成为生产要素中的重要部分。随着 2021 年碳交易的开展，交易机构活跃，价格呈现上升态势。相关研究机构表明，未来碳排放的价格还将继续上升，这将为未来的新增碳减排量带来很大的影响，随着核证自愿减排量（CCER）的恢复，可以预见，未来各种举措的落实将极大地推动我国包括生物能源在内的清洁能源的发展。

从具体的生物能源产品来看，除了生物质发电和生物沼气外，以燃料乙醇、生物柴油为代表的液体车用生物能源仍然具有很大发展前景。全球燃料乙醇产量约 8000 万吨，美国和巴西是最主要的燃料乙醇生产国。燃料乙醇已替代了巴西国内 50% 以上的汽油，是世界上唯一不供应纯汽油的国家。2017 年我国国家发展改革委、国家能源局、财政部等十五部门联合印发了《关于扩大生物燃料乙醇生产和推广使用车用乙醇汽油的实施方案》，到 2020 年，在全国范围内推广使用车用乙醇汽油，基本实现全覆盖。进一步发展"不与人争粮，不与粮争地"、以秸秆等为原料的纤维素乙醇具有重要发展潜力。除了燃料乙醇外，生物柴油作为一种减排效果突出的清洁能源在世界多个国家也得到了快速发展。全球生物柴油产业经过 20 年左右的发展，年产量超过 4000 万吨，欧美等国家都保持了对生物柴油的旺盛需求，同时马来西亚、印度尼西亚、巴西等主要生产国在近期纷纷大幅度提高生物柴油强制添加比例，可以预见在经历 COVID-19 疫情的短暂冲击后，尤其是以非食用油脂为原料、更加绿色环保的制备技术将促进生物柴油产业迎来新一波快速发展。另外，随着航空业的迅速发展，航空燃料需求量日益增加。而航空燃料燃烧产生的二氧化碳基本都留存在平流层，对温室效应的影响远大于其他行业。因此，航空生物燃料也是备受各国关注的重要生物能源产品。下面将主要介绍生物柴油和航空生物燃料两种生物能源的发展概况。

一、生物柴油

生物柴油是继燃料乙醇之外第二个得到大规模发展的重要液体生物能

源。近年来生物柴油产业在全球范围内得到了快速发展（表9-1）。2018年全球生物柴油产量约4000万吨，较2017年增长12.4%，2019年在此基础上又增长了约10%。美国可再生燃料标准计划要求，到2022年可再生燃料（主要是生物乙醇及生物柴油）使用量至少达到360亿加仑［1加仑（美）=3.785412升］。印尼生物柴油的添加比例于2015年从10%提高到15%，又在2016年提高到20%，2019年开始提升到30%。巴西从2018年3月起将生物柴油的强制掺混比例提高到10%，并且每年增加1%，直至达到15%。马来西亚在2019年下半年将交通领域生物柴油的强制添加比例由7%提高至10%，未来将进一步提高。受疫情等诸多因素影响，相对于2019年，2020年全球生物柴油略有下滑。2020年，印尼的生物柴油产量居全球首位，产量占比达17%，其次是美国和巴西，产量占比均在13%以上。

表9-1　部分国家/地区实行强制添加政策的情况

国家/地区	生物柴油强制添加比例
欧盟	5%～7%
美国	5%～20%（不同州规定不同）
巴西	10%～15%（从2018年3月起为10%，之后每年提高1%，至15%）
印度尼西亚	已试行30%，正研究推广B40/B100
马来西亚	交通运输领域10%，工业领域7%，正推广B20
阿根廷	7%
加拿大	2%～5%
泰国	5%～10%
韩国	2.5%
南非	2%

注：生物柴油通常命名为BD100或B100，生物柴油混合物表示为"BXX"，"XX"表示混合物中含有的生物柴油百分比（如B20是指含有20%生物柴油和80%石化柴油的混合物）。

目前，全球生物柴油的生产原料主要是大豆油，占比接近70%，其次是玉米油和菜籽油。但各国/地区的生产情况各有不同，例如，欧洲的生产原料以菜籽油为主；美国、巴西和阿根廷以大豆油为主；印尼和马来西亚以棕榈油为主；我国，因受国家粮食战略的限制，主要以餐饮废油脂等非粮食原料生产生物柴油。以非食用油脂（工业油脂和废弃油脂等）为原料生产生物柴油符合我国国情，开发出相应的油脂原料预处理工艺、先进的转化技术以及高品质产品的精制工艺，对促进我国生物柴油产业的可持续发展具有重要战略意义。中国除了大力发展以废弃油脂原料为主的供应体系，还应该逐步拓展低品质棕榈油、棉籽油、大豆油等不宜加工成食用油脂的原料，大面积种植油料作物，扩充原料供应，将中西部地区扶贫和地方经济发展、林业碳汇等结合起来，既要经济发展，又要金山银山。

目前国内生物柴油生产企业有40余家，总产量100多万吨。近几年国内一些具有较好管理和技术水平的生产企业都获得了较高的利润，主要原因：一是受益于欧美地区对于高品质生物柴油（如以废物油脂等为原料生产的生物柴油UCOME）的需求增加，2019年我国出口欧洲的生物柴油售价最高达到8400元/t，2021年最高FOB港口交货价达到了10 700元/t，成品与原料价差维持在较好水平从而获得较高利润；二是生物柴油下游产业链的拓展，如环氧增塑剂等新产品线的开拓也为企业带来了更多盈利；三是受国内政策的影响，例如，上海市部分公共交通领域实现B5添加，为国内生物柴油进入正规销售渠道打开了新的局面。但总体而言，国内生物柴油产业与国外相比差距明显，主要受限于以下几点：一是政策缺位，尽管《可再生能源法》确定了生物柴油的合法地位，我国颁布了B5、B100国家标准，国家能源局等部门也发文鼓励生物柴油产业发展，但在最关键的销售环节，生物柴油无法顺利进入成品油销售渠道；同时在出口领域废弃油脂作为原料出口可享受海关退税，而加工成成品后反而没有退税，这也限制了国内生物柴油加工企业的发展；二是原料受限，目前我国生物柴油产业只能以地沟油等废弃油脂为原料，应出台鼓励政策进口更多低品质原料扩展加工规模，为低碳交通运输燃料做好升级准备；三是技术落后，传统化学法在以地沟油等废弃油脂为原料时，存在污染重、能耗高、设备腐蚀严重的问题，不符合绿色环保的发展要求；四是碳减排与交通运输行业尚未形成深度耦合。

（一）主要产品

生物柴油（脂肪酸甲酯）主要应用于交通领域，实现对石化柴油的替代，也可用于工业燃料及餐厨燃料等领域。另外，生物柴油是一种环保型的溶剂助剂，在农药溶剂、油井助剂、环氧增塑剂领域发展前景广阔。例如，在农药溶剂领域，传统农药乳油制剂采用石油苯类，毒性较大，而生物柴油溶解性能好，对农药有增效作用，且自然降解性能更好。在油田助剂领域，由于生物柴油具有良好的生物降解性，是一种优良的替代产品。在环保增塑剂领域，环氧甲酯、氯代甲酯主要用于替代传统的邻苯类增塑剂，具备与塑料良好的相容性以及优异的自然降解性。同时，生物柴油产业可向下延伸用于生产高碳脂肪醇、脂肪酸甲酯磺酸盐、脂肪胺等，可广泛应用于表面活性剂行业，具有重要的市场开发利用前景。

（二）市场分析

全球最大的生物柴油消费市场仍然是欧洲、美国，完善、稳健的扶持政策保持了市场对生物柴油的旺盛需求。欧盟生物柴油年消费量超过1300万吨，除了本土生产商供应外，每年需要进口大量生物柴油。欧盟在生物柴油强制添加比例政策方面保持谨慎、稳妥的态度，目前主流的强制添加比例在5%~7%。作为《巴黎气候协定》的发起者与倡导者，欧盟未来仍会维持对生物燃料的大力扶持政策。美国是全球最大的生物柴油生产国与消费国，每年消费量超过700万吨，也需要大量进口生物柴油。美国可再生燃料标准计划要求，到2022年可再生燃料（主要是生物乙醇及生物柴油）使用量至少达到360亿加仑，根据各个州的不同政策，生物柴油强制添加比例为5%~20%。2020—2021年，美国新增规划生物柴油工厂及改扩建项目多达10余家，预计新增产能近百万吨。

其他主要生产国最近几年纷纷提高生物柴油强制添加比例，生物柴油产业新一轮快速发展期即将到来。印度尼西亚的强制添加比例于2015年从10%提高到15%，又在2016年提高到20%，2019年开始提升到30%，目前B30政策执行顺利，2021年为印尼节省外汇支出近50亿美元（以购买石化柴油计），同时有力支持了本国棕榈油产业发展和经济平稳发展。巴西从2018年3月起将生物柴油的强制掺混比例提高到10%，并且每年增加1%，直至达到15%。马来西亚在2019年下半年将交通领域生物柴油的强制添加比例由7%提高至10%，目前正在推进B20计划。我国为扶持生物柴油产业发展，也陆续出台了大量政策法规予以扶持，但限于国内原料限制以及其他一些因素，国内生物柴油产业规模仍然较小。可以借鉴上海市的经验，在一些经济发达、空气治理任务重的地区大规模推广生物柴油进入加油站体系。上海市于2017年在全市范围内推广生物柴油，目前全市400多座加油站实现了B5生物柴油的销售。在一定程度上缓解了道路交通空气污染问题，这一政策也得到了市民的积极支持。上海市的经验表明，在完善的机制、明确的各方责任约束下，政府只需要少量财政资金支持，即可推动生物柴油的推广应用，而各个参与方都能从中获益。在京津冀、珠三角、长三角、大湾区等经济发展好、承受能力强、污染相对严重、碳减排压力较大的地区优先开展低碳交通燃料强制添加，这是交通领域在碳达峰，碳中和政策下的最佳响应，将会起到非常好的示范作用。

（三）研发动向

1．新型催化剂的开发

目前全球生物柴油发展的新趋势之一是依靠技术突破，高效利用废弃油脂，从而减少碳足迹，提高生物柴油相比于其他可再生能源的竞争力。RED指令要求欧盟成员国到2020年，将交通部门使用"第一代"生物燃料的比例降至7%，同时对以废弃油脂为原料的生物柴油企业在碳积分政策方面给予优惠。

化学法生产过程污染严重，有废酸、废碱排放，同时酸碱催化剂会残留在生物柴油产品中，水洗工序会排放大量污水。后续处理工艺中，甘油及催化剂的回收困难，反应过程中会有皂生成，产品收率低。近些年来，针对以上劣势，一些新型非均相酸、碱催化剂被大量研发出来，例如固体酸催化剂、固体碱催化剂、离子交换树脂催化剂等。但是该类催化剂传质受限、催化剂活性成分易脱落的问题，与对原料油中的游离脂肪酸和水含量要求苛刻的问题仍然没有得到解决。目前，该类研究都处于实验阶段，尚未应用于工业化生产。

与化学催化剂相比，生物酶催化剂具有反应条件温和、无污染、对原料油适应性强等特点，多年以来受到极大关注。目前针对酶催化剂的研发主要集中于提高催化速率、提升酶的稳定性、降低酶的成本方面。近几年国内外有大量新的酶制剂产品面世，酶的催化效率、稳定性提升明显，成本快速下降，显示出更高的环保性、经济性，目前已具备工业化应用的条件。

2．原料油的拓展

以非食用油脂原料进行生物柴油的制备是促进生物柴油产业可持续发展的关键。欧美地区通过限制以粮食为原料的第一代生物燃料使用量，强制增加先进生物燃料使用量等措施来鼓励使用新的原料油。

新的原料油是指不占用耕地的、不可食用的非粮油农作物，大致可划分为非食用油脂、低品质动植物油脂、餐饮废弃油脂、微藻油等。非食用油脂来自于小桐子、蓖麻、黄连木等产油植物，尽管其种植不占用耕地，但受限于规模小、收集困难，该类油脂一直未获得大规模发展。低品质动植物油脂是指保存不当等导致脂肪酸、水含量等较高的动植物油脂，例如每年都会有一定比例的大豆因为保存不当、压榨不及时等，使压榨出的大豆油脂肪酸含量较高。国外碱法工艺是针对低酸原料油设计的，通常要求采购原料的脂肪酸含量低于1%。利用餐饮废弃油脂的主要障碍也在于其水分及脂肪酸含量极高，国内工厂在利用餐饮废弃油脂时，通常采用酸碱两步法工艺，造成收率下降、酸碱废水、酸渣排放量大、设备腐蚀严重等问题。微藻油被认为是未来最有潜力的原料油来源，研究热点集中在微藻品种培育筛选、微藻培养工艺、油脂提取工艺、油脂转化技术等方面，但目前微藻油成本高，尚未有产业化应用案例。

在上述新的原料油来源中，低品质动植物油脂、餐饮废弃油脂是获取简单、供应量较大的两类油脂，但是传统化学法工艺难以直接有效转化这些低品质原料油，因而新的技术、工艺突破是高效利用这类油脂进行生物柴油制备的关键。2022年RECP将开始执行多边合作如投资、生产、贸易加工等，将为生物柴油的发展提供很多新的机会，东南亚地区土地、光照、水资源丰富，适合很多油料作物生长，而且劳动力相对便宜，中国通过制定鼓励有关油脂进口政策增加油脂的供应渠道和来源将有助于中国生物柴油行业的进一步发展壮大，这将对未来交通领域的碳减排发挥重要作用。与原油70%的对外依存度相比，生物燃料也应保持一定的合理进口量，这对促进"一带一路"经济发展、技术与设备输出，人文交流、资源进口等多方位、深层次融合起到积极作用，以可再生生物能源为突破口，树立"一带一路"合作典范。

3．原料适应性更强的新工艺研发

生物柴油制备技术主要有化学法、超临界法、酶法。超临界法对反应设备要求极高，设备投资过高。亚临界条件下的制备工艺是目前的研究热点之一，但是技术突破难度较大，工业化应用前景不明朗。以酸、碱为催化剂的化学法工艺比较成熟，是应用最为广泛的技术，但是在处理水、脂肪酸含量较高的原料油时，存在明显的缺陷，污染重、设备腐蚀严重、产品收率低等问题，长期以来无法得到有效解决。近些年来备受关注的生物酶法工艺对原料油的水含量、脂肪酸含量无要求，反应条件温和，无污染，产品收率高，对设备无腐蚀，副产品质量好，具有很好的开发应用前景，解决传统酶法工艺中存在的反应速率低、稳定性差、成本高是大力促进其工业化应用的关键。

针对酶法工艺的研究主要集中在低成本脂肪酶产品制备及先进酶催化工艺开发方面。近几年不断有新的国产酶制剂产品面世，酶的催化效率、稳定性提升明显，成本大幅度下降，已经具备工业化应用的条件。酶催化工艺研究主要集中于提高酶的稳定性、增加酶回用批次、降低酶的使用成本等方面，目前已有工业化规模生产的、成本较化学法更具优势的酶法工艺的成功案例。随着双碳目标的压力变大，各地在招商引资过程中对高耗能、高污染企业要求也日趋严格，除了传统的环评，能评和碳评也逐渐提上日程。大力推广低碳绿色的生物合成路线应为重中之重。

（四）自主创新情况

国内生物柴油的原料主要是非食用油脂，非食用油脂通常脂肪酸及水含量很高，传统化学法在催化该类原料时存在诸多弊端。为了能够低成本生产出达标生物柴油产品，行业里尝试了将不同工艺组合（化学酸碱法、化学法与酶法组合以及液酶和固酶组合使用工艺等）应用，以发挥不同技术的优势，互补劣势。不同工艺的主要优劣势如下：碱法工艺催化效率高，但是对原料中脂肪酸和水含量要求苛刻；酸法工艺能够催化脂肪酸，但是反应速率低、设备腐蚀严重；固体酶工艺催化效率高，但是对原料中的水含量有要求，且甲醇、甘油等容易引起酶失活；液体酶工艺对原料中的脂肪酸和水含量无要求，但是催化效率较差，无法使产品达标，尤其反应终点的酸值较高；离子液体催化工艺、亚临界工艺等，具有催化效率高、对原料脂肪酸含量要求低等优点，但是存在生产成本高、设备投资高等问题。

在不同工艺组合中，酶法工艺因其原料适用性强、反应条件温和等优点，发挥着重要作用。例如，有厂家尝试采用液体酶工艺加亚临界工艺组合，前段液体酶工艺对原料的脂肪酸、水含量无要求，将大部分中性油脂、脂肪酸转化为甲酯，后段亚临界工艺将少量剩余的中性油脂、脂肪酸转化为甲酯，这样亚临界工艺段负担较小，相较于全部采用亚临界工艺成本更低，但是液体酶工艺段缺少酶回用技术，再加上亚临界工艺段生产成本仍然较高，整体工艺成本较高。

有厂家采用液体酶工艺加碱炼除酸的组合工艺，前段液体酶工艺将大部分中性油脂、脂肪酸转化为甲酯，但是反应体系中仍然存在2%～3%的游离脂肪酸无法反应完全（以餐饮废弃油脂为原料），后段直接加碱，与脂肪酸反应生成皂，再将皂从体系中分离，皂直接对外出售，或者将皂酸化成脂肪酸再回到反应体系。该组合工艺的缺点在于，前段液体酶工艺缺少酶回收技术，反应时间较长（酶添加量少时）或者液体酶损耗太高（酶添加量多时），而后段加碱中和的工艺会造成收率降低（皂中夹带的甲酯含量可高达 90%）与酸碱废水多（皂酸化回收脂肪酸）等问题。

湖南、四川、河北，广东等多家企业采用清华大学的液体酶加固体酶的组合工艺在万吨级规模上成功实现了全酶法技术进行生物柴油的产业化生产，前段液体酶工艺将大部分中性油脂、脂肪酸转化为甲酯，后段固体酶工艺将剩余脂肪酸转化为甲酯。前段液体酶工艺对原料油适用性强，后段通过固体酶催化可以使酸值等达标，可以完全依靠生物酶催化生产出合格产品，反应条件温和、无设备腐蚀、无酸渣、几乎无废水排放。在生物酶成本控制方面，前后段都实现了酶的回用，每吨生物柴油产品消耗的生物酶总成本控制在 180 元以内。清华大学拥有该技术的自主知识产权，包括催化剂、催化工艺、反应器以及酶回用技术在内的近 30 项发明专利获得授权，国际专利在美国、巴西等 20 余个国家获得授权。该技术依靠工艺优化设计，消除了甲醇、甘油对酶的毒害作用，使酶的回用批次大幅增加，依靠核心反应器设计，促进反应平衡向正反应方向移动，使最终产品的酸值等指标达到欧盟标准要求，具有非常好的市场推广应用前景。

二、航空生物燃料

（一）航空生物燃料的国内外进展

航空燃料是航空业最大的 CO_2 排放源，占航空业 CO_2 总排放量的 90% 以上。航空业也面临着严峻的 CO_2 减排挑战。2010 年国际民航组织（International Civil Aviation Organization，ICAO）第 37 届大会上，国际航空运输协会（International Air Transport Association，IATA）等 4 个主要国际民航协会联合宣布，自 2020 年起全球民航业实现碳排放零增长，并提出 2050 年碳排放量与 2005 年水平相比减少 50% 的减排目标。2016 年 ICAO 第 39 届大会上，包括中国在内的 191 个成员国和国际组织会员共同通过国际航空碳抵消和减排计划（Carbon Offsetting and Reduction Scheme for International Aviation，CORSIA），以政治决议形式明确了全球民航业减排目标及保障措施。因此，发展具有碳中和特征的航空生物燃料是应对国际航空业新规则、新挑战的重要路径，而使用可再生的航空生物燃料是降低航空业 CO_2 排放的重要举措。

航空燃料主要包括航空汽油（AVGAS）和航空涡轮燃料（AVTUR），前者用于活塞式发动机，而后者适用于涡轮发动机。目前，民航的大型客机的动力装置逐渐被涡轮喷气发动机代替，而用于民航飞机的航空燃料通常为石油炼制的煤油型烃类喷气燃料，通常称为航空煤油。可用于取代传统航空煤油的航空生物燃料是以油脂、纤维素等可再生生物质为原料，经过生物、化学等方法合成的液体生物燃料，又称为生物航煤或生物基合成石蜡煤油（bio-synthetic paraffinic kerosene，Bio-SPK）。目前，生物航煤主要是作为调和组分以低于 50% 的体积比例与传统化石航空喷气燃料调和后使用，调和后的成品一般被称为航空涡轮生物燃料（aviation turbine biofuel）或含合成烃类涡轮喷气燃料。与传统航煤相比，生物航煤可实现 55%～92% 的 CO_2 减排。

国际上对于航空生物燃料的研发和试飞早有报道。2008 年 2 月英国维珍大西洋航空公司进行了首次使用航空生物调和油的试飞。2009 年，荷兰航空进行了第一次载人试飞，并于 2011 年进行了全球第一次生物燃料的商业飞行，生产生物航煤的原料是餐饮废油。目前，全球航空生物燃料载客商业飞行已超过 10 万架次，美国、瑞典、挪威的 5 个机场已实现航空生物燃料的常规加注，8 个机场进行了航空生物燃料的批次加注。

中国也是较早开展生物航煤研发的国家，并拥有自主研发的生产技术。中国石油化工集团有限公司（中国石化）在生物航煤的研发和推广使用方面走在最前列。2006 年中国石化启动生物航煤研发工作；2009 年成功开发出具有自主知识产权的生物航煤生产技术；2011 年建成了一套生物航煤工业装置及调和设施；2012 年 2 月，中国石化研发的 1 号生物航煤适航审定申请通过；2013 年 4 月，中国石化 1 号生物航煤通过发动机台架试验，同月，加注中国石化 1 号生物航煤的商业客机在上海首次试飞成功；2015 年 3 月，中国自主研发生物航煤成功实现商业载客飞行，中国石化成为国内首家拥有生物航煤自主研发生产技术并成功投入商业化应用的企业；2017 年 11 月，加注中国石化 1 号生物航煤的波音 787 型客机首次跨洋飞行获得圆满成功。国内一些科研机构和高校，包括中国科学院、清华大学、天津大学、中国科技大学、南开大学、中国石油大学、华东理工大学、北京化工大学、云南师范大学等均开展了一系列包括催化剂、工艺技术、生命周期分析等方面的研究工作。

（二）主要产品

由于航空发动机必须适应高空缺氧、气温气压较低的恶劣环境，因此航空生物燃料与传统航空燃料一样，在稳定性、润滑性、流动性、气化特性、抗腐蚀性、洁净性、材料相容性及安全特性等均有严格要求。虽然可生产生物航煤的原料包括多种动植物油脂、糖类等生物质原料，但为获得满足标准的生物航煤，几乎所有的制备工艺都包含加氢脱氧步骤。通常直链烷烃是喷气燃料的理想组分，具有燃烧清洁的特点，环烷烃是次理想烃类，芳烃不是喷气燃料的理想组分，而萘或双环芳烃比单环芳烃产生更多的烟灰、烟尘和热辐射，是喷气燃料最不理想的组分。采用加氢法或费托法生产的航空生物燃料主要由 C9～C16 异构烷烃、正构烷烃和环烷烃组成，不含硫，无芳烃，性质与传统化石航空煤油相当，且与化石航煤掺混度高（可达50%）。由于生物航煤不含芳烃，实测的航空生物燃料净热值可达 44.14 MJ/kg，烟点大于 40 mm；而化石航空喷气燃料的实测净热值为 43.44 MJ/kg，烟点为 23 mm（萘系烃含量为 0.4%）。因此，航空生物燃料具有优异的燃烧性能和较高的热稳定性。为满足航空燃料的质量标准，生物航煤通常与化石航煤进行调和后使用。中国尚无生物航煤质量指标及其调和航空生物燃料技术要求的相关标准发布。而美国 ASTM D7566-20《含合成烃类的航空涡轮燃料规格标准》规定航空生物燃料与传统航空喷气燃料调和后可出厂使用，最大掺调比例不超过 50%（体积分数）。化石航空喷气燃料的芳烃含量一般在 10%～20%，密度（15℃）一般为 780～820 kg/m³。为了同时满足航空喷气燃料规格对芳烃最低含量 8% 和密度不低于 775 kg/m³（15℃）的要求，应选择芳烃含量大于 16%、密度不低于 805 kg/m³（15℃）的化石航空喷气燃料调和生物航煤。ASTM D7566-20 附录中规定了 7 种可用于调和航空涡轮燃料的替代燃料规格要求，如表 9-2 所示。这 7 种替代燃料分别为费托加氢合成石蜡煤油（Fischer-Tropsch hydroprocessed synthesized paraffinic kerosine，FT-SPK）、油脂和脂肪酸加氢合成石蜡煤油（synthesized paraffinic kerosine form hydroprocessed esters and fatty acids，HEFA-SPK）、糖制异构烷烃（synthesized iso-paraffins from hydroprocessed

表 9-2 ASTM D7566-20 附录中 7 种可用于调和航空涡轮燃料的替代燃料规格要求

性质	限制	FT-SPK	HEFA-SPK	HFS-SIP	FT-SPK/A	ATJ-SPK	CHJ	HC-HEFA-SPK
组成								
总酸值（以 KOH 计）/（mg/g）	最大	0.015	0.015	0.015	0.015	0.015	0.015	0.015
芳香族（体积分数）/%	最大	—	—	—	21.2	—	—	—
挥发性								
馏程须同时符合以下两个要求								
①物理蒸馏								
馏程/℃								
10%回收温度/℃ (T10)	最大	205	205	250	205	205	205	205
50%回收温度/℃ (T50)		报告	报告	报告	报告	报告	报告	报告
90%回收温度/℃ (T90)		报告	报告	报告	报告	报告	报告	报告
终馏点温度/℃	最大	300	300	255	300	300	300	300
T50～T10/℃	最小	—	—	—	—	—	15	—
T90～T10/℃	最小	22	22	5	22	21	40	22
蒸馏残留量（体积分数）/%	最大	1.5	1.5	1.5	1.5	1.5	1.5	1.5
蒸馏损失量（体积分数）/%	最大	1.5	1.5	1.5	1.5	1.5	1.5	1.5
②模拟蒸馏								
10%回收温度/℃ (T10)		报告	报告	—	报告	—	报告	报告
50%回收温度/℃ (T50)		报告	报告	—	报告	—	报告	报告
90%回收温度/℃ (T90)		报告	报告	—	报告	—	报告	报告
终馏点温度/℃		报告	报告	100	100	—	报告	报告
闪点/℃	最小	38	38	100	100	38	38	38
密度（15℃）/（kg/m³）		730～770	730～772	765～780	755～800	730～770	775～840	730～800

续表

性质	限制	FT-SPK	HEFA-SPK	HFS-SIP	FT-SPK/A	ATJ-SPK	CHJ	HC-HEFA-SPK
流动性								
冰点/°C	最大	−40	−40	−60	−40	−40	−40	−40
热安定性（控制温度下，2.5 h）								
温度/°C	最小	325	325	355	355	325	355	325
压力降/mmHg	最大	25	25	25	25	25	25	25
管壁评级：需要满足下列其一								
① VTR 颜色等级	低于	<3，且无孔雀蓝或异常沉淀物	<3，且无孔雀蓝或异常沉淀物	<3，且无孔雀蓝或异常沉淀物	<3，且无孔雀蓝或异常沉淀物	<3，且无孔雀蓝或异常沉淀物	<3，且无孔雀蓝或异常沉淀物	<3，且无孔雀蓝或异常沉淀物
② ITR 或者 ETR 方法：2.5 mm² 区域上平均沉积厚度/nm	最大	85	85	85	85	85	85	85
添加剂								
抗氧化剂加入量/（mg/L）	最小	17	17	17	17	17	17	17
实际胶质含量/（mg/100mL）	最大	24	24	24	24	24	24	24
脂肪酸甲酯含量/（mg/kg）	最大	—	7	7	4	—	7	7
水分离指数	最大	—	<5	—	4	—	<5	<5
水分离指数（无导电添加剂）	最小	—	—	85	90	—	—	—
燃烧性								
烟点/mm	最小	—	—	—	—	—	—	—
净热值/（MJ/kg）	最小	—	—	43.5	—	—	—	25.0

fermented sugars，HFS-SIP)、含芳烃的费托加氢合成石蜡煤油（Fischer-Tropsch hydroprocessed synthesized paraffinic kerosine plus aromatics，FT-SPK/A)、醇合成石蜡煤油（Alcohol-to-jet synthetic paraffinic kerosene，ATJ-SPK)、从脂肪酸酯和脂肪酸催化加氢热解合成喷气燃料（catalytic hydrothermolysis jet fuel from fatty acid esters and fatty acids，CHJ）以及从加氢处理碳氢化合物、酯和脂肪酸合成的石蜡煤油（synthesized paraffinic kerosene from hydroprocessed hydrocarbons，esters and fatty acids，HC-HEFA SPK）。ASTM D7566系列标准是美国材料与试验协会于2009年按照ASTM D4054，经过性能研究、部分单管试验、台架测试和试飞全系列过程后独立制定的标准，随后陆续修订，目前已修订为ASTM D7566-21版本（2021年7月22日发布）。该标准已得到了国际飞机和涡轮发动机厂家的普遍认可和使用，极大地推动了航空替代燃料的发展。中国目前尚无同类标准，因此为促使航空生物燃料产品的规范化，促进中国生物航煤的研发和商业化推广使用，中国应加快出台符合中国实际情况的相关标准。

（三）市场分析

根据国际能源机构（IEA）的可持续发展方案预测，到2030年生物航空燃料将满足航空燃料需求的10%左右，到2040年将接近20%。对于中国的情形，根据公开统计数据，2018年中国民用航空业航煤消费量为3463万吨，2019年航煤消费量为3684万吨，增长6.4%，民航运输业航煤消费量占全国航煤表观消费量的95.7%。2020年由于新冠肺炎疫情影响，民航运输量有所降低。但未来5年，民用航空业仍将处于发展上升期，有机构预测到2025年中国民用航空煤油需求量将达到4937万吨左右。按照50%的掺混比例，到2025年生物航煤的国内需求量可达约2500万吨。航空生物燃料具有很大的潜在市场。

（四）技术进展和生产成本

可用于生产航空生物燃料的生物质原料包括油脂、木质纤维素、微藻等原料。从不同的原料出发有不同的技术路线。通常根据原料的不同，将航空生物燃料生产技术分为三代。第一代是以糖或油脂为原料生产的生物燃料；第二代是以不可食用的生物质资源为原料，如废弃油脂、非食用油脂、木质纤维素等为原料；第三代则是以可利用 CO_2 合成含油脂、淀粉的微藻为原料。油脂基航空生物燃料技术和应用条件在国外都已成熟。油脂基生物航煤能量密度高、分子结构与化石航煤接近，与化石航煤掺混度可高达 50%，是当前最主要的航空生物燃料。农林废弃物类木质纤维素通过气化和 FT 合成的路线、生物质热解和加氢提质路线以及醇脱水寡聚和加氢的路线也具备了规模化生产航空生物燃料的潜力。微藻原料制航空生物燃料在技术上已经打通流程，但规模化生产还有一定距离。

费托合成石蜡煤油（FT-SPK）是最早被列入 ASTM D7566 附录的可用于调和航空涡轮燃料的航空生物燃料，其主要由异构烷烃、正构烷烃和环烷烃组成。该路线中，天然气或来自煤或生物质原料的合成气在费托反应器中催化转化成液态混合燃料，再通过精制分离获得生物航煤。此外，有国外公司开发了铁基催化剂催化的高温费托合成工艺，可以将合成气转化为含芳烃的合成石蜡煤油（FT-SPK/A），其主要由异构烷烃、正构烷烃、环烷烃和芳烃组成，芳烃的最高质量分数可达 20%。FT-SPK/A 产品在 2015 年通过了 ASTM 认可，目前已被列入 ASTM D7566 附录。动植物油酯和脂肪酸加氢合成石蜡煤油（HEFA-SPK）也是较早被列入 ASTM D7566 附录的可用于调和航空涡轮燃料的航空生物燃料。以废弃油脂为原料生产烃类燃料通常包括 5 个步骤，即：①原料预处理，脱除原料中的磷、钠、钙、氯等杂质；②加氢脱氧，使甘油三酯和脂肪酸转化为长链烷烃和丙烷；③相分离，分离出反应生成的 H_2O、CO、CO_2 和丙烷；④加氢提质，使长链烷烃发生选择性裂化和异构化反应，生成异构烷烃；⑤产品分离，通过蒸馏分离得到石脑油、生物航煤、生物柴油及重组分燃料等产品。糖制航煤（HFS-SIP）路线是将生物质转化为可发酵糖后通过微生物发酵将糖转化为法尼烯，然后再通过加氢工艺将法尼烯转化为法尼烷（2,6,10-三甲基十二烷），该产品也已被列入 ASTM D7566-20 附录。此外农林废弃物秸秆等木质纤维素生物质经过热解获得生物油，再经加氢改质和精制亦可获得生物航煤。但热解油含氧量高，成分复杂，需要经过复杂的精制和提质才能获得满足要求的航空生物燃料。醇合成石蜡煤油（ATJ-SPK）技术路线是以木质纤维素生物质为原料，先将原料转化为乙醇、丁醇等醇中间体，然后通过醇脱水（生成烯烃）、寡聚合生成长链烯烃，最后经加氢改质制得生物航煤。醇中间体的生产途径主要包括：①以木质纤维素转化的生物质糖为原料，通过生物发酵法制乙醇、丁醇以及其他的混合醇等；②生物质原料先气化得到合成气，再通过直接发酵法生成醇中间体；③生物质原料先气化，再通过化学法合成醇中间体。与纤维素乙醇等生物燃料类似，该技术的主要挑战在于低成本生产出醇类中间体。此外，一些新工艺也在实验室里验证了其技术可行性。例如糠醛、5-羟甲基糠醛和丙酮、甲乙酮等通过 Aldol 缩合反应可以获得含氧前体物质，再通过加氢脱氧制得支链或支链烷烃；木质素通过解聚和加氢脱氧，可制得一系列的烷烃、环烷烃等产品。但这些工艺离规模化应用还有一定距离。另外，当前 CO_2 的捕集和转化是碳中和领域的一个热点方向。结合可再生能源和绿氢生产，通过化学催化或电化学转化获得甲烷、甲醇、乙醇等中间后，进一步通过上述技术转化生产航空生物燃料将是未来生产生物航煤的一个前沿方向。

从生产成本来看生物航煤的成本远高于化石航煤。目前估算的结果表明，生物航煤的生产成本是化石航煤的 2～7 倍。根据中国石化的测算结果，植物油基航空生物燃料价格约为 15 300 元/t，是化石航煤价格（约 7500 元/t）的两倍。因此，生物航煤的规模化应用仍然面临严峻的挑战。已报道的由不同原料采用不同路线生产的生物航煤最小燃料售价（MFSP）如表 9-3 所示。相对来讲以动植物油脂为原料生产生物航煤的成本较低，而以农林废弃物生产的生物航煤成本较高。因此，降低生产成本是生物航煤今后的重要研发方向。

表 9-3 文献报道的不同原料生产生物航煤的最小燃料售价（MFSP）

技术	原料	MFSP/（美元/t）
HEFA/HVO	餐厨废油	721～1593
	黄油	825～1550
	动物油脂	988～1775
	大豆油	1086～2000
	麻风果油	2360
	棕榈油	1050
气化/费托合成	城市固体废弃物	1188～1738
	农林废弃物	898～3127
热解、生物油加氢提质	小麦秸秆	982～2183
	木材类生物质	1275～2625
ATJ-SPK	林业废弃物产混合醇	2832～4130
	乙醇	938

续表

技术	原料	MFSP/（美元/t）
ATJ-SPK	异丁醇	736～1113
	麦秆/异丁醇	1564
	小麦产异丁醇	976
	玉米产乙醇	1387
	玉米秸秆产乙醇	1773
	甘蔗	1200
	柳枝稷	1725
催化加氢热解	棕色油脂	829
	黄色油脂	1162
生物气制液体燃料	禽畜粪便	2570
	小麦秸秆	1982
	柳树	1244
水热液化（HTL）	林业废弃物/秸秆	1062～1530
	木材类生物质	2613～4475
HFS-SIP	林业废弃物/秸秆	5664～7552
水相重整	木材类生物质	2163～3100
CO_2 转化-FT 合成	空气中的 CO_2	4974
	收集浓缩的 CO_2	3829

（五）自主创新情况

从 Web of Science 数据库中检索可知，国内外关于从生物质制备航空生物燃料的研究论文逐年增加（图 9-1），2007—2021 年已发表的论文总数超过 1100 篇。中国发表的论文研究内容主要涵盖催化剂开发、工艺技术、原料适应性、生命周期评价等。从国家知识产权局公开的专利申请数（图 9-2）来看，从 2012 年以来国内共有 61 项专利公开。其中中国石化的专利数量遥遥领先，占总专利数的 1/3，其次是中国石油天然气股份有限公司（中石油），占总专利数的 1/5。专利发明内容主要涉及加氢、异构化催化剂和制备工艺开发等。整体来看，中国在航空生物燃料的工艺开发和推广应用方面还落后于国外。

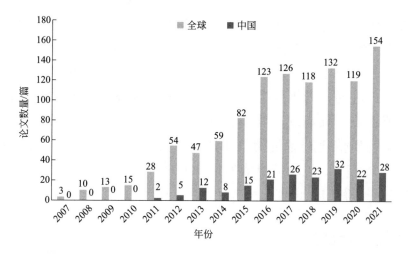

图 9-1　2007—2021 年全球和中国发表的航空生物燃料相关论文数量

数据来源：Web of Science 数据检索。

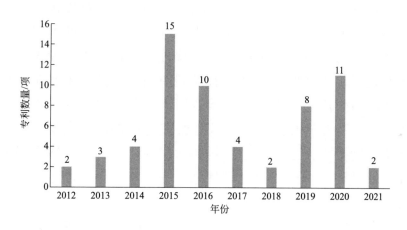

图 9-2　国家知识产权局公开的 2012—2021 年航空生物燃料相关的专利数量

从航空生物燃料的放大生产和应用推广来看，中国石化自主开发了关键催化剂和成套工艺技术，且其具有较广的原料适应性，既可以利用椰子油、菜籽油、麻风树油等植物油，也可以利用餐饮废油、海藻油和动物油脂等。针对农林废弃物生物质，中国石化建成投用了 3000 吨 / 年规模的固定床和浆态床费托合成示范装置，可将费托合成油转化为生物航煤。中国科学院广州能源研究所开发了农林废弃生物质生产航空燃料的新技术路线，研制了汽提与水解耦合的一体化反应器，开发了水解 - 原位加氢协同耦合的糖醇及其衍生化学品联产技术，成功建立了纤维素生物航油中试系统。清华大学和波音公司、马来西亚棕榈油总署合作，开发出采用生物 - 化学耦合将木质纤维素转化为丁醇，再进一步转化为生物航煤的集成工艺；以及将棕榈纤维素转化为糠醛、甲乙酮等平台化合物，再进一步转化为 C9～C14 烃类燃料新工艺。国内不少高校和科研院所也在实验室里开展了多项研究工作并取得了一定进展。为推进生物航煤的研发，2018 年"可再生能源与氢能技术"国家重点专项启动，其中设立了生物质能共性关键技术项目，包括纤维素类生物质催化制备生物航油技术，要求催化剂寿命 ≥ 4000 h，生物航煤转化率 ≥ 85%，生物航煤成本 ≤ 9000 元 /t。相关国家项目的支持对于中国开发自主创新的先进催化剂和工艺起到很好的推动作用。

（六）产业动向

随着全球航空业的快速发展，航空燃料的需求量也随之不断攀升，而航空业的碳减排刻不容缓。使用航空生物燃料是实现航空业碳减排的主要途径。在双碳目标下，需要尽早实现航空生物燃料的规模化应用。但目前航空生物燃料的发展面临诸多问题，成本过高是最主要的挑战。一方面是原料价格较高，另一方面是生产工艺流程较长，设备投资较大，而产品的附加值相对较低，因此经济上很难有盈利空间。此外，虽然在实验室开发的航空生物燃料生产工艺有多种，但能用于工业化生产的技术路线不是很多，放大生产还存在转化效率低、选择性差等问题，且生物质原料的来源广泛，性质差别很大，工艺对于原料的适应性还需提高。适合国内市场的产品标准、政策还需进一步研究和规划。需要建立健全的管理体系，完善标准体系。

撰稿专家：赵雪冰　杜　伟　刘德华

第二节　氢能

一、概述

社会经济的发展离不开能源的消耗。自工业革命以来，化石能源对人类社会的发展发挥了重要作用，但科学技术是一把双刃剑，化石能源的长期使用，在全球范围内也引起了严重的环境污染，同时不可再生的化石能源造成的能源危机也关系到人类社会的可持续发展,因此寻找具有清洁、高效、可再生、可持续特点的替代能源,例如风能、太阳能、地热能和生物能源(例如燃料乙醇,生物柴油,氢气和甲烷等),并开发与之相匹配的技术手段和管理体制,迫在眉睫。我国2016年出台的"十三五"规划纲要便将能源的开发利用置于重点领域的首位,国家发改委明确将氢能纳入新型储能方式。在各类生物能源中氢气的热值最高,为141.9 MJ/kg,是普通化石燃料3～4倍,并且燃烧后的唯一产物是水,无含碳污染物的排放,与传统的化石能源制氢路径相比,生物氢能的碳减排力度更大,有利于双碳目标的实现。因此,发展生物质绿色氢能,是促进绿色化工、绿色交通,助力工业、交通业等碳密集行业实现碳中和目标的重要选项。氢能作为一种绿色可再生的环境友好型能源,是未来能够替代化石能源的最有前途的能源之一,其所带来的能源革命也必将产生重大的社会改变。

(一)氢能产业发展概况

目前,全球氢源供应主要为化石燃料重整制氢和可再生能源制氢。前者由于技术成熟和成本优势占据市场的96%,但极高的碳排放强度使其难于支撑未来低碳能源体系的发展。根据中国氢能联盟对未来中国氢气供给结构的预测,中短期来看,中国氢气来源仍以化石能源制氢为主,以工业副产氢作为补充,可再生能源制氢的占比将逐年升高,预计到2050年约20%的氢能由化石能源制取,约80%由可再生能源制取。可再生能源制氢包括电解水及生物制氢等方法,其中电解水技术相对成熟,已存在的市场应用手段如碱性电解水和PEM电解水等存在转化效率低、设备和电费投资成本高等问题,这是电解水技术需要突破的关键难题。此外,火力发电在电能来源中占有较大的比例,因此电解水仍然存在碳排放的问题。以我国当前的平均碳强度计算,电解水制得1 kg氢气的碳排放量为35.84 kg。

生物制氢方法具有成本低廉、条件温和、环境友好的优势;特别是其底物可以采用农林餐饮等行业的废弃物,不仅使废弃的生物质得以有效治理,还产生清洁能源,实现"变废为宝",具有双重收益。如图9-3所示,在我国加快构建新发展格局及实现碳中和目标的要求下,生物制氢技术将在各种制氢方式中脱颖而出,由当前的热门研究逐渐向工业应用的方向发展,从而引领未来的氢能市场。

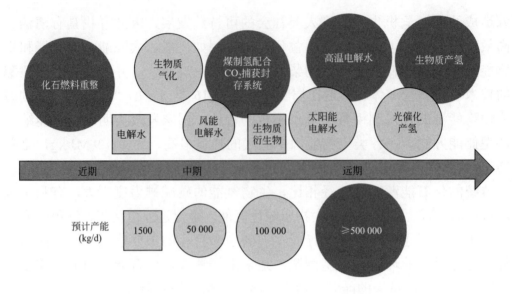

图 9-3　可再生能源耦合氢能技术发展路径

（二）生物制氢方法

生物制氢是某些微生物在厌氧条件下，依赖自身新陈代谢活动将太阳能或储存于有机物中的化学能转化为氢能的生物技术。按照微生物种类和产氢条件可以分为生物光解水制氢，光发酵制氢，暗发酵制氢和光暗耦合制氢等技术。

1. 生物光解水制氢

生物光解水制氢指绿藻、蓝细菌等光合微生物在有光的条件下以水为底物利用自身的代谢产生氢气，其所用的光合作用系统与植物和藻类相同。在绿色植物中，只发生 CO_2 还原，不存在催化氢气形成的酶。而藻类细胞中含有氢酶，在一定条件下可以产生氢。自 1942 年被首次发现后，生物光解水制氢经过了几十年的研究，仍存在氢气生产潜力低、过程中生成的氧气导致代谢稳定性差的问题。加之光源的供给和维护增加了技术成本和应用难度，使其应用受到一定的限制。

2. 光发酵制氢

光发酵制氢通过光合细菌在厌氧光照缺氮的条件下分解有机酸或挥发性脂肪酸（VFA），并经细胞内固氮酶的作用产生氢气。目前研究较多的光发酵产氢菌主要包括红色红螺菌、球形红假单胞菌和沼泽红假单胞菌等。理论上，光发酵的氢气产量远高于暗发酵等其他生物制氢方式，但在有机废水为底物的光发酵过程中，光合细菌的自身生长会消耗大量的能量，使得光发酵的实际氢气得率低于理论得率。此外，太阳能转换效率低，需要覆盖大面积的厌氧光生物反应器，也是限制该方法与其他生物制氢方法竞争的主要因素。

3. 暗发酵制氢

暗发酵制氢是由厌氧细菌在无氧黑暗的条件下利用丰富的碳水化合物通过丙酮酸甲酸裂解酶（PFL）和丙酮酸铁氧化还原蛋白酶（PFOR）代谢途径产生氢气，目前研究较多的主要是专性厌氧菌梭状芽孢杆菌属和兼性厌氧菌肠杆菌科。暗发酵制氢工艺相对简单，不依赖于光源。因此，不需要大量土地，并且可以利用生活垃圾、生物质废弃物等为原料生产氢气。因此该工艺是目前研究最为广泛的生物制氢方法之一。但是，暗发酵制氢具有严重的产物抑制效应。一方面，目标产物氢气在气相中的分压增加会抑制微生物的产氢代谢活性，使副产物增多；另一方面液相副产物如丁酸，乙酸等导致的过度酸化极大地抑制了产氢菌的生物活性，这使得暗发酵制氢的实际氢气产率远低于理论值。

4. 光暗耦合制氢

光暗耦合发酵将暗发酵的液相产物挥发性脂肪酸作为电子供体和碳源底物进行光发酵进一步产氢（图9-4）。除了极少数光发酵细菌能够利用大分子有机物进行发酵与暗发酵细菌形成竞争外，大部分光发酵细菌与暗发酵细菌之间几乎没有竞争，两者存在顺序代谢的关系。

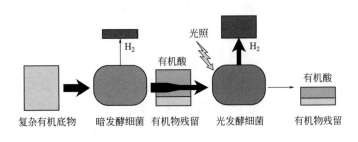

图9-4　光暗耦合发酵制氢过程示意图

光暗耦合制氢技术包括两步发酵法和混合发酵法两种工艺路线。前者先通过暗发酵细菌将有机物发酵产生氢气及挥发性脂肪酸等液相产物；之后将液相产物分离并通过光合细菌进行光发酵产氢。两步发酵法工艺的优势是光合细菌和暗发酵细菌均在各自的最适条件下进行发酵，因此其产氢效率较高。但该工艺需要多个反应器，同时暗发酵末端产物需要预处理且二次灭菌才能调节到光合细菌发酵所需的最适条件，增加了占地面积和处理步骤，从而限制了耦合生物制氢的规模化生产。混合发酵法是暗发酵细菌与光合细菌在同一反应器中混合发酵，同时利用有机物产氢。在暗发酵细菌利用大分子产氢的同时，光合细菌直接利用其发酵产物如小分子有机酸等继续产氢。其优势在于光合细菌直接利用暗发酵产物，解除暗发酵细菌面临的产物抑制效应，防止体系 pH 过低。此外，混合发酵法更易于实现连续生产以及工业化应用。然而，混合体系的影响因素较多，如微生物存在生长和代谢速率不均衡，发酵体系不稳定，暗发酵细菌对光发酵细菌具有遮光效应等。

（三）国内外现状

目前生物制氢还处于研究阶段，上述生物制氢方法均有各自的优势和缺陷，没有某种单一的方法可以大量生产氢气以满足世界范围的氢能源需求。尽管在过去几十年中相关研究已取得显著进展，但距离商业化仍有一定的差距。尽管如此，全球氢相关工业的发展速度日益加快，市场规模从 2011 年的 1871 亿美元增长到 2017 年的 2515 亿美元。

美国、日本等发达国家和地区纷纷加大氢能研发投入和政策支持，重点研究乘用车、加氢站、公共汽车、电解水制氢装置、卡车五大应用领域。其中美国氢能产业起步最早，先后出台《氢气研究、开发及示范法案》和《氢能前景法案》。进入 21 世纪，美国继续大力推进氢能领域的发展，2002 年发布"国家氢能发展路线图"，标志着氢经济从设想阶段转入行动阶段。氢燃料电池乘用车整车成本已从 2005 年前的 100 万美元/辆，降到 5 万～10 万美元/辆的可接受范围。

欧洲在氢能领域也给予大量政策支持，2003 年欧盟开展"欧洲氢能和燃料电池技术平台"研究，对燃料电池和氢能技术发展进行重点攻关。2009 年，欧盟完成"天然气管道运输掺氢"项目研究；截至 2019 年底，欧洲共建成运营 177 座加氢站，其中，德国 87 座、法国 26 座。

我国包括生物制氢在内的相关生物能源研究在世界范围内起步较晚，

2006年的《国家中长期科学和技术发展规划纲要》中指出要重点研究高效低成本化石能源制氢、可再生能源制氢、氢气储存和输配技术。通过政府政策的大力支持、地方企业的积极配合以及科研机构的深入研究，目前我国的氢气制取和储运研究迅速增长且后来居上。预计我国在氢能储运技术和氢燃料电池技术相关领域的研究将于2027年左右进入饱和期，氢能制取技术相关研究在2031年左右进入饱和期，远早于全球平均水平。到21世纪中叶，氢能将占据我国终端能源体系的10%～15%，并将带来几十万亿元产值的新兴产业。但需要在核心技术如氢燃料电池的应用等方面加紧攻关，避免国外技术的垄断；同时建立完善的管理政策，建立包括氢气生产、储运、应用在内的标准规范，确保体系的安全、完整、成熟。

二、主要产品

氢能作为一种清洁的二次能源，是解决世界能源危机的一种优选方案。氢能源的应用方式主要包括直接燃烧的氢能发电机和氢燃料电池技术。

（一）氢能发电机

借助氢能发电机以及燃料电池两种技术手段能够将氢能转化为电能。氢能发电机的原理同传统内燃机，通过氢气的燃烧做功带动电机产生电流。氢能发电机具有无噪音、零排放和移动性强的优点，是一种无碳排放的环保型发电设备。此外，氢能发电机能够与电网电力输送线路相整合，从而实现与制氢装置协同运作，用电低谷时电解水制氢，用电高峰时通过氢气燃烧发电，以此实现电能的合理化应用。2013年德国建成一座500 kW级别的混合能源试点电站，该电站以氢能源作为电力存储中介，电解制备得到的氢以燃烧的形式驱动氢能发电机，产生的电能可以直接进入电力输送网，也能用于发电站继续电解水。

（二）氢燃料电池

氢燃料电池是以氢作为燃料的电池，其工作原理为氢气与氧气（或空气）发生电化学反应生成水并释放出电能，即电解水的逆反应实现将化学能转化为电能。氢燃料电池是应用氢能开发氢燃料电池汽车、固定式电源、便携式电源等产品的基础。相比于传统的能源利用方式，氢燃料电池的能量转换运作中不存在燃烧放热,能够避免传统内燃机做功的卡诺循环的限制,氢能的理论利用率能够提高到 80%。除此之外,氢燃料电池还具有反应温和、污染小、噪声小等诸多优势。其中的质子交换膜燃料电池(PEMFC)具有能在室温下快速启动、无电解质液体流失、比功率高以及使用寿命长等优点,已经应用在了多个汽车厂商的氢能源燃料电池汽车中。通过氢能燃料电池能够实现氢能电能互换,可以有效地解决电网能源峰谷的波动,提高能源利用效率。因此,燃料电池的大规模开发应用对高效、可持续的氢能利用而言具有巨大的能源战略意义。早在 20 世纪 60 年代初期,氢燃料电池就已经在载人航天以及潜水等国家军事领域有较为广泛地使用。当前欧美国家在此项研究上已经实现了突破,例如:德国的主流汽车公司对氢燃料电池汽车的开发已经取得了巨大的研究成果,截至 2020 年底,德国已经建设了 90 座加氢站,位居欧洲第一。氢能在日本已广泛用于日常生活以及经济产业活动(图 9-5)。日本将氢能作为其二次能源的核心,致力于建设一个"氢能社会"。

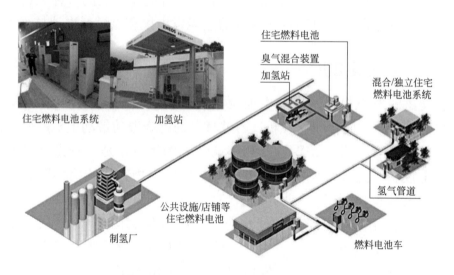

图 9-5　日本某地区的氢能示范应用图

氢能燃料电池主要有三大产品领域:固定式电源领域、移动式电源领域和便携式电源领域。

1. 固定式电源领域

固定式燃料电池系统的主要产品包括通信基站、大型热电联用、居民住宅热电联用及备用电源等。近年来,固定式发电用氢燃料电池系统在欧洲、美国及日本发展迅猛，尤以日本的普及率最高。全球已安装的大型固定式燃料电池系统的总功率已超过 800 MW，主要用于分布式发电和热电联产方面。世界各地已安装了数十万台燃料电池发电装置。根据 E4tech 的统计报告，燃料电池固定式发电应用已从 2011 年的 81.4 MW 增加到 2018 年的 240 MW，平均年复合增长率近 20%。截至 2019 年，日本已经部署了 30.5 万套燃料电池发电装置，成为全球最成功的燃料电池商业化项目之一。此外，燃料电池在通信设备、远程电源，尤其是复杂环境下的通讯基站中的应用也迅速增加。英国、美国已将燃料电池作为备用电源用于电信网络的发展纳入新一期的能源政策。中国 5G 信号的广泛推广使用使 5G 基站的数量越来越多，基站耗电量巨大，而氢燃料电池基于清洁、高比功率和长寿命等优点完全可以成为 5G 基站的主电源和备用电源，实现 5G 基站的长期清洁运转。苏州弗尔塞能源科技已在全国范围内提供 100 多套燃料电池产品作为备用电源应用于通信基站，并为上海移动提供氢能燃料电池用于应急和备用电服务。据报道，2020 年 4 月，高成绿能研发的氢能燃料发电系统在中国铁塔厦门分公司 5G 基站持续供电保障测试成功，是首次将氢能燃料发电系统作为备用电源用于 5G 基站领域的应用测试。

2. 移动式电源领域

氢能是人类未来清洁可持续能源携带者，以氢能为汽车动力电源的氢燃料电池车，在工作过程中由于不涉及燃烧，具有无机械损耗、能量转化率高（一次能量转化）、无污染（零排放、产物只有水）、噪声低、超长续航里程（功率密度远大于锂电池）等优点，被广泛认为是交通运输领域的最有前景的动力电源。目前世界各发达国家以及中国的氢能燃料电池汽车均已经完成了整车技术、性能研发工作，整车性能已接近传统汽车，部分领先车企产品的成熟度已接近产业化阶段，如日本丰田、本田和韩国现代汽车，其中最具代表性的当属丰田 Mirai 汽车，Mirai 具有续航里程高（652 km）、加氢时间短（3 min）、可 -30 ℃低温启动，行驶过程中不排放二氧化碳等优点，总产量已超过 10 000 台。韩国现代 2019 年发布的 Nexo 的续航里程超过丰田 Mira，高达 800 km。中国对氢能和燃料电池汽车的发展也高度重视，从国家宏观政策调控到资本市场的投资，都对氢能燃料电池给予了相当大的支持。2020 年 4 月，财政部、工业和信息化部、科技部、发展改革委联合发布的《关于完善新能源汽车推广应用财政补贴政策的通知》中明确显示要将新能源汽车推广应用的财政补贴政策延长至 2022 年底，开展燃料电池汽车示范应用和"以奖代补"。据中国汽车协会统计，中国氢能燃料电池汽车保有量已超过 6400 辆，2020 年在汽车市场下滑的大背景下，燃料电池汽车保持逆势增长，预计到 2021 年底中国氢燃料电池汽车保有量将超过 1 万辆。除此之外，欧、美、日、韩、中等国家/地区正在探索氢能燃料电池在其他交通领域的应用，如氢能燃料电池列车已在日本、德国、美国等开启示范应用；多国氢能燃料电池无人机、小型有人飞机、飞艇等已成功试飞；美国、日本、德国氢能燃料电池船舶、潜艇相继亮相。

3. 便携式电源领域

便携式燃料电池的功率一般在 200 W 以下，因其发电效率高、比能量高、噪声低、无污染等诸多优点，也被示范应用到了手提电脑、相机及户外作业耗电机器等民用和军用领域。美国及加拿大在便携式燃料电池领域的研发一直处于领先地位，加拿大 Ballard 公司曾开发出多种水冷式 PEMFC 便携式电源。中国大连化物所与南孚电池早在 2002 年便已开始了便携式燃料电池系统的研发，在 2014 年研制成功了 DMFC2000U 和 DMFC25R12 两款燃料电池，可用于车载、通信等领域。

三、市场分析

为了实现当前国家"碳达峰、碳中和"的宏伟目标，氢能源作为一种清洁低碳能源，氢能源的开发以及氢能源市场受到了国家各方面政策的大力支持。我国氢能产业发展正步入快车道。随着氢燃料电池汽车的推广，氢能的市场需求高涨，小型 PEMFC 氢能发电机的商业化前景良好，其中容量为 3 kW、5 kW、10 kW 甚至 200 kW 等级热电联用的 PEMFC 氢能发电机已经在一些小规模场所如商厦、饭店等取得初步的应用。在更大规模、长周期的储能领域，氢能源的优势更为突出（图 9-6）。意大利在 2010 年建成投产功率为 16 MW 的氢能发电站，氢气消耗量为 1300 t/h，总发电效率约为 42%，每年的发电量高达 6×10^7 kW·h，每年能够减少 6 万吨的二氧化碳排放。华南理工大学早在 2010 年便成功研发并建造出 PEMFC 燃料电池示范电站，其能源利用率高达 90%，所产生的电能直接输送到学校的 380 V 低压电网上，能够维持该学校一个国际学术中心的正常用电需求。根据日经 BP 清洁技术研究所预测，伴随着氢能各项技术的应用推动，全球氢能源市场规模将从 2015 年的 600 亿美元左右逐步上升至 2050 年的约 1.56 万亿美元。

随着氢能发电市场规模的日益扩大,氢消费量也将随之增加。如图9-7所示,中国氢能市场发展初期(2020—2025年左右)的氢气年均需求约为2200万吨;在氢能市场发展中期(2030年左右)的氢气年均需求增加到了3500万吨;预计在氢能市场发展远期(2050年左右),氢能在中国能源体系中的占比约为10%,氢气需求量将高达6000万吨,年经济产值将超过10万亿元。

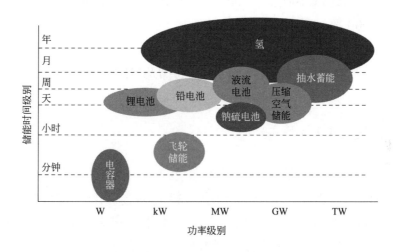

图9-6 各种储能技术的适用场景

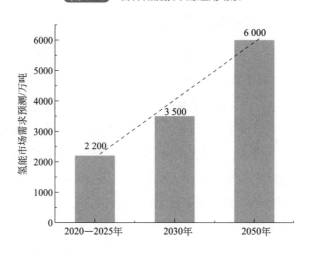

图9-7 2020—2050年中国氢气市场需求预测

资料来源:电动汽车观察家、前瞻产业研究院。

大力发展新能源汽车,既是对环境的保护,又是我国由汽车大国向汽车强国发展的必经之路。氢燃料电池汽车是最具有前景的新能源汽车之一。截至2020年3月,我国氢燃料电池汽车商业化营运的省份超过17个,其中广东、上海氢燃料汽车运营量突破 1000 台大关。2020 年中国汽车工程学会牵头修订编制的《节能与新能源汽车技术路线图 2.0》中提出燃料电池车将在私人用车和工程、商务用车领域实现批量应用，在 2025 年和 2035 年将分别达到 10 万辆和 100 万辆的规模。氢气市场需求增加使得加氢站的数量递增，截至 2020 年 2 月，我国共有 66 座加氢站，但根据国家规划，2020 年、2025 年、2030 年分别建成 100 座、300 座、1500 座。到 2050 年我国的加氢站数量将达到 10 000 座，预计行业产值达 12 万亿元，交通运输、工业等领域将实现氢能源的广泛普及，燃料电池汽车的年产量将达到 520 万辆 / 年，此外，每年还生产 2 万多套固定式发电装置和 550 万套燃料电池系统。

四、研发动向

近年来，生物制氢的主要成果和发展方向有如下几方面的内容：高效产氢菌株的筛选及改造；产氢生物质原料的筛选；产氢过程中胁迫因子的作用机制；固定化微生物产氢；混合多菌体系产氢；纳米材料强化生物制氢；多种产氢技术工艺联用；生物产氢反应器等。

（一）高效产氢菌的筛选及改造

当前大多数产氢菌是从废水、活性污泥中筛选得到，在各种制氢方式中普遍存在底物利用率和氢气收率偏低的问题，只有理论氢转化率的 20%～30%，特别是一些低成本的生物质废弃物很难被高效利用。而要使生物制氢技术达到经济可行的目标，则需要将转化率至少提高到理论氢转化率的 60%～80%。基因工程是提高菌株氢产量的关键技术，尤其是光发酵中通过改造潜在的色素蛋白，可使其更为有效地吸收光能。另外还可以通过代谢工程，调控产氢菌胞内的代谢途径及物质流向，提升氢气产量以及对各种碳底物的利用率。

（二）产氢生物质原料的筛选

我国禁止以粮食为原料生产生物能源，防止"与民争地""与民争粮"的现象发生。在这一背景下，生物能源研究转向非粮食原料的利用上。不同生物质原料的产氢性能及效率有一定差异，其中最有应用前景的为有机废弃物，如城市垃圾、含糖废水和餐厨垃圾等；以及木质纤维素原料，包括农作物秸秆和林业废弃物等。利用废弃生物质产氢不仅可以回收利用其中的废弃能量,还可以减少其本身的处理成本以及造成的环境污染等问题,从而实现双向收益。我国拥有丰富的非粮生物资源,将这些资源合理地加以开发和利用,不仅不会威胁粮食安全,还可以保障粮食生产。同时,利用我国广阔的边际土地规划种植能源作物还可以摆脱对农田的依赖。

(三)产氢过程中胁迫因子的作用机制

生物制氢过程的影响因素和胁迫因子众多,其中 pH 是影响氢气产量的主要参数之一。暗发酵厌氧产氢菌的最佳 pH 范围在 4.5～6.5,而光合细菌则在 7.0 以上。胁迫因子可分为无机抑制因子、有机抑制因子和生物抑制剂三类,其中无机抑制因子包括金属离子、铵离子、硫酸盐等,有机抑制因子有挥发性脂肪酸、酚类和呋喃类化合物等,生物抑制剂主要为生物素和乳酸菌等。针对不同的胁迫因子,缓解抑制的策略主要包括稀释、去除、灭活和操作条件优化等方法。

(四)固定化微生物产氢

在游离体系连续制氢工艺中,发酵细菌面临易洗脱的问题,因此当水力停留时间较低时,发酵产氢过程极易失败。近年来,各种不同载体的固定化方法被用来解决这一问题。通过细胞固定化技术,可以解决游离体系发酵过程中的局限性问题,维持发酵细菌的生物保留量,改善体系产氢效果,提高连续生物制氢过程的稳定性和耐受性。例如,固定化载体与细胞的结合可以长时间保留细胞,使产氢速率在长期连续运行条件下保持稳定。在生物制氢中,常用到的固定化方法主要有吸附法、包埋法、共价结合法以及交联法等,其中海藻酸钙包埋法已在市场上广泛应用。

(五)混合多菌体系产氢

生物制氢研究的初期主要集中在纯菌体系的开发。但由于菌种的单一性,其可利用的底物也比较匮乏,多为一些比较容易被微生物利用的单糖;而且需要添加特殊营养物质以保证微生物的生长代谢,对环境因素的适应能力极弱;此外纯菌需要保持严格的无菌条件,很容易被污染,因此纯菌发酵制氢很难实现工业化。而混菌体系中微生物的多样性较高,可以利用多种复杂底物以及废水发酵产氢,且微生物通过共生等作用建立细胞交流，相互促进代谢提高结构稳定性。天然混菌体系广泛存在于自然界中，其中最为典型的便是厌氧活性污泥和餐厨垃圾厌氧发酵产氢体系。人工混菌体系大多为双菌体系，即由已知的两种微生物共同进行发酵产氢，可深入研究菌种之间的互作关系，如物质流向、代谢关系等。例如，北京化工大学的苏海佳课题组从活性污泥中筛选出两株产氢菌（*Bacillus cereus* A1 和 *Brevumdimonas naejangsanensis* B1），并将这两株产氢菌组成人工双菌体系用于淀粉暗发酵制氢，结果表明双菌体系的产氢能力明显高于这两株菌单独培养时的产氢能力。产氢菌 A1 合成的 α- 淀粉酶将淀粉水解为寡糖，B1 菌合成的葡萄糖淀粉酶则进一步将寡糖水解成葡萄糖作为两个菌的碳源。此外，菌株 A1 代谢生成的乳酸能够被 B1 菌代谢利用，而 B1 菌产生的甲酸则作为氢前体穿梭到 A1 菌，通过 A1 菌的甲酸裂解途径合成氢气。这种双菌共生制氢系统中细胞间密切的协同作用关系对设计构建复杂而高效的、作用关系明确的人工合成菌群制氢系统具有很大的借鉴意义。

（六）纳米材料强化生物制氢

纳米科学是当今的最重要的前沿科学之一，纳米技术的广泛应用归功于纳米粒子的尺寸效应，使其具有相当于分子甚至是原子的性质，如比表面积大、形态多样、与其他分子反应速度快、催化能力强、吸附能力强等特征。这些特点使其在催化、电子转移、增强代谢反应、减少抑制性化合物和提高厌氧菌群活性方面发挥重要作用。如图 9-8 所示，各种金属纳米粒

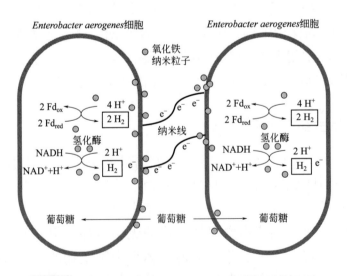

图 9-8　氧化铁纳米粒子促进产气肠杆菌暗发酵制氢原理

子，如铁以及铁氧化物、镍，以及介孔二氧化硅纳米材料，半导体纳米粒子等作为添加剂对生物制氢过程中的氢化酶具有一定的作用，因此对改善生物暗发酵以及非光养微生物光发酵制氢的策略具有应用潜力。

（七）多种产能技术工艺联用

除了光暗耦合生物制氢外，联合暗发酵与微生物电化学系统（BES）的工艺也受到广泛关注和研究。微生物电化学系统可以利用暗发酵形成的小分子液相产物产氢或在外加电压下产氢，与暗发酵制氢联合也可以构建出对小分子有机物进行梯级转化和分步产氢的暗发酵-BES生物制氢工艺，提高基质的氢气转化率。另外，由于厌氧消化（即甲烷发酵）在有机废水处理、沼气发酵等领域历史悠久、技术成熟，基于该原理的氢气-甲烷联产工艺相较于光暗耦合和暗发酵-BES联用技术而言更具有实际应用意义。工程上一般采用两阶段，即产酸发酵和产甲烷发酵分别在两个反应器或在同一反应器的不同区域中进行联产氢气与甲烷。该工艺不仅可以获得大量甲烷，提高产能效率，还可以促进产酸阶段的氢气产能。其环境、资源、经济的综合效率是其他生物能源技术难以匹敌的。

（八）生物产氢反应器

为满足生物氢气作为燃料的需求，生物反应器起着重要的作用。在生物反应器设计过程中，反应器的效率、稳定性及可靠性均需进行重点关注。作为生物制氢工艺的核心装置，生物反应器的工艺选择和构造设计直接影响制氢系统的产氢效果、运行成本和工业化可行性。多种形式的发酵设备均具有生物产氢的可行性，但产氢性能差别很大。目前主要的生物制氢反应器有连续搅拌釜式反应器、上流式厌氧污泥床反应器、膨胀颗粒污泥床和厌氧流化床四种，在实际使用时，要综合考虑环境、资源和经济效益选择适合底物利用的反应器类型。

五、自主创新情况

尽管生物制氢技术在世界范围内得到广泛研究，但尚无规模化生产的案例报道。中试放大实验是从实验室研究到工业化生产的必经阶段，通过中试可以解决实验室中不能解决或发现的问题，进而制定出可行的工业化方案，为工业化生产设备的制造和运行工艺提供依据。

河南农业大学张全国课题组用 11 m³ 中试规模的生物反应器测试了活性污泥和光合产氢菌的混菌光暗耦合大规模制氢的可行性，其暗发酵和光发酵的产气速率分别为 96.30 mol/（m³·d）和 224.68 mol/（m³·d），用太阳能为生物反应器提供照明和能量，从而大大降低了生物氢的生产成本，并间接减少了碳排放，该系统具有较好的运行稳定性，具有应用于工业化生产生物氢的潜力（图9-9）。

图9-9　用于中试规模生物制氢的自动化控制系统

哈尔滨工业大学任南琪课题组通过以厌氧活性污泥为对象进行有机废水生物制氢，在大量的小试成果基础上对 CSTR 反应器进行放大，并于 2002 年成功开展了 2 m³ 的中试实验，实现了 200 L/d 的氢气产量与 30% 左右的 COD 去除率，且综合产氢量与 COD 去除率后得出最佳 OLR 应维持在 25～50 kg COD/（m³·d）。之后以中试实验为基础，进行了生物制氢技术生产性示范工程，设计了有效体积为 63.5 m³ 的 CSTR 反应器，通过启动、控制运行和生物强化三个阶段总结了运行情况，最终的氢气产量达到 338 m³/d，氢气浓度为 51%，经过富集沼气和氢气提纯的成本分析计算得出有机废水发酵法生物制氢生产 99.9% 的氢气产品的成本为每立方米 1.24 元。通过综合效益评估分析发现，有机废水生物制氢的生产效率很高，具有良好的环境效益和可持续发展性，但生产技术水平要不断提高，尤其在产业发展初期需要政府的大力扶持及企业高校的不断合作。

目前北京化工大学苏海佳课题组和中国农业大学王国业课题组合作并依托中农富通北京农业科技园，开发生物质厌氧发酵制氢及高温菌群降解设备，以非粮作物、餐厨垃圾等为底物进行产氢，在天然产氢多菌体系的基础上，通过核心菌种的人工调控，强化生物质废弃原料的同步利用效率、提高人工共生耦合系统在复杂低值原料利用过程中的稳定性。并通过热解作用进一步气化残余生物质，减少有害物质的排放，提高经济效益，以实现园区能源自给，建设具有推广应用价值的零碳氢能农业科技园。

六、总结

生物制氢作为一种结合回收资源、节能减排和绿色能源等多种优势的技术，是一种最有可能替代化石能源的清洁可再生能源生产方式。在新发展理念的指导下和实现"碳中和"目标的号召下，生物制氢得到政府的广泛关注和巨大投入，相关技术的开发也在不断加速，但目前距离进入大规模应用的"绿氢"时代仍有一定距离。首先，需要研究人员的共同协作来解决制约生物制氢发展的关键技术；其次，在实际应用方面需要将生物产氢的过程原理与具体的生产实践相结合，使研究成果切实转化为可服务于社会的巨大效益；最后，与氢能生产相匹配的政策和管理方案应当及时制定，防范可能存在的安全和经济风险。随着技术的进步，可再生能源生产的成本将逐步下降，这为氢气在不久之后成为最便宜的清洁能源与"绿氢"能源时代的到来铺平了道路。

撰稿专家：崔佩琦　王耀强　王少杰　苏海佳

第十章
2021年度生物环保发展态势分析

随着全球环境污染的日益严重和生态资源的逐渐匮乏，发展环境生物技术已成为解决全球性环境和资源问题的最重要的途径之一。目前生物技术在重工业、日用消费品工业、石油工业、农业、食品业、污水处理业等产业中日益广泛，并对相关的产业政策产生了深远的影响。尤其是随着各类组学技术等现代分子生物学技术的快速发展与应用，环境生物技术已发展成为一种以环境资源可持续发展为目标，上中下游技术集成的系统工程技术，成为全球经济发展中一个新的经济增长点。

目前，生物技术已是环境保护中应用最广的、最为重要的单项技术，其在三废治理、清洁能源的开发、环境监测、环境修复和清洁生产等环境保护的各个方面，发挥着极为重要的作用。应用环境生物技术处理污染物时，最终产物大都是无毒无害的、稳定的物质，如二氧化碳、水和氮气。利用生物方法处理污染物通常能一步到位，避免了污染物的多次转移，因此它是一种安全而彻底消除污染的方法。现代生物技术的发展，尤其是基因工程、细胞工程和酶工程等生物高技术的飞速发展和应用，大大强化了上述环境生物处理过程，使生物处理具有更高的效率、更低的成本和更好的专一性，为生物技术在环境保护中的应用展示了更为广阔的前景。美国环保局（EPA）在评价环境生物技术时也指出，生物治理技术优于其他新技术的显著特点在于其是污染物消除技术而不是污染物分离技术。

一、生物环保产业发展概况

(一) 环保产业发展概况

环保产业是为防治污染、改善生态环境提供技术保障与物质基础的产业。随着污染防治攻坚战的实施,我国环保产业市场需求进一步释放,环保产业发展的营商环境持续改善。经过多年的发展,我国环保产业已经形成具有一定规模、门类基本齐全的产业体系。2021年,产业规模突破2万亿元大关,预计到2025年有望突破4万亿元,成为绿色经济的重要组成,并为拉动国民经济发展和就业做出重要贡献(图10-1)。2021年11月2日印发的《中共中央 国务院关于深入打好污染防治攻坚战的意见》(下文简称《意见》)提出"加快发展节能环保产业"。《意见》的出台为加快发展环保产业、促进绿色经济发展、改善生态环境提供了有力的政策支撑。

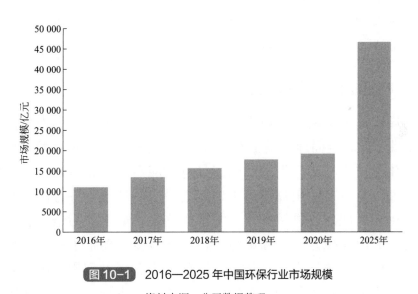

图 10-1 2016—2025 年中国环保行业市场规模

资料来源:公开数据整理。

环保产业包括环保装备、环保产品和环保服务。目前,环保产业主要集中在水污染防治、大气污染防治、固废处置与资源化、土壤修复以及环境检测等领域。据中国环境保护产业协会数据,参与调查的1335家环保领域的企业,主要分布在水污染防治、大气污染防治、固废处置与资源化、环境监测4大领域,水污染防治、固废处置与资源化分别占据约36.4%,

28.4% 的市场份额。目前世界上环保产业发展最具有代表性的国家/地区是美国、日本、加拿大和欧盟。美国是当今环保市场最大的国家，美国环保产业产值占美国环保产业产值的 1/3。早在 2011 年，日本环保产业的产值已经占整个 GDP 的 8% 以上。2019 年日本环保产业的产值为 675 亿美元。环保装备产业的重点企业有：美国通用电气、东芝、三菱重工、川崎重工、西门子 AG 发电、弗洛特威务环保等。从世界环保产业发展趋势看，环保装备将向成套化、尖端化、系列化方向发展，环保产业由终端向源流控制发展，其发展重点包括大气污染防治、水污染防治、固体废弃物处理与防治、噪声与振动控制等方面。此外，当前发达国家在国际贸易中设置"绿色壁垒"，给世界环保装备产业带来了巨大商机和挑战。

2021 年是"十四五"规划的开局之年。面对新的生态治理形势，生态环境部党组书记孙金龙在 2021 年全国生态环境保护工作会议上指出，要准确把握十九届五中全会"三新"重大判断，以生态环境保护优异成绩庆祝建党 100 周年。其中全面加强生态环境保护、深入打好污染防治攻坚战，是贯彻新发展理念、推动高质量发展的题中应有之义。在这样的背景下，环保产业将迎来更多的发展机遇。

（二）我国生物环保产业发展概况

生物环保技术是利用环境中土著微生物的生物净化、生物转化和生物催化等特性，比较全面地解决工农业/水土气等污染问题的环境治理手段。与物理、化学技术相比，生物法因其具有反应温和、成本低、资源化优势明显等特性，是目前应用规模最大、范围最广的环境治理方法。其中，生物环保应用相对成熟的领域如下。①环境修复，如工业污染土壤修复、黑臭水修复、矿山环境修复、油田污染治理与修复、养殖水体调节等。②污染治理，环保微生物技术在"三废"治理中均有深度应用。污水处理，如生活污水和工业废水的处理；空气污染治理，如生物除臭、工业废气的生物降解处理；固废处理，如污泥生物降解处理等。③资源化利用，主要是食品、农业等相关有机废弃物的资源化利用，如堆肥发酵、沼气利用等。④清洁生产，生物环保技术在清洁生产应用中也已经取得一定程度的突破。如造纸中的生物制浆与漂白，生物制革等。表 10-1 总结了生物技术在环境保护中的应用。除此之外，一些新兴污水处理技术如：厌氧氨氧化技术、好氧颗粒污泥技术、硫自养反硝化技术等已经取得突破，有望在不久的未来迎得产业化应用。这将会为进一步扩大生物环保市场作出重要贡献。

表 10-1 生物技术在环境保护中的应用

应用领域	相关技术	原理
废气处理	生物吸收法、生物滴滤法、生物洗涤技术等	生物法净化废气是通过氧化分解反应让废气中的有机组分变成填料活性微生物的"食物",为其供给必要的能源和养分,让对大气环境有毒有害的有机工业废气污染物转变成无机物或简单的细胞组织的过程
废水处理	活性污泥法、生物膜法、厌氧生物处理法、土地处理系统等	污水处理中的生物处理法就是利用微生物新陈代谢功能,使污水中呈溶解和胶体状态的有机污染物被降解并转化为无害的物质,使污水得以净化
土壤修复	原位修复技术：投菌法、生物通风法、生物培养法	原位微生物修复技术是指不改变土壤自身位置,向土壤中添加养分以及供给氧气,促进微生物自身代谢,降解和剔除土壤中的有害物质,从而保证土壤质量
	异位修复技术：堆制处理法、生物反应器法、预制床法	异位修复是指将受污染的土壤从发生污染的位置挖掘出来,在原场址范围内或经过运输后再进行治理的技术
固体废物处置	厌氧消化、堆肥、生物降解塑料等	利用微生物的新陈代谢作用使固体废物分解、矿化或氧化,从而达到减量化、无害化或资源化目的的生物处理过程

2020年,生物环保产业产值已超过2万亿元,相信在国家政策大力支持下,生物环保产业一定会在生物技术取得突破的基础上迎来快速的发展。

二、生物环保产业现状及市场分析

（一）废水生物处理

在技术层面,污水生物处理技术按其对氧的需求情况可分为厌氧生物处理和好氧生物处理2类。其中,好氧生物处理系统采用机械曝气和自然曝气为污水中好氧微生物提供活动O_2,促进好氧微生物的分解活动,使污水得到净化,常用方法包括活性污泥法、生物滤池、生物转盘等。厌氧生物处理系统运行机理为无氧的条件下利用厌氧微生物的降解作用使污水中有机物降解。污水中的厌氧细菌可把蛋白质、脂肪等有机物分解生成有机酸；然后在甲烷菌的作用下,把有机酸分解为甲烷、二氧化碳和氢等,从而使污水得到净化。

相比于好氧生物处理工艺，厌氧处理技术种类繁多（表10-2），除表中所列的典型工艺外，常见工艺还包括接触式厌氧反应器、厌氧生物滤池、推流式厌氧反应器等，为了选择最适合的工艺，需要对反应器的构型和进水水量、特性等进行系统性评估。

表 10-2 各种典型厌氧生物污水处理工艺优缺点分析

工艺类型	优点	缺点	运行范围/[kg TS/(m³·d)]	运行时长
完全混合式（CSTR）	● 连续运行 ● 运行条件简单 ● 易操作 ● 投资及与运行成本低 ● 易清洗	● 转化效率低 ● 水力条件较差 ● 易形成死区	4～6	15～20 d
厌氧膜生物反应器（AnMBR）	● 污染物去除效率高 ● 启动时间非常短 ● SRT与HRT分开 ● 促进厌氧微生物生长 ● 占地小 ● 出水水质好，能够实现水回用	● 运行成本较高 ● 存在膜污染问题 ● 需专业操作 ● 仍缺乏设计规范	0.3～20	2～12 h
升流式厌氧污泥床（UASB）	● 高效降解污染物 ● 无需添加载体 ● 运行成本较低 ● 耐高有机负荷 [最高负荷达 10 kgBOD/(m³·d)] ● 剩余污泥少	● 启动时间长 ● 需要足够的接种颗粒污泥 ● 需专业操作	5～10	4～20 h
厌氧折流板反应器（ABR）	● 设计简单 ● 无需填料或三相分离器 ● 投资运行成本低 ● 污泥产量低 ● 耐冲击负荷强	● 需要专业的设计 ● 施工启动时间较长 ● 缺乏设计规范	2～5	2～4 d
厌氧膨胀床/流化床（EGSB/AFB）	● 污染物降解效率高 ● 控制及优化生物膜厚度 ● 不易造成污泥床堵塞 ● 水头压力低 ● 载体比表面积大 ● 投资成本较低	● 要添加载体 ● 对反应器设计要求较高 ● 易产生管道堵塞及死区问题 ● 易产生气体滞留	10～30	2～12 h

从产业方面来看，水污染治理行业作为环保产业最为成熟的板块，市场规模巨大。2015年4月国务院颁布《水污染防治行动计划》（以下简称《水十条》），正式开展中国对于水污染的全面治理。过去五年，中国环保行业市场规模从2016年的1.1万亿元增长到2020年的1.93万亿元，复合年均增长率达14.7%。在2020年的中国环保行业市场中，水污染治理行

业市场规模为 10 691.3 亿元，占比超过 50%（图 10-2）。其中，水环境治理领域市场规模为 1203.5 亿元、城市污水治理领域市场规模为 3969.5 亿元、农村污水处理领域市场规模为 3206.5 亿元、工业废水处理领域市场规模为 2311.8 亿元。未来，预计中国水污染治理行业市场规模在 2025 年将达到约 2.5 万亿元。

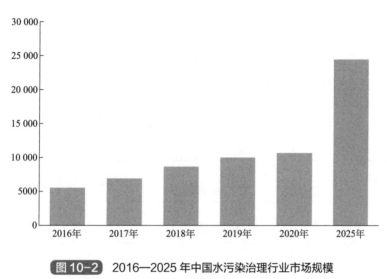

图 10-2　2016—2025 年中国水污染治理行业市场规模

资料来源：公开数据整理。

步入"十四五"时期，发改委与住建部在 2021 年 6 月联合发布了《"十四五"城镇污水处理及资源化利用发展规划》（下文简称《规划》）。《规划》中指出，到 2025 年，基本消除城市建成区生活污水直排口和收集处理设施空白区，全国城市污水集中收集率力争达到 70% 以上，县城污水处理率达到 95% 以上。

（二）有机固体废弃物的处理

固体废弃物管理与大气、水、土壤污染防治密切相关，是整体推进环境保护工作不可或缺的重要一环。利用生物处理技术处理有机固体废弃物主要包括餐厨垃圾、树木、秸秆、粪便、污泥等。生物处理方法包括好氧处理、厌氧处理、兼性厌氧处理，可达到废弃物无害化，但处理过程时间较长，处理效率还需提高。近年来，有机固废处理行业整体进入相对稳定的发展期。2021年，我国已进入"高质量发展"阶段，质量和效益替代规模和增速成为经济发展的首要问题，"垃圾分类"开始全面向地级市推广；"十四五"时期将继续推动100个左右地级及以上城市开展"无废城市"建设。

2020年，全国共有196个大、中城市向社会发布了2019年固体废弃物污染环境防治信息。其中，应开展信息发布工作的47个环境保护重点城市和53个环境保护模范城市均已按照规定发布信息，另外还有96个城市自愿开展了信息发布工作。经统计，此次发布信息的大、中城市一般工业固体废弃物产生量为13.8亿吨，工业危险废弃物产生量为4498.9万吨，医疗废弃物产生量为84.3万吨，生活垃圾产生量为23 560.2万吨。2014—2020年发布固体废弃物信息的城市数量见表10-3。

表10-3 2014—2020年发布固体废弃物信息的城市数量

单位：个

发布时间	强制发布城市		自愿发布城市	总数
	重点城市	模范城市		
2014年	47	54	162	263
2015年	47	56	141	244
2016年	47	56	143	246
2017年	47	57	110	214
2018年	47	57	98	202
2019年	47	55	98	200
2020年	47	53	96	196

196个大、中城市一般工业固体废弃物产生量达13.8亿吨，其中综合利用量8.5亿吨。一般工业固体废弃物综合利用量占利用处置总量的55.9%，处置量和贮存量分别占比20.4%和23.6%，综合利用仍然是处理一般工业固体废弃物的主要途径，部分城市对历史堆存的一般工业固体废物进行了有效的利用和处置。

2021年3月，国务院印发《关于"十四五"大宗固体废弃物综合利用的指导意见》（以下简称《意见》）。《意见》中指出，"十四五"时期，我国将开启全面建设社会主义现代化国家新征程，围绕推动高质量发展主题，全面提高资源利用效率的任务更加迫切。目前，大宗固废累计堆存量约600亿吨，年新增堆存量近30亿吨，占用大量土地资源，存在较大的生态环境安全隐患。因此，需要大力推进大宗固废源头减量、资源化利用和无害化处置，强化全链条治理，着力解决突出矛盾和问题，推动资源综合利用产业实现新发展。

1. 餐厨垃圾

由于新冠肺炎疫情的冲击，人们生活方式发生巨大变化，餐饮行业遭到了严重影响，餐饮垃圾产生量减少，也使得餐厨垃圾处理行业面临市场需求放缓、原料供应不足等压力。2020 年我国餐厨垃圾产生总量增加，达到 12 775 万吨，增加的幅度为 5.79%，2009—2020 年中国餐厨垃圾产生量规模情况如图 10-3 所示。但随着国家出台各促进消费政策以及疫情形势逐渐好转，行业整体回温明显。且经过疫情的磨砺，餐饮行业突破困境，在整体行业管理与运营水平方面皆有提高，这有利于该行业以及下游行业的长足发展。

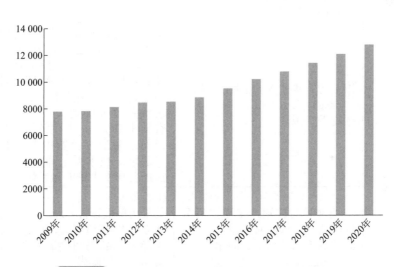

图 10-3　2009—2020 年中国餐厨垃圾产生量规模情况

数据来源：公开数据整理。

我国于"十二五"期间逐步开始餐厨垃圾相关处理设施的建设工作，建设时间尚短，且餐厨垃圾的过速增长，餐厨垃圾处理能力不足，导致环境和相关处理行业将遭受巨大压力。"十三五"期间，国家加大规划引导力度，积极稳定地推进了餐厨垃圾分类、收集、运输、处理，为行业发展打下基础。"十四五"期间，厨余垃圾分类处理被列为重点发展项目，垃圾分类和处理设施的建设进入关键节点，我国环保产业将进入蓬勃发展时期。

餐厨垃圾的处理方法主要分为填埋、焚烧和资源化处理。资源化处理是未来餐厨垃圾处置行业的必然选择。餐厨垃圾资源化处理主要有三种模式：厌氧发酵、好氧堆肥、饲料化。三种模式各有利弊，目前，厌氧发酵是餐厨垃圾主流处理方法（表 10-4）。其中餐厨垃圾饲料化是指将餐厨垃圾经高温脱水、灭菌和粉碎处理，直接或经昆虫处理后制成动物蛋白饲料原料的一种处理工艺。目前餐厨垃圾饲料化技术工艺主要有厌氧发酵、好氧堆肥、微生物处理、物理干化处理以及昆虫过腹化处理。

表 10-4　我国餐厨垃圾处理技术优缺点

处理方式	优点	缺点
厌氧发酵	①工艺先进稳定，具有较高的有机负荷承担能力； ②全封闭处理过程减少二次污染，环保水平提高； ③资源化利用水平高； ④目前国内80%以上处理项目采用该工艺	①工程投资大； ②工艺链长、工艺复杂； ③产生的沼渣、沼液需进行资源化利用
好氧堆肥	①工艺简单成熟，应用时间长； ②产品有农用价值； ③宜于机械化	①无法很好地解决有害有机物及重金属等的污染，无害化不彻底； ②处理过程不封闭，容易造成二次污染； ③有机肥料质量受餐厨废弃物成分制约很大，往往销路不畅； ④堆肥处理周期较长，占地面积大，有臭味和蚊蝇，卫生条件相对较差； ⑤对于餐厨废弃物中的油脂和盐分，目前堆肥技术无法降解，长期使用该法还会加剧土壤的盐碱化
微生物处理	①处理时间较短，采用前后分选工艺，分选相对简单； ②前端工艺链扁平、简单	①投资及能耗较高； ②采用单机设备处理，处理规模受限； ③无污水处理工艺段，易造成二次污染； ④部分产品仍间接进入食品链，存在食品安全的隐患
物理干化处理	①工艺链短，操作简便，系统稳定； ②前期国内较多采用该工艺； ③工程投资适中	①终端产品为饲料，存在产品许可的政策风险，存在动物的同源性隐患； ②处理工艺单一，无污水处理工艺段，易造成二次污染； ③能耗较高
昆虫过腹化处理法	①投资成本低； ②运行费用低； ③饲料安全性和营养价值高	①处理规模较小； ②工艺还处于改进阶段； ③工艺的产业化还需提高

餐厨垃圾处理行业目前的资金回报主要来自政府补贴。我国餐厨垃圾处理价格平均约为 238 元 /t，收运价格约为 172 元 /t，收运处理一体的价格约为 293 元 /t，集约化优势明显，中标价格逐渐上涨。从 2018 年到 2021 年餐厨垃圾收运、处理、收处一体市场化项目平均价格如图 10-4 所示。

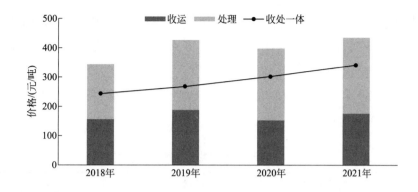

图 10-4　2018—2021 年餐厨垃圾收运、处理、收处一体市场化项目平均价格

数据来源：公开数据整理。

2．农作物秸秆

近年来，我国农村地区秸秆焚烧现象仍较为普遍，焚烧不仅污染环境，还浪费资源。根据国家统计局公开数据测算，2020 年我国主要农作物的秸秆理论资源量达 8.73 亿吨左右（表 10-5）。

表 10-5　2020 年我国主要农作物的秸秆理论资源量

种类	作物产量／万吨	草谷比	秸秆产量／万吨
稻谷	21 186	0.95	20 127
小麦	13 425	1.3	17 453
玉米	26 067	1.1	28 674
豆类作物	2287	1.6	3659
薯类作物	2987	0.795	2375
油料作物	3586.4	2.7	9683
糖料作物	12 014	0.17	2042
甜菜	1198.4	0.07	84
瓜果	28 692.4	0.1	2869
麻类作物	24.9	1.5	37
烤烟作物	202.2	1.6	324
总计			87 326

国家连续出台了关于推进农作物秸秆综合利用的相关政策，以加快实现秸秆的资源化、商品化，在环境保护的同时为农民增收。2021 年作为"十四五"开局之年，我国全面开展秸秆综合利用行动。农业农村部提出

要聚焦北方地区清洁取暖，加快秸秆生物质能开发利用，促进秸秆高质量还田，构建秸秆零碳排放模式，全面实现乡村振兴，提升秸秆利用产业化水平。生物质发电在"十四五"时期或将迎来系统性改革，国家将推动生物质发电行业发展（表10-6），预计到2025年我国秸秆资源化处理行业市场空间可达700亿元。

表10-6　近年推进生物质发电的相关政策

时间	发文机关	文件号	内容
2020年1月20日	财政部、发展改革委、国家能源局	财建(2020) 4号	《关于促进非水可再生能源发电健康发展的若干意见》提出以收定支，合理确定新增补贴项目规模。按合理利用小时数核定中央财政补贴额度
2020年9月11日	财政部、发展改革委、国家能源局	发改能源（2020）1421号	《完善生物质发电项目建设运行的实施方案》明确，补贴由中央和地方分担，2021年新纳入补贴范围的项目(包括2020年已并网但未纳入当年补贴规模的项目及2021年起新并网纳入补贴规模的项目)补贴资金由中央和地方承担
2020年10月15日	财政部、发展改革委、国家能源局	财建(2020) 426号	《关于促进非水可再生能源发电健康发展的若干意见》有关事项的补充通知，明确各类项目全生命周期合理利用小时数
2021年8月11日	财政部、发展改革委、国家能源局	发改能源（2021）1190号	《2021年生物质发电项目建设工作方案》明确，补贴资金央地分担原则，突出分类管理，逐年减少中央财政分担比例

3. 禽畜粪便

近年来，受疫情和2018年"猪瘟"的影响，畜牧养殖业发展受到一定阻碍，但总体仍呈上升趋势。国家统计局数据显示，2021年1—10月，农、林、牧、渔业投资同比增长10.4%，前两季度平均增长18.4%，增速比前三季度快0.2个百分点，其中，畜牧业投资同比增长29.8%。全国猪牛羊禽肉产量6428万吨，比上年同期增加1176万吨，增长22.4%。猪肉产量大幅增长，牛羊禽肉产量稳定增长，禽蛋产量有所下降，牛奶产量较快增长。

畜牧业产值占农林牧渔业总产值比重维持在25%～30%，已经成为其支柱产业。畜牧业的快速发展对农民的增收、农村经济的发展做出了重大贡献。根据E20公开数据推算，我国禽畜养殖业主要类别禽畜产粪量将在10亿吨左右，产尿量逾7亿吨。

目前，禽畜粪便处理根据主要资源化产品的不同，按照好氧堆肥、厌氧制沼及堆肥进行处理。其中堆肥工艺用于生产有机肥料产品。据E20研究院预测，到2025年禽畜粪污处理市场空间可达1390亿元。

（三）基因及生物技术

在2021年3月，国务院印发的《中华人民共和国国民经济和社会发展第十四个五年规划和2035年远景目标纲要》中指出，明确"基因与生物技术"作为七大科技前沿领域攻关领域之一；"生物技术"作为九大战略性新兴产业之一。

"十四五"指出，基因组学研究应用主要包括，遗传细胞和遗传育种、合成生物、生物药等技术创新，创新疫苗、体外诊断、抗体药物等研发，农作物、畜禽水产、农业微生物等重大新品种创制，生物安全关键技术研究。

当前，全球进入生物技术变革时代，正好为中国全面推进该领域科技高质量发展和健全完善伦理治理体系提供了机遇。近年来，生物技术迅猛发展，推动生物经济的范围扩大至诸多领域，并将逐渐引领世界未来经济的发展，其中以干细胞、合成生物学、基因编辑等为代表的前沿技术领域发展尤为迅速。从全球科研论文产量来看，自2000年以来3个新兴领域的论文量均快速增长（图10-5）。其中，干细胞研究的规模较大，到2016年，年度论文数量已经超过2万篇，随后几年呈相对稳定状态；合成生物学论文数量在2010年后激增。

总体而言，全球生物技术发展迅速且前沿技术领域仍处于发展早期阶段。相较于西方发达国家，中国生物技术的发展由于起步偏晚，整体实力较差，体系建设不完善，但随着近年来政府资源的大量投入，发展速度已经在国际上处于领先地位。在一些新兴前沿生物技术领域，如干细胞与再生医学、合成生物学等领域，中国由于在起步上并不落后于西方发达国家，现在已经处于领先地位。可以说，在部分领域中国与其他发达国家一同步入探索的前沿或"无人"区。未来可对特异微生物和转基因微生物开展研究，从遗传学、基因学等角度开发高效菌剂、酶制剂等生物制品。

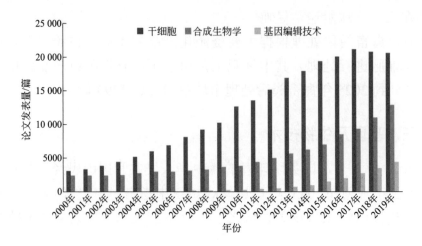

图 10-5　2000—2019 年干细胞、合成生物学、基因编辑相关研究论文全球年度分布

资料来源：公开数据整理。

（四）生物环保产品

现阶段，由于生物环保产品可针对性地解决环境问题且效果稳定可靠，其被世界各国企业、高校等相关机构广泛地研究及推广。目前，研究较多的生物环保产品包括生物降解材料、酶制剂和微生物菌剂三种。

1. 生物降解材料

生物降解材料是一类可在土壤微生物和酶的作用下被降解的材料，该材料不仅有优良的使用性能，且废弃后能被完全分解，最终转化为 CO_2 和 H_2O，继续参与自然界的碳循环，因而素有"绿色生态材料"之称。常见的几种类型具体包括聚乳酸（PLA）、聚羟基脂肪酸酯（PHA）、聚丁二酸丁二醇酯（PBS）和聚己内酯（PCL）等。在我国治理"白色污染"的进程中，这些新型环保材料被寄予厚望。在许多发达国家，生物可降解材料也已经得到大力推广和使用。

作为一种可有效解决环境危机等问题的生物环保产品，近年来生物降解材料的需求量不断增长，被越来越多地应用于各行各业。其中，淀粉基聚合物由于其易得性，被广泛应用在食品包装中。PLA 可用于预防黏合剂、药物输送系统和外科缝合线等医疗应用中。此外，可生物降解的聚合物还可用于农业覆盖、淀粉基包装、基于纤维素的包装等。随着支持推广可降解材料的政策出台，对传统塑料最具替代优势的生物可降解塑料的产能快速增长，有关数据表明，2019 年国内生物可降解塑料产能约为 52 万吨，同比增长 15.6%，到 2021 年生物降解塑料产能实现翻番，产业迎来了新的发展契机。

可生物降解聚合物是当今世界新型材料发展的主题之一，具有对环境无毒无害、降解率可控且降解前可保持完整性等优点。但是由于生物降解材料成本高、应用市场低端等因素的影响，国内生物降解材料市场短期内有赖于政策导向、政府的鼓励和扶持。目前，我国已成为全球塑料制品消费大国，数据显示，自 2010 年以来，我国塑料产量不断增长，至 2020 年已突破 1 亿吨。因此，在"禁塑令"的执行后，降解塑料替代是塑料污染源头减量的重要途径，生物可降解塑料替代传统塑料的市场前景广阔。

我国生物降解塑料作为"十三五"期间塑料行业发展的重点，得到快速发展，2020 年国内产能已达 50 万吨左右，约占全球生物降解塑料总产能的 50%。在建和拟建产能合计超 380 万吨（图 10-6）。2012—2020 年中国生物降解塑料需求和市场规模如图 10-7 所示，呈现逐年递增的态势。2020 年，中国生物降解塑料市场规模近 70 亿元。此外，PHA、PCL、PPC 等材料产能和使用量也都在不断增加，相信在"十四五"期间生物降解塑料还将得到更好的发展。

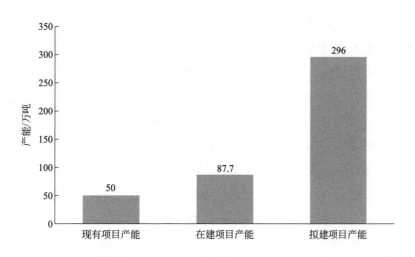

图 10-6　2020 年中国生物降解塑料产能情况

资料来源：公开数据整理。

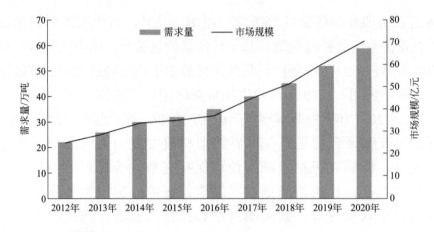

图 10-7　2012—2020 年中国生物降解塑料需求量及市场规模

资料来源：公开数据整理。

2．酶制剂

酶制剂是一类从生物（包括动物、植物、微生物）活细胞中产生的具有催化功能的催化剂。其应用领域遍布食品（面包烘烤业、面粉深加工、果品加工业等）、纺织、饲料、造纸、皮革、医药以及能源开发、环境保护等方面。行业研究报告数据显示，2017 年我国酶制剂生产总量达 178.17 万吨到 2022 年将超过 260 万吨。图 10-8 展现了 2017—2022 年中国酶制剂生产总量变化。我国酶制剂行业近年来发展迅速，根据中国生物发酵工业协会 2019 年的统计数字，2018 年国产酶制剂的产值约合 5 亿美元，约占全球市场的 10%，产值增长 10%，产量同比增长 4.3%。随着酶制剂技术的不断完善和产品的更新，市场中酶制剂所占份额及应用范围也在逐渐增大。尽管全球的工业酶制剂市场长期被外国公司垄断，但我国酶制剂市场份额在全球的比重已由"十二五"初期的不足 10% 提升到现在的近 30%，产品市场竞争力大幅提升。2018 年全球工业酶制剂的市场约为 55 亿～60 亿美元，MarketsandMarkets 公司预估 2023 年该市场将增长至 70 亿美元，而 BBC Research 公司预计其 2018—2023 年的年平均增长率为 4.9%。我国酶制剂行业经过长期不断地发展，已经取得了长足进步，酶制剂工业正不断推出新型酶制剂、复合酶制剂、高活力和高纯度特殊酶制剂来满足日益发展的食品工业需要。我国也因此出现了多个新兴酶制剂公司，如曲阜生物科技、玉园生物科技、博尔利科技、尤特尔生化等。

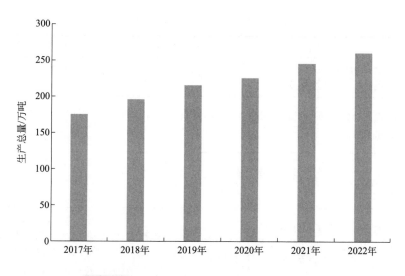

图10-8 2017—2022年中国酶制剂生产总量

资料来源：公开数据整理。

3. 微生物菌剂

微生物菌剂是指目标微生物（有效菌）经过工业化生产扩繁后，利用多孔的物质作为吸附剂（如草炭、蛭石），吸附菌体的发酵液加工制成的活菌制剂。微生物菌剂技术目前已经广泛应用于环境保护领域（表10-7）。其在水污染控制、大气污染治理，有毒有害物质的降解、清洁可再生能源的开发、废物资源化、环境监测、环境污染的修复和污染严重的工业的清洁生产等方面发挥着极为重要的作用。此外，微生物菌剂在动物饲料、生物农药、矿山复垦等领域也已被广泛应用。

表10-7 国内外商品化微生物菌剂应用现况

来源	产品	研发单位	应用领域
国外进口	BI-CHEM微生物制剂	丹麦诺维信	水产养殖、农业及植物护理、工业清洁
	Aqua-Purification、Aqua-Clarifier菌剂	美国碧沃丰	污水、水环境治理，水产养殖，民用净化
	MicroPlex-N、MicroPlex-RL系列	美国普罗生物技术有限公司	石油、制浆造纸、化工废水，市政污水
	利蒙系列	美国通用环保公司	工业废水、河湖修复、水产养殖

续表

来源	产品	研发单位	应用领域
国内企业生产	除COD系列、除氨氮系列、除总氮系列	北京甘度环保技术公司	生活污水、工业废水、特殊水体
	除COD系列、除氮磷系列	广州瀚湖环保科技有限公司	湖泊、池塘、水库、河道等水体及淤泥中的有机物、氮、磷等
	除臭油系列、除蓝藻系列	鹤壁人元生物技术有限公司	景观水池、湖泊、河道的生态治理及修复、含油废水
	海精灵除COD系列、除氨氮系列、除臭系列、厨余降解系列	深圳清谷环境科技有限公司	高盐废水、医疗污水、印染污水、含油废水、养殖污水、生活污水、垃圾除臭、河道治理
	种植类：粮棉油作物系列、中药材类作物系列、水果类作物系列、蔬菜类作物系列	通化万赢生物科技有限公司	农业生态类产品、畜禽水产环保类产品
	养殖类：畜牧类系列、家禽类系列		
	水产类：海水养殖系列、淡水养殖系列		
	RW酵素剂、RW促腐剂、秸秆（还田）快速腐熟剂、功能性菌剂系列产品	鹤壁市人元生物技术发展有限公司	对畜禽粪便、农作物秸秆进行快速、高效分解。功能性菌剂既能起到解磷、解钾、固氮，又能达到治病和防病效果
国内高校及科研院所研发生产	除重金属菌剂、高浓度有机物降解菌剂	中国科学院成都生物研究所	工业废水、污染河流或湖泊修复
	炼油及印染废水处理菌剂	清华大学	含油废水、印染废水
	微生物絮凝剂、低温生物强化菌剂、特种废水处理菌剂	哈尔滨工业大学	污水、废水

随着国家对微生物肥料行业重视程度的不断提高，微生物菌剂的产量和需求量也在逐步增加。据统计，2019年我国微生物菌剂行业产量约246.54万吨，销售量为181.05万吨。相较于2015年分别增长了18.30%、17.27%。

在国内市场上流通的微生物菌剂有除国内厂家自主研发生产外，也有国外（美国、日本、韩国、澳大利亚、荷兰等）引进的菌剂产品。与国外相比，尽管我国微生物菌剂在深度研究方面尚有欠缺，在产品稳定性上也有不足，但随着我国农业种植不断升级以及种植大户的思维变化，微生物菌剂在中国的市场是相当可观的。

4．生物环保新技术

在水处理方面，一些新兴生物环保技术，如好氧颗粒污泥（AGS）、厌氧氨氧化、硫自养反硝化等已经取得中试规模的突破，在不久的将来有望得到大规模应用。好氧颗粒污泥（AGS）作为一种污水生物处理新技术因颗粒密实、沉降性能好、抗冲击、抗有毒污染物能力强和脱氮除磷能力较强，目前已在市政污水处理中发挥着无可比拟的优势。在污水处理厂现有成功案例中，市政污染物中COD、BOD和SS等去除率均高达90%以上，而TN去除率也达到了80%以上，与传统絮体活性污泥技术法相比，好氧颗粒污泥平均节约能耗30%、土地20%，其运行成本节约更是高达50%。1991年荷兰代尔夫特大学等最早发现了AGS，并第一次报道了利用连续流好氧上流式污泥床反应器（Aerobic upflow sludge blanket，AUSB）培养出AGS。而国内学者对AGS的研究始于1995年，相对滞后于国外的研究。目前，AGS技术应用在我国的市政污水处理的仅有1例，但以北京建筑大学为代表的研究团队已经在小试、中试基础将项目上升级为工程应用的示范项目，诸多高校、企业研发团队也相继取得了中试规模的突破。厌氧氨氧化技术（Anammox）在污水厂节能降耗、绿色环保方面表现出来显著优势，过去二十年里，国内外研究者对其展开了大量研究。厌氧氨氧化技术是20世纪90年代由荷兰代尔夫特大学开发的一种新型自养生物脱氮工艺，与传统脱氮技术相比，自养型厌氧氨氧化工艺被认为是一种更高效、节能的废水处理方法，其在厌氧或缺氧条件下以NO_2^--N为电子受体，利用厌氧氨氧化细菌将氨氮直接氧化为氮气。在节约了硝化反应曝气能源的基础上，还无需外加碳源，且由于厌氧氨氧化细菌属自养型微生物，生长缓慢，因此，可大大减少工艺的污泥产量。虽然厌氧氨氧化技术在20世纪90年代已经开始研究，但是与好氧颗粒污泥技术一样，目前其在工程规模上的应用正处于起步阶段。我国一些厌氧氨氧化工程应用案例见表10-8。相信随着生物技术的发展，以好氧颗粒污泥和厌氧氨氧化等为代表的污水生物处理新技术所面临的关键科学与技术难题一定会被攻克，从而赋能生物环保产业的发展。

表 10-8　国内厌氧氨氧化工程应用案例

工程名称	处理对象	反应器容积 /m^3	脱氮负荷 / [kg N/ ($m^3 \cdot d$)]
安琪酵母公司污水处理	酵母生产废水	500	2.0
梅花工业园污水处理Ⅰ期	味精生产废水	6600	1.67
梅花工业园污水处理Ⅱ期	味精生产废水	4100	2.2
山东湘瑞药业有限公司污水处理	玉米淀粉和味精生产废水	4300	1.42
新疆五家渠工业园区污水处理	味精生产废水	5400	1.98

注：数据来源于公开资料整理。

在固废处理方面，目前的研究主要聚焦于有机固废的资源化利用。以城市污泥厌氧发酵定向产挥发性脂肪酸技术为例，其通过将高含固的城市污泥进行厌氧发酵产生具有高附加值的化学品——挥发性脂肪酸（VFAs）。而 VFAs 可以满足污水脱氮除磷过程中对碳源的需求，这使得城市污泥在得到减量化处置的同时实现了资源化利用。目前，江南大学研发的"城市污泥发酵产酸强化生活污水脱氮除磷的新工艺"已经在无锡某污水处理厂构建了污泥产酸示范工程。

近年来，能够利用细胞外电子转移路径与电极发生电化学作用的微生物-电化学活性细菌，因其在微生物燃料电池（Microbial fuel cell，MFC）和微生物电合成系统（Microbial electrosynthesis）等生物电化学系统中的应用而备受关注。微生物燃料电池是一种能够利用具有电化学活性的微生物的新陈代谢将有机物的化学能直接转换成电能的装置。近年来，国内外对 MFC 的关注逐年增长，且研究最多的国家为中国、美国和印度。在 MFC 构型、阴阳极材料、处理难降解污染物等方面进行了大量研究，并衍生出其他新技术，例如微生物电解池、微生物脱盐池、微生物反向电渗析电解池等，使得反应器在产电的同时，实现污水处理、清洁能源生产、脱氮脱硝、化学品合成等，使 MFC 具有了独特的技术优势及功能优势，显现出广阔的应用前景。目前，MFC 已经应用于废弃生物质处理、沉积物发电、节能型废水处理、生物传感器、小型电源、金属回收等领域。此外，微生物电合成系统（MES）可以利用电力驱动微生物固定 CO_2、合成化学品，具有一定推进低碳经济的潜力。在 2035 年之前实现碳达峰、2060 年之前达到碳中和目标的背景下，MES 技术因其具有明显的资源化潜力将会迎来快速的发展。目前，以福建农林大学、江南大学、中国科学院等为代表的诸多研究团队已经在实验室研究规模上取得了一定的突破。

三、生物环保产业未来展望

面对资源日益短缺的现象,达标排放的环境治理理念已经不再符合当今社会发展的需求。以微生物技术为核心的生物处理方法由于具备资源化的潜力,在未来的环境治理中必将发挥重要作用。目前,生物技术在水环境治理、大气环境治理、土壤修复、有机固废资源化等领域得到了广泛的应用。此外,新兴的生物环境材料如酶制剂、微生物菌剂等也为产业规模的增长作出重要贡献。自"十三五"以来,生物技术在国家相关政策的大力支持下得到快速发展,其市场规模及产能也在逐步扩大。但是当前生物环保产业的发展仍存在一些问题,如面临"从处理到回用,从能源消耗到能源自给"的转型、部分生物材料及反应器依赖进口的现象严重等。

因此,未来生物环保产业的发展要注重前沿关键技术的研发,努力通过技术创新占领产业的制高点,全面提升我国生物环保产业的国际竞争力。此外,从污染治理技术与产品(功能微生物制剂、酶制剂及其应用的生物强化技术)相结合、资源化与能源化的角度强化环境污染的生物治理对于产业规模的进一步扩大也是至关重要的。最后,完善的市场监管制度及健全的市场反馈机制对产业发展的贡献同样不可忽视。

作为一个世界工厂,我国的环境治理任重道远,对于生物环保产业而言是机遇更是挑战。"十四五"的号角已然吹响,相信在党和政府的大力支持下,在全体同仁的共同努力下,生物环保产业一定会取得新的突破,为建设美丽中国做出更大的贡献!

撰稿专家:刘　和

第十一章
2021年度生物医学工程发展态势分析

步入"十四五"时期,我国生物医学工程领域发展机遇与挑战并存。社会与经济发展要求生物医学工程领域加快实现产业高质量转型发展,以新技术带动新产业、新业态进而形成新的经济增长点,同时满足人民日益增长的健康需求,提升对常见病、慢性病等重点疾病,妇幼、老年、康复等重点人群的诊疗能力。2021年,以生物医学工程为基础的医疗器械行业监管制度不断改革完善,新版《医疗器械监督管理条例》及配套文件陆续修订发布,高值医用耗材集中采购有序推进,科技计划布局进一步优化。产学研方面,我国生物医学工程领域科技论文数量居全球第二,仅次于美国,远高于排名第三的德国,我国研究主要集中在医学影像学、工程学和材料科学方面;我国专利申请数量优势明显,技术创新活跃,但开拓海外市场能力有待提高,在样品采集测试及材料研究分析方法两个技术方向专利布局最多;临床试验注册数量虽仍有增加,但全球占比较上一年略有下降;上市产品数量与国产进口器械比例基本与往年持平,多个创新人工智能医疗器械获批上市。

一、宏观规划与制度建设

1. 面向"十四五"科技与经济社会发展新需求

中国进入新的发展阶段,需要贯彻新发展理念,构建新发展格局,党的第十九届五中全会提出将科技自立自强摆在各项规划任务首位,突出体现了创新发展理念的重要性。2021年作为我国"十四五"的开局之年，是总结"十三五"发展经验、科学规划未来5年发展的过渡期与重要窗口期，加之全球持续的疫情环境和持续紧张的国际形势，做好科学技术的顶层设计和前瞻性布局至关重要。生物医学工程作为支撑卫生与健康需求和驱动医疗器械产业发展的知识密集型交叉学科，其高质量发展具有必要性和紧迫性。

从发展阶段来看，我国生物医学工程已经进入提质升级阶段，学科体系日趋完善，创新转化路径逐渐清晰，产学研医合作模式不断丰富，新技术、新方法、新产品、新产业持续涌现，产业规模持续增长。在新时期、新阶段，生物医学工程学科发展需要推进需求导向、市场导向的科技创新，突破"卡脖子"技术制约，提高核心零部件的国产化能力，以尽快实现科技与产业的"自立"，同时推进以原始创新、突破性技术为目标的前沿新兴领域创新，促进学术高地的形成和"首创型"产品的产生，持续稳步迈向"自强"。

2. 全面改革完善监管制度

面对产业快速发展和改革不断深化的新形势，党中央、国务院就医疗器械监管做出新的部署，新版《医疗器械监督管理条例》（以下简称《条例》）于2021年2月发布，并于6月正式实施。与此前一版相比，此次修订进一步优化了审评审批程序和上市许可持有人制度以促进医疗器械创新，减轻企业负担，推动产业的高质量发展。与此同时，加强了对医疗器械的全生命周期和全过程监管，明确管理责任，加大了对违法行为的处罚力度。此外，新版《条例》为满足重大突发公共卫生事件需求，明确了优先审评、附条件上市、紧急使用、特批进口等制度，以提高特殊时期医疗器械的可及性。

在新版《条例》的基础上，《医疗器械注册与备案管理办法》（国家市场监督管理总局令第47号）和《体外诊断试剂注册与备案管理办法》（国家市场监督管理总局令第48号）两项配套规章也在2021年进行了相应调整，分别对医疗器械和体外诊断试剂的注册与备案制度进行调整，落实新版《条例》中关于注册人、备案人、上市许可持有人责任，细化创新审批、优先审批、附条件审批等制度流程，与新规有效衔接，促进《条例》各项制度落地落实。

此外，按照配套规章修订计划，此次修订将原合并在《条例》中有关体外诊断试剂分类的内容剥离，形成独立的《体外诊断试剂分类规则》。该分类规则在原《条例》的基础上，综合了多个单独发布的、与体外诊断试剂相关的规范性通知文件，并参考国际医疗器械监管者论坛（IMDRF）

分类原则、欧盟和美国分类文件，对体外诊断试剂的分级管理进行修订完善。

3. 有序推进高值医用耗材集中采购

2021年高值医用耗材采购工作持续推进，集中采购的原则、范围、实施进度和工作程序进一步明确，集采常态化机制逐渐形成。2021年6月4日，国家医保局联合八部委印发《关于开展国家组织高值医用耗材集中带量采购和使用的指导意见》（医保发〔2021〕31号），延续国办发2号文件提出的需求导向、招采合一、畅通采用和结算等原则，进一步明确集中采购高值医用耗材的范围为"临床用量较大、采购金额较高、使用较成熟、市场竞争较充分、同质化水平较高"的医用耗材。2021年9月23日，《"十四五"全民医疗保障规划》（国办发〔2021〕36号）发布，提出到2025年，各省（自治区、直辖市）国家和省级高值医用耗材集中带量采购品种要达到5大类以上。

2021年8月23日，国家组织高值医用耗材联合采购办公室发布《国家组织人工关节集中带量采购公告（第2号）》及《国家组织人工关节集中带量采购文件》，正式开始针对人工关节高值医用耗材的集中采购工作。此次的人工关节集中采购范围是髋关节和膝关节，考虑到医用耗材产品特性和医生临床使用习惯，集采根据医疗机构采购需求、企业供应能力、产品材质3个条件将耗材的品牌和品种分为A组与B组，共有48家企业参与此次集采，44家中选，中选髋关节平均价格从3.5万元下降至7000元左右，膝关节平均价格从3.2万元下降至5000元左右，平均降价82%，预计每年可节约医保费用160亿元。

4. 优化科技计划布局

科技投入是国家宏观科技布局的直观体现，可反映政府主导的科技研发活动情况，也是理论研究和技术开发的重要支撑。2021年作为我国"十三五"和"十四五"重要过渡期，老一批科技计划进入收官阶段，新一批科技计划陆续启动，学科布局更符合新时期领域发展需要，以前沿和需求为导向，优化顶层设计以实现我国生物医学工程领域的自立自强。

（1）国家自然科学基金

国家自然科学基金主要从基础研究角度给予生物医学工程领域项目资助，相关项目主要来自医学科学部、生命科学部、信息科学部等。从申报指南来看，医学科学部在2021年对生物医学工程相关项目申请代码进行了调整、细化，将原分类影像医学与生物医学工程（H18）拆分为影像医学/核医学（H27）和生物医学工程/再生医学（H28），并对二级代码进行调整，将之前容易重复混淆的代码进行合并，并首次增加了医学影像大数据与人工智能（H2709）、器官芯片与系统（2812）等二级代码，侧面反映出自然科学基金对此类新兴领域研究的支持。

（2）国家重点研发计划

"十三五"时期设立的两个与生物医学工程相关的重点研发计划"数字诊疗装备研发和生物医用材料研发"与"组织器官修复替代"目前已经进入过渡收尾阶段，前者在2021年公布资助项目4个（基于2020年指南），为针对新型冠状病毒肺炎用呼吸机和重症监护设备的定向资助，资助总额约为5000万元。

面向"十四五"时期生物医学工程发展需求，2021年启动了一批新的重点专项，其中"诊疗装备与生物医用材料"、"生物与信息融合（BT与IT融合）"和"工程科学与综合交叉"三个重点专项部署的研究方向与生物医学工程领域相关性最高，"干细胞研究与器官修复""高端功能与智能材料""常见多发病防治研究""主动健康和老龄化科技应对"等专项也从干细胞与组织研究、医用材料、智能诊断和养老康复辅具等角度对生物医学工程领域中的部分方向进行布局资助（表11-1）。

表11-1 国家重点研发计划对生物医学工程的资助（2021年）

重点专项名称	2021年指南资助方向
诊疗装备与生物医用材料	1. 前沿技术研究及样机研制 • 先进结构与功能内镜成像技术研究及样机研制 • 有源植入器械磁共振兼容技术研究及样机研制 • 术中放疗定量化技术研究及样机研制 • 仿生骨电学活性牙槽骨/牙周再生材料研制 • 可抑制骨与皮肤肿瘤术后复发的生物材料研制 2. 重大产品研发 • 新型可降解镁合金硬组织植入器械研发 • 天然生物材料构建的降解调控神经移植物产品研发 • 新型核酸分析系统平台研发 • 高效液相色谱-三重四极杆质谱联用仪研发 3. 应用解决方案研究 • 基于国产迷走神经刺激器的临床应用解决方案研究 • 半个性化高强度高韧性全膝置换用人工关节的临床解决方案研究 4. 监管科学研究 • 标准数字光学模体研究 • 放疗设备统一接口标准研究

续表

重点专项名称	2021 年指南资助方向
生物与信息融合（BT 与 IT 融合）	1. 面向生命-非生命融合的智能生物系统构建与开发 ● 高精度非侵入神经电生理编解码计算芯片体系 ● 新一代高相容性生物植入电极设计与应用 ● 组织工程类脑智能复合体设计与开发 2. BT 与 IT 融合技术的健康医学场景应用示范 ● 数字化细胞参照系研究、建设与示范应用 ● 数字化人体表型建模与呈现技术 ● 融合形态特征和组学信息的智慧病理辅助诊断技术体系 ● 基于跨尺度多模态生物医学大数据的肿瘤智能诊疗共性关键技术研究
工程科学与综合交叉	1. 医工领域 ● 实时原位超分辨光学成像关键问题研究 ● 重大心脏病心肌纤维化演变规律与精准诊断方法研究 ● 基于学习模型的超高场磁共振成像关键问题研究 ● 面向运动和感觉功能障碍的神经肌肉接口及功能康复的重大基础问题研究 2. 医工领域青年科学家项目 ● 围绕医学信息、生物电子、医疗机器人、生物力学和医学成像相关领域的基础和交叉问题，支持青年科学家开展研究

注：仅列出重点专项中与生物医学工程相关的部分研究方向。

从项目指南上看，"诊疗装备与生物医用材料"专项首年将围绕前沿技术研究及样机研制、重大产品研发、应用解决方案研究、监管科学研究 4 个任务进行布局，拟启动 13 个方向的项目资助，预算经费约为 2 亿元。"生物与信息融合（BT 与 IT 融合）"专项首年确定了 3 个研究，其中包括面向生命——非生命融合的智能生物系统构建与开发、BT 与 IT 融合技术的健康医学场景应用示范。"工程科学与综合交叉"重点专项强调前瞻性、原创性，在关系国家未来竞争力和长远发展的基础前沿领域，开展综合交叉的科学问题研究，该专项首年部署了包括医工领域在内的 5 个重点方向。

二、生物医学工程发展态势

医疗器械科技创新涉及理论研究、技术开发、临床转化、产品注册等多个环节，各环节紧密衔接、互相影响，只有补齐短板、全面提升全链条创新能力，优化制度、激发转化活力，才能真正提高我国医疗器械创新水平，实现产业高质量发展。

1. 理论研究实力

理论研究是创新的第一个环节,是技术研发和临床转化的基础。科技论文是理论研究的重要载体,发文量是量化反映理论研究实力的重要指标。

2021年,Web of Science数据库共收录医疗器械领域SCI论文62 096篇,美、中两国处于第一梯队,发文量均超10 000篇(美国19 072篇,中国13 962篇),德国、英国、意大利、日本、加拿大、法国、荷兰、韩国和印度处于第二梯队(2000~6000篇),澳大利亚、瑞士、西班牙、土耳其、伊朗、巴西、比利时、奥地利和瑞典处于第三梯队(800~1999篇),其他国家发文量均不足800篇(图11-1,数据检索日期为2021年12月6日)。

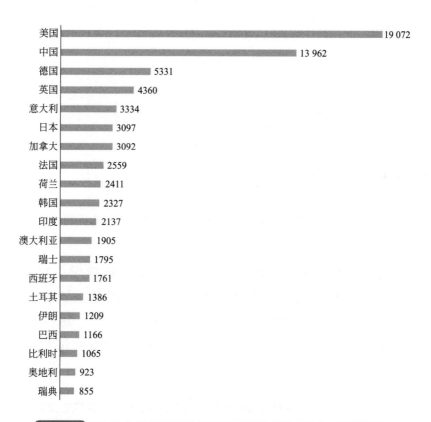

图11-1 2021年医疗器械领域SCI论文发文量排全球前20位的国家

全球范围内,2021年发文量超过600篇的机构包括20家,其中美国10家,中国5家,法国2家,英国、加拿大和德国各1家(图11-2)。美国的哈佛大学、加州大学系统和得克萨斯大学系统分别排全球前3位,我国的中国科学院排全球第 6 位，上海交通大学、中山大学、四川大学和浙江大学分别排全球第 12 位、第 17 位、第 18 位和第 20 位。

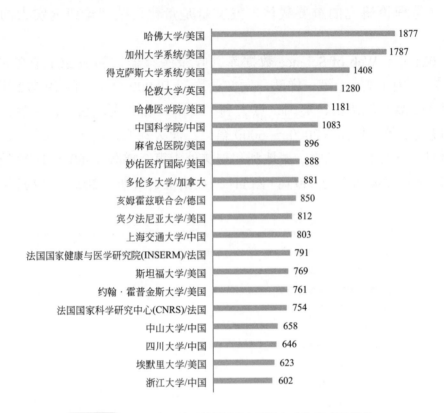

图 11-2　2021 年医疗器械领域发文量排全球前 20 位的机构

全球医疗器械领域的基础研究主要集中在医学影像学（37 693 篇）、工程学（17 224 篇）和材料科学（10 209 篇），中国的主要研究方向同全球基本一致，医学影像学有 5988 篇，工程学有 4577 篇，材料科学有 4271 篇（表 11-2）。值得一提的是，中国在工程学领域的发文量与美国接近，在材料科学领域的发文量明显多于美国。

表 11-2　全球、美国和中国在医疗器械领域的 SCI 论文发文量

学科	全球/篇	美国发文量/篇	美国发文量占全球之比	中国发文量/篇	中国发文量占全球之比
医学影像学	37 693	13 286	35.25%	5988	15.89%
工程学	17 224	4674	27.14%	4577	26.57%
材料科学	10 209	1977	19.37%	4271	41.84%

2. 技术开发实力

（1）专利申请数量

医疗器械行业是一个知识密集、资金密集且多学科交叉的高技术产业。专利可以保护技术创新，是技术信息最有效的载体，囊括了全球90%以上的最新技术情报。通过医疗器械的全球专利申请数量来分析医疗器械的技术产出规模，有助于了解我国医疗器械技术发展情况。本报告基于智慧芽专利数据库，对全球医疗器械领域2021年申请的专利进行分析（检索时间为2021年12月），揭示当前技术开发态势。截至2021年12月，全球医疗器械领域专利申请共计201 081件，其中我国152 981件，接近全球申请总量的80%，从专利申请数量来看，我国医疗器械领域的技术研发具有一定优势。合并同族后，全球医疗器械领域有专利190 198组；我国有149 941组，接近全球总量的80%，我国医疗器械领域的技术创新活动活跃（图11-3）。

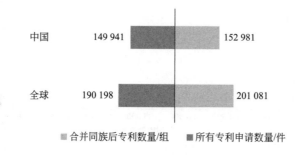

图11-3 中国与全球医疗器械领域2021年专利申请情况

PCT专利申请是国际上通常用于衡量一个国家/地区国际专利申请实力和水平的重要指标。2021年，全球医疗器械领域共有PCT申请13 100组，我国有1243组，全球占比不到10%，表明我国医疗器械领域海外市场的拓展还有很大的提升空间。我国在医疗器械领域专利申请数量具有较明显的优势，但PCT专利申请数量较少，表明我国医疗器械领域的全球布局相对较小，未能充分开拓海外市场。

（2）专利申请主要国家/地区

一组专利即代表一个技术，在开展技术分析时通常基于合并同族后的专利数量。同族专利是指具有共同优先权的在不同国家或国际专利组织多次申请、多次公布或批准的内容相同或基本相同的一组专利文献。2021年全球医疗器械领域专利申请有190 198组，全球专利申请数量排名前10位的国家如图11-4所示。我国有149 941组，处于全球第一位，专利申请全球占比接近80%，技术创新活跃，领先优势明显。美国处于第二位，专利申请数量15 728组，处于第二梯队。日本（5927组）、韩国（3484组）、德国（2061组）处于第三梯队，专利申请数量在2000～6000组。瑞士（1361组）、英国（1141组）、法国（1010组）处于第四梯度，专利申请数量在1000～1999组。加拿大（702组）、荷兰（663组）专利申请数量在999组以下。

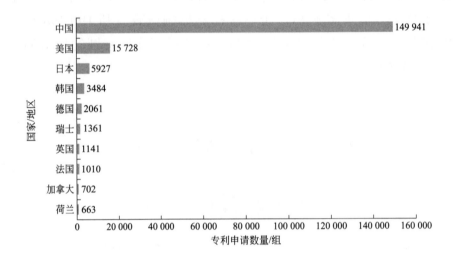

图 11-4　全球医疗器械领域2021年专利申请数量排名前10位的国家/地区

（3）专利技术领域分布

全球和我国2021年专利申请主要技术领域分布如表11-3、表11-4所示。全球专利申请技术领域分布主要涉及医药配制品，材料研究、分析方法，样品的采集与测试，气体等的分离、过滤方法，2021年在A61K31和G01N33两个技术领域专利申请量最多，分别是关于医药配制品及材料研究分析方法。我国专利申请技术领域分布与全球基本一致，2021年在G01N1和G01N33两个技术领域专利申请量最多，分别是关于样品采集测试及材料研究分析方法。

表 11-3 全球医疗器械领域 2021 年专利申请主要技术领域分布

IPC 分类号	分类号解释	专利申请数量/组
A61K31	含有机有效成分的医药配制品	17 219
G01N33	利用研究或分析材料的特殊方法	16 542
G01N21	利用光学手段,即利用亚毫米波、红外光、可见光或紫外光来测试或分析材料	13 531
G01N1	取样;制备测试用的样品	13 224
B01D53	气体或蒸气的分离;从气体中回收挥发性溶剂的蒸气;气体等的化学或生物净化	13 116
B01D46	专门用于把弥散粒子从气体或蒸气中分离出来的经过改进的过滤器和过滤方法	10 790
A61K9	以特殊物理形状为特征的医药配制品	9916
A61P35	抗肿瘤药	8782
B01D29	过滤器,例如压滤器或吸滤器;其过滤元件	8143
A61K47	以所用的非有效成分为特征的医用配制品,例如载体或惰性添加剂;化学键合到有效成分的靶向剂或改性剂	8002

表 11-4 我国医疗器械领域 2021 年专利申请主要技术领域分布

IPC 分类号	分类号解释	专利申请数量/组
G01N1	取样;制备测试用的样品	12 523
G01N33	研究或分析材料的特殊方法	12 448
B01D53	气体或蒸气的分离;从气体中回收挥发性溶剂的蒸气;气体等的化学或生物净化	12 135
G01N21	利用光学手段,即利用亚毫米波、红外光、可见光或紫外光来测试或分析材料	11 591
B01D46	专门用于把弥散粒子从气体或蒸气中分离出来的经过改进的过滤器和过滤方法	10 295
B01D29	过滤器,例如压滤器或吸滤器;其过滤元件	7861
A61K31	含有机有效成分的医药配制品	7487
G01N3	用机械应力测试固体材料的强度特性	7388
A61K36	含有来自藻类、苔藓、真菌或植物或其派生物,例如传统草药的未确定结构的药物制剂	6589
A61K9	以特殊物理形状为特征的医药配制品	5318

3. 临床转化能力

医疗器械临床试验是评价申请注册的医疗器械是否具有安全性和有效

性重要环节，可在一定程度上体现临床转化的活跃程度。

从2021年1月1日到2021年12月12日，ClinicalTrials.gov数据库共登记医疗器械领域临床试验5349项，中国（包括港澳台地区）344项（图11-5）。与前5年（2016—2020年）相比，2021年全球医疗器械临床试验数量呈增长趋势，高于前5年的年平均数量（约为4633项）；中国与全球趋势基本一致，与前5年的年平均数量（约为345项）持平。

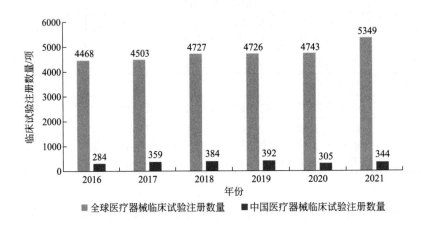

图11-5　全球和中国医疗器械临床试验注册数量年度分布（2016—2021年）

检索日期：2021年12月12日。

94个开展医疗器械临床试验的国家中，注册数量前10位依次为美国、法国、中国、加拿大、德国、英国、西班牙、意大利、比利时和土耳其（图11-6）。其中，美国有1757项，占全球总数的32.85%，遥遥领先；中国344项，占全球总数的6.43%，排在第三位。

实验性研究根据研究目标、参与者数量及其他特征的不同划分为0期、Ⅰ期、Ⅱ期、Ⅲ期和Ⅳ期。2021年全球5349项医疗器械临床试验中，3835项对应的为"Not Applicable"（主要指设备或行为干预，无分期），47项处于0期，86项处于Ⅰ期，35项处于Ⅰ/Ⅱ期，127项处于Ⅱ期（数量最多），25项处于Ⅱ/Ⅲ期，63项处于Ⅲ期，85项处于Ⅳ期（图11-7）。中国344项医疗器械临床试验中，1项处于0期，3项处于Ⅰ期，3项处于Ⅱ期，2项处于Ⅱ/Ⅲ期，8项处于Ⅲ期（数量最多），4项处于Ⅳ期（图11-7）。

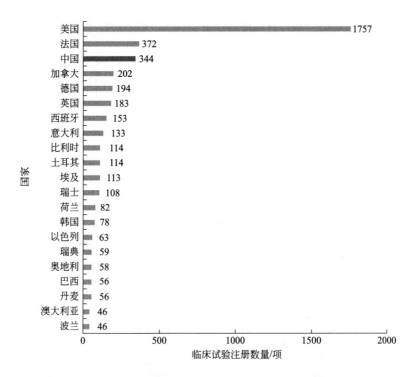

图 11-6 全球医疗器械临床试验注册数量排名前 20 位国家（2021 年）

"国家"指开展临床试验所在国家；检索日期是 2021 年 12 月 12 日。

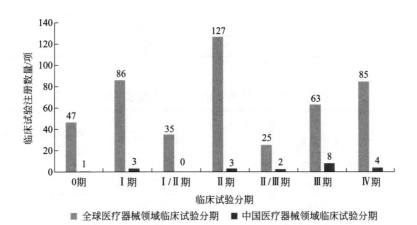

图 11-7 全球和中国医疗器械领域临床试验分期分布（2021 年）

2021 年全球医疗器械临床试验的适应证主要集中于中风（54 项）、新冠肺炎（44 项）、心房颤动（31 项）和心脏衰竭（31 项），中国的适应证主要集中于冠状动脉疾病（11 项）、中风（10 项）和白内障（7 项）（表 11-5，表 11-6）。

表 11-5　全球医疗器械领域临床试验的主要适应证（2021 年）

序号	适应证		临床试验注册数量/项
	英文名称	中文名称	
1	Stroke	中风	54
2	COVID-19	新冠肺炎	44
3	Atrial Fibrillation	心房颤动	31
4	Heart Failure	心脏衰竭	31
5	Coronary Artery Disease	冠状动脉疾病	27
6	Parkinson Disease	帕金森病	27
7	Spinal Cord Injuries	脊髓损伤	26
8	Type 1 Diabetes	Ⅰ型糖尿病	24
9	Breast Cancer	乳腺癌	23
10	Hearing Loss	听力丧失	22
11	Low Back Pain	腰痛	21
12	Chronic Pain	慢性疼痛	20
13	Asthma	哮喘	16
14	Major Depressive Disorder	重度抑郁症	15
15	Cataract	白内障	13
16	Multiple Sclerosis	多发性硬化症	13
17	Obstructive Sleep Apnea	阻塞性睡眠呼吸暂停	13
18	Diabetic Foot Ulcer	糖尿病足	12
19	Knee Osteoarthritis	膝骨关节炎	12
20	Prostate Cancer	前列腺癌	12

表 11-6　中国医疗器械领域临床试验的主要适应证（2021 年）

序号	适应证		临床试验注册数量/项
	英文名称	中文名称	
1	Coronary Artery Disease	冠状动脉疾病	11
2	Stroke	中风	10
3	Cataract	白内障	7
4	Breast Cancer	乳腺癌	4
5	Asthma	哮喘	3
6	Prostate Cancer	前列腺癌	3
7	Schizophrenia	精神分裂症	3
8	Dry Eye	干眼症	2
9	Intracranial Aneurysm	颅内动脉瘤	2
10	Major Depressive Disorder	重度抑郁症	2
11	Mitral Regurgitation	二尖瓣关闭不全	2

续表

序号	适应证		临床试验注册数量/项
	英文名称	中文名称	
12	Myopia	近视	2
13	Obesity	肥胖	2
14	Parkinson Disease	帕金森病	2
15	Varicose Veins of Lower Limb	下肢静脉曲张	2

4. 产品与产业

截至2021年12月10日，国内上市医疗器械34 024个，其中国产医疗器械33 050个，进口医疗器械974个，基本与往年持平。上市的国产医疗器械中，第一类医疗器械19 693个，第二类医疗器械12 412个，第三类医疗器械945个。进口医疗器械中，第一类医疗器械513个，第二类医疗器械226个，第三类医疗器械235个（图11-8）。

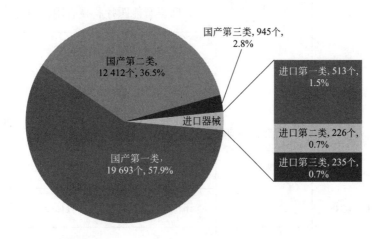

图11-8 2021年中国上市医疗器械类型与数量占比

数据来源：NMPA数据库，GBI数据库（检索日期为2021年12月10日）。

人工智能医疗器械是近两年新兴的医疗器械类型，此类器械应用了新一代机器学习算法，对医学影像或生理数据进行分析，以实现辅助临床医生诊断和患者数据智能监测等目的。2017年以来，此类医疗器械陆续在美国、日本、欧盟等国家/地区上市，搭载此类技术的医疗器械范围逐渐扩大，应用场景日趋丰富。

根据《国家药监局关于发布人工智能医用软件产品分类界定指导原则的通告》（2021年第47号）对于算法在医疗应用中成熟度低的人工智能医

用软件,若用于辅助决策,如提供病灶特征识别、病变性质判定、用药指导、治疗计划制定等临床诊疗建议,按照第三类医疗器械管理;若用于非辅助决策,如进行数据处理和测量等提供临床参考信息,则按照第二类医疗器械管理。所以通常意义上的辅助决策的人工智能医疗器械在我国需按照第三类医疗器械进行管理。

截至 2021 年 12 月 10 日,已有 21 个国产、1 个进口人工智能医疗器械产品通过审评审批在我国上市(表 11-7)。上市产品主要是基于医学影像的、加入深度学习模块的人工智能辅助检测软件,基于生理数据的辅助诊断软件或搭载了此类软件的医疗设备。

表 11-7　我国上市的人工智能医疗器械产品

器械类型	分析数据源	产品名称	生产商	上市时间
基于影像	CT影像	肺结节CT影像辅助检测	杭州深睿博联科技有限公司	2020年11月30日
			上海联影智能医疗科技有限公司	2021年06月24日
			北京推想科技有限公司	2020年12月11日
		肺炎CT影像辅助分诊与评估软件	北京推想科技有限公司	2021年03月26日
			杭州深睿博联科技有限公司	2021年03月26日
			上海联影智能医疗科技有限公司	2021年08月06日
			腾讯医疗健康(深圳)有限公司	2021年08月16日
		冠状动脉CT血流储备分数计算软件	北京昆仑医云科技有限公司	2020年1月14日
			语坤(北京)网络科技有限公司	2020年11月3日
			深圳睿心智能医疗科技有限公司	2021年4月14日
			北京心世纪医疗科技有限公司	2021年7月29日
			北京冠生云医疗技术有限公司	2021年10月20日
		骨折CT影像辅助检测软件	上海联影智能医疗科技有限公司	2020年11月09日

续表

器械类型	分析数据源	产品名称	生产商	上市时间
基于影像	X光影像	骨折X射线图像辅助检测软件	慧影医疗科技（北京）有限公司	2021年04月28日
		儿童手部X射线影像骨龄辅助评估软件	杭州依图医疗技术有限公司	2021年03月18日
	眼底图像	糖尿病视网膜病变眼底图像辅助诊断软件	上海鹰瞳医疗科技有限公司	2020年08月07日
			深圳硅基智能科技有限公司	2020年08月07日
			北京致远慧图科技有限公司	2021年06月08日
	MRI影像	颅内肿瘤磁共振影像辅助诊断软件	Hanalytics Pte Ltd	2020年06月09日
基于生理数据	心电图	心电图机 多道心电图机 心电分析软件	深圳市凯沃尔电子有限公司	2020年01月22日 2020年07月22日 2021年01月26日

注：信息来源于NMPA数据库（检索时间为2021年12月10日）。

撰稿专家：池 慧 欧阳昭连 严 舒 张 婷 陈 娟 卢 岩

第四篇

生物产业投融资分析

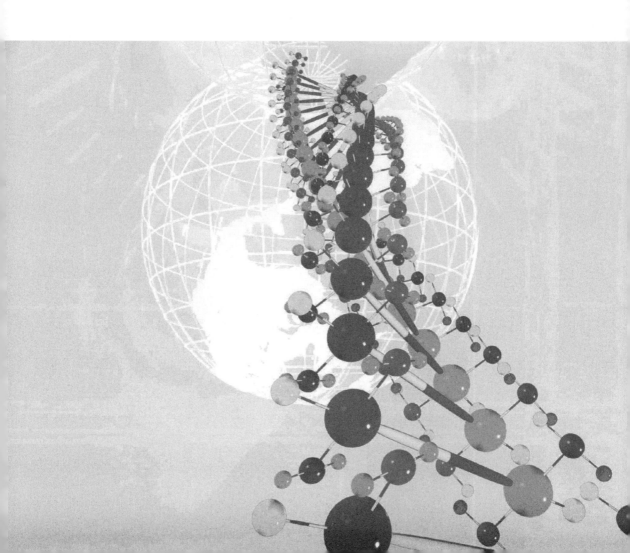

生物产业发展对策

第十二章

2021年生物投融资报告

一、国际篇

2021年的全球生物产业融资依然乘着新冠肺炎疫情的风口继续高飞。无论是技术的进步、资本市场的融资和股市的表现，均达到又一个高峰。

受宽松货币政策影响，2021年的资本市场又迎来一次流动性繁荣。纳斯达克生物技术指数（NBI）最高5517.77，跌幅为0.63%，相比纳斯达克指数21.39%的年度涨幅，2021年的生物技术市场表现平稳（图12-1）。372家公司2021年70%的股价都收跌，仅有30%收涨。其中涨幅最大的十四只股票涨幅均超过了100%，涨幅最大的PROTHENA CORP PUBLIC公司是一家总部位于爱尔兰的处于临床阶段生物技术公司。该公司致力于发现和开发针对错误折叠蛋白质或不当的细胞黏附的单克隆抗体，2021年涨幅超过302.91%；其次是Anavex Life Sciences公司，一家处于临床阶段的生物制药公司，从事阿尔茨海默病、中枢神经系统疾病、疼痛及各种癌症候选药物的开发与研究，2021年涨幅为261.11%；涨幅第三的是Gritstone bio公司，一家免疫肿瘤学公司，致力于开发肿瘤特异性癌症免疫疗法，推进抗癌个性化新抗原免疫疗法，以对抗多种类型癌症，2021年涨幅为243.15%。双环肽技术公司Bicycle以235.77%的涨幅居第四；德国从事免疫疗法的BioNTech SE公司以213.16%的涨幅位居第五，用选择性免疫蛋白酶体抑制剂治疗自身免疫疾病和癌症的Kezar Life Sciences公司位居第六，这六家公司的年度涨幅均超过200%。而2021年的明星公司MODERNA仅以139.29%的涨幅位居关注湿性黄斑变性的IVERIC bio公司（146.02%）之后居第九位。

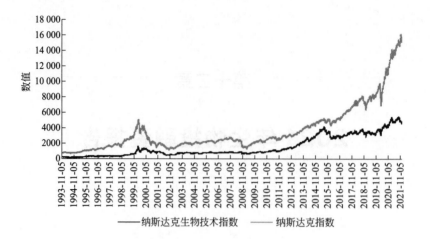

图 12-1 纳斯达克生物技术指数

数据来源：WIND 资讯，西南证券整理。

不过在市值大（>200 亿美元）的公司中，MODERNA 依然是最优秀的公司之一，涨幅仅次于德国的 BioNTech SE 公司，其他市值排名前三的阿斯利康（ASTRA ZENECA）（18.4%）、安进（AMGEN）（0.35%）和赛诺菲-安万特（5.27%）的表现均一般，阿斯利康还是新冠肺炎疫苗的赢家，但市场掀起的波澜却不大（图 12-2）。吉利德和再生元制药公司表现相对较强，作为抗疫的焦点公司。吉利德的瑞德西韦不仅为公司赚足了眼球，还贡献了利润，2021 年 12 月还获得了欧盟扩大适应证治疗新冠肺炎的批复。

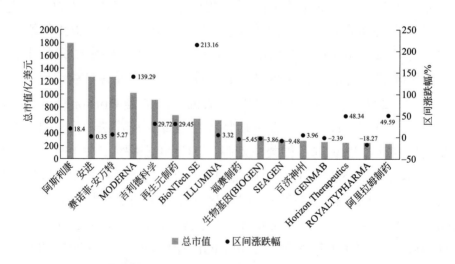

图 12-2 美国市场大市值公司 2021 年市场表现

数据来源：WIND 资讯，西南证券整理。

公司在病毒性肝炎领域以及 CAR-T 治疗肿瘤方面也成果显著，提振了市场的信心。而再生元制药公司在体内基因编辑疗法和传统优势单抗领域也有建树，获得了市场的追捧。

2021 年 2 月 11 日，治疗遗传性纯合子家族性高胆固醇血症的单抗 Evkeeza 获得 FDA 批准，6 月 27 日，Intellia Therapeutics 公司和再生元制药公司联合宣布，在研 CRISPR 体内基因组编辑疗法 NTLA-2001 在 1 期临床试验中获得积极结果。强大的研究实力和产品管线，支持再生元制药 2021 年获得 29.45% 的涨幅，成为大型生物制药公司中市场表现优秀的几家公司之一。

1. 首发融资再续辉煌

2020 年的医疗保健领域首发融资创下了 187 家 314.4 亿美元的历史纪录，2021 年这一纪录再次被改写，318.12 亿美元的融资规模超越 2020 年，而 231 家的首发融资公司数再次创下历史新纪录（图 12-3）。在细分行业中，2021 年 147 家生物科技公司融资 183.8 亿美元，其中有 74 家公司融资总规模超过了 1 亿美元，22 家公司融资规模在 2 亿美元以上，超过 5 亿美元的公司有 4 家。

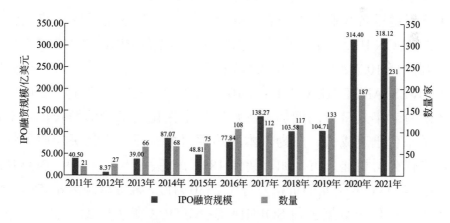

图 12-3　美国市场医疗保健 IPO 年度分析

数据来源：WIND 资讯，西南证券整理。

拔得头筹的是比尔·盖茨、ARK 参投的基因编程公司 Ginkgo，将通过反向收购实现上市，同时以 10 美元发行 1.5 亿股，融资 15 亿美元。Ginkgo 的基因编程技术可以应用于能源、医药、农业等多个领域，是合成生物学领域的独角兽。

融资排名第二的是 Healthcare Royalty 公司，专注于增长型资产和推动生物制药行业创新的新兴公司，属于生物科技领域的服务公司。公司 7 月 29 日以 15～17 美元的价格发行 4690 万股，融资总额达 79 687.5 万美元。

排名第三的是 WCG Clinical 公司，一家专注于提供显著提高临床研究质量和效率等临床试验解决方案的公司供商。公司 8 月 3 日以 61 亿美元的市值筹集 7.2 亿美元。该公司为生物制药公司和合同研究组织提供伦理审查和其他临床试验服务。

融资超过 5 亿美元的还有 SANA BIOTECHNOLOGY，一家从事细胞治疗的生物技术公司，公司期望是能够控制或修饰体内的任何基因，以替换任何受损或缺失的细胞，并显著增加获得细胞和基因药物的机会。公司 2021 年 2 月 4 日以 25 美元/股发行了 2350 万股，融资合计达 58 750 万美元。

在医疗保健设备与服务领域，2021 年首发融资规模最大的是 Ortho Clinical Diagnostics，一家英国的体外诊断公司，2021 年 1 月 28 日公司以 17 美元/股的价格发行了 7600 万股，融资总额达 12.92 亿美元。但该公司上市不到一年，就传出被收购的消息，12 月 23 日，COVID-19 检测厂商 Quidel 宣布以约 60 亿美元收购 Ortho（奥森多）。

医疗保健设备与服务领域首发融资居二、三位的是社区老年人医疗保健公司 AGILON HEALTH 和致力于医疗保健转型的 BRIGHT HEALTH 公司，二者分别融资 10.718 亿美元和 9.243 亿美元。全美最大的门诊心理健康平台公司 LIFESTANCE HEALTH 6 月 10 日以 24 美元的价格发行了 2400 万股。近几年随着老年人口量的增加和医疗服务个性化需求量的增长，若干社区医疗服务平台迅速成长，成为资本的追逐对象。而在生物医疗服务领域，若干数字化公司相继上市，如有超过 180 万个医疗专业会员的 DOXIMITY 公司 6 月 24 日以 26 美元的价格发行了 2330 万股，融资总额达 6.058 亿美元，而瑞士的一家新药数据公司 SOPHIA GENETICS 在 7 月 23 日以 18 美元的价格发行了 1300 万股，融资规模也达 2.34 亿美元。

除了美国市场，2021 年伦敦市场也有七家生物科技公司首发上市融资，最大的首发融资生物技术公司是 OXFORD NANOPORE TECHNOLOGIES（牛津纳米孔）公司，于 2021 年 9 月 30 日上市，发行价 4.25 英镑，发行数量 1.233 444 08 亿股，融资总额达 5.24 亿美元。牛津纳米孔公司成立于 2005 年，作为牛津大学的分支机构。

2. 技术领先公司增发融资热

2021年在医疗健康领域的增发融资不及2020年，269家公司263.1亿美元的增发融资总额，略低于2020年的341家公司387.83亿美元的增发融资额（图12-4）。美股市场投资者近几年特别青睐医疗健康领域，自2014年，再融资分行业数据中，医疗健康领域的再融资公司数量和再融资总额就一直领先于金融、地产和信息技术，2021年医疗健康领域的增发融资总额占四大行业总额的39.4%、融资公司数额占66.9%。

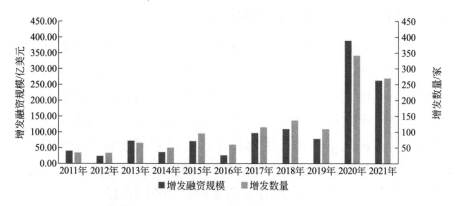

图 12-4 美国市场医疗保健领域增发融资年度数据

数据来源：WIND 资讯，西南证券整理。

融资额最大的是一家为生物制药、医疗保健、教育等客户提供关键产品和服务的全球领先供应商 AVANTOR，9月15日以42美元/股的价格发行了2083.33万股，融资总额达8.75亿美元。融资额居第二的是一家领先的基因编辑公司 INTELLIA THERAPEUTICS，公司旗下基因编辑疗法 NTLA-2001 获 FDA 孤儿药认定，7月1日公司以145美元/股的价格发行413.7931万股融资总额达近6亿美元。增发融资排名第三的是从事湿性黄斑变性药物开发的 KODIAK SCIENCES 公司，公司最先进的候选产品是 KSI-301 公司11月18日以108美元/股的价格公开发售了519.3237万股，融资总额达5.6亿美元。

增发融资额第四的是致力于开发有效低毒抗癌药物的 TYME TECHNOLOGIES 公司，他们的治疗方法旨在利用癌细胞的先天代谢弱点来破坏其防御。公司目前主要的产品是 SM-88，正处在临床试验的准备阶段。2021年2月5日，公司以74美元/股的价格发行了743万股，融资总额达近5.5亿美元。融资超过5亿美元的还有NATERA，公司是一个发展迅速的诊断公司，拥有公司专有的分子生物学和生物信息学技术平台，致力于产前诊断和肿瘤的筛查，7月22日公司公开发售450万股，发行价113美元/股，融资总额超5亿美元；此外萨雷普塔（SAREPTA THERAPEUTICS）公司拥有独特的基于RNA的稀有技术，该技术可治疗感染性疾病，该公司也于10月15日以81美元/股的价格发行了617.28万股，融资总额达近5亿美元，这也是公司继去年9月增发融资2.5亿美元后的再次融资。近两年公司股价也从最低点上涨了约7倍。

3. 并购市场，巨头继续攻城略地

2021年生物技术领域的并购依然是精彩纷呈，最主要的特点是传统优势企业继续跑马圈地，延展产业链，这些产业巨头一直在领导着行业的成长或长期服务于生物技术产业，既是生物技术产业的开拓者也是行业的红利分享者，也最能感知行业的冷暖。在生物技术越来越走向繁荣的时候，既有的服务商也不再满足于服务生物技术，而愿意深度融入生物技术产业的发展，参与的手段也不再是提供技术与设备的服务，而是资本收购。

2021年生物技术领域最大的并购案例是2021年12月赛默飞以174亿美元的价格完成对PPD的收购。PPD是一家全球领先的、为生物制药和生物技术行业提供药物研发服务的（CRO）公司。在全球拥有30 000多名专业人员，在100多个国家进行了临床试验。

伴随此次交易的完成，赛默飞将进一步拓展其在生物技术和制药领域的业务，并在临床开发领域提供涵盖从药物发现、安全性、有效性评估，到药物临床试验管理以及药物开发和生产全流程的世界级服务。

排名第二的是默沙东以每股180美元的现金完成对Acceleron的收购，总股权价值接近115亿美元。Acceleron是一家处于临床阶段的生物制药公司，专注于抗癌药和罕见药的研发，该公司主要候选药物Sotatercept具有新的作用机制，并且具有改善肺动脉高压（PAH）患者病情的潜力。美国食品药物监督管理局（FDA）和欧洲药品管理局（EMA）分别授予Sotatercept孤儿药和优先药物（PRIME）的指定，用于PAH的治疗。此次收购将进一步完善默沙东的心血管产品组合和管线，强化其业务发展战略。

排名第三的案例是2021年8月，丹纳赫以96亿美元完成对Aldevron的收购，交易金额低于100亿美元。Aldevron将以独立的运营公司运营，其品牌将加入丹纳赫生命科学平台。Aldevron创立于1998年，总部位于美

国北达科他州法戈，主要为生物技术和制药公司生产高品质的质粒 DNA、mRNA 和重组蛋白，用于研发、临床试验和商业应用等。此次收购将使丹纳赫的业务拓展至基因治疗的重要领域，并加速更多新疗法和疫苗产品的上市。

作为一家以工业仪器及设备为主要业务的公司，丹纳赫也是 2021 年在并购市场最活跃的。丹纳赫拥有以下业务：电子和测试业务、环境保护业务、医疗技术业务、运动控制业务、产品识别业务、工具和部件业务。公司此前与通用电气（GE）公司达成了最终协议，以 214 亿美元收购 GE 生命科学公司（GE Life Sciences）的 GE 生物医药（GE Biopharma）业务，并在 GE 生物医药公司（GE Healthcare Life Sciences）的基础上成立了新的公司 Cytiva。Cytiva 在蛋白质分离、水和空气过滤系统制造以及细胞培养基领域都位居行业前列。2021 年 6 月 1 日，Cytiva 还宣布完成了对脂质纳米技术公司 Precision NanoSystems（PNI）的收购。PNI 是基因药物（含 mRNA 疫苗和治疗药物）开发技术及解决方案的全球专家，其总部位于加拿大温哥华市。6 月 2 日，Cytiva 宣布已经完成对德国科学软件制造商 GoSilico 的收购，以期进一步巩固公司在生物制药工艺领域的数字化优势。

2021 年 8 月，基因测序巨头 Illumina 宣布完成以 80 亿美元收购血液检测公司 Grail 的交易（位居第四），Grail 拥有血液检测技术平台 Galleri，该平台基于 Illumina 的下一代基因测序（NGS）技术，能够检测出 50 多种癌症。收购 Grail 后，Illumina 将成为肿瘤测试供应商。Illumina 计划在未来将业务扩展至基于血液的癌症诊断、检测及癌症患者预后，到 2035 年，NGS 肿瘤筛查市场将增长到 750 亿美元。

而位居第五的交易是 2021 年 2 月 Jazz Pharmaceuticals（Jazz）以 72 亿美元收购 GW Pharmaceuticals（GW）。该笔交易使 Jazz 能够进军癫痫症市场，并将目前的产品扩展到睡眠障碍和癌症领域之外。交易的核心是 Epidiolex，被批准用于治疗 Lennox-Gastaut 综合征、结节性硬化综合征或 Dravet 综合征的癫痫发作。Epidiolex 也是 FDA 批准的第一种大麻衍生药物，并以 Epidiolex 的名字获得了 EMA 的批准。GW 有用于治疗自闭症和精神分裂症的大麻素产品管线，还有一种晚期候选药 nabiximols，在美国以外被称为 Sativex，用于治疗多发性硬化症的痉挛。Jazz 预计 2022 年约有一半的收入来自四种新药，包括 Jazz 的嗜睡药 Sunosi、小细胞肺癌药物 Zepzelca、Xyrem 姊妹药 Xywav 和血癌药 JZP-458。

位居第六的是 2021 年 7 月，珀金埃尔默（PerkinElmer）公司以约 52.5 亿美元的现金和股票收购生命科学抗体和试剂制造商 BioLegend。珀金埃尔默公司是全球最主要的科学仪器供应商之一，其业务主要集中在三个领域：生命科学，光电子学和分析仪器。它的产品涉及农产品/食品/饮料安全检测、化学分析、药物开发、环境监测、法医、基因筛查、物性表征、新生儿筛查、产前筛查、制药过程控制等诸多方面。在过去的20年里，珀金埃尔默累计进行并购超过40起。近一年多时间内，珀金埃尔默已经宣布了6起并购。

2021年3月，珀金埃尔默完成收购Oxford Immunotec。Oxford Immunotec是全球领先的潜在结核病检测试剂盒生产商，2019年持续运营业务总收入为7370万美元。这一收购让珀金埃尔默成功进入结核病诊断领域。

2021年5月，珀金埃尔默瞄准并收购了Immunodiagnostic Systems（IDS）。IDS开发、制造和销售创新的免疫分析及自动免疫分析技术产品，最具特色的是其全自动随机存取的化学发光平台，产品应用于内分泌、自身免疫以及传染病等领域。

2020年12月，珀金埃尔默收购基因编辑公司Horizon Discovery。作为CRISPR和RNAi试剂、细胞模型、细胞工程和碱基编辑产品的领先提供商，Horizon的加入扩大了珀金埃尔默在生命科学研究和应用基因组学方面的产品组合。

2021年6月，珀金埃尔默完成收购美国图像细胞成像仪产品开发商和营销商Nexcelom Bioscience。这一收购将为珀金埃尔默带来高度互补的细胞计数和分析功能产品，增强临床前产品组合，进而扩大其在细胞生物学领域地位。

2021年6月，珀金埃尔默宣布计划收购德国SIRION Biotech，再次加码生物制药和碱基编辑技术领域，获得了对于细胞和基因疗法中非常关键的基因传递技术。

传统制药巨头2021年也有不少并购动作，2021年8月3日，赛诺菲宣布以32亿美元的价格收购mRNA疫苗开发公司Translate Bio，以加快推进mRNA的部署，目标是在免疫、肿瘤和罕见病等领域释放mRNA疫苗的潜力。Translate Bio是一家处于临床阶段的mRNA治疗公司，致力于开发一类新颖的潜在变革药物，用于治疗蛋白质或基因功能障碍引起的疾病，或通过产生保护性免疫来预防感染性疾病。12月20日赛诺菲宣布支付约10亿美元的预付款收购Amunix制药公司。2021年早些时候，赛诺菲分别以19亿美元和32亿美元收购两家美国生物技术公司，Kadmon和Translate Bio。其中，Translate Bio的交易使赛诺菲获得了mRNA技术领域的一些重要专业技术，该集团将在其大多数候选疫苗中使用该技术。

此外，2021 年 2 月 1 日，Horizon Therapeutics（Horizon）宣布以大约 30.5 亿美元的数额收购 Viela Bio，Horizon 将收获 Viela Bio 公司已经获批的抗 CD19 单克隆抗体 Uplizna。

8 月 5 日，拜耳（Bayer）公司宣布，将以 15 亿美元前期付款和 5 亿美元里程碑付款的数额，收购 Vividion Therapeutics 公司。7 月 27 日，安进宣布将收购 Teneobio，收购价格为 25 亿美元，其中根据协议条款，安进将以 9 亿美元的预付款在收盘时收购 Teneobio 的所有已发行股票，及未来向 Teneobio 股权持有人支付可能高达 16 亿美元的里程碑付款，也算 2021 年比较大的并购案例。

4．新药（生物疗法）持续获得认可

2021 年，FDA 共批准 57 个新药，包括 35 个新分子实体药物，22 个生物药物（图 12-5）。2021 年，抗癌药批准仍占主导地位，占获批新药数量的 30%，抗癌药 5 年获批的平均占比为 28%。神经科药物批准数位列第二，连续第三年有 5 个新药获批。传染病和心血管疾病新药并列第三。2021 年还核准了 6 个 EUA，如果临床数据优秀，将会成为 2022 年的新药。

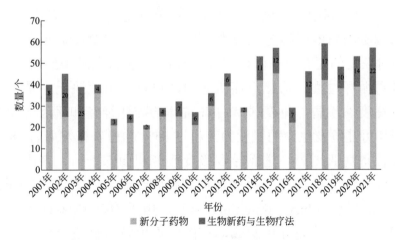

图 12-5　FDA 历年批准的新药（生物疗法）

数据来源：WIND 资讯，西南证券整理。

2021 年第一个获批的生物新药（生物疗法）是百时美施贵宝（BMS）2 月 5 日获批的治疗大 B 细胞淋巴瘤的 Breyanzi（lisocabtagene maraleucel）

疗法，该疗法由 BMS 旗下 Juno Therapeutics 开发，是一种靶向 CD19 抗原的 CAR-T 细胞疗法，也是 FDA 批准上市的第 4 款 CAR-T 疗法。2021 年获批的另一个细胞疗法是 3 月 26 日 BMS 治疗多发性骨髓瘤的 Abecma（idecabtagene vicleucel），主要用于治疗复发或难治性多发性骨髓瘤成人患者，这些患者既往经过四线及以上包括免疫调节剂、蛋白酶体抑制剂和抗 CD38 单克隆抗体的治疗。该产品由百时美施贵宝和 bluebird 联合开发，是 FDA 批准的首款靶向 BCMA 的 CAR-T 疗法，也是全球获批的第 5 款 CAR-T 疗法。

2 月 11 日再生元制药的治疗成人和 12 岁以上纯合子家族性高胆固醇血症（HoFH）Evkeeza（evinacumab）获批，产品曾在 2017 年被 FDA 授予治疗 HoFH 的突破性药物资格，是 FDA 批准的首个靶向血管生成素样蛋白 3（angiopoietin-like 3，ANGPTL3）的药物。

4 月 22 日葛兰素史克 PD1 单抗 dostarlimabshi 获得 FDA 批准，这是第 100 个抗体药物。35 年前，FDA 于 1986 年批准了首款抗体。如今，FDA 每年批准大约 10 个基于抗体的产品。2021 年葛兰素史克的 PD1 单抗 dostarlimabshi 获批，7 月 30 日阿斯利康（AstraZeneca）治疗红斑狼疮的 Saphnelo（anifrolumab-fnia）获批。Saphnelo 是一种全人源单克隆抗体，可与Ⅰ型干扰素受体的亚基 1 结合，阻断Ⅰ型干扰素（IFN）的相关活性，包括 IFN-α、IFN-β 和 IFN-κ 等。12 月 17 日还相继批准了治疗重度哮喘的 Tezspire，由阿斯利康与安进联合开发，该单抗是一款优先获准的生物制剂，通过阻断胸腺间质淋巴细胞生成素（TSLP），在炎症级联反应的顶端发挥作用；同时获批的还有再鼎医药的 Vyvgart，一款旨在减少致病性 IgG 抗体，阻断 IgG 再循环过程，治疗重症肌无力的单抗，重症肌无力是一种罕见的慢性自身免疫性疾病。免疫球蛋白 G 抗体会破坏神经和肌肉之间的沟通，引起虚弱和可能危及生命的肌无力。超过 85% 的患者在发病后 18 个月内进展为全身性重症肌无力，进而导致极度疲劳和面部表情、言语、吞咽和活动困难。该产品预期 2022 年在中国申请临床注册。12 月 27 日美国 FDA 已批准 IL-13 抑制剂 Adbry（tralokinumab），用于治疗 18 岁或以上、疾病无法通过局部处方疗法充分控制或治疗的中重度特应性皮炎成人患者。这也是 2021 年批准的最后一个单抗。

2021 年还有一个单抗引发市场高度争议，2021 年 6 月 7 日美国 FDA 不顾专家委员会的反对意见，基于临床替代终点（患者大脑中淀粉样蛋白斑块的水平）批准了 Biogen 和卫材的靶向 β- 淀粉样蛋白抗体 aducanumab 上市，FDA 要求 Biogen 在 2030 年之前确认该抗体的临床疗效。

2021年，FDA批准了两款ADC。ADC Therapeutics的loncastuximab tesirine是一款靶向CD19的ADC，用于治疗B细胞淋巴瘤。Seagen/Genmab的tisotumab vedotin是一款靶向组织因子的宫颈癌ADC。FDA目前批准ADC的数量达到了11个，在过去3年批准了其中的7个。

5月21日强生的一款靶向EGFR和MET的双特异性抗体amivantamab获批，这一类型癌症对小分子EGFR抑制剂具有耐药性。Amivantamab是第3款上市的双抗，双抗目前占临床阶段抗体管线的近20%。

2021年的疫苗市场也收获颇丰。辉瑞/BioNTech的mRNA疫苗tozinameran（Comirnaty），开创了新的先例。BioNTech于2020年1月开始研发这款COVID-19 mRNA疫苗，并于3月与辉瑞达成合作，Ⅱ/Ⅲ期试验于7月进行，12月便提供了EUA的安全性和有效性数据。在该计划启动仅1.5年后，于2021年8月获得FDA完全批准。一般而言，疫苗发现和开发的平均时间为10.7年。辉瑞除了新冠肺炎疫苗，2021年还获得了森林脑炎灭活疫苗的批文。2021年6月8日Wyeth（惠氏）的20价肺炎疫苗获批，不过没过多久，7月16日默沙东的15价肺炎疫苗也拿到了FDA的批文。

2021年还有一款新药也值得点评，诺华/Alnylam的Inclisiran 12月22日获得批准，这是第4款基于siRNA的药物。Inclisiran（ALN-PCSsc）是一种双链小干扰RNA（siRNA）分子，可抑制PCSK-9的转录，可用于高脂血症和心血管疾病。2021年7月2日，诺华制药宣布其siRNA疗法降脂新药Inclisiran（Leqvio）中国首针已于7月1日在海南博鳌乐城先行区博鳌超级医院完成注射。这意味着，继欧盟之后，中国已获准使用这一创新药。

二、国内篇

1．国内生物医药风头正盛

得益于全球生物技术的快速发展和国内资本市场的建设，2021年我国生物行业投融资也是高潮迭起，市场延续近几年的繁荣，多个指标创了历史新高。2021年国内沪深京市场有133家公司完成了1347.85亿元的融资，融资公司数和融资总额同比分别增长30.4%和19.16%，双双再创历史新高（图12-6）。其中61家公司首发融资933.4亿元，65家公司完成增发融资363.94亿元，7家公司完成可转债发行和可交换债融资50.52亿元。

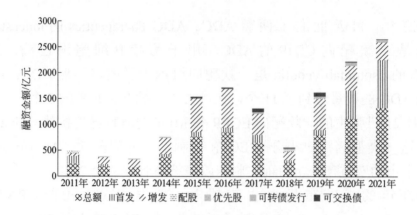

图 12-6 国内资本市场制药、生物科技与生命科技融资年度分析

数据来源：WIND 资讯，西南证券整理。

近几年国内生物科技企业如雨后春笋般涌现，海外科技人才回归创业带动了国内生物科技产业的整体提升。尤其是在生物技术和小分子药物领域，发展迅速。技术推动的行业发展也带来了行业资产质量的改善，盈利水平提高，资产负债率下降。2021 年 1—11 月医药制造业实现收入 26 094.60 亿元，同比增长 20.9%，实现利润 5403.5 亿元，同比增长 70.8%，利润率水平相比 2020 年提高 6.6 个百分点（图 12-7）。

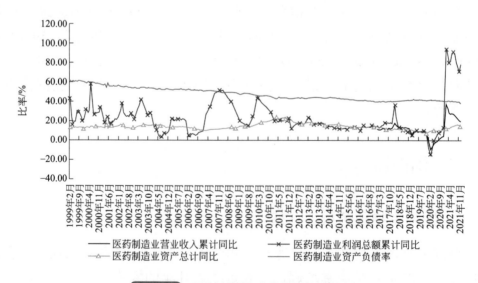

图 12-7 医药制造业行业营收及资产指标

数据来源：WIND 资讯，西南证券整理。

行业资产合计 43 258.4 亿元，同比增长 16%，负债合计 17 344 亿元，行业资产负债率为 40.09%，处于历史最低水平（图 12-7）。直接融资规模的增长和疫苗的生产是2021年行业资产与营收水平改善的主要因素。而直接融资的快速增长，又受益于资本市场的建设，继2019年上海设立科创板之后，2021年北京证券交易所也迎来了开业。

从上市公司数据看，行业也处于高景气区间，主要体现在收入和利润高速增长，2021年三季度报告披露，生物科技公司合计实现收入1852.16亿元，同比增长45.2%，实现净利润592.1亿元，同比增长62.9%，研发费用支出78.51亿元，同比增长47.6%。在营收高增长研发支出快的同时，公司"三费"却呈现下降态势，销售费用265.57亿元，同比增长27.7%，管理费用117.22亿元，同比增长24.9%，财务费用9.3亿元，同比下降51.9%（图12-8）。

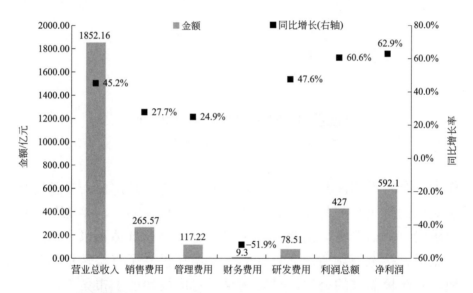

图12-8 2021年三季度上市公司生物医药板块营收及财务指标

数据来源：WIND资讯，西南证券整理。

数据显示，随着行业的快速发展，直接融资的改善，生物科技上市板块的质量进一步提升，不仅营收快速增长，而且在商业环境治理和基本药物目录集采的双重影响下，企业三费下降明显，有力的增加了公司的盈利。

2. 市场建设催生首发融资红利

2021年的61家内地市场首发融资主要由科创板推动。从首发公司板块与市场看，61家公司分布在上证主板2家、科创板37家，深圳创业板（简称创业板）19家，北京证券交易所（简称北证）3家，从融资额结构看，科创板融资 634.57 亿元，首发融资占比为 68%，创业板首发融资 259.94 亿元，占比为 28%，上证主板融资 31.47 亿元，占比为 3%，新设一月有余的北证融资额为 7.42 亿元（图 12-9）。

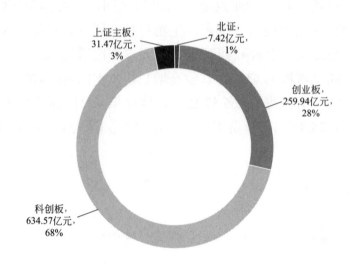

图 12-9　内地市场首发融资市场结构分析

数据来源：WIND 资讯，西南证券整理。

作为一个新设的证券交易所，北京证券交易所是定位于专精特新中小科技型企业的融资与交易场所。相比创业板，规模略小，相比科创板，硬科技要求没有那么严格，由此能满足更广泛的企业群体诉求。而且作为一个中小企业直接融资场所，北京证券交易所还设立了直接转板条件，对于成长快、有转板需求的公司，只要满足了对应板块的上市条件，就可以申请转板。2021 年德源药业、梓橦宫和锦好医疗分别融资 3.09 亿元、2.23 亿元和 2.10 亿元，作为一个比创业板和科创板门槛更低的市场，相信未来北京证券交易所的生物技术企业群体会迅速壮大。

科创板自 2019 年设立后，专门为硬科技而且未盈利的企业设置了上市指标体系，使得许多研发型企业纷纷获得上市融资资格。2021 年相继有百济神州、迈威生物、亚虹医药、迪哲医药、汇宇制药和上海谊众六家上市融资。百济神州还是 2021 年 IPO 融资总额的冠军，公司以 221.60 亿元的融资规模刷新了行业多年的纪录，作为在美国和香港两地上市的生物科技公司，近几年已经多次刷新行业的纪录，成为市场的焦点，此次回归内地资本市场，再次刷新了市场投资者的认知。义翘神州以 49.80 亿元的融资额居第二，公司作为国内生物试剂行业的领先企业，公司发行价格高达 292.92

元/股，也刷新了生物医药行业在内地资本市场发行的价格纪录；排名第三的是成大生物，公司是一家从事疫苗产品研发与生产的生物科技公司，上市前一直为A股公司辽宁成大贡献业绩，此次上市属于分拆上市，10月19日，公司以融资45.82亿元的规模居2021年融资第三位。

创业板2021年也很活跃，除了前述义翘神州49.80亿元的融资额居行业年度第二外，可孚医疗、百诚医药、中红医疗、华兰股份、优宁维和诚达药业都获得了市场的认可，融资规模均高于预期130%～237%。

香港市场2021年首发融资总额不及2020年，但融资公司数量还是创出了新高，融资总额738亿港元，同比下降28.5%，但融资公司数增长的19%，达31家（图12-10）。融资排名第一的是国内领先的全球创新药CDMO解决方案提供商凯莱英，作为国内深圳中小板上市企业，公司于2021年11月底在香港交易所以388港元/股的价格发行了1841.54万股，融资额达71.45亿港元。

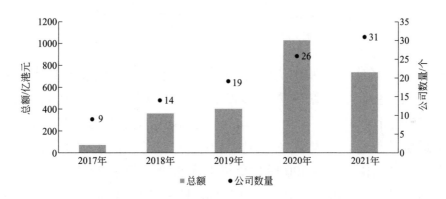

图 12-10 香港市场生物医药首发融资年度分析

数据来源：WIND资讯，西南证券整理。

香港市场自2018年4月30日改革上市规则以来，吸引了大量的内地生物科技公司在港交所上市，但随着国内资本市场建设日益完善，内地市场的上市门槛越来越接近国际先进标准，特别是科创板和北交所的设立，为早期生物科技公司量身打造了很好的上市标准，港交所的吸引力对于内地生物科技公司而言，似乎略有下降。

3. 流动性与行业变革制约再融资增长

2021年虽然资本市场直接融资总额在首发融资的拉动下创出新高，但以增发、配股、可转换债券和可交换债券为代表的再融资却不是很理想，整个制药、生物科技与生命科学板块再融资总额再次下降30.6%，至390.16亿元，这是继2020年下降21.6%之后的再一次下降（图12-11）。在390.16亿元中，增发融资339.64亿元，占比为87.05%，可转债和可交换债融资50.52亿元，没有公司完成配股融资。

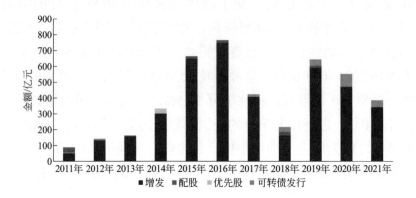

图12-11 制药、生物科技与生命科学再融资年度变化分析

数据来源：WIND资讯，西南证券整理。

2021年市场实施增发融资的有31家，其中融资规模最大的是三家血液制品公司派林生物、天坛生物和博雅生物，分别融资33.47亿元、33.40亿元和24.57亿元，此外还有十家公司完成了10亿元以上的增发融资。

再融资的低迷，也与市场表现密切相关，2021年国内股市表现欠佳，沪深市场冲高回落，沪深300指数全年下降5.2%，相比2020年的强势表现，生物科技板块指数2021年也下跌4.36%，略强于沪深300指数，但板块跌多涨少，若干个股持续走低（图12-12）。

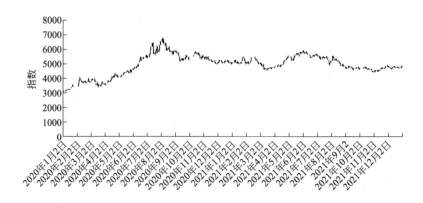

图12-12 内地市场生物科技板块指数2020—2021年运行图

数据来源：WIND资讯，西南证券整理。

从市值排名居前的公司看,市值在300亿以上的公司有23家,2021年涨幅最大的是凯赛生物,公司是一家以合成生物学等学科为基础,利用生物制造技术,从事新型生物基材料的研发、生产及销售的高新技术企业,目前的主要产品是生物基聚酰胺以及可用于生物基聚酰胺生产的原料,是全球领先的利用生物制造规模化生产新型材料的企业之一,也是中国合成生物学领域的领军企业。公司2020年8月上市,目前市值超过700亿元。市场表现次之的是昭衍新药和万泰生物,前者主要从事以药物非临床安全性评价服务为主的药物临床前研究服务和实验动物及附属产品的销售业务,后者是国内领先的体外诊断试剂、体外诊断仪器与疫苗的研发、生产及销售的生物科技企业。

23家大于300亿市值的公司中,2021年有14家表现为下跌,其中安图生物(−50.34%)、甘李药业(−46.63%)、康泰生物(−43.37%)、长春高新(−39.45%)和华兰生物(−30.45%)跌幅居前。在全部107家生物科技公司中,2021年有五家公司年度涨幅超过了100%,分别是华恒生物(269.30%)、热景生物(200.40%)、诺思兰德(151.47%)、凯赛生物(118.34%)和泰林生物(104.55%)(表12-1)。其中华恒生物也是一家以合成生物学、代谢工程、发酵工程等学科为基础的化工产品生产企业。热景生物是科创板设立之初就上市的早期科创板上市生物企业,主打肝脏疾病、心脑血管类疾病以及感染炎症类疾病检测三大系列,其特色的上转发光免疫分析技术,荣获2015年国家技术发明奖二等奖,是目前国内唯一获得此奖项的免疫诊断方法。公司以过硬的技术优势和产品市场竞争力,获得了投资者的认可。

表12-1 2021年内地市场大市值公司证券年度涨跌幅分析

证券代码	证券简称	2021年涨跌幅/%	总市值/亿元
603259.SH	药明康德	5.84	3472.85
300122.SZ	智飞生物	−15.52	1993.60
603392.SH	万泰生物	53.99	1344.59
300896.SZ	爱美客	48.01	1159.93
000661.SZ	长春高新	−39.45	1098.41
300759.SZ	康龙化成	17.50	1064.42
300347.SZ	泰格医药	−20.78	1057.28
300142.SZ	沃森生物	45.85	894.23
688065.SH	凯赛生物	118.34	767.86
688363.SH	华熙生物	6.20	745.44
300601.SZ	康泰生物	−43.37	677.00
688185.SH	康希诺-U	−19.93	539.29

续表

证券代码	证券简称	2021年涨跌幅/%	总市值/亿元
002007.SZ	华兰生物	−30.45	531.62
002252.SZ	上海莱士	−7.59	459.72
688105.SH	诺唯赞	24.19	424.01
603127.SH	昭衍新药	56.96	402.58
600161.SH	天坛生物	−30.35	397.67
603087.SH	甘李药业	−46.63	394.99
300676.SZ	华大基因	−31.50	363.42
603658.SH	安图生物	−50.34	322.80
688690.SH	纳微科技	−28.01	319.40
688739.SH	成大生物	−4.84	317.04
300357.SZ	我武生物	−25.12	300.01

注：数据来源于WIND资讯，西南证券整理。

33家港股公司2021年也完成了376.3亿港元的再融资，相比2020年的数据，再融资公司数量和融资总额分别下降了19.5%和54.46%（表12-2）。药明生物2021年2月以112港元/股的价格发行了118万股，融资132.16亿港元，拔得港股医疗健康领域再融资头筹。其次是信达生物，以90.90港元/股的价格发行了52万股，融资47.2680亿港元居次席，诺诚健华以14.45港元/股的价格完成了30.4895亿港元的再融资居第三。

表12-2 港股2021年重点生物医疗公司证券再融资明细

证券代码	证券名称	公告日期	发行数量/百万股	价格/（港元/股）	发行方式	募资总额/百万港元
2269.HK	药明生物	2021-02-03	118	112.00	配售	13 216.00
1801.HK	信达生物	2021-01-15	52	90.90	配售	4726.80
9969.HK	诺诚健华-B	2021-02-03	211	14.45	配售	3048.95
1877.HK	君实生物	2021-06-16	37	70.18	配售	2596.66
1548.HK	金斯瑞生物科技	2021-05-14	103	18.66	配售	1921.98
2500.HK	启明医疗-B	2021-01-22	18	80.08	配售	1441.44
1951.HK	锦欣生殖	2021-02-02	80	15.85	配售	1268.00
2186.HK	绿叶制药	2021-01-31	292	4.28	配售	1249.18
9926.HK	康方生物-B	2021-01-07	30	39.60	配售	1188.00
9939.HK	开拓药业-B	2021-05-26	18	64.50	配售	1161.00
6855.HK	亚盛医药-B	2021-02-04	27	44.20	配售	1193.40

注：数据来源于WIND资讯，西南证券整理。

4. PE、VC 机构青睐生物科技

一级市场股权融资连续三年走低。无论是投资金额还是投资案例,均呈现明显的下降态势。2021 年,制药、生物科技与生命科学投资 615.1 亿元(1 美元按 6.45 元人民币计),医疗保健设备与服务投资 364.3 亿元,分别下降 20.3% 和 13%(图 12-13)。连续第三年呈现下降趋势。

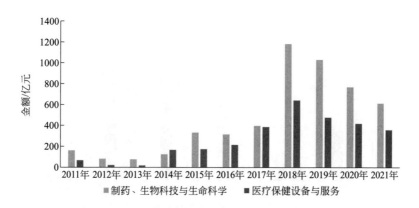

图 12-13 生物制药与医疗健康 PE、VC 融资年度分析

数据来源:WIND 资讯,西南证券整理。汇率按 1 美元兑 6.45 元人民币计。

从投资案例数量看,似乎比投资金额要好些,2021 年制药、生物科技与生命科学领域 PE 与 VC 基金投资了 449 个投资项目,医疗保健设备与服务领域投资了 226 个,分别增长 13.7% 和 7.6%(图 12-14)。

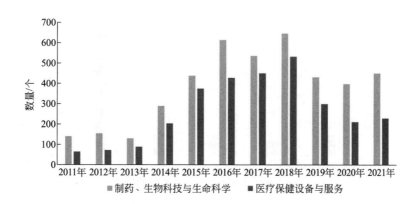

图 12-14 生物制药与医疗健康 PE、VC 融资案例年度分析

数据来源:WIND 资讯,西南证券整理。

从投资的轮次分析，2021 年 PE、VC 投资在继续前移，天使轮（Angel）和 A 轮不仅投资案例数增长显著，投资金额也高于 2020 年。2021 年相比 2020 年，天使轮投资案例数量增长 114.3%，投资金额增长 447.8%，A 轮投资案例数量增长 25.6%，投资金额增长 813.65%（图 12-15、图 12-16）。B 轮投资案例数量增长 25.9%，但投资金额下降了 9.9%。C 轮及 D 以后轮次也是这个特点，战略投资（Strategy）则表现为投资案例和投资金额双双下降。

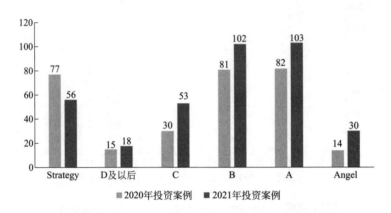

图 12-15　PE、VC 生物科技及生命科学投资轮次案例分析

数据来源：WIND 资讯，西南证券整理。

这一特点说明随着资本市场的改革与创新，越来越多的企业能够顺利在资本市场融资。投资前移甚至更多在天使轮寻找机会成为了风险资本的最佳选择。

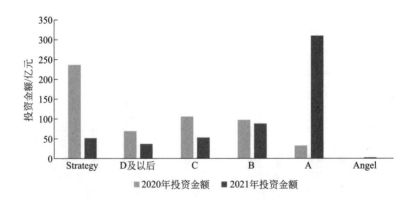

图 12-16　PE、VC 生物科技及生命科学投资轮次金额分析

数据来源：WIND 资讯，西南证券整理。

2021年在生物科技及生命科学领域有30家公司获得的PE、VC投资资金超过5亿元人民币,其中苏州艾博生物科技有限公司以16.2亿美元拔得头筹,投资分为两期,分别为B轮的6亿人民币和C轮的7.2亿美元以及C+轮的3亿美元,时间分别为4月、8月和11月,每轮融资间隔时间短(表12-3),创下了近几年国内生物科技公司的融资纪录。这家2019年1月才成立的生物科技公司是一家专注于信使核糖核酸(mRNA)药物研发的处于临床期创新型生物医药公司,拥有业界领先并具有自主知识产权的mRNA和纳米递送技术平台。公司已建立了丰富的产品管线,涵盖传染病防治和肿瘤免疫等领域。

表12-3 PE、VC、2021年投资生物科技及生命科学重要案例分析

披露日期	融资企业	行业	地域	融资轮次	融资金额/万元	融资币种
2021-08-19	苏州艾博生物科技有限公司	生物科技	苏州市	C	72 000.00	美元
2021-11-30	苏州艾博生物科技有限公司	生物科技	苏州市	C+	30 000.00	美元
2021-12-28	澳斯康生物制药(海门)有限公司	生物科技	南通市	D	150 000.00	人民币元
2021-06-03	斯微(上海)生物科技有限公司	生物科技	上海市	B	120 000.00	人民币元
2021-11-11	翼思生物医药(上海)有限公司	生物科技	上海	A	18 000.00	美元
2021-03-05	上海镁信健康科技有限公司	生物科技	上海市	B+	100 000.00	人民币元
2021-05-10	杭州多禧生物科技有限公司	生物科技	杭州市	C	100 000.00	人民币元
2021-03-24	腾盛博药医药技术(上海)有限公司	生物科技	上海市	C	15 500.00	美元
2021-08-06	北京昭衍生物技术有限公司	生物科技	北京市	B	15 000.00	美元
2021-01-09	维昇药业(上海)有限公司	生物科技	上海	B	15 000.00	美元
2021-01-03	喜康(武汉)生物医药有限公司	生物科技	武汉市	A	12 500.00	美元
2021-07-22	北京吉因加科技有限公司	生物科技	北京市	C	75 000.00	人民币元
2021-11-26	山东福瑞达生物股份有限公司	生物科技	济南市	Strategy	73 800.00	人民币元

续表

披露日期	融资企业	行业	地域	融资轮次	融资金额/万元	融资币种
2021-08-16	数坤（北京）网络科技股份有限公司	生物科技	北京市	Strategy	70 000.00	人民币元
2021-09-16	南京驯鹿医疗技术有限公司	生物科技	南京市	C	10 800.00	美元
2021-05-13	科望（苏州）生物医药科技有限公司	生物科技	苏州市	C	10 500.00	美元
2021-07-02	苏州圣诺生物医药技术有限公司	生物科技	苏州市	E	10 500.00	美元
2021-08-27	河南真实生物科技有限公司	生物科技	平顶山市	B	10 000.00	美元
2021-07-13	杭州阿诺生物医药科技有限公司	生物科技	杭州市	D	10 000.00	美元
2021-08-22	深圳原力生命科学有限公司	生物科技	深圳市	Strategy	10 000.00	美元
2021-04-08	苏州艾博生物科技有限公司	生物科技	苏州市	B	60 000.00	人民币元
2021-02-09	武汉滨会生物科技股份有限公司	生物科技	鄂州市	Strategy	60 000.00	人民币元
2021-03-24	宜明昂科生物医药技术（上海）有限公司	生物科技	上海市	C	8900.00	美元
2021-01-06	上海拓臻生物科技有限公司	生物科技	上海市	C	8700.00	美元
2021-10-22	杭州觅因生物科技有限公司	生物科技	杭州市	C	8700.00	美元
2021-01-04	山东博安生物技术有限公司	生物科技	烟台市	Strategy	54 178.16	人民币元
2021-05-07	深圳复诺健生物科技有限公司	生物科技	深圳市	D	8000.00	美元
2021-10-18	华辉安健（北京）生物科技有限公司	生物科技	北京市	A+	50 000.00	人民币元
2021-04-14	北京星汉博纳医药科技有限公司	生物科技	北京市	C	50 000.00	人民币元
2021-07-09	上海森亿医疗科技有限公司	生命科学工具和服务	上海市	E	50 000.00	人民币元

注：数据来源于WIND资讯，西南证券整理。

融资额排名第二的是澳斯康生物制药（海门）有限公司，公司于2017年3月在江苏省南通市海门生物医药科创园成立。专注于生物制药CDMO服务，主要承接重组蛋白类产品的工艺开发业务，为本土及跨国制药企业及生物技术公司提供创新药的工艺研发及制备、工艺优化、放大生产等服务。2021年底前完成了15亿元的D轮融资。

融资额排名第三的是斯微（上海）生物科技有限公司，这家2016年5月成立于中国（上海）自由贸易试验区的生物科技企业，是国内第一家也是目前唯一一家专注于mRNA癌症个体化疫苗及miRNA靶向癌症干细胞的药物研发的高科技生物技术公司。2021年6月公司完成了B轮12亿元的融资。

2021年融资超过10亿元人民币的生物科技公司还有翼思生物医药（上海）有限公司（1.8亿美元）、上海镁信健康科技有限公司（10亿元）、杭州多禧生物科技有限公司（10亿元）、腾盛博药医药技术（上海）有限公司（1.55亿美元）和北京昭衍生物技术有限公司（1.5亿美元）。

根据可统计数据，从地域分布看，2021年生物科技领域获得PE、VC融资前十名的城市分别是上海、苏州、北京、杭州、深圳、广州、南京、武汉、烟台和成都（图12-17）。上海以123.3亿元34个投资案例位居城市第一，苏州以96.8亿元10个投资案例居第二，主要是艾博生物贡献大，北京以58.8亿元20个案例居第三，但若干按可统计投资金额的案例数看，20个投资案例可以排名第二。而中部和西部仅有武汉和成都入围十强。

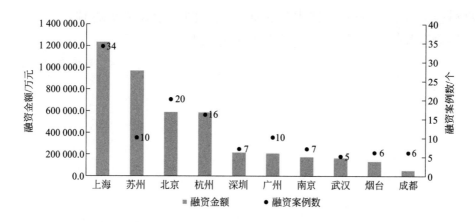

图12-17 2021年国内生物科技PE、VC融资主要城市分布

数据来源：WIND资讯，西南证券整理。

在科创板生物科技公司中，江苏、上海、北京的公司数量已经遥遥领先于其他地区，分别以18家、17家、15家排名前三（图12-18）。合计占整个板块公司数量的60.2%，从行业区域发展积聚区来看，这几个省市均有知名的生物产业园，如位于北京中关村、亦庄、大兴等的生物产业园，上海张江的生物产业园，江苏泰州和苏州的生物产业园。聚集效应已经开始成为引领中国生物产业快速增长的重要特征。

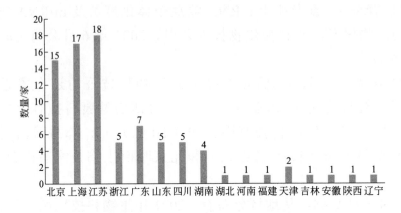

图12-18 科创板生物科技公司地区分布分析

数据来源：WIND资讯，西南证券整理。

从2021年生物科技的总体表现看，全球生物科技产业呈现全面、快速增长，无论是技术的进步还是公司的成长，均交出了优异的答卷。国内生物科技产业在政策的呵护与支持下，也呈现快速追赶的势头。尤其是新兴生物科技公司，在融资、技术与企业营收方面，增长势头迅猛。

生物科技，正迈入一个蓬勃发展的时代！

撰稿专家：张仕元

第五篇

生物专利分析

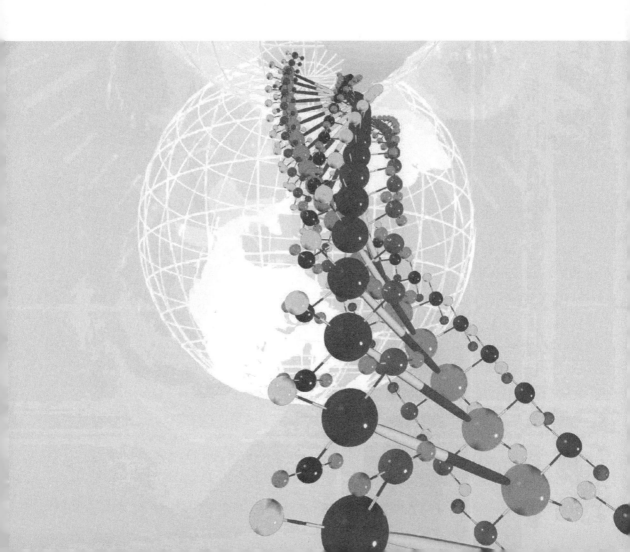

主机与分机

第十三章

抗体药物专利分析

抗体是生物体受到抗原物质刺激后，由 B 淋巴细胞转化为浆细胞产生的、能与相应抗原发生特异性结合反应的免疫球蛋白，一般可以分为多克隆抗体和单克隆抗体。自 1975 年乔治斯·克勒和色萨·米尔斯坦建立 B 淋巴细胞杂交瘤技术以来，单克隆抗体药物技术的研发得到了极大的促进。2021 年 4 月，随着葛兰素史克 PD-1 抗体 dostarlimab 的获批，FDA 累计批准了 100 个抗体相关药物，世界进入了"百抗"新时代。

对抗体药物相关专利进行了分析，数据来自国家知识产权局智能化检索系统，数据库为 DWPI 和 CNABS，检索终止日为 2021 年 12 月 13 日，鉴于专利申请延迟公开，检索结果中 2019 年之后的专利申请量比实际申请量要少。此外，全球专利数据主要在 DWPI 数据库中检索得到，同一项发明创造在多个国家申请而产生的一组内容相同或基本相同的系列专利为同族专利，记为一项；而单独的专利则记为一件。

一、抗体药物态势分析

共检索获得 92 549 项抗体药物相关专利申请（图 13-1），可以看出，自 1981 年以来，抗体药物相关专利申请量一路走高，至 2003 年出现第一个峰值，随后回落至每年 3000 项以上，进入稳步增长阶段，2014 年之后再次进入快速发展阶段，2017 年突破 4000 项，2019 年突破 5000 项。第一个爆发点的出现主要与人类基因组计划有关，抱着"跑马圈地"的目的，一时之间涌入了一大批抗原及其抗体相关的专利申请，但通过追踪可以发现，这些申请随后大多不了了之。而第二个爆发点的出现则可能与免疫检查点抗体有关。其中，CTLA-4 抗体于 2011 年获得 FDA 批准，但由于其适应证范围相对受限，并未能明显引发研发热潮，2014 年 PD-1 抗体 nivolumab 率先在日本获批，成为全球第一个获批的 PD-1 抑制剂，此后 4 年时间，在全球获批用于 9 个瘤种，17 项适应证。自此，免疫检查点相关抗体的研发全面开花，更多种类的免疫检查点进入医药研发的视野，与第一次爆发不同，免疫检查点抗体药物引领的第二次申请量大增长，将是更为持久而有成效的。可以预见的是，随着对人体免疫系统和肿瘤逃逸机制的进一步研究以及新靶点的开发，抗体药物专利的申请量将会持续走高。

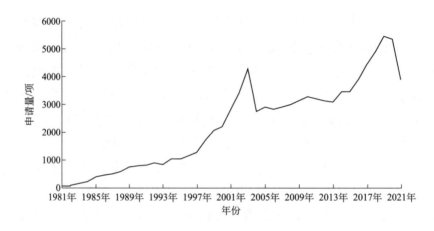

图 13-1 近 40 年抗体药物专利申请量年度趋势

对近 20 年的抗体相关专利所涉及的适应证进行分析（图 13-2），可以看出肿瘤（24 428 项）作为最主要的适应证"一骑绝尘"，占据绝对的优势，随后是免疫系统疾病或过敏性疾病（11 511 项）以及感染类疾病（10 127 项）。进一步地通过年度趋势可以看出（图 13-3），在早期，对于肿瘤、免疫相关疾病或感染类疾病相关的抗体药物研发基本是并驾齐驱的，但是，随着技术的发展，抗体药物作为肿瘤靶向药物的技术优势进一步凸显，与肿瘤相关的抗体药物专利申请一路走高，而免疫相关疾病和感染类疾病相关的抗体专利申请则呈现出偶有起伏，整体平稳发展的态势。特别是免疫检查点抗体药物批准上市后，抗肿瘤抗体相关专利技术的产出速度进一步加快，与免疫相关疾病或感染类疾病拉开了更大的距离，抗肿瘤抗体在当下与未来都会是抗体药物中的主流,但免疫相关疾病或感染类疾病也并不会退潮,特别是感染类疾病,对于突发的全球大规模传染病,小分子抗感染药物的研发遇到挫败与瓶颈时,抗体药物可能会成为治疗的希望。

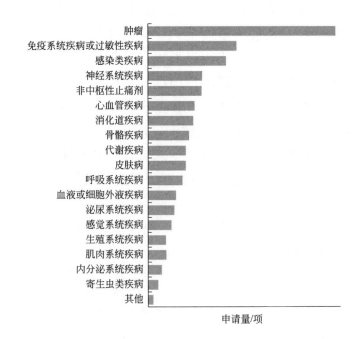

图 13-2　近 20 年抗体药物相关专利所涉及的适应证排名情况

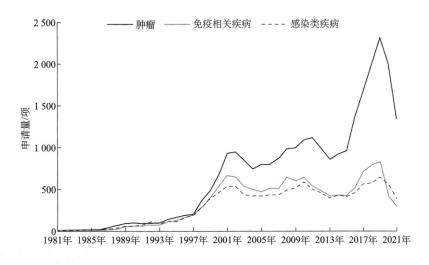

图 13-3　近 40 年三种适应证相关抗体药物专利申请量年度变化趋势

二、抗体药物国家/地区分析

以同族专利中首次申请所在的国家/地区作为专利技术的来源国/地区，对其进行分析（图13-4），能够发现，在抗体药物领域，美国始终占据着领先优势，并以大体量的申请量与第二梯队拉开了明显的距离，表明美国拥有强劲的抗体药物专利技术研发能力，同时在抗体药物领域，拥有相当强的专利控制能力，但通过对比可以看出，虽然在短期之内美国在全球抗体药物领域的优势地位难以被撼动，但欧洲和中国与之的差距已经有所缩小，特别是中国，随着国内抗体研发和生产技术的快速发展和成熟，单就近20年的申请量来看，已经反超了欧洲，成为了全球第二大抗体药物专利技术产出地，中国和欧洲基本形成了全球抗体药物技术领域的第二梯队，之后则是日本、澳大利亚、韩国、俄罗斯等国家，其排名相对稳定。

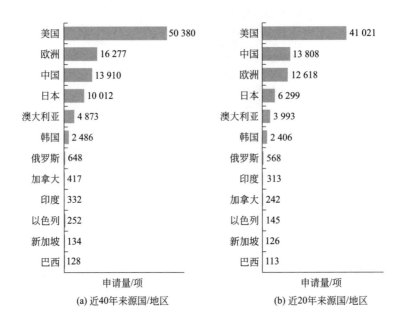

图13-4 近40年（a）或近20年（b）抗体药物来源国/地区对比

在专利申请过程中，往往需要综合考虑产品目标市场的受众体量和经济实力以及产业竞争对手所在地等等专利布局的考量要素决定是否在该国家和/或地区进行专利布局，特别是对于抗体药物这种研发技术和资金要求高且治疗费用也相对较高的专利技术而言，越是技术实力强、市场容量大、经济发达的国家和地区，就越会成为市场竞争的必争之地。就专利布局的目标国/地区来看（图13-5），美国和欧洲当仁不让地排在专利布局的第一名和第二名，日本、澳大利亚、加拿大和韩国等国家名列前茅，随着科技实力和经济实力的增强，中国也日益成为重要的专利布局地，以近20年的专利布局情况来看，已经超过日本和澳大利亚，跃居全球第三的位置，成为全球重要的专利布局地，当然这也与中国抗体药物相关专利申请量的快速跃升有关，因为来自中国的专利申请大多会在本土进行专利布局。

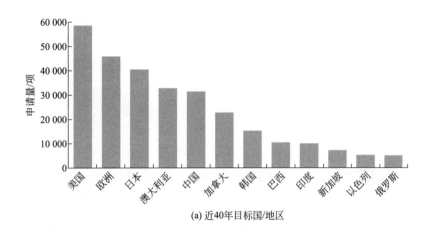

(a) 近40年目标国/地区

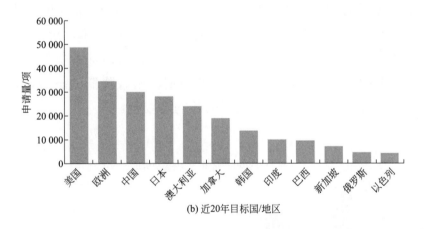

(b) 近20年目标国/地区

图13-5 近40年（a）或近20年（b）抗体药物目标国/地区对比

对五个国家/地区，即美国、欧洲、日本、韩国、中国的近20年专利来源与布局情况进行进一步地交叉分析（图13-6），各国均首要地选择了本土作为专利布局地，美国和欧洲则互为全球最主要的专利申请流动方向，其次均选择了日本作为其海外专利布局地，但比较占比计算结果可以发现，欧洲更为重视海外布局。对于中国而言，海外布局的总量并不高，对于美国、欧洲和日本市场的重视程度是近似的。

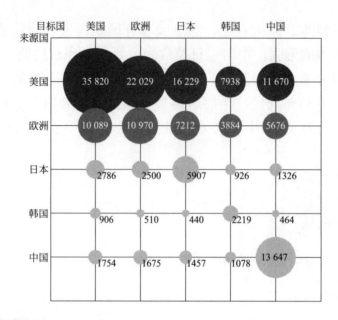

图 13-6　近 20 年抗体药物相关专利申请"五局"流向（单位：项）

对美国、欧洲、日本、韩国和中国的 PCT 申请在总申请量中的占比进行统计计算（图 13-7）可以看出，欧洲、美国、日本和韩国近 20 年来，通过 PCT 途径提出的专利申请占比有所提高，特别是日本，近 20 年的 PCT 申请量占比已经和韩国拉开了一定的距离，而美国则基本保持稳定态势，略有提高。中国 PCT 申请却呈现出基本稳定、略有降低的态势，说明我国抗体药物产业要想"走出去"，还有很长的路要走。

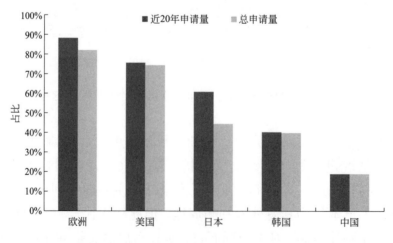

图 13-7　抗体药物相关 PCT 专利申请量占比变化

三、抗体药物中国专利申请情况

在 CNABS 数据库中对抗体药物相关中国专利申请进行检索,近 20 年共有 44 226 件专利申请,总体呈现出稳步攀升的态势(图 13-8)。我国近年来在生物技术方面有了长足的进步,也已经有数款自主研发的抗体药物获得了上市批准,国内申请人的申请量在总量中的占比不断增加,但总体而言,仍然是国外来华申请量占大多数。这一方面反映出,中国作为全球重要市场之一,得到了外国申请人的充分重视,在中国进行了大量的专利布局,另一方面也反映出,我国发展较晚,但增速较快,正处在奋力追击。

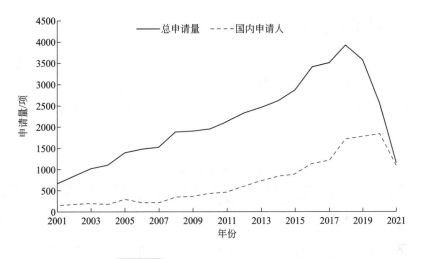

图 13-8 抗体药物相关中国专利申请

从申请量的省市地区分布(图 13-9)来看,主要集中在北京、江苏、上海、广东、浙江等地,与国内抗体药物产业分布,乃至生物药物技术研发地基本一致。

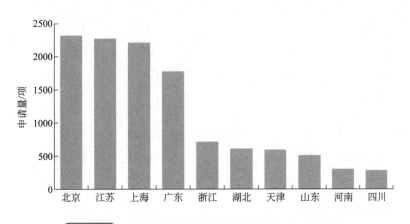

图 13-9 我国抗体药物相关专利排名前 10 的省市地区

四、罗氏抗体药物专利分析

罗氏集团是全球领先的生物制药公司之一，其抗体药物技术也处于全球领先地位，罗氏集团涉及抗体药物的专利申请数量是世界第一，超过3000项。2009年罗氏收购基因泰克公司，基因泰克公司拥有独特的抗体药物技术平台，以及曲妥珠单抗、利妥昔单抗、贝伐珠单抗等明星抗体药物产品，对其收购增强了罗氏抗体药物的研发实力。罗氏的抗体药物也一度成为我国仿制药物的热门原研药。对罗氏集团的抗体药物专利进行分析，期待对我国制药公司尤其是抗体药物制药公司提供参考。

（一）罗氏上市抗体药物

罗氏自1997年上市抗体药物Rituxan起，至今共上市抗体药物14种，其中Zenapax因市场原因退市、Raptiva因安全原因退市，另外12种抗体药物均占有很高的市场份额。罗氏已经上市的抗体药物如表13-1所示。

表13-1 罗氏上市抗体药物

序号	通用名	商品名	类型	靶点	适应证	上市时间
1	daclizumab	Zenapax	人源化抗体	CD25	肾脏移植	1997年
2	rituximab	Rituxan	嵌合抗体	CD20	非何杰金氏淋巴瘤	1997年
3	trastuzumab	Herceptin	人源化抗体	HER2/neu	乳腺癌	1998年
4	efalizumab	Raptiva	人源化抗体	CD11a	银屑病	2003年
5	omalizumab	Xolair	人源化抗体	IgE	过敏性哮喘	2003年
6	bevacizumab	Avastin	人源化抗体	VEGF	结直肠癌等	2004年
7	ranibizumab	Lucentis	人源化抗体	VEGF	黄斑变性	2006年
8	tocilizumab	Actemra	人源化抗体	IL-6	类风湿性关节炎	2010年
9	pertuzumab	Perjeta	人源化抗体	HER2	乳腺癌	2012年
10	trastuzumab emtansine	Kadcyla	抗体偶联药物（ADC）	HER2	乳腺癌	2013年
11	obinutuzumab	Gazyva	人源化抗体	CD20	白血病	2013年
12	atezolizumab	Tecentriq	人源化抗体	PD L1	转移性膀胱癌	2016年
13	ocrelizumab	Ocrevus	人源抗体	CD20	多发性硬化	2017年
14	emicizumab	Hemlibra	人源化抗体	凝血因子IX和X	A型血友病	2017年

(二)罗氏抗体药物专利分析

1. 罗氏抗体药物发展趋势

从图 13-10(a)中可以看出,罗氏抗体药物专利申请在 2003 年达到顶峰,有 1300 多项,远远超出其他年份的专利申请量。浏览罗氏 2003 年的抗体药物专利申请文件,发现大部分专利申请的主要内容是:发现一系列多肽的基因,包括分泌多肽与跨膜多肽,对基因的核酸序列和多肽的氨基酸序列进行测序,但实际上,专利申请文件中既没有公开所述抗体的氨基酸序列和/或杂交瘤细胞保藏号,也没有公开制备所述抗体的技术方案和抗体具有的技术效果。这部分专利申请超过 1300 项,干扰了对罗氏抗体药物专利申请的分析,于是,将这部分实际上并没有研究抗体药物的专利申请进行了排除,并且重新作图。在以后的数据分析中,均排除了这部分专利申请。

排除一部分无关专利后发现,近 20 年,罗氏抗体药物专利申请数量比较稳定,从 2001 年 100 项左右到 2004 年 130 项左右的小幅增长,之后每年的专利申请量一直稳定在 130～160 项左右,稍有波动,2011 年专利申请量达到一个小的峰值,165 项。2020 年和 2021 年的专利申请量下降,但可能是因为专利申请延迟公布导致的申请量低,推测近两年罗氏抗体药物专利申请数量仍然维持稳定[图 13-10(b)]。罗氏抗体药物专利申请量在近 20 年保持稳定的原因,一方面可能是因为全球近 20 年来抗体技术没有大的突破,导致专利申请量没有明显提高,另一方面,抗体药物在诊断治疗疾病中的地位仍然重要,罗氏集团对抗体药物也持续专注开发。

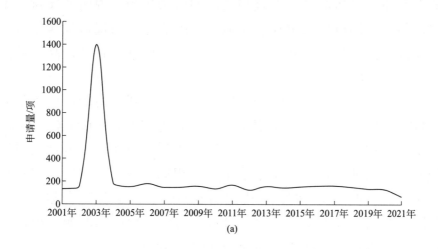

图 13-10

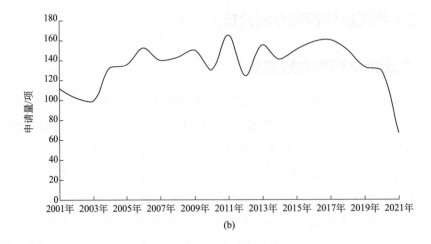

图 13-10　罗氏抗体药物全球申请量态势（包含 PRO 系列申请）（a）罗氏抗体药物全球申请量态势（排除 PRO 系列申请）（b）

2．罗氏抗体药物专利技术区域分布

考察了罗氏抗体药物专利在全球的布局，并且分析了罗氏在美国、欧洲、日本、中国四个国家 / 地区专利申请数量的逐年变化。

罗氏的专利布局量，美国第一，欧洲第二，罗氏将美国和欧洲作为全球专利布局两个最主要的国家 / 地区，罗氏集团总部在瑞士（欧洲），罗氏集团的全资子公司基因泰克公司在美国，罗氏集团可能将本土市场作为最主要的市场进行布局，另外美国和欧洲市场本身对抗体药物的需求量最大。日本的专利布局量居第三，而且和欧洲的数量相当，说明罗氏对日本市场很重视，与对欧洲市场的重视度相似。中国的专利布局数量居第五位，在美国、欧洲、日本和澳大利亚之后，与第六名加拿大相似，高于韩国等其他国家（图 13-11）。

通过比较罗氏在美国、欧洲、日本、中国专利申请的年申请量的变化趋势，可以看出罗氏在美国市场的布局一直稳定，2001—2004 年有小幅增长，之后每年的专利申请量一直在稳定中稍有波动，2011 年专利申请量达到一个小的峰值。欧洲和日本的年申请量高度相似，也反映了罗氏对欧洲和日本市场相似的重视程度。罗氏在中国的专利申请量在 2006 年以前较低，相对于美国、欧洲和日本差距较大，2006 年有较大幅度的增加，2006 年以后较稳定。说明 2006 年以后罗氏更加重视中国市场，加强了对中国的专利布局力度,这可能提示了中国抗体药物市场潜力的增长(图13-12)。

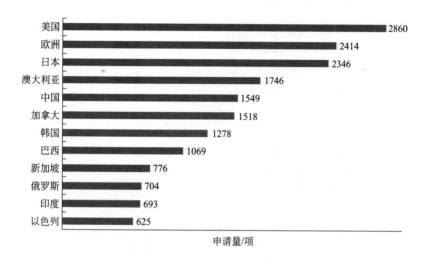

图13-11 罗氏抗体药物专利市场布局

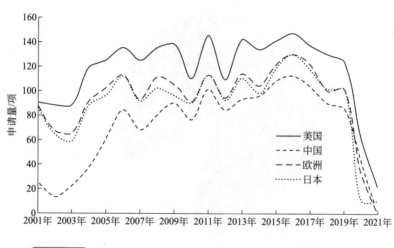

图13-12 美国、欧洲、日本、中国抗体药物专利申请量年度变化

3. 罗氏抗体药物相关专利主要适应证分析

罗氏抗体药物专利中申请量最高的是抗肿瘤药物,占比22%;治疗免疫系统疾病或过敏性疾病的相关专利占比11%(图13-13,图13-14)。

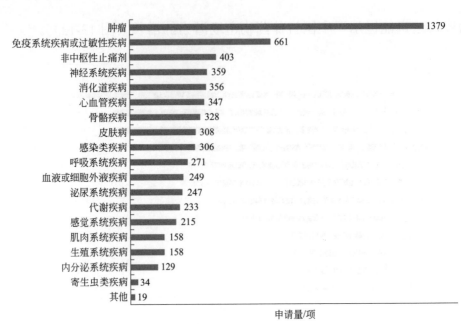

图 13-13　罗氏抗体药物专利适应证分布

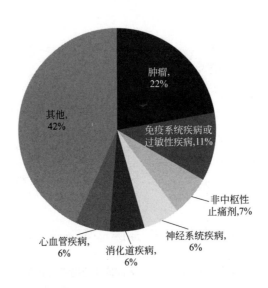

图 13-14　罗氏抗体药物主要适应证分布

抗体药物是治疗肿瘤的重要手段之一,其治疗肿瘤的原理不尽相同。单克隆抗体类药物可将 T 细胞招募到肿瘤部位,直接靶向肿瘤细胞,改变宿主对肿瘤的反应,从而起到抑制甚至消除肿瘤的作用。单克隆抗体包括结合肿瘤抗原的 Fab 端和结合免疫细胞表面受体的 Fc 端，在单抗的作用下，两种细胞结合后会通过补体介导的细胞毒作用和抗体依赖的细胞毒作用杀死肿瘤细胞。有些抗体药物通过免疫检查点机制治疗肿瘤，免疫检查点是机体免疫系统中的保护因子，可以防止 T 细胞过度激活而导致自身免疫性损伤，但是，肿瘤细胞可能会利用这些检查点，逃脱机体的免疫监视与杀伤，发生免疫逃逸。针对免疫检查点的抗体作为免疫检查点抑制剂，通过阻断免疫检查点，可以有效恢复 T 细胞的功能。例如罗氏的抗 PD-L1 抗体 Tecentriq，通过阻断程序性细胞死亡受体 1（PD-1）及其配体（PD-L1）的结合，可治疗转移性膀胱癌，已被 FDA 批准上市。还可以通过抗体药物偶联物实现抗体的抗肿瘤作用，抗体通过特定的连接头与高细胞毒性药物偶联，组成靶向生物制剂，可以特异性结合肿瘤表面抗原，通过"自焚"机制释放药物、杀死肿瘤细胞并激活免疫系统。抗肿瘤药物一直是，今后也很可能持续是抗体药物研发的重中之重。

（三）总结

罗氏等世界制药公司巨头均持续对抗体药物的研发、生产和销售投入成本，并且时至今日仍陆续有新的抗体药物面世。不仅单克隆抗体药物，双抗体药物、抗体偶联药物、抗原嵌合受体 -T 细胞等抗体药物相关或衍生产品与技术也在飞速发展，抗体药物至今仍是医药领域增长速度最快、最有前景的发展方向。希望我国的生物制药公司，尤其是抗体药物公司，能够通过参考罗氏集团等企业在抗体药物专利布局方面的经验，在抗体药物产业中有更稳健、更广阔的发展。

罗氏集团近年来进一步拓展了自己的生物制药领域。2013 年，罗氏集团的全资子公司基因泰克公司和英美偌科公司等建立合作伙伴关系，以发现和开发新的癌症靶点。英美偌科公司在可溶性 TCR 药物领域有独特的技术平台，将在后面详细介绍。

五、英美偌科 TCR 专利技术

（一）TCR 技术概述

T 细胞受体（T cell receptor，TCR）是 T 细胞表面特异性识别抗原的受体，也是所有 T 细胞的特征性表面标志。TCR 分两类。一类是由 α、β 两条糖肽链通过链间二硫键组成的 αβ 异二聚体。TCR 的 αβ 异二聚体由胞外区、跨膜区和胞内区三个部分组成（图 13-15），每条肽链胞外区均有可变区（V 区）和恒定区（C 区）两个结构域。TCRαβ 肽链可变区与 Ig 可变区非常相似，各有三个超变区（HVR），HVR 的氨基酸组成和排列顺序特别易变，造就了 TCRαβ 异二聚体的高度多样性。不同 T 细胞克隆表面的 TCRαβ，其超变区均有所不同，他们分别结合不同的抗原决定基（表位），因此具有高度特异性。TCRαβ 超变区是与相应抗原肽 -MHC 分子复合物特异性识别结合的部位，又称互补结合区（CDR），分别用 CDR1、CDR2 和 CDR3 表示。TCRαβ 胞内区短小，没有传递信号的作用。但 TCRαβ 疏水性跨膜区含带正电荷的氨基酸残基，借此能与跨膜区带负电荷氨基酸残基、胞内区含 ITAM 结构域的 CD3 肽链非共价结合，组成 TCRαβ-CD3 复合受体分子，获得信号转导的能力。另一类 TCR 是由 γ、δ 两条肽链通过链间二硫键组成的 γδ 异二聚体。其结构与 TCRαβ 类似。含 γδ 分子的 T 细胞为数不多（小于 T 细胞总数的 5%），主要是胸腺内早期 T 细胞、人外周血中少数的 T 细胞等。

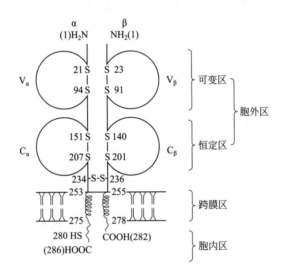

图 13-15　TCRαβ 结构示意图

1．可溶性 TCR 技术

因为 TCR 能够靶向细胞表面的肽 -MHC 复合物，尤其是能够靶向疾病相关的肽 -MHC 复合物，因此，人们对将 TCR 作为靶向可溶性药物开发展现出极大兴趣。然而，天然 TCR 对于可溶性药物开发来说稳定性不够好，天然 TCR 是跨膜分子，这使得将其设计为可溶性分子比较复杂。并且天然 TCR 通常对 pMHC 的亲和力较弱，弱亲和力可能使 T 细胞脱离目标，可以连环杀死非目标细胞并增加对组织的渗透，弱亲和力限制了它们作为可溶性药物的有效受体占有率。为了克服这些限制并充分利用 TCR 作为可溶性药物平台，几种蛋白质工程方案已经被应用于增强 TCR 的稳定性和亲和力，开发的重点是保留目标特异性和选择性。

图 13-16 展示了几种可溶性 TCR 的结构。早期可溶性 TCR 结构参考抗体 scFv，使用约 25 个氨基酸的接头连接 Vβ 的 C 端和 Vα 的 N 端，但是这种结构的分子可溶性差，表达量非常低。之后的可溶性 TCR 包含胞外恒定区。在 TCR 的 C 端插入亮氨酸拉链的方法适用于在大肠杆菌中表达可溶性 TCR，然而由于亮氨酸拉链的长度和柔韧性，这种方法不太适合 X 射线晶体学结构研究或用于治疗。于是，开发了恒定区具有链间二硫键的 TCR 分子。

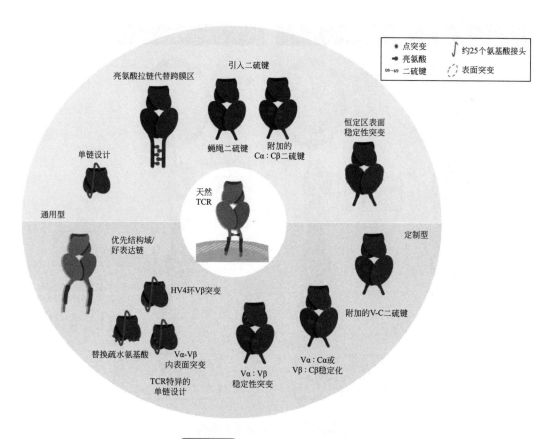

图 13-16　可溶性 TCR 结构示意图

噬菌体展示文库由于具有巨大的潜在库容量（约 $10^{12} \sim 10^{13}$ 个）、稳定基因型-表型联系和成本效益，可以说是最成功的生产临床可翻译的可溶性 TCR 的方法。而且，异源二聚体 VαCα/VβCβTCR 可以稳健表达在噬菌体颗粒上。使用 CDR 行走文库设计的噬菌体展示文库，一次可以靶向多达六个连续氨基酸，具有简并 NNK 密码子，结合由此产生的突变，显著地提高了 TCR 的亲和力。

非常规 TCR 配体也在研究中，例如 HLA-E、MR1 和 CD1 家族的 TCR 配体。

2. TCR 双功能分子

针对癌症的免疫动员单克隆 TCR（immune mobilizing monoclonal TCRs against X disease，ImmTAX）是一种新型 T 细胞受体双特异性免疫疗法，其本质是一种双特异性分子，包括 ImmTAC、ImmTAV 和 ImmTAAI（图 13-17）。

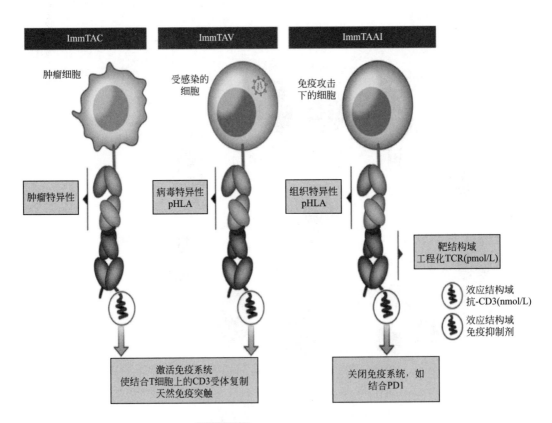

图 13-17　ImmTAX 平台组成

数据来源：招股说明书。

ImmTAX 将改造后的亲和力为 pmol/L 级别的可溶性 TCR 与效应子偶联成双特异性的 ImmTAX 分子，用于治疗肿瘤、感染性疾病、自身免疫性疾病等疾病，打破自然免疫系统和当前治疗方法的局限性。相比于免疫疗法中的 CAR-T、抗体药物偶联物等，ImmTAX 可以靶向细胞内部和细胞表面的靶点，同时，亲和力在 pmol/L 级别的改造后的可溶性 TCR 可以结合极低密度的靶点，特异性更强（图 13-18）。

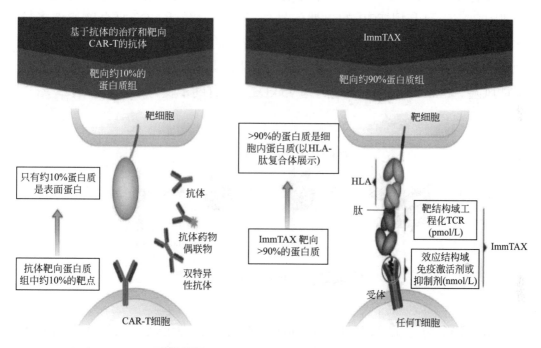

图 13-18　ImmTAX 与其他免疫治疗剂的比较

数据来源：招股说明书。

ImmTAX 分子中的核心分子是 ImmTAC，以下以 ImmTAC 为例，对该项技术进行详细介绍。ImmTAC 是一类新的双特异性试剂，基于可溶性单克隆 TCR，为对同源肿瘤抗原具有极高的亲和力。ImmTAC 解决了胸腺选择导致的肿瘤特异性 T 细胞的低亲和力问题，对肽 -HLA 复合物具有较大的抗原访问率。一旦绑定到肿瘤细胞，ImmTAC 的抗 CD3 效应子末端驱动多克隆 T 细胞募集到肿瘤部位，导致有效的重定向 T 细胞反应和肿瘤细胞破坏。

ImmTAC 是高亲和力双特异性融合蛋白，ImmTAC 的构建存在三个工程挑战：第一，可溶性 TCR 的产生；第二，产生高亲和力抗原识别；第三，将工程化的 TCR 与合适的免疫效应子功能融合（图 13-19）。产生稳定、可溶性的 TCR 的最佳解决方案是在 α 和 β 恒定区中的特定位点之间加入新的二硫键，这样使 TCR 的两条链采用和天然 TCR 类似的方向和相互作用，不太可能在体内具有免疫原性。具有二硫键的稳定、可溶性的 TCR 的生产也为第二个 ImmTAC 工程挑战提供起点，即通过促进噬菌体颗粒表面的 TCR 展示和创建随机突变文库产生高亲和力 TCR。ImmTAC 生产的最后一个挑战是将高亲和力 TCR 与合适的免疫激活效应子结合起来行使功能。由于目标是激活 T 细胞免疫，可利用 TCR 的自然信号传导途径，激活 CD3 复合物。许多抗体可与 CD3 结合并激活信号传导。由此产生的 ImmTAC 分子是一种可溶且稳定的双特异性试剂，通常在大肠杆菌中生产，并且在体内具有最小的免疫原性风险。ImmTAC 的分子量约为 75 kDa，应有助于良好的肿瘤渗透。

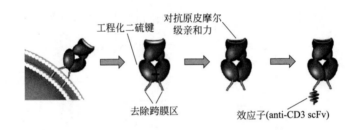

图 13-19　ImmTAC 结构示意图

ImmTAC 分子的 TCR 末端对同源抗原的亲和力远高于效应末端对 CD3 的亲和力（约 1000 倍），因此，ImmTAC 首先结合肽 -MHC 复合物。结合的 ImmTAC 的游离抗 CD3 末端随后将 T 细胞重定向到靶细胞（图 13-20）。工程化 TCR 的长的结合半衰期确保 ImmTAC 与目标细胞结合足够长的时间。抗 CD3 抗体免疫效应子的主要目标是 CD8+ 细胞毒性 T 细胞，但是，CD4+T 细胞也通过 CD3 信号通路激活，同样受 ImmTAC 重定向的影响，并且可能有助于破坏肿瘤。ImmTAC 重定向的肿瘤细胞杀伤已被证明即使对于显示非常低数量的抗原也特别有效（图 13-21）。除了直接杀死靶细胞外，重定向的 T 细胞还分泌许多促炎细胞因子，以及与 T 细胞浸润到肿瘤中相关的各种趋化因子，这可能有助于放大免疫反应。ImmTAC 重定向杀伤肿瘤细胞，导致树突状细胞（DC）摄取抗原并呈递给未成熟 T 细胞，后者表面天然存在的 TCR 识别抗原 ImmTAC 重定向 T 细胞与天然 TCR 识别抗原的双重作用可能会增加未成熟 T 细胞的激活，从而有助于抵消肿瘤诱导的免疫抑制。

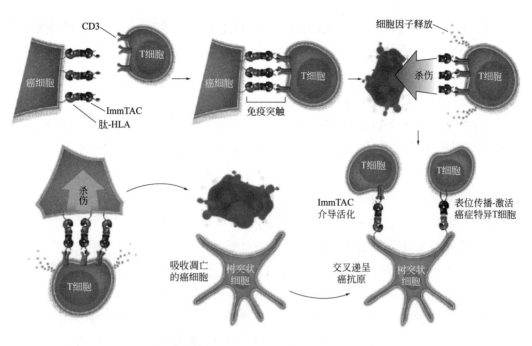

图 13-20 ImmTAC 抗肿瘤原理示意图

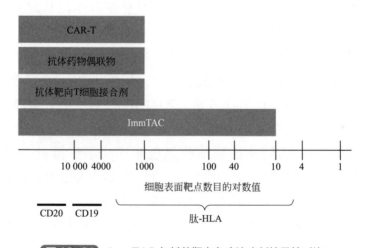

图 13-21 ImmTAC 与其他靶向免疫治疗剂特异性对比

数据来源：招股说明书。

（二）英美偌科公司情况

英美偌科公司是一家创新型的 TCR 生物技术公司，致力于创造一流的生物疗法，曾于 2015 年在 Scrip 奖（旨在表彰制药企业、生物技术企业和其他相关企业在改善公众医疗健康中发挥的重要作用）中荣获"年度生物技术奖"。其开发的 TCR 药物涉及治疗肿瘤、感染、糖尿病和自身免疫性疾病等，目前已经有多个药物进入临床研究阶段。

1999 年，Bent Jakobsen 博士创立了阿维德克斯公司（Avidex）。2006 年，阿维德克斯公司被麦迪金股份公司（MediGene AG）收购。2008 年，技术被带回，并成立了两家公司：专注于可溶性 TCR 技术的英美偌科公司和专注于细胞 TCR 疗法的 Adaptimmune 公司。前者于 2015 年获得 3.2 亿美元投资，这是近年来欧洲生物技术公司获得的最多的融资。2021 年 2 月 5 日，英美偌科公司上市登录纳斯达克。

英美偌科公司的核心技术是 ImmTAX，基于该平台该公司正在多个治疗领域开发深层次药物开发管线，凭借 ImmTAC 技术与多家制药巨头达成了广泛的免疫肿瘤研究合作。2013 年，英美偌科与葛兰素史克、基因泰克（罗氏公司的全资子公司）、阿斯利康建立合作伙伴关系，以发现和开发新的癌症靶点。2014 年，与礼来合作，共同发现和开发新疗法。2017 年，宣布与比尔和梅琳达·盖茨基金会进行合作，以加速 ImmTAV 和 ImmTAB 技术的开发，用于治疗传染病。2018 年，与基因泰克合作，共同开发英美偌科的治疗候选药物 IMC-C103C。

英美偌科公司的重点是治疗肿瘤的药物，目前其主要项目 Tebentafusp（IMCgp100）的关键临床试验正在进行中，可作为转移性葡萄膜黑色素瘤（一种罕见的眼癌）的潜在治疗方法。2021 年 8 月 24 日，英美偌科公司宣布，美国 FDA 和欧盟 EMA 都接受了新药 Tebentafusp 的上市申请，用于治疗 HLA-A*02:01 阳性的转移性葡萄膜黑色素瘤患者。除此之外，FDA 还授予了该药物优先审查资格，2022 年 1 月 25 日美国 FDA 批准了英美偌科的 Kim mtrak 上市，用于治疗特定的葡萄膜黑色素瘤。英美偌科公司成为第一家推出 TCR 相关疗法产品的上市公司，未来发展很值得期待。

（三）英美偌科 TCR 相关专利态势分析

本文的专利文献数据来自德温特世界专利索引数据库（DWPI），检索截至 2021 年 12 月 1 日的专利。根据检索结果，对所得数据进行人工筛选和标引，去除不相关的专利文献。在 DWPI 中，将同一项发明创造在多个国家申请而产生的一组内容相同或基本相同的系列专利申请，称为同族专利，而一组同族专利视为一项专利申请；而单独的专利以件记。最终获得英美偌科公司（含阿维德克斯公司）涉及可溶性 TCR 的全球专利共计 92 项，中国专利申请共 29 项。在此基础上，本文从专利申请整体发展趋势、全球布局、技术路线等角度对英美偌科公司（Immunocore）的 TCR 相关专利进行分析。

1. 专利申请趋势分析

英美偌科公司可溶性 TCR 技术的第一个专利申请在 1999 年提交，之后专利申请数量迅速增加，在 2005 年左右达到第一个高峰，约 10 余项。2005 年，随着公司可溶性 TCR 的结构设计完成以及可溶性 TCR 文库展示技术发展，公司申请了一系列新的高亲和力 TCR 变体及以此为基础的可溶性 TCR 融合蛋白，因而迎来第一个小高峰。之后专利申请量回落后又增加，在 2010 年左右达到第二个小高峰，2010 年正是公司可溶性 TCR 融合蛋白的基础结构设计完成之时，公司围绕着可溶性 TCR 融合蛋白提交了几个专利申请。后面几年专利申请数量较少，直到 2015 年专利申请数量开始迅速攀升，并逐渐达到一个新高峰。这主要是因为 2015—2017 年公司提交了若干项新的 TCR 文库专利申请以及涉及超过 100 个新抗原肽的多项专利申请。2018 年专利申请数量较少，但之后又不断增加，推测公司仍在持续可溶性 TCR 及融合蛋白的开发。因为专利申请延迟公布，2020 年的专利申请量可能并不准确。

2. 专利全球布局分析

英美偌科公司 TCR 专利的国家/地区分布如图 13-22 所示，其专利布局量欧洲第一（有 77 项），说明其可能最重视本土市场布局。美国的专利数量紧随其后，（73 项），说明英美偌科公司对美国市场的重视，可能反映了美国是 TCR 药物的主要市场，对 TCR 药物的需求量很大。日本、澳大利亚、中国的专利数量分别排第三、四、五位，其实这三个国家的专利数量很相近，均为 30 项左右，说明英美偌科公司对日本、澳大利亚、中国三个国家的市场同等重视。中国的专利数量不及欧洲和美国的一半，推测英美偌科公司只有重要专利进入了中国。

3. 技术路线分析

英美偌科公司可溶性 TCR 技术涉及可溶性 TCR 结构、可溶性 TCR 为基础的融合蛋白、用于筛选/制备 TCR 的文库、用于筛选/制备 TCR 的抗原肽、高亲和力 TCR 变体等方面，此外，还涉及 TCR 双功能分子的制剂、联合用药等其他方面（表 13-2）。

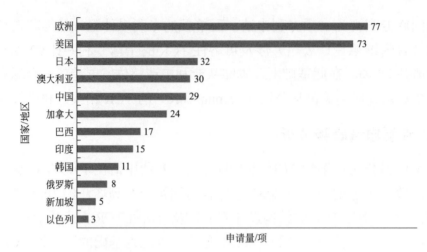

图 13-22　英美偌科公司 TCR 专利国家 / 地区分布

表 13-2　技术分解表

一级技术分支	二级技术分支	技术内涵
TCR 结构	具有非天然链间二硫键的双链 TCR（dsTCR）	通过改变 TCR 的结构获得稳定、有活性的可溶性 TCR
	具有非天然链间二硫键的单链 TCR（scTCR）	
	具有亮氨酸拉链的双链 TCR	
	膜锚定全长 TCR	
融合蛋白	效应子种类	通过在可溶性 TCR 的基础上融合其他肽/蛋白获得双功能分子
	效应子位置	
	对效应子的改进	
	长效	
文库	—	TCR 文库展示、建库技术
抗原肽	—	筛选新的抗原肽，再用其筛选新的 TCR
TCR 变体	—	获得新的具有高亲和力的 TCR 变体
其他	修饰	TCR 连接 PEG 从而多聚化等修饰方法
	评价方法	评价 TCR 的指标和方法
	应用	筛选 MHC-肽复合物与 T 细胞受体相互作用的抑制剂
	联合用药	与其他免疫疗法联合使用
	制剂	调整制剂的非药物活性成分，以获得稳定的制剂

分析各技术分支的全球专利申请数量可以发现，抗原肽的专利申请数量最多，超过 30 项，占专利申请总量的 60%。可溶性 TCR 融合蛋白的专利申请数量其次，超过 20 项。之后依次是文库、TCR 变体等［图 13-23（a）和图 13-23（b）］。推测英美偌科公司会将重要的技术提交中国专利申请，因此，

对各技术分支的中国专利申请数量进行分析，可能更加能够反映各分支技术的重要程度。分析发现，在中国申请中，融合蛋白的专利申请数量最多。之后依次是 TCR 变体、文库、TCR 结构、其他、抗原肽，分别占中国专利申请总量的 17%、14%、10%、7% 和 0［参见图 13-23（a）和图 13-23（c）］。英美偌科公司重要的技术平台为可溶性 TCR 结构、可溶性 TCR 融合蛋白和 TCR 文库技术。

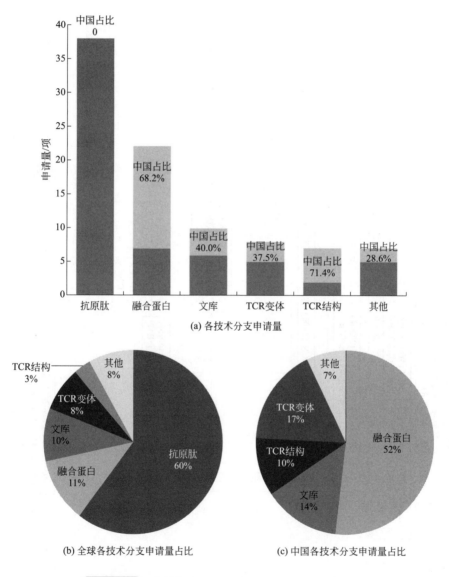

图 13-23 英美偌科 TCR 技术各技术分支申请量情况

从英美偌科公司的技术研发路线可以看出（图 13-24），在技术发展早期，英美偌科公司完成了可溶性 TCR 的结构设计与改进，之后在具有非天然链

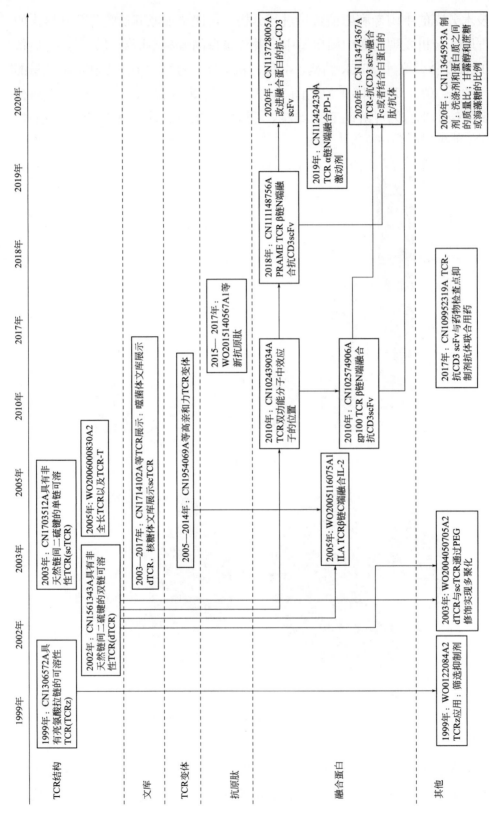

图13-24 英美诺科TCR技术路线概览

间二硫键的双链可溶性 TCR 的基础上开发了双功能融合蛋白，通过对效应子与 TCR 的连接位置进行研究，确定了可溶性 TCR 融合蛋白的结构。随后，英美偌科公司建立了可溶性 TCR 的展示文库，进一步建立了多个新的 TCR 文库。英美偌科公司以可溶性 TCR 结构和文库展示技术为基础，持续开发了很多新的高亲和力可溶性 TCR 变体，并且，进一步持续开发了大量新的可溶性 TCR 融合蛋白。近些年，英美偌科公司一方面通过筛选新的抗原肽以筛选新的 TCR，另一方面，继续可溶性 TCR 融合蛋白的后续改进，例如，改进可溶性 TCR 融合蛋白的效应子的功能活性，延长其半衰期，开发其稳定制剂，开发其联合用药方案等。

如图 13-25 所示，进一步对各技术分支分析可知，可溶性 TCR 结构技术起步于 1999 年，于 2005 年已经几乎完成。TCR 文库技术起步于 2003 年，之后发展较为缓慢，2016 年开始有了较大发展。TCR 变体和融合蛋白技术在 TCR 结构和 TCR 文库技术的基础上展开，从 2005 年以后一直不断地有新的高亲和力可溶性 TCR 变体和可溶性 TCR 融合蛋白被开发出来。抗原肽在 2015—2017 年突然呈现井喷式开发态势，这可能是英美偌科公司在为今后开发新的可溶性 TCR 及融合蛋白做准备。

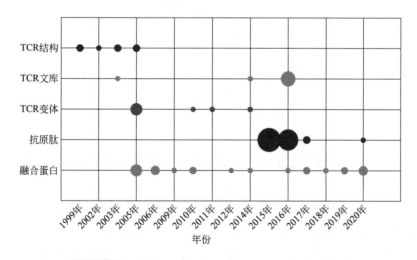

图 13-25　英美偌科 TCR 技术各技术分支全球申请态势

注：只列举有申请量的年份。

4. 重点技术介绍

（1）结构相关专利技术

① 可溶性 TCR 结构

1999 年，阿维德克斯公司提交的专利申请 CN1306572A，公开了可溶性 T

细胞受体（TCR）。可溶性 TCR 细胞受体通过截短保留胞外可变区和部分或全部胞外恒定区，去掉跨膜区和胞内区，说明书中描述恒定区刚好在链间半胱氨酸残基的 N- 末端被截短并通过短接头与来自 C 末端约 40 个氨基酸的 c-Jun（α）或 c-Fos（β）的亮氨酸拉链异二聚化基序融合。图 13-26 展示了说明书中的附图 8，其中显示 TCR 的 α 链保留第 1～204 位氨基酸，β 链保留第 1～245 位氨基酸；接头序列为 PGG。与流感基质肽 -HLA-A*0201 复合物结合的 JM22 经过上述改造形成的可溶性 TCR 分子 JM22 TCRz，标记生物素，可以固定在链霉亲和素修饰的表面，在 25℃下使用在探针流式细胞中固定的 TCR 和可溶性 MHC- 肽复合物进行的测定得到 K_d 为（5.6±4）μmol/L（n=3）；在 37℃下测定的相互作用的正常速率为 $6.7×10^4$～$6.9×10^4$ m/s。该专利目前已经失效。

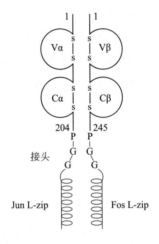

图 13-26 专利申请 CN1306572A 中的附图 8

1999 年，英美偌科公司提交的专利申请 WO0122084A2，与 2002 年专利申请 WO02088740A2，公开了使用与 CN1306572A 公开的可溶性 TCR 类似的具有亮氨酸拉链的可溶性 TCR，筛选 MHC- 肽复合物与 T 细胞受体相互作用的抑制剂的方法。

虽然含有亮氨酸拉链改造的可溶性 TCR 具有较好的稳定性和表达量且保持了天然 TCR 的活性，但是，由于亮氨酸拉链的长度和柔韧性，这种改造的可溶性 TCR 不太适合使用 X 射线晶体学结构研究，以及用于开发治疗药物。因此，英美偌科公司继续对可溶性 TCR 进行改造，于 2002 年 8 月 30 日提出专利申请 WO2002GB03986，该项申请中，申请人同样将 TCR 进行截短，截短位置与专利申请 CN1306572A 相同，但是其通过在 TCR 的

Cα 和 Cβ 之间添加非天然链间二硫键稳定截短 TCR 的结构（图 13-27），该结构的关键技术手段是确定非天然链间二硫键的位置，申请人尝试了 14 种非天然链间二硫键的位置，在大肠杆菌中进行表达，其中有的不能表达正确分子量的蛋白质，有的特异性低、存在脱靶，最终获得五种非天然链间二硫键组合（图 13-27）。进一步，申请人对 Cβ 中残留的一个不参与链间或链内二硫键形成的"自由"半胱氨酸（TRBC1*01 和 TRBC2*01 外显子 1 的 75 位残基）进行研究，发现该半胱氨酸残基可以保留，也可以突变为丙氨酸或丝氨酸，不影响 TCR 的表达量和活性。然后申请人为了后续 TCR 的修饰和应用，还在 TCR 的 Cα 和 Cβ 的 C 末端添加一个半胱氨酸而并不影响其活性。通过对上述改造的研究，最终确定最优可溶性 TCR 结构为：二硫键位置为 TRAC*01 外显子 1 的 Thr 48 和 TRBC1*01 或 TRBC2*01 外显子 1 的 Ser 57，恒定区结构为 Cβ 中的"自由"半胱氨酸突变为丙氨酸，同时第 201 位的天冬酰胺突变为天冬氨酸，申请文件中没有提及对 201 位的天冬酰胺进行突变，猜测可能与 TCR 的稳定性和表达量有关。上述最优可溶性 TCR 结构就是英美偌科公司核心技术 ImmTAX 分子中的可溶性 TCR，开启了该公司之后一系列的研发，之后的专利申请几乎全部是使用该结构的可溶性 TCR。

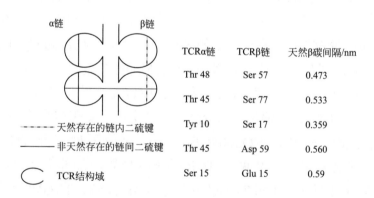

图 13-27　具有非天然链间二硫键的双链可溶性 TCR 结构

申请人在这个结构的基础上，对结合多种抗原肽 -MHC 复合物的 TCR 进行了验证，发现 A6 Tax TCR、JM22 TCR、NY-ESO TCR、AH-1.23 TCR 均能保持与天然 TCR 类似的结构与活性，具有较好的稳定性和表达量。进一步，申请人还探讨了表达可溶性 TCR 的系统，发现在大肠杆菌系统中可以获得较好的表达量，在酵母系统中 TCR 分泌水平较低，在杆状病毒系统中，昆虫产生的可溶性 TCR 的分子量略大于细菌，猜测可能是因为昆虫细胞的糖基化作用，同时，昆虫细胞产生过量的 α 链。因而，在之后的申请以及公司的研发平台中，选择了大肠杆菌系统用于可溶性 TCR 的表达和商业化。该专利（CN1561343B，2012 年 6 月 6 日）的状态为有效。此外，英美偌科公司进一步证明含有非天然链间二硫键的可溶性 TCR 同样能够识别结合 CD1 复合物，该项专利（CN100528897C，2009 年 8 月 19 日）的状态为有效。

对于添加非天然链间二硫键构建稳定 TCR 这项技术，英美偌科公司进行了全面布局，分别对单链可溶性 αβ 型 TCR、可溶性 γδ 型 TCR、膜锚定 TCR 进行了设计和申请，其中仅单链可溶性 αβ 型 TCR 的专利申请进入中国。首先，英美偌科公司于 2003 年 10 月 03 日提出的专利申请 WO2003GB04310 中公开了一种单链可溶性 TCR（scTCR），所述 scTCR 的 C 端截短位置、非天然链间二硫键位置、恒定区突变均与上面提到的专利申请 WO2002GB03986 中的最优可溶性 TCR 相同，其结构为 TCRα 链 C 末端与 β 链 N 末端通过 30 个氨基酸的接头 ［—PGGG—（SGGGG）$_5$—P—］连接。该 scTCR 在大肠杆菌中成功表达获得有活性的 scTCR，亲和力为（12.4±1.62）μmol/L，可溶性双链 TCR 的亲和力为 1.8 μmol/L，野生型为 0.91 μmol/L。

接下来，英美偌科公司继续研究膜锚定 TCR，于 2005 年 06 月 29 提出专利申请 WO2005GB02570，猜测其可能想尝试 TCR-T 疗法，膜锚定 TCR 的结构为：非天然链间二硫键位置为 TRAC*01 外显子 1 的 Thr 48 和 TRBC1*01 或 TRBC2*01 外显子 1 的 Ser 57，恒定区结构为 Cβ 中的"自由"半胱氨酸保留，同时将形成 α 链和 β 链天然链间二硫键的 Cys 突变为 Ser。调节性 T 细胞或 CTL 细胞表面成功表达该膜锚定形式的全长 TCR，可以获得表达 TCR 的 T 细胞，输注入患者体内。最后，英美偌科公司于 2005 年 10 月 31 日提出专利申请 WO2005GB04198，完成了对 γδ 型 TCR 的改造，分别在 WγδTCR 和 BγδTCR 两种 TCR 的下列位置添加非天然链间二硫键：TRGC1 外显子 1 残基 60 和 TRDC 外显子 1 残基 47、TRGV9 残基 49 和位于基序 FGXG 中的 TRDJL 残基、TRGJP 残基 13 和 TRDV1 残基 49，改造后的 TCR 能够在大肠杆菌中成功表达，保持活性。

2003 年，英美偌科公司提交的专利申请 WO2004050705A2，公开了可溶性 TCR 的 PEG 修饰。具有非天然链间二硫键的双链 TCR 或单链 TCR，例如 A6 和 NY-ESO TCRs，连接二臂马来酰亚胺 -PEG 形成二聚体，或者连接四臂马来酰亚胺 -PEG 形成四聚体。测试其与肽 -MHC 复合物的解离半衰期，结果 A6 TCR 的二聚体的解离半衰期比单体更长，四聚体的解离半衰期比二聚体更长，连接 20 kDa PEG 的解离半衰期比连接 3.4 kDa PEG 更长，连接 5 kDa PEG 与连接 3.4 kDa PEG 的半衰期相似。半衰期增加代表亲和力增加。

从 1999 年至 2005 年，英美偌科公司早期的研究重点集中于对可溶性 TCR 结构的改造，于 2002 年获得了其核心技术 ImmTAX 分子的基础可溶性 TCR 的结构，在 2005 年以后提交的专利申请，几乎均是以胞外恒定区具有非天然链间二硫键的双链 TCR 为基础的产品和方法，可以推测具有非天然链间二硫键的双链 TCR 成为了该公司可溶性 TCR 与 TCR 双功能分子的主流技术，可能是因为在上述所有结构中，具有非天然链间二硫键的双链 TCR 的结构最简单，最适宜被文库展示，免疫原性最低。

② 可溶性 TCR 融合蛋白结构

2005—2006 年，英美偌科公司提交的若干专利申请 WO2005116075A1 等，公开了可溶性 TCR 与人白介素 2（IL-2）构成的融合蛋白，其中 IL-2 通过接头 PG 连接在 TCR 的 β 链的 C 端。

2009 年，英美偌科公司提交的专利申请 WO2010026377A1，公开了可溶性 TCR 与人白介素 IL-4 或 IL-13 构成的融合蛋白，其中 IL-4 或 IL-13 通过接头 GGEGGGPGG 连接在 TCR 的 β 链的 N 端。

2010 年，英美偌科公司提交的专利申请 CN102439034A，公开了具有非天然链间二硫键的双链 TCR 与免疫效应子构成的双功能分子。该申请主要研究了免疫效应子的位置，即免疫效应子在 TCR 的 β 链的 C 端还是 N 端，对双功能分子结合效率的影响。由于无论是单链还是异二聚体，抗体或 TCR 的功能取决于可变区的正确折叠与取向，治疗剂与 pMHC 结合伴侣的 N 末端融合使治疗剂位于一个可变区前，本领域预期位于 N 末端的治疗剂将干扰抗体或 TCR 与 pMHC 复合体的结合，从而降低其结合效率。然而，该申请发现，就诱导相关免疫应答而言，免疫效应子部分融合于 pMHC-结合伴侣 N 末端的双功能分子，比所述融合位于 pMHC-结合伴侣的 C 末端的相应构建体更为有效。该申请选择的免疫效应子包括抗 CD3 scFv、IL-4、IL-13。例如，NY-ESO TCR N 端融合抗 CD3 scFv 构建体激活细胞毒性 T 淋巴细胞的能力，是 C 端融合构建体的至少两倍。可溶性 TCR 与免疫效应子通过接头连接，虽然该申请公开了若干不同氨基酸序列的接头，但是并没有公开不同的接头对融合蛋白的活性有何影响。该专利目前仍在授权后保护状态。授权文本的权利要求 1 为"一种双功能分子，其包含特定 pMHC 表位的特异性多肽结合伴侣和免疫效应多肽，所述 pMHC 结合伴侣是异二聚体 αβTCR 多肽对或单链 αβTCR 多肽，所述异二聚体 TCR 多肽对的 α 或 β 链的 N 末端或所述 scTCR 多肽的 N 末端与所述免疫效应多肽的 C

末端氨基酸连接，限制条件是所述多肽结合伴侣不是含 SEQ ID No:7 所示 α 链和 SEQ ID No:9 所示 β 链的 T 细胞受体"。

2010 年，英美偌科公司提交的专利申请 WO2010GB01277，公开了针对人糖蛋白 100（gp100）的可溶性 TCRβ 链的 N 端连接抗 CD3 scFv 构成的融合蛋白，能够使得 T 细胞重定向以杀伤黑色素瘤细胞系 Mel526。该专利申请进入中国的母案逾期视撤失效，申请人进而提交了分案申请，该分案专利（CN104017067B，2017 年 11 月 3 日）目前专利权有效，申请人继续提交了分案，但之后申请人主动撤回了，目前专利状态为失效。

2018 年，英美偌科公司提交的专利申请 CN111148756A，公开了针对生殖系癌抗原 PRAME 的可溶性 TCRβ 链的 N 端连接抗 CD3 scFv 构成的融合蛋白，能够引起强效的特异性 T 细胞重定向，杀死抗原阳性肿瘤细胞。该专利目前仍在审查过程中。

2019 年，英美偌科公司提交的专利申请 CN112424230A，公开了针对人前胰岛素原的可溶性 TCRα 链的 N 端连接 PD-1 激动剂构成的融合蛋白，能够在存在抗原肽冲击靶细胞的情况下，抑制 T 细胞 NFAT 活性，说明，TCR-PD-1 激动剂融合蛋白可以促进对 T 细胞活性的靶向抑制。其中 PD-1 激动剂是包含 PD-1 相互作用位点的 PD-L1 胞外区的截短版本，或者是 scFv 抗体片段，PD-1 激动剂通过标准的 5 个氨基酸接头与 TCRα 链的 N 末端融合。该专利目前仍在审查过程中。

2020 年，英美偌科公司提交的专利申请 CN113728005A，公开了 CD3 特异性结合分子，该申请以 CN111148756A 中公开的 TCR- 抗 CD3 融合蛋白为基础，对抗 CD3 scFv 进行改进，通过引进 T165A 或 T165A+I202F 突变，使得融合蛋白的治疗窗和/或最大 T 细胞活化增加。该专利目前仍在审查过程中。

2020 年，英美偌科公司提交的专利申请 CN113474367A，公开了半衰期延长的 ImmTAC，该申请以 CN111148756A 公开的 TCR- 抗 CD3 融合蛋白为基础，将人 IgG1 Fc 结构域通过接头与 TCR- 抗 CD3 的 C 末端融合。上述人 IgG1 Fc 结构域有 2 个变体，变体 1 不与 Fcγ 受体（Fcγreceptor，FcγR）或补体蛋白 C1q 结合，因此是功能沉默的；变体 2 显示与 FcRn 的结合增加，这可能导致体内半衰期延长。上述 TCR- 抗 CD3-Fc 融合蛋白介导有效的 T 细胞活化，Fc、Fc 变体 1、Fc 变体 2 的融合蛋白的 EC_{50} 值分别为 238 pmol/L、257 pmol/L 和 25 pmol/L；功能沉默的 Fc 结构域被认为最适合用于治疗用途。该申请还公开了以 CN102574906A 公开的 TCR- 抗 CD3 融合蛋白为基础，将白蛋白结合部分通过接头与 TCR- 抗 CD3 融合蛋白融合。上述白蛋白结合部分分别是具有氨基酸序列 QRLMEDICLPRWGCLWEDDF 的白蛋白结合肽，具有 WO2006122787 中的 SEQ ID No: 52 的序列的白蛋白结合纳米抗体，和属于 albudab 平台的白蛋白结合结构域抗体。与白蛋白结合部分融合的 TCR-抗 CD3 融合蛋白介导了有效的 T 细胞活化，EC_{50} 值在 pmol/L 范围内。该专利目前仍在审查过程中。

在尝试了若干种免疫效应子与可溶性 TCR 的连接方式，以及若干种类的免疫效应子后，胞外恒定区具有非天然链间二硫键的可溶性 TCR，其 β 链的 N 端通过接头连接抗 CD3 scFv 最终成为融合蛋白的主流结构。可能原因：其一，免疫效应子融合于 TCR N 末端的双功能分子，比融合于 TCR 的 C 末端的相应构建体更为有效；其二，抗 CD3 scFv 能够通过激活 T 细胞的 CD3 复合物，而利用 TCR 的自然信号传导途径激活 T 细胞免疫。

(2) TCR 具体功能相关专利

① 靶点和适应证分析

ImmTAX 研发的关键环节是选择具有合适治疗窗口的抗原肽作为靶点，然后再针对这些靶点筛选获得高特异性和安全性的 TCR，用于 ImmTAX 的开发。表 13-3 展示了英美偌科有限公司融合蛋白中涉及的所有靶点和相关专利。从表 13-3 的统计结果可以看出，英美偌科有限公司的研发重点在肿瘤治疗领域，随后向病毒感染和自身免疫性疾病领域拓展。

表 13-3 融合蛋白中抗原靶点专利申请统计

靶点	抗原肽序列	疾病	申请量/项	专利申请号
NY-ESO-1	SLLMWITQC	肿瘤	5	WO2005GB01924、WO2005GB03752、WO2005GB04449、WO2010GB00988、WO2016GB54032
Tax	LLFGYPVYV	肿瘤	3	WO2005GB03752、WO2005GB04197、WO2005GB04449
HIV Gag	SLYNTVATL	感染	2	WO2006GB01147、WO2017GB50805
人端粒酶 hTERT	VYGFVRACL	肿瘤	1	WO2006GB01857
Melan-AMART-1	AAGIGILTV	肿瘤	1	WO2006GB01980
人端粒酶 hTERT	ILAKFLHWL	肿瘤	1	WO2007NL00110
小鼠胰岛素 β 链	LYLVCGERG	糖尿病	2	WO2009GB02119、WO2010GB00988

续表

靶点	抗原肽序列	疾病	申请量/项	专利申请号
gp100	YLEPGPVTA	肿瘤	3	WO2010GB01277、WO2017GB51596、WO2020EP52316
MAGE-A3	EVDPIGHLY	肿瘤	1	WO2012GB52322
EBV LMP2A	CLGGLLTMV	感染	1	WO2014GB52464
MAGE-A4	GVYDGREHTV	肿瘤	1	WO2017GB50985
PRAME	SLLQHLIGL	肿瘤	2	WO2018EP66287、CN202080012045
人前胰岛素原PPI（pre-pro insulin）	ALWGPDPAAA	糖尿病	1	WO2019EP62384
MAGE-A1	KVLEYVIKV	肿瘤	1	WO2020EP795737
HBV表面抗原S	GLSPTVWLSV	感染	1	WO2020EP58681

自2005年英美偌科公司完成可溶性TCR结构的设计布局之后，开始对可溶性TCR的成药性进行研究，分别将可溶性TCR与效应子细胞因子、毒素PE38、超抗原、抗CD3 scFv、PD-1激动剂等进行融合，用于治疗肿瘤、感染性疾病、糖尿病和自身免疫性疾病。从图13-28的技术功效分布来看，肿瘤治疗是该公司的主要研发领域，效应子也主要选择抗CD3 scFv进行研究，即其核心技术分子ImmTAX。这与目前全球药物开发重点也一致，目

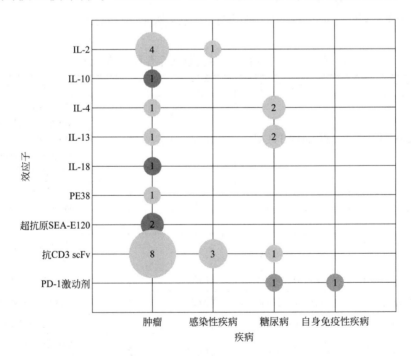

图13-28 英美偌科融合蛋白功效分布图

前全球接近一半新药项目用于治疗肿瘤。

图13-29融合蛋白适应证分布图也同样表明，肿瘤治疗领域是公司重点药物研发领域，占比68%，排第二的是感染性疾病，占比18%，而糖尿病和自身免疫病各自占比不到10%，其中自身免疫性疾病是该公司2019年开始扩展的新的研发领域，猜测之后可能会有更多治疗自身免疫性疾病的融合蛋白的专利申请。目前5个临床阶段项目中，3个是治疗肿瘤的药物，2个治疗感染性疾病的药物。

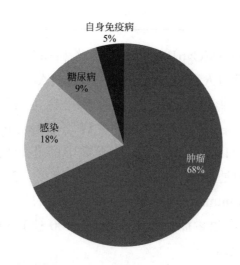

图13-29　英美偌科融合蛋白适应证分布图

② 研发管线

英美偌科公司关注肿瘤学、传染病和自身免疫性疾病三大疾病领域，利用其专有灵活的ImmTAX，开发了一条深层次药物开发路线，包括肿瘤学和传染病的五个研发管线（表13-4），以下对这5个管线及相关专利进行分析。

表13-4　英美偌科有限公司研发管线

平台	融合蛋白	效应子	靶点	抗原肽	适应证	研究阶段
ImmTAC	tebentafusp	抗CD3 scFv	gp100	YLEPGPVTA	葡萄膜黑色素瘤	已上市
ImmTAC	IMC-C103C	抗CD3 scFv	MAGE-A4	GVYDGREHTV	实体瘤：非小细胞肺癌、胃癌、头颈癌、卵巢癌、滑膜肉瘤	临床Ⅰ/Ⅱ期

续表

平台	融合蛋白	效应子	靶点	抗原肽	适应证	研究阶段
ImmTAC	IMC-F106C	抗CD3 scFv	PRAME	SLLQHLIGL	实体瘤：乳腺癌、子宫内膜癌、卵巢癌、小细胞肺癌	临床Ⅰ期
ImmTAV	IMC-I109V	抗CD3 scFv	HBV表面抗原S	GLSPTVWLSV	HBV感染	临床Ⅰ/Ⅱ期
ImmTAV	IMC-M113V	抗CD3 scFv	HIV Gag	SLYNTVATL	HIV感染	临床前

tebentafusp（旧称IMCgp100）是英美偌科有限公司利用ImmTAX技术平台开发的首款靶向人糖蛋白gp100的ImmTAC分子。gp100是黑色素瘤相关抗原组中的一种，以其作为靶标仍然是黑色素瘤特异性免疫疗法的有效方法。2010年，在恶性黑色素瘤中启动了IMCgp100的首个临床试验。2013年，启动了IMCgp100在黑色素瘤中的Ⅱ期临床试验。2015年，IMCgp100被EMA的适应性途径试点项目所接受。2016年，IMCgp100、durvalumab和tremelimumab联合试验由阿斯利康的生物制剂研发部门启动，用于治疗转移性皮肤黑色素瘤；同年，IMCgp100被FDA授予孤儿药资格，用于治疗葡萄膜黑色素瘤。

2021年9月23日，tebentafusp一线治疗HLA-A*02:01阳性转移性葡萄膜黑色素瘤（Uveal melanoma）Ⅲ期临床试验（NCT03070392）的详细数据发表在 *NEJM* 上（参见"Overall Survival Benefit with Tebentafusp in Metastatic Uveal Melanoma"）。葡萄膜黑色素瘤是一种有别于皮肤黑色素瘤的疾病，其肿瘤突变负荷低，转移性葡萄膜黑色素瘤患者的1年总生存率约为50%。

tebentafusp在Ⅲ期临床试验中表现出积极的效果，总共纳入378例先前未经治疗的HLA-A*02:01阳性转移性葡萄膜黑色素瘤患者，以2∶1的比例随机分配至tebentafusp组和对照组（使用PD-1单抗pembrolizumab、CTLA-4单抗ipilimumab、dacarbazine治疗），主要研究重点是总生存期（OS）。在意向治疗中，tebentafusp组中位OS为21.7个月，对照组为16个月，tebentafusp组的1年总生存率为73%，对照组为59%。此外，tebentafusp组中位无进展生存期（PFS）为3.3个月，也显著高于对照组的2.9个月（图13-30）。tebentafusp组中最常见的治疗相关不良事件是细胞因子介导的事件（由于T细胞激活）和皮肤相关事件（由于糖蛋白gp100阳性黑素细胞），但没有报道与治疗相关的死亡。临床数据表明用 tebentafusp 治疗导致比对照治疗更长的总生存期。

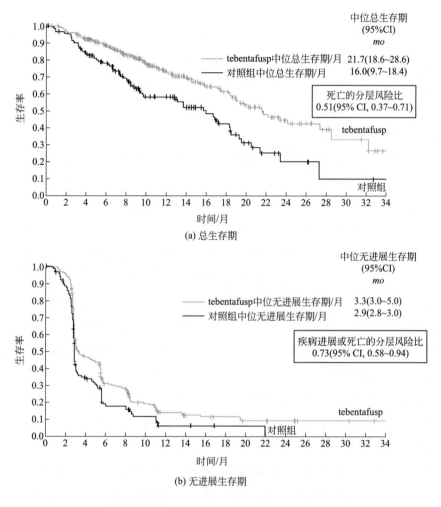

图 13-30　部分 tebentafusp 临床Ⅲ期数据

曲线上的竖线表示有删失数据。

英美偌科有限公司于 2010 年 7 月 1 日首次提出关于靶点是 gp100 融合蛋白的专利申请 WO2010GB01277，该融合蛋白的具体结构参见前面关于可溶性 TCR 融合蛋白结构的介绍，关于融合蛋白的效果，该项专利评估了 7 种 gp100 TCR-抗 CD3 融合体的性能，发现其可特异性激活 CD8+T 细胞，其中 4 种融合蛋白能够有效对 T 细胞重定向。并且 1 种融合蛋白可以抑制 Mel526 黑色素肿瘤细胞导致的小鼠肿瘤的体积扩大。

同时，英美偌科有限公司对 tebentafusp 继续进行研究，包括联合用药和制剂。公司宣布近期将展示 tebentafusp 联合 PD-L1 抑制剂 durvalumab 和 / 或 CTLA4 抑制剂 tremelimumab 治疗转移性皮肤黑色素瘤（mUM）的 Ⅰb 期临床试验结果。关于 tebentafusp 的联合用药，英美偌科有限公司于 2017 年 6 月 2 日提出专利申请 WO2017GB51596，该项专利申请目前在中国处于未决状态。该项专利申请是在 I 期临床试验中发现不良反应，如低血压、皮疹等之后对临床给药方案作出的改进，并进一步发现 IMCgp100 即 tebentafusp 与抗 PD-L1/PD-1 和 / 或 CTLA-4 的检查点抑制剂抗体联合使用可增加 T 细胞应答能力。

关于制剂的专利申请，2020 年，英美偌科公司提交的专利申请 CN113645953A，公开了制剂。该申请的制剂的主要活性成分为 WO2010GB01277 公开的 TCR- 抗 CD3 融合蛋白，或者类似的 TCR- 抗 CD3 融合蛋白。发现洗涤剂和蛋白质之间的重量比是生产稳定制剂的关键因素；当吐温 20 与蛋白质的比例为 1 时，粒径 ≥ 10 μm 的颗粒计数最低，因此稳定性最高。发现包含甘露醇和蔗糖或海藻糖是制剂中的一个关键因素，是提供容易冻干的制剂所必需的，随后发现甘露醇与蔗糖的比例对于保持稳定性很重要，并且海藻糖可以与蔗糖互换；甘露醇相对于蔗糖的浓度较高会导致聚集增加。发明人发现填充剂（如甘露醇）与稳定剂（如蔗糖/海藻糖）的比例小于 1 : 1（优选 1 : 5）会产生使聚集最小化的稳定的饼。发明人假设，当结晶甘露醇过量时，其可能对冻干状态的 TCR-scFv 双特异性蛋白的结构造成过度应变，随后导致解折叠、变性和聚集。该专利目前仍在审查过程中。

IMC-C103C 是英美偌科有限公司利用 ImmTAX 技术平台开发的一种靶向黑色素瘤相关抗原 A4（MAGE-A4）的 ImmTAC 分子，MAGE-A4 属于种系编码癌抗原 MAGE 家族，该类抗原在各种癌症中表达，而在正常组织中的表达仅限于成人睾丸和其他免疫特异性位点（包括胎盘），该抗原的癌症特异性使其成为抗癌治疗的理想靶标。已经报道 MAGE-A4 在黑色素瘤、食道瘤、头颈癌、乳腺癌和膀胱癌等肿瘤中高水平表达。近日，公司公布了 IMC-C103C 治疗实体瘤的 Ⅰ 期数据，其中两例卵巢癌和一例头颈鳞状细胞癌患者病情得到缓解。基于该数据，IMC-C103C 或许可能是继 tebentafusp 之后治疗实体瘤的新希望。英美偌科有限公司于 2017 年 4 月 7 日提交的专利申请 WO2017GB50985 针对的靶点是 MAGE-A4，该专利申请目前在中国处于未决状态。该项专利申请利用特异性结合 MAGE-A4 抗原肽 -HLA-A*02 复合物的可溶性 TCR 制备获得了 5 种 ImmTAC 分子并对其进行了评价,以 IFN-γ 分泌作为 T 细胞激活指标时,发现 ImmTAC 分子 1~2 和 3~5 能够介导对表达靶抗原的癌细胞(NCI-H1703- 人肺癌细胞系)的强效 T 细胞重定向,同时不活化抗原阴性癌细胞,且对正常健康人组织的细胞具有最小的反应性。使用 IncuCyte 平台发现 ImmTAC1 和 ImmTAC4 两种分子均在 0.01 nmol/L 的浓度下显示出 T 细胞重定向杀伤抗原阳性肿瘤细胞。这些数据表明 ImmTAC1~5 适用于治疗肿瘤。

IMC-F106C 是英美偌科有限公司利用 ImmTAX 技术平台开发的一种靶向生殖系癌抗原 PRAME 的 ImmTAC 分子。PRAME 在多种实体瘤以及白血病和淋巴瘤中表达,同时在正常成人组织中表达受限或不表达。英美偌科有限公司于 2018 年 6 月 19 日提交的专利申请 WO2018EP66287 针对的靶点是 PRAME,该项专利申请目前在中国处于未决状态。ImmTAC 分子的结构详见前面可溶性 TCR 融合蛋白结构部分的介绍。该项专利申请中记载了 3 种 ImmTAC 分子,发现 3 种 ImmTAC 分子可以介导对抗原阳性的癌细胞的有效的 T 细胞重定向。同时,安全性评价结果显示对正常细胞显示最小的反应性。进一步,使用 IncuCyte 平台观察到在 100 pmol/L 或更低的浓度下杀伤靶细胞。接下来,申请人提交专利申请 CN113474367A 对靶向 PRAME 的 ImmTAC 分子继续进行优化,获得半衰期延长的 ImmTAC 分子。该结构优化改造的技术在前面可溶性 TCR 融合蛋白结构部分已经进行了详细介绍。

IMC-I109V 是英美偌科有限公司首个利用 ImmTAV 技术平台开发的进入临床 I 期阶段的一种靶向保守的 HBV 表面抗原 S 的 ImmTAV 分子。2021 年 5 月 18 日,公司宣布 IMC-I109V 的首次人体临床试验启动,第一例患者开始服用该药,用于治疗慢性乙型肝炎(CHB)。IMC-I109V 的 I 期临床试验是在慢性乙肝患者中评估安全性、药代动力学和抗病毒活性,计划将其开发为慢性乙肝患者的潜在的功能性治愈方法。慢性乙型肝炎是一种具有不良预后的异质性和难治性疾病,20%~30% 会发展为肝硬化或癌症。目前的治疗方案需要终生用药,迫切需要新的治疗方案。英美偌科有限公司于 2020 年 3 月 27 日提交的专利申请 WO2020EP58681 针对的靶点是 HBV 表面抗原 S,该专利申请没有进入中国。该项申请制备了 4 种 ImmTAV 分子并对其进行评价,使用 IncuCyte 平台观察到在 100 pmol/L 或更低的浓度下可杀伤靶细胞。进一步,还对 4 种 ImmTAV 分子的安全性进行了评价，发现对正常组织没有交叉反应性。最后，2种ImmTAV分子在浓度为1 nmol/L时可导致HBV感染的细胞减少约60%，可以有效地清除感染的细胞，适用于治疗HBV感染。

IMC-M113V是英美偌科有限公司利用ImmTAV技术平台开发的一种靶向HIV Gag的ImmTAV分子。由于HIV病毒基因稳定整合到宿主细胞染色体中，目前的疗法不能完全根除感染，免疫疗法成为具有潜力的新治疗方法。该项技术获得了比尔·盖茨基金会4000万美元的投资，用于开发治疗HIV等具有全球健康挑战性的传染病。英美偌科有限公司于2017年3月22日提交的专利申请WO2017GB50805针对的靶点是HIVGag，该专利申请目前在中国处于未决状态。该项专利申请是在前期专利申请WO2006GB01147的基础上进行进一步研究，将可溶性TCR与抗CD3 scFv融合，制备获得2种ImmTAV分子并对其进行评价，发现2种ImmTAV分子具有高水平的靶特异性，即使在低肽浓度下也能够使T细胞重定向。数据表明2种ImmTAV分子可以促进体内被HIV病毒感染的细胞的清除。

除了上述5个研发管线，根据英美偌科有限公司官网的介绍，关于自身免疫性疾病的药物也处在临床前研究中，目前以tebentafusp为首的ImmTAX药物可能引发相似机制药物的研发和临床研究，开创一种新的有效的免疫疗法。

（3）ImmTAX开发流程相关专利

为了确保鉴定获得具有合适治疗窗口的抗原肽和性能改善的TCR，英美偌科有限公司建立了一套完整的ImmTAX开发流程：①利用超灵敏质谱确定样本库（ImmSPECT）中最佳的抗原肽；②利用Blind date TCR噬菌体文库筛选TCR；③利用TCR质量评估平台确保只有最佳的TCR才会进入到亲和力优化步骤；④利用噬菌体文库筛选获得亲和力在pmol/L级别的高特异性TCR；⑤利用临床前毒理性评价平台评估ImmTAX分子；⑥利用大肠杆菌表达平台规模化生产（图13-31）。下面对该ImmTAX开发流程和涉及的相关专利进行详细介绍。

利用超灵敏质谱确定样本库（ImmSPECT）中最佳的抗原肽：鉴定新的MHC分子呈递的特定肿瘤相关抗原（TAA）衍生肽用于开发设计靶向和破坏肿瘤细胞的新型免疫治疗剂，但是，目前鉴定TAAs和确定TAAs衍生肽仍然存在困难，迄今为止仅鉴定了少数此类肽，覆盖有限数量的癌症，因而，抗原肽的鉴定工作是开发TCR疗法的难点。英美偌科有限公司从 2015—2020 年共申请了 38 项专利，涉及鉴定的新抗原肽。其中 2015 年 3 月至 7 月提交的 3 项专利申请 WO2015GB50821、WO2015GB51695 和 WO2015GB52064，关注于寻找新的 TAA，首先通过分析肿瘤组织与正常组织目标基因的表达确定肿瘤相关抗原 TAA，然后通过质谱法 nanoLC-MS/MS 分析鉴定多种肿瘤细胞系中 HLA-A*02 复合物中衍生自目标 TAA 的肽，最后对获得的抗原肽进行评价。3 项申请鉴定获得了 3 个新 TAA 及其衍生肽，分别为 TRAIP、ETV4 和 CDC6。由于合适 TAA 的鉴定需要考虑很多因素，接下来，申请人将关注点转向于从已知的 TAA 中鉴定具有合适治疗窗口的衍生肽，进一步获得抗原特异性 TCR，其于 2015 年 11 月 23 日至 2020 年 09 月 10 日提交了 35 项专利申请，同样使用质谱法鉴定多种肿瘤细胞系中 HLA-A*02 复合物中的衍生肽，接下来使用新鉴定的肽 -MHC 复合物淘选之前已经建立的 TCR 噬菌体文库获得抗原特异性的可溶性 TCR。可见，申请人申请的 38 项关于抗原肽的专利均是衍生自肿瘤相关抗原，公司的研发重点仍在肿瘤治疗领域。

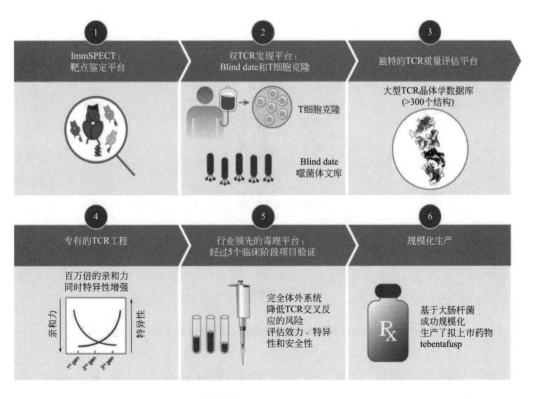

图 13-31　ImmTAX 开发流程

数据来源：招股说明书。

利用 Blind date TCR 噬菌体文库筛选 TCR 和利用噬菌体文库筛选获得亲和力在 pmol/L 级别的高特异性 TCR：在可溶性 T 细胞受体结构优化确定之后，为了获得高亲和力的 TCR 变体，英美偌科有限公司开始致力于开发适合可溶性 T 细胞受体的展示技术。申请人于 2003 年 10 月 30 日提交的申请 WO2003GB04636 成功建立了双链可溶性 TCR（dsTCR，即专利 WO2002GB03986 中公开的添加非天然链间二硫键的双链可溶性 TCR）和单链 TCR 的展示技术，该专利申请中涉及双链可溶性 TCR 的噬菌体展示技术于 2009 年 10 月 30 日在中国获得授权（授权公告号 CN 100551931C），目前专利状态有效。对于双链可溶性 TCR，申请人构建了噬菌体载体以表达由含有非天然链间二硫键的异源二聚 A6 TCR 或 NY-ESO TCR 和噬菌体外被蛋白 gⅢ构成的融合蛋白，其中 TCR 的 β 链恒定区的 C 端与噬菌体外被蛋白 gⅢ连接（图 13-32，参见"Making high-affinity T-cell receptors:a new class of targeted therapeutics"）。同时证明利用建立的噬菌体展示技术产生了能展示特异性结合肽 -MHC 复合物的 TCR 的噬菌体颗粒，并且利用该噬菌体展示技术筛选获得了具有更低 K_d 值或更长相互作用半衰期 $t_{1/2}$ 的可溶性高亲和性 TCR 变体。

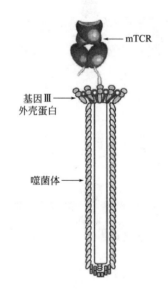

图 13-32　噬菌体展示具有非天然链间二硫键的双链可溶性 TCR 示意图

对于单链可溶性 TCR，申请人构建了核糖体展示技术，单链 A6 TCR 的 β 链恒定区的 C 端与 C-κ 连接。但是，该单链 A6 TCR 与之前专利 WO2003GB04310 中的单链可溶性 TCR 不同，其中与 Vβ 的 N 端连接的只有 Vα，不含有恒定区部分，并且 Cβ 中也不含有突变的半胱氨酸，因而，该申请中的单链 A6 TCR 中没有添加非天然链间二硫键，也导致了涉及包含非天然链间二硫键的单链可溶性 TCR 的展示技术没有得到授权。

目前世界上具备高亲和力 TCR 的公司只有英美偲科有限公司（pmol/L 级），而该高亲和力 TCR 的获得则是基于噬菌体展示技术。该专利申请之后，申请人尝试将上述噬菌体展示技术扩展到识别其他配体的 TCR 中（参见"Directed evolution of human T-cell receptors with picomolar affinities by phage display"），包括 MHC I 类分子、MHC II 类分子和 CD1 分子，抗原肽涉及肿瘤、感染等疾病相关的靶点，这些可溶性 TCR 均能成功展示于噬菌体表面。并且，作者对其中两种 TCR，A6 TCR 和 1G4 TCR 的 CDR 区进行突变，获得了亲和力为 pmol/L 级别的 TCR 变体（表 13-5）。

表 13-5　成功展示在噬菌体上的 TCR 总结

名称	TRAV	TRAJ	TRBV	TRBJ	HLA	肽	来源	ELISA
A6	12-2	24	6-5	2-7	A2	LLFGYPVYV	HTLV-1 tax	+
1G4	21	15	6-5	2-2	A2	SLLMWITQC	NY-ESO-1	+
ILAK	22	40	6-5	1-1	A2	ILAKFLHWL	hTERT	+
LC13	26-2	52	7-8	2-7	B8	FLRGRAYGL	EBV EBNA3A	+
JM22	27	15	19	2-7	A2	GILGFVFTL	流感病毒 MP	nd
AH1.23	12-2	13	2-5	2-5	DR4	RHVVIDKSFGSPQIT	衣原体热休克蛋白 60	nd
MM15	12-2	34	28	2-6	A2	AAGIGILTV	Melan A	+
1A77	12-2	39	29-1	2-2	A2	AAGIGILTV	Melan A	nd
CD1d	24	18	25-1	2-7	CD1d	α-galactyl-ceramide	脂质	+
GRb	28-2	53	4-1	2-5	B27	SRYWAIRTR	流感病毒 HA	nd

注：nd 表示未检出，+ 表示阳性。

2003 年之后的一段时间，申请人前后提交了 8 项发明内容只涉及 TCR 变体，不涉及融合蛋白的申请，分别对靶点为 NY-ESO-1、HIV Gag、人端粒酶 hTERT、Tax、Melan-AMART-1、MAGE-A3、人前胰岛素原 PPI 蛋白的 TCR 进行亲和力成熟研究，获得了一系列亲和力优于野生型 TCR、亲和力在 pmol/L 到 nmol/L 范围内的 TCR 变体，利用噬菌体展示技术筛选高亲和力可溶性 TCR 变体的流程参见图 13-33（参见"Directed evolution of human T-cell receptors with picomolar affinities by phage display"）。

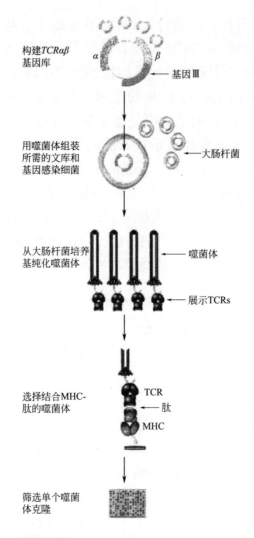

图 13-33　噬菌体展示技术筛选 TCR 流程图

上述文库的建立是将随机突变引入到单个已知 TCR 的 α 和 β 链的 CDR 区中，即合成的 TCR 文库中具有随机生成的 CDR 序列，但是所有 TCR 含有相同的 α 和 β 框架序列，且该方法合成的 TCR 文库中大部分 TCR 链是非功能性的。编码 TCRα 和 β 链的基因库位于不同的染色体上，并且含有分离的 V、D、J 和 C 基因片段，所述基因片段在 T 细胞发育期间通过重排而汇聚在一起。由于 TCR 的重组具有随机性，产生高可变型、高多样性的 T 细胞受体。因而，为了丰富 TCR 文库，获得更多对疾病相关抗原特异性的 TCR，申请人将 TCR 的 α 和 β 链混合构建文库并进行淘选，获得能够分离有用 TCR 的 TCR 文库，于 2016 年 9 月 15 日提交了 8 项专利申请，建立了一系列TCR文库，如TRAV13-1:TRBV4文库、TRAV27:TRBV9文库、TRAV38:TRBV2文库等，其中TCR的命名参考国际免疫遗传学（IMGT）TCR命名法。

综上，申请人在建立的双链可溶性TCR的噬菌体展示技术的基础上，通过随机突变、α和β链特定组合等方式建立了一系列TCR文库，为筛选获得性能改善的可溶性TCR、进一步获得具有治疗潜力的ImmTAX分子奠定了基础。

利用TCR质量评估平台确保只有最佳的TCR才会进入到亲和力优化步骤和利用临床前毒理性评价平台评估ImmTAX分子：为了提高可溶性TCR和ImmTAX分子的有效性，申请人还建立了一套相应的评估方法。申请人于2007年9月26日提交的专利申请WO2007GB03676，发现仅以结合亲和力K_d值作为筛选评估指标，并不足以获得有效的可溶性TCR，因为，高亲和力TCR转染的T细胞可能导致非特异性活化，具有危险的自身反应性，该申请发现结合半衰期可以作为评价是否增强pMHC特异性T细胞介导的免疫应答的指标，结合半衰期与结合亲和力的趋势不完全一致，并给出了CD4+T细胞和CD8+T细胞潜在的适宜的结合半衰期范围。2013年提交的专利申请WO2013GB53320公开了一种预测TCR是否存在脱靶效应的方法，其首先确定靶肽的结合基序，然后使用该结合基序从UniProtKB/Swiss-Prot数据库中比对发现潜在的脱靶肽，最后鉴定目的TCR是否存在脱靶效应，从而在进入临床前对TCR进行完善的评价。

综上，英美偌科公司的技术涵盖了药物开发的整个过程，从发现、验证合适的疾病靶点，到设计和改造ImmTAX分子，再到临床前、临床评估和生产。通过建立的开发流程，已经有5个药物在临床阶段中获得了不错的疗效，其中tebentafusp近期在临床Ⅲ期中取得积极效果，有望突破晚期黑色素瘤肝转移治疗的瓶颈，成为肿瘤免疫治疗领域中的新星。但是，该开发流程也存在一定问题，筛选获得新的靶肽和TCR是一项难度系数较高的工作，也是ImmTAX分子研发的瓶颈，尽管英美偌科公司已经建立了完整的开发流程，声称自己建立了样本库（ImmSPECT）和Blind date TCR噬菌体文库，但是其临床阶段中在研的药物都是针对一些公认的靶肽，自2015年至2017年申请了大量抗原肽和文库相关的专利申请后，英美偌科公司的专利申请就进入停滞期。2022年1月25日，该公司成为全球第一个拥有TCR-T相关产品上市的公司，未来的发展值得期待。

撰稿专家：王　雪　杜涧超　张　弛

第六篇

国家生物产业基地年度发展报告

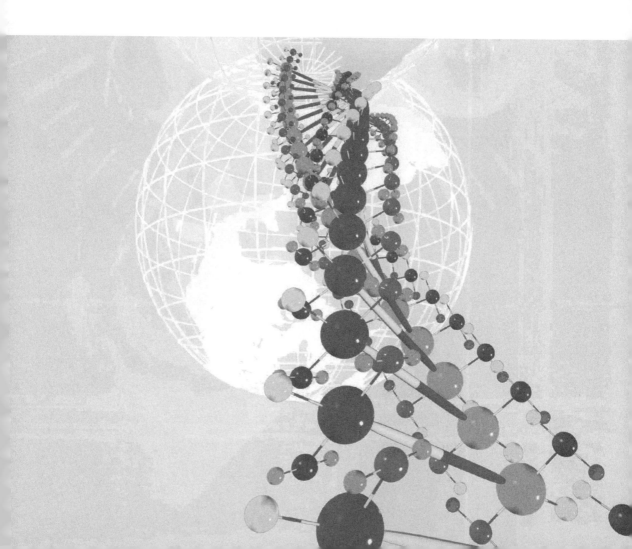

第十四章

北京国家生物产业基地 2021年度发展报告

生物产业是北京重点发展的高精尖产业之一，国家生物产业基地是北京发展生物产业的核心区域。近年来，在国家发展改革委等指导下，北京市紧抓国家培育和发展战略性新兴产业的机遇，持续强化顶层设计，大力推进国家级平台建设，有序推进促进生物产业集聚和高质量发展相关工作，努力营造良好产业发展氛围。

一、2021年产业发展情况

北京市生物产业创新资源高度集聚，创新能力全国领先，以生物医药产业为核心，以北京经济技术开发区、大兴生物医药产业基地、中关村生命科学园三大区域为北京国家生物产业基地主要承载地，近几年持续夯实"一南一北"产业发展格局，产业规模高速增长，创新能级持续攀升。

（一）产业发展进入高质量阶段

规模持续高速增长。在新冠肺炎疫苗拉动下，2021年1—11月，北京医药工业总产值3648.5亿元，同比增长2.9倍（扣除新冠肺炎疫苗后1285.3为亿元，同比增长18.6%）；规模以上企业收入达到3417.9亿元，同比增长191.2%；利润总额为1877.2亿元，同比增长1035.1%。

创新要素加快集聚。在高端人才方面，拥有生物医药领域中国科学院院士75名，占全国51.7%；中国工程院院士55名，占全国45.1%。在科研院所方面，在生物医药领域聚集了70多家国内知名的高校院所、3个国家工程实验室、4个国家重大科技基础设施，数量均为全国第一。新增上市企业18家，累计达到69家，新增市级工程研究中心11个。CPNL作为全国首批9个国家实验室加快建设并组建新发突发传染病部等4个科研部门。在临床资源方面，截至2021年6月底，北京拥有三级医院117家，国家药物临床试验机构75家，在京国家临床医学研究中心19个，均居全国前列；首批10家研究型病房床位达1704张，第二、三批总计20家研究型病房完成遴选。

创新成果成效显著。2021年，我市获批上市进入国家创新器械审评通道产品6个，累计达到33个，目前处于临床Ⅱ期、Ⅲ期及上市申请的1类生物药达25个，新认定医药健康领域市级首台（套）产品8个。百济神州"泽布替尼"、诺诚健华"奥布替尼"等一批自主研发产品走向世界，数坤"心血管AI诊断软件"、博雅辑因"地贫精准基因编辑治疗"等一批首发产品不断涌现，维泰瑞隆退行性疾病小分子抑制剂、合生基因溶瘤病毒药物等一批原创药物进入临床阶段，蓝晶微生物"合成生物学分子与材料创新平台"项目获得HICOOL2021全球创业者峰会一等奖。

应对新冠科技攻关加速。在疫苗方面，我市两款的新冠灭活疫苗率先在国内附条件上市，全年完成产值超过2400亿元，累计生产疫苗50亿剂，贡献了全国新冠肺炎疫苗产量约9成；万泰生物的鼻喷疫苗将在菲律宾启动Ⅲ期临床；魏文胜团队的环形RNA疫苗已完成猴攻毒试验。在药物方面，张林琦团队的中和抗体作为国内首家获批上市的新冠特效药在全国13个地区用于近860例患者的救治，谢晓亮团队的中和抗体用于33例患者救治，李松团队的莫那匹韦已报审批上市。在检测方面，推动咳嗽差异语音识别及检测呼出气体识别等新方法研究。

新兴业态不断涌现。数字经济与生物经济加速融合，带来全新的产业创新机遇，催生AI医疗、云健康服务、远程医疗等新兴业态发展，培育了推想科技、汇医慧影、思派科技等垂直细分领域准独角兽企业，形成一批引领行业发展的创新成果。2021年，北京市获批上市AI三类医疗器械6个，占全国接近比例1/2；国内首个三类AI诊断产品进入医院并实现收费，友谊医院、胸科医院等牵头开展AI医疗产品示范应用及经济学评价，产业融合成果加快落地应用。

（二）三大基地建设取得成效

国家生物产业基地是北京发展生物产业核心区域，以北京经济技术开发区和大兴生物医药产业基地为核心，形成南部高端制造承载区；以中关村生命科学园为研发创新核心，持续激发北部创新、引领新动能。"一南一北"的产业格局，产值占全市比重超过七成。

北京经济技术开发区已形成龙头引领、集群共进的发展格局。截至2021年底，区内拥有各类生物医药企业1700余家，全年生物医药及大健康产业产值约1560亿元。在产业集群建设方面，拜耳、赛诺菲等全球知名医药企业加快聚集，泰德制药、百泰生物等创新型企业加速崛起，康龙化成、神州细胞、加科思等一批具有专业技术优势的海归团队创业企业脱颖而出。在空间载体方面，新增新药研发中试基地、细胞治疗研发中试基地等产业用地700亩，布局康龙化成高端制剂CDMO基地；昭衍生物10万升产能的大分子中试CDMO基地加紧建设，目前2万升产能已建成投产；腾退转型建设生物医药标厂，完成悦康、鸿坤国际生物医药园区等产业空间更新，引进落地赛赋医药、唯尚立德等医药研发服务企业和思路迪等创新药研发项目。在产业投资方面，不断提升亦庄国投等国有投资平台引导作用，先后与华盖、北极光、赛升药业等6家机构或上市药企合作设立7支生物医药引导基金，用于非上市公司从早期到pre-IPO轮成熟期全阶段性投资，完成天广实、加科思等22个生物医药项目投资，总投资金额2.21亿元，协助企业吸纳社会资本超过25亿元。

大兴生物医药产业基地已形成以研发检验为主导，生物制药、现代中药、创新化药、医疗器械为主体，大健康、动物药为拓展的"1+4+2"产业格局。2021年，区内入驻5000余家企业，工业产值突破1600亿元。在重大项目方面，国内第二大医药研发服务平台公司康龙化成、国内第二大模式动物供应商集萃药康、呼吸机领域龙头企业谊安医疗、干细胞药物创新企业贝来生物、诊断试剂研发生产龙头企业卡尤迪等的75个项目先后落地。在公共服务方面，园区公共服务机构共109个，初步实现"新药筛选-动物实验-临床研究-注册上市"全产业链服务。在创新成果方面，园区拥有一类新药14个，3个已上市，11个进入临床；拥有国家创新型医疗器械15个，7个已上市，8个进入临床。在重点企业发展方面，科兴中维承担了金砖国家疫苗研发中国中心建设，天科合达、协和药厂、博辉瑞进、诚益通、嘉宝仁和入选2021年度国家专精特新"小巨人"企业，百奥赛图人源化小鼠模型荣登国际顶级期刊，热景快速诊断试剂登陆德国、巴西等国家市场。

中关村生命科学园是北京自贸试验区科技创新片区重要组成，入驻了百济神州、诺诚健华、华辉安健等500余家创新型医药健康企业，2021年

1—11 月，规上企业实现收入 954.3 亿元、产值 31.1 亿元，同比增长分别为 26.1%、38.6%。在创新资源集聚方面，汇集了 CPNL、国家蛋白质科学中心、北京生命科学研究所、北京脑科学与类脑研究中心、北京市药检院等一批高水平研发和检测机构，以及王晓东、谢晓亮、施一公、饶毅、邵峰等"两院"院士在内的 200 多名顶尖科学家和高层次人才。在重大项目方面，百济神州、扬子江海燕利用自有用地扩建项目规划条件已获批，诺诚健华抗肿瘤创新药物生产基地、爱康宜诚医疗器械生产项目已实现供地，新生巢创新中心、国际精准医学加速中心正式运营，清华工研院细胞与基因治疗创新中心、大分子生物药中试平台、飞镖加速器一期竣工投用，迈瑞北京创新发展中心签约落地，万泰生物、扬子江海燕、蓝晶微生物等 10 余家企业扩产扩能。

二、基地开展的主要工作

北京市立足国际科技创新中心定位，注重提升生物产业在全国的创新引领作用，采取"自上而下"和"自下而上"相结合方式，发挥市医药健康统筹联席会作用，以国家生物产业基地为核心载体，持续完善顶层设计，深化重创新、促改革、拓空间、抓项目、优环境、强服务等工作，不断促进生物产业创新发展迈上新台阶。

（一）机制引领，强化市区统筹协调

建立"统筹联席会议 - 办公室 - 市区工作专班"的工作机制，由市政府分管科技、医疗卫生的领导担任统筹联席会议召集人，市发展改革委、市教委、市科委、市经济信息化局、市医保局等 19 个单位为统筹联席会议成员单位，切实做好工作落实与闭环管理。

（二）政策护航，夯实产业引领地位

2021 年，市级层面出台《北京市加快医药健康协同创新行动计划（2021—2023）》，提出了 5 个方面 20 条举措，力争通过 3 年推动，到 2023 年产业营业收入突破 3000 亿元；印发《北京市"十四五"时期高精尖产业发展规划》，将医药健康产业列为两大国际引领支柱产业之一，产业地位持续攀升。区级层面在大兴区、经开区分别发布《大兴区促进医药健康产业发展暂行办法》（京兴政发〔2018〕29 号）、《北京经济技术开发

区关于加快四大主导产业发展的实施意见》（京技管〔2020〕48号）基础上，昌平区发布《中国（北京）自贸试验区科技创新片区昌平组团支持医药健康产业发展暂行办法》（昌政办发〔2021〕4号），重点支持创新药物、高端医疗器械、细胞与基因治疗、AI+医疗、精准医疗服务等领域的研发创新和产业化，以及专业服务平台建设。

（三）创新驱动，提升原始创新策源能力

一是聚焦前沿技术研究布局，加强科技力量投入。逐步推进实验室硬件建设、组织搭建、制度体系建设，不断强化国家战略科技力量。持续推进CPNL、北京生命科学研究所二期、北京干细胞与再生医学研究院二期等新型研发机构建设，加强在核酸和蛋白质检测、基因编辑、新型细胞治疗、干细胞与再生医学等领域的前沿关键技术研究布局，加快推动生物技术创新突破。二是聚焦产业共性需求，搭建专业服务平台。支持清华工研院建设细胞与基因治疗创新中心，打造国内首个细胞与基因治疗服务平台；北京重大疾病临床样本资源公共服务平台启动运营；支持企业建立纳米抗体和单抗药物CDMO等十余个生物医药领域中试基地；依托骨干企业构建数十个（仅开发区36个）生物技术公共服务平台，为企业提供研发创新全生命周期服务，加速科技成果转化。

（四）深化改革，提升临床试验支撑能力

加强研究型医院建设，有序推动天坛、安定医院试点向研究型医院发展，中关村生命园内已落地一家国际研究型医院，预计2022年建成交付。注重激发医疗机构科技创新活力，积极推动市属医院将科技创新绩效评价结果与人员薪酬分配和中层干部任职考评等挂钩，将市属医院绩效中科技创新相关指标权重已增加到20%。加快推进医院间和区域内的伦理审查结果互认，目前已有48家单位被纳入伦理审查互认联盟成员单位。推动全国首个去中心化临床试验（DCT）试点项目成功落地，搭建的医院数据一体化系统、数字化智能化临床运营系统达到国际领先水平。

（五）协调推动，强化重点项目落地储备

各基地所在区积极协调推进本区域重点项目落地相关事宜。华辉安健大分子抗体药物生产基地、诺诚健华抗肿瘤创新药物生产基地、迈瑞医疗

北京创新发展中心等一批重大示范项目加快落地；百济神州、万泰生物等一批领军企业扩产扩能；成功引入赛诺根制药研发中心、赛默飞共享实验室等一批外资企业及专业化服务机构。此外，以北京生命科学研究所等新型研发机构为重点，着力打通从基础研究到成果转化的通道，将为产业后续发展持续储蓄后备力量，目前已涌现出丹序生物、炎明生物、维泰瑞隆、普沐生物等一批极具潜力的创新型企业。

（六）多措并举，持续优化产业发展环境

人才引进方面，组织全市96家重点医药健康企业，向全球招聘1300个岗位，针对因新获批药品、新增纳税、IPO上市等为创新和产业新增量做出贡献的企业，给予人才落户奖励，持续通过用人单位岗位补贴、产教对接平台等多种方式帮助企业引进和培育人才。工作机制方面，市卫健委、市发展改革委、市住建委等单位不断完善工作机制，积极推进解决AI医疗产品入院难、危废物处理成本高、灭菌中心不足等问题。产业交流方面，成功举办"第二届全球生命健康与科学"、"第24届北京国际生物医药产业发展论坛"、新药创始人俱乐部年会、新生巢科学家日、医药健康产业投资H50年会、北京脑科学国际学术大会等系列活动，为国内外企业、投资人和学者搭建交流平台。

三、基地发展面临的主要问题

一是供地和项目建设还需加快。目前，我市产业供地仍较紧缺，还存在"项目等地"情况。从完成供地到项目开工建设历时仍较长。

二是临床对产业的支撑还需提高。我市医院今年国际或亚太牵头临床试验仅6项，近两年临床试验合同签署时间平均约102天，远高于美国（30天）。另外，互联网医院建设、电子病历、医疗影像数据共享等还处于探索阶段。

三是创新成果产出仍需加强培育。2021年，我市1类新药上市2个（全国27个）；处于临床阶段的细胞与基因治疗药物9项（全国46项），其中干细胞药物数量第一，但多为与外资合作且靶点重复品种，总体来看，在全国范围内优势不突出，仍需加大培育力度。

四是缺少政府主导的产业基金。目前我市投资医药健康项目的市场化

基金较丰富，市科创基金设置的 49 支子基金中，24 支布局在医药健康领域，但还缺少政府主导的产业基金，如针对重大落地项目的基金、早期种子投资基金等还未设立。

五是政策改革力度还需加强。涉及国家事权如"禁止外籍人才持股或参股的企业在国内开展人体干细胞、基因编辑开发和应用、建立人类遗传资源服务站试点、医疗器械服务站试点"等事项还需争取更多国家支持，加快落实两区政策。

四、下一步工作

下一步，北京市将紧抓生物产业爆发式发展的战略机遇期，持续完善产业发展生态，不断提升重点基地、园区的一站式服务能力，厚植成果就近转化、企业加速成长、产业创新集聚的土壤，继续引领生物产业创新发展。

一是加强 AI 医疗、细胞基因药物等领域前瞻性布局。紧紧围绕生物经济、数字经济两大核心驱动力，聚焦 AI 医疗尖端赛道，占领前沿生物技术全赛道，巩固创新药械、精准医疗等成熟赛道，加快推进前沿技术突破和高精尖企业孵化，形成更具特色的医药健康产业创新高地。

二是提高临床研究效率和水平。加快推进研究型医院和研究型病房建设，更好地发挥研究型病房引企作用。优化医疗机构开展临床试验的内部审批流程，缩短临床试验启动时间，支持医生主导的 AI 数字医疗、细胞与基因治疗等的创新品种研发。

三是研究设立产业基金、加大政策改革力度。抓紧设立针对重大落地项目的专项投资基金、针对市场化基金失灵的早期种子投资专项基金。统筹规划两家灭活疫苗企业的财政贡献，引导回补医药健康产业创新发展。同时，加强对接国家部委开展行政审批服务创新试点，建立人类遗传资源服务站试点、医疗器械服务站试点。抓住"两区"建设生物医药全产业链开放和中关村先行先试的契机，进一步研究提出需国家支持的突破政策。

四是持续加强疫情防控科技攻关。加强病毒变异监测，疫苗加强针研究，促进二代疫苗及 mRNA 疫苗等多种技术路线疫苗研发和产业化落地。推进新冠特效药研发，推动中和抗体获批上市，支持小分子药物研发。推动快速、便捷、准确、多联检的检测技术加快研发上市。

撰稿：北京市发展改革委

第十五章

上海国家生物产业基地 2021 年度发展报告

2021年是"十四五"开局年,也是疫情后中国经济平稳复苏的关键年。在国家发展改革委大力指导和市委市政府坚强领导下,上海市生物医药产业发展持续发力,创新策源、产业布局、临床转化、企业服务、政策保障等工作扎实推进,具有国际影响力的生物医药产业创新高地和世界级生物医药产业集群全力加快建设。

一、基本情况

2021年上海市生物医药产业实现高质量新发展,产业规模预计超过7000亿元,其中,制造业总产值1712亿元,同比增长12%;新增获批1类国产创新药8个(甲磺酸伏美替尼片、康替唑胺片、赛沃替尼片、阿基仑赛注射液、瑞基奥仑赛注射液、派安普利单抗、注射用甲苯磺酸奥马环素、甲苯磺酸奥马环素片),创历年新高,约占全国总数的1/5;新增12项产品进入国家创新医疗器械特别审批通道,约占全国总数的1/5;累计18家生物医药企业在科创板上市,约占全国总数的1/4;科济药业等6家生物医药企业在港交所上市发行。

二、有关工作

(一)加强顶层设计

1. 实施产业高质量发展政策

发挥上海生物医药产业基础优势,聚焦创新策源引领、重点区域发展、生态环境建设和龙头企业打造，立足构建"研发+临床+制造+应用"产业链政策体系，发布《上海市人民政府办公厅关于促进本市生物医药产业高质量发展的若干意见》（以下简称《若干意见》），围绕空间、人才、市场、准入、税收和资金支持等各要素，推进落实"张江研发+上海制造"布局，为生物医药企业创新发展、成果转化、高效发展提供集成改革制度保障。

2. 编制生物医药产业规划

发布《上海市生物医药产业发展"十四五"规划》，重点围绕上海生物医药产业"高端化、智能化、国际化"，提出聚焦六大支撑，坚持六链协同，推进全面数字化转型，实现"研发、临床、制造、应用"产业链整体布局，深入实施"张江研发+上海制造"行动，明确了建设成为世界级生物医药产业集群核心承载地的目标。在指标体系上，从产业、园区、创新、企业四个维度，提出12项指标。在重点任务方面，实施创新策源能力提升等五大行动，推进重大基础科研平台建设、产业关键核心技术攻关等十大工程。

3. 开展浦东生物医药立法

根据中共中央、国务院公布的《关于支持浦东新区高水平改革开放打造社会主义现代化建设引领区的意见》，上海市制定发布了《上海市浦东新区促进张江生物医药产业创新高地建设规定》（以下简称《规定》）。《规定》共34条，针对长期以来影响产业发展的痛点堵点，分别从完善管理体制、推动改革突破、创新服务机制、促进产业融合、强化资源保障等五个方面，对现有法律法规进行调整实施与空白填补，如生物制品在本市范围可以多点委托、由本市制定体外诊断试剂自行研制使用相关管理办法、建立生物医药研发用物品和特殊物品进出口通关便利化机制、推动实验动物供应保障与动物生物安全实验室管理等。

（二）提升创新策源能力

1. 强化生命科学领域前沿研究

启动重大传染病防控关键核心技术、阿尔茨海默病发病机制、脑机接口等市级科技重大专项。依托本市高校在生物医药领域布局建设13家上海市前沿科学研究基地（含培育）。推进一批生物医药领域上海市协同创新中心建设，推动完成了新一轮上海市协同创新中心整体布局，面向生物医药重点产业，布局建设了 7 家上海市协同创新中心（含培育）。支持高峰学科聚焦生物医药特色领域开展新一轮建设，推进生物学等 8 个 I 类高峰学科建设，推进中西医结合等 2 个 II 类高峰学科建设，推进干细胞与转化等 3 个 IV 类高峰学科建设。

2. 加强核心技术科技攻关

组织承担国家重大创新任务，聚焦生物医药领域重大、核心、关键科技问题，在常见多发病防治研究、诊疗装备与生物医用材料等 8 个方向组织推荐国家重点研发计划项目共计 56 项。布局市级科技重大专项，围绕生物医药重点方向和关键技术，积极推动"阿尔茨海默病发病机制及其相关创新药物的研究"等新一批市级科技重大专项立项。加大科技攻关支持力度，通过 2021 年度上海市"科技创新行动计划"生物医药科技支撑、医学创新研究等专项，共立项近 400 项，资助金额近 2.5 亿元，支持本市生物医药领域科技创新工作。

3. 推进重大创新平台建设

推进转化医学国家重大科技基础设施（上海）、G60 脑智科创基地、上海脑科学与类脑研究中心、上海市重大传染病和生物安全研究院等创新研究机构建设。全力争创和建设国家医学中心，支持并推进上海国际医学科创中心立项，加快推进上海国际医学科创中心、上海市免疫治疗创新研究院、上海临床研究中心等创新研究机构筹建工作，为更多创新药械产品的临床试验研究提供支撑。构建完善的临床医学研究中心体系，组织推荐本市 14 家单位 20 个团队申报 15 个重点病种/技术领域的第五批国家临床医学研究中心建设项目。

（三）保障疫情防控

1. 推进疫情防控急需物资研发产业化

成立疫苗工作专班，聚集疫情防控急需的新技术、新产品，对本市新冠肺炎疫苗药物和体外膜肺氧合系统（ECMO）产业化项目加强资源调配与密切跟踪。新冠肺炎疫苗方面，复星 -BioNTech、斯微 mRNA、上生所灭活疫苗（灌装）等初步形成产业化能力。新冠肺炎治疗药物方面，加快君实生物中和抗体、小分子药物，迈威生物中和抗体研究。

2. 保障疫苗调拨和供应链稳定

发挥疫苗产业链供应链优势，积极推动东富龙、源培生物等企业加强国内疫苗生产制造设备、原辅料的全国供应保障与国产化替代。加强疫苗和抗体药物等产业链能力提升，加快研究部署，提升生物反应器制造能级，为国家防控新冠肺炎病毒作出上海贡献。

3．提升新冠肺炎病毒检测智能化水平

目前上海有之江生物、伯杰医疗、复星长征、仁度生物、捷诺生物、芯超生物和思路迪的新冠肺炎病毒检测试剂获批上市，数量居全国前列。截至10月底，上海新冠肺炎病毒检测累计发货2.7亿余人份，出口58个国家近2000万人份。本市新冠肺炎病毒检测试剂日产能、检测速度、自动化水平不断提升。新冠肺炎病毒检测试剂日产能超过740万人份，相比年初提升了23%。

（四）实施"张江研发+上海制造"行动

1．优化产业空间布局

落实《关于推动生物医药产业园区特色化发展的实施方案》，加快"1+5+X"产业空间联动，组织相关区推出一批"生物医药产业标准地"，做到"地等项目"。提高土地利用效率，保障生物医药产业混合用地需求，针对生物医药产业"研发+生产"用地需求，在临港新片区和张江园区内，开展产业用地混合利用试点，允许企业自行确定产业用地混合比例。2021年累计推出近70万平方米物业、定制厂房，企业入驻数高达126家。

2．加大招商引资力度

吸引企业充分了解和利用产业政策，编制并印发《上海市生物医药产业投资指南（2021版）》和《上海市生物医药产业政策汇编》；编制生物医药产业白皮书，深入分析不同层级生物医药产业技术，提出产业发展的对策与建议，健全产业服务体系。面向世界百强、国内50强等龙头企业开展定向招商，接洽在谈项目10余个，预计投资上百亿元，招引中国生物制药、因美纳、三叶草、康方生物、科望医药等重点企业来沪落地。

3．推动重大项目落地与建设

支持在沪优质生物医药企业加速发展，推动和记黄埔、复星医药、恒瑞医药、联影医疗、逸思医疗等企业新增项目扩大投资，协调推动日馨药业、嘉和生物等研发型企业本地转化。推动信达生物、威高集团、上海医药、

百济神州、瓴路药业等 84 个签约项目落地开工；推进药明康德、复宏汉霖、和元生物等 100 个在建项目加快建设。

（五）加强资源供给

1. 深化产医融合发展

研究试点建设产医融合示范基地，引导本市优质临床与先导产业的融合发展，鼓励医院与企业共建技术平台，加速创新产品推广应用，加快创新成果产业转化，提升医疗机构创新能力。着力推进临床研究的生物医药医企联动信息平台建设，HI-CLIP 临床试验加速器平台组建了由来自 36 家市级医院的 GCP 项目管理专家组成的专家工作组，为企业在选择研究中心、医院立项、伦理审查等节点予以协调提速，为临床试验启动平均提速 30% 左右。

2. 创新金融服务模式

生物医药产业股权投资基金首期（规模 90 亿元）已经启动，并投资了 16 个项目，通过基金直接投资项目的方式促进产业发展。通过市担保中心发挥财政资金的支持引导作用，协调相关银行和企业开展产业链金融试点的融资方案，开展供应链金融专项贷试点工作，已对 8 家企业授信并发放贷款 3000 万元。首次推出针对生物医药企业的担保基金批次贷"新药贷"，完成企业授信并发放贷款 3750 万元，陆续启动第二批"新药贷"项目征集工作。

3. 加快专业人才高地建设

将生物医药产业列为人才引进重点支持的领域范围，生物医药产业中经行业主管部门推荐的重点机构，其紧缺急需的核心业务骨干，均可直接落户。积极发挥"浦江人才计划"对留学人员的专属资金支持作用，今年累计有几十位生物医药产业领域海归人才获得支持。支持生物医药行业开展职业技能等级认定，上海医药（集团）、上海张江生物医药基地、上海医药行业协会等多家生物医药产业相关单位已经备案成为本市企业职业技能等级认定机构。

（六）营造优良生态

1. 打造国际影响力产业峰会

举办首届"上海国际生物医药产业周"，采取"线上 + 线下"、"闭门 +

开放"相结合的方式,创新"1+20+X"模式,汇聚百余顶级科学家(包括40多位诺奖得主和中外院士)、百余顶级投资人(包括易方达、弘晖资本、摩根大通等60余家机构主要负责人)、千余顶尖企业家(包括罗氏、诺华、美敦力、阿斯利康等200余家著名药械企业CEO),立足上海市、面向全球,从不同角度、不同层面、不同场景全方位解读生物医药前沿发展趋势、国家战略部署、产业格局变化、科研转化路径、产业支持政策等,树立上海生物医药国际产业名片。

2. 推行特殊物品通关便利化

构建多部门参与的全链条联合监管机制,建立高效便捷、风险可控的"白名单"制度和特殊物品监管平台。起草上海市生物医药产业特殊物品通关便利化机制的工作方案,建立高风险特殊物品出入境联合监管机制,制定企业和特殊物品"白名单"。在浦东新区首批试点《上海市生物医药研发用物品进口试点方案》,由多部门针对生物医药企业进口研发用原辅料、合成前体行为进行认定,方便企业研发用货物通关。

3. 推动高效审评审批服务

首批12家生物医药产品注册指导服务工作站正式挂牌成立,将药械审评审批服务指导进一步下沉、延伸至园区,实现对区内企业的个性化服务与精准扶持,加快产品上市及产业转化。持续推进本市第二类医疗器械审评审批提质增效扩能相关工作,缩减本市第二类医疗器械技术审评、行政审批时限,截至目前,本市第二类医疗器械注册平均耗费自然日同比提速32.1%;技术审评耗费工作日已较法定时限缩减50%以上。

4. 提升环评审批效率

推进张江基地、东方美谷等生物医药特色产业园区规划环评与项目环评联动,对已完成规划环评要求的产业园区,通过共享环境管理数据等方式,简化具体项目环评文件的编制和审批手续。对属于市级重大产业项目的生物医药产业项目,纳入市、区生态环境部门环评审批绿色通道,实行环评受理"容缺后补"机制,环评文件公示、技术评估和环评审批并联开展,环评审批时间从20个工作日和10个工作日(不含法定公示时间),进一步压缩为17个工作日和7个工作日(不含法定公示时间),进一步提高环评审批效率。

5. 加强长三角产业协同发展

支持药械长三角分中心发挥作用,药品长三角分中心开展了超过20个创新品种的技术审评沟通交流，完成超过 50 个品种的药品注册现场核查工作；器械长三角分中心给长三角区域内超过 70 个创新优先项目配备了专门的辅导人员，召开了多次创新优先医疗器械企业座谈会。在临港新片区生命蓝湾召开长三角一体化药品检查和服务合作会议，江、浙、沪、皖药监部门签署长三角一体化药品检查和服务合作协议，共同促进区域生物医药产业高质量创新发展。

三、2022 年工作打算

2022 年，全市将进一步聚焦生物医药产业发展面临的产业链供应链安全问题，加大创新发展支持力度，加快重大项目投资落地，力争破解难点、疏通堵点、改革痛点、做大亮点，加快推动上海生物医药产业创新高地高端化、智能化、国际化发展。

1．加快落实生物医药创新高地"上海方案"和《若干意见》

按照方案和《若干意见》工作部署，加快推动相关任务落地深化。加强生物经济先导区布局研究。

2．强化高水平创新策源能力

持续推动市级科技重大专项和关键共性"卡脖子"技术攻关，加强产业链供应链安全保障。推进国家科技战略力量在沪布局壮大。推进领军人才集聚和创新团队培育，大力培养创新人才团队。

3．进一步提升医企业协同和临床转化效率

加强医企协同研究信息对接平台、医疗大数据 AI 训练设施建设，加强医企协同。加快上海临床研究中心，国际医学科创中心等研究型医院建设，推动生物医药创新产品研发转化。

4．做好重点项目建设服务工作

加快上海生物医药特色产业园区布局建设，为吸引、集聚一批创新药械企业的生产、研发和总部落沪提供空间。做好重点企业和重点项目的服务工作，推动重点企业引进和重大项目实施。

撰稿：上海市发展改革委

第十六章

武汉国家生物产业基地 2021年度发展报告

一、基地发展的基本情况

武汉国家生物产业基地（即光谷生物城）位于武汉东湖国家自主创新示范区，2007年6月获国家发改委批复，2008年11月开工建设，全城面积30平方公里，重点围绕生物医药、医疗器械、生物农业、生物服务、智慧医疗等领域，建有7个专业化园区和210万平方米自建空间载体，包括已建成的生物创新园、生物医药园、医疗器械园、生物农业园、医学健康园和智慧健康园，以及正在大力推进建设的国际生命健康园，将打造集研发、孵化、生产、物流、生活为一体的生物产业新城。在2021年科技部中国生物技术发展中心发布的全国生物产业园区综合竞争力排名中位列第5。

光谷生物城在湖北省、武汉市和东湖高新区的经济发展中占有重要地位。在湖北东湖科学城的规划布局中，光谷生物城被列为七大功能聚集区之一，即生命健康产业集聚区。在武汉市"一城一园三区"的总体规划布局中，光谷生物城被定位为驱动核。在光谷科创大走廊核心承载区"1133"创新空间布局中，光谷生物城位于创新主轴高新大道之上，是三大创新节点之一，毗邻关山大道、光谷五路和左岭大道等3条千亿大道。

2021年以来，在疫情防控不松懈的情况下，光谷生物城圆满完成基地目标，总体经济保持高速增长。规模以上工业总产值同比增长29%，规模以上服务业收入同比增长20%，其他营利性服务业收入同比增长23%，工业投资同比增长127%。纳税百万以上企业达138家，同比增长33%；招商引资到位完成率100%，实际利用外资完成率101%。新增工业小进规21家，服务业小进规12家，批发业小进限1家；新认定高新技术企业95家，高新技术企业总数达443家。88家企业认定为光谷"瞪羚企业"。

二、基地开展的主要工作

(一)创新驱动,促进产业高质量发展

一是推动院士专家引领。为落实武汉市《院士专家引领十大高端产业发展行动计划(2020—2025)》与《院士专家引领武汉市大健康产业发展的实施方案》相关要求,生物办作为院士专家引领大健康产业发展工作专班成员单位,积极跟踪服务东湖高新区13个生物领域院士专家项目(总投资87亿元)。目前叶朝辉院士的高端医疗装备研发制造项目与邓子新院士的武汉国家人类遗传资源样本库项目正式建成,李明院士单抗测序平台和个体化新抗原癌症免疫治疗平台项目成功签约落户光谷生物城,将在高端医疗装备和生物药研发领域提供强有力支撑。其他10个院士项目正在顺利推进中。

二是加快创新平台建设。全程参与《东湖科学城建设发展规划》的编制和出台,明确"打造全球生命健康科技创新中心"的战略目标。参与编写武汉市脑科学和类脑科学产业链行动方案,谋划建设脑科学和类脑科学产业转化基地。武汉国家级人类遗传资源库已正式启用,省部共建高端生物医学成像设施项目建议书获省发改委批复,省器检院二期项目已完成竣工验收并交付。配合省药监局争取设立国家药监局医疗器械审评中心医疗器械创新湖北服务站,配合省卫健委研究建设国家健康医疗大数据中心(武汉)项目。新获批国家药监局超声手术设备质量评价重点实验室、药物制剂质量研究与控制重点实验室和农业农村部作物分子育种重点实验室、微生物农药创制重点实验室等4个国家级平台,以及省科技厅湖北省新药创制综合型技术创新平台等6个省级平台,各级平台总数突破百个。新认定鼎康公司生物药物开发及商业化生产服务平台等公共服务平台3个。

三是助推企业发展成长。支持园区企业申报国家和省市重大专项,累计获批各类专项资金约1.1亿元。积极推进2021年生物产业资金拨付及招商政策兑现工作,累计完成政策兑现近4亿元。积极推动企业上市,康圣环球成为自主培育的首家港交所上市企业,华康世纪通过深交所创业板审

核，目前本土培育上市企业 5 家。

（二）优化服务，助力企业做大做强

一是实施干部包保制度，优化营商环境。深入重点企业开展"点对点"服务，协调解决国药中联、国药动保、国药工程、国药口腔在政策申报、承载空间和市场拓展方面的问题；谋划解决宏韧生物、爱博泰克、安翰科技、翌圣生物、瑞吉生物等金种子企业发展空间问题；切实解决港亚医疗、回旋医药项目用地拆迁、施工便道建设、场地平整等困难。为园区企业办理规划、建设类审批共计 79 项。全年解决重点企业问题超百项，进一步优化园区营商环境。

二是完善园区配套设施，构建平安园区。启动公共停车场及智能交通项目，拟新增停车位 1590 个，建成充电桩 247 个。积极推进电力配网建设工作，启动生物园 1#、2# 开闭所及周边配套管廊建设项目，切实解决企业用电需求。成立光谷生物城应急委员会，建立风险分级分类管控机制和部门联动排查治理机制。搭建 7 个微型消防应急站、4 个应急物资站、7 支快速应急救援队伍等。组织开展专业培训 9 场，培训人员达 1300 人次，事故疏散演练 40 场，参训人员近 5000 人次。

三是建设智慧园区系统，提升管理效率。光谷生物城智慧园区系统已搭建综合应用服务平台、生命健康产业数据平台、三维可视化平台，完成专家组初步验收、信息安全评估、第三方测试上线试运行，选聘第三方项目监理机构和项目审计机构，完成信息系统回归测试并出具正式检测报告，签署造价结算服务合同。智慧园区的建成将进一步提升企业服务效率、提升信息化和智慧化水平、进一步优化营商环境。

（三）双招双引，强化产业集聚发展

一是推动龙头企业项目落户。推动总投资 60 亿元的鼎康生物大规模生物医药研发及商业化定制工厂项目，总投资 62.5 亿元的瑞科吉生物全球总部、瑞科生物研发中心、瑞吉生物研发中心及生产基地项目，总投资 20 亿元的药明康德华中总部基地项目，总投资 19.5 亿元的创响生物免疫药物研发及生产基地项目，总投资 15 亿元的人福医药集团全球医药研发总部，总投资 11 亿元的华康世纪总部及研发生产基地项目、总投资 4 亿元的滨会生物肿瘤免疫治疗药物产业基地项目、总投资 2 亿元的百蓁生物单抗测序平台和个体化新抗原癌症免疫治疗平台项目、一期投资 12 亿元的星系科技华中细胞治疗中心项目、一期投资 2.13 亿元的臻和科技华中区域研发转化中心项目等一批具有带动作用的产业项目正式签约。推动清华大学水木未来"冷冻电镜结构药物创新中心"、清华大学"骨科手术机器人项目"落户。

二是积极帮扶企业招才引才。积极辅导园区企业申报各类人才项目，全年累计帮助近百家企业超 300 余人次申报。其中，新引进院士专家 1 名，湖北省杰出人才奖 1 名，湖北省百人计划获得者 8 人，省政府批复高端人才专项奖励获得者 80 人，生物领域"3551"人才 101 人，光谷产业教授 8 人，帮助 17 位外籍高端人才办理永久居留推荐函。

（四）顶层设计，统筹产业规划布局

一是强化产业规划引领。参与全省生物产业"十四五"规划、医药产业"十四五"规划和东湖高新区"十四五"规划等编制工作，完成东湖高新区生物产业"十四五"规划前期研究，委托并配合科技部中国生物技术发展中心启动规划编制工作。积极开展前沿生物技术、生物医学影像、生命科学工具、生物医用材料、脑科学、医疗机器人、生物育种等领域的专项研究，研究起草光谷生物城招商引资三年行动计划、武汉生命科学工具产业园、光谷国际医学城、国际生物技术产业园项目规划建设方案和当前生物制药产业化应用面临的现实困难以及亟须国家政策支持的有关意见、建议等十余篇研究分析报告。

二是推进产业政策升级。优化出台《武汉东湖新技术开发区管理委员会 中国（湖北）自由贸易试验区武汉片区管理委员会关于加快推动生命健康产业高质量发展的若干意见》（武新管〔2021〕23 号），在重大创新平台建设、重磅产品研发、"医研资企"协同创新、成果转化等方面加大支持力度。同时，制定生命健康产业专项政策实施管理办法及配套制度文件，进一步完善产业政策体系。

三是推动产业空间拓展。深入研究生物城产业空间现状和市区 M0 新型工业用地政策，草拟东湖高新区国有企业工业园区开发建设管理暂行办法，印发光谷生物城产业空间建设运营管理办法，进一步规范光谷生物城产业空间的开发建设及运营。推动创新园二期加快建设，拟制入驻企业评价体系。完成前沿生物技术产业园规划，并签订园区项目合作协议。

三、基地发展的特色和亮点

（一）具备生物产业发展的要素资源

区位优势明显，武汉市是中国中部地区的中心城市、全国重要的科教基地和综合交通枢纽，也是"一带一路"、"长江经济带"等国家战略的重要节点城市，以武汉四小时高铁圈来计算，大约可以覆盖全国10亿人。临床资源丰富，武汉是中国第二大临床资源中心，拥有22个GCP国家药物临床试验基地、2个GLP药物临床前安全评价中心，已建成全国首家认证的A3实验室和亚洲首个生物安全P4实验室，卫生事业机构6340家，其中三甲医院27家，位于全国城市前列。人才资源充沛，武汉作为中国重要的科教基地和全球第一大学城，科教综合实力排行全国第三，拥有84所各类高等院校，大学生人数超过百万，其中东湖高新区本科学历以上人才超过30万，生物相关专业学生约8万。

（二）创新成果不断涌现

全年新获批5个国家一类新药临床试验，新增二类以上医疗注册证238个，其中三类35个、二类203个。新增新兽药证书3个、国审新品种11个。重点创新药、创新医疗器械的上市和临床试验进展顺利。人福医药及其子公司一类新药"磷丙泊酚二钠"获批上市，一类中药"广金钱草总黄酮胶囊"完成Ⅲ期临床试验并获得药品注册申请受理书。益承生物"伊匹乌肽滴眼液"完成一类新药Ⅱ期临床试验。滨会生物"重组人GM-CSF溶瘤Ⅱ型单纯疱疹病毒（OH2）注射液（Vero细胞）"、友芝友"注射用重组抗EpCAM和CD3人鼠嵌合双特异性抗体"、禾元生物"植物源重组人血清白蛋白注射液"、翰雄生物"HX009注射液"、利元亨"注射用熊果酸纳米脂质体"已进入Ⅱ期临床试验。杨森生物"三层小口径仿生人造血管"、唯柯医疗"心房分流器"等创新医疗器械进入临床。

（三）党建引领提升园区凝聚力

打造基层党建特色管理体系，制定《光谷生物城先锋型、示范型党组织评定标准》，按照标准对园区基层党组织进行评定，实行动态管理，树立"先锋型""示范型"党组织，培养一批组织能力强、群众信赖的党组织。创建党建创新活动品牌，打造生物城网红计划——寻找生物城斜杠青年，推选出 13 名干事创业，推选积极阳光的优秀青年代表，并在主流媒体上推广。打造创新项目——红色迷你邮局，通过跨界、创新、赋能、融合，为园区职工提供便捷周到的服务。以光谷生物城"四服务一提升"党建工作法为剧本，拍摄党建宣传片《我的回答》，该片被推荐为省级党建工作优秀电教宣传片，并荣获 2021 年亚洲微电影大赛最佳影片金牛奖。开设光谷生物城党建抖音账号，打造网络展示平台，目前视频作品总播放量达 126 万余次，获赞数达 5.3 万余次，粉丝数达 8600 余名。

（四）举办特色会议，提升企业获得感

举办"生物创赢汇"特色活动，帮助企业对接投资机构。累计举办 188 期，为园区企业获得 659 笔股权投资及债券融资，其中累计获得股权投资 94.15 亿元人民币和 1.9 亿美元，获得银行贷款、融资租赁、中期票据、公司债券等债权融资 173.29 亿元人民币，有力缓解了园区企业融资难、融资贵的问题。举办"WEBIO"特色会议，已承办 101 期活动。通过线上线下的方式，在政策解读、项目申报、法律法规等方面举办系列会议，对中小企业进行专业培训，帮助企业规范运营。

四、下一步开展工作的思路和设想

生物办将围绕工业产值、服务业收入、税收等产出指标，深入挖掘产业新兴增长点。为此，我们将重点做好以下几个方面的工作：

1. 深化产业战略布局

坚定不移走创新之路，面向重大临床需求，持续开展创新型和改良型新药、高端医疗器械等高附加值产品创新和转化，牢牢把握产品自主定价权。紧盯"国产替代"目标，推动高端抗体、蛋白质、分子酶、病毒载体、医疗器械核心零部件等关键技术产品开发及规模化生产。面向公众健康需求，推动"to C"端大健康产品及服务的开发和市场覆盖。推动前沿生物技术产业园落地开工，加快布局干细胞与再生医学、免疫细胞治疗、基因治疗、脑科学等前沿生物技术产业。

2. 全力做好企业培育

持续落实重点企业干部包保责任制，坚持每月联络、每季度走访的工

作机制，推进问题协调解决机制，完善通报机制，强化督办问责。紧抓国药集团、人福集团两大过百亿"超级航母"企业服务，重点推动国药产业园、人福产业园规划建设；抢抓重点企业产业布局落户，新培育一批高成长性企业和细分领域"隐形冠军"企业。做好上市"金种子""银种子"企业服务工作，主动上门服务，及时解决空间需求，积极配套支持政策，帮助企业早上市、多融资。帮助小微企业打通上下游渠道，对接合作伙伴，寻找投资机构。摸清企业用地用房需求，对急需用地用房的企业开展定制化厂房设计和建设。

3. 夯实核心支撑能力

依托武汉国家级人类遗传资源样本库，与医疗机构合作共建基于优势学科和病种的临床样本队列，在心脑血管疾病、恶性肿瘤等领域开展科研攻关协作。推动高端生物医学成像设施建设，谋划高端医学影像技术创新中心、模式动物技术创新中心等创新平台。支持人福全球研发总部、迈瑞研究院、联影智融全球创新中心、华大"火眼"等龙头企业研发机构布局，推动一批创新转化平台建设，进一步完善创新成果转化体系。

4. 聚力"双招双引"

聚焦龙头企业，实现招商引资新突破。深入研究《中国医药工业百强排行榜》《中国医疗器械100强》《中国药品研发实力排行榜》等尚未落户的头部企业，挂图作战、登门拜访，吸引其新兴业务板块落户。布局创新前沿，丰富项目储备。聚焦优势产业细分赛道，加快引进一批处于科技前沿、引领产业未来的"隐形冠军"和产业新锐，策划国内外龙头企业的合作，增强重点招商项目储备数量和质量，形成"落户一批、在谈一批、谋划一批"的招商形势。瞄准全球顶尖，打造国际化产业集群。促成与世界500强丹纳赫签订战略合作协议，推进全球顶级生命科学资源共享；联合阿斯利康、西门子等一批全球领先的跨国企业，导入优势资源，促进产业提质升级；助力加拿大皇家科学院李明院士、法国国家技术科学院雅克·苏凯院士等一批国际顶尖院士专家落户发展，聚力引爆院士经济，加速建设国际一流的生命健康产业集群。

撰稿：武汉市发展改革委

第十七章

广州国家生物产业基地 2021年度发展报告

近年来,广州集聚资源、集中力量加快生物医药产业高端化、规模化、国际化发展,超前布局大平台、大装置建设,扎实推进创新研发和核心技术攻关,提升产业能级和核心竞争力,使之成为新的支柱产业,产业规模、主体数量、创新成效等位列全国前列。

一、基本情况

(一)产业规模稳定增长

广州市生物医药产业规模连续3年保持中高速增长,成为全国首批生物医药产业集群之一,是广东省唯一连续三年(2018—2020年)获国务院激励表彰的战略性新兴产业集群。2021年,生物医药与健康产业增加值1489.96亿元,增速达8.7%,医药制造业产值489.37亿元,增速达22%。

(二)产业主体不断壮大

从上游技术研发、临床试验,中游转化中试、生产制造,到下游上市应用、流通销售的完整产业链初步构建成型。现有各类生物医药企业6400多家,2020年以来新增8家上市公司,上市企业达47家。广药集团成为首家以中医药为主业迈进世界500强的企业,百济神州成为全球首家在纳斯达克、港交所、深交所三地上市的生物医药企业,金域、莱恩、洁特等5家专精特新小巨人企业加速成长。

（三）产业创新成果丰硕

聚焦产业关键共性技术攻关，生物医药产业创新成果不断涌现。近 6 年，我市有 3695 个国产药品，6933 个二、三类医疗器械获批上市。2021 年，我市共获得 91 个新药临床批件和 2 个新冠肺炎疫苗临床批件，约占全省 49%，其中 70 个为一类新药，3 个新药获批生产。

二、发展特色及亮点

（一）加强统筹规划，构筑全链条发展格局

一是完善政策体系。出台《广州市加快生物医药产业发展若干规定》《广州市生物医药与高端医疗器械产业高质量发展行动计划（2021—2023 年）》等一系列政策措施，在科技创新、功能平台、企业引育、成果转化等方面构建完善的政策体系。二是优化产业布局。在广州国家生物产业基地总体发展规划布局框架下，突出产业延伸及产业差异化发展路径，初步形成研发在国际生物岛、中试在科学城、制造在中新知识城的"三中心辐射多区域"发展局面。三是构建完整产业链。建立生物医药与高端医疗器械产业链链长制工作机制，打造上游技术研发、临床试验、中游转化中试、生产制造，下游上市应用、流通销售的完整产业链，做强现代中药、化学药、医疗器械、再生医学、体外诊断、精准医疗等特色优势产业。

（二）组织应急攻关，服务疫情防控大局

诊断技术方面，在病毒溯源、传播途径、感染与致病机理、快速免疫学检测方法、应急保护抗体研发等领域，取得一大批有分量的成果并在国内外推广应用，展现广州担当、作出广州贡献。临床救治方面，一批临床救治技术纳入国家诊疗方案。检测技术及服务方面，实现检测试剂生产能力第一、检测能力第一、科技含量第一，万孚生物成为全国最大的抗体检测试剂盒生产企业，达安基因研发的核酸检测试剂盒全球销量第一，金域医学日检测量创纪录突破 35 万管，单机构累计检测服务量全球第一，全国最大、最先进的移动气膜实验室"猎鹰号"在基层防控中发挥重要作用。

（三）提升创新转化，促进产业提质增效

一是强化源头创新。推动布局"航母级"战略科技力量，加快建设纳米生物安全中心、高级别生物安全实验室等重大创新平台，白云山汉方、暨大基因、香雪制药、万孚生物等一批国家企业创新平台落地建设，生物医药产业原始创新能级跃上新台阶。二是优化公共服务。布局广东省全部6家药物非临床安全性评价机构（GLP）和全省近半、共39家药物临床试验机构（GCP）等一大批新药研发平台，增设新药申报服务中心，加快建设创新药物临床实验服务中心，临床研究和转化实力国内领先。三是构建协同创新体系。成立广州市生物产业联盟，建立生物医药"研发机构+医院+企业"对接机制，推动在穗大院大所，省内"双一流"医学高校，广东省药品检验所、医疗器械检验所等审评技术机构和企业之间精准对接。

（四）完善要素保障，打造一流发展生态

一是强化政府引导。完善从研发、产业化到上市流通的一体化支持体系，充分发挥市、区两级政府引导基金作用，引导社会资本投向生物医药产业领域，助力洁特生物、安必平医药、迈普医学等成功IPO，瑞博奥、必贝特、华银医检等发展壮大。二是加速重大项目布局。先后建设诺诚健华新药研发生产基地、广州绿叶生物制药产业园等大批高质量产业项目，新增恒瑞医药南方总部等六大总部项目，大分子生物制药规划产能近60万升，百济神州产能将超过20万升，单厂亚洲第一。三是汇聚领军人才项目。集聚了生物医药领域5名诺贝尔奖获得者、23位院士、229位国家重大人才工程入选者等具有全球视野和国际水平的科学家、企业家，新引进数十个战略科学家和高层次人才项目，不断激发创新创业活力。

（五）深化开放合作，拓展产业发展空间

一是深化穗港澳合作。港澳进口药品医疗器械使用管理初见成效，生物岛实验室与港大、港中大、港科大等共建联合研究中心，达安基因、金域医学、凯普生物等龙头企业与港澳国家重点实验室、医学院校、香港科技园开展研发合作，广药集团在澳门设立国际总部，香雪制药与澳门大学共建中医药创新转化平台。二是加快国际合作步伐。搭建中以、中日、中俄等国际合作平台，举办中国（广州）-日本生物医药企业对接交流会，推动中以基金与以色列企业合作，在广州设立12家合资企业，投资12个国

际领先项目,涵盖眼科、脑科、骨科、远程医疗、智慧养老等领域。

三、面临的主要问题

1. 整体创新能力亟待提升

一是医药制造整体创新能力不足,关键核心技术面临"卡脖子"风险;二是企业研发投入不足,所产出的创新成果多为跟随型,原创性成果较少;三是多学科交叉的复合型人才和"科学家-工程师-企业家"集成式领军人才缺乏,重点环节开发面临人才障碍。

2. 顶层制度设计亟待优化

一是生物技术与信息技术加速融合,新产品、新模式、新业态不断涌现,审评审批、市场监管等体制机制需要加快更新迭代;二是生物医药产业属于高风险、高投入、长周期行业,科技含量高、专业性强、涉及面广,亟须医药、医疗、医保"三医联动";三是医保集中采购有效促进医药可及性,但个别药出现比"一瓶纯净水"还便宜的极端现象,不利于行业创新和高质量发展。

3. 应用牵引创新亟待加强

部分创新性产品受集采谈判、医院采购、医保目录调整等影响,难以及时上市应用、惠及患者,影响企业加大投入的积极性,亟须建立创新药快速进入医院、药店的绿色通道。粤港澳大湾区医药市场一体化发展水平不够,需要建立统一的认证标准,加快推动无障碍流通应用。中小企业融资渠道单一、融资成本高,生存和发展面临着根本性挑战。

四、下一步重点工作

一是聚焦国际生物岛发展战略,谋划打造产业创新发展新源头。集聚资源、集中力量,高起点、高层次、高标准谋划推进广州生物产业高质量发展,拓展提升国际生物岛发展能级,搭建从基础研究到成果转化、产业化、商业化的一站式解决方案,探索全方位、立体化改革,构建适应生物经济发展的前瞻性制度框架和有关政策体系,努力打造引领生物产业高质量发展的核心动力源。

二是聚焦战略科技力量，围绕创新链布局好产业链。加快协调推进战略科技力量建设，围绕原始创新、基础研发、成果转化、产业化，研究制定相关规划，布局推动更多高端资源集聚、更多成果落地广州转化，为生物产业创新发展提供内生动力。协调推进高级别生物安全实验室建设，持续做好疫苗研发生产企业服务保障等工作。

三是聚焦营造产业发展生态，建立健全服务体制机制。落实好生物医药有关政策，从创新研发、临床试验、生产制造、技术提升、市场应用等生物医药全产业链各环节切入，对生物医药项目全生命周期给予支持服务。发挥好链长制工作机制，依托广州市生物产业联盟，集聚"政产学研医用融"等各方面力量，推动深度对接，促成重大项目合作生成。积极承办中国生物产业大会，推动海内外知名专家学者、创业领袖和行业精英对接洽谈，推进金融与产业、科研与应用、政府与企业有效对接，加快建成全球生物医药产业新高地。

撰稿：广州市发展改革委

第十八章

成都国家生物产业基地 2021年度发展报告

成都是支撑"一带一路"建设和长江经济带的战略纽带和核心腹地，西部重要的国家中心城市。近年来，成都市坚持创新驱动发展战略，围绕生物产业，稳定供应链、配置要素链、培育创新链、提升价值链，积极发挥高校院所的研发优势，强化龙头企业的带动作用，运用国家重大新药创制试点示范基地等转化应用资源，锚定创新药物、高性能医疗器械、现代中药等重点方向，在全产业链推进生物产业基地建设。2021年1—11月，全市规上生物医药工业实现营业收入668亿元，同比增长11.1%；实现利税184.2亿元，同比增长24.8%，占高技术制造业的49.6%。2021年，成都市因大力培育生物医药战略性新兴产业，获得国务院督查激励表彰。

一、基地发展情况

（一）生物科技水平稳步提升

一是生物科研资源集聚。拥有四川大学、四川农业大学、成都中医药大学、中科院成都生物所、成都市农林科学院、四川省农业科学院、农业部沼气科学研究所等高校与科研机构，其中四川大学生物医药工程学科位列全球前十。二是高能级创新平台加速布局。生物医药领域拥有国家级、省级、市级各类创新平台220余个，包括生物治疗国家重点实验室、医用同位素国家工程研究中心、国家前沿医学中心等国家级创新平台39个，拥有四川大学华西医院等国家级医疗中心、中科院成都生物所等产业链前端重点科研机构200余家，建成全国首个生物治疗转化医学国家重大科技基础设施，建有国家重大新药创制试点示范基地、国家生物医药产业创新孵化基地、国家口腔医学中心、国家高性能医疗器械创新中心四川省分中心以及国家成都农业科技中心。

（二）生物产业集群集聚发展

一是生物产业规模不断壮大。国家生物医药战略性新兴产业集群建设成效明显，培育形成科伦药业、迈克生物、先导药业等生物医药规上企业267家，其中中国医药工业百强企业3家、上市企业17家，初步形成"前端研发-中端生产-后端应用"全产业链发展格局。二是"生物技术＋产业"发展势头良好。生物技术加快向农业、环保、能源等领域渗透，生物产业发展阵营持续扩大。形成了动物疫苗、非化学害虫防治、生物饲料、智慧农业等优势领域，培育出一批具有核心技术竞争力的生物农业企业，建成食品用酶生物发酵技术国家地方联合工程研究中心、成都白酒发酵工程技术研究中心与国内首个郫县豆瓣微生物菌种资源智能库，形成了川菜调味品、白酒、川茶等在全国具有影响力和知名度的特色优势品牌。

（三）生物经济发展生态持续优化

一是数字赋能增强。成都超算中心建成投运，智算中心开工建设，获批建设国家新一代人工智能创新发展试验区，为生命科学和生物技术前沿探索、生物经济创新发展提供有力支撑。二是金融支持强化。设立了全国首家"国际生物医药保险超市"，生物医药产业基金规模达247.5亿元，组建了西南首支生物医药细分领域体外诊断产业基金，成立了天府中药城彭州全球生物医药科技成果转化股权投资基金。

（四）生物安全环境持续巩固

一是加速巩固丰富的生物资源。现拥有4个"森林及野生动物保护类型"自然保护区，已记录的高等动植物有264科、1224属、3390种，占全国种数的十分之一、全省种数的三分之一。中药资源品种数和道地药材数均居全国前列，中药材种植面积约40万亩，中草药2000余种，其中川芎年产量2.3万吨，占全国的90%以上。二是生物遗传资源建设持续推进。现拥有成都（新生命）区域细胞制备中心、四川省干细胞库、四川省免疫细胞库、成都综合细胞库、塞尔托马斯干细胞中心等遗传基因资源，以及四川省种质资源中心库、国家重要种质资源库（四川）等种质资源。三是生物安全风险防控不断增强，严格把控转基因产品市场准入，新冠肺炎疫情防控成效显著。

二、主要开展工作情况

成都生物产业发展总体思路见图18-1。

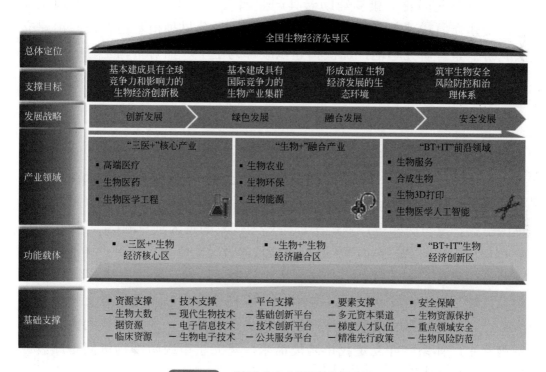

图18-1 成都生物产业发展总体思路图

（一）加强全市统筹，完善产业链推进机制

一是深化产业链顶层设计。对标领先城市，分析国内外产业链现状和趋势，摸清家底，梳理产业链关键环节、链主及配套企业，绘制产业链图谱，制定目标措施，明确生物制品、化学药、现代中药、体外诊断、诊疗设备、医学材料、CRO、CMO等主攻领域。同时，完善工作推进机制，加快构建

链主企业、关键配套企业、基金、领军人才、第三方机构等有效协同的产业链体系。二是完善产业链政策体系。出台《促进成都医药健康产业高质量发展实施意见》、《促进成都生物医药产业高质量发展若干政策》、《支持医药产业生态圈和产业功能区建设15条措施》等政策文件，为产业链提供全生命周期支持服务。推进产业功能区进一步完善规划和配套政策，优化功能定位，构建市区联动的规划政策体系。三是加强产业链区域协作。深化国际产业链协作，支持科伦等企业建立海外研发中心，事丰等企业在"一带一路"国家建立生产基地。四是唱好双城记，与重庆国际生物城签订合作协议。深化市州合作，成都·广安生物医药协作研发基地开工建设，与攀枝花共建的省级康复辅助器具产业园入驻企业34家，支持本地企业在广安建立原料药基地、在阿坝等地规划建设药材种植基地、在眉山建立实验猕猴繁育研究基地，加快构建以成都为主干、辐射带动全省的生物医药产业链。

（二）实施项目攻坚，着力稳链补链强链

一是加强产业链精准招商。编制了产业链重点招引目标企业名录，瞄准产业链薄弱缺环节，大力实施项目招引攻坚，赴北京、上海、深圳、苏州等先进城市拜访企业，举办生物医药产业专场推介，2021年以来新引进中国生物、复星医药等产业链头部企业为代表的重大项目60个，协议总投资618.7亿元。二是强化产业链重点项目建设。实施重大项目"送服务，解难题，促建设"专项行动，开展实地走访服务，国药中生、微芯药业等14个项目竣工投运，罗欣医药、绿叶维信等43个项目加快建设。支持企业转产扩产，实施一批应急物资生产动员能力建设项目，建立起较为完整的防疫物资生产体系，并立足我市防疫需求，建立了市级防疫物资储备库和应急医疗物资储备库。

（三）培育市场主体，提升产业链竞争力

一是支持链主龙头企业发展。实施大企业大集团培育工程，落实定期走访、定期协调等工作制度，鼓励龙头企业实施兼并重组，科伦、倍特、康弘3户企业跻身中国医药工业百强，三叶草等9户企业荣膺中国医药工业最具成长力企业、最具投资价值企业、研发产品线最佳企业；科伦、蓉生、生研所、迈克等企业成为大输液、血制、疫苗、IVD等领域的龙头企业；

支持企业利用资本市场加快发展，2020年以来8户企业上市（过会），占全市1/3以上。二是推动关键配套企业聚集发展。实施中小企业梯度精准培育行动，建立供需对接平台，推动产业链上下游协作配套。

（四）完善创新体系，突破产业链关键核心技术

一是打造重大创新平台。围绕产业链完善创新链，基本构建起涵盖基础研究、药物设计、临床前开发、临床试验、工业化生产的全链条创新体系，已聚集国家级创新平台28个、GLP机构4个、GCP机构30个，转化医学设施、药明康德等重大创新平台建成投运，海坰、海枫等平台加快建设，新引进查尔斯河、康龙化成等创新链关键项目，全球最大的新药临床前研发服务中心加速构建。二是推进重大成果转化。积极推进重大新药创制成果转移转化试点示范基地建设，突破新药研发及转化核心技术29项，52个创新药物获批生产，在研药械品种达133个。推进与生物治疗国家重点实验室等高校院所合作，促进成果在蓉转化，其中，威斯克成立1年就成为独角兽，估值近100亿元。三是支持企业加大创新力度。近三年争取上级资金和安排市级资金约9亿元支持企业开展技改和创新，我市企业获批56项1类、2类新药和3类医疗器械临床试验，114个产品通过一致性评价，居副省级城市前列。

（五）加强要素保障，推进产业链提质赋能

一是强化人才支撑。举办中国生物技术创新大会、精准医学国际学术论坛等高水平会议，聚集10余位院士及众多知名企业家来蓉探讨产业发展，深化与我市合作。遴选支持28名产业链头部企业和关键配套企业人才。举办生物医药"校企双进"、菁蓉汇等活动，"蓉漂计划"医药类专家达255人，占全市约30%。二是强化金融支撑。支持组建生物医药基金14支，总规模231亿元，已投资59个项目。三是强化供应链支撑。成立全球生物医药供应链服务中心，建成医药保税物流中心、新冠肺炎疫苗冷链仓储基地，艾尔建、杰特贝林、基立福等企业医药产品在蓉通关，成都成为国内第四个具备生物制品保税进口服务能力城市。四是强化载体支撑。按照产城融合理念，加快推进天府国际生物城、成都医学城、天府中药城、华西医美城、未来医学城建设，近两年完成基础设施投资87.6亿元，建成孵化载体213.3万平方米、标准厂房160.4万平方米、人才公寓42.1万平方米。

三、存在问题

成都市生物产业基地建设虽取得一定成效,但仍面临一些困难。一是生物技术与信息技术融合有待加强,信息技术在生命科学研究和生物技术开发领域的应用较少。二是部分产业链存在短板和薄弱环节,如生物医药部分上游原材料、高端设备仪器等供应仍依赖进口,医药研发外包服务等第三方服务机构较少。三是受国家政策调整影响,随着国家药品集采、国谈、医保控费等政策实施,药品降价成为行业趋势,中标品种大多降价75%~90%,企业发展将面临更大挑战。

四、下一步工作打算

全面落实习近平总书记对四川及成都工作系列重要指示精神,省委省政府相关决策部署,完整、准确、全面贯彻新发展理念,以服务新发展格局构建和推动成渝地区双城经济圈建设为战略牵引,统筹生物产业发展与安全,构建生物科技为引擎、生物产业为支柱、资源要素为保障、生物安全为底线的生物产业体系,深入推进生物产业建圈强链,着力打造全国一流的生物经济发展高地。

一是聚焦锻长板、补短板、优结构,全力提升血制等优势领域,壮大疫苗等潜力领域,布局细胞治疗等新兴领域,做强创新药产业链。二是围绕产业链高端和价值链核心,持续开展项目招引攻坚,全力引进一批高能级项目,加快推进中生血制基地、罗欣药业等重大项目加快建设,提升产业核心竞争力。三是通过支持兼并重组、技改创新、上市融资等方式推动科伦、康弘等优势企业提升引领性、带动性,引导康诺亚、先导药物等科技型、成长型企业做大做强,打造高质量医药企业集群。四是加快建设重大创新平台。围绕生物产业主攻方向,围绕产业链布局创新链,鼓励企业参加药品集采,积极扩大市场份额,支持科伦药业等龙头企业丰富研发管线及新药品种,远大蜀阳等优势企业加快技改升级,先导药物等高成长企业提升创新能力。引进一批国内外行业领军人才,聚力打造生物城、医学城、中药城等功能区,促进产业高质量发展。积极推进国家精准医学产业创新中心建设,加大服务国家重大战略赋能产业发展。

撰稿:成都市发展改革委

第十九章

杭州国家生物产业基地 2021年度发展报告

自2008年被国家发改委授予"生物产业国家高技术产业基地"以来,在省、市政府的高度重视下,在国家、省发改委的关心指导下,杭州生物产业规模稳步增长、产业链日趋完备、空间布局凸显成效、创新要素优势集聚,逐步形成以生物医药、生物医学工程为引领,生物信息为特色,生物农业、生物服务等领域快速发展的产业格局,总体呈现稳中有升发展态势,部分领域居国内领先水平。一直以来,杭州以对标美国波士顿打造全球一流的生物医药创新之城为主抓手,不断夯实发展基础,构建优质发展环境,打造系统创新体系,推动人才、资本、技术汇聚,全力推进生物产业持续、快速、高质量发展。

一、基本情况

1. 产业规模再上新台阶

经历从"一号工程"到"生物经济"的多年培育和加速发展,全市生物医药工业总产值从2018年的528亿元增长至2020年的772亿元,年均增幅达13.5%;规上企业从2018年的99家增加至2020年的195家,增幅近一倍,杭州生物医药已成为拉动全市经济增长的第二大产业。2021年1—11月,全市规上生物医药总产值达到860亿元,同比增长18%,持续保持稳步增长的良好趋势,规模总量已位于全国第8位。

2. 空间调整构筑新格局

基于杭州行政区划调整契机,以钱塘区为"核",杭州高新区(滨江)、余杭区、临平区、萧山区为"园",其他各区、县(市)为"点"的"一核四园多点"空间格局已初步形成,其中,"一核四园"集聚了全市超过67%的生物医药重点企业,生物医药工业总产值占全市的65.7%;"多点"聚焦当地重点领域,开拓特色差异化发展路径,相继建成了一批生物医药产业基地、园区,谋求精准发展。

3. 特色集群带来新升级

通过默沙东、雅培、强生等全球医药10强企业在杭投资,葛兰素史克、赛诺菲、礼来等世界500强企业在杭发展,贝达、艾康、健新原力等高尖归国人才、科学家在杭创立企业,全市逐步形成了以龙头企业为引领,涵盖多个重点领域的特色产(企)业集群,如生物医药领域的新型化学药、创新药、现代中药、体外诊断试剂集群,生物医学工程领域的创新型医疗器械、医用装备集群,生物信息领域的人工智能、大数据集群,生物服务领域的第三方检测服务、CRO、CDMO集群,为杭州生物产业发展注入强劲动能。

4. 创新要素集聚新优势

杭州拥有浙江大学、西湖大学等16所高等院校,并与世界百强高校及国内顶尖院所共建各类研发机构。吸引西湖大学施一公、哈佛大学乔治·丘奇、诺贝尔获奖者阿龙·切哈诺沃等知名科学家,拥有生物医药领域国家级人才400余人,国家级实验室、工程研究中心5个,并建设有西湖、良渚等生命健康领域的首批省级实验室。杭州资本市场活跃,政府性基金运作能力突出,仅市创投引导基金在生物医药领域,累计批复专项合作基金12支,总规模42.51亿元。合作方既有海邦投资、巢生投资等专注生物医药领域的专业投资机构,也有树兰集团等产业资本大鳄。合作基金投资项目已有多个成功上市案例,例如归创通桥、启明医疗、奥森生物等多家国内首创或国际技术领先公司。

5. 药械发展跑出加速度

目前,杭州化学药领域仍占据主导地位,产值占全市比重达70%;生物药领域仍处于起步阶段,但近几年态势,稳中有升,不断突破;医疗机械领域,杭州在体外诊断领域已实现全国领先,创新能力不断增强。2021年1—11月,全市有37个新药品种获批开展临床试验,13个仿制药获批上市,12个品种仿制药通过一致性评价,32个三类、398个二类、891个一类医疗器械获批上市。

6. 政策支撑实现新突破

2021年,制定出台了《杭州市促进生物医药与健康产业高质量发展的行动计划》，提出实施"156行动"，打造杭州万亿级生物医药和健康产业的目标。对标上海、深圳、苏州等头部城市，出台《关于加快杭州生物医药产业高质量发展的若干意见》，被业内誉为是杭州发展生物医药产业的冲锋号。聚焦生物医药产业新赛道，四部门联合印发《杭州区域细胞制备中心试点管理办法（试行）》，评定5家试点企业，推动我市细胞制备中心健康有序发展。

二、特色亮点

（一）钱塘区

1. 坚持链式发展，产业生态不断提升

一是聚焦高能级科研平台建设。中科院基础医学与肿瘤所引进合成生物学和材料学的院士团队2个、挂牌杭州重离子研发中心；浙江省药监局与中国药科大学合作共建浙江省原料药安全研究中心、全省首个生物医药MAH产业化服务平台。二是聚焦数字化改革应用。建成可视化生物医药产业地图，开放区内科研平台重大设备资源、区内企业共性技术服务平台，已申报国务院改革试点；谋划"生物医药产业服务一件事"改革，提升项目投资、落地、运营全流程服务的时效精准。三是打造人才创新创业氛围。对接12个优质生物医药项目；举办2021杭州"揭榜挂帅·全球引才"（生物医药）科洽会，成立杭州生物医药"揭榜挂帅"创新共享中心，成为政府服务推动企业发榜、人才揭榜的桥梁和纽带。

2. 坚持克难攻坚，空间要素持续破解

一是加快争取指标，推进土地前期。协调部门向上争取，获批工业用地农转用810.83亩；加快中科院医学所、省药检院、加速器六期、海昶生物、德琪医药等16宗708亩建设用地前期组建，启动4宗280亩产业项目选址论证及控规调整。二是盘活存量资源，腾出发展空间。核实存量用地企业亩均税收、亩均产值、未用空地等基础数据，推进企业扩产、改建、迁建，持续推进12家低效工业用地企业提质增效。三是加强平台合作，推动项目落地。强化产业功能平台之间部门联动，按照优势互补、产业融合、互利共赢的原则，与临江区块开展合作，临江区块作为钱塘区生物医药产业重点承接平台之一，主要承接疫苗及高端原料药生产等生物医药项目。

3. 坚持高效精准，贴心服务持续深化

一是注重服务实效，推动驿站建设。建成投用新区首个政务服务驿站，功能覆盖 395 件民生事项、5 大类营业执照办理事项、175 件税务事项，为企业提供优质便捷的"一站式"行政审批自助服务及上下游配套的中介联线服务。二是借力商会协会，促进共同发展。成立杭州医药港商会，商会由奥泰生物、明峰医疗、九阳小家电、万事利丝绸等 32 家企业自愿结成。将进一步促进产业资源的共享和产业生态完善。三是举办高规峰会，加大专业培训。举办一系列高规格论坛峰会，连续两年联合国家药品审评中心（CDE）举办实地培训，力促 CDE 更多了解、服务港内生物医药企业。持续推出"走进中科院医学所""同聚药港·共话发展"等企业活动 20 余场，每周举办两个以上生物医药专业活动，为企业同步搭建高规格品牌推介和合作交流平台。

（二）余杭区

1. 平台建设初见成效，公共服务不断提升

注重平台建设，推进数字赋能和资源集聚，促进差异化、互补式发展，形成了以未来科技城（海创园）和良渚新城两大产业平台为生物医药与健康产业发展主阵地的空间格局。未来科技城：已建成启用的"数字·健康"小镇、贝达梦工厂等高水平创新载体，浙江省智能诊疗设备创新中心等公共服务平台，累计引进生物医药企业 1100 余家，估值 1 亿美元以上的生物医药企业超 20 家。良渚新城聚焦医疗器械、创新药研发、精准诊疗、互联网医疗等领域，打造"生命科技成果转化高地""高端医疗产业配套平台""数字健康创新示范小镇"。良渚生命科技小镇成功列入省级特色小镇第六批创建名单，目前已集聚大健康特色产业企业 120 余家。

2. 高端要素加速集聚，双创氛围浓厚

以浙江大学医学中心和良渚实验室建设为重点，协同发挥西湖大学、之江实验室、阿里达摩院、树兰医学中心等名校、名院、名企作用，加快推动高能级创新载体集聚、高端创新要素共享。截至目前，全区共拥有生物医药国家高新技术企业 101 家，省级企业研发中心 27 家，省级（重点）企业研究院 6 家。与此同时，坚持项目带动人才支撑，以项目聚人才，以人才带项目，依托未来科技城（海创园）、创新平台，聚集生物医药和健康产业集聚海外高层次人才 1000 余人，从业人员超 12 000 人，共有国家"千

人计划"人才 53 名，省"千人计划"人才 84 名。2020 年引进生物医药和健康产业领域院士 7 名，领军人才近 20 名，健康产业人才集聚效应显著。

3．创新模式先行先试，数字应用全国推广

依托阿里云、阿里健康、钉钉等平台，基于人群健康大数据的健康码率先在余杭诞生并逐步在全国实现推广应用。互联网＋生命健康领域诞生了一批具有发展潜力的创新型企业，企业正处于快速成长期，康晟健康（健康管理咨询）、微脉（互联网诊疗服务）等数字医疗和健康领域企业入选杭州市独角兽、准独角兽榜单。与此同时，余杭区以生物医药产业大脑建设为契机，打造以产业大数据为基础的产业治理和创新服务基础设施，在智慧医疗、高端医疗器械、检测试剂、创新药等重点发展细分领域，组织产业大脑的推广应用，加速企业创新发展，服务产业链企业发展，助力"产业链现代化，产业基础高级化"。

三、面临问题

近年来，在国家发改委支持下，杭州生物产业集聚发展、创新发展、融合发展的势头良好，形势喜人，但也面临以下几个方面的问题：

1．综合实力尚未进入前三梯队

从全国范围来看，杭州生物医药产业发展相较其他城市，其规模体量仅约为北京的 1/2、上海的 1/6、苏州的 1/2，武汉的 2/5。从核心竞争力来看，杭州缺乏总市值超千亿元级的头部企业，总产值超百亿元级的企业目前仅 3 家，同时，单个销售额超十亿元的重磅药品仍然缺乏。

2．产业空间布局需进一步优化

"一核四园多点"空间布局虽已初步形成，但仍然存在特色产业不突出、重点领域交叉重叠等问题。需要按照全省、全市一盘棋的要求，加快制定全局性生物产业基地发展空间布局规划，统筹配置产业基金、土地供应、能耗指标等，引导各区域打造特色更加鲜明、主业更加突出的细分产业，促进全市构建错位发展、创新协同、生态健康的生物产业基地发展新格局。

3．产业政策兑现需进一步强化

杭州生物产业的壮大，需要在产业生态上给予大力的支持与完善，尤其

是有关政策的支持、出台与兑现。2021年出台的《关于加快杭州生物医药产业高质量发展的若干意见》让业界备受鼓舞，但兑现过程中由于财政预算被压缩、扶持力度减少，一定程度上削弱了政策效应。需要统筹制定力度更大、能够兑现的有利扶持政策。

四、下一步工作计划

2022年，杭州将认真贯彻落实党的十九大精神，深入学习十九届六中全会精神，以创新驱动、龙头带动、区域联动为导向，以大众创业、万众创新为主抓手，着力"补链强链延链"，着力完善配套支撑体系，争创具有影响力生物产业基地集群，为杭州加快构建现代化经济体系提供支撑。

1．加强高能级平台建设

推进省市重大科创平台建设，推进中科院医学所二期项目建设，围绕核酸分子医学、智能分子诊断、医疗器械与大装置、创新药物与生物材料、肿瘤研究方向，建设钱塘实验室；支持浙江大学智能创新药物研究院参与建设人工智能新药研发的国家创新中心，对接长三角资源开展技术合作及成果转化。推动产业转化平台建设，依托省药监局加快建设疫苗批签发实验室，建成投用浙大一院创新转化中心、浙工大钱塘生物产业研究院；加大与浙大一院、浙大二院、邵逸夫医院、省人民医院、省肿瘤医院等医院合作力度，破解临床资源紧张对创新的制约。与市卫健委合作共建涵盖生物样本库、成果转化中心、制剂中心的生物医药创新转化平台项目。推动高校创新项目孵化，建立平台运营信息通报、重大事项讨论决策等管理体系，加强浙江大学智能创新药物研究院等区校合作平台运营管理。根据不同平台特点，建立特色成果转化机制，有效实现科研成果的产业化。

2．加快高质量项目招引

确定目标招大引强，坚持项目为王，精准聚焦生物制药、医疗器械、CXO等重点细分赛道，加强与资本、基金的合作，积极招引自带资源的"平台型"企业，尝试"基金＋项目"模式，引进一批优质项目。强化项目链式招引，重点招引龙头企业、总部企业及补链强链企业。强化产业链关键环节企业招引，瞄准产业链关键环节，做好强链、补链，重点在生物培养基、疫苗佐剂等生物上游供应链服务环节，冷链物流、生产设备等下游环节，检验检测、注册申报等产业服务环节，推行精准招商。创新以商引商模式，加强与头部基金公司、专业投资机构合作，强化项目招引、产业研究等专业化合作。通过上门对接、企业尽调、项目路演等方式，形成以投资机构带项目组团式路演交流的招商新模式。注重产业化项目招引，以产值规模、税收效益等指标为重点目标任务，聚焦重点产业领域，加快招引布局数字医疗、康养、医美、医药流通、化妆品等细分领域，拓展产业广度和深度，提升园区综合竞争力，快速实现产业规模几何级增长。加快开展区域合作招商，发挥基金招商优势，依托海外钱塘中心全球化布局，开拓更多海外人才项目资源，嫁接起国际、国内交流、项目投资孵化渠道。借助政策精准招商，充分利用药品上市许可持有人（MAH）制度政策优势，积极争取省药监局、浙江知识产权交易中心支持，帮助企业快速、合规实现药品上市许可持有人变更、药号交易。持续加强对外交流，依托长三角G60科创走廊生物医药产业联盟，加速与长三角地区间生物医药企业、高校、科研机构的对接，举办中国医药企业家科学家投资家大会、国际生物医药（杭州）创新药峰会等具有全国影响力的生物医药产业论坛、展会、行业峰会等大型活动，提升行业影响力知名度，持续推动项目招引。

3．加速高层次人才引育

贯彻新政落实"双招双引"，坚持招引人才和招引项目、服务人才和服务项目作为统一整体，着力做好高层次人才创业项目引进计划，优化项目评选机制，抓好重点人才项目服务保障，积极搭建沟通交流平台，关注需求、解决问题，更大力度引进一批掌握关键技术、具有产业引领力的人才项目。加快培育高技能型人才，充分利用中科院、浙江大学、中国药科大学等高校资源，建立高校院所-企业联合培养机制，推进研究型人才培育。推动高校建立人才培养体系，以浙江理工大学、杭州职业技术学院为试点，推进医教协同、产教融合，创新校企合作人才培养模式，协同区内生物医药企业开展涵盖科研型人才、技术型人才的合作培养。

4．加大高标准要素保障

强化空间要素保障，通过与相关部门的对接及谋划，以省重大、省重点项目申报的方式，积极向上争取农转用土地指标。通过净地一件事、投资一件事等数字化平台，加快建设用地前期组件、产业项目选址论证及控规调整工作，完成工业用地的挂牌出让工作；支持低效用地企业扩产、改建，为生物医药项目增加拓展空间资源。加快推进项目建设，通过引导"三线"协同，全面梳理商务洽谈、做地供地和设计审查三条主线的时间节点，做到"三个提前、三个确保"，即提前启动征地净地，提前指导企业展开设计，提前进入审批环节，确保项目按计划签约，确保土地按计划挂牌，确保项目按要求开工；通过落实"三步"服务，对在谈项目指导向前一步、对签约项目服务贴近一步、对开工项目协调快人一步，督促企业计划排准确，施工高效率，质量高标准。

5．加速高品质企业服务

扶持企业做优做强，开展地标企业培育，关注营收、产值等经济效益指标，关注专利、研发投入、临床批件、人才团队、投融资等行业特色指标，建立生物医药企业数据库、企业白名单，在项目申报等方面开展精准对接、精准服务，培育一批行业独角兽、准独角兽企业、行业细分领域的领军企业，增加产业发展潜力的厚度。建设数字服务平台，对生物医药公共服务平台进行数字画像，从服务门类、仪器设备等各个环节进行梳理，建设线上的数字化创新服务平台，通过线上、线下结合的方式，实现资源要素无缝、精准对接。完善配套服务设施，围绕创新药物、医疗器械、数字医疗等主攻方向，重点布局动物中心（涵盖小型药物发现、中型毒理药效、大型安评实验等各个环节）、生物制品冷冻暂存及冷链仓储服务、危化品管理及暂存转运服务、能源供应服务等基础服务设施，以及满足生产生活的商业综合配套，以满足生物医药产业发展需求。健全精准服务体系，推进与省药监局、省药学会合作共建创新服务中心及MAH转化服务平台，搭建与国家药监局、省药监局、高校、平台、机构及企业间的沟通渠道，组织开展政策宣贯解读、行业培训等活动。

6．高水平推进产业发展

参考先进地区的经验做法，尤其是要把握后疫情时代健康医疗企业在大数据与人工智能辅助诊疗、新药与疫苗研发等方面的发展机遇，研究制定生物医药与健康产业细分领域的发展扶持目标，持续提高对引入企业扶优扶强、促小育新力度。同时，强化政府产业基金支撑，构筑全方位、全覆盖的产业基金支持体系，提升对创新型中小微企业的金融服务能力。在此基础上，加大创新研发政策扶持力度，加快建设CRO、药物临床前研究平台（GLP）等创新服务平台，以及抗体筛选、医学影像、医药区块链等前沿技术转化应用平台；围绕行业共性资源使用需求，推进建设大型专业仪器、实验室等资源共享平台、生物制品安全测试服务平台。聚焦制造流通环节，深入实施MAH制度，引育一批CMO、CSO企业，补足本地生物医药制造业配套体系"短板"。

撰稿：杭州市发展改革委

第二十章

青岛国家生物产业基地 2021年度发展报告

作为国家发改委批复的全国唯一海洋特色国家生物产业基地，生物产业是青岛市重点发展的战略性新兴产业，全市在海洋药物、生物制品、海洋医用材料等领域的科研水平处于行业领先地位。

一、本年度基地发展情况

2021年青岛市生物产业重点企业约120家，预计总产值近300亿元，其中生物医药企业营收同比增长13%。在建或运营重点项目53个，总投资664亿元。

一是龙头企业持续引领。青岛市集聚多家生物产业链龙头企业、世界500强及上市药企，其中明月海藻集团超纯海藻酸钠近日完成国家药品监督管理局药品审评中心登记备案，目前年产值可达50亿元，上市后可带动下游藻酸盐植介入制品百亿市场；琅琊台集团承担了国家科技部2021年度国家重点研发计划项目"万吨级目标产品的规模化高效制备技术"课题，为打造国内领先的海洋生物健康产业集群奠定了坚实的基础；正大制药作为蓝色药库项目的实施主体，入库的2项在研1类海洋创新药物进展顺利，已取得国家临床批文，近期将开展临床试验；国风药业专注现代中成药核心业务，已形成五大系列近百个品种的产品规模，年产值可达9.4亿元；华大基因研究院聚集了537人的科技队伍，组建了国际海洋基因组学联盟，目前正在筹建青岛国家海洋基因库，二期37 000平方米办公楼已于2021年1月投入使用；青岛海诺生物工程有限公司作为集研发、生产、销售于一体的国家高新技术企业，已成立子公司20余家，生产的卡通型创可贴销量居全国第一；青岛博益特生物材料股份有限公司拟于2023年进行科创板上市申报工作。

二是重点项目强化支撑。积极推进重点生物产业项目建设。总投资50亿元的明月海洋特医食谷项目，建成后预计实现年产值120亿元，利税6亿元。总投资16亿元的聚大洋海藻空心胶囊项目，建设200条全自动生产线，年产能800亿粒，项目于2021年11月正式开工，计划于2025年全部完成，达产后年销售额70亿元，利税18亿元，目前聚大洋集团已与修正药业达成年供货400亿粒的战略合作。由管华诗院士团队主导的国家组织工程种子细胞库项目，总投资8亿元，项目一期、二期正同步施工，计划于2023年竣工投入使用，预计年营业额6亿元，带动就业1500人。总投资1.6亿元的海华莱康产业园项目含综合医疗机构和康复养老中心两部分，将实现在新药研究开发及药物安全性评价等方面全产业、全过程深度融合，计划2022年3月投入使用，预计实现年产值2亿元。总投资50亿元的荣丰控股集团项目已于2021年10月28日落地，下一步将成立大健康产业基金，建成运营康养示范基地。海大生物产业园项目通过基因工程、海洋微生物发酵等关键技术集成与创新，建设海洋生物酶制剂工程技术平台，开发动植物免疫增强剂等系列新型海洋生物制品。蔚蓝生物国家动保工程中心与动物用生物制品项目，正在推进建设工程中心及兽医诊断制品车间、活疫苗生产车间等，达产后年生产禽用疫苗218亿羽份、猪用疫苗11.2亿羽份、卵黄抗体5亿羽份。

三是重点园区服务发展。青岛高新区作为国家火炬青岛海洋生物医药特色产业基地、全国生物医药特色园区联盟理事单位、青岛市首批蓝色经济区海洋特色产业园，集聚了全市生物医药、医疗器械、医药流通检测等领域约1/3的市场主体，及干细胞诊疗国家地方联合工程研究中心等5家服务平台，形成了较为完善的创新孵化链条，2021年生物医药产业主营业务收入约40亿元，位列全国生物医药产业园区环境竞争力第8位。投资10亿元的姜山生物医药产业园，重点引入优秀生物医药项目及专业园区管理服务团队，着力改善区域产业小、弱、散状况，丰富区域生物医药产业链，形成产业创新高地和创业集聚区。总投资3.23亿元的青岛蓝谷海洋科技成果孵化基地列为全市重点建设项目，以引进全国一流海洋生物、5G+人工智能制造等新一代信息技术企业为目标，打造高新技术企业孵化基地及专业化互联网智慧园区。

二、基地开展的主要工作

（一）抓好产业组织

一是抓准系统谋划。组织召开全市生物医药产业链创新发展推进工作视频会议，印发《青岛市生物医药产业链发展三年行动计划（2021—2023年）》，明确了全市生物医药产业下一步发展思路、发展路径、发展布局和任务举措。二是抓实发展统筹。印发《关于建立健全生物医药产业链常态化调度协调联动机制的通知》，会同各区市建立健全生物医药产业链常态化信息共享、项目统筹、监测预警、协同推进机制。指导城阳区、崂山区先后出台区级支持生物医药产业发展的专项政策。三是抓细行业管理。开好每季度产业运行调度会，对20家规上重点企业及生物医药产业"高端制造业＋人工智能"攻势重点项目及时监测分析，结合"做企业贴心人"活动，每月赴区市及功能区调研企业研产及项目建设情况。四是抓好产业沙龙。围绕行业细分领域先后开展生物医药产业沙龙4期，通过沙龙活动搭建企业、资本、载体之间的沟通平台，进一步打通"政产学研金服用"转化通道，营造产业发展"微生态"，为企业发展带来常态化赋能，促成了中皓生物与飞秒激光等项目达成合作。

（二）优化产业生态

一是打造产业地标。创新开展"海洋药仓·中国康湾"特色产业地标培育工作，举办2021年青岛市生物医药领域第一批创新产品发布会，支持青岛海洋药物研究院建设省海洋药物技术创新中心，会同我市生物医药领域相关商、协会及行业组织搭平台、引项目，积极申报创建国家级、省级临床医学中心。二是办好临床医学。制定出台《青岛市临床医学研究中心管理办法》《青岛市临床医学研究中心绩效评价办法》规范性文件，新建青岛市临床医学研究中心（第一批）13家，基本实现痛风、骨科、神经、肿瘤等主要疾病领域全覆盖。获批国家临床医学研究分中心4家，省级临床医学研究中心3家，实现零的突破。三是助力地产地用。市卫生健康委牵头召开海信超声推广应用座谈会暨全市基层卫生能力提升工作会议，印发《全市基层医疗机构卫生能力提升方案》，推动市、区两级采购海信超声产品。探蓝生物等9家企业的12个产品入选我市首批创新产品目录，进入政府网上采购商城。四是招引重大项目。在崂山区落地建设的青岛生物医药协同创新中心是全国第四个国家级药物安全评价中心,填补了全省空白;总投资10亿元的中关村医药工程转化中心,旨在打造国家级检测申报平台。由世界500强企业国药集团在高新区投资50亿元建设的国药科技城及智造园项目,围绕国药集团自身业务单元及上下游产业链引入上市公司、独角兽企业等,目前20余个医疗健康产业项目已达成落户意向。五是扶持行业企业。协调省药监局争取中药配方颗粒企业在我市落地;完成22次临床试验备案,2个品种通过一致性评价,3个三类医疗器械产品获批上市;易邦生物获批全省规模最大的生物安全三级实验室,百洋医药在创业板挂牌上市;恒业生物人用疫苗产品(乙脑疫苗)、海泰新光共聚焦显微影像仪有望年内获批上市。瑞斯凯尔已获全球独家12项细胞因子校准品二类医疗器械注册证;海泰新光具有自主知识产权的LED冷光源和内窥镜摄像系统取得二类医疗器械注册证、生产许可证;华赛伯曼医学TIL细胞药物启动临床研究并获得Pre-A轮融资。

(三)加强产业协同

一是推动区市协同。区市两级共建"蓝色药库",通过股权投资方式拟给予"蓝色药库"开发计划3个重点项目支持经费4000万元,目前,该计划候选新药成果已达30余项,大健康类项目已通过自研上市及企业委托开发产品40余项。二是搞好部门协同。六部门联合出台实施市级医药储备管理办法,研究市级储备医药轮换管理机制,开发启用"市防疫物资生产调度平台"。市工信局与市民政局以我市入选康复辅助器具产业国家综合创新试点为契机,探索产需对接一体化发展的路径。三是促进研产协同。引进美国州立大学终身教授王跃驹与中国农业科学研究院烟草所合作在青开展植物绿色重组蛋白应用项目。引进泽普高端康复机器人项目,未来将承接康复大学成果转化。推动四川大学华西医院、四川大学青岛研究院、青岛海洋生物医药研究院合作开展海洋医学功效化妆品研发及产业化,拟创造国内第一海洋医学功能型化妆品品牌。

三、基地发展特色和亮点

一是产品竞争力保持领先。黄海制药主要产品伲福达在治疗高血压、心绞痛方面有强效治疗效果,被中国医药创新促进会评选为"最有临床替代价值的仿制药",在国内硝苯地平缓释片(Ⅱ)类市场占有率遥遥领先;华仁药业主营非 PVC 大输液产品,在细分领域占据市场前三名;海泰新光是世界上第一家将 LED 模块用于医疗光源中的企业,其医用内窥镜系统通过了食品药品领域最为权威的美国 FDA 认证,全球细分市场占有率超过30%;杰华生物的乐复能是历经 18 年、投巨资研发的第一个 NCE 类药物,治疗慢性乙型肝炎的适应证已获新药证书并投产;青岛德慧海洋生物有限公司拥有 3 项国家发明专利,成功研发出亚麻籽全籽粉、亚麻籽速溶粉、亚麻籽油、亚麻籽酱等亚麻籽类产品,应用于食品、制药、日化等行业,得到市场广泛认可,被评为山东省"专精特新"企业、高新技术企业;青岛海诺工程有限公司产品销售到全国 2000 余家医院及医疗机构,直接辐射10 万家药店,全国百强连锁药店进入率达到 90%;青岛中仁动物药品有限公司配备 14 条兽药 GMP 生产线,拥有 300 多个品种的产品,可为养殖业健康发展提供服务,产品质量抽检合格率连续 10 年稳居行业前列,兽药全国市场占有率保持稳定增长。

二是科技创新能力不断提升。崂山区大力推动产学研合作,依托中国海洋大学、青岛海洋生物医药研究所等研发平台和科技成果转化平台,深化研究海洋生物活性物质的提取方法、结构和功能,解决产品高效制备、合成和质量控制等药物生产关键技术,加快形成切实可行的中试和产业化规模的技术路线和生产工艺技术体系,已汇聚海洋生物领域中国工程院院士 3 人、国家"千人计划"特聘专家 2 人、长江学者 1 人、泰山学者 2 人,建成海洋糖工程药物研发室等五大产品研发中心和四大公共服务中心。莱西市着力推动医药合同研发机构、医药合同定制研发生产机构等产业应用基础平台建设,青岛睿幸药业有限公司成为青岛市第一家专业的医药合同定制研发生产机构,为青岛市生物医药产业链的形成提供强有力的支撑。

三是创新平台建设成效显著。2021 年生物产业领域新增省企业技术中心 3 个,新申报省级工程研究中心 4 家,已提交山东省发展改革委审批,生物产业国家级企业技术中心、省级企业技术中心目前分别达到 5 个、12 个,国地联合工程研究中心(工程实验室)和省工程研究中心(工程实验室)分别达到 13 个和 29 个,并加快形成创新协同、产能共享、供应链互通的融通创新产业生态,产业创新支撑作用不断增强。

四、基地发展面临的主要问题

一是高精尖创新企业数量相对较少。生物产业部分市场主体规模小，专业化程度不高，科技型企业较少，龙头企业及高市场占有率和强竞争力产品亟须加快发展。

二是产业资源协同整合力度有待增强。部分企业专注于细分市场，产业链关联度低，影响产业形成上下游协同的产业集群和规模效应。

三是产业整体集聚程度有待提高。部分区域产业分布较为零散，集聚程度不高，部分企业因区位招才引才难度较大。

五、下一步开展工作的思路和设想

2022年，青岛市将积极延伸产业链条，放大集聚效应，推动高端生物技术、海洋生物医药、康复医疗医药增量项目分别向崂山区、西海岸新区、高新区聚焦，培育"海洋药仓·中国康湾"特色产业地标，推动工作提质换挡。力争实现全市生物医药产业主营业务收入增长15%以上，引进行业龙头企业1家以上，推动国药器械区域总部一期、易邦动物疫苗国家产业创新基地等30个生物医药在建项目当年完成投资30亿元以上。

一是坚持协同思维，推动相向发力营造生态。强化生物医药产业专班办公室对全市生物医药产业发展的工作指导，建立常态化工作推进机制，及时为企业及项目纾困解难。进一步优化审评审批服务，加强金融支撑、数字赋能、用地保障，支持企业强强联合、上市融资、开拓市场、"上云用平台"。进一步发挥口岸功能，优化药品和生物制品进口便利通关服务机制。大力推动CRO、CDMO等专业服务机构以及药械临床试验、非临床研究质量管理规范认证机构建设，深化产学研医协同创新，鼓励行业企业与高校院所、科研机构合作共建重点实验室、研发创新中心、工程技术中心，建设若干临床医学研究中心和转化医学研究中心，促进创新成果转化，支持国产替代。

二是坚持市场思维，推动专业团队干专业事。针对生物医药专业性强、产业链较长且监管复杂的客观实际，进一步理顺政府与市场的关系，依托市、区两级平台公司，组建懂产业、懂经营、懂市场的专业化队伍，发挥好商会、协会的桥梁纽带作用，探索实施"招商合伙人""招商顾问"等模式，采取委托市场化机构招商、以商招商、资本招商、平台招商等方式，充分释放市场活力。加快生物医药专业园区提质扩容,提升运营管理和服务水平,确保招引项目分类精准入园,实现从孵化企业到孵化产业的升级。

三是坚持平台思维,推动政府搭台企业唱戏。支持各类企业和机构在我市举办高水平学术会议、专业论坛、创新创业大赛等活动,提升外界对我市生物医药产业知晓程度,吸引产业链上下游关联企业前来发展。依托知名企业、大院大所、专业平台的行业资源,进一步搭建从会议会展到项目洽谈、产业落地的系统化支撑平台,通过政策牵引、策划包装、跟踪对接,发挥会议活动集聚资源的倍增效应和业界联动的乘数效应,提升青岛生物医药产业国内国际影响力。

四是坚持开放思维,推动优质资源在青集聚。借鉴吸收海南、广东等省先行先试改革经验做法,加强与北京、上海、深圳、苏州等生物医药创新驱动先导城市的合作,促进资源、技术、产业协作。依托四大"国际客厅"及9个境外工商中心,构筑"双招双引"网络,招引国内外顶尖研发机构、跨国医药企业研发中心来青落户,支持企业开展跨境研发合作。建立柔性引才、柔性考核机制,探索"悬赏制""揭榜制"等新型项目组织方式,让海内外"最强大脑"为我所用。积极打造创新"飞地",链接国内外优质创新资源。

撰稿:青岛市发展改革委

第二十一章

石家庄国家生物产业基地 2021 年度发展报告

一、生物产业基地发展基本情况

石家庄市是国家发展改革委认定的首批国家生物产业基地之一，2014年开展国家高端生物医药区域集聚发展试点建设，2019年开展国家战略性新兴产业集群发展工程（石家庄市生物医药产业集群）。近年来，在国家和省的大力支持下，石家庄市坚持聚焦生物医药产业，围绕产业链部署创新链，围绕创新链布局产业链，并着力促进产业链与创新链深度融合，取得了初步成效。2021年1—10月全市规模以上生物产业工业增加值增速达11.8%。

1．品牌效益显著增强

拥有华北、石药、以岭、欧意、恩必普、果维康、石门、藏诺等中国驰名商标，恩必普、玄宁、欧来宁、通心络胶囊、芪苈强心胶囊、参松养心胶囊等众多知名产品品牌。其中，石药集团的"恩必普"是世界上第一个专用于治疗缺血性脑卒中的国家一类新药，2021年1—11月，销售收入已突破60亿元，成为世界级"重磅新药"。新冠肺炎疫情暴发以来，以岭药业连花清瘟列入国家及20余个省市新冠肺炎诊疗方案，在疫区广泛使用，产量和销售量大幅提升，2021年1—11月销售收入已突破38亿元。此外，石药集团的多美素、紫杉醇白蛋白、玄宁、欧来宁、津优力，华药的阿莫西林钠克拉维酸钾，以岭药业的参松养心胶囊、通心络胶囊，常山生化的低分子量肝素钙注射液等单品种销售收入超过或接近10亿元。

2. 创新能力大幅提升

2021年,新增省级生物医药创新平台15家,市级以上创新平台达到260个,国家级平台包括6个国家企业技术中心、1个国家工程研究中心、3个国家重点实验室、7个国家地方联合工程实验室。新增获批三类医疗器械注册证6个,二类医疗器械注册证176个,新增生物医药专精特新"小巨人"企业78家、"专精特新"示范企业3家。经过持续不断的发展,涌现出一批国内领先的创新成果,以岭药业研发的用于治疗急性气管-支气管炎的连花清咳片(原中药6类)、用于治疗失眠症的益肾养心安神片(原中药6类)及用于治疗轻、中度抑郁症的解郁除烦胶囊3个品种已取得药品注册批件,华药研发的全球首个抗狂犬病毒抗体疫苗完成三期临床试验,预计近期上市,石药研发的DBPR108片(联合)Ⅰ类临床研究项目完成三期临床试验,此外,常山凯捷健研发的Ⅰ类新药艾本那肽注射液、以岭药业研发的Ⅰ类新药苯胺洛芬注射液、石家庄藏诺药业研发的痔疮胶囊制剂均已进入三期临床试验,石家庄四药获批开展1类新药NP-01胃癌、肺癌、肝癌等晚期实体瘤的临床试验。

3. 产业结构明显优化

石家庄市生物医药健康产业结构和产品结构不断完善,建立了抗生素产业技术创新战略联盟、维生素产业技术创新战略联盟、中国药物技术创新及产业化战略联盟、创新药物研制产学研联盟、心脑血管药物创新综合平台、微生物药物技术创新与新药创制产学研联盟六大集成创新体系,为石家庄生物医药产业技术创新提供了有力支持。同时,以资源持续集聚为抓手,初步具备国内领先的技术和产品开发能力,在生物医药产业的药物筛选、抗体药物、高端抗生素、微生物发酵、酶工程、基因工程药物、脂质体技术、液体硬胶囊制剂技术等方面居国际先进水平。抗生素、维生素原料药、软胶囊、中药颗粒剂、中药注射液等产品继续保持全国领先地位。依托华北制药的微生物与生物工程药物,石药集团的新型制剂与辅料、心脑血管药物与维生素药物,以岭药业和神威药业的现代中药,石家庄四药的大容量注射剂,带动生物医药全产业链协同发展,形成了原材料供应、研发生产、外包服务、医药商业、医疗服务、产业服务等为一体的完整的产业链条,涵盖药品开发、生产、销售各个环节,生物医药体系日趋完善。原材料供应端以医药中间体、原料药供应企业居多,研发生产端以化学药、生物药、中药产品生产为主,尤其是在维生素原料生产能力方面位居全球领先地位。

二、开展的主要工作及发展亮点

1. 出台了重磅产业发展政策

为加快生物医药产业发展，石家庄市制定出台了《关于支持新一代电子信息产业和生物医药产业率先突破的若干措施（试行）》（以下简称《若干措施》）《关于支持新一代电子信息产业和生物医药产业率先突破的若干措施（试行）相关实施细则》，设立200亿元产业发展基金，每年安排10亿元产业发展基金，强力推进和支持石家庄市生物医药产业发展，力度之大、强度之高前所未有。《若干措施》从新药研发到产业化，从企业项目建设到开拓市场，从项目引进到人才激励，从平台建设到审批服务，从中小企业培育到龙头企业奖励，从要素保障到减轻企业负担，从优化产业发展生态等方面，对生物医药产业形成了全方位、"组合拳"式的支持。一是在新药研发和产业化方面，给予1类新药品种1.2亿元、2类新药品种3000万元、仿制药和医疗器械品种300万元奖励，在研发和产业化阶段均给予资金扶持；二是在项目建设和开拓市场方面，采取"基金+资金"方式，按照固定资产投资比例，主导产业发展基金跟投20%、产业资金给予补助5000万元，带动产业链上下游融通发展的重大项目，主导产业发展基金跟投比例给予40%、产业资金给予1亿元补助；生物医药企业通过美国、欧盟等国际认证的制剂和医疗器械品种，每个奖励200万元；国家集中采购中标的每个品种奖励100万元，单个企业最高给予1000万元；三是在项目引进和人才激励方面，对引进总投资1亿元项目的机构或个人，按核定到位资金给予3‰的奖励，同时对高端人才给予个税贡献奖励；四是在平台建设和审批服务方面，对新建成的国家级创新平台给予1000万元奖励。实施项目建设手续代办制，政府部门当好企业的贴身"店小二"，为企业全程代办服务；五是在中小企业培育和龙头企业奖励方面，引导中小企业向"专精特新"方向发展，给予100万元奖励，鼓励企业做大做强，给予1000万元奖励；六是在要素保障和减轻企业负担等方面，实施"标准地+承诺制"改革，为产业预留发展空间，降低企业运营成本，给予生物医药企业蒸汽费用1000万元补贴。同时，还特别提出支持特色原料药项目建设，鼓励企业间协作配套,形成完善的产业链条。

2. 高质量编制产业发展规划

为进一步加快生物医药产业的快速发展,促进产业结构优化升级,编制了《石家庄市战略性新兴产业发展"十四五"规划》《石家庄市生物医药产业规划（2021—2025年）》,规划明确了到2025年的产业发展目标,提出了推动全产业链协同配套、推进产业化支撑项目等重点任务。一是发展规模进一步提升。"十四五"期间全市生物医药产业营业收入年均增速保持在20%左右,到2025年营业收入达到1500亿元,新产品、新技术拉动的产业增长占到当年增量的30%左右。新增营业收入超100亿元企业3家,累计规模以上生物医药企业达到150家。二是创新能力进一步增强。研发投入持续增长,企业创新能力明显提升,新靶点、新机制等发现能力进一步增强,到2025年研发投入占销售收入比达5%以上,力争实现50个以上重大创新药上市。三是企业梯队进一步优化。到2025年,医药工业百强企业数量保持在全国领先,形成布局合理的产业分布,新兴企业和中小企业加速发展,培育一批具有国际竞争力的创新型优势企业,培育一批单项冠军、隐形冠军、专精特新"小巨人"企业。四是产业支撑进一步强化。服务平台不断丰富,金融服务高效及时,医药人才加速集聚,产业服务精准贴心,生物医药产业发展环境进一步优化。五是制造转型明显加速。先进制造技术在企业应用增多,工厂清洁生产水平提升,生产效率和规模化水平提高,单位工业增加值能耗、二氧化碳排放量系统下降,制药过程连续化、数字化、智能化和集成化水平提高,打造一批世界先进水平的标杆工厂。到2025年,生物医药产业形成领头效应,产业竞争力保持全国明显优势和全省领先地位,发展成为初具国际影响力和具有全国影响力的生物医药名城和中国健康城,实现由制药大市向制药强市跨越。

3. 产业聚集效应增强

石药集团、华北制药、以岭药业、石家庄四药和神威药业5家企业获工信部"2020年度中国医药工业百强"。目前已基本形成以石药集团、华北制药为代表的特大企业集团;以神威药业、以岭药业为代表的现代中药企业群;以金坦生物、常山药业为代表的生物制品企业群;以瑞鹤医疗器械、鑫乐医疗器械为代表的生物医学工程企业群;以威远动物药业、远征药业为代表的兽药企业群;以博伦特、龙泽制药为代表的特色原料药企业群。石家庄市已形成高新区石家庄国际生物医药产业园、经开区生物医药产业园、栾城现代中药产业园、赵县生物产业园、晋州市生物产业园五大生物医药产业集群，拥有涵盖研发 - 孵化 - 产业化 - 医药流通领域全方位、全产业链配套服务，以创新药为引领、发酵药物为主导、现代化中药为特色、基因工程药物为先导、医疗器械和医药流通服务为补充的产业体系日臻完善。

4．启动了生物医药产业核心区建设工作

突出生物医药产业主攻方向，10月底，石家庄高新区正式启动了1万余亩的生物医药产业核心区建设工作，划定了南二环东延、太行大街、仓盛东路、昆仑大街合围区域为生物医药产业核心区的启动区，冻结启动区所有土地，集中规划布置项目，以最高标准把启动区打造成为精品，着力打造国际化、高端化、科技化、现代化生物医药园区。园区建成后，预计总投资增加 500 亿元，新增产值 650 亿元，税收增加 70 亿元，三年建成，五年达效，建成全国一流的千亿级生物医药产业园区。

5．全方位提供人力资源服务

大力推进人力资源服务工作站建设，延伸国家级人力资源服务产业园服务触角。建立人力资源服务工作站，目前已建立 6 家。调研了 100 家人力资源服务机构，300 家两大产业骨干企业，编制了人力资源服务供给清单和生物医药产业需求清单。供给清单，包括招聘服务、人力资源外包、咨询服务、培训服务、劳务派遣、人力资源管理信息化服务等"六大类产品"；需求清单，包括企业目前急需、常态需求、未来三年需求以及选取人力资源服务公司因素"四大类需求"。

6．倾力做好疫情防控重点企业生产保障工作

新冠肺炎疫情暴发以来，针对我市列入国家卫健委发布的《流行性感冒诊疗方案》和国家工信部《新冠疫情防控重点保障统计医药和医疗器械产业企业名单》中的企业和产品，石家庄市对疫情防控企业在生产过程中遇到的困难进行精准帮扶，使重点生产企业开足马力生产疫情防控产品。以岭药业开展的连花清瘟治疗新型冠状病毒肺炎的药效和临床疗效评价研究、石家庄四药投身的抗击新型冠状病毒感染的盐酸阿比多尔干混悬剂产品开发、华北制药华坤启动的注射用蜂毒对于新型冠状病毒肺炎预防和治疗的作用机制及临床研究等解决方案，列入国家及 20 余个省市新冠肺炎诊

疗方案，在疫区广泛使用，并获专家高度评价。有效地保障了疫情防控需求。

7. 重点项目建设取得新突破

2021年，共实施了石药集团巨石生物重组蛋白高科技医药产业园（二期）、常山药业年产35 t肝素系列原料药等78个总投资341亿元的重点项目。目前，河北药明生物药研发及生产平台、石药集团中诺药业新药原料/制剂生产中心等项目建设进展顺利，华北制药金坦生物产品扩产、河北鑫乐医疗器械生产等项目竣工投产。

三、存在的问题

经过多年发展，我市生物产业具备了一定基础优势，但也存在一些短板，主要表现在：一是创新能力有待提升，药物研发主要集中在石药、华药、以岭、常山生化等龙头企业，企业间缺乏有效的交流合作机制，与长三角、珠三角等地相比创新能力差距较大；二是产品结构仍需优化，化学原料药占比仍然较重，特色药、专利药等高端原料药较少，创新药的主导地位不明显，建设期短、效益高的医疗器械产品仍然是短板；三是原料药绿色生产水平有待提升，高耗能、高排放的原料药行业急需通过节能减排改造、绿色技术升级，提升绿色发展水平。

四、下一步工作思路

1. 加强产业核心区项目招引力度

生物医药核心承载区着力抓好拆迁腾地、筑巢引凤工作，加大招商引资力度，加快推动签约项目落地，抓紧新开工和续建项目建设，争取早日实现"一年见成效、两年翻一番、三到五年达到千亿级规模"目标。

2. 大力支持骨干企业做大做强

紧紧围绕骨干企业的发展规划和思路目标，大力推动生物医药产业核心承载区建设，研究制定"一企一策"，进一步加大骨干企业的精准帮扶力度，健全完善政企直通车制度、领导包联制，及时解决企业运营、项目建设等方面的问题。

3. 抓好产业发展规划落实

落实生物医药产业发展规划任务目标,对产业发展规划逐项进行任务分解,建立工作台账,明确年度目标任务,压实责任,每月进行督导调度,确保生物医药产业规模率先突破千亿级。

4. 全力以赴推进项目建设

牢固树立"项目为王"理念,围绕生物医药产业,建立省、市重点项目清单,抓好2022年生物医药产业省、市重点项目保开工、保竣工。持续深入开展项目集中开工活动,形成全市上下热火朝天抓项目的浓厚氛围。

撰稿:石家庄市发展改革委

第二十二章

通化国家生物产业基地 2021 年度发展报告

2021 年，通化国家生物产业基地在通化市委、市政府的正确领导下，各地、各部门积极围绕构建医药健康产业"千亿级制造核心"，科学规划，密切配合，各项工作取得较好成绩。

一、2021 年基地发展概况

1．产业发展态势良好

全市规模以上医药工业企业发展到 72 户（比 2020 年新增 3 户，占全省 263 户的 27.4%）。克服今年 1—2 月输入性新冠疫情导致停工停产的不利影响，1—11 月，规上医药工业企业实现工业总产值 133.8 亿元，同比增长 11.8%，占全市规上工业总产值的 30.8%；实现增加值 43.3 亿元，同比增长 10.2%，占全市规上工业增加值总额的 51.7%，是我市工业经济的支柱产业，产业规模约占全省的 20%。

2．集聚效应不断增强

医药产业集团公司发展到 12 户，截至 10 月底，全市重点监测的 27 户规上医药企业实现产值 108.7 亿元，同比增长 16.2%，17 户医药企业产值已过亿元，其中东宝药业、万通药业、东方红 3 家企业产值超 10 亿元。东宝药业荣获"金桥奖 - 年度最具投资价值医药健康公司"、荣登"第十五届中国上市公司价值评选百强榜"；修正药业荣登"中国医药工业百强榜"第 6

名；修正药业、万通药业分别获得"2021年度中国非处方药生产企业百强"第3名和第37名。

3. 研发能力持续提高

全市现有医药创新型企业发展到95户（有效期内国家高新技术企业39户，比去年净增1户；省科技小巨人企业39户，占全省的21.7%；17户企业入库科技型中小企业，比去年净增3户）。东宝药业的甘精胰岛素进一步释放产能，至9月末实现产值2.9亿元，同比增长94.3%，研发的生物制剂门冬胰岛素、化学抢仿药西格列汀二甲双胍片获得生产批件，单克隆抗体进入三期临床，人血白蛋白正在开展二期临床。全市28个化药品种正在开展一致性评价工作，修正药业厄贝沙坦片、通药制药阿莫西林、东宝药业磷酸西格列汀等3个化学仿制药今年通过一致性评价（全省共通过18个）；金马药业治疗老年痴呆病的1.1类新药（琥珀八氢氨吖啶片）已完成三期临床600例入组工作，将于近期完成揭盲。

二、2021年开展的主要工作

一是系统加强政策引领。在全省率先成立"医药和食品产业发展服务中心"，统筹和推动全市医药健康产业发展工作。市发改委、市科技局、市工信局各负其责，分别编制了《健康通化"十四五"规划》《医药健康产业"十四五"规划》《医药工业"十四五"规划》。市科技局按照产业链链长制工作要求和分工安排，研究制定了《医药健康产业链实施方案》，形成了医药健康产业链"四图""五表"。市工信局根据省、市"十四五"医药产业布局，制定了"通化市医药工业发展强链指南""实施医药健康产业发展壮大工程2021年重点工作实施细则"。市发改委制定《生物医药产业集群统计监测办法》，对重点企业18项指标开展监测；印发生物医药产业"集群领军企业"和"公共服务综合体"2个认定办法，首批认定了10户领军企业和1个公共服务综合体，着力提升领军企业带动作用，优化完善医药产业发展公共服务体系。

二是大力支持医药研发。规模以上医药工业研发经费投入占主营业务收入比重达到1.46%，较全市平均值高出0.6%。2021年，全市21个医药创新项目列入省科技发展计划项目，向上争取省医药专项切块资金847万元。

组织 47 个项目申报了 2022 年度省科技发展计划项目。海恩达与长春中医药大学合作的"基于中医药现代化技术的暖宫止痛穴位贴的研发"项目成功申报国家重点研发计划项目。双正医疗的"外泌体差异基因及新心损标志物试剂在冠心病诊疗中的应用"获 2021 年吉林省科技进步一等奖。仁生源生物入围"第 10 届中国创新创业大赛生物医药总决赛"。

三是强化企业跟踪服务。持续开展工业"双 50"企业扩能升级行动（壮大 50 户重点企业，扶持 20 户中小规上企业发展壮大，培育 30 户规下企业升规），继续推进市级领导、部门和县（市、区）领导包保服务机制，调整充实"一企一专班"，牢牢抓住 27 户重点医药企业，破解经营难题。市科技局开展百户企业科技提升行动，建立了医药健康领域创新型企业梯度培育库。市发改委发挥"项目中心＋行长制"及金融服务专员作用，积极为医药健康企业提供信贷支持，截至 10 月份，为 30 户规上医药健康企业提供信贷支持 19.77 亿元。市发改委等部门借助省政府开展"上市公司、金融机构吉林行活动"，通化市产业发展情况纳入医药健康产业推介报告，全市医药健康 9 户企业（融资需求额近 11 亿元）、12 个项目（融资需求额近 17 亿元）纳入全省《融资需求手册》。

四是加强服务平台建设。东宝药物研究院正式投入使用，金马药业益生菌制剂研究室获批省级重点实验室，海恩达与长春中医药大学附属医院合作的"5G+中医睡眠诊疗平台""5G+智慧诊疗与创新平台"获评国家工信部和国家卫生健康委员会试点。康元生物、天强药业厅地共建省级科技创新中心通过考评验收。围绕产业需要布局科技平台，全国医药健康产业技术转移服务云平台投入试运行，医药健康产业大脑 V1.0 于长白山医药论坛期间正式对外发布。积极推动内陆港务区化工产业园建设，已有条件通过现有化工园区认定，未来将成为承接医药精细化工产业的重要平台载体。

五是推动重点项目建设。2021 年，全市实施 500 万元以上医药产业项目 40 个（总投资 169.2 亿元；新开工项目 24 项、续建项目 16 项），当年完成投资 34.4 亿元。运用"招商引资项目统分调度工作机制"，力莱医药科技颈肩腰腿贴及痛风贴等 6 个医药领域招商引资项目成功于今年在我市落地。全市 36 个新建、续建项目成功纳入吉林省工信厅"十四五"重点推进的 3000 万元以上重大产业化项目清单（占全省 88 个项目的 41%）。

六是扎实开展对接合作。成功举办第 6 届长白山国际医药健康产业发展论坛，与往届相比设置的活动更多、规模更大、内容更务实，对促进我市医药产业高质量发展起到了积极推动作用。持续巩固和深化我市与医药高校院所战略合作，借助长白山医药论坛，与中国科学院长春分院、沈阳药科大学、清华大学、吉林省中医药科学院签订科技战略合作协议，推动 8 家医药企业签订招商引资合作项目。依托通化市医药健康产教联盟，推动通化师范学院与我市 5 户企业开展产学研合作。按照吉林省委、省政府关于各市（州）与长春市、吉林大学开展合作的工作部署，我市与长春市合作的 3 个医药产业项目，与吉林大学合作的 4 个医药产业项目正在稳步推进。通过积极参加第十三届东北亚投资贸易博览会，集中宣传展示我市 34 户企业的 75 个名优产品和创新成果，接待领导、嘉宾 5000 余人次。

三、基地发展存在的问题

通化医药健康产业经过了原始发展、规范发展，目前已进入到创新引领和绿色转型发展的关键时期，特别是在经济下行压力大环境下，结构性和深层次矛盾和问题日益显现。

一是通化国家医药高新区整体承载能力有待提升。由于我市医药高新区起步较晚，享受的国家高新区建设的优惠政策较少，总量不大、结构不优，创新引领和产业集聚的能力明显不足，医药高新区的辐射带动能级不高。

二是产业内部结构不尽合理，产业综合创新能力亟待提高。产业层次还比较低，生物制药比重相对不高，拥有自主知识产权、科技含量高、带动能力强的产品不多。企业研发实力整体偏弱，科技研发、中试转化、产品推广、物流配送等专业化配套企业较少，创新平台和公共服务中心数量较少、能力不强，产业关联不紧密，产业链条不够完善，没有形成高效的专业化分工协作体系。

三是创新发展资金投入已显不足。一方面，目前医药企业大量资金重点投入新版 GMP 认证，资金缺口较大，新药创制与重大产业化项目实施进度有所放缓。另一方面，通化市医药企业销售一半以上采用底价回款方式，企业利润空间很小，大量税收流失在外，从而使得我市财政投入资金力度明显放缓。

四、下一步工作设想

1. 进一步提升医药产业建设能力

一是组织科技创新项目。力争 2022 年推动我市医药健康领域至少 20

个项目进入省级科技发展计划项目。二是培育医药高新技术企业。力争医药健康领域高新技术企业总量达到 40 户以上。三是加快建设张伯礼院士工作站。力争将工作站建设成为通化医药产业发展的高端智库、医药企业技术升级的桥梁纽带、培养行业高层次创新人才的培养基地。四是完善医药健康领域相关保障措施。制定并发布《通化市医药健康产业"十四五"发展规划》，修改并完善《医药健康产业走廊推进方案》《医药健康产业链工作方案》，建成并运营医药健康产业大脑。五是推动医药健康领域项目建设。重点谋划包装一批医药健康类招商引资和落地转化建设项目，推动更多医药新品种、大品种在我市落地投产。

2．进一步巩固提升生物制药产业

支持东宝、安睿特等我市现有生物制药龙头企业快速发展，加快门冬胰岛素等新品种产业化，持续推进重组人胰岛素类似物、重组人白蛋白、单克隆抗体等创新药物研发与技术升级。同时，支持天麻抗菌肽、林蛙抗菌肽等生物技术应用与产业化，积极吸引外地企业来通建设，加快形成集聚效能。

3．进一步推动中医药全产业链发展

一是积极申报"国家中医药综合改革示范区"。依托张伯礼院士工作站，推动中药种植业、医药制造业与康养服务业融合发展，举全市之力推动此项工作取得新进展。二是推动中药材规范化种植。加快长白山道地中药材规范化生产基地建设，力争年内新增省级道地药材科技示范基地 1～2户。探索建设人参中药材溯源体系，打造长白山中药材品牌，加快推动我市中药材种植规模化、规范化、集约化发展。三是推动中药大品种培育工作。加快重点品种的关键技术研究和质量提升，推动"海昆肾喜胶囊""苦碟子注射液"等我市现有的 31 个中药大品种开展质量再评价，"肺宁口服液""芪冬颐心口服液"等我市现有的 155 个独家品种进行技术提升，鼓励重点企业与大院大所联合开发配方颗粒、经典名方，提升我市中医产品市场竞争力。

4．进一步优化提升化学制药产业

一是推动通化内陆港务区医药化工产业园建设。引导和鼓励医药化工企业进入化工园区，开发引进低污染、低能耗和高附加值的化药原料药，形成化药原料药集聚新优势，抢占市场话语权。二是筛选我市化学仿制药优势品

种。根据全国形势，筛选、鼓励和支持我市优势化药仿制品种，加快仿制药评价及抢仿进程。三是引进域外优势资源。瞄准国际医药创新前沿，支持重点企业通过资源整合、并购重组等方式，对接国内外研发团队，引进国外研发、国内急需的原研创新药和首仿药，以最短的时间和最少的成本，快速抢占发展先机，形成新的经济增长点。

5．进一步推动医药健康产业多链条发展

充分利用、加快释放我市中药材资源独特、中药制药工业产能充沛等基础优势，加快高端保健食品、特殊医学用途食品的研发与产业化。以益盛汉参产业园和东方红西洋参产业园为龙头，培育健康产品骨干企业。实施"一企一策"帮扶措施，支持中小企业向健康产品生产企业转型发展。引导医药企业延长产业链条，拓展消杀产品、中医诊疗设备、POCT 检测产品等细分领域，形成特色产业板块。

撰稿：通化市发展改革委

第二十三章

长春国家生物产业基地 2021年度发展报告

2021年，长春国家生物产业基地依托长春新区生物医药产业优势，以长春新区为基地的主要载体，深入贯彻习近平总书记关于健康中国建设的重要论述和视察吉林重要讲话重要指示精神，全面落实吉林省医药强省建设大会、市第十四次党代会重要部署，围绕我市在发展生物医药产业方面雄厚的产业基础、科研优势、人才优势和地理优势，坚持把生物医药产业作为重中之重来抓，加快构建相对完整的医药产业链条和产业生态体系，全力推动医药产业向高端化、集群化、规模化发展，扎实推动长春生物产业基地建设，生物医药产业呈现出"高速增长、量质齐升"的良好态势。

一、基地发展情况

一年来，长春新区生物医药产业强势崛起，集群效应逐步显现，先后引进培育了长春高新股份、国药集团、金赛药业、百克生物、迪瑞医疗等一批行业领军企业，高标准建设了长春高新医药产业园、吉林省摆渡中医药健康产业园等9个医药产业园区，集聚长春生物制品所、中科院长春分院、吉林省中医药科学院等医药技术研发中心23个，形成了基因药物、生物疫苗、现代中药、医疗器械、化学制药、医药物流等多个细分特色产业集群，构建了集研发、生产、流通于一体的完整产业链条，是亚洲最大的疫苗生产基地和全国最大的基因药物生产基地。2021年，长春新区围绕创新链、产业链、供应链，"政产学研"相结合，多层级、全方位发展生物医药产业，相关企业发展到657户，其中规上企业25户、10亿元以上企业6户、高新技术企业 79 户、"专精特新"企业 13 户，集聚全省 90% 以上的医药物流企业，全年生物医药规上企业产值实现 223.7 亿元，相关产业整体规模近 500 亿元，已成为全省、全市发展医药产业的核心引擎。

二、开展的主要工作

1．充分发挥龙头企业带动作用

重点依托长春高新等龙头企业，积极开展资本招商、产业并购、技术并购和投资培育；依托长春安沃高新生物制药等一批重大项目，积极发展抗体药物等生物医药产业的自主研发和生产；依托朱雀医疗、迈达医疗等龙头企业，积极发展信息化医疗仪器设备研发与制造产业。

2．抓稳抓实项目建设

加快推动了长春高新区生物医药产业园（二区）、金赛药业国际医药产业园、生物医药大健康产业园区、高新瑞宙 23 价肺炎疫苗、吉大五星动物保健疫苗园区等重大项目稳步建设，基本实现了药物研发、产业化中试、药品生产、药品流通等产业链各环节全覆盖。

3．加快推动产业集聚

按照平台思维打造具有国际影响力的生物医药产业航母，以长春高新等领军企业为核心，加速对优质产业资源的整合配置，打造全产业链生物医药产业集聚，以产业生态建设为重点，推进产业从"单点引领"向"链式生态"的发展转型。

4．整合优化创新资源

充分发挥政府搭台作用，联合吉林大学、光机所、应化所、华为等大院大所大企开展合作共建，打造生物医药产业协同创新联盟，积极为联合技术攻关、成果转化衔接、企业自主创新等方面提供有力支撑。

5．积极开展精准招商

围绕生物医药产业上下游企业资源，实施产业链招商，卓谊生物疫苗项目、西诺生物宠物生物制品研发与产业化项目等一批重大项目实现落位建设；围绕域外商会资源，挖掘投资信息，精准对接目标企业，全面增强医药产业项目储备。

6. 强化企业服务保障

积极开展生物医药产业调研，瞄准链上项目建设、企业需求，夯实产业培育和企业服务，助推产业生态圈逐步形成。全力推动国药集团新冠肺炎疫苗分包装项目落地生产，实现了当年设计、当年投资、当年建设、当年生产、当年盈利，极大保障了防疫疫苗供应。

三、发展的特色和亮点

一是产值保持较快增长。生物医药产业占全区产业比重由2018年的18%上升到2021年的26.9%，对拉动经济、产业结构调整的作用逐步凸显。2021年，产值实现223.7亿元，同比增长44%，呈现高速增长态势。

二是省市医药产业比重不断扩大。因年初划转给中韩示范区14户医药企业，致使统计样本量降低，但整体增速较好，全年产值占全市81.2%，占全省25%左右，位居第一位。

三是支撑型大项目加快集聚。长春生物制品研究所新冠肺炎疫苗项目落位投产，完成产值40.7亿元，同比增速达到307.5%，成为国药集团在全国第二大疫苗生产基地。金赛药业生长激素获批三个新适应证生产批件，完成产值90.3亿元，同比增长40.6%。百克生物2021年6月份IPO科创板成功上市，挂牌首日涨幅超300%，全年实现产值20亿元，同比增长31.3%。圣博玛生物斩获国内首款"聚乳酸面部填充剂"三类器械注册证，新增产值2亿元，同比增长10倍。

四是综合竞争力不断壮大。2021年10月在科技部生物中心组织的全国215个生物医药园区的评比中，长春新区综合竞争力排第17位，产业竞争力排第10名，位居东三省第一位，与苏州工业园区、中关村生物医药园区、上海张江等位列第一方阵。

四、面临的主要问题

虽然长春新区生物医药产业发展取得了一定成效，但仍存在明显不足，主要表现在：一是产业规模还较小，与国内其他典型生物医药强区相比，与 2025 年要实现的千亿级产业目标相比均存在较大差距；二是创新能力还不够强，根据"中国生物医药产业发展指数"重点园区监测数据，长春新区在 CDE 受理 1、2 类新药数量方面，为张江生物医药基地的 3.9%、成都高新区的 23.1%、西安高新区的 60%，本地科教资源的创新活力和潜力未完全激发，科技创新的"孤岛现象"仍需破解；三是龙头引领的产业生态尚未全面形成，龙头企业呈现单点型发展格局，未能充分发挥引领带动作用形成大中小企业融通发展态势；四是疫苗及生物制药单核带动，新动能新赛道培育不足，全国 181 家重点细胞治疗企业中仅有 1 家在长春，未能形成"多点开花"之势；五是产业服务平台、市场化医药服务组织还较少，缺少技术服务平台、实验平台以及 CRO、CMO、CSO 等服务机构，当地缺少权威检测认证机构。

五、下一步工作打算

下一步，长春市将继续依托长春新区的生物医药产业优势，大力推动建设科技创新城建设，打造全国知名的长春国家生物产业基地。"十四五"期间，长春新区将继续把生物医药产业摆在四大主导产业的最突出位置，作为优化产业结构、推动产业升级的重要突破口来抓，总的考虑是：大力发展高端疫苗及生物制药、精密医疗器械及医用材料、现代中药、化学药四大核心领域，持续丰富生物医药服务业态，在智慧医疗、精准医疗两大成长产业新赛道寻求突破，构建"4+1+2"生物医药产业集群，力争"十四五"末，医药健康产业规模突破 1000 亿元，集聚医药企业 1000 户以上，实现"双千跨越"目标，打造国内领先的疫苗及生物制药产业创新中心、全国知名的生物医药产业制造基地。重点抓好以下工作：

一是聚焦重点医药板块锻造长板、补齐短板，提升产业整体竞争力。大力发展生物制药、基因疫苗的同时，加快做大中药、化药、医疗器械等板块。依托高新股份、生物制品所等龙头企业，加速产业上下游优质资源整合，加快推进鼻喷流感疫苗、HPV 疫苗等新型二类疫苗的产业化，建设代表国家一流水平的疫苗产业集群。在中药领域加快引进国药血液制品、国药道地药材饮片等"国药系"项目，打造国内唯一以道地药材全流程质量体系为核心的中药园区，充分发挥我省天然药材和医药大省优势，做大中药板块。发挥精细化工园区生产化学原料药优势，吸引国内高端化药企业落地，做大化药板块。依托空港药品进口口岸的平台功能，联合吉大一院，比照海南博鳌乐城药械示范区模式，推动进口药械落地长春。整合吉大一院医工协同研究、光机所等研发优势，结合俄、日、德等现有项目基础，打造东北亚医疗器械园区，做强医疗器械板块，促进医疗器械板块国际化发展。

二是加快重点项目建设，为医药产业持续发展增添后劲。推动金赛药业国际医药产业园、生物医药大健康产业园区、高新瑞宙23价肺炎疫苗、卓谊生物疫苗、吉大五星动物保健疫苗、西诺生物宠物生物制品研发与产业化等项目建设，大力引进苏州艾博生物mRNA、飞凡生物CDMO、奥咨达医疗器械等，形成新的增长点。

三是加速创新链延伸，持续提升产业基础高级化、产业链现代化水平。立足打造集药品研发、中试、检验、生产、流通等于一体的全链条产业集聚，依托北湖创新产业园建设，谋划打造长春创新"药谷"，未来将依托"药谷"，联合国药、高新股份、苏州医工所等，建设医工创新研究院等创新联合体，形成"政产学孵金"闭合产业链和完善的产业生态。研究设立天使/VC/PE等不同阶段产业基金接力模式，促项目产业化，联合金融机构，打造资本市场服务基地，加快推动海悦药业、圣博玛生物等企业上市。

四是加强区域间产业项目合作，着力打通产业链、供应链。按照"一主六双"高质量发展战略部署，以深化"五个合作"为抓手，与松原、延边、通化、四平、辽源、梅河口等地市州协同发展医药产业，围绕延链、补链、强链开展联合招商，推动延边金赛黄体酮扩能、梅河口惠升生物研发中心等6个重点合作项目加快建设，努力把新区医药产业的品牌、研发和生产优势，与各市州医药资源、渠道等方面优势结合起来，为长辽梅通白延医药健康产业走廊提供支撑。

五是加强重点企业运行保障，打造医药产业良好发展生态。组建生物医药产业服务专班，对重点医药企业实施"点对点"精准帮扶，鼓励企业技改扩能，支持企业通过研发、收购等方式增加产品批号，增加新产品。重点围绕国药集团深度挖掘新的合作机遇，帮助国药新冠肺炎疫苗项目争取疫苗生产指标和份额，最大限度释放产能，推动P3车间纳入国家生物安全规划、P3实验室尽快通过国家认证审查；支持高新股份通过收购、合作、直投、基金等方式布局新项目；鼓励华润健康为迪瑞医疗拓宽市场，更好地整合大企业资源优势，进一步做大做强医药产业规模，实现药物研发、产业化中试、药品生产、药品流通等产业链各环节全覆盖。

撰稿：长春市发展改革委

第二十四章

郑州国家生物产业基地 2021年度发展报告

2021年，我市紧紧围绕推动国家生物产业基地建设，多措并举，强力打造集研发、孵化、生产、物流为一体的国内一流生物产业基地。

一、产业基地建设情况

（一）坚持龙头项目引领，带动产业项目集聚

2021年，产业基地新签约郑州德迈药业产业园、翔宇医疗康复医疗器械产业园、新领先药学研究院郑州分院、东富龙智能化生产设备、供应链研发及生产基地等6个项目，签约金额共计73.3亿元，新开工项目2个，已投产项目3个。引进的安图实业、新领先、东富龙等多为行业领军企业或者细分领域头部企业，投资项目主要涉及创新药、高端医疗器械、临床CRO、医药设备及耗材供应链等生物医药产业链重点领域，有效带动上下游企业集聚发展。

（1）安图实业投资的郑州德迈药业产业园项目主要布局新型化学药品和生物药品的研发销售等业务，对新药研发和生产领域具有重大推动和促进作用，能形成巨大经济和社会效益。

（2）翔宇医疗康复医疗器械产业园项目主要布局高端康复医疗器械的研发、制造、商贸、展示等业务，逐步形成全国销售结算中心，并通过其龙头带动作用，吸引上下游产业链企业入驻，形成康复医疗器械产业集群。

（3）新领先药学研究院郑州分院项目以临床CRO平台为立足点，以

与大分子平台和小分子平台的合作为切入点，与园区共同打造行业独特、全国领先的CXO一体化平台服务体系，将会形成产业基地生物医药产业的核心竞争力。

（4）东富龙智能化生产设备、供应链研发及生产基地项目将补齐生物产业基地在生物药创新生产的上下游产业链，有利于提高生物产业基地制药设备及耗材供应链的稳定性与可持续性。

（二）推动新药研发项目突破，壮大产业集群规模

区内重点企业鸿运华宁、晟斯生物、美泰宝等新药研发企业均有在研新药，主要针对心血管、代谢系统及癌症等重大疾病领域，极具未来发展潜力，上市后将快速壮大产业集群规模。

（1）鸿运华宁具有"全球首创"和"同类最优"潜质的GPCR抗体新药研究、开发、生产与销售。全球首个治疗肺动脉高压的GMA301已于2017年获得美国孤儿药资格认定。目前，有5个原创新药（包括2个孤儿药）处于临床试验阶段：GMA102（2型糖尿病），GMA105（肥胖症），GMA301A（成人肺动脉高压），GMA301B（儿童肺动脉高压），GMA106（肥胖症、非酒精性脂肪肝和2型糖尿病）。另外，GMA131（糖尿病肾病）即将在中美启动Ⅰ/Ⅱ期临床。9月，GMA102注射液Ⅲ期临床试验完成首例受试者入组。11月，鸿运华宁GMA106在澳洲完成Ⅰ期临床首例受试者给药。其中，GMA301和GMA102项目已在园区大分子药物CDMO平台开展技术工艺转移及中试生产，截至目前已委托订单8000余万元。GMA301预计在2023—2024年上市，2026年预计可达到年销售额36亿元人民币，海外销售额可达到15亿美元/年；GMA102预计2024年在国内上市，到2028年预计可达到年销售额约50亿元人民币，海外销售额20亿～30亿美元/年。

（2）晟斯生物在研创新生物药产品超十余种，包括重组长效凝血因子类、长效糖尿病治疗药物和抗肿瘤的抗体毒素偶联药物（ADC）类等药物。晟斯生物长效重组凝血因子系列管线的长效八因子上市许可申请获得国家药品监督管理局的受理。晟斯生物未来3年还将有超10余个产品报批临床，计划在2022年拿到晟斯长效八因子的新药注册证书并投产，并在之后的三年内每年推出一个一类大分子创新药，逐步完成SS117、SS327、SS109的生产上市，预计到2026年四款血友病创新药可全部实现上市，到2027年累计产值超百亿，成为国内一流的创新型生物制药公司，填补国内血液病

蛋白药物空白。

（3）美泰宝目前在研四项新药，主要针对适应证为肺癌、脑卒中、艾滋病、丙肝等的药物，其中Ⅰ类肺癌新药第三代 EGFR 抑制剂哆希替尼，可有效抑制癌细胞扩散，达到治疗目的。该药物于 2020 年 4 月 29 日获批临床Ⅰ、Ⅱ期试验，是河南省有史以来第三个获批临床批件的国家一类创新药，新药拟在生物产业基地申报并生产。公司被评为郑州市 2021 年度"专精特新"中小企业。

（三）搭建专业化产业载体，构建生物医药生态体系

一是在生物产业基地南部高端制造业集聚区整体规划 2000 亩，由政府投资 25.2 亿元建设的生物医药产业专业化载体——郑州临空生物医药园，一期规划 384 亩，总建筑面积约 51.5 万平方米，包括孵化实验综合中心、中试生产组团、大规模生产厂区、专属物流体系、会展中心和完善的生活配套设施。2017 年 5 月正式开工建设，2018 年 12 月开园。截至 2021 年底，园区已累计储备创新药、细胞技术、医疗器械和投资基金类等领域优质项目 300 余个，通过专家评审会企业 106 家，已完成签约企业 44 家。累计入驻企业 28 家，投产企业 22 家；引进各类专业人才 1311 人，其中博士 63 人；累计培育高新技术企业 8 家，规上企业 6 家，国家科技型中小企业 15 家，郑州市科技型中小企业 17 家，郑州市"专精特新"企业 5 家，河南省"专精特新"企业 1 家。2021 年度，园区新增投资额 4.4 亿元，产值 3.3 亿元，纳税 1960 万元。

二是启动园区二期医疗器械园建设，主要规划建设研发孵化区、加速器一期、二期，重点发展数字化医学检测设备、治疗设备、高端生物材料、应用型生物医疗技术及第三方检测等领域。医疗器械园将解决具有核心知识产权的创新医疗器械、医疗服务从研发、到生产应用、销售的全流程的需求。医疗器械园项目计划总占地约 272 亩，投资额共计 12 亿元，目前项目已摘地，正在做前期规划方案设计。

三是市区两级投资 10 亿元建设了包括新药筛选检测平台、动物药物评价平台（动物房）、小分子 API& 制剂 CDMO 平台、大分子药物 CDMO 平台、细胞及基因治疗 CDMO 平台、临床 CRO 平台在内的六大公共服务平台，构建全国稀缺的产业化转化服务通道，为园区企业提供全流程的创新研发生产支撑。新药筛选检测平台、大分子药物 CDMO 平台、小分子 API& 制

剂 CDMO 平台和临床 CRO 平台均已投入运营，药物评价平台（动物房）即将完成工艺设备安装调试，待取得实验动物使用许可即可投入运营；细胞及基因治疗平台在做平台功能规划及前期设计。

四是引进专业检测平台，打造医疗器械全生态产业链。2020 年 9 月，河南省医疗器械检验所临空生物医药园分所暨河南省医疗器械检验检测工程技术研究中心在郑州临空生物医药园正式挂牌成立，河南省医疗器械检验所作为全省集检验技术服务、研发、培训与服务于一体的综合性检验检测科研技术单位，其分所的落户可为园区企业提供医疗器械上市产品的提前辅导和相关检测服务，打造产品快速审评审批、上市绿色通道，加速创新型项目落地投产，最终促进医疗器械产业集聚。

五是依托航港母基金、整合社会资本，成立了总规模为 3 亿元的河南京港先进制造业投资基金（有限合伙）（以下简称"京港基金"）。截至目前，京港基金已有 17 个项目具备实质性进展，包括 5 个已出资项目、2 个已过投决会项目、2 个待上会项目和 8 个立项项目，并有多个后续项目储备，完成出资额 2.5 亿元。

（四）举办专业论坛，持续打造产业品牌

生物产业基地聚焦生物药产业发展，持续构建会议品牌，已成功举办两届郑州国际生物药发展高峰论坛，该论坛已成为河南省内医药行业规格最高、影响力最强的生物医药专业论坛，助力塑造生物产业基地产业形象，打造生物产业基地"生物药之都"产业名片。原定于 2021 年 11 月 10—12 日举办的"第三届郑州国际生物药发展高峰论坛"因疫情推迟，本届论坛以"生物技术时代下的中原机遇"为主题，设生物药领袖峰会，抗体药物、细胞和基因治疗药物、RNA 药物、生物制药工程以及项目路演 5 个专业论坛，邀请多位院士、著名临床研发专家、医药上市企业董事长与创投机构创始人在大会作报告和交流对话。

（五）紧抓人才引进，推动产业布局

项目跟着人才走的特点在生物医药领域尤其显著。围绕生物产业基地生物医药发展方向，在创新药、细胞技术、IVD/ 第三方检测、高端医疗设备等领域，重点引进一批有项目、有团队、有资金的高层次人才，并在"郑州人才计划"的基础上，聚焦生物产业基地产业发展、突出需求导向，实施"五五聚才计划"打造中部人才谷。在经济贡献奖励、项目奖励、住房补贴、

健康体检及子女入学等方面给予大力支持。截至目前，生物产业基地已累计引进"1125聚才计划"专家87名，经认定"智汇郑州"高层次人才32名，柔性引进国际专家18名，自主培养外国特聘专家2名，涌现出多个高水平人才团队，引进培育杜锦发、吴豫生、景书谦、赵辉等多个高端人才团队。

二、发展特色和亮点

（一）出台产业扶持政策，营造良好生态环境

一是印发的《关于支持生物医药产业发展的政策》，支持生物产业基地生物医药产业企业集聚发展。为切实支持生物产业基地生物医药产业发展，在综合参考沿海发达地区及中部各地市相关产业政策后，修订出台新版《生物医药产业扶持政策》。二是生物产业基地与省直部门已经建立了直通车机制，生物产业基地内生物医药企业及产品的监管和注册等相关工作，均可直接上报省局办理。

（二）构建平台支撑，打造CXO一体化平台服务体系

园区六大公共服务平台，面向全球可提供从药物研发临床前CRO、临床CRO至创制生产CMO的医药研发制造全产业链服务。2021年10月，郑州临空生物医药园获授"河南省生物医药CXO一体化中试基地"，成为河南省唯一取得中试基地授牌的生物医药园区。规划建设大分子药物CDMO平台、小分子API&制剂CDMO平台等CXO一体化平台体系，可提供大分子、小分子药物中试CDMO服务。目前已招引鸿运华宁、泰基鸿诺、郑大一附院等国内第一梯队创新药企业和科研院所落地。

（三）创新临空模式，构建"政企园"利益共同体

园区以高起点整合产业资源，为整个VIC体系赋能，兼顾各方利益，形成园区开发运营新思路"临空模式"：一方面，园区作为政府和企业连接的桥梁，政府充分赋权园区进行政策的细化及执行、产业体系的构建及运营，专业的人做专业的事；另一方面，园区将政策性资源通过市场运作转化为VIC体系自激发展的内生动力，助力创新型企业突破瓶颈高速成长。在市场化运作下，变补贴为奖励，引导企业主动创造价值、高速成长；变

无偿为有偿，利用孵化及投资等多维方式，服务产业，参与产业，与企业共成长。通过政策导向，引导资本、人才、技术、平台等产业要素汇聚，打造可持续发展的创新生态集群和"政企园"发展共同体。

（四）实现国产高质低价替代，完善生物医药供应链体系

为推动生物产业基地生物医药供应链体系的搭建，与东富龙在生物医药智能装备供应链方面开展合作。东富龙作为国内制药设备及耗材领域的头部企业，有着28年历史的制药装备生产经验，部分产品已实现国产替代。2021年12月，东富龙智能化生产设备、供应链研发及生产基地项目在园区投产，成为东富龙在上海总部之外的第一个也是目前唯一一个正式投产的生产基地。生物产业基地通过设立生物医药智能制造专项政策性资金和产业化基金，引导园区乃至河南省的生物医药企业优先使用体系内自产设备与耗材等，为东富龙加速实现国产高质低价替代提供广阔的应用场景，加速实现供应链设备及耗材的国产高质低价替代。项目投产运营后，将吸引更多上下游企业落地生物产业基地，有利于提高生物产业基地制药设备及耗材供应链的稳定性与可持续性，完善实验区生物医药产业生态体系。

（五）加快上市公司收购，构建产业全流程支撑体系

通过完成对生物医药上市公司的收购工作，依托上市公司成熟的生产体系和营销体系，与园区专业孵化体系形成合力，形成"VIC研发+专业生产+专业销售"的覆盖产业上下游的完整产业生态。着力构建MAH生产支撑体系和以学术营销为主的专业营销体系（CSO），助力区内创新型企业的价值兑现。运用上市公司拓宽融资渠道，降低融资成本，汇聚社会资本，支持生物产业基地生物医药产业发展。

三、发展面临的问题

1. 区域间对产业和人才的竞争日益激励

长三角、珠三角等生物医药产业发展优势地区均已出台自身的生物医药产业扶持政策，并仍在大幅提升支持力度。生物产业基地虽然已经出台第一个生物医药产业政策，但河南省、郑州市还未有系统专业的生物医药产业扶持政策

出台，对优质项目特别是龙头企业的吸引力不足；生物医药企业的核心竞争力在于专业性人才，目前在对生物医药产业人才培养及引进方面的相关政策不足，缺乏吸引高素质医药行业人才的红利政策，限制了园区企业的长期良性发展；龙头企业和高端人才的稀缺将使园区较难形成产业带动作用和产业集聚效应。

2. 缺少市场化全链条的产业基金

目前京港投资成立了首支生物医药产业专项基金，用于给园区偏向于有一定产业规模的企业，但基于生物医药产业投入大、周期长、收益高的特点，园区的持续发展需要全产业链条布局，以此吸引不同阶段的优质企业，并针对不同企业采取针对性的投资策略，现有资本资源过于单一，对企业的支持力度不够，不足以支撑整个产业链条。另外，现有的投资机制还不够灵活完善，面对优质项目常常束手束脚，无法实现市场化的运作。

3. 完善的生活配套设施建设滞后

生物医药人才层次高，学历高，且很大一部分是从海外归来的学者。这些人才对城市环境、人文环境、住宿环境、生活配套都要求较高，目前生物产业基地教育及医疗配套水平和层次尚无法满足高层次人才的需求，极其不利于相关产业人才引进等工作。而项目跟着人才走的特点在生物医药领域尤其显著。

4. 高层次的产业基础人才相对较少

生物医药企业需要大量高学历、高素质的研发生产人才，郑州市乃至河南省高校科研院所资源相对匮乏，且高校科研院所在专业设置、人才培养上与企业结合不够紧密，产业链上下游配套能力不强，科技成果转化率较低。目前建设国家发改委批复的"国家高技术生物产业基地"成为全市的生物产业建设的重点，要力争通过五年时间打造千亿级的生物医药产业集群，因此将引进孵化落地大量生物医药企业，这都需要相应的生产和研发人才支持。

四、下一步工作思路

1. 加快推动重点项目进度

一是加快征地项目建设进度。推动郑州德迈药业产业园项目建设进度，保证项目有效完成各时间节点进度；推进翔宇医疗高端康复器械、东富龙智能化生产设备等行业领先产品快速落地投产。二是支持新药创制和产业化。有效推动鸿运华宁治疗肺动脉高压等三个突破型创新药临床试验进展；推进郑州晟斯针对血友病的河南省第一个国家一类大分子创新药尽快上市；推进美泰宝及泰基鸿诺在抗肿瘤、抗脑梗死、HIV领域等一系列创新药项目研发及临床试验进度；让创新药在航空港区申报及落地生产，力争通过3～5年时间打造百亿级龙头企业。

2. 加快产业平台载体建设

一是加快临空生物医药产业园一期整体投用。加快启动A地块鸿运华宁大规模生产基地建设工作，加快六大公共服务平台建设，力争完成大分子平台二期、药物评价平台（动物房）、细胞及基因治疗CDMO平台建成投用。推动河南省生物医药CXO一体化中试基地承接疫苗、大分子、小分子及基因治疗等领域的创新药物研发中试服务。二是加快推动园区二期建设。充分发挥现有医疗器械产业基础，在郑州形成医疗器械产业环境，汇聚孵化高端医疗器械产业集群，加快推进临空生物医药园二期医疗器械园建设，承接入区医疗器械项目落地以及江浙沪粤等地区医疗器械产业转移项目落地。三是加快建设引进临床试验基地。整合郑大一附院、河南省人民医院等优质内部医疗资源，发挥河南省临床资源优势，建立"小综合大专科"的临床试验基地。通过在细胞治疗、肿瘤、慢病等领域构建具有全国影响力的临床基地，吸引汇聚国内优质创新医药项目、加强产业化核心竞争力。

3. 持续打造产业品牌

在成功举办前两届郑州国际生物药发展高峰论坛的基础上，与专业机构合作，拟在2022年依托举办第三届高峰论坛，聚焦生物药产业发展，持续构建会议品牌，将该会议打造成具有国际影响力的专业会议，塑造郑州生物产业基地新形象，打造郑州生物产业基地"生物药之都"产业名片。

4. 继续深化豫沪合作

依托中国科学院上海药物研究所、上海交通大学、四川大学（华西医学院）、郑州大学和河南大学等高校、科研院所构建全国性的高等医学转化研究中心。汇聚各方项目资源，打造科研创新平台，通过公司化运作，推动创新项目高速产业化。

撰稿：郑州市发展改革委

第二十五章

德州国家生物产业基地 2021年度发展报告

2008年，国家发展改革委印发《关于建设北京等30个国家高技术产业基地的通知》（发改高技〔2008〕474号），批复山东省德州市建设生物产业国家高技术产业基地。山东省委、省政府高度重视生物产业发展，省、市各级各部门持续加大对生物产业基地的政策扶持。截至目前，德州市生物产业基地已经形成了以生物医药、功能食品等领域为主体的产业体系。

一、基本情况

1. 骨干企业带动产业规模持续壮大

基地多家企业列入国家高新技术企业、农业产业化国家级重点企业、中国保健食品50强企业、中国轻工业500强企业等国字号名单，培育涌现了以保龄宝生物、福田药业、禹王、谷神、德药制药、齐鲁制药、信立泰药业等为代表的一大批龙头骨干生物企业。其中，保龄宝生物、福田药业入选2017年"首批山东省制造业单项冠军企业"名单，保龄宝为中国名牌产品，保龄宝、福田、禹王为中国驰名商标。截至2021年底，德州市生物产业拥有规模以上工业企业超过100家，预计全年营收将突破500亿元。其中，生物医药产业预计全年实现营收230亿元；功能食品产业预计全年营收突破150亿元。

2. 科技创新引领产业集群深度发展

截至2021年底，基地已与中科院、农科院、北京大学、清华大学、山东大学等40余家知名高等院校、科研院所建立技术合作关系，拥有国家级创新平台3个、省级以上创新平台29个、博士后科研工作站6个、院士工作站2个，已建成各类公共服务平台40多个，涵盖技术研发、质量检测、产业孵化、信息查询、管理咨询、市场开拓、人员培训、设备共享等服务功能，有力推动了全市生物产业协同发展，培育形成了玉米深加工、大豆深加工、生物棉籽蛋白、生物农业、生物技术服务等多个细分产业集群。

3. 重点项目助推生物产业加速转型

德州市充分发挥项目建设的支撑作用，依托技术改造和双招双引，进一步集聚土地、资金、能耗等生产要素，招引了一批科技含量高、创新能力强、发展潜力大的生物产业项目。安弘高端抗癌原料药项目中标工信部工业转型升级项目，即将投产；安舜制药一期、二期高端抗生素原料药项目完工，三期项目投入建设，艾兰药业高端抗癌原料药一期项目完工、二期投入建设，经济效益即将显现，朗诺制药、前沿生物、信谊制药、德药制药一批新上项目正在建设，25个重点项目总投资超过249.8亿元，预计2024年18个医药类项目实现达产，可实现新增收入超过160亿元。

二、基地开展的主要工作

1. 加强政策引领，优化发展环境。

成立生物产业推进专班，研究出台国家生物产业基地核心区建设管理办法，成立大健康及现代产业体系建设指挥部，推动生物医养健康产业发展。为全面推动生物医药产业高质量发展，率先实现三年倍增目标，制定出台《德州市生物医药产业三年倍增计划》，在财政支持、土地供给、税收优惠、人才引进、技术创新、投融资政策、研发平台等方面给予持续支持。

2. 理顺工作机制，形成工作合力

在前期生物技术产业推进办公室的基础上，重组生物产业招商办公室，专门围绕生物产业，按照"一个产业、一套班子、一批政策"的要求，明确主攻方向，谋划重点项目，并以此重点出击，全力突破，形成了一批优势产业集群，包括功能糖产业集群、大豆蛋白产业集群、化药原料药产业集群等。

3. 强化人才支撑，做好人才引育

制定出台《关于实施"人才兴德"行动建设新时代区域性人才聚集高地的若干措施》，完善高端人才引进机制、人才流动保障机制、人才评价使用机制，着力引进高层次医药产业研发人才、经营管理人才、营销人才，力推产学研一体化发展，增强企业核心竞争力，拉动产业链迈向高端。同时，依托生物制造产业，支持鼓励引进京津冀济等地医药研究院来德州建立分支机构，与中科院、山东大学、华东理工大学等40多家高等院校、科研院所和知名企业建立技术合作关系，培养中基层工程技术人员、管理人员和技术工人，建设了一批企业创新平台，打造了一支既懂技术、又懂管理的实用型人才队伍。

三、基地发展的特色和亮点

（一）培育形成了生物制造特色优势产业集群

目前，德州市低聚木糖生产能力、木糖醇生产能力已跃居世界第一，低聚异麦芽糖生产能力亚洲第一，功能性糖（醇）年综合生产能力130万吨，国内市场占有率70%，国际市场占有率35%，与雀巢、联合利华、百事、可口可乐、达能等多家世界五百强企业建立了紧密的合作关系，成功融入世界五百强企业产业链，产品销往美国、英国、德国、瑞士、日本等30多个国家和地区。年大豆加工能力达到了110万吨，年产低变性脱脂豆粕40万吨、各类大豆蛋白18万吨，已成为全国最大的大豆高蛋白加工基地和亚洲质量最好、规模最大的低温豆粕生产基地，已经培育形成以禹城市、平原县为核心的功能糖产业集群和以陵城区、禹城市为核心的大豆蛋白产业集群。2022年，德州市将继续聚焦功能糖和大豆蛋白核心产业，新建禹王尚素食品小分子活性肽及植物基全价营养素系列健康食品、保龄宝年产3万吨阿洛酮糖和年产3万吨赤藓糖醇晶体、百龙创园生物科技功能糖生产能力综合提升等一批高质量生物制造项目，进一步增强生物制造产业集群效应。

（二）培育形成了生物医药特色优势产业集群

德州市生物医药产业主要包括化药原料药和药品制剂、医疗器械等子行业，目前拥有规模以上企业61家，预计全年实现销售收入230亿元。全市拥有医药生产许可证批文245项、三类医疗器械5项、二类医疗器械26

项,已经初步形成创新化药、生物药、现代中药产业集群。在创新化药领域,依托乐陵市、临邑县、禹城市、平原县的省级化工园区,建设形成从原料药到药品制剂全链条的乐陵-临邑-禹城-平原创新化药产业带;在生物药领域,依托齐河县区位优势,融入济南医药产业链,以生物制品、基因工程药物、抗病毒药物等为核心,建设形成了现代生物药产业园区;在现代中药领域,依托庆云县中药种植产业优势,面向京津冀济地区大型现代中药生产企业进行专项招商,以中药种植带动向中药饮品、颗粒、制剂产业发展,弥补了德州市现代中药产业空白,培育了医药产业新的增长点。

四、面临的主要问题

德州市生物产业基地在快速发展的同时,还存在一些差距和问题。一是产业链条较短,产业配套体系不尽完善。产业整体规模偏小,与北京、天津、河北、济南等差距较大。产业结构不优,化学原料药占比过重,化学制剂、中成药等高增长、高效益产业体量偏小,生物制造产业以生物发酵产业为主,缺少生物药、高端医用辅料等产品。二是创新能力相对薄弱,研发投入和动力不足。全市大部分企业规模偏小,缺少龙头企业。全市医药产业中尚未有1家企业进入中国医药百强名单,缺少营收超过10亿元的医药企业。三是专业人才匮乏。项目建设后续动力不足,人才资源亟须充实。

五、下一步开展工作措施

1. 坚持产业集群发展,打造现代生物医药产业园

现代产业园区是生物医药产业发展的重要载体。坚持以打造"北京-德州-济南"生物医药走廊为方向,依托产业发展的"一带四基地"布局,建立现代医药产业园,支持企业集群发展。学习北京亦庄生物医药园、北京大兴医药产业园等先进园区建设经验,探索建立北京与德州产业园区合作新模式,实现项目落地和人才引进。

2. 制定出台生物产业发展政策,实现与京津冀济地区政策相接,填平"政策洼地"

对标北京、河北、济南的生物产业财政扶持政策,制定出台德州市推

动生物产业高质量发展的专项政策,补齐政策短板,扶持本土企业做大做强,实现更优的政策环境,增强招商引资的区域吸引力。

3. 明确五大招商方向,实现对京津冀济地区的精准招商

出台基金招商政策,建立"政府+政策+基金+载体"产业发展模式,重点投向化学创新药、生物制造、医疗器械、中成药等产业项目,为企业发展提供全周期的融资服务支撑。制定精准招商方案,全力招引京津冀济的大型生物制造集团,加强对京津冀济地区现代中药企业招引力度,推动数字经济与生物产业的融合发展,打造德州市生物产业的新业态。

4. 融入区域发展战略,开通产业发展绿色通道

借势德州市融入京津冀协同发展示范区、济德同城化发展的战略机遇,充分利用药品上市许可持有人制度改革机遇,开通生物产业发展绿色通道,加快审批速度,缩短审批时限,安排专人进行政策咨询和技术服务,全程跟踪服务,为德州市打造独特竞争优势。坚持大企业大项目依托,做大产业规模,鼓励对外合作,引进新产品、新项目,做好各项要素保障工作,激发德州生物产业基地发展的内生动力。

撰稿:德州市发展改革委

第七篇

重点行业协（学）会发展报告

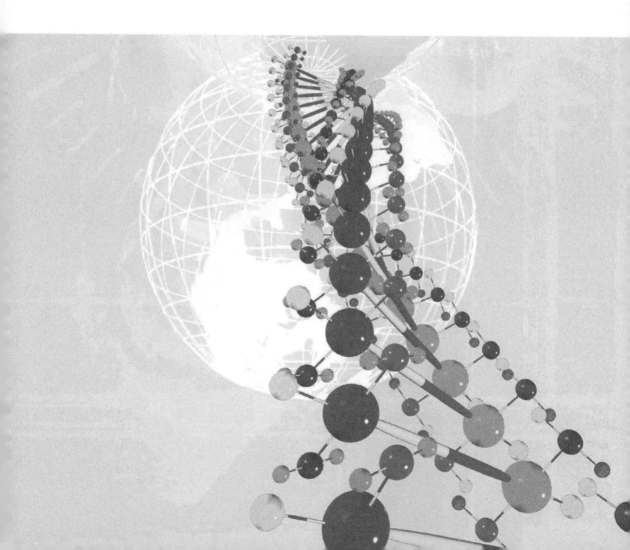

第二十六章

生物发酵产业发展报告

2020年是我国"十三五"收官之年。生物发酵产业坚持稳中求进,践行新发展理念,坚持创新引领、夯实基础、提升能力,坚持绿色制造,品牌建设,持续推进高质量发展,面对新冠肺炎疫情带来的严重冲击,以及严峻复杂的外部环境的挑战,全行业砥砺前行,奋发努力,较好完成了年度目标,实现平稳发展。

一、2020年度行业经济运行状况

(一)整体经济形势

2020年是极其不平凡的一年,在以习近平同志为核心的党中央坚强领导下,生物发酵行业抗疫情保生产,总产量整体保持小幅增长,主要行业产品产量约3141.3万吨,与2019年相比上升2.5%;总产值约2496.8亿元,与2019年相比下降2.3%,详见表26-1。2020年部分新增产能投放市场,加之疫情因素下营养健康产品需求增加、"饲料无抗"政策的推行,行业总产量保持增长态势;全行业利润水平下降,主要因为玉米原料价格上涨等原因,导致生产成本提升,价格下游传导不畅,全行业盈利水平明显下降,部分行业面临微利甚至亏损局面。

表26-1 2020年度生物发酵主要行业产品产量

序号	主要产品分类	产量/万吨	同比增长/%	产值/亿元	同比增长/%
1	氨基酸类	587.3	-3.6	500	-15.0
2	有机酸类	247.0	0.8	190	0.0

续表

序号	主要产品分类	产量/万吨	同比增长/%	产值/亿元	同比增长/%
3	淀粉糖类	1536.0	4.6	468	6.4
4	多元醇类	179.0	7.2	149	8.6
5	酶制剂类	162.4	9.8	34.8	3.3
6	酵母类	42.1	7.4	92	10.8
7	功能发酵制品类	374.0	1.1	793	1.5
8	食用酵素类	13.5	−25.0	270	−10.0
	合计	3141.3	2.5	2496.8	−2.3

注：数据来源于中国生物发酵产业协会统计数据。

淀粉糖、多元醇、酶制剂、酵母、功能发酵制品、有机酸行业实现正增长，疫情期间，用于烘焙、面食的酵母产品刚需属性凸显，市场需求增加，加之人们对营养健康水平要求的不断提升，带动了我国健康产业的快速发展，推动了多元醇、功能发酵制品产量的提升，2020年，部分与健康相关的生物发酵行业产品的市场规模及产量均有提升。酶制剂行业饲料酶制剂增量明显，食品用酶制剂和其他工业用酶制剂随着酶的品种数的增加和应用研发不断深入，产量也有增长；有机酸行业中的乳酸产品增加产能释放，产量增加，虽然柠檬酸产品产量降低，但全年有机酸行业总产量同比略有增加；氨基酸受下游饲料行业的影响及原材料价格影响，饲料级氨基酸产品开工率、产量、利润均大幅压缩；食用酵素行业受疫情、人员、原材料、物流等因素影响，企业产能受到影响。

（二）产品进出口情况

1. 产品进口增长幅度较大

根据海关2020年进口数据统计，生物发酵行业主要产品进口量约231万吨，较2019年同期增长84.29%；进口额约18.9亿美元，较2019年同期增长34.52%。详见表26-2。

表26-2 2020年度生物发酵行业主要产品进口量、进口额

序号	主要产品分类	进口量/t	同比增长/%	进口额/万美元	同比增长/%
1	氨基酸类	15 626	−1.97	10 048	5.89
2	柠檬酸类	3185	29.37	1378	37.66
3	乳酸类	17 236	5.92	2844	7.93
4	葡萄糖酸类	587	12.24	230	23.66

续表

序号	主要产品分类	进口量/t	同比增长/%	进口额/万美元	同比增长/%
5	淀粉糖类	1 591 614	144.81	88 307	64.87
6	多元醇类	666 910	19.10	54 405	-1.81
7	酶制剂类	13 950	6.60	30 214	37.00
8	酵母类	2143	40.10	1670	0.80
	总计	2 311 251	84.29	189 096	34.52

注：数据来源于国家海关统计数据。

2020年生物发酵行业主要产品进口除氨基酸类产品外均有不同程度的增长，其中增涨幅度最大的是淀粉糖类产品，柠檬酸类、葡萄糖酸类、多元醇类及酵母类产品进口额均实现两位数增长。

近几年，我国氨基酸类产品生产能力不断提升，大部分品种可实现国产化，进口量逐步减少，但用于食品、高端培养基、医药等领域的高品质氨基酸、氨基酸盐及其衍生物、氨基酸标准品等仍需国外进口，我国高端氨基酸类产品品种、品质与国际产品仍有较大差距。淀粉糖类产品进口量主要增加在"17029000其他固体糖及未加香料或着色剂的糖浆"条目下，截至12月，此条目下产品共进口159余万吨，增幅达到144.81%。据了解，此条目下产品增长部分主要为越南、缅甸、泰国等国部分甘蔗压榨后去渣、浓缩后的糖浆产品。柠檬酸类产品增加主要是受含柠檬酸的固体饮料进口量影响。由于疫情南方部分生产液体葡萄糖酸钙、葡萄糖酸锌和葡萄糖酸铁类药物的小企业停产，国内产品产生缺口，因而增加进口葡萄糖酸类产品。多元醇产品进口量增加主要集中在二元醇和丙三醇产品，进口量分别为23万吨和43万吨，反映出我国市场对二元醇和丙三醇的巨大需求。酵母产品上半年因疫情影响，个别产品国内供给受到影响，贸易商增加进口补充。

2. 产品出口量、出口额均增长

根据海关2020年出口数据统计，生物发酵行业主要产品出口量562.38万吨，较2019年同期增长6.75%；出口额57.69亿美元，较2019年同期增长5.95%。详见表26-3。

表26-3　2020年度生物发酵行业主要产品出口量、出口额

序号	主要产品分类	出口量/万吨	同比增长/%	出口额/亿美元	同比增长/%
1	氨基酸类	189.2	19.14	24.2	11.52
2	柠檬酸类	116.76	0.31	7.42	-4.13

续表

序号	主要产品分类	出口量/万吨	同比增长/%	出口额/亿美元	同比增长/%
3	乳酸类	5.62	25.03	0.76	20.48
4	葡萄糖酸类	19.88	6.12	1.31	11.01
5	淀粉糖类	161.39	−2.85	9.89	2.25
6	多元醇类	45.58	15.08	6.46	−6.36
7	酶制剂类	7.85	−5.6	4.23	16.5
8	酵母类	16.1	11.98	3.42	12.60
	总计	562.38	6.75	57.69	5.95

注：数据来源于国家海关统计数据。

2020年，除淀粉糖类、酶制剂类产品出口量有小幅下滑外，其余产品均呈现增长态势，其中氨基酸类、乳酸类、多元醇类、酵母类出口增长率超过两位数。由于国外氨基酸企业大宗产品产能逐渐萎缩，国内大宗产品逐步占据绝对市场优势地位，也有国外企业委托国内企业代加工，同时受国际贸易政策的影响，我国氨基酸产品以量换价，出口量持续增加，但价格低，利润下滑；有机酸类产品价格下滑，乳酸出口增加主要原因是新增产能释放，乳酸产量迅速增长抢占国内外市场，出口量也创新高；多元醇类出口增加主要集中在"其他多元醇"条目下，该条目包括赤藓糖醇以及其他化工多元醇等产品，甘露糖醇及山梨醇出口量继续保持增长，但出口价格下降；酵母类产品增长比例也较大，主要出口品种为面用酵母、酒用酵母、饲料酵母及酵母抽提物等，国外疫情持续，干鲜酵母出口量同比都有上升。

二、行业发展遇到的问题

（一）玉米价格波动对行业发展带来严重影响

根据相关机构统计，2020年全国玉米产量26 067万吨，进口玉米累计1129万吨。2020年12月每吨玉米价格同比上涨726元，涨幅40%，由此增加了企业的生产成本，部分产品下游价格传导力弱。国内玉米加工企业产品出口长单较多（一般合同期在2～3年），企业玉米进口贸易配额非常少，不能满足加工后出口的产品实际所需玉米的量，企业需要用国内玉米来补充，玉米价格大幅增加，产品出口价格低位运行，能源等成本也在不断上涨，企业生产成本大幅增加，微利或亏本运营。由于产品成本提高，产品出口在价格上竞争优势明显处于劣势，也影响了国内部分产品的国际市场优势地位。

玉米价格的波动，增加了生产企业产品成本的不确定性，国内企业迫于成本压力产品逐步提价，除医用、食品用上涨影响终端产品价格外，饲料用产品等上涨带动终端饲料产品价格涨幅明显，直接影响到肉类和禽类的价格，由此造成消费者购买支出增加。玉米价格的上涨对生物发酵行业及玉米加工产业链供应链安全带来严重影响。

（二）企业生产许可证申领受阻

近年来氨基酸行业、食用酵素行业一直被产品归类和监管所困扰。氨基酸作为重要的营养物质，在国外广泛应用于食品行业，但在我国大部分氨基酸被列入食品添加剂的香料类管理，导致其所起到的作用及用量均与营养类产品不同。根据《中华人民共和国食品安全法》《食品生产许可管理办法》有关规定，如果氨基酸作为营养物质使用，必须在《食品生产许可分类目录》具有明确分类，并且有相应的食品安全国家标准才可以申请相应的生产许可证，可以按照营养物质销售。但我国现行的食品安全标准中，仅有七种氨基酸可作为营养强化剂使用。由此，大部分氨基酸作为营养物质使用时，在我国无法申请生产许可证。

酵素产品在《食品生产许可分类目录》中无相应类别，也没有相对应的食用酵素安全标准，按照现行的《中华人民共和国食品安全法》，无法新增食用酵素生产类别，导致食用酵素企业无法申请生产许可证，从而使得酵素市场难以规范，酵素产品归口不统一，在市场监管方面存在一些问题。

（三）遗传改造的工业用微生物菌种行政审批有堵点

受转基因社会舆论的影响，经过遗传改造的微生物通常难以被批准用于食品、保健品、饲料、化妆品等生产领域。实际上，无论"转基因安全"是否存在争议，利用遗传改造的微生物生产的"生物制造产品"和一般意义上的"转基因生物及其产品"并不一样。一般意义上的转基因生物，主要是转基因农作物，比如转基因玉米、转基因大豆、转基因油菜等，其产品中可能含有外源DNA片段或外源蛋白。而生物制造产品，虽然生产所用的遗传改造微生物可能经过了基因修饰改造，但这些遗传改造微生物在生产过程中仅仅起催化剂的作用,生产过程后期通过分离工艺把产品完全分离开来。但按照现行农业农村部、卫生健康委两部委监管要求,会延后产品上市进程,使国内企业失去最佳竞争优势和产品布局。

(四)行业产品结构不合理

一是国内市场大宗产品中低端产品已经饱和,价格竞争激烈。国内企业只注重销售和生产,并没有战略储备的产品,下游应用研究力度不够,市场没有打开。在国际竞争中,我国产品多以低价、量大来占领销售市场,被反倾销的案例频现。加之 2020 年新冠肺炎疫情影响,企业产品出口雪上加霜。二是在高端产品方面,国外产品其质量及成本较国内产品具有很大优势,国外高端产品在国内市场形成垄断。国际同行继续加大中国市场投入和全球产能扩张,利用其全球化布局,在诸多方面形成与国内企业的针对性竞争,给我国企业国际化发展带来的挑战不容小觑。

(五)共性关键技术亟须补短板

一是生物发酵行业产品结构调整加快,功能性和高端化产品成为企业新的产品布局和增长点。新产品的功能性评价和应用性能评价,除现行法规要求因素之外,更重要的是为客户提供选择依据。由于目前行业尚未建立能够提供专项服务的公共平台,所以在新产品成果议价以及给客户提供更完整的产品信息方面存在支撑缺陷,亟须补上短板。二是生物发酵产业专用的异构酶、酶的固定化技术、发酵条件和工艺水平的改进和优化,连续离交或色谱分离、膜分离装备等分离提取高端装备和高效的分离提取技术,新产品检测、产品功能性评价技术,自动化及智能化控制水平与国际先进水平相比差距明显。

三、政策建议

(一)继续给予扶持政策支持

国际新冠肺炎疫情的持续影响、反倾销诉讼在生物发酵产业细分行业的频发,造成产品出口面临不确定的因素,国际市场受阻,这势必造成国内市场产品供过于求的压力和风险,因此希望在贷款、减税降费、社保等方面政府继续给予政策支持，同时希望在政策的制定和执行中能够兼顾资质良好的民营中小企业，以减轻企业压力，确保运行平稳。

（二）国家持续对生物发酵前沿和共性技术给予支持

国家生物发酵产业规模化效应已经形成，氨基酸类、有机酸类、淀粉类及多元醇类等产能及产量多年稳居世界第一位，产品整体质量明显提升、品种不断增加，市场占有率持续提高，国产化能力继续提升，原料吃干榨净式发展模式使产业综合竞争力在国际上处于高水平，我国玉米加工产品的品种有新发展空间。但是基于绿色生物制造产业链中生物制造的原料与预处理、生物制造工业菌种或工业酶的创制、智能生物制造过程与装备以及生物制造产业示范四个环节的前沿和共性技术与国际水平相比还存在一定的差距，国家持续在项目、重点实验室建设、工程中心、工程技术中心等方面给予支持，将有利于缩小差距，实现技术并跑和某些领域技术领跑。

（三）加快解决基因工程菌种生产的产品市场准入制约

基因操作技术已经成为工业生物技术产品研发的常规技术手段。经过基因改造的菌种发酵生产的产品归入"转基因产品"，目前我国"食品""保健品""饲料"等对"转基因产品"实行双部门审批管理，即农业农村部组织国家农业转基因生物安全委员会负责转基因生物安全评价，国家卫生健康委负责新产品安全评价，因此新品种行政许可时间较长，新产品生产和应用严重滞后于国外，阻碍了我国生物发酵产业发展和产品创新。建议尽快建立工业转基因生物安全委员会，负责转基因生物安全评价，加快推进工业生物技术成果和新产品转化入市，抢占市场先机，为人民美好生活需求、人民生命健康提供保障。

撰稿专家：李建军　王　洁

第二十七章

生物医用材料产业分析报告

生物医用材料是用来对生物体进行诊断、治疗、修复或替换其病损组织、器官或增进其功能的材料。按属性可分为：生物医用金属材料、生物医用高分子材料、生物医用陶瓷材料、生物医用复合材料、生物衍生材料、可降解生物材料、组织工程及支架材料等；按材料来源分为：人体自身组织、同种器官与组织、异种同类器官与组织、天然生物材料、合成材料等。

结合医疗器械产业细分领域划分，生物医用材料根据应用不同可分为：骨科植入物、心脑血管耗材、口腔耗材、血液净化耗材、医用膜材料、组织黏合剂和缝线材料、临床诊断和生物传感器材料、医疗美容材料等。

一、市场分析

（一）全球市场分析

随着全球经济与科技发展，以及人口老龄化程度提高，全球范围内医疗器械市场将持续增长。2020年全球医疗器械市场规模为4935亿美元，同比增长8.96%。全球生物医用材料及其制品占医疗器械产品市场份额为40%～50%。其中，在全球生物医用材料市场中，需求量最大的是骨科生物医用材料，市场份额约占全球市场的37.5%；心血管生物医用材料约占36.1%，位居第2位；其次需求量较大的是牙种植体，约占全球市场的10%；紧随其后的是占市场份额8%的整形外科生物医用材料。

目前，全球生物医用材料市场由美敦力、强生、丹纳赫、史赛克、雅培、波士顿科学、贝朗、捷迈邦美、泰尔茂、施乐辉、士卓曼、库克等为代表的行业巨头所垄断。

（二）我国市场分析

生物医用材料产业是不可限量的朝阳产业，其市场前景非常可观。据相关行业研究机构保守估计，2019年我国生物医用材料市场规模可达6000亿元左右。我国的生物医用材料产业兴起于20世纪80年代，发展至今在血管支架、心脏封堵器、生物型硬膜补片、骨创伤修复器械等产品已实现进口替代，并建立了具有完全自主知识产权的体系，但在国内市场中仍有一半以上的高端市场被国际巨头所垄断。

目前我国生物医用材料领域已经形成的3大产业聚集区为长三角区域、珠三角区域和京津环渤海区域。其中长三角产业聚集区以产品出口为导向，主要集中于骨科植入物和口腔耗材等；珠三角产业聚集区主要生产综合性高技术生物医用材料，如有源植入性微电子器械、动物源生物材料和人工器官等；环渤海产业聚集区主要研发生产高技术数字化生物医用材料，如医用高分子耗材、心血管植入耗材、骨科植入物等。

目前国内生物医用材料相关企业总体可分为四个梯队。第一梯队以外资企业为主，占据了国内市场的半壁江山，其主要优势集中在产品品牌效应及销售渠道，如强生、史赛克、捷迈邦美等。第二梯队主要包括国内的生物医用材料上市企业，如威高集团、乐普医疗、健帆生物、大博医疗、微创医疗、凯利泰、春立医疗等。第三梯队企业的特点是在某些细分领域内具有独特的竞争优势，通过技术优势来逐步扩大企业规模。第四梯队的企业占总体企业的比例较大，但由于资金、技术等方面限制，这类企业的经营规模较小，在与外资企业、领先的国内企业竞争中，面临着较大的压力。

近年来，科技部、国家发改委等部署"数字诊疗装备研发""精准医学研究""生物医用材料研发与组织器官修复替代""干细胞及转化研究"等重点专项，有力推进了我国在骨科、心脑血管、神经修复、眼科、口腔等疾病领域的生物医用材料的发展，推动了我国新一代生物医用材料研发水平提升、行业技术进步和产业体系构建。我国生物医用材料基础研究取得长足进步，在组织工程、药物缓释、纳米材料、血液相容与净化材料、非病毒性基因治疗载体等领域与国际先进水平的差距逐渐缩小，取得了聚乳酸及可吸收骨固定和修复材料、几丁糖防粘连材料、胶原和自固化磷酸钙材料、介入支架材料等一批具有自主知识产权的技术产品，3D打印、第一性原理、数值模拟、材料基因组、大数据和人工智能等数字化研发手段在生物医用材料开发中得到进一步应用。

二、细分行业发展现状

（一）骨科植入物

1．市场分析

从骨科植入物市场发展趋势来看，在手术量上，我国的关节置换手术量近70万台。根据中国医师协会的数据，2018年我国人工全髋关节置换手术43.9万台，人工全膝关节置换手术24.9万台，膝关节单髁置换手术1.1万台。根据美国骨科医师学会（AAOS）的数据，在2014年，美国已有37.1万台髋关节置换手术和68.0万台膝关节置换手术，合计超过百万台。由此可以看出，我国的人工关节手术渗透率还比较低。随着老龄化进程的加速和人民生活水平的提高，预计关节置换手术量还将不断提高，促使骨科医疗器械的消费能力不断提高。2017—2020年，我国骨科植入医疗器械市场快速发展，市场规模由225.6亿元增长到353亿元（图27-1）。预计2020—2025年，我国骨科植入医疗器械市场规模将不断扩大，但增速会有所下降，预计2025年骨科植入医疗器械市场规模将达到658亿元。

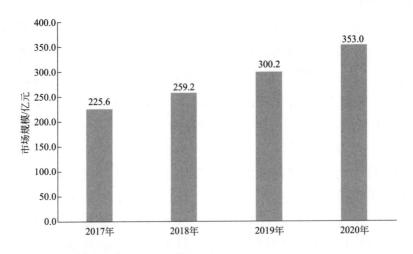

图27-1 2017—2020年我国骨科植入医疗器械市场规模

资料来源：中国医疗器械行业协会。

2021年8月23日，国家组织医用耗材联合采购平台发布《国家组织人工关节集中带量采购公告》，开展初次置换人工全髋关节和初次置换人工全膝关节的国家集中带量采购。人工髋关节、人工膝关节首年意向采购量共54万套，占全国医疗机构总需求量的90%。共有48家企业参与本次集采，最终44家中选，中选率92%。髋关节平均价格从3.5万元下降至7000元左右，膝关节平均价格从3.2万元下降至5000元左右，平均降价82%。相比于2020年开展的冠状动脉支架国家集采，此次人工关节的中选结果略显"温和"一些，降幅有所降低。集中带量采购的目的是把灰色空间打掉，同时要为企业留有合理的利润空间，促进企业从无序竞争转变为有序竞争，希望实现高值耗材集采的预期目标——人民群众得实惠、医疗机构和医务人员有激励、医药企业高质量发展。

集中带量采购的推行对骨科植入物企业销售模式、产品售价及市场占有率带来了巨大的影响。国内外骨科企业开始寻找新的业务增长点：一是通过并购扩张产品线；二是加大研发投入，布局骨科领域更高端的产品和新兴的技术，例如骨科手术机器人、3D打印。

2．产业竞争格局

我国现有骨科植入物中游产品生产企业约370家，主要分布在北京、江苏、上海、广东等经济发达地区。目前我国骨科器械行业已经形成三大竞争梯队：第一梯队以外资企业为主，如美敦力、强生、史赛克、捷迈邦美等；第二梯队主要是国内在某细分领域具有独特竞争优势的企业，如威高集团、大博医疗、凯利泰、春立医疗、微创医疗、爱康医疗等；第三梯队是占国内企业总数比重较大的中小型企业，经营规模相对较小，面临较大的竞争压力。

总体上来说，我国骨科植入物产业技术仍处于中等偏下水平。国内企业在产品设计、原材料加工、生产工艺、工具制造等方面的技术水平仍有待提升。由于起步较晚，我国骨科医疗器械行业技术水平与国外同行业先进企业相比存在一定的距离，进口依然占据主导地位。

从细分领域而言，国产化率最高的是创伤治疗市场，国产创伤骨科植入物占据高达67.85%的市场份额，基本实现国产替代；其次是脊柱市场，随着脊柱产品进口替代的不断发展，国产脊柱产品有望在近几年内获得超50%的市场份额；而国产化率最低的是关节市场，虽然国产关节产品发展迅速，但是与进口产品依然存在差异。

3. 研发动向

随着材料学、化学、生理学和医学等相关学科的不断进步，我国骨科医疗器械行业技术水平迅速发展。第一，从原材料的使用上来看，我国骨科植入物所使用的原材料种类更加多样化，除传统的不锈钢材质外，钴铬钼、钛合金、聚醚醚酮（PEEK）高分子材料等新型材料在临床应用中也逐渐增多，骨科植入物的使用效果持续改善。第二，在加工过程中，我国骨科医疗器械工艺水平逐渐提升，高精密加工设备和生产模具的使用日趋频繁，3D打印技术迅速进步。第三，关节置换手术、脊柱微创手术、非融合手术等骨科医学手术的技术进步推动了骨科医疗器械在临床应用上的进一步优化和提升。

（二）心脑血管耗材

心脑血管耗材包括心血管介入器械、脑血管介入器械、外周血管介入器械、电生理介入器械等几大类，主要细分产品有支架、球囊、导管、导丝、心脏起搏器、心脏瓣膜等。

1. 市场分析

据中国心血管医生创新俱乐部（CCI）发布的《中国心血管医疗器械产业创新白皮书（2021）》2018年全球心血管医疗器械市场规模为483亿美元。冠心病、心力衰竭、瓣膜病、先天性心脏病以及心肌病发病人群数量持续增加，预计2026年全球心血管医疗器械市场规模将达822亿美元，预测期内复合年均增长率约为6.9%。美敦力、雅培、波士顿科学、泰尔茂等国际巨头依靠产品的良好性能和专利壁垒占据全球心血管医疗器械市场份额的80%以上，这些企业通过创新研发和收购技术不断提升产品的性能，满足市场需求。

根据众成医械研究院《2020年中国心血管耗材研究报告》显示，2018年我国血管介入器械市场规模已达到389亿元，年均增长率高达25%，增幅同样领先其他高值耗材细分领域。

据《中国心血管医疗器械产业创新白皮书2021》统计，2019年我国冠心病介入治疗的总病例数为1 025 065例，冠状动脉支架的使用量为152万支，达到近年使用量的峰值；2020年我国冠心病介入治疗的总病例数为968 651例，冠状动脉支架的使用量为141万支，同比下降7.2%，总体市场规模约150亿元。冠状动脉支架领域是我国血管介入器械中发展最成熟的细分市场,是血管介入器械单体最大的市场,也是我国高值耗材领域进口替代率最高的市场之一。随着我国主动脉疾病筛查技术不断发展、临床相关经验不断提升、人民健康意识的不断提高,我国主动脉介入器械预计市场规模于2022年增长至19.5亿元。我国药物涂层球囊行业在2015—2019年的市场规模由22.9亿元增长至43.9亿元,复合年均增长率17.7%。2020年,我国心脏瓣膜市场规模约为20亿人民币,其中TAVR(经导管主动脉瓣置换)占6亿,外科瓣膜仍是中国瓣膜置换市场的"基本盘"。

我国生物材料技术起步较晚,使得国产心血管耗材发展滞后,相较于进口产品差距较大(表27-1)。

表27-1 我国心血管耗材进口占比

介入产品及材料	进口占比
冠状动脉药物支架	25%
PTCA球囊支架导管	60%
PTA导管	60%
主动脉瘤覆膜支架	60%
颈动脉支架	80%
远端保护器	80%
人工心脏瓣膜	80%
心脏封堵器	90%
外周血管支架	80%
颅内血管支架	80%
支架材料	100%

注:数据来源于众成医械研究院,2020年。

近年来,随着技术不断发展和国家对心血管领域的大力支持,心血管介入器械市场已基本实现进口替代。其中,在冠状动脉支架市场中,国产产品市场份额更是占据70%以上。市场份额主要集中在乐普医疗、微创医疗、美敦力、雅培等大型企业(图27-2)。国内布局血管介入器械的上市或新三板挂牌公司有乐普医疗、微创医疗、先健科技、垠艺生物、美中双和等。

2020年以来随着带量采购政策向纵深推进,行业开始更深层次的结构性调整,如果没有明显的性价比优势或者配套的植入物系统,大量企业将面临市场环境严峻的考验,倒逼企业加紧创新研发。乐普医疗发布2021年第一季度报告,其介入无植入创新产品组合(可降解支架、药物球囊、切割球囊等）实现销售收入 1.32 亿元，较去年同期同比增长 1400%。微创血管介入业务共有四款药物洗脱支架和四款球囊产品在售，将通过不同的产品组合来广泛满足市场上差异化的经皮冠状动脉介入（Percutaneous coronary intervention，PCI）需求，力争在 2021 下半年介入无植入创新产品组合产生的营收占冠状动脉介入总营收 75% 以上，基本弥补由于传统冠状动脉集采导致营收减少的影响。如果支架国家集采继续维持在低价，部分企业可能面临经营亏损的局面，赛诺医疗、微创医疗等这类有后续新品推出的公司则仍有非常广阔的市场前景。虽然支架受国家集采的影响极大，但是作为冠心病介入治疗的主力产品，一方面市场需求相当大，另一方面支架本身也有许多值得改进的地方，从长远考虑来说，研发的投入越多，将来市场议价能力越大。

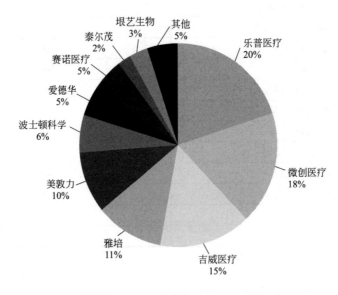

图 27-2　我国冠状动脉支架品牌占比

数据来源：众成医械研究院，2020 年。

2．产业竞争格局

据统计，截至 2021 年上半年我国国产心血管耗材产品共计 421 项，国内生产制造企业达到 154 家。主要产品类别为心血管介入手术器械、球囊、导管、导丝、血管支架、心脏封堵器、心脏瓣膜、心脏起搏器等。我国心血管耗材企业集中分布于北京、上海、广东、江苏等。

从细分产品来看,国内企业竞争格局如下。

(1)血管支架

冠状动脉支架领域企业按照市场份额占比可划分为三个梯队:第一梯队为微创医疗、乐普医疗、吉威医疗;第二梯队为赛诺医疗、金瑞凯利、易生、美敦力、雅培、波士顿科学;第三梯队为万瑞飞鸿、瑞安泰、美中双和、苏州桓晨等。目前主动脉支架领域国内有5家公司的主动脉覆膜产品上市:分别为先健科技、心脉医疗、北京裕恒佳科技、华脉泰科、有研医疗器械,其上市产品应用部位为胸降主动脉、腹主动脉,未有涉及主动脉弓的覆膜支架上市。

(2)球囊

国内球囊产业已进入到成熟阶段,市场竞争激烈。外资以波科、美敦力、雅培、泰尔茂、贝朗等为主;国产有微创医疗、乐普医疗、吉威医疗、赛诺医疗、业聚等。按产品管线,国产企业主要分为三类:一是以冠脉支架为主的公司,如乐普医疗、微创医疗、吉威医疗;二是专注于各类球囊产品的公司,如鼎科医疗、业聚医疗、博迈医疗;三是聚焦于单类型技术球囊的企业,如申淇医疗、赛禾医疗。从市场份额看,普通球囊上国产已遥遥领先,其中用于支架输送的球囊,国产占比达七成多;以药物球囊等为代表的高性能球囊导管,国产发展迅猛,形成了与外资抗衡的局面;而像切割球囊、超声球囊等新型球囊,国产刚起步,预计未来3~5年,新型球囊领域会涌现出更多的中国企业。

(3)心脏封堵器

国内心脏封堵器经过仿制、材料创新和结构改良逐步形成了市场主导地位,先健科技、上海形状记忆(乐普医疗子公司)、上海普实医疗占据了国内封堵器大部分市场。德诺医疗、信立泰、上海心玮医疗、广东脉搏科技等左心耳封堵器进一步对盘式封堵器进行了优化。

(4)心脏瓣膜

国内TAVR市场尚处于发展早期,主要生产企业有杰成医疗、启明医疗、爱德华(进口)、微创心通和苏州沛嘉。国内蓝帆医疗正准备通过并购海外企业获取相关技术进入市场。心脏瓣膜支架未来市场空间是巨大的,但是心脏瓣膜的价格高位是我国心脏瓣膜置换手术低渗透率的主要原因。

同时国产品牌产品仍处于起步阶段，各企业产品线单一，实现进口替代仍需要产品上的创新突破。

（5）心脏起搏器

目前国内心脏起搏器领域市场主要为进口品牌，包括美敦力、雅培、百多力、波士顿科学，他们占据整个国内市场的 95% 以上市场份额。国产品牌有创领医疗、先健科技、乐普医疗，仅占整个市场的 5%。微创医疗于 2014 年与意大利索林合资在起搏器方向有较好的成绩。总体而言我国国产心脏起搏器目前还在起步阶段。

（6）心血管介入手术器械

乐普医疗、先健科技与湖南埃普特为主要生产企业，国产心血管介入手术器械生产企业达 133 家。

3. 研发动向

根据中国心血管医生创新俱乐部（CCI）发布的《中国心血管医疗器械产业创新白皮书（2021）》，未来心血管耗材研发趋势如下：

在冠状动脉支架方面，尽管 PCI 治疗历经四次变革，取得了诸多突破，但冠状动脉介入医师永不止步的追求推动着冠状动脉支架设计的推陈出新。如电子支架可以感知血液的流动和温度，并能对相关信息进行存储和分析，调控药物释放速率，而且血管内皮修复后，支架本身可以完全溶解。HT-DES 打破支架传统设计理念，采用了特殊的工艺技术（eG"电子接枝"技术）将抑制内膜增生、防止再狭窄转向、促进损伤内膜的修复。CD34+ 抗体涂层支架能吸引循环中内皮祖细胞到支架表面，加速血管再内皮化进程，为解除术后再狭窄和晚期支架内血栓形成这两个全球性难题奠定了理论和技术基础。未来，作为第四次介入变革的可降解支架（BRS）应着力解决的是在提供更强径向支撑力的同时，尽可能减小支架丝厚度、改善通过性能，另外，涂层药物的释放速度、持续时间与支架的降解速度需寻求一个平衡点。因此，除了材料学的革新，还需要多学科合作以期进行全面的技术探索。

在主动脉覆膜支架方面，覆膜支架技术适用于隔绝血管夹层与血管瘤，保护病变血管，修复血管病变。需要封堵/隔绝病变血管的领域，都可使用覆膜支架技术。目前已有治疗颈内动脉缺损患者的颅内覆膜支架产品上市；覆膜支架技术亦可用在动静脉穿孔的治疗上，对于破损的血管进行封堵/隔绝，完成血管修复。

在球囊方面，国产特殊球囊在产品类别上以切割球囊为主。乐普医疗自主研制的"切割球囊系统"于 2020 年 12 月获 NMPA 批准上市，是国产首款获得 NMPA 批准的切割球囊产品，填补了国内该领域的空白。其后，越来越多国内企业，诸如鼎科医疗、博迈医疗都在积极进行球囊领域的创新研发，国际品牌将接受挑战。在刻痕球囊方面，鼎科医疗研发的冠状动脉刻痕球囊已顺利完成中国临床试验全部入组，博迈医疗研发的全球首创三金属丝外周刻痕球囊导管也已顺利完成入组；双导丝球囊 Scoreflex 由业聚医疗研制开发。在相关企业融资方面，2020 年鼎科医疗和博迈医疗分别完成 B+ 轮、C 轮融资。对于冲击波球囊，当前全球范围内仅美国 Shockwave 一家获得批准商用。2021 年，我国企业健适医疗与 Shockwave 成立合资公司，将该项产品技术引入我国。我国谱创医疗、赛禾医疗、沛嘉医疗、乐普医疗等研发的冲击波球囊也都进入了临床探索阶段。

在心脏起搏器方面，随着计算机技术、遥测技术以及电子技术的发展，将来可能出现完全自动化的起搏器。这种脉冲发生器将能根据患者的心脏电生理的基本情况进行自动运转，借助于各种生理参数以及传感资料来确定最适合的起搏方式。未来的起搏器除了心律支持之外，还可以对抗心动过速，实现除颤、同步化、多部位起搏等功能。起搏器将从自动化、现代化，最后走向智能化。目前电极导线起搏器可以做到多部位起搏，未来的电极导线起搏器将可以在心外膜做起搏。由于导线存在造成的麻烦，未来电极导线起搏器将发展到无导线阶段。起搏器、除颤器经过几十年的发展，核心部件和软件已经日益完善，近年来变化不大，后续的发展将集中在继续优化核心部件和软件等。

（三）口腔耗材

口腔耗材是指用于口腔科疾病治疗的一系列医用耗材的统称，包括口腔颌面外科植入物、种植体、骨修复材料、义齿等。

1. 市场分析

据 BMI Espicom 统计，2016 年全球口腔医疗市场规模约 281 亿美元，预计 2020 年将增长至 368 亿美元，美国、德国和中国 2020 年的牙科医疗器械市场年增长率分别达 6.7%、5.8% 和 10.7%。其中牙种植体增长最快，预计全球市场每年增长率为 8.2%。

2019 年我国口腔医疗服务行业市场规模达 1035.0 亿元，与同期 8228.2 亿元市场规模的美国口腔市场（含口腔服务）差距巨大。2011—2018 年，国内植牙数量由 13 万颗增长到约为 240 万颗，复合年均增长率达到 51.7%。随着大众健康意识的不断增强，口腔疾病越来越被重视，口腔耗材市场得到较快发展，2020 年我国口腔耗材市场规模 84.5 亿元，同比增长 20.7%。

2．产业竞争格局

我国口腔耗材生产企业整体呈现规模小、以生产低值耗材为特点。截至 2020 年 6 月 30 日，我国口腔耗材领域生产企业共计 2663 家，主要生产口腔义齿制作材料、口腔治疗辅助材料、口腔正畸材料及制品等。

我国口腔耗材进口需求巨大，其中口腔植入及组织重建材料、口腔填充修复材料、口腔义齿制作材料三类产品进口需求占比最大，分别为 27%、25% 和 24%，未来，我国口腔耗材行业进口替代空间广阔。

在种植体方面，目前国内临床上使用的牙种植体几乎全部由欧美品牌垄断，国产牙种植体的临床应用基本上处于空白。特别是国内牙种植体使用份额超过 1/3 的华南地区，还没有具有独立自主品牌的种植体机构或企业。根据市场调查，我国牙种植体市场主要由瑞士士卓曼、丹纳赫、汉瑞祥、捷迈邦美及登士柏西诺德 5 家垄断企业所掌控，占据 69% 的市场，剩下的市场则分散着许多中小型国际企业，我国品牌的市场占有率几乎为 0。我国口腔种植学起步较晚，近 10 年才开展此项工作。国产种植体的种类很少，而且质量和修复工具等都与国外相差甚远，目前尚无成熟可靠且具有自主知识产权的牙科种植体。

3．研发动向

近年来，种植体、正畸材料、口腔陶瓷、复合树脂、窝沟封闭剂、黏结剂、印模材料等产品发展迅速。具有抑菌功能的充填材料、促进骨质生成的种植体材料、组织工程修复材料、隐形正畸材料等为目前开发热点，全程数字化诊疗是未来口腔耗材发展方向。

（四）血液净化耗材

血液净化耗材主要包括血液透析耗材、腹膜透析耗材、血浆置换耗材、连续血液净化耗材等。

1. 市场分析

在全球范围内，对于慢性肾病患者而言，血液透析是主要的治疗方式。根据费森尤斯年报披露的预测和统计，截至2020年底，全球约有370万患者定期接受透析治疗，比2019年增加了3%。2020年全球血液透析产品市场规模达169亿美元，年均增长率约为4%左右，预计未来几年全球血液透析产品行业市场规模将继续保持平稳增速，到2025年全球血液透析产品市场规模将接近205亿美元。随着技术进步以及患者需求的不断增长，患者对血液净化产品的要求将会越来越高，国内外企业开始针对患者需求提供更加个性化的解决方案。便携化、智能化、家用化等成为血液净化产品未来发展的趋势。

根据流行病学调查显示，我国终末期肾病患者总数约100万～200万，截至2019年底，全国血液透析病例信息登记系统（CNRDS）登记的在透患者（含血液透析和腹膜透析）仅73.5万人，我国接受治疗的患者比率不到20%，与世界平均治疗率37%、欧美国家治疗率75%相距甚远。随着我国医保的深入推进，肾病患者的血液净化需求将不断得到释放。国内包括透析设备及耗材在内的血液净化耗材市场保持增长，2019年，我国血液净化耗材市场（不含药品）规模为147亿元，市场规模同比增长15%；预计在2025年，我国血液净化市场规模将接近206亿元。

2. 产业竞争格局

我国血液净化耗材起步较晚，国产产品的技术水平相较于国外进口产品还有较大差距。总体上来看，我国血液透析市场两极分化明显，高端产品仍以进口为主，低端产品已基本完成国产化转型。

我国尚未完全掌握透析膜生产技术，生产所用的原材料依赖进口。国内市场长期被费森尤斯、贝朗、瑞典金宝（百特）、日机装、尼普诺等外资企业垄断。截至2021年底，国产血液透析机获批生产的企业仅13家，其中大部分与进口血液透析机相比缺乏技术和价格优势。以山外山、威高集团为代表的国产品牌的血液透析机市场占有率在10%～20%左右。山外山、健帆生物在床旁血滤机方面有所布局。血液透析器（血透器）市场格局与血液透析机（血透机）类似，山东威高、广州贝恩、常州朗生等占据20%～30%的市场。

血液透析管路的技术壁垒一般，内外资各占半壁江山，广州贝恩、宁波天益、山东威高等企业占据国内 50% 的市场。

血液透析粉液和水处理系统等低端血液透析器械和耗材的技术壁垒较低，已基本实现国产化，生产企业数量多，市场竞争激烈。威高、紫薇山、康盛等国内企业占据 90% 的市场。

海关数据显示，以血液透析机、血液透析器为主的相关设备及耗材的进口规模自 2018 年开始出现下降的趋势，特别是 2020 年，受疫情影响，进口量大幅度下滑。在经济双循环大背景、鼓励公立医院优先采购国产医疗设备等政策大利好的情况下，血液透析机行业有望打破现有竞争格局，企业将逐步攻克血透机、血透器领域技术壁垒，实现血透机、血透器领域的国产化，进一步提升国产市场占有率。对于技术壁垒相对较低的血液透析管路、血液透析粉液领域，国产化程度已经较高，基于其价格低的优势，这些国产品牌或将拓展至海外市场。

3. 研发动向

血液透析模式的进步为改善血液净化和尿毒症治疗带来了希望，将引导血液透析的个性化应用。增量血液透析模式被再次重视，使长期接受常规血液透析治疗而导致残余肾功能（RKF）加速恶化的患者可以降低该类潜在的健康风险，避免产生不必要的支出。

透析膜创新、设备性能提升是新品研发的主要方向。近年来，氧化石墨烯膜、混合基质膜以及中截留透析膜（MCO）成为了潜在的下一代膜材料。氧化石墨烯膜具有物理化学性质可调的精细分子或离子过滤功能，通过化学修饰调节可实现特定离子或分子的选择性渗透，提升血液透析效率，减少高容量的透析用水和抗凝剂的使用，降低患者治疗成本。混合基质膜具有改善血液净化效果的特性，通过过滤和吸附机制的结合，进一步去除尿毒症毒素。中截留透析膜通过其标准的处理过程提高了对中分子、大分子的清除能力，实现膜质量以及净化质量的改善。

便携性血透设备拥有良好的市场前景，国内外许多企业也争先在该方向进行了相应的研发。2020 年 4 月上海交通大学医学院附属仁济医院开展了国内首例家庭透析，患者在专业医务人员的指导下，在家中开展透析治疗。家庭式透析设备逐步实现市场投放与应用，可穿戴式、可植入式人工肾的应用更是指日可待。

（五）生物 3D 打印

现阶段，3D 打印在医疗行业的主要应用有：手术规划模型、手术规划导板、植入体、康复辅具等。

1．市场分析

2017 年，3D 打印在全球医疗领域的市场规模达 8.3 亿美元。2015—2020 年，全球 3D 打印医疗市场复合年均增长率达到 30% 以上，2020 年市场规模约为 34 亿美元。预计 2021—2025 年，全球 3D 打印医疗市场将继续保持高速增长态势，到 2025 年市场规模将达到 116 亿美元左右。目前全球处于老龄化持续严重的进程中，为医疗产业的发展及 3D 打印技术在医疗领域的应用发展提供了广阔空间。全球著名骨科医疗器械制造商捷迈、史赛克、施乐辉、强生陆续推出了 3D 打印产品，这些产品经过多年的研发与验证，获得了 FDA 的批准，并正式进入到医疗市场。

2019 年我国 3D 打印市场规模已接近 30 亿元，而医疗 3D 打印应用所占市场份额已达到 12.3%，达 3.69 亿元，仅次于航空航天、汽车和机械行业，位居第四。

我国也正在加快解决 3D 生物打印技术应用面临的标准化问题，2020 年 3 月 5 日，国家标准委等 6 部门联合印发了《增材制造标准领航行动计划（2020—2022 年）》，将行动目标确定为到 2022 年基本建立 3D 打印新型标准体系。2019 年我国发布实施《定制式医疗器械监督管理规定（试行）》。自 2019 年 7 月我国第一批 3D 打印医疗器械团体标准开始实施以来，我国医疗 3D 打印应用开始走上快车道。2020 年 7 月 1 日，我国第二批 3D 打印医疗器械标准也正式实施，相关法规和标准体系的逐步建立，为 3D 打印医疗器械产业化应用提供了政策性支撑，也对 3D 打印骨科植入物实现产业化起到推动和规范作用。

2．产业竞争格局

我国进入 3D 打印医疗行业布局的企业数量不断增多。我国 3D 打印医疗器械相关企业主要有艾伯尔三氏、爱康医疗、重庆英泰帝克、南京华塑增材制造、上海昕健医疗、安徽中健三维、昆山博力迈等，产品涉及支架、人工骨、半月板、假肢、种植牙等。

3．研发动向

一方面，随着生物医用材料产业与 3D 打印技术的不断发展完善，生物

3D 打印将迎来前所未有的发展契机，未来产业将有无限可能；另一方面，目前生物 3D 打印产业化还有一段漫长而艰难的路要走，大部分工作处于研究阶段，进一步应用临床和规模化生产仍面临诸多挑战和难题。

适用于 3D 打印技术的生物材料已经成为研究热点，开发出更多生物相容性好、包含活性组分、机械强度能够满足体内植入需求的材料成为新的研究高地。例如，以水凝胶作为材料基质的生物墨水为例，为避免打印过程中 3D 打印机的喷头堵塞，在喷墨成型过程中需要材料保持较低的黏度，但是这又导致了材料机械性能低，不满足植入需求。开发出适用于生物 3D 打印的、符合个性需求的、具有合适的机械性能、稳定的扩散系数、较好的生物相容性的新型生物医用材料是未来产业发展面临的巨大的挑战和发展契机。

生物 3D 打印技术的成型分辨率将成为未来技术发展的又一重要方向。生物 3D 打印的对象均为生物组织或者器官，具有复杂的内部结构，并含有多种类型的细胞，这就要求设备技术的分辨率达到微米级别，这也将成为生物 3D 打印技术大面积应用需要突破的一大关键。目前的喷墨成型技术的成型分辨率最高能达到 50 微米，而光固化成型技术的成型分辨率最高，能高达 20 微米，但此分辨率距离打印复杂的人体组织和器官还有一段漫长的路要走。

为了使关节置换手术更为精准，带有导航定位系统的机器人设备、AI 智能辅助诊断软件将成为未来骨科发展的发力点。生物 3D 打印技术在骨科发展迅速，已成功打印活性大段人工骨、活性人工软骨等。自 2015 年以来，我国批准了髋关节系统、椎体、脊柱椎间融合器、硬脑（脊）膜补片等的 3D 打印植入物产品，可生物智能响应的骨诱导活性材料、降解材料、复合材料、个性化定制等是未来生物 3D 打印发展方向。

三、发展趋势

未来，生物医用材料产业将向着规模化、个性化、精准化和智能化方向发展，技术创新、高端产品开发、产业融合、区域集群和国际化布局将成为生物医用产业的发展趋势。

（一）市场需求引领发展，高端产品成为增长点

《"健康中国 2030"规划纲要》将发展医疗器械产业上升到国家战略

高度。随着我国医疗产业的不断发展及群众医疗需求的不断增加，出于增强我国综合技术能力的考虑，生物医用材料等高精尖医疗器械被列为重点发展产业。在后疫情时代以及双循环新发展格局下，我国医疗器械行业受到前所未有的重视与期待，迎来发展的黄金期，生物医用材料产业作为重点细分产业也将迎来前所未有的跨越式发展。

近年来，各地政府出台了多项政策鼓励大型公立医院优先采购国产医疗设备，明确要求国产医疗设备采购占比不得低于50%，将加速推动"国产替代进口"。创新医疗器械、基层和家用医疗设备更新换代，同时借力"一带一路"和全球化进程推进，国产生物医用材料企业，在满足本土市场的需求的同时，有望进一步拓展海外市场。

随着国民可支配收入的增加、老龄人口比例的上升、医保覆盖面的扩大，我国对于高端生物医用材料的需求将保持高速增长。在资本持续加持下，蕴含新技术、新材料、新产品的高端生物医用材料产品不断涌现，良好的市场前景以及巨大的成长空间将给生物医用材料产业带来更大的动力。

（二）行业趋于整合，集中度逐步上升

随着我国医疗器械政策环境不断优化，产业集中度和专业化程度会进一步提升。一是，我国生物医用材料企业加大技术创新，不断缩小与国际巨头企业在产品和品牌方面差距；二是，随着监管、采购等政策深入推进，优质企业崛起，部分中小企业难以持续经营而被淘汰；三是，行业整合趋势明显，市场主要参与者可以通过兼并、收购等方式进行整合，为生物医用材料产业已经具有相当规模的企业提供了发展机遇。

（三）技术不断迭代升级，布局前沿探索

未来，随着国内外企业在技术创新研发投入的不断增加和临床需求的增加，我国生物医用材料产业也将会持续迭代升级。

由于新型材料的不断引进和循证医学的不断更新，目前国内介入器械的创新处于快速发展时期。例如在冠心病领域，正在重点开发新的介入器材，研发促进内皮再生的抗体支架和全生物降解支架；在神经介入领域，在支架取栓和抽吸系统的基础上不断进行革新，力求能够扩大介入治疗的适应证，应对不同程度的病变。

生物医用材料的前沿与发展方向主要包括医用级原材料规模化制备、

新一代智能活性生物材料的设计与研发、表面改性及表面修饰研究、纳米与仿生生物材料、缓释材料、海洋源医用新材料、动物源生物材料、工程化组织和器官 3D 打印、多级微结构材料制造技术、体外膜肺氧合（ECMO）和人工器官等。

撰稿专家：苏文娜　胡慧慧

第二十八章

生物基化学纤维产业分析报告

我国是一个化学纤维生产和消费大国，2020年我国化学纤维产量达6025.12万吨，占世界化纤总量的70%以上，其中合成纤维产量达5890.25万吨，占化纤总量的95%以上。合成纤维以石油为原料，石油作为一次性资源，正面临日益枯竭的困境。合成纤维是相对分子量可达几万甚至几十万的高聚物，自然界中几乎不存在能够分解他们的动植物或者菌类，废弃物被直接排放到自然界中会对环境造成"白色污染"和"海洋污染"等危害。在国家新发展理念、"两山"理念、碳达峰目标与碳中和愿景的指引下，为适应绿色环保和可持续发展需求，开发生产生物基化学纤维已成为我国的战略计划，是建设化纤强国的重要支撑。

一、行业产业现状

生物质是指动植物和微生物中存在或者代谢产生的各种有机体，如糖类以及一些酸、醇、酯等有机体。生物基纤维是指由这些生物质制成的纤维，根据原料来源和生产过程可划分为生物基原生纤维和生物基化学纤维两大类（表28-1）。

生物基原生纤维，是用自然界的天然动植物纤维经物理方法处理加工成的纤维，常被称为天然纤维。如棉、麻、毛、丝四大天然纤维。

生物基化学纤维，是指以生物质为原料或含有生物质来源单体的聚合物所制成的纤维。

表 28-1 我国生物基纤维产品序列

生物基纤维	生物基原生纤维		天然纤维：如棉、麻、毛、丝等
	生物基化学纤维	生物基再生纤维	①再生纤维素纤维：黏胶、铜氨纤维、醋纤、麻浆纤维、竹浆纤维、莱赛尔纤维（lyocell）
			②再生多糖纤维：壳聚糖纤维、海藻纤维、甲壳素纤维
			③再生蛋白纤维：大豆蛋白纤维、动物胶原蛋白纤维
		生物基合成纤维	PLA、PTT、PHA、PBS纤维等
		微生物纤维	细菌纤维素纤维

"十三五"以来，我国生物基化学纤维产业快速发展，关键技术不断取得突破，产业规模较快增长，一批具有产业实力和技术开发能力的企业进入了生物基化学纤维及原料领域，初步形成了生物基纤维素纤维、生物基合成纤维、海洋生物基纤维及生物蛋白复合纤维的产业体系。

到 2020 年，生物基化学纤维总产能达到 70.68 万吨/年，较 2015 年的 19.45 万吨/年增长了 263.39%，（表 28-2）。生物基化学纤维总产量达 14.84 万吨，较 2015 年的 7.91 万吨增长 87.61%，年均增长 17.52%，（表 28-3）。生物基合成纤维、新型生物基纤维素纤维、海洋生物基纤维都实现了规模生产，且应用技术逐渐成熟，应用领域不断拓宽。

表 28-2 生物基化学纤维主要品种产能情况

单位：万吨/年

品种	2015 年产能	2020 年产能	增长率/%
莱赛尔纤维	3.6	22.35	520.83
竹浆纤维	6.5	18.5	184.62
麻浆纤维	0.5	0.5	0
壳聚糖纤维	0.15	0.15	0
海藻纤维	0.2	0.58	190.00
PTT 纤维	4.3	15.0	248.84
PDT 纤维	2.0	2.0	0
PLA 纤维	1.6	5.4	237.5
PA56 纤维	0.1（中试）	5.0	490
蛋白纤维	0.5	1.2	140
合计	19.45	70.68	263.39

注：资料来源于中国化学纤维工业协会。

表28-3 生物基化学纤维主要品种产量情况

单位：万吨

品种	2015年产量	2020年产量	增长率/%
莱赛尔纤维	0.9	5.5	511.11
竹浆纤维	3.5	6.75	92.86
壳聚糖纤维	0.05	0.05	0
海藻纤维	0.05	0.08	60.00
PTT纤维	3.0	1.0	−66.67
PLA纤维	0.15	0.46	206.67
蛋白纤维	0.26	1.0	284.62
合计	7.91	14.84	87.61

莱赛尔纤维（Lyocell）以可再生的树木、秸秆、棉短绒等为原料，生产中以无毒、无味的 N-甲基氧化吗啉（NMMO）为溶剂，生产过程清洁环保。该纤维具有天然纤维的诸多特性，如吸湿性、透气性、舒适性、光泽性、可染色性和可生物降解性等。莱赛尔纤维具有涤纶的强力，棉的舒适，黏胶纤维的垂感，真丝般的光泽，目前莱赛尔纤维已经成为棉纺织领域创新发展的重要原材料支撑。近年来，Lyocell纤维增长较快，产能由2015年的3.6万吨/年，增长到2020年的22.35万吨/年，增长520.83%，年均增长104.17%；产量由2015年的0.9万吨，增长到2020年的5.5万吨，增长511.11%，年均增长102.22%（表28-4）。存在的问题：Lyocell纤维生产设备中自主研发的关键设备大容量反应釜及薄膜蒸发器设计制作能力不足，高效低耗的NMMO溶剂净化浓缩技术、低浓度溶剂深度处理技术以及溶剂净化废水生化处理技术亟待提升，单线产能效率较低，国内多是1.5万吨或1.5万吨×2台（套）的配置，生产效率较低；产品品种不够丰富，种类以普通型号为主，交联型Lyocell技术亟待突破，规格相对较少；Lyocell纤维的专用浆粕依赖进口，国内处于产业化突破阶段。

表28-4 莱赛尔纤维主要生产企业情况

单位：万吨/年

序号	企业名称	2020年产能	在建项目产能	中远期规划
1	恒天天鹅	3		顺平6万吨/年
2	英利实业	3		
3	中纺绿纤	9	6	新乡100万吨/年，绍兴一期20万吨/年
4	唐山三友	0.5		唐山6万吨/年

续表

序号	企业名称	2020年产能	在建项目产能	中远期规划
5	上海里奥	0.1		
6	湖北新阳	0.25	5	规划10万吨/年
7	湖北金环	2	2	襄阳10万吨/年
8	金荣泰	2	3	沛县25万吨/年
9	赛得利	2.5	10	拟建20万吨/年
10	南京法伯尔		4	
11	宁夏恒利		4	宁夏8万吨/年,被恒天纤维集团收购
12	山东鸿泰		10	夏津30万吨/年,与恒天纤维集团战略合作
13	河南恒通		10	规划20万吨,一期10万吨
14	东营华泰			规划16万吨
	合计	22.35	54	110余万吨

注:资料来源于中国化学纤维工业协会。

新资源型竹纤维素纤维,以天然慈竹为原料,弥补了我国溶解浆粕不足,增加了纤维素纤维品种。2020年我国竹浆纤维产能达到18.5万吨/年,较2015年的6.5万吨/年增长184.62%,年均增长29.89%,产量由2015年的3.5万吨,增长到2020年的6.75万吨,增长92.86%,年均增长18.57%(表28-5)。

表28-5 竹浆纤维主要生产企业情况

单位:万吨/年

序号	企业名称	2020年产能	生产情况
1	吉藁化纤	15	吉林化纤集团所属企业,2005年成立了"天竹联盟",涵盖竹纤维、纺纱、织造、成衣企业,目前联盟企业达227家。竹纤维产量达5.7万吨
2	唐山三友	3.5	2014年唐山三友兴达化纤有限公司牵头成立了"竹代尔"联盟,2020年竹纤维产量10 500万吨

聚乳酸纤维具有较好的力学性能,具有吸湿透气的特性、可生物降解性和生物相容性,并具有一定的抗紫外性和抗菌性,以上的优点使聚乳酸纤维能够广泛应用于服装面料和一次性卫生用品等领域。近年来,聚乳酸纤维成为投资热点,在全球"禁塑""限塑"的推动下,大企业集团看好聚乳酸领域,2020年聚乳酸纤维产能达到5.4万吨/年,比2015年的1.6万吨/年增长237.5%,年均增长47.5%;2020年产量0.46万吨,比2015年的0.15万吨增长206.67%,年均增长41.33%。目前企业在建聚乳酸项目

58万吨,规划项目100余万吨(详情见表28-6),未来聚乳酸原料国产化将会带动聚乳酸纤维产业的快速增长。存在问题:聚乳酸纤维关键原料丙交酯受国外垄断制约,国产丙交酯处于产业化突破阶段,总体化学纯度较低,游离酸较高,制成的聚乳酸切片指标与进口切片相比,残单含量略高;产品市场竞争力较弱,制造成本高于常规聚酯纤维(2020年,聚酯切片6500元/t左右,聚乳酸切片40 000元/t左右)。

表28-6 PLA纤维主要生产企业情况

单位:万吨/年

序号	企业名称	2020年产能	在建项目产能	生产情况
1	恒天长江	1		连续聚熔体直纺(一步法),1万吨长丝,2000 t短纤无纺布,2020年产量900 t
2	上海同杰良	0.1		万吨级乳酸一步法聚合,千吨级纺丝试验线
3	河南龙都	1		4000 t长丝,6000 t短纤(停产状态)
4	安徽丰原	0.5(短纤);0.1(长丝)	50(LA)、30(PLA)	年产15万吨乳酸、10万吨聚乳酸项目正在分两期建设中,第一期8万吨乳酸、5万吨聚乳酸2020年已建成。2020年PLA纤维产量830 t。50万吨/年乳酸项目、30万吨/年聚乳酸项目2020年底建成
5	新能新高	0.1		2020年产量300 t
6	嘉兴昌新	1		2020年产量1000 t
7	上海德福伦	0.3		2020年产量约1000 t
8	安顺化纤	0.1		2020年产量200 t
9	河北烨和祥	1		5万吨差别化纤维
10	宁波禾素	0.1		2020年产量300 t(PHBV/PLA)
11	吉林中粮		2	已建成年产1万吨的聚乳酸工厂,正在筹建2万吨聚乳酸纤维生产线(长丝、短纤各1万吨)
12	浙江海正		3(PLA)	年产5000吨聚乳酸已投产。规划产能10万吨/年聚乳酸
13	浙江友诚		75(LA)、50(PLA)	以甘蔗渣为原材料,德国BluCon Biotech GmbH公司的"第三代乳酸技术"
14	河南金丹		1(丙交酯)、10(LA)	南京大学技术,年产1万吨丙交酯设备调试中;10万吨高光纯乳酸建设中

注:资料来源于中国化学纤维工业协会。

经过多年发展，我国已突破生物法制备 PDO（1,3-丙二醇）产业化技术，同时 PTT（聚对苯二甲酸丙二醇酯）纤维加工、应用等下游领域的水平也居于世界前列，并形成了一定的市场容量，呈稳步发展态势（表 28-7、表 28-8）。由 1,3-丙二醇和对苯二甲酸或对苯二甲酸二甲酯熔融缩聚而成 PTT 纤维，在拉伸回复性、柔软性、蓬松性、耐磨性、回弹性、抗污性和低的静电性等方面具有优异特性。集锦纶的柔软、腈纶的蓬松和涤纶的抗污性于一体，在运动装、内衣、泳衣、袜类、地毯等领域具有广阔的市场前景。2020 年国内 PTT 纤维总产能达 15 万吨/年，比 2015 年的 4.3 万吨/年增长 248.84%，年均增长 49.77%。存在问题：我国对生物法 PDO 研发工作起步于 20 世纪 90 年代后期，并于 2008 年实现 PDO 国产化。目前，精制工艺环节还需继续优化，提高转化率，产品质量还需提升，其副产物 BDO（2,3-丁二醇）的量较大，而 BDO 的市场尚未打开，尚未能实现高附加值利用。

表 28-7　我国 PDO 主要生产企业情况

单位：万吨/年

序号	企业名称	PDO 产能	备注
1	中鲈科技	5	盛虹集团子公司
2	苏州苏震	2	盛虹集团子公司，生物法自主生产 PDO
3	张家港美锦荣	1	生物法自主生产 PDO
4	清大智兴	1	生物法
5	铭兴化工	0.1	化学法
	合计	9.1	

注：资料来源于中国化学纤维工业协会。

表 28-8　PTT 纤维主要生产企业情况

单位：万吨/年

序号	企业名称	2020 年产能	生产情况（含 PTT/PET 复合纤维）
1	国望高科	6	全产链自主创新技术
2	张家港美景荣	2	自主技术，2021 年在山东济宁投资建设 2 万吨 PDO、5 万吨 PTT 纤维聚合项目，正在建设中
3	泉州海天	2	外购 PDO 生产
4	海兴科技	1	外购 PDO 生产
5	翔鹭化纤	1	外购 PDO 生产
6	绍兴九洲	0.5	外购 PDO 生产
7	苏州方圆	0.5	外购 PDO 生产

续表

序号	企业名称	2020年产能	生产情况（含PTT/PET复合纤维）
8	苏州龙杰	1	外购PDO生产
9	嘉兴晓星	1	外购PDO生产
	合计	15	

注：资料来源于中国化学纤维工业协会。

PA56是以生物基戊二胺为单体与己二元酸聚合得到的生物基聚酰胺纤维新材料。PA56纤维具有良好的力学性能和染色性能，并有一定的本质阻燃性，可广泛用于服装、装饰等领域。PA56纤维的开发打破了国际上对二元胺产品的控制，大幅增强我国聚酰胺纤维在国际上的竞争优势。目前，PA56纤维正在成为企业投资的热点。2020年国内已具有5万吨/年PA56纤维生产能力，实现3000 t短纤产量的生产。2020年山西重点推进百亿项目，建设50万吨戊二胺，90万吨生物基聚酰胺，见表28-9。存在问题：1,5-戊二胺生产技术处于产业化起步阶段，一步法戊二胺生产技术尚未突破，PA56大容量连续聚合及熔体直纺装备关键技术尚未突破。

表28-9 我国PA56纤维生产企业情况

序号	企业名称	2020年	发展情况
1	凯赛生物	建成PA56短纤3万吨/年，2020年短纤产量3000 t	新疆乌苏：已建成5万吨戊二胺和10万吨聚酰胺56（PA56）项目。山东金乡：千吨级生物法戊二胺和生物基聚酰胺中试
2	优纤科技	已建成2万吨/年PA56生产线，拥有熔体直纺技术储备和差别化PA56的生产能力	与军事科学院系统研究院军需工程技术研究所等一起进行产学研用研究开发
3	宁夏伊品	在建戊二胺1万吨	与中国科学院微生物研究所合作，二期工程2万吨生物基尼龙盐项目已于2019年3月开工建设
4	寿光金玉米		采用中国科学院天津工业微生物所技术开发出了聚酰胺56盐，可直接用于聚酰胺56聚合及纤维生产

注：资料来源于中国化学纤维工业协会。

壳聚糖具有抗霉作用、优异的保湿性、良好的抗菌作用，壳聚糖纤维与皮肤接触，溶菌酶数量在皮肤上增加1.5～2.0倍，溶菌酶不仅能杀死各种细菌，还能促进人体皮肤再生。近年来，壳聚糖纤维向高质化发展，由卫材用向医疗级发展，应用领域不断拓宽，2015年产能0.15万吨/年，到2020年没有新增产能。

海藻纤维是以海洋中蕴藏含量巨大的海藻为原料，经精制提炼出海藻多糖后，再通过湿法纺丝深加工技术制备得到的天然生物质再生纤维，具有高吸湿性、亲肤性、本质自阻燃（极限氧指数为30%～45%）、生物可降解、生物相容、防辐射等功能，随着海藻酸盐纤维生产技术的进步及质量的提高，其应用领域将从医用纤维材料延伸到个人护理、高档服装、家用纺织品、产业用品及儿童、军服、军用被褥、妇女和老人服装等特殊领域。我国采用自主知识产权和自行设计的产业化生产线，2020年国内总产能达到5800吨/年，比2015年的2000吨/年增长190%，年均增长38%。2015年产量500 t，2020年达800 t，增长60%，年均增长12%。存在问题：海藻纤维生产采用自主知识产权和自行设计的产业化成套技术及装备，但技术及设备尚需进一步优化提升。

二、面临的挑战与发展机遇

（一）国内外形势与发展环境

国际贸易环境更加复杂。作为世界最大的纺织化纤出口国，中美贸易摩擦等问题使中国外贸发展面临更加严峻复杂的环境；国际油价方面，美国页岩油产量、国际原油谈判、地缘政治的风险等因素使国际油价面临种种不确定性，油价整体处于波动阶段，这将对生物基化学纤维及其原料的发展带来一定影响。

塑料垃圾、微塑料及纳米塑料问题变成了世界上最备受关注的环境问题之一。目前全球每年约有800万吨塑料垃圾进入海洋。与微塑料不同，纳米塑料足够小，可以在各种生物的血流和细胞膜中蓄积，引起各种毒性作用，包括神经损伤和生殖异常。而多品种生物基纤维具有完全可生物降解性，可以有效解决微塑料问题，具有发展空间。

碳达峰、碳中和目标是我国经济进入高质量发展的内在要求和必然趋势。达成该目标产业结构调整与转型将面临很大压力，任务艰巨。发展生物基化学纤维是实现"碳达峰、碳中和"的重要战略抓手，蕴含的巨大投资机会有望成为新增长点。

（二）践行绿色生态的发展理念

随着"创新、协调、绿色、开放、共享"新发展理念的深入贯彻，"绿水青山就是金山银山"被赋予新时代内涵，坚持绿色发展作为更长时期经济增长的重要理念，成为党的生态文明建设、社会主义现代化建设规律性认识的重要成果。新发展理念及"两山"理念不断深化，为中国生态文明建设奠定了坚实的理论基石，成为中国生态文明建设的指导思想，引领中国走绿色发展之路。生物基化学纤维的社会价值和战略价值大于经济价值，国家会持续加大对生物基化学纤维产业支持力度，把发展生物基产业作为争夺高新技术制高点的国家战略。

（三）大健康理念带动消费升级

近年来，我国居民消费结构出现明显转变，传统消费向品质生活消费转变，向智能、绿色、健康、安全方向转变，体现生活品质与时尚的消费逐年提高。国家出台多项措施鼓励消费升级，大健康、绿色将成为消费新热点、消费新模式。"十三五"期间，工信部提出"三品"战略，强调增品种、创品牌、提品质，进一步优化消费环境，促进消费升级。随着纺织产业结构的调整，部分企业将逐步转向利润型、受污染或环境影响最小的生物基化学纤维的研发和生产。生物基化学纤维以其独特的生物原料来源和优异的性能，不仅是服装、家纺、产业用纺织品的重要原料，也将是重要的先进基础材料和工程材料，成为纺织产业消费升级的重要载体。

（四）巨大市场空间与发展潜力

2020年生物基纤维总产能69.78万吨/年，仅占化纤总量的1.16%；按"十四五"期间增长4个百分点预测，将达到300万吨；如果占比达到10%，将达到600万吨，市场空间巨大。生物基材料具有绿色、环境友好、原料可再生以及生物降解等优良特性，不仅有效替代了石油原料，而且生产过程和产品绿色环保。未来，以生物工程技术为核心的生物基纤维快速发展，将成为引领化纤工业发展的新潮流。

三、产业发展重点任务

"十四五"期间，以实现生物基化学纤维及其原料国产化、规模化、低成本化为产业发展目标,突破生物基化学纤维绿色加工技术、装备集成化技术,实现产业化、低成本化生产;开拓生物基化学纤维应用领域,促进产业链协同创新,实现经济社会效益显著提高。

(一)生物基化学纤维原料产业化

突破关键单体和原料的生物制备技术瓶颈,提升生物基单体及原料的纯度和稳定性,实现生物基原料的规模化、低成本化生产,到 2025 年实现化学纤维原料替代率达 3.5%。重点突破高效生物发酵、精制技术,三素(纤维素、半纤维素和木质素)高效低成本分离技术,实现生物基原料的高效率、规模化制备。开发以竹、麻、蔗渣、棉秆皮等为原料的新原料基纤维素纤维,实现以多样化原料和色纺色织的结合。攻克 Lyocell 纤维的专用浆粕高效制备技术,推进 Lyocell 纤维国产化制浆与纤维一体化技术,实现规模化生产。建立工业微生物、蛋白酶、生物催化技术体系,攻克生物法 1,3-丙二醇、乙二醇、二元混醇、1,4-丁二醇、聚酯多醇、乳酸、1,4-丁二酸、1,5-呋喃二甲酸、氨基丁酸、己二酸、羟基脂肪酸、呋喃二甲胺、戊二胺等的高纯度、高收率、规模化制备技术,满足生物基聚酯纤维加工成型性能要求。突破 5 万吨级 1,5-戊二胺高效制备,满足生物基 PA5X 纤维规模化、产业化需求;突破聚丁内酰胺连续聚合及纺丝关键技术、呋喃二甲胺高效胺化和加氢工艺技术,满足生物基聚酰胺材料需求。重点攻克国产虾、蟹壳,野生海藻(褐藻、红藻、绿藻)、养殖海藻、海藻酸盐(钙、铜、锌、纳)高效提纯、制备关键技术,实现海洋生物基纤维原料多元化。

(二)生物基再生纤维素纤维绿色制造

重点攻克 Lyocell 的国产化装备和生产技术,优化浆粕预处理系统、活化反应器、溶剂回收及后处理工艺,开发高附加值纤维素纤维,突破新型纤维素纤维长丝及工业长丝制备技术,实现产业化生产。建立单线纺丝能力 6 万~10 万吨/年 Lyocell 纤维生产线;加快推进离子液体溶剂法(ILS 法)、氨基甲酸酯法(CC 法)、四丁基氢氧化铵/二甲基亚砜(TBAH/DMSO)混合溶剂法、低温碱/尿素溶液法纤维素纤维、纤维素衍生物熔融纺丝等纤维素纤维绿色制造工程。拓展纤维素纤维高附加值产品,攻克高强度功能性再生纤维素纤维低能耗、高效制备技术,实现阻燃、蛋白改性、原液着色、相变储能等功能性纤维素纤维的品种开发,在纤维素纤维海绵领域完成工艺软件包开发。开发 Lyocell 纤维智能化制造系统，包括纺丝模拟系统、针对客户需求的加工机理软件包，形成产品专家库系统；以质量为核心的过程监控、单元技术融入系统；工厂单元设备联网，通过大数据实现融合。推动新资源型（竹、麻、秸秆）纤维素纤维的绿色高效制浆技术，拓宽纤维素纤维原料资源，引导传统纤维素纤维转型升级。攻克高效、低成本等秸秆预处理产业化技术，纤维素专用工业酶产业化技术、生物质全利用技术和在线即时检测技术。推动微生物技术、电子束处理技术、智能制造技术等，与生物基纤维及原料制备技术融合，提升产业水平。

（三）生物基合成纤维产业化

攻克生物基合成纤维高效聚合纺丝技术，开发聚乳酸纤维、生物基聚酯、聚酰胺纤维的大容量连续聚合、熔体直纺及纺丝成套装备，实现生物基合成纤维的规模化生产与应用。突破 10 万吨级 L-乳酸→丙交酯→聚合→聚乳酸（含熔体直纺）纤维规模化高效制备技术，降低生产成本。攻克 L/D 聚乳酸立构复合技术，提高聚乳酸纤维的耐热性、染色性和手感，提升聚乳酸纤维的物理性能，开发差别化（耐热、异型、易染、轻柔、耐高温、抗水解等）聚乳酸纤维，拓展应用领域；加快推动＞2 万吨级聚乳酸纤维长丝、短纤产业化生产线建设。攻克生物基 PTT 催化剂和 PTT 高效连续聚合制备技术，形成单线 10 万吨级生物基 PTT 连续聚合、纺丝生产线，实现甘油法生产 PDO、副产 BDO 高值化利用。攻克 PDT 连续稳定聚合技术，推进 PDT 纤维的产业化稳定生产与应用。关注聚酰胺类"卡脖子"技术，攻克以生物质氨基丁酸为原料合成聚丁内酰胺的关键聚合技术等。推进生物基 PA56 的 10 万吨级高效连续聚合、熔体直纺技术与 PA56 纤维产业化生产，实现 PA56 纤维高性能、低成本化生产。攻克高纯度 2,5-FDCA（2,5-呋喃二甲酸）的制备及 PEF 聚合技术，解决聚合物 FEF（聚呋喃二甲酸乙二醇酯）颜色问题。开发多组分生物基复合纤维，实现结构种类（如皮芯、并列等）、组分比例多样化，满足下游企业的应用需求。研究生物可降解聚酯技术，解决聚酯纤维废弃物对环境污染问题。

（四）海洋生物基纤维产业化

重点推动海洋生物基纤维高黏纺丝液制备及清洁纺丝工艺技术、拓展海洋生物基纤维的应用领域，满足生物医用纤维材料产业发展需要，提高人们的健康生活水平。攻克万吨级海藻纤维产业化成套技术及装备、高浓度海藻纺丝液制备及清洁纺丝技术，解决纤维遇盐水/洗涤剂溶解问题，提高纤维物理性能；建立万吨级海藻纤维产业化生产线，攻克海藻纤维共混纺丝技术，开发纤维素/海藻复合功能纤维等差别化产品。通过产业链协同创新，解决海藻纤维与不同品种纤维的可纺性问题，推动海藻纤维纱线制品的研发与应用。攻克高效低成本壳聚糖提取关键技术及高效清洁化纺丝技术；建立万吨级壳聚糖纤维产业化生产线，扩大应用领域。突破医疗级壳聚糖纤维产业化系列关键技术，建设医疗级壳聚糖纤维纺丝生产技术、不断提高我国生物医用纤维材料的性能、降低成本、扩展应用领域。

（五）关键共性技术与公共平台建设

建立生物基化学纤维的共性关键技术研发与创新平台，研究开发生物基纤维的绿色加工技术、智能制造技术、纤维改性技术和生物基化学纤维标准制定，建立知识产权管理平台，为生物基化学纤维及原料的产业化提供技术支撑。一是关键共性技术攻关服务平台：生物基化学纤维从原料制备到产品生产过程工艺流程长、关键环节多、技术难度大、跨学科交叉广，重点针对聚合单体来源、制备和提纯，高效聚合、连续纺丝技术建立共性关键技术研发平台。针对关键技术、国产装备、工艺优化等问题进行联合攻关。二是标准化研究及创新平台建设：依托生物基化学纤维分技术委员会组织机构的创新与完善，激发标准化工作活力，发挥标准的基础支撑作用。研究生物基化学纤维产品标准、方法标准；建立生物基化学纤维新方法、新产品和新原料的创新研发平台，研究生物基纤维的溶解机理、分子结构设计，纺丝成型机理与在线调控，改善纤维力学性能、光学性能、手感、吸湿性等性能。三是知识产权管理平台：建立健全知识产权管理制度，加大知识产权保护力度。通过专利布局、专利运营等手段，开发涉及生物基化学纤维及原料的检测技术、标准、方法，形成知识产权体系，积极构建知识产权防火墙。积极探讨从技术秘密或 know-how 等方式进行技术保护的可行性和可操作性。鼓励企业在关键领域、核心技术上拥有自主知识产权，支持技术创新成果专利化、专利技术产业化。

四、行业发展政策建议

深入贯彻落实国家新材料发展战略，坚持"补短板、锻长板"并举，加大政策支持力度,加速实现国产化替代,全力保障我国生物基化学纤维产业链供应链安全稳定。

(一)加强产业发展顶层设计

研究制定《化纤工业"十四五"发展指导意见》等指导行业发展,明确行业发展方向、重点任务,整合行业内外资源,提升生物基纤维材料产业高端化能力。协调推动促进行业"补短板、锻长板"等激励政策。

(二)加大政策资金支持力度

参照国家关于科技重大专项、制造业高质量发展专项、绿色制造专项支持政策相关内容,对生物基纤维新材料产业化建设项目予以财政资金支持、税收优惠政策。引导企业增加原创技术的研发投入,提高纤维技术与化学工艺、纤维技术与机械装备等跨产业、跨学科的协同创新能力。特别支持将莱赛尔专业浆粕、高光纯丙交酯等纳入工业转型升级资金重点项目、产业发展专项和绿色制造系统集成项目等目录中。

(三)持续发挥创新服务平台作用

发挥好国家制造业创新中心、产业联盟优势,推动人才、项目及创新资源充分汇聚,落实"揭榜挂帅"制度,通过重大课题、重点专项资金,稳定、持续支持创新服务平台建设,弥补关键核心技术装备及关键原料短板,实现创新成果行业共享。

(四)完善创新产品应用机制

重视发挥下游应用拉动作用,促进研发、生产、应用、装备等产业链上下游协同发展,政策支持下游企业使用国产材料。通过"产业链链长制、强基一条龙、首台套新材料应用保险"等政策措施,引导用户企业加大国产先进技术装备、材料的采购,开拓纤维新材料应用新领域、新市场。

撰稿专家:王永生　李增俊

附录

关于中国生物医药产业发展指数的说明

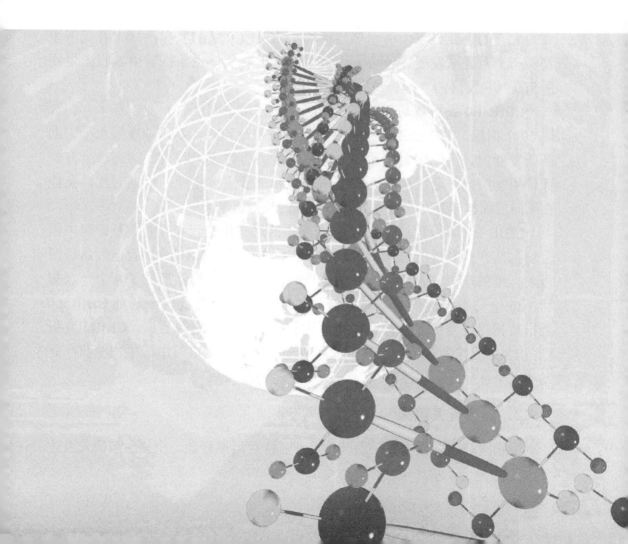

为科学反映我国生物医药产业发展情况，杭州费尔斯通科技有限公司（以下简称火石创造）充分利用人工智能和大数据等现代信息技术，构建了一套动态的、量化的指标体系，全面展示了我国生物医药产业的投入、产出、创新能力和国际影响力等，可为各级政府部门制定政策、有关研究机构分析行业发展态势、各类市场主体配置资源提供决策依据。希望通过该中国生物医药产业发展指数的编制、发布和广泛运用，更加明晰我国生物医药产业高质量发展的导向，为促进区域生物医药产业走高水平、特色化发展道路，加快建设生物经济强国贡献数字治理新智慧。

该指标体系得到了中国宏观经济研究院和中国生物工程学会有关专家的学术指导。希望社会各界对该指标体系提出宝贵意见和建议，帮助其不断完善指标体系设计，拓宽指数的应用场景，进一步提高其国内外影响力。

1. 指数背景情况

2019年第十二届中国生物产业大会开幕式上，中国生物工程学会与火石创造共同面向全球首发"中国生物医药产业发展指数（CBIB 1.0版）"，成为大会的重要亮点，引起热烈反响。CBIB 1.0版的发布，标志着我国生物医药产业区域发展评价迈入"数字对标"时代，也象征着引导我国生物医药高质量发展的"趋势线"正式形成。

CBIB 1.0版指数基于4类成分机构（城市、园区、企业、资本），选取50个指标，其中创新类指标个数接近或超过40%，从产业发展水平、创新研发能力、资源要素集聚、国际影响能力等维度，综合、动态、全方位评价生物医药产业，构建既能支撑区域和产业主体之间的横向对比，又能在纵向层面构建起对产业发展动态追踪的长效机制。

CBIB 2.0版指数是对 CBIB 1.0版本的进一步迭代和完善。基于对中国生物医药产业发展的总体架构和目标内涵的分析，CBIB 2.0版指数从资源投入、绩效产出、企业创新和国际影响四个维度，构建形成了4个一级指标、26个二级指标的指标体系。与 CBIB 1.0版本相比，全新的 CBIB 2.0版指数指标维度更多、体系结构更完整、底层数据来源更广。CBIB 2.0版以2018年值作为定基数，基于此生成动态趋势线，以对中国生物医药产业发展水平进行监测和评价。

2. 指数有关定义

生物医药产业主要包括医药制造业、医疗器械行业、生物医药研发及生产服务产业、医药流通产业、医疗服务等领域。细分领域包括（按国民经济行业分类）：化学药品原料药制造（C271）、化学药品制剂制造（C272）、中药饮片加工（C273）、中成药生产（C274）、生物药品制品制造（C275）、卫生材料及医药用品制造（C277）、药用辅料及包装材料（C278）、医药及医疗器材批发（G515）、医学研究和试验发展（M734）、质检技术服务中的医药质检服务（M745）、专业公共卫生服务（Q843）、其他卫生活动（Q849）等。

产业发展指数是衡量某区域范围内一个产业发展程度的数据标准，是对某一个产业的综合评估后所得出的数据，对该数据分析可以清晰地了解该行业发展所存在的问题以及该行业未来的发展潜力。

3. 指标体系设定

生物医药产业是我国重要的战略性新兴产业。在筛选和构建中国生物医药产业发展指数（CBIB 2.0）指标体系时主要遵循以下三大原则：

一是科学性　指数以近期生物医药产业相关国家级规划和文件提出的战略目标为基础，以产业经济学的相关理论为参考，结合国家高端智库专家对产业发展进行具体指导。

二是系统性　指数既考虑到生物医药产业的一般性，也考虑到生物医药产业的特殊性，需求和供给、产出和投入、资源和创新等方面均被纳入衡量产业发展的相关指标，并通过理论联系实际，结合数据的可及性。

三是客观性　指数所使用的原始数据来源于科技部、国家统计局等的官方权威数据和万得、同花顺等第三方数据库，均是公开数据，不涉及相关主体的填报，也不涉及主观判断，具有较高的客观性。

考虑到生物医药产业具有战略性、高技术性、高成长性、高风险性等产业特征，为综合评价生物医药产业发展水平，从资源投入、绩效产出、企业创新和国际影响四个维度入手，综合构建中国生物医药产业发展指数指标体系。最终形成的中国生物医药产业发展指数（CBIB 2.0）指标体系由两层次指标构成，具体形成了4个一级指标、26个二级指标的指标体系（附表1）。在CBIB 2.0版指数编制过程中，充分参考相关政策文件和文献，并咨询专家建议，以求更全面反映中国生物医药产业的发展水平及各区域的发展差异。

附表1 中国生物医药产业发展指数（CBIB 2.0）指标体系

序号	一级指标	二级指标
1	资源投入 （共7项）	生物医药产业固定资产投资金额（亿元）
2		全国卫生总支出（亿元）
3		生物医药产业外商投资总额（亿元）
4		国家生物医药基础研究资金投入（亿元）
5		生物医药产业从业人数（万人）
6		新增国家生物医药产业基础设施建设数量（个）
7		新增国内GCP医院数量（家）
8	绩效产出 （共6项）	医药制造业增加值的同比增长率（%）
9		生物医药规模以上工业企业利润总额（亿元）
10		生物医药产业发明专利申请数量（个）
11		生物医药创新产品在研数量（个）
12		生物医药产业上市产品数量（个）
13		生物医药销售额亿元以上产品数量（个）
14	企业创新 （共7项）	新增生物医药企业数量（家）
15		新增国内生物医药在全球上市企业数量（家）
16		国内生物医药在全球上市企业研发投入金额（亿元）
17		国内生物医药上市企业研发人员数量（人）
18		新增生物医药独角兽企业数量（家）
19		新增生物医药高新技术企业数量（家）
20		生物医药产业融资总金额（亿元）
21	国际影响 （共6项）	生物医药全球文献发表数量（篇）
22		生物医药产业PCT专利申请数量（件）
23		生物医药企业产品海外审批、上市数量（个）
24		生物医药产业上市企业营业收入占全球比重（%）
25		生物医药境外上市企业市值（亿元）
26		生物医药产业出口额（亿元）

一级指标包括资源投入、绩效产出、企业创新和国际影响四项。资源投入维度主要衡量中国生物医药产业发展的要素投入，包括生物医药产业人力资源、资金、平台等方面。绩效产出维度主要衡量中国生物医药产业当前发展规模和效益，包括生物医药产业产值、利润等方面。企业创新维度主要衡量企业作为产业创新主体的发展活力，包括企业研发投入、产出以及创新型企业数量等方面。国际影响维度主要从产业出口、PCT专利申请、对外投资等方面，衡量中国生物医药产业在国际产业发展格局中的综合竞争力。

二级指标为一级指标的具体细化和表征。根据生物医药产业的自身特点，并综合考虑数据可得性，二级指标共分为26项，具体指标来源和解释如下。

（1）资源投入：

① 生物医药产业固定资产投资金额　即国内生物医药产业企业在一定时期内建造和购置固定资产的工作量以及与此有关的费用变化情况。可反映国内生物医药产业扩大再生产的水平。数据来源：国家统计局。

② 全国卫生总支出　即全社会用于医疗卫生服务所消耗的资金总额。可从需求侧反映国内生物医药产业产品和服务的购买水平。数据来源：国家统计局。

③ 生物医药产业外商投资总额　即生物医药行业外商直接投资总额，吸引外资可以弥补经济发展过程中的资金不足，也反映了外商对我国生物医药产业的投资热度。数据来源：国家统计局。

④ 国家生物医药基础研究资金投入　该指标使用国家自然科学基金资助项目中生物医药相关项目的批准资助金额，包括"遗传学与生物信息学、细胞生物学、发育生物学与生殖生物学""免疫学、神经科学与心理学、生理学与整合生物学""生物物理与生物化学、生物材料、成像与组织工程学"，可间接反映国家对生物医药产业的投入力度。数据来源：国家自然科学基金委员会。

⑤ 生物医药产业从业人数　即医药制造业规模以上工业企业用工人数。可反映国内生物医药产业的人力资本投入水平。数据来源：国家统计局。

⑥ 新增国家生物医药产业基础设施建设数量　即当年新增认定的生物医药产业国家级重点实验室和工程技术中心数量。国家级重点实验室是国家科技创新体系的重要组成部分，工程技术中心是国家科技发展计划的重要组成部分。这一指标体现了国家对生物医药产业的创新平台投入力度。数据来源：国家科技部、工信部。

⑦ 新增国内GCP医院数量　即当年新获得GCP认证的医院总数。国家GCP认证反映了医院临床研究能力，是建设研究型医院的必要基础。新增GCP医院数量可反映当年国内医疗机构的科研水平的发展情况。数据来源：国家药品监督管理总局。

（2）绩效产出：

① 医药制造业增加值的同比增长率　行业增加值是计算该行业增长速

度的总量指标，而同比增长率可体现该行业生产的快与慢。采用医药制造业增加值的同比增长率指标，可反映该领域工业生产的积极性，也可间接体现医药制造业的经济景气度。数据来源：国家统计局。

② 生物医药规模以上工业企业利润总额　反映中国生物医药产业的盈利水平。数据来源：国家统计局。

③ 生物医药产业发明专利申请数量　即国内企业、大学、研发机构等申请的生物医药产业相关的专利申请数量，包括发明专利、实用新型专利和外观设计专利数量。可反映国内生物医药产业的创新产出水平。数据来源：国家知识产权局。

④ 生物医药创新产品在研数量　包括一类新药审批、临床试验、医疗器械特别审批、药品特殊审批的产品数量，反映生物医药行业的研发水平。数据来源：国家药品监督管理局。

⑤ 生物医药产业上市产品数量　即国产药品及一类、二类、三类器械上市产品数量，反映我国当期生物医药产品的技术水平。数据来源：国家药品监督管理局。

⑥ 生物医药销售额亿元以上产品数量　即生物医药领域销售额超过亿元的产品总数，反映生物医药产业产品的市场价值。数据来源：米内网。

（3）企业创新：

① 新增生物医药企业数量　即当年新增的从事生物医药研发生产的在营企业数量。数据来源：国家工商总局，火石创造整理。

② 新增国内生物医药在全球上市企业数量　即当年在国内外主流资本市场上市的国内生物医药企业数量，反映当年生物医药行业优质企业增量规模。数据来源：万得、同花顺，火石创造整理。

③ 国内生物医药在全球上市企业研发投入金额　即在国内外主流资本市场上市的生物医药企业在公开的年报中显示的研发投入金额总额。可反映国内医药企业的研发投入水平。数据来源：万得、同花顺，火石创造整理。

④ 国内生物医药上市企业研发人员数量　即在国内外主流资本市场上市的生物医药企业在公开的年报中显示的研发人员数量，从人才角度反映国内医药企业的研发投入水平。数据来源：万得、同花顺，火石创造整理。

⑤ 新增生物医药独角兽企业数量　即当年新认定为生物医药行业独角兽的企业数量。独角兽企业具有发展速度快、稀少等属性，也被视为经济发展的一个重要的风向标。数据来源：中国瞪羚网。

⑥ 新增生物医药高新技术企业数量　即生物医药行业中当年新认定的国家级高新技术企业数量，这类企业可持续进行研究开发与技术成果转化，已形成企业核心自主知识产权，并以此为基础开展经营活动。该指标可反映生物医药行业中技术创新企业规模。数据来源：国家科技部。

⑦ 生物医药产业融资总金额　即生物医药行业企业以私募融资方式进行融资而获得的资金总额，体现了生物医药产业吸引资金的规模。数据来源：投中、清科、私募通、企名片、烯牛数据，火石创造整理。

（4）国际影响：

① 生物医药全球文献发表数量　即生物医药相关领域研究文献在国内外发表的数量，反映国内生物医药的整体科研实力。数据来源：PubMed、CNKI、万方，火石创造整理。

② 生物医药产业 PCT 专利申请数量　反映自主创新和技术产出能力。数据来源：国家知识产权局。

③ 生物医药企业产品海外审批、上市数量　包括中国生物医药产品海外审批数量、国际多中心临床试验产品数量、FDA 批准上市产品数量及欧盟批准上市产品数量。反映中国药企国际化进程及国际竞争力。数据来源：美国 FDA、欧盟 EMA，火石创造整理。

④ 生物医药产业上市企业营业收入占全球比重　即我国生物医药上市企业营业收入占国内外主流资本市场生物医药上市企业营业收入的比重，间接反映国内生物医药上市企业在国内外主流资本市场中的占有率。数据来源：万得、同花顺，火石创造整理。

⑤ 生物医药境外上市企业市值　即在境外资本市场上市的中国生物医药企业市值金额。可反映国内生物医药企业充分利用海外资本市场进行全球融资的水平。数据来源：万得、同花顺，火石创造整理。

⑥ 生物医药产业出口额　即我国医药品出口金额，反映中国生物医药工业企业的出口水平。数据来源：国家统计局。

4．指数测算方法

（1）指标权重确定

为保证最终权重得分的科学合理，邀请了政府、科研院所、企业等生物医药领域专家填写对指标权重分配的咨询问卷。每个指标的权重通过德尔菲法和层次分析法来进行确定。同时进行一致性检验，得到确定的指标权重如附表 2 所示。

附表 2 CBIB 指标权重设定

序号	一级指标	一级指标权重设定	二级指标	二级指标权重设定
1	资源投入（共7项）	0.34	生物医药产业固定资产投资金额（亿元）	0.09
2			全国卫生总支出（亿元）	0.06
3			生物医药产业外商投资总额（亿元）	0.04
4			国家生物医药基础研究资金投入（亿元）	0.05
5			生物医药产业从业人数（万人）	0.03
6			新增国家生物医药产业基础设施建设数量（个）	0.04
7			新增国内GCP医院数量（家）	0.03
8	绩效产出（共6项）	0.30	医药制造业增加值的同比增长率（%）	0.08
9			生物医药规模以上工业企业利润总额（亿元）	0.07
10			生物医药产业发明专利申请数（个）	0.03
11			生物医药创新产品在研数量（个）	0.05
12			生物医药产业上市产品数量（个）	0.05
13			生物医药销售额亿元以上产品数量（个）	0.02
14	企业创新（共7项）	0.23	新增生物医药企业数量（家）	0.03
15			新增国内生物医药在全球上市企业数量（家）	0.03
16			国内生物医药在全球上市企业研发投入金额（亿元）	0.05
17			国内生物医药上市企业研发人员数量（人）	0.05
18			新增生物医药独角兽企业数量（家）	0.02
19			新增生物医药高新技术企业数量（家）	0.03
20			生物医药产业融资总金额（亿元）	0.02
21	国际影响（共6项）	0.13	生物医药全球文献发表数量（篇）	0.03
22			生物医药产业PCT专利申请数量（件）	0.03
23			生物医药企业产品海外审批、上市数量（个）	0.02
24			生物医药产业上市企业营业收入占全球比重（%）	0.02
25			生物医药境外上市企业市值（亿元）	0.01
26			生物医药产业出口额（亿元）	0.02

（2）指数测算

CBIB 指数基于指标体系数据，采用线性加权的综合评价方法构建而成，用来反映生物医药产业发展的趋势和进程。为更好反映生物医药产业的长期变化趋势，CBIB 指数测算方法为定差法，即以 2018 年为基期，基期数值设定为100，指数值表示报告期与2018年相比生物医药产业的变化趋势。具体步骤如下。

① 二级指标的标准化处理

二级指标的标准化处理公式为：

$$z_i = \frac{x_i}{x_0} \times 100\%$$

式中，z_i 为二级指标的标准化结果；x_i 为报告期值；x_0 为基期值；i 为分类变量的编号。基期为2018年，即以2018年为100进行计算。

② 一级指标指数值的计算

CBIB指数由资源投入、绩效产出、企业创新、国际影响四个一级指标构成，各一级指标指数值计算公式为：

$$F_j = \sum_{i=m_j}^{n_j} w_i z_i \Big/ \sum_{i=m_j}^{n_j} w_i \times 100\%$$

式中，w_i 为二级指标的权重；z_i 为二级指标的标准化结果；n_j 为第 j 个一级指标中最后1个二级指标在整个指标体系中的序数；F_j 为第 j 个一级指标指数值；m_j 为第 j 个一级指标中第1个二级指标在整个指标体系中的序数；j 为分类变量在整个指标体系中的序数；i 为分类变量的编号。

③ CBIB指数值的计算

CBIB指数值的计算方法为四个一级指标得分乘以一级指标权重后求和。公式为：

$$\text{CBIB} = \sum_{j=1}^{4} W_j F_j$$

式中，W_j 为一级指标指数值 F_j 的权重；j 为分类变量在整个指标体系中的序数；F_j 为第 j 个一级指标指数值。

④ 一级指数对总指数增长贡献率的计算

$$\text{贡献率} = \frac{（报告期一级指数值 - 上一年一级指数值）* 该一级指数权重}{报告期总指数值 - 上一年总指数值}$$